国家社科基金
后期资助项目

宋代使行文献研究

王皓 ◎ 著

Research
on the Envoy Literature
of Song Dynasty

上海古籍出版社

2019年度國家社科基金後期資助項目

（項目批准號：19FZWB079）

國家社科基金後期資助項目
出版説明

　　後期資助項目是國家社科基金設立的一類重要項目,旨在鼓勵廣大社科研究者潛心治學,支持基礎研究多出優秀成果。它是經過嚴格評審,從接近完成的科研成果中遴選立項的。爲擴大後期資助項目的影響,更好地推動學術發展,促進成果轉化,全國哲學社會科學工作辦公室按照"統一設計、統一標識、統一版式、形成系列"的總體要求,組織出版國家社科基金後期資助項目成果。

全國哲學社會科學工作辦公室

序

王小盾

近年來,關於中國文學研究的未來走向,研究者頗多討論,也頗多憂慮。影響較大的是這樣幾個質疑意見:"文學究竟怎麼研究?""什麼叫回歸文學本體?""文學性的研究還是不是我們古代文學研究中的核心問題?"①從積極角度看,這些質疑可以歸納爲兩個問題:第一,在進行個案研究或細節研究的時候,研究者是不是要關心研究對象的意義,是不是要有宏觀的視野?第二,既然是"文學研究",那麽就要思考:"文學"是什麼?如何理解"中國文學"?按我們的理解,這些問題可以轉換爲:既然學術工作的目的是揭露事物的真相和本質,那麼,有哪條路線或哪些路線可以抵達這個目的?

不消説,以上討論是有意義的。如果按哲學家的解釋,把"本體"理解爲事物的本質,那麽,提出何爲文學之"本體"的問題,便意味著研究者的思考深入到了基本原理之層次。這是值得嘉許的。不過,從所謂"文學性的研究""古代文學研究中的核心"等提法看,以上質疑其實包含這樣幾個意思:(一)認爲文學的本體是"文本",亦即"經典"作品。(二)認爲作品用於審美,因此須圍繞審美這個中心來研究文學——認爲"文學研究也就是作家、情感、審美、表達方式等問題的研究"。(三)所謂"古代文學研究中的核心",就是這種"主流文學現象的研究";相反,那種"將主要精力用於研究文學以外的論題",即流於考據、"學問"和資料整理的研究,屬於"文學研究的空心化"。②——這三點看法,却是值得懷疑的。

爲什麽要懷疑呢?因爲其中包含矛盾。首先,考據、資料整理同審美批評並不衝突,反而可以成爲後者的基礎。割開考據、資料與"文學性的研究"

---

① 參見《"十年前瞻"高峰論壇》,載《古代文學前沿與評論》第1輯,北京,社會科學文獻出版社,2018年,第3頁。
② 《"十年前瞻"高峰論壇》,《古代文學前沿與評論》第1輯,第15、31、40、41頁。

的聯繫，對於任何一個完整的研究工作而言，其實都是釜底抽薪。其次，關於文學之"本體"，古來就有另外一種理解，不可忽視。按這種理解，文學是一種有價值的寫作活動，其本體存在於實現其社會功能的過程之中，包含創作、接受、傳播等要項。也就是說，文學説到底是一種社會活動；文學作品是文學實踐的一部分，是其結果；從實踐的角度看，文學的屬性並不限於情感和美，而有一個社會歷史的本體。

　　這個重社會實踐的文學本體觀並非無稽，相反，可以得到許多事實的支持。其中一個事實是："文學"概念原有其歷史屬性，各朝各代内涵不同。把"文學"理解爲"審美"之物，這種理解是在近代西方觀念進入以後形成的，年代並不久遠，很難説代表主流。關於古代"文學"觀，較典型的例證有《論語·先進》篇——以"文學"和"德行""政事""言語"並立①；有《太史公自序》——把"文學"視爲"律令""軍法""章程""禮儀"的總和②。現代人稱之爲"綜合文學觀"。值得注意的是，這種綜合文學觀是被古代文學家普遍信奉的。比如曹丕所論之"文"，在詩賦之外，還包括奏議、書論和銘誄；劉勰所論之"文"，在詩、賦之外，還包括樂府、頌贊、祝盟、銘箴、誄碑、哀弔、雜文、史傳、論説、詔策、檄移、封禪、章表、奏啓、議對和書記。這就是説，在古人心目中，"文學"遠不限於詩和抒情散文。即使到1904年，林傳甲爲京師大學堂編寫"中國文學史"講義之時，他理解的"文學"，重點也是"治化"之文（亦即有價值的寫作），故包括群經文體、傳記雜史文體、諸子文體、諸史文體、駢文等；"詞章"尚在其次。從林傳甲到現在120年了，中國人的文學觀發生了很大變化，一方面，出現了以"純文學"爲中心、以"雜文學"爲旁枝的觀念；另一方面，也湧出一個更加强有力的潮流：包括敦煌文學在内的俗文學、包括樂府詩在内的音樂文學、包括各民族口頭文學在内的民間叙事文學、包括燕行詩在内的域外漢文學——紛紛進入文學研究者的視野。在這種情況下，出於興趣而躬身投入"文學性的研究"，使之深化，這自然是一件可喜可賀的好事情；但若要求其他研究者也消彌歷史意識而"回歸文學本體"，則恐怕是既缺乏意義也無可行性的。

　　關於文學以有價值的寫作爲本體的看法，還有一個旁證，即中國古來就有重視文學經世致用之功能的傳統。這個傳統表現在文學起源觀上，有《周易·繫辭》所謂"上古結繩而治，後世聖人易之以書契，百官以治，萬民以

---

① 劉寶楠《論語正義》卷一四，北京，中華書局，1990年，第441頁。
② 《史記》卷一三〇，北京，中華書局，1982年，第3319頁。

察"①之說。這話的意思是：若追溯文學的起源，那麼可以追溯到"書契"，即用於行政的文書。這個傳統表現在文學分體觀上，則有《尚書》中的"六體"之說。六體之中，"典"記古帝常法，"謨"記賢臣嘉謀，"訓"爲教民之言，"命"爲君主命令，"誥"爲曉諭臣下之辭，"誓"爲君主誓衆之詞。這説明：書面文學原來起於應用；其文體方面的講究，看起來出於藝術要求，而其實出於禮儀要求。另外，從殷代甲骨卜辭和周代鐘鼎銘文的書寫方式看，上古人的文字交流，亦以應用型的散文（而非表情感的韻文）爲主體。其時有"詩三百"，儘管是韻文，多有抒情作品，但整體上用於祭祀、燕饗等儀式。曹丕《典論·論文》説"奏議宜雅，書論宜理，銘誄尚實，詩賦欲麗"，又説"蓋文章，經國之大業，不朽之盛事"②——這兩句話的要旨就是：認爲文章有經世之用，而美（"雅""麗""理""實"等）則是文章經世功能的附麗。類似的意思又見於宋人周敦頤的《通書》，云："文辭，藝也；道德，實也。篤其實，而藝者書之，美則愛，愛則傳焉。"③以及俄人普列漢諾夫的《没有地址的信》，云："人最初是從功利觀點來觀察事物和現象，只是後來才站到審美的觀點上來看待它們。"④後面這兩句話的關聯性值得深思：第一，説明"用"和"美"的關係通常被看作内外關係或始末關係；第二，説明這種看法乃爲多國文學家所共有。

關於"美"和"用"的關係，孟子也有兩句相關聯的話，從實踐角度作了討論。一句話同審美活動有關，即"以意逆志"，意思是：詩歌研究者不能拘泥於文字、詞句來誤解詩，而要借助自己的感受去探究詩人的本意。另一句話同考據活動有關，即"知人論世"，意思是：詩歌研究者，要上溯歷史，以與古人交友的方式來考察古詩人及其所處的社會時代。如果説前一句話注意到作品和"細讀文本"在詩歌研究中的意義，那麼，後一句話便強調了社會歷史研究在詩歌研究中的意義。顯而易見，這兩者是不能偏廢的，而要相兼。這種相兼的思想，或者説重視事物本質之完整性的思想，也正是古人"本體"觀的核心。比如《後漢書·應劭傳》評論應劭之寫作時説到"全"："皆刪叙潤色，以全本體。"⑤《文心雕龍·諸子》評論諸子著述之特色時説到"總"："然繁辭雖積，而本體易總，述道言治，枝條《五經》。"⑥《北史·魏彭城王勰

---

① 李道平《周易集解纂疏》卷九，北京，中華書局，1994年，第632頁。
② 夏傳才等《曹丕集校注》，石家莊，河北教育出版社，2013年，第237—238頁。
③ 《周敦頤集》卷二，北京，中華書局，2009年第2版，第36頁。
④ ［俄國］普列漢諾夫著，曹葆華譯《論藝術（没有地址的信）》，北京，生活·讀書·新知三聯書店，1964年，第93頁。
⑤ 《後漢書》卷四八，北京，中華書局，1965年，第1613頁。
⑥ 劉勰著，范文瀾注《文心雕龍注》卷四，北京，人民文學出版社，1958年，第308頁。

傳》載孝文帝語,談美文之表裏關係:"雖琱琢一字,猶是玉之本體。"①這幾句話都表明:在古人看來,"本體"意味著事物本質上的完整,需要保全,尊重其總體。由此返觀現代人的"回歸文學本體"之説,便知此説的要害是對文學本體作了片面理解。《論衡·超奇篇》曾經批評這種片面性,云:"凡貴通者,貴其能用之也。"②意思是:早在漢代就有一種不"通"之人,其表現是善爲蹈空之論("出膏腴之辭")而不關心實際應用。

以上所説種種,或可以作爲討論王皓《宋代使行文獻研究》一書的鋪墊。關於《宋代使行文獻研究》的故事,最早可以追溯到 2006 年 9 月。其時,我和王皓差不多同步到達位於成都獅子山的四川師範大學:我從北京調入該校,任研究生導師;他來自川西瀘定橋邊一個彝漢結合的家庭,成爲我在成都指導的第一名研究生。他是一個樸實的人,不善言辭,但好學,進校第一年便認真完成了各項基礎練習。其中做的最好的是一篇文獻學作業——爲幾十種來自越南的手抄本文獻編寫提要目録。我有一個朦朧的感覺:這位看似木訥的年輕人,或可能成爲域外漢文獻研究或外交文學研究的人才。于是,經過討論,我們選擇了一位同越南有關聯的外交使節及其文學創作作爲他的研究對象。他熱愛並重視這項工作,在第三學期末,提交開題報告之前,便利用所搜集的資料編製了 14 份工具性資料集,包括元代出使越南大事年表、元朝使越作品目録、元代中越文人的詩歌交流資料等。接下來,他又參考程千帆先生關於文獻學與文藝學相結合的意見,從歷史學、文藝學兩個角度討論了元代使臣陳孚及其所撰寫的詩集《交州稿》。他的分析很細致,比如關於外交詩的表白功能和對話特色,關於陳孚詩中的馬意象及其現實依據、藝術效果,都有專門篇章。2009 年,這篇《陳孚〈交州稿〉與元代的中越文化交流》,獲評爲四川省優秀碩士學位論文。

以上事件對我有一個重要影響——使我重新認識了"應用文"的意義。我注意到,前文所謂"有價值的寫作",在古代中國人看來,其主要價值便是用於交際(神人之間的交際和人人之間的交際)。所以,人們一直是把應用之文和一般意義上的"文"視爲一體的,直到清代才有指稱文體的"應用文"一名。這一名稱始見於劉熙載《藝概·文概》,即所謂"辭命體,推之即可爲一切應用之文。應用文有上行,有平行,有下行。重其辭乃所以重其實也"云云③。這段話説明:在古人心目中,"應用之文"的典型形式是"辭命體",

---

① 《北史》卷一九,北京,中華書局,1974 年,第 702 頁。
② 黃暉《論衡校釋》卷一三,北京,中華書局,1990 年,第 606 頁。
③ 劉熙載《藝概》卷一,杭州,浙江人民美術出版社,2017 年,第 47 頁。

也就是源於古代使者聘問應對的外交文體。作爲各種應用之文的代表，此體有兩個特點：其一"有上行，有平行，有下行"，按現實中的人際關係來確定寫作軌範；其二重實用，重視實用價值超過修辭價值。關於這個"辭命體"，《藝概·文概》另外有一段論述，云："文有'辭命'一體，'命'與'辭'非出於一人也。古行人奉使，受命不受辭……若出於一人而亦曰'辭命'，則以主意爲'命'，以達其意者爲'辭'，義亦可通。'辭命'之旨在忠告，其用却全在善道。奉使受命不受辭，蓋因時適變，自有許多衡量在也。"①這話的意思是說：應用文是人與人之間的交際手段。在授受之間、應對之間，要達主人之意而製辭，並且以言辭因時適變。其中有"許多衡量"，在寫作之時、欣賞之時，都要細心揣摩。

關於以上看法，還可以從研究角度作一重新表述，即：（一）應用文在古代中國人的政治生活、文化生活中佔有很高地位，事實上高於娛情的詩文，所以被古人看作"文"的代表，而未被視作另類。當下的中國文學研究也應該關注這一類文體。（二）在古之應用文中，最重要的是"辭命體"。作爲外交文體，此體講究創作者與接受者之間的上行、平行、下行等關係，講究用於實戰。所以，一方面要從"用"的角度考察它，另一方面要考究文辭當中的"許多衡量"。（三）在外交文學當中，蘊藏了中國文學許多"持久的和典型的東西"②，值得做立體的研究。也就是說，在這個領域，研究者需要發揮特別的想象，即身臨其境的想象，"要使作者的心靈和它所依托的時代浮現出來"。③（四）爲此要開發文獻，采用比一般詩文研究更廣闊的視野和更細緻的方法來做考證，如張伯偉教授所說："通過考證，將想象的翅膀張得更寬，對作品的感情世界體驗得更深。"④（五）這意味著，當代中國學者的許多學術願望，可以通過外交文學研究而得以實現。其中包括：做到有學有術，也就是把廣博的知識同恰當的方法結合起來；弄清楚外交文學創作、接受過程中那"許多衡量"，形成研究特色，既不同於西方文學研究，也不同於哲學研究、史學研究；致力於理論提昇，通過學術實踐去建構中國式的學術體系。總之一句話：中國外交文學研究大有可爲；研究對象多側面的特點，使它有條件嘗試盡可能多的研究方法。

2009年，王皓考爲四川師範大學博士生，仍然由我指導。或許出於以

---

① 劉熙載《藝概》卷一，第46—47頁。
② 語見[瑞士]布克哈特《希臘人·導言》，轉引自張伯偉《回向文學研究》，北京，商務印書館，2022年，第55頁。
③ 程千帆先生語，見《回向文學研究》，第80頁。
④ 《回向文學研究》，第82—83頁。

上認識，我建議他做中國古代外交文學研究。他根據我的意見，沉下心來讀了一整年書，從先秦讀到元代，積累了數十萬字資料；然後在比較歷代使行文獻的基礎上，選擇宋代外交文學作爲重點研究對象。這項研究的最終成果就是本書。

應該説，本書基本上實現了原來的設想，即完成了一項"立體的"研究。在緒論部分，它明確了宋代使行文獻所涵蓋的作品、類別及其文獻學意義，也梳理了關於宋代使行文獻的古代著錄和現代研究概況。在正文各章，它分別考察了宋代使行文獻的各種體裁——首先考察其文體淵源和書寫形式，其次考察其内容特徵和演變軌迹，進而考察了宋代使行文獻的生存和傳播原理，包括寫作動機、聘使制度背景、傳播與影響。這種立體觀照，使研究對象能夠在長時段的背景上顯現出源流和運行機制。

在重視歷史考察的同時，本書也對宋代使行文獻的文學性（藝術性）作了研究。其表現是：既重視探究影響宋代使臣文學的政治因素，也重視探究相關作者的個性因素，包括創作動機和創作心理；既重視分析外交活動的過程，也重視分析在這一過程中展開的文獻體類，比如奉使語錄、接館送伴語錄、外交別錄、和議錄等文體類别；既重視人物考訂，也重視考察同一人物所使用的不同的書寫形式；既重視探討詩文交聘的特點、功用和意義，也重視考察因此而形成的作品結構、内容、注文等方面的特徵。這些考察表明：文學作品的創作、接受和傳播，其驅動力，是由功利要素和非功利要素共同組成的；完整的藝術研究，必須同史實考證相結合。

從方法角度看，本書還提供了以下認識：（一）認識使行文獻的文體形式及其應用空間。中國文學研究素有辨體的傳統，其實質是重視對文學作品的應用範圍加以區分，進而對文章作法加以區分。所以，本書對宋代使行文獻作了文體區分，認爲聘使活動中的使臣行記與語錄是截然不同的兩類作品：行記主要記錄奉使經見，包括山川、人文、風俗、地理和物産；語錄主要記錄問答，表現交聘雙方的接洽、交談、問候和辯駁。（二）認識使行文獻内部要素與外部要素的同一。這些文獻的生產過程是與當時的政治制度、社會環境、文化導向以及文學傾向相關的。比如宋代使臣語錄的撰寫遵循一定規範，是每次交聘活動必有的官樣文章。它由國信所主管，須經歷接收、抄錄、聽審、編錄、保存、呈交、派送等環節。既然這一系列制度塑造了使臣語錄體的體制，那麽，研究者就必須從生存狀態角度考察相關作品和文學活動。（三）認識宋代使行文獻的内部結構。研究表明，宋代使行文獻中行記、語錄兩個系統的分别，乃對應於中國史學中記事、記言兩大傳統的分別。而行記又包括散文、韻文、圖文三類表現形式，其中散文類行記可下分行程記、日記、筆記三類，韻文類行記可下分記行詩與唱和詩兩類，圖文類行記可下分記行圖、圖經、朝貢圖三類，語錄可下分奉使語錄、接館送伴語錄、別錄、和議錄、通問錄等類。這些作品共同構建起了宋代使行文獻的功能體系和文本體系。（四）認識中國及周邊使行文獻的共通性。作爲歷史書寫和文學書寫的方式，使行文獻傳到域外，在受漢文化影響的東亞各國得到回應。比如高麗、朝鮮時期編撰的燕行錄和朝天錄，越南編撰的燕行文獻、西行文獻等，其產生都受到中國使行文獻的影響，具有中國淵源。通過比較研究，可以在東亞的視野中，揭示漢文學在創作、接受、傳播等方面的基本道理。

　　時間過得很快。從 2006 年到現在，一眨眼就過去了 17 年。當年的少年郎，現在也走進不惑。《宋代使行文獻研究》這本書，因此可以説是作者王皓重要的人生結晶，同時也是他成長過程的見證。現在，他成功地指導了兩届研究生，並協助我承擔和進行了一系列重要的研究項目，包括國家社科基金重大項目"域外漢文音樂文獻整理與研究"、國家社科基金重點項目"《越南古籍總目》編纂與研究"。爲實施這些項目，我們對位於法國巴黎的六個大型圖書館作了爲期 90 天的細緻考察；又用三個月時間，走訪了胡志明市、會安市、順化市、河内市各大圖書館、檔案館和寺廟。17 年來，我們日夜不休地積累和思考，並把這些思考寫進許多書和論文。《宋代使行文獻研究》是這些著述當中較爲典型的一種。儘管它是以平常姿態站立在學術的百花千卉園中的，但我却能從中讀到許多別樣的意義。

2023 年冬至，於長沙

目　　錄

序 ·· 王小盾　1

緒　論 ·· 1

第一章　宋代使行文獻的文體淵源 ·· 9
第一節　先秦時期的三種使行活動 ·· 9
第二節　漢晉時期的使行文獻 ··· 11
第三節　南北朝時期的使行文體 ·· 20
第四節　隋唐五代時期的使行文體 ··· 33

第二章　宋代使臣行記 ··· 55
第一節　宋代使臣行記文獻的概況 ··· 55
第二節　影響宋代使臣行記撰寫的兩大因素 ·· 81
第三節　宋代使臣行記的書寫形式 ··· 87
第四節　宋代的使團配置及行記作者辨析 ··· 105
第五節　范成大《攬轡錄》單行本與節錄本探原 ································· 113

第三章　宋代使行圖記 ··· 127
第一節　宋代使行圖記概述 ··· 127
第二節　宋代使行圖記的三個類型 ·· 130
第三節　宋代使行圖記的記行特徵 ·· 136
第四節　宋代使行圖記的三項功能 ·· 138

第四章　宋代使臣記行詩 ·· 142
第一節　宋代使臣記行詩集與組詩概述 ··· 142
第二節　宋代使行詩的寫作動機 ··· 151

第三節　從宋代使行詩的書寫看其記行特徵 ………………… 155
   第四節　宋代交聘活動中的詩歌交流 ……………………………… 164

第五章　宋代使臣語錄 ……………………………………………………… 171
   第一節　宋代使臣語錄文獻的概況 ……………………………… 171
   第二節　宋代聘使專對與語錄撰寫的聯繫 ……………………… 191
   第三節　宋代使臣語錄文獻的多種類型 ………………………… 197
   第四節　宋代使臣語錄制度兼及文體學的幾個問題 …………… 211

第六章　宋代使臣行記與語錄的關係 …………………………………… 230
   第一節　學術界對宋代使臣行記和語錄的認識 ………………… 230
   第二節　宋代使臣行記與語錄的關聯 …………………………… 236
   第三節　宋代使臣行記與語錄的區別 …………………………… 242

第七章　宋代使行文獻的傳播與影響專題研究 ………………………… 247
   第一節　宋朝周邊的使行文獻 …………………………………… 247
   第二節　宋代使行文獻的傳播途徑 ……………………………… 250
   第三節　元明清使行文獻的編撰特徵 …………………………… 262
   第四節　13—14世紀往來於元越的使臣、商賈和藝人 ………… 277
   第五節　陳孚《交州稿》與元代使越文獻 ……………………… 291
   第六節　越南漢文燕行文獻的中國淵源 ………………………… 321
   第七節　越南西行文獻述論 ……………………………………… 340

結論與餘論 ……………………………………………………………………… 354

附錄一　漢代至宋代使行文獻總表 ……………………………………… 364
附錄二　宋代使行文獻輯補 ………………………………………………… 376
附錄三　宋代使行文學編年 ………………………………………………… 398

主要參考文獻 ………………………………………………………………… 426

後　記 …………………………………………………………………………… 442

緒　　論

　　產生在中國古代交聘活動中的文獻形形色色，品種多樣，由使臣撰寫。從文體角度看，包括行程錄、日記、筆記、語錄、別錄、圖記、記行詩等類别。其中"行程錄"主要記錄使臣的奉使行程，"日記"以"繫日以書"的形式記錄每日經過，"筆記"以分門别類的形式條錄使行見聞，"語錄"和"别錄"主要是使臣對交聘各方問答内容的記錄，"圖記"和"記行詩"分别採用圖文和詩歌的形式記述使程。以上各類文獻，可以就其文體典型，概稱爲"行記"和"語錄"；或就其功能，簡稱爲"使行錄"。作爲交聘活動中的實錄，它們不僅是中國政治史、交流史的重要史料，而且體現了中國文學的特殊作用，是一宗重要的文學資源。

一、從目録學角度看宋代使行文獻

　　漢唐時期是中國古代交聘制度的成型期，設立鴻臚和主客等機構專管外交事務，成功推進了中原王朝與周邊政權之間的交聘往來。黎虎認爲：漢唐時期，爲中國古代外交的發展階段，其主要特點是打開了通往世界的道路，進入與外域國家建立外交關係的新階段。[①] 在此過程中，使臣扮演了重要角色，他們不僅是搭建中外關係的中堅力量，還是傳播文化和收集訊息的關鍵人員。所以，自漢代起，隨著交聘活動的順利展開，使臣對使行作品的撰寫便逐漸豐富起來，相關作品也多被史志目録所著録，從而比較集中地反映出了使行文獻的特質。比如《漢書·藝文志》對使行文獻雖無著録，但是經過顧櫰三、姚振宗等人對《後漢書》藝文的補遺，可以發現顧書在輿地類著録有"班勇《西域記》"[②]，姚書在地理類分别著録有班超和班勇的《西域風土記》[③]。就二人對漢代使行文獻的類屬來看，將其劃歸爲地志類著作，這

[①] 黎虎《漢唐外交與外交制度論略》，《傳統文化與現代化》1998年第5期，第26頁。
[②] 顧櫰三《補後漢書藝文志》卷五，《二十五史補編》（第二册），北京，中華書局，1955年，第2199頁中。
[③] 姚振宗《後漢藝文志》卷二，《二十五史補編》（第二册），第2376頁下—2377頁上。

顯然是對其内容能反映地域、風土的一種肯定。其後,南北朝之間交往頻繁,唐代與周邊政權的互動也較多,相關史志目録將大批使行作品著録在地理、傳記和僞史等類目中,共同體現了它所具有的史料性。

到宋代,使行作品在交聘活動中大量涌現,逐漸形成了行記、語録、圖記、紀行詩等完整的書寫系統和穩定的文體類型。從歷史角度看,這在使行文體的發展轉變中起到了承上啓下的作用。因此可以説,宋代使行文獻的撰寫造就了中國使行文體史的最高峰,將其作爲研究對象應可觸及使行文體的本質。但在研究之前,這裏有必要通過相關典籍的著録和引録先大致瞭解一下這批文獻。

目録書對宋代使行文獻的著録情況如下:

晁公武《郡齋讀書志》僞史類:王曙《戴斗奉使録》、寇瑊《生辰國信語録》、路振《乘軺録》、富弼《富公語録》、張舜民《張浮休使遼録》、辛怡顯《至道雲南録》、王雲《雞林志》。

趙希弁《讀書附志》地理類:富弼《富文忠入國語録》、章誼《章忠恪奉使金國語録》、范成大《攬轡録》。

尤袤《遂初堂書目》本朝雜史類:《王文公送伴録》;本朝故事類:《戴斗奉使録》《王介父(一本作"甫")送伴録》《張芸叟使遼録》《富弼奉使録》《奉使别録》《劉原父奉使録》;地理類:《契丹志》《慶曆奉使録》《張浮休使遼録》《松漠紀聞》《雞林類事》《高麗圖經》《西州使程經》《至道雲南録》。

陳振孫《直齋書録解題》僞史類:洪皓《松漠記聞》;雜史類:鄭望之《靖康奉使録》、傅雱《建炎通問録》、楊應誠《建炎假道高麗録》;傳記類:路振《乘軺録》、富弼《奉使别録》、劉渙《劉氏西行録》、余靖《慶曆正旦國信語録》、竇卞《熙寧正旦國信録》、沈季長《接伴送語録》、李罕《使遼見聞録》、王雲《奉使雞林志》、連南夫《宣和使金録》、何鑄《奉使雜録》、無名氏《館伴日録》、雍希稷《隆興奉使審議録》、范成大《攬轡録》、樓鑰《北行日録》、姚憲《乾道奉使録》、鄭儼《奉使執禮録》、余嶸《使燕録》;地理類:辛怡顯《至道雲南録》、徐兢《高麗圖經》。

《通志·藝文略》史類地理朝聘:《接伴語録》、《接伴入國館伴録》、林内翰《北朝國信語録》、《富韓公入國語録》、余襄公《奉使録》、陳襄《奉使録》、沈括《使遼圖抄》、《奉使高麗記》。

《宋史·藝文志》史類故事類:韓元吉《金國生辰語録》、余靖《國信語録》、陳襄《國信語録》、張舜民《使遼録》;史類傳記類:王延德《西州使程記》、路振《乘軺録》、寇瑊《奉使録》、劉渙《西行記》、富弼《奉使語録》及《奉使别録》、王曙《戴斗奉使録》、劉敞《使北語録》、宋敏求《入番録》、吳栻《雞林記》、王雲《雞林志》、無名氏《使高麗事纂》、金富軾《奉使語錄》、倪思《北征錄》、范成大《攬轡錄》；史類地理類：辛怡顯《至道雲南錄》、王曾《契丹志》；子類小說類：洪皓《松漠紀聞》。

以上著錄反映了這樣一些問題：

其一，時人對使行文獻尚未形成統一認識。這主要表現在三個方面：首先，一種作品被著錄在同一目錄書的不同類別，如《遂初堂書目》既在本朝雜史類著錄《王文公送伴錄》，又在本朝故事類著錄《王介父（一本作"甫"）送伴錄》；既在本朝故事類著錄《張芸叟使遼錄》，又在地理類著錄《張浮休使遼錄》。考"文公""介甫"都指王安石，而"芸叟""浮休"分別是張舜民的字和號。其次，這些作品通常被著錄在同一目錄書的幾個不同類別，比如分佈在《遂初堂書目》的本朝雜史、本朝故事和地理類，又分佈在《直齋書錄解題》的偽史、雜史、傳記和地理類等。更有趣的是，《宋史·藝文志》把《松漠紀聞》著錄在子部小說類，與其他目錄書以使行作品為史部書的看法不同。其三，在不同的目錄書中，若干作品的著錄類別不一。比如《松漠紀聞》，在《遂初堂書目》屬地理類，在《直齋書錄解題》屬偽史類，在《宋史·藝文志》屬小說類；又如《攬轡錄》，在《讀書附志》屬地理類，在《直齋書錄解題》和《宋史·藝文志》屬傳記類。以上情況都反映出在當時的目錄書中，尚未對使行文獻的界限作更明確的劃分。

其二，儘管目錄學家對使行文獻的類別確認存在分歧，但基本歸在史部的做法，還是凸顯出這批文獻的共性——史料性。的確，使行作品作為交聘實錄，其史料價值不言而喻，誠如作者自述：可以"廣史氏之異聞"，"以補史之闕"，即可以成為史籍編纂的重要源泉。比如《宋史》《續資治通鑑長編》《宋會要輯稿》《三朝北盟會編》《建炎以來繫年要錄》《大金國志》《契丹國志》等史部典籍都直接或間接地引錄過使行作品。使行作品一方面豐富了史籍的內容，另一方面史籍對使行作品的吸收也為其流傳提供了保障。正因為這樣，歷代目錄反覆強調了使行作品的史學屬性，而未注意這批文獻的其他屬性——比如作為使行文體的文學屬性。

其三，《通志·藝文略》將宋代使行文獻著錄在"史類地理朝聘"部，這是根據內容來劃分類別的。當時的目錄書都有這一特點。比如在"史類地理朝聘"部著錄的南北朝使行記，乃以南北政權之間的交聘為題材，其例有劉師知《聘遊記》《魏聘使行記》和江德藻《聘北道里記》等；在"史類地理蠻夷"部著錄的南北朝使行記，則以中原王朝與周邊民族政權之間的交聘為題材，其例有顧愔《新羅國記》、張建章《渤海國記》、竇滂《雲南別錄》、徐雲虔《南詔錄》、常駿等《赤土國記》和王玄策《中天竺國行記》等。由此可見，古代目錄典籍的分類，較重視內容而較忽略形式，這樣也爲進一步的研究留下了空間。

二、宋代使行文獻的研究概況

從目前學術界對宋代使行文獻的研究概況來看，主要表現在以下幾個方面：

（一）文獻整理與研究。主要成果有傅樂煥《宋人使遼語錄行程考》①一文，從《郡齋讀書志》和《直齋書錄解題》中清算出宋人使遼行記與語錄14種；賈敬顏《五代宋金元人邊疆行記十三種疏證稿》②疏證了宋金行記與語錄6種；趙永春《宋人出使遼金"語錄"研究》③有"現存'語錄'鈎沉"一節，從《郡齋讀書志》《直齋書錄解題》《遂初堂書目》和《宋史·藝文志》等書目與其他典籍中，搜羅到宋人出使遼金的行記與語錄42種，並從中考證出殘存至今的文本22種，將其輯注在《奉使遼金行程錄》中（2017年又出版增訂本）；劉浦江《宋代使臣語錄考》④共考得宋代使臣使遼行記與語錄26種、使金行記與語錄24種。李浩楠《宋代使臣語錄補考》⑤，在劉浦江之外又考得作品28種。此外，李德輝《論宋人使蕃行記》和《晉唐兩宋行記輯校》⑥對宋代使行文獻也有所列舉。以上對於宋代使行文獻的整理，雖然諸位學者各有獻替，但是面對浩繁的宋代典籍，所見難免會有疏漏。所以，這項研究還有待進一步深入。一方面，需要對宋代所有使行文獻進行全面梳理。因爲以上梳理通常只針對宋代奉使遼金，或梳理的依據主要來自目錄書。事實上，宋代使行文獻不僅僅存在於宋和遼金南北政權對立的交聘活動中，還活躍於與高麗、西夏、大理、交趾等國家之間的外交活動中，如果忽略後者，宋代使行文獻的系統就難以建立。而《郡齋讀書志》《遂初堂書目》《直齋書錄解題》《宋史·藝文志》等目錄書對宋代使行文獻的著錄，僅僅代表了一部分，比如趙永春、李德輝等學者，就先後從《三朝北盟會編》《建炎以來繫年要錄》等文獻中輯錄出《燕雲奉使錄》《紹興甲寅通和錄》等佚文⑦，這説明在目錄之外的文獻中還記錄了數量衆多的使行作品，所以應該擴大範圍，在

---

① 傅樂煥《遼史叢考》，北京，中華書局，1984年。
② 賈敬顏《五代宋金元人邊疆行記十三種疏證稿》，北京，中華書局，2004年。
③ 趙永春《宋人出使遼金"語錄"研究》，《史學史研究》1996年第3期。
④ 張希清主編《10—13世紀中國文化的碰撞與融合》，上海，上海人民出版社，2006年。
⑤ 李浩楠《宋代使臣語錄補考》，《宋史研究論叢》第25輯，2019年。
⑥ 李德輝《論宋人使蕃行記》，《華夏文化論壇》2008年。李德輝《晉唐兩宋行記輯校》，瀋陽，遼海出版社，2009年。
⑦ 趙永春編注《奉使遼金行程錄》，長春，吉林文史出版社，1995年。

宋代文獻中對它們進行廣泛考尋。

另外，研究者重視發掘宋代使行文獻的史料價值及其名義歸屬，代表有趙永春和劉浦江，二人曾就使臣"語錄"的範圍予以討論。趙永春在《宋人出使遼金"語錄"研究》中認爲宋遼金使臣按規定需將出使應對酬答情況、沿途經過路線及所見聞，筆錄成書，上奏朝廷，稱"行程錄""奉使錄""使北記"或"語錄"等；但因"語錄"之名應用時間最長，影響最廣，故應將使臣所著統稱爲"語錄"。劉浦江《宋代使臣語錄考》則明確劃分了官方文書與私人筆記的界限，認爲趙永春將沈括《乙卯入國別錄》、李若水《山西軍前和議奉使錄》、傅雱《建炎通問錄》、王繪《紹興甲寅通和錄》、樓鑰《北行日錄》等作品列入語錄的範圍，並不合適。其後趙永春在《"語錄"緣起與宋人出使遼金"語錄"釋義》①中予以辯駁，認爲宋人所稱"語錄"含義比較廣泛，宋人出使遼金之記錄均可泛稱爲"語錄"。可見二者所關注的核心即是如何合理地劃分使臣的出行記錄。此外，李德輝《論宋人使蕃行記》將宋代使臣各類作品統稱爲"行記"，並對其撰述概況、内容特色、使用價值等做了探討。黄玲《宋代使金行記文獻研究》②和李冰鑫《宋人使金文獻研究》③，亦將宋人使金作品稱爲"行記"，認爲使金行記所含政治、經濟、文化、地理、民俗等内容的史料價值極高，對宋代政治、社會生活和文學研究有重要意義。另外，還有陳大遠《簡析宋代出使行程錄》④、張美瑲《北宋奉遼使錄研究》⑤等文，對宋代"使錄"的内容、特徵及史料價值也有所討論。以上成果在梳理文獻的同時，大多會附帶從社會史料和政治史料方面來討論這些作品的内容，而對其文體和形式的研究略顯薄弱。如果形式不明，就會導致使行文獻的名義含糊不清。比如一些學者將使臣行記與語錄統稱爲"語錄"，另一些學者則冠以"行記"之名，致使它們長期統一於一種概念之下，而没有在文體上得到合理區分，所以需要對它們進行必要的形式研究。再結合其文本，對它們的内容進行深入而全面的探討，才能揭示其作品本質和文本内涵，才能發掘其社會功能和文化意義。

（二）文體與文學研究。近年來，學術界已開始從文體上關注宋代的使行文獻。主要有以下成果：趙永春《宋人出使遼金"語錄"的史學價值》⑥一

---

① 趙永春《"語錄"緣起與宋人出使遼金"語錄"釋義》，《遼金契丹女真史研究》2008 年第 1 期。
② 黄玲《宋代使金行記文獻研究》，陝西師範大學 2011 年碩士學位論文。
③ 李冰鑫《宋人使金文獻研究》，吉林大學 2014 年碩士學位論文。
④ 陳大遠《簡析宋代出使行程錄》，《綏化學院學報》2016 年第 11 期。
⑤ 張美瑲《北宋奉遼使錄研究》，華中師範大學 2019 年碩士學位論文。
⑥ 趙永春《宋人出使遼金"語錄"的史學價值》，《淮陰師範學院學報》2013 年第 3 期。

文,將所有使行文體都歸爲"語錄",並認爲出使語錄是一種集合地理志、行記、傳記、雜史、故事等各種文體的帶有綜合體性質的著作。李翠葉《宋人外交行記的知識結構和文體特徵》①一文,將外交行記從内容上劃分爲地理書和傳記兩種。李貴在《樓鑰〈北行日録〉的文體、空間與記憶》②一文中論述了《北行日録》文類是行程録,本體是日記的文體特徵。此外,還有李德輝《論宋代行記的新特點》③、成瑋《百代之中：宋代行記的文體自覺與定型》④二文,在綜合討論宋代行記作品的過程中也涉及對使臣行記文體特徵的考察。

另外,學術界對宋代使行詩歌的研究頗豐,不論是總體上的考論,還是個案分析都取得了顯著成果。總體研究表現爲兩個方面,一是使行詩歌的統計。蔣祖怡、張滌雲整理本《全遼詩話》統計北宋作有使遼詩的使臣共有17人,所作使遼詩216首。胡傳志《論南宋使金文人的創作》、張榮東《宋人使金詩考》、成少波《南宋使金詩考論》⑤等文對使金詩的數量進行了統計：胡傳志統計約250首；張榮東統計作有使金詩的使臣30人,使金詩468首；成少波統計作有使金詩的使臣36人,使金詩527首。二是使行詩歌的研究。主要有王水照先生《論北宋使遼詩的兩個問題》⑥,該文通過對使遼詩的考察,揭示了北宋士大夫不滿宋遼現狀,並屈從現狀,而又爲之開脱的種種心態；與盛唐邊塞詩相比較,探尋到使遼詩缺乏慷慨之音和凜然之氣,而不被世人所注目的原因。張國慶《從遼詩及北宋使遼詩看遼代社會》、孫冬虎《北宋詩人眼中的遼境地理與社會生活》⑦二文,通過考察歐陽修、蘇頌、蘇轍等人的使遼記行詩對使遼路綫、遼地風光、社會生活的記録,肯定了記行詩的社會史料價值。諸葛憶兵《論北宋使遼詩》⑧一文,討論了使遼詩所藴含的情感轉變。陳大遠《宋代出使文學研究》⑨,從文學角度研究宋代使遼、金詩詞的意象和題材,揭示作品在刻畫異國事物、抒寫思鄉情感、思考國

---

① 李翠葉《宋人外交行記的知識結構和文體特徵》,《吉林省教育學院學報》2015年第2期。
② 李貴《樓鑰〈北行日録〉的文體、空間與記憶》,《文學遺産》2016年第4期。
③ 李德輝《論宋代行記的新特點》,《文學遺産》2016年第4期。
④ 成瑋《百代之中：宋代行記的文體自覺與定型》,《文學遺産》2016年第4期。
⑤ 胡傳志《論南宋使金文人的創作》,《文學遺産》2003年第5期；張榮東《宋人使金詩考》,《北方論叢》2006年第4期；成少波《南宋使金詩考論》,安徽大學2006年碩士學位論文。
⑥ 王水照《論北宋使遼詩的兩個問題》,《山西師大學報》1992年第2期。
⑦ 張國慶《從遼詩及北宋使遼詩看遼代社會》,《煙臺大學學報》1994年第3期；孫冬虎《北宋詩人眼中的遼境地理與社會生活》,《北方論叢》2005年第3期。
⑧ 諸葛憶兵《論北宋使遼詩》,《暨南學報》2006年第3期。
⑨ 陳大遠《宋代出使文學研究》,吉林大學2014年博士學位論文。

家命運等方面的意義。曾維剛《南宋中興時期士風新變與使北詩歌題材的開拓》①一文,討論了南宋中興時期使北詩所出現的若干新變及題材的拓展。還有楊静《北宋使遼詩研究》、董碧娜《宋使臣出使詩研究》、李自豪《南宋使金詩研究》、王輝斌《宋金元奉使詩探論》、蔣英《兩宋使北詩三論》、劉存明《北宋使北詩研究》、秦倩《文化視域下的南宋使金詩研究》、施超《北宋域外詩研究》、張帆《宋代使金詩文研究》、袁桂《北宋出使詩研究》②等文,綜合討論宋代奉使詩的思想内容、藝術特徵和文學意義等。

個案研究則有關於王安石使遼的討論,包括趙克《王安石"使遼"及"使遼詩"考辨》,張滌雲《關於王安石使遼與使遼詩的考辨》,劉成國、盧云姝《王安石使遼考論——兼與張滌雲先生商榷》③三文,他們就王安石是否使遼並創作使遼詩的問題進行了深入的討論。關於范成大使金詩的研究,有姜逸波《范成大"使金"詩的愛國思想》、張樹峰《范成大使金詩研究》、李娟《論范成大使金記行詩的田園内涵》、王麗萍《范成大使金文學研究》④等文,他們著重探討了范成大使金詩所包含的愛國思想、所具有的美學風格與田園特色。關於洪皓使金的研究,有趙永春《洪皓使金及其對文化交流的貢獻》、耿偉《洪皓使金期間交遊及詩文研究》、于國華《論洪皓使金詩的安適主題》、朱士萍《洪皓使金及其詩歌創作》、趙自環《洪皓使金作品研究》、閆雪瑩《南宋洪皓使金詩文研究》⑤等文,他們對洪皓使金,並滯留金國15年

---

① 曾維剛《南宋中興時期士風新變與使北詩歌題材的開拓》,《文學遺産》2017年第2期。
② 楊静《北宋使遼詩研究》,南京師範大學2003年碩士學位論文;董碧娜《宋使臣出使詩研究》,陝西師範大學2007年碩士學位論文;李自豪《南宋使金詩研究》,廣西師範大學2008年碩士學位論文;王輝斌《宋金元奉使詩探論》,《江淮論壇》2010年第2期;蔣英《兩宋使北詩三論》,《湖北社會科學》2012年第9期;劉存明《北宋使北詩研究》,青海師範大學2016年碩士學位論文;秦倩《文化視域下的南宋使金詩研究》,伊犁師範大學2019年碩士學位論文;施超《北宋域外詩研究》,廈門大學2020年碩士學位論文;張帆《宋代使金詩文研究》,山東大學2021年碩士學位論文;袁桂《北宋出使詩研究》,北方民族大學2022年碩士學位論文。
③ 趙克《王安石"使遼"及"使遼詩"考辨》,《北方論叢》2001年第2期;張滌雲《關於王安石使遼與使遼詩的考辨》,《文學遺産》2006年第1期;劉成國、盧云姝《王安石使遼考論——兼與張滌雲先生商榷》,《浙江工業大學學報》2008年第3期。
④ 姜逸波《范成大"使金"詩的愛國思想》,《湘潭大學學報(語言文學)增刊》,1985年;張樹峰《范成大使金詩研究》,河北大學2008年碩士學位論文;李娟《論范成大使金記行詩的田園内涵》,《江淮論壇》2010年第1期;王麗萍《范成大使金文學研究》,四川師範大學2011年碩士學位論文。
⑤ 趙永春《洪皓使金及其對文化交流的貢獻》,《松遼學刊》1997年第1期;耿偉《洪皓使金期間交遊及詩文研究》,浙江大學2007年碩士學位論文;于國華、劉玉梅《論洪皓使金詩的安適主題》,《通化師範學院學報》2008年第7期;朱士萍《洪皓使金及其詩歌創作》,遼寧師範大學2012年碩士學位論文;趙自環《洪皓使金作品研究》,重慶師範大學2015年碩士學位論文;閆雪瑩《南宋洪皓使金詩文研究》,《齊魯學刊》2018年第5期。

間所創作的詩歌作了主題分析、作品編年和文化價值等方面的探討。值得注意的還有陳子彬、齊敬之《蘇頌〈使遼詩〉注釋》、諸葛憶兵《論蘇轍的奉使詩》、吳河清《論曹勛的使金詩》、劉春霞《朱弁使金詩初探》、吳冬紅《論曹勛的使金詞》、王文科《論蘇轍的使遼詩》、傅珊《洪皓與范成大使金詩對比研究》、曹文瀚《許及之使金詩史料價值論析》[①]等文，都各有發明，茲不贅述。

以上宋代使行詩歌的研究現狀說明，學術界已經認識到這類作品的重要性，並從文藝品評、主題分析、內容闡釋等方面進行了多角度的討論和研究。但是，使行作品有其特殊性，它的創作其實與當時的政治制度、社會環境、文化導向以及文學傾向密切相關。比如宋代使臣語錄的撰寫遵循一定規範，是每次交聘活動必有的官樣文章；它由國信所主管，有接收、抄錄、聽審、編錄、保存、呈交、派送等環節；這一系列制度既塑造了使臣語錄體的體制，也促進了這一文體的興盛。因此，只有經過多方考察，對宋代使行文獻做細緻的文體劃分和辨析，才能充分認識其文學構成。另外，對於宋代使行作品的研究不應拘泥於其史料性，也不應只關注其描寫，而應揭示其聯繫於娛興、聯繫於政治的相互作用，彰顯現實要素與體裁要素在各體文獻中的關係。這些問題都爲系統並深入地認識宋代使行文獻創造了空間和條件。總之，宋代使行文獻的史料價值不容置疑，但是研究不應該只重視其內容，而應該兼顧其形式和源流。

[①] 陳子彬、齊敬之《蘇頌〈使遼詩〉注釋》，《承德民族師專學報》1993年第2期；諸葛憶兵《論蘇轍的奉使詩》，《江海學刊》2005年第3期；吳河清《論曹勛的使金詩》，《文學遺產》2007年第5期；劉春霞《朱弁使金詩初探》，《西華師範大學學報》2008年第5期；吳冬紅《論曹勛的使金詞》，《麗水學院學報》2010年第3期；王文科《論蘇轍的使遼詩》，《河南大學學報》2015年第2期；傅珊《洪皓與范成大使金詩對比研究》，魯東大學2016年碩士學位論文；曹文瀚《許及之使金詩史料價值論析》，《宋史研究論叢》第28輯，2021年。

第一章　宋代使行文獻的文體淵源

前文簡要介紹了目録書對宋代使行作品的著録情況，可以基本瞭解這批文獻的構成，這是認識它們的一個必要途徑。此外，認識宋代使行文獻還有另一個途徑，就是考察其淵源。尤其是針對形式多樣的宋代使行作品，有必要對其文體淵源加以探究，以充分理解各體使行文獻的作品形態、撰寫歷史和基本特徵。

第一節　先秦時期的三種使行活動

關於使行文獻的記録最早可追溯自周代，《周禮·秋官·小行人》記載："及其萬民之利害爲一書，其禮俗政事教治刑禁之逆順爲一書，其悖逆暴亂作慝猶犯令者爲一書，其札喪凶荒厄貧爲一書，其康樂和親安平爲一書。凡此五物者，每國辨異之，以反命于王，以周知天下之故。"①對此，賈公彦解釋説："此總陳小行人使適四方，所採風俗善惡之事，各各條録，别爲一書，以報上也。"②孫詒讓解釋説："輶軒之使即行人，此五物之書即輶軒使者奏籍之書也。"③從中可見，"五物"的核心内容是行人對所見風俗善惡之事的記録，是用於"反命于王"的"奏籍之書"。這説明，早在周代就已制定了行人奉使需採録經見成書的禮制。

周代奉行以《詩》造士的詩教方式，《詩》的功能被發揮到極致，在交聘儀式和語言交流中都扮演了重要角色。比如孔子就有《詩》可以興、觀、群、怨的主張，故責孔鯉退而學《詩》、學禮。同時，在春秋時期的交聘活動中，是否擅於專對成爲衡量使臣交聘才能的一項重要標準。孔子説："誦《詩》三

---

① 孫詒讓《周禮正義》卷七二，北京，中華書局，1987年，第3007頁。
② 賈公彦《周禮注疏》卷三七，阮元校刻《十三經注疏》，北京，中華書局影印，1980年，第894頁中。
③ 孫詒讓《周禮正義》卷七二，第3008頁。

百,授之以政,不達;使於四方,不能專對;雖多,亦奚以爲?"①提出誦《詩》三百以用於聘問專對的主張。這一主張也在《國語》《左傳》所記録的關於"賦詩言志"的種種事例中得到體現,故《漢書·藝文志》詩賦略説:"傳曰:'不歌而誦謂之賦,登高能賦可以爲大夫。'言感物造耑,材知深美,可與圖事,故可以爲列大夫也。古者諸侯卿大夫交接鄰國,以微言相感,當揖讓之時,必稱《詩》以諭其志,蓋以别賢不肖而觀盛衰焉。"②指出了《詩》在聘問專對中的實際運用。可以説,這些主張成功推動了詩歌向交聘活動的進入。

事實上,以《詩》造士的目的正是爲了適應聘問專對的要求。古人重視交聘,以至於重視交聘中的隻言片語。孔子説:"不學詩,無以言。"又説:"言之無文,行而不遠。""辭達而已矣。"③這可以理解爲把交聘辭令當作重要的教育内容。也説明古人在重視交聘及其專對的同時,還注重交聘辭令的運用。如《隋書·經籍志》説:"從横者,所以明辯説,善辭令,以通上下之志者也。"④明確了專對與辭令的統一關係,二者是使臣需要兼備的技能。在《左傳·襄公三十一年》中有一段創製交聘辭令的記録:

子産之從政也,擇能而使之。馮簡子能斷大事;子大叔美秀而文;公孫揮能知四國之爲,而辨於其大夫之族姓、班位、貴賤、能否,而又善爲辭令;裨諶能謀,謀於野則獲,謀於邑則否。鄭國將有諸侯之事,子産乃問四國之爲於子羽,且使多爲辭令;與裨諶乘以適野,使謀可否;而告馮簡子,使斷之;事成,乃授子大叔使行之,以應對賓客。是以鮮有敗事。⑤

《論語·憲問》據此説:"爲命,裨諶草創之,世叔討論之,行人子羽修飾之,東里子産潤色之。"⑥可見在古人看來,製作辭令是服務於聘問專對的一件事務,也是決定交聘成敗的要素。對於辭令,劉寶楠進一步解釋説:"命者,凡聘問會盟所受於主國之命,其語皆有一定。故《聘記》云'辭無常',明命有常也。《左傳》言子産使子羽多爲辭令,則於禮命之外,更多爲辭以爲之備,即《論語》所言'爲命'者,得兼有之也。"⑦所謂"命"一定,而"辭"無常,體現的正是古人對交聘活動中隻言片語的重視。這就是説,如果把"禮命"

---

① 劉寶楠《論語正義》卷一六,北京,中華書局,1990年,第525頁。
② 《漢書》卷三〇《藝文志》,北京,中華書局,1962年,第1755—1756頁。
③ 劉寶楠《論語正義》卷一九、卷一八,第668、642頁。
④ 《隋書》卷三四《經籍志》,北京,中華書局,1973年,第1005頁。
⑤ 《春秋左傳正義》,載《十三經注疏》,第2015頁下。
⑥ 劉寶楠《論語正義》卷一七,第560頁。
⑦ 劉寶楠《論語正義》卷一七,第561頁。

看作是具有既定體例的交聘文書,那麼變化無常的應對之"辭"便是使臣需要悉心總結和準備的内容。

關於周代交聘活動中的專對與辭令,在後人的著述中多有總結。比如:劉知幾《史通·言語》説:"言之不文,行之不遠,則知飾詞專對,古之所重也。……大夫、行人,尤重詞命,語微婉而多切,言流靡而不淫。"又《叙事》説:"古者行人出境,以詞令爲宗;大夫應對,以言文爲主。"①章學誠《文史通義·詩教》説:"觀春秋之辭命,列國大夫,聘問諸侯,出使專對,蓋欲文其言以達旨而已。至戰國而抵掌揣摩,騰説以取富貴,其辭敷張而揚厲,變其本而加恢奇焉,不可謂非行人辭命之極也。"②從這些評述可見,在周代的交聘活動中專對是一個不可回避的環節,辭令則是影響專對成敗的因素。所以,在聘問專對活動中,不僅會強調使臣的政治表現,還要強調其文學表現。

以上所述三類事件——行人録五物成書,賦詩言志,重視聘問專對與辭令等——發生在周代交聘活動之中。毋庸置疑,它們標志了使行文獻的濫觴。

第二節　漢晉時期的使行文獻

漢晉時期,中國與中亞、西亞以及中南半島、南亞諸國都往來頻繁,爲使臣撰寫使行作品提供了條件,也爲朝廷瞭解周邊國家的社會狀況建立了途徑。如《後漢書·東夷列傳》載:"自中興之後,四夷來賓,雖時有乖畔,而使驛不絶,故國俗風土,可得略記。"③這意味著,漢代通過使臣往來及其相關作品,得以開始認識世界。

一、漢晉使臣行記概述

最早的使行作品可以追溯至西漢初期,由陸賈使南越時所撰寫的《南越行紀》(又稱《南中行記》)。陸賈(約前240—前170),《史記》本傳載其"以客從高祖定天下,名爲有口辯士,居左右,常使諸侯"。在漢高祖十一年(前196),"使陸賈賜尉他印爲南越王"④。他不辱使命,成功説服南越王臣服漢

---

① 劉知幾著,浦起龍通釋,王煦華整理《史通通釋》卷六,上海,上海古籍出版社,2009年,第138、161頁。
② 章學誠著,葉瑛校注《文史通義校注》卷一,北京,中華書局,1985年,第61頁。
③ 《後漢書》卷八五,北京,中華書局,1965年,第2810頁。
④ 《史記》卷九七《陸賈列傳》,北京,中華書局,1982年,第2697頁。

朝。其使事詳見《史記》《漢書》之《陸賈傳》。關於陸賈行記的文獻著録有《滇略》，稱："滇中掌故，則漢陸賈《南中行記》一卷。"①又有《雲南通志》，在"雜紀遺文"部分著録此書，但未出卷數，注云："漢陸賈傳，載《崇文總目》。"②是書早佚，唯嵇含《南方草木狀》引録佚文兩則，記其書名爲《南越行紀》。

其次是張騫奉使西域撰有《出關志》。張騫（約前164—前114）字子文，漢武帝建元三年（前138），準備聯合大月氏共擊匈奴，便派張騫出使月氏。不想途中被匈奴俘獲，留十餘年；後逃脱，經大宛、康居到大月氏，但聯合計劃遭到拒絶；後到大夏，停留一年多而返回；歸途中又被匈奴擒獲，再遭扣留一年多；最終於武帝元朔三年（前126）才得以回到漢廷。今《隋書·經籍志》《通志·藝文略》《玉海·異域圖書》均著録有"張騫《出關志》一卷"。③ 又《册府元龜》云："張騫爲郎，使月氏，撰《出關志》一卷。"④是書已佚。目前《出關志》的内容主要見存於《史記·大宛列傳》，司馬遷稱："大宛之迹，見自張騫。"⑤可見《大宛列傳》應該是參考《出關志》寫成，故而司馬遷才美譽"張騫鑿空"。另外，章宗源《隋書經籍志考證》地理類還指出："張騫《出關志》一卷。崔豹《古今注》曰：'酒杯藤出西域，國人寶之，不傳中土，張騫出大宛得之。事出張騫《出關志》。'洪遵《泉志》外國品亦引張騫《出關志》。"⑥

再次是班勇撰寫的《西域風土記》（又名《西域記》《西域諸國記》）。班勇是班超之少子，自幼生長在西域。班超於漢明帝永平十六年（73）出使西域，至漢和帝永元十四年（102）才返回洛陽，在西域前後停留了三十一年之久。班勇字宜僚，永元十三年（101），班超遣班勇隨安息使者入朝。其後班勇晉升爲東漢將軍，在漢安帝永初元年（107），西域反叛時，"以勇爲軍司馬。……迎都護及西域甲卒而還"。延光二年（123），又"以勇爲西域長史，將兵五百人出屯柳中"。⑦ 可以説，長期在西域生活使班勇對當地的地理環境、社會風俗都瞭解甚深，也爲《西域風土記》的撰寫提供了充足的條件。關

---

① 謝肇淛《滇略》卷八，《文淵閣四庫全書》第494册，第215頁上。
② 靖道謨等編纂《雲南通志》卷三〇《雜紀·遺文》，《文淵閣四庫全書》第570册，第745頁下。
③ 《隋書》卷三三《經籍志》，第985頁。鄭樵《通志》卷六六《藝文略》地理類行役，北京，中華書局影印，1987年，志783頁上。王應麟《玉海》卷一六《異域圖書》漢異物志，揚州，廣陵書社影印，2007年，第299頁上。
④ 王欽若等編纂《册府元龜》卷五六〇《國史部·地理》，南京，鳳凰出版社，2006年，第6422頁。
⑤ 《史記》卷一二三《大宛列傳》，第3157頁。
⑥ 章宗源《隋書經籍志考證》卷六，《二十五史補編》（第四册），第4993頁下。
⑦ 《後漢書》卷四七《班勇傳》，第1587、1589頁。

於班勇行記的文獻著録有：顧櫰三《補後漢書藝文志》輿地類記作"班勇《西域記》"，而姚振宗《後漢藝文志》地理類則分別載有班超和班勇的《西域風土記》。是書已佚。目前《西域風土記》的内容主要見載於《後漢書·西域傳》，説："班固記諸國風土人俗，皆已詳備《前書》，今撰建武以後其事異於先者，以爲《西域傳》，皆安帝末班勇所記云。"①嚴可均《全後漢文》卷二六亦説班勇"有《西域諸國記》若干卷，今全卷在范書"②。惠棟《後漢書補注》在注《西域傳》"世傳明帝夢見金人，長大，頂有光明"一句時，又特別指出："世傳以下，范氏續述所聞，非班勇之文也。"③由此可知，班勇《西域風土記》因賴范曄所撰《西域傳》而得以遺存。

又有三國東吴時期的朱應和康泰，二人同時出使扶南，各自撰有《扶南異物志》和《扶南土俗》（又名《扶南傳》《扶南記》《外國傳》等）。《梁書·諸夷傳》載吴孫權時，遣宣化從事朱應、中郎康泰通使扶南。"其所經及傳聞，則有百數十國，因立記傳。"④今《隋書·經籍志》《舊唐書·經籍志》《新唐書·藝文志》均著録有朱應撰"《扶南異物志》一卷"⑤；《太平御覽·四夷部》蒲羅中國載："吴時，康泰爲中郎，表上《扶南土俗》。"⑥這説明二人均撰有奉使行記。二書皆已失傳。據考查，康泰行記多有文獻引録，朱應行記則未見一條。對此，有學者認爲：不論康泰諸書抑或康泰、朱應兩人所撰，均爲同一部著作，一人爲主要作者，一人因係主使官而得以名列於前。⑦ 對其佚文，先後有學者進行過輯録，諸如向達《漢唐間西域及南海諸國古地理書輯佚》、盧鶴松《康泰吴時外國傳輯註》、許雲樵《康泰吴時外國傳輯註》、日本渡部武《朱應、康泰の扶南見聞録輯本稿》、陳佳榮《外國傳》等⑧。

另外，在漢晉時期還出現了一些使臣圖記。它們以圖形代替文字，亦表達出與使臣行記相似的内容。例如《後漢書·李恂傳》載東漢孝章帝時，李恂"持節使幽州，宣布恩澤，慰撫北狄，所過皆圖寫山川、屯田、聚落百餘卷，

---

① 《後漢書》卷八八《西域傳》，第2912—2913頁。
② 嚴可均《全上古三代秦漢三國六朝文》，北京，中華書局影印，1958年，第617頁上。
③ 惠棟《後漢書補注》卷二〇，載張舜徽主編《二十五史三編》（第四册），長沙，嶽麓書社，1994年，第268頁上。
④ 《梁書》卷五四《諸夷傳》，北京，中華書局，1973年，第783頁。
⑤ 《隋書》卷三三《經籍志》，第984頁。《舊唐書》卷四六《經籍志》，北京，中華書局，1975年，第2015頁。《新唐書》卷五八《藝文志》，北京，中華書局，1975年，第1505頁。
⑥ 李昉等《太平御覽》卷七八七，北京，中華書局影印，1960年，第3485頁上。
⑦ 參見陳佳榮《朱應、康泰出使扶南和〈吴時外國傳〉考略》，《中央民族學院學報》1978年第4期，第77頁。又見陳佳榮、錢江、張廣達合編《歷代中外行紀》，上海，上海辭書出版社，2008年，第59頁。
⑧ 詳見《歷代中外行紀》，第59頁。

悉封奏上,肅宗嘉之"①。又王嘉《拾遺記》載:"太始元年,魏帝爲陳留王之歲,有頻斯國人來朝,以五色玉爲衣,如今之鎧。……使圖其國山川地勢瑰異之屬,以示張華。"②這些圖記山川風俗的記行作品,無疑是一種特殊的使臣行記類型。尤其是在唐宋時期,使臣圖記的撰寫相當普遍,産生了《西域圖志》、徐兢《宣和奉使高麗圖經》和沈括《乙卯使虜圖抄》等作品。它們主要是以圖文形式,繪録地理、山川、事物等内容來反映交聘過往,從而形成了使還回奏的一份圖文並茂的書面報告。

二、漢晉使臣行記的三項内容

從上述漢晉時期的使臣行記來看,能夠見載於文獻記録的並不多,只有七種。而且這七種行記也近乎亡佚,留下來的佚文大多支離破碎、殘缺不全,很難反映一部使臣行記的整體面貌。即便如此,還是可以通過這些行記殘文總結出漢晉使臣行記的三項基本内容。

第一,記録行程。對於使臣行記而言,記録行程是一種較爲常見的撰寫方式。在漢晉時期的使臣行記中,僅根據陸賈《南越行紀》的書名,就可以預知此書必定有記程的内容。但是從《南方草木狀》所存録的兩則《南越行紀》佚文來看,均與南越異物相關,故其記程情況尚難細知。目前能夠反映記程内容的使臣行記,主要是張騫《出關志》和班勇《西域風土記》,二書因史書修撰被參編而得以保存。它們的記程情況表現爲,《史記·大宛列傳》以大宛爲中心記録了周邊各國的行程距離:

大宛	烏孫(在大宛東北可二千里)
	康居(在大宛西北可二千里)→奄蔡(在康居西北可二千里)
	大月氏(在大宛西可二三千里)→安息(在大月氏西可數千里)
	大夏(在大宛西南二千餘里)

《後漢書·西域傳》則記録了西域内屬諸國之間的行程距離,如:"自敦煌西出玉門、陽關,涉鄯善,北通伊吾千餘里,自伊吾北通車師前部高昌壁千二百里,自高昌壁北通後部金滿城五百里。"又如:"自安息西行三千四百里至阿蠻國。從阿蠻西行三千六百里至斯賓國。從斯賓南行度河,又西南至

---

① 《後漢書》卷五一《李恂傳》,第1683頁。
② 王嘉撰,蕭綺録,齊治平校注《拾遺記校注》卷九,北京,中華書局,1981年,第208—209頁。

于羅國九百六十里。"①此外,還往往同時記錄西域內屬諸國與"長史所居"、洛陽之間的距離,諸如:

> 拘彌國居寧彌城,去長史所居柳中四千九百里,去洛陽萬二千八百里。
> 于寘國居西城,去長史所居五千三百里,去洛陽萬一千七百里。
> 西夜國一名漂沙,去洛陽萬四千四百里。
> 德若國……東去長史居三千五百三十里,去洛陽萬二千一百五十里。
> 安息國居和櫝城,去洛陽二萬五千里。
> 大月氏國居藍氏城……東去長史所居六千五百三十七里,去洛陽萬六千三百七十里。②

根據《史記·大宛列傳》《後漢書·西域傳》的記錄,可以瞭解到張騫《出關志》和班勇《西域風土記》的記程形式是:或以一地爲中心記錄周邊各地的距離,或記錄各地之間的行程距離。另外,康泰的《扶南土俗》也有記程內容,如:"優鈸國者,在天竺之東南可五千里。"又如:"扶南之西南有林陽國,去扶南七千里。"③此書與張、班二人的行記相類,均是以國家作爲記錄的單元。由此可見,記錄行程是漢晉使臣行記撰寫的一項重要內容;同時,詳錄地名和距離的撰寫方式,又是漢晉使臣行記文體的一種典型形式。

第二,採錄異聞。受客觀地理環境的影響,不少漢晉使臣行記都記錄有異聞、異物和異事等內容。比如陸賈《南越行紀》,現存佚文都是對異物的記錄,説:"南越之境,五穀無味,百花不香,此二花特芳香者,緣自胡國移至,不隨水土而變,與夫橘北爲枳異矣。彼之女子,以綵絲穿花心,以爲首飾。"又説:"羅浮山頂有胡楊梅,山桃繞其際,海人時登採拾,止得於上飽噉,不得持下。"④陸賈爲何偏好記錄南越異物呢? 根據《史記》《漢書》之《陸賈傳》記載:南越王留飲陸賈數月之後,説到:"越中無足與語,至生來,令我日聞所不聞。"⑤顔師古注:"言素所不聞者,日聞之。"⑥南越王認爲陸賈的可貴之處就是爲他帶來了許多聞所未聞的信息。相反,對於陸賈來説,從其記錄可

---

① 《後漢書》卷八八《西域傳》,第2914、2918頁。
② 《後漢書》卷八八《西域傳》,第2915、2917、2918、2920頁。
③ 《太平御覽》卷七八七《四夷部》,第3485頁。
④ 嵇含撰《南方草木狀》卷上、卷下,《叢書集成初編》第1352册,第1、11—12頁。
⑤ 《史記》卷九七《陸賈傳》,第2698頁;《漢書》卷四三《陸賈傳》,第2112頁。
⑥ 《漢書》卷四三《陸賈傳》,第2113頁。

見他對南越的奇聞異物感觸最多,也可以説是"日聞所不聞",所以採録異聞便成爲其行記的重要内容。不止陸賈,對異域奇聞同樣熱衷的漢晉使臣行記作者大有人在。據《後漢書·西域傳》記安息國云:"其土多海西珍奇異物焉。"又記大秦國云:"諸國所生奇異玉石諸物,譎怪多不經,故不記云。"①説明班勇在西域也遇到許多珍奇異物,雖然他認爲大多譎怪不經,没有必要記録,但實際還是被他大量採録到了行記之中,例如:

(西夜國)地生白草,有毒,國人煎以爲藥,傅箭鏃,所中即死。
(條支國)土地暑濕,出師子、犀牛、封牛、孔雀、大雀。大雀其卵如甕。
(大秦國)土多金銀奇寶,有夜光璧、明月珠、駭雞犀、珊瑚、虎魄、琉璃、琅玕、朱丹、青碧。刺金縷繡,織成金縷罽、雜色綾。作黄金塗、火浣布。又有細布,或言水羊毳,野蠶繭所作也。合會諸香,煎其汁以爲蘇合。凡外國諸珍異皆出焉。
(天竺國)土出象、犀、瑇瑁、金、銀、銅、鐵、鉛、錫,西與大秦通,有大秦珍物。又有細布、好毾㲪、諸香、石蜜、胡椒、薑、黑鹽。②

事實上,幾乎所有漢晉使臣行記都有録異獵奇的内容。比如崔豹《古今注·草木》引張騫《出關志》云:"酒杯藤出西域,藤大如臂,葉似葛,花實如梧桐。實花堅皆可以酌酒,自有文章映徹可愛,實大如指,味如荳蔻,香美消酒,土人提酒來至藤下,摘花酌酒,仍以實銷醒。國人寶之,不傳中土,張騫出大宛得之。事出張騫《出關志》。"③還有西晉初期讓頻斯國使臣圖記"其國山川地勢瑰異之屬"的事件,也是因爲其使自記頻斯國怪異莫測④,皇帝

---

① 《後漢書》卷八八《西域傳》,第2918、2920頁。
② 《後漢書》卷八八《西域傳》,第2917—2921頁。
③ 崔豹《古今注》卷下,《叢書集成初編》第274册,第18—19頁。
④ 《拾遺記》卷九載:"太始元年,魏帝爲陳留王之歲,有頻斯國人來朝,以五色玉爲衣,如今之鎧。其使不食中國滋味,自齎金壺,壺中有漿,凝如脂,嘗一滴則壽千歲。其國有大楓木成林,高六七十里,善算者以里計之,雷電常出樹之半。其枝交蔭於上,蔽不見日月之光。其下平净掃灑,雨霧不能入焉。樹東有大石室,可容萬人坐。壁上刻爲三皇之像:天皇十三頭,地皇十一頭,人皇九頭,皆龍身。亦有膏燭之處。緝石爲床,床上有膝痕深三寸。床前有竹簡長尺二寸,書大篆之文,皆言開闢以來事,人莫能識。或言是伏羲畫卦之時有此書,或言是倉頡造書之處。傍有丹石井,非人之所鑿,下及漏泉,水常沸湧,諸仙欲飲之時,以長綆引汲也。其國人皆多力,不食五穀,日中無影,飲桂漿雲霧。羽毛爲衣,髮大如縷,堅韌如筋,伸之幾至一丈,置之自縮如蠹。績人髮以爲繩,汲丹井之水,久久方得升合之水。水中有白蛙,兩翅,常來去井上,仙者食之。至周,王子晉臨井而窺,有青雀銜玉杓以授子晉,子晉取而弄之,乃有雲起雪飛。子晉以衣袖揮雲,則雲雪自止。白蛙化爲雙白鳩入雲,望之遂滅。皆頻斯國之所記,蓋其人年不可測也。"第208—209頁。

想借助圖像來建立形象的認識。這些事例説明,採録異聞是漢晉使臣行記的一項重要内容。

第三,記録風俗。觀察漢晉時期的使臣行記,如《西域風土記》和《扶南土俗》,單從書名就透露出内容必然多録當地風俗。例如《後漢書·西域傳》記大秦國"人俗力田作,多種樹蠶桑。皆髡頭而衣文繡,乘輜軿白蓋小車,出入擊鼓,建旌旗幡幟"。① 又如《梁書·諸夷傳》載康泰、朱應使扶南,看見其"國人猶裸,唯婦人著貫頭"②,等等。尤其是《扶南土俗》,今存佚文較多,考查其内容的確與書名相應,幾乎都是記録奉使扶南所聞見的各國風俗。

事實上,在漢晉時期,通過遣使和來使瞭解異國風俗,是統治者獲取信息的一條重要渠道,諸如:

>《後漢書·東夷列傳》:"自中興之後,四夷來賓,雖時有乖畔,而使驛不絶,故國俗風土,可得略記。"
>《梁書·諸夷傳》:"孫權黄武五年,有大秦賈人字秦論來到交趾,交趾太守吴邈遣送詣權,權問方土謡俗,論具以事對。"又"吴遣中郎康泰使扶南,及見陳、宋等,具問天竺土俗"。③

可見,當時人們對異國風俗有著強烈的求知慾望。從政治上考慮,借助使臣對異國風俗的記録,統治者可以不出國門就能知道各國人民的喜好和各國之間的生活差異。如《史記·大宛列傳》的記録就是證明,它對各國風俗都稍作陳述,以此表明了異同:

>(大宛)其俗土著,耕田,田稻麥。
>(烏孫)行國,隨畜,與匈奴同俗。
>(康居)行國,與月氏大同俗。
>(奄蔡)行國,與康居大同俗。
>(大月氏)行國也,隨畜移徙,與匈奴同俗。
>(安息)其俗土著,耕田,田稻麥。
>(條枝)耕田,田稻。

---

① 《後漢書》卷八八《西域傳》,第2919頁。
② 《梁書》卷五四《諸夷傳》,第789頁。
③ 《後漢書》卷八五《東夷列傳》,第2810頁。《梁書》卷五四《諸夷傳》,第798頁。

（大夏）其俗土著，有城屋，與大宛同俗。①

所以，對於使臣行記的撰寫，採録風俗應該是大多數作品都具備的一項内容。干寶《晉紀》載："陟、璆奉使如魏，入境而問諱，入國而問俗。"②這一行爲固然有出於對邦交國的尊重，使交聘活動能順利進行，但不能忽視使臣"入國而問俗"的方式也推動了使臣行記的撰寫。

上述種種情況説明，漢晉時期的使臣行記主要是記録行程、異聞和風俗這三項内容。這三項内容並不矛盾，作爲一部使臣行記，可以三者兼而有之，也可以突出表現其中的某一方面。還進一步表明，漢晉使臣行記的撰寫已經初具一定形式規範，並作爲使臣行記的文體發端，對後世的行記編撰具有導向作用。

三、漢晉史書中所記載的聘問對答

從史書記載看漢晉時期的交聘活動，其中多有記述交聘雙方問對的内容。例如陸賈使南越與尉他對答：

> 尉他迺蹶然起坐，謝陸生曰："居蠻夷中久，殊失禮義。"因問陸生曰："我孰與蕭何、曹參、韓信賢？"陸生曰："王似賢。"復曰："我孰與皇帝賢？"陸生曰："皇帝起豐沛，討暴秦，誅彊楚，爲天下興利除害，繼五帝三王之業，統理中國。中國之人以億計，地方萬里，居天下之膏腴，人衆車轝，萬物殷富，政由一家，自天地剖泮未始有也。今王衆不過數十萬，皆蠻夷，崎嶇山海間，譬若漢一郡，王何乃比於漢！"尉他大笑曰："吾不起中國，故王此。使我居中國，何渠不若漢？"迺大説陸生，留與飲數月。曰："越中無足與語，至生來，令我日聞所不聞。"賜陸生橐中裝直千金，他送亦千金。陸生卒拜尉他爲南越王，令稱臣奉漢約。歸報，高祖大悦，拜賈爲太中大夫。③

從中可見尉他熟知漢帝及蕭何、曹參、韓信等名臣，試圖通過陸賈來進一步瞭解漢朝的君臣情況。陸賈的對答讓尉他非常滿意，認爲陸賈的到來讓他開拓了眼界，能"日聞所不聞"；同時，當陸賈將奉使經過回報後，也得到

---

① 《史記》卷一二三《大宛列傳》，第3160—3164頁。
② 《三國志》卷四八《孫皓傳》裴注引干寶《晉紀》，北京，中華書局，1959年，第1165頁。
③ 《史記》卷九七《陸賈傳》，第2698頁。

了高祖肯定。值得注意的是,自漢初使臣就需要將交聘活動的種種細節回報君王,聘問對答便是其中之一。類似的記錄在漢晉時期的各類史籍中還有很多,比如《漢書》記載有使者出使匈奴和傅介子出使西域:

> 後漢使者至匈奴,單于問曰:"聞漢新拜丞相,何用得之?"使者曰:"以上書言事故。"單于曰:"苟如是,漢置丞相,非用賢也,妄一男子上書即得之矣。"使者還,道單于語。武帝以爲辱命,欲下之吏。良久,乃貰之。
>
> 介子至樓蘭,責其王教匈奴遮殺漢使:"大兵方至,王苟不教匈奴,匈奴使過至諸國,何爲不言?"王謝服,言:"匈奴使屬過,當至烏孫,道過龜茲。"介子至龜茲,復責其王,王亦服罪。介子從大宛還到龜茲,龜茲言:"匈奴使從烏孫還,在此。"介子因率其吏士共誅斬匈奴使者。還奏事,詔拜介子爲中郎,遷平樂監。①

在上述兩個事例中,出使匈奴者因爲言語不當,武帝欲治其罪;傅介子因處事得體,而受到褒獎。這説明,漢帝對使臣在交聘活動中的言行極爲重視,聘問對答是君主判斷使臣是否有辱使命的一項重要依據。

三國時期政權對立,各方使臣往來其間,留下諸多聘問對答的内容。比如吴趙咨使魏:

> 魏文帝問曰:"吴王何等主?"對曰:"聰明仁智,雄略之主。"問其狀,咨曰:"納魯肅於凡品,是其聰也;拔吕蒙於行軍,是其明也;獲于禁而不害,是其仁也;取荆州兵不血刃,是其智也;據三州虎視天下,是其雄也;屈身陛下,是其略也。"又問:"吴王頗知學乎?"答曰:"吴王浮江萬艘,帶甲百萬,任賢使能,志在經略,脱有餘暇,博覽史籍而採奇異,不效書生尋章摘句而已。"又曰:"吴可征乎?"咨曰:"大國有征伐之兵,小國有備禦之固。"又曰:"吴難魏乎?"咨曰:"帶甲百萬,江漢爲池,何難之有?"又曰:"吴如大夫者幾人?"咨曰:"聰明特達者八九十人,如臣之輩,撥群驅隊,不可勝數。"文帝善其對,厚禮之。咨還説權曰:"臣觀北方,終不能守盟,朝廷承漢四百之餘,應東南之運,宜改年號,正服色,以應天順人。"權納之。②

---

① 《漢書》卷六六,第 2884 頁。《漢書》卷七〇《傅介子傳》,第 3001—3002 頁。
② 許嵩《建康實錄》卷一,北京,中華書局,1986 年,第 20—21 頁。

可見,文帝就吳主才智和吳國實力等向趙咨發問,而趙咨對答得體,受文帝稱讚;同時,趙咨使回後向孫權提供的建議也得到採納。這就是説,聘問對答不只能表現使臣的機敏和應變,還能從中探尋到某些政治信息以供君主制定策略。有鑑於此,使臣派遣會首選那些博學多識、擅於機辨的人員,如李密"博覽多所通涉,機警辯捷"[1],陳化"博覽衆書,氣幹剛毅"[2],他們即是劉劭《人物志》中所説的"辨給之材,行人之任也"[3]。以是否具有才辯作爲選使的標準,促使三國時期的交聘活動中問對紛紜,如有魏浩周使吳與孫權對、吳馮熙使魏與文帝對、吳陳化使魏與文帝對、蜀鄧芝使吳與孫權對、蜀宗預使吳與孫權對、蜀李密使吳與孫權對等[4]。這些問對内容都被載入史籍,呈現了當時聘問對答的諸多細節。值得思考的是,若非當時有專職人員來記録交聘活動中的對答内容,這些内容又何以被如此細緻地編入史籍呢? 具體情況不得而知,但不外乎存在兩種情況:一是聘問對答的内容由使臣或從屬記録,用以回報君主;二是設有專職人員來記録聘問對答,作爲一份交聘活動的備案。由此可以進一步推測:在漢晉時期,各方已經開始注意記録交聘活動中的語言,亦開始將使臣對答作爲瞭解交聘事務的一份重要資料。不過,這樣的資料未能在名稱上得到統一,也未能形成規範的文體。即便如此,上述聘問對答還是展現出了作爲一份使行文獻的意義,可被視爲是南北朝接對"語辭"和宋代使臣"語録"的初始形態。

第三節　南北朝時期的使行文體

南北朝時期政權的分割,構成了南北兩個文化區域,兩地之間的政治文化交流就此展開。特别是在交聘活動中,受當時文化風氣的影響,南北政權各自妙選使臣,本意是爲了能在交聘中應對自如、不失體面,但無意中卻讓大批優秀的文士參與進來,而爲文化交流創造了條件。在南北交聘活動中,不論是聘使還是伴使,都競相展示才華,撰寫了一定數量的行記、語辭和詩歌等作品,爲南北朝交聘增添了濃墨重彩的一筆。對於這些品種不同的使

---

[1] 《三國志》卷四五《鄧張宗楊傳》,第 1078 頁。
[2] 《三國志》卷四七《吳主傳》,第 1132 頁。
[3] 劉劭《人物志》卷上,《叢書集成新編》第 20 册,臺北,新文豐出版公司印行,2008 年,第 444 頁下。
[4] 詳見《三國志》卷四七《吳主傳》,第 25、1128—1129、1130—1131 頁;卷四五《鄧芝傳》,第 1071—1072 頁;卷四五《鄧張宗楊傳》,第 1075—1076、1078 頁。

臣作品,下面將分別予以介紹。

一、南北聘使活動中的使臣行記

從現存南北朝時期的使行文獻來看,使臣行記的數量居多,説明它是南北朝使臣樂於選用的一種文體,其内容主要是對南北朝道里、趣聞、名物的集中反映。據研究者統計,南北朝之間的聘使往來有百次之多①。衆多使臣進入到交聘活動之中,所留下的行記作品可考者如下:

(一) 南北朝使臣行記文獻

1. 佚名《魏聘使行記》

《隋書·經籍志》著録"《魏聘使行記》六卷"。《舊唐書·經籍志》《新唐書·藝文志》《通志·藝文略》地理類均著録爲"《魏聘使行記》五卷"②。是書已佚。作者不詳。

2. 李諧《李諧行記》

《隋書·經籍志》《通志·藝文略》均著録"《李諧行記》一卷"③。是書已佚。

李諧字虔和。《北史·李諧傳》稱其"幼有風采","文辯爲時所稱"。東魏孝静帝天平四年(537),李業興"與兼散騎常侍李諧、兼吏部郎盧元明使蕭衍"④。《北史·李諧傳》載:"天平末,魏欲與梁和好。……於是以諧兼常侍、盧元明兼吏部郎、李業興兼通直常侍聘焉。梁武使朱异覘客,异言諧、元明之美。諧等見,及出,梁武目送之,謂左右曰:'朕今日遇勍敵,卿輩常言北間都無人物,此等何處來?'謂异曰:'過卿所談。'是時鄴下言風流者,以諧及隴西李神儁、范陽盧元明、北海王元景、弘農楊遵彦、清河崔贍爲首。"⑤據此可知,《李諧行記》應是李諧聘梁時的記行之作。

3. 李繪等《聘梁記》

《隋書·經籍志》著録"《封君義行記》一卷",注"李繪撰"⑥。《通志·藝文略》亦有著録,但未署名。

李繪字敬文。《魏書·孝静本紀》載興和四年(539)"夏四月丙寅,遣兼

---

① 簡修煒、莊輝明、章義和《六朝史稿》,上海,華東師範大學出版社,1994年,第303頁。劉永濤《行人與魏晉南北朝文學研究》,暨南大學2010年碩士學位論文,第12頁。
② 《隋書》卷三三,第986頁。《舊唐書》卷四六,第2016頁。《新唐書》卷五八,第1505頁。鄭樵撰,王樹民點校《通志二十略》,北京,中華書局,1995年,第1583頁。
③ 《隋書》卷三三,第986頁。《通志二十略》,第1584頁。
④ 《魏書》卷八四《李業興傳》,北京,中華書局,1974年,第1862頁。
⑤ 《北史》卷四三,北京,中華書局,1974年,第1604頁。
⑥ 《隋書》卷三三,第986頁。

散騎常侍李繪使于蕭衍"①。《北齊書·李繪傳》亦載:"武定初,(李繪)兼常侍,爲聘梁使主。"

《酉陽雜俎》續集卷四"貶誤"條引録李繪、封君義《聘梁記》曰:"梁主客賀季指馬上立射,嗟美其工。繪曰:'養由百中,楚恭以爲辱。'季不能對。又有步從射版,版記射的,中者甚多。繪曰:'那得不射麞?'季曰:'上好生行善,故不爲麞形。'自麞而鹿,亦不差也。"②可見李繪使梁當撰有行記,但此行記似乎非李繪一人所撰。據《魏書·高恭之傳》記載:高恭之爲御史中尉,"選用御史,皆當世名輩,李希宗、李繪、陽休之、陽斐、封君義、邢子明、蘇淑、宋世良等四十人"③。這裏所說的封君義,乃指封述,"君義"是其字。又據《北齊書·封述傳》記載:"梁散騎常侍陸晏子、沈警來聘,以述兼通直郎使梁。"④可知李繪、封君義都充當過聘梁使,但二人的奉使時間並不相同。對此,姚振宗《隋書經籍志考證》認爲:

《南史·梁武帝本紀》大同六年秋七月,遣散騎常侍陸晏子報聘。七年夏四月戊申,東魏人來聘。蓋即李騫、封述爲使報陸晏子之聘也。時爲東魏孝靜帝興和三年,其後梁使明少遐報聘。明年四月,東魏乃以李繪爲使主使梁,是封君義爲使在李繪之前一年,非與繪同時將命者。此題《封君義行記》,則撰人、書名已具,而又注李繪撰,明是撰録其書,似與前《李諧行記》皆爲繪所撰集,疑即在《魏聘使行記》之中,此其佚出別行之本也。⑤

姚先生的懷疑是有道理的,從目録書對《魏聘使行記》的著録來看,至少在五卷以上,當時一部使臣行記很難有這樣大的篇幅;其書名也很像是一部魏聘使行記的總集,完全有他人集録的可能。但這並不代表集録者就是李繪,《酉陽雜俎》對《聘梁記》的引述方式似乎表明李、封二人有合撰此書的可能,也就是說李繪更有可能是集自己與封氏之作而成《聘梁記》。因爲在後世的交聘活動中,表現出一種前使之書後使參閱,以致影響到後使之行記撰寫的現象。有些使臣甚至續撰前使之書,或補録前使之疏,從而形成了一批內容更加豐富的使臣行記(具體例證,詳見後文)。所以我們回頭再看

---

① 《魏書》卷一二《孝靜紀》,第305頁。
② 段成式《酉陽雜俎》續集卷四"貶誤"條,北京,中華書局,2018年,第485頁。
③ 《魏書》卷七七,第1716頁。
④ 《北齊書》卷四三《封述傳》,北京,中華書局,1972年,第573頁。
⑤ 姚振宗《隋書經籍志考證》卷二一,《二十五史補編》(第四册),第5411頁中。

《隋書·經籍志》的著録,很有可能是對這一現象產生了誤解。故《通志·藝文略》依照《隋書·經籍志》著録時,其他南北朝使臣行記作者都照録不誤,唯獨此處省去,也許正是不明《隋書·經籍志》著録所致。

4. 〔南朝陳〕江德藻《聘北道里記》(又名《北征道理記》《聘北道記》)

《隋書·經籍志》和《通志·藝文略》地理類均著録有江德藻撰"《聘北道里記》三卷"①。

江德藻(509—565)字德藻,濟陽考城(今河南蘭考)人。《陳書·江德藻傳》載陳文帝天嘉四年(563),江德藻"兼散騎常侍,與中書郎劉師知使齊,著《北征道理記》三卷"②。據《陳書·南康愍王曇朗傳》記載陳文帝時,使曇朗爲質於齊。後北齊背盟,將曇朗殺害,陳人不知。文帝即位,天嘉二年(561)與齊人結好,方知曇朗已死,於是"遣兼郎中令隨聘使江德藻、劉師知迎曇朗喪柩,以三年春至都"③。據此可知,江德藻等人使齊當在天嘉二年至三年之間。《聘北道里記》早已失傳,今《太平寰宇記》《酉陽雜俎》《北户録》等文獻均存録有佚文。

5. 〔南朝陳〕劉師知《聘遊記》

《隋書·經籍志》和《通志·藝文略》地理類均著録有劉師知撰"《聘遊記》三卷"④。是書已佚。

劉師知,沛國相(今安徽濉溪縣西北)人。《陳書》本傳稱:"師知好學,有當世才。博涉書史,工文筆,善儀體,臺閣故事,多所詳悉。"⑤《册府元龜》記載:"江德藻,爲散騎常侍。與中書郎劉師知使北齊,德藻撰《聘北道里記》三卷,師知撰《聘遊記》三卷。"⑥可見《聘遊記》當是師知奉使時的記行之作。

6. 〔南朝陳〕姚察《西聘道里記》(又稱《西聘道里》《西聘》)

《册府元龜》載:"姚察爲吏部尚書,使隋,著《西聘道里》一卷。"⑦是書已佚。

姚察(533—606)字伯審,吳興武康(今浙江德清縣武康鎮)人。《陳書·姚察傳》載姚察"尋兼通直散騎常侍,報聘于周。江左者舊先在關右者,咸相傾慕。沛國劉臻竊於公館訪《漢書》疑事十餘條,並爲剖析,皆有經據。

---

① 《隋書》卷三三,第986頁。《通志二十略》,第1583頁。
② 《陳書》卷三四《江德藻傳》,北京,中華書局,1972年,第457頁。
③ 《陳書》卷一四《南康愍王曇朗傳》,第211頁。
④ 《隋書》卷三三,第986頁;《通志二十略》,第1583頁。
⑤ 《陳書》卷一六《劉師知傳》,第229頁。
⑥ 《册府元龜》卷五六〇《國史部·地理》,第6424頁。
⑦ 《册府元龜》卷五六〇《國史部·地理》,第6424頁。

臻謂所親曰'名下定無虛士'。著《西聘道里記》,所敘事甚詳"。又載其著述,有"《漢書訓纂》三十卷,《説林》十卷,《西聘》《玉璽》《建康三鍾》等記各一卷,悉窮該博,并《文集》二十卷,竝行於世"①。故知《西聘道里記》當是姚察的奉使之作。

除上述南北政權之間交聘活動中的行記外,北魏所派遣往使西域的使臣和僧侣也撰寫有一些行記作品。比如董琬等人,在太延二年(436)十一月被遣使西域。《魏書·西域傳》載:"遣散騎侍郎董琬、高明等多齎錦帛,出鄯善,招撫九國,厚賜之。"又載:"琬等使還京師,具言凡所經見及傳聞傍國。"②其後引述有董琬等所記録的西域見聞。又如宋雲、慧生等僧人同使西域,楊衒之《洛陽伽藍記》載:"聞義里有燉煌人宋雲宅,雲與惠生俱使西域也。神龜元年十一月冬,太后遣崇立寺比丘惠生向西域取經,凡得一百七十部,皆是大乘妙典","至正光三年二月,始還天闕"。③ 又《北史·西域傳》載:"初,熙平中,明帝遣騰伏子統宋雲、沙門法力等使西域,訪求佛經,時有沙門慧生者,亦與俱行。正光中還。"④此次出使產生了《慧生行傳》《宋雲家記》《道榮傳》三種作品,被融合在《洛陽伽藍記》卷五中。對此,陳寅恪指出:"今本《洛陽伽藍記》楊氏紀惠生使西域一節","乃合《惠生行紀》《道榮傳》及《宋雲家傳》三書爲一本"⑤。這些作品都是對南北朝使臣行記的反映。

(二) 南北朝使臣行記的特點

先看南北政權之間的使臣行記,其内容大多亡佚,所存佚文也爲數不多。但我們還是可以根據書名和佚文發現,使臣行記的編撰重心應該是放在記録道里行程和聘使見聞上。比如江德藻《聘北道里記》:

《酉陽雜俎》續集卷四"貶誤"引:"江德藻《聘北道記》云:'自邵伯埭三十六里至鹿筋,梁先有邅。此處多白鳥,故老云,有鹿過此,一夕爲蚊所食,至曉見筋,因以爲名。'"又引《聘北道記》云:"北方婚禮必用青布幔爲屋,謂之青廬。於此交拜,迎新婦。夫家百餘人挾車,俱呼曰:'新婦子催出來。'其聲不絶,登車乃止,今之催粧是也。以竹杖打壻爲

---

① 《陳書》卷二七,第 348—349、354 頁。
② 《魏書》卷一〇二《西域傳》,第 2260、2261 頁。
③ 范祥雍《洛陽伽藍記校注》,上海,上海古籍出版社,1978 年,第 251—342 頁。
④ 《北史》卷九七《西域傳》,第 3231—3232 頁。
⑤ 陳寅恪《讀洛陽伽藍記書後》,《金明館叢稿》二編,北京,生活·讀書·新知三聯書店,2001 年,第 179 頁。

戲,乃有大委頓者。"江德藻記此爲異,明南朝無此禮也。至於奠雁曰鵝,稅纓曰合髻,見燭舉樂,鋪母氅童,其禮太紊,雜求諸野。①

《北户錄》卷三"無名花"條引"《聘北道里記》云:'木龍寺,寺有三層塼塔,側生一大樹,縈繞至塔頂,枝榦交橫,上平,容十餘人坐,枝杪四向下垂,團團如柏子帳,經過莫有辨者。梁武帝曾遣人圖寫樹形,還都,大抵屈盤似龍,因呼爲木龍寺。'"②

以上文字分別記述了北朝驛站名"鹿筋"的來源、北方的婚嫁習俗以及木龍寺的特點。對於行程道里的記錄,在董琬、慧生等人的使西域行記中記述尤詳。比如《魏書·西域傳》引述董琬等使西域經見云:

西域自漢武時五十餘國,後稍相并,至太延中,爲十六國,分其地爲四域。自葱嶺以東,流沙以西爲一域;葱嶺以西,海曲以東爲一域;者舌以南,月氏以北爲一域;兩海之間,水澤以南爲一域。內諸小渠長蓋以百數。其出西域本有二道,後更爲四:出自玉門,渡流沙,西行二千里至鄯善爲一道;自玉門渡流沙,北行二千二百里至車師爲一道;從莎車西行一百里至葱嶺,葱嶺西一千三百里至伽倍爲一道;自莎車西南五百里葱嶺,西南一千三百里至波路爲一道焉。③

上引詳述了西域四域、四道的區劃和距離等情況。這説明不論是記錄奉使的行程距離,還是採錄往來的趣聞異事,一直都是使臣行記所固有的內容和不變的主題。

值得注意的是,這一時期的部分行記還將交聘活動中的對話也一並收錄。比如《酉陽雜俎》中所存錄的一條李繪、封君義《聘梁記》,就是記錄李繪與梁主客郎中賀季宴射時的對話。另外在《北齊書·李繪傳》中還存錄有一段梁武帝與李繪的對話:

梁武帝問繪:"高相今在何處?"繪曰:"今在晉陽,肅遏邊寇。"梁武曰:"黑獺若爲形容? 高相作何經略?"繪曰:"黑獺遊魂關右,人神厭毒,連歲凶災,百姓懷土。丞相奇略不世,畜鋭觀釁,攻昧取亡,勢必不

---

① 段成式《酉陽雜俎》,第 483—484、494 頁。
② 段公路纂,崔龜圖注《北户錄》卷三,《叢書集成初編》第 3021 册,第 48 頁。
③ 《魏書》卷一〇二《西域傳》,第 2261 頁。

遠。"梁武曰:"如卿言極佳。"與梁人汎言氏族。袁狎曰:"未若我本出自黃帝,姓在十四之限。"繪曰:"兄所出雖遠,當共車千秋分一字耳。"一坐大笑。①

就內容而言,這段對話很可能與李繪的行記相關。它說明在南北朝使臣行記的撰寫過程中,表現交聘活動中的機智應對也可作爲一個構成分子。但需要指出的是,使臣行記主要還是以表現行程、風俗和事物作爲編撰宗旨,而與著重記錄語言的使臣語録和語辭是存在本質區別的。

除上述内容外,南北朝使臣行記還能體現以下兩個特點:首先,單次聘使不止一人撰寫行記。如江德藻、劉師知二人同使北齊,同時撰有行記,甚至卷數都一樣,同爲三卷。又如宋雲、慧生、道榮三人同使西域,各撰行記,被楊衒之融爲一體,互爲參證。此前也有一例,即三國東吳時期朱應、康泰二人奉使扶南各自撰有《扶南異物志》和《扶南土俗》。這向我們提供了一個事實:在單次交聘活動中並不僅僅只產生一部行記,而有產生多部的可能。其次,出現了收録使臣行記的聘使總集。前文提到過《魏聘使行記》,姚振宗懷疑此書是對魏使臣行記的輯録。我贊成這一觀點,因爲在同時期還出現了《梁、魏、周、齊、陳、皇朝聘使雜啓》一書,共九卷,《隋書·經籍志》《通志·藝文略》②均有著録。這說明在南北朝時期,人們已經有意識地在對使臣行記和聘使文件進行整理,並建立起了使行作品集的觀念。

二、使臣接對與伴使語辭的產生

聘問專對是中國古代交聘活動中的一個文化傳統,在南北朝時期亦有突出表現。"辯"和"對"是南北朝交聘中經常出現的兩個字,例如《梁書·范胥傳》載:"胥有口辯,大同中,常兼主客郎,對接北使。"③又如《北史·杜杲傳》載其"有辭辯,閑於占對,前後將命,陳人不能屈,陳宣帝甚敬異之"④。再如西魏藤王逌稱庾信"使於魏土,接對有才辯。雖子貢之旗鼓陳説,仲山之專對智謀,無以加也"。⑤很明顯,南北朝使臣往往都是因爲長於"辭辯",而被受命出使或接對來使。所以,在南北朝時期的交聘活動中,妙選行人和伴使幾乎成爲當時的一種政治風尚。具體來看,關於遣使:

---

① 《北齊書》卷二九《李繪傳》,第 395 頁。
② 《隋書》卷三五,第 1089 頁。《通志二十略》,第 1792 頁。
③ 《梁書》卷四八,第 671 頁。
④ 《北史》卷七〇,第 2430 頁。
⑤ 宇文逌《庾信集序》,載《全上古三代秦漢三國六朝文·全後周文》卷四,第 3902 頁下。

《北史·高推傳》載:"太延中,以前後南使不稱,妙簡行人,游雅薦推應選。詔兼散騎常侍使宋,南人稱其才辯。"

《梁書·范縝傳》載:"永明年中,與魏氏和親,歲通聘好,特簡才學之士,以文行人,縝及從弟雲、蕭琛、琅邪顏幼明、河東裴昭明相繼將命,皆著名鄰國。"

《周書·陸逞傳》載:"初修鄰好,盛選行人。詔逞爲使主,尹公正爲副以報之。逞美容止,善辭令,敏而有禮,齊人稱焉。"①

如逢外使來聘,也同樣會挑選能人接待,如《北齊書·李稚廉傳》所説"接對梁使,尤須得人"②。相關事例有:

《北史·李諧傳》載:"既南北通好,務以俊乂相矜,衡命接客,必盡一時之選,無才地者不得與焉。"

《梁書·范岫傳》載:"永明中,魏使至,有詔妙選朝士有詞辯者,接使於界首,以岫兼淮陰長史迎焉。"

《北齊書·祖孝隱傳》載:"時徐君房、庾信來聘,名譽甚高,魏朝聞而重之,接對者多取一時之秀,盧元景之徒並降階攝職,更遞司賓。孝隱少處其中,物議稱美。"③

對此,如趙翼認爲:"南北通好,嘗籍使命增國之光,必妙選行人,擇其容止可觀,文學優贍者,以充聘使。……其鄰國之接待聘使,亦必選有才行者充之。……是時南北皆以選使爲重也。"④這樣一來無疑是爲南北名士提供了相互切磋的機會,所以黃寶實説:"南北交聘,一旦受命出使或伴館主客,高流時譽,談論鋒起,莫不逞其才學,肆爲辯博,炫己之言清理遠,幸人之理屈辭窮。"⑤

不難發現,之所以會出現南北共通的選使熱潮,正是由於政治往來的現實需要。值得注意的是,在此時的交聘中還比較多地出現了"接對"一詞,顯然它與"專對"的意思相通。這表明在南北朝的交聘活動中,"專對"亦或是

---

① 《北史》卷三一,第1132頁。《梁書》卷四八,第664—665頁。《周書》卷三二,北京,中華書局,1971年,第559頁。
② 《北齊書》卷四三,第571頁。
③ 《北史》卷四三,第1604頁。《梁書》卷二六,第391—392頁。《北齊書》卷三九,第521頁。
④ 趙翼著,王樹民校證《廿二史劄記校證》,北京,中華書局,1984年,第294—297頁。
⑤ 黃寶實《中國歷代行人考》,臺北,臺灣中華書局,1969年,第189頁。

"接對",就是當時最重要的政治使命。而與之相伴隨的則是"接對語辭"的產生。

查閱南北朝典籍,關於南北文士在交聘活動中聘問對答的文字記録不在少數,不勝枚舉,它們與當時的一種新文體關係密切,習稱"語辭"。所謂"語辭",簡言之就是對交聘活動中語言的記録。據文獻記載主要有以下兩種:

1.〔南朝齊〕劉繪接魏使語辭

《南齊書·劉繪傳》載:"北虜使來,繪以辭辯,敕接虜使。事畢,當撰《語辭》。繪謂人曰:'無論潤色未易,但得我語亦難矣。'"[1]

劉繪字士章,彭城人。《南齊書》本傳載其"父勔,宋末權貴,門多人客,使繪與之共語,應接流暢"[2]。據《魏書·高祖本紀》記載:太和七年(483)七月,"詔假員外散騎常侍李彪、員外郎蘭英使於蕭賾"[3]。於是蕭賾命劉繪接對來使。按規定在接對完成後,劉繪應當撰寫外交語辭,然而他説"無論潤色未易,但得我語亦難矣",其話語雖然顯得傲慢,但並不表示他没有撰寫外交語辭。今《魏書·李彪傳》載有一段劉繪接對李彪的對話,可能與劉繪接魏使語辭有關,故録之於下:

其年,加員外散騎常侍,使於蕭賾。賾遣其主客郎劉繪接對,并設讌樂。彪辭樂。及坐,彪曰:"齊主既賜讌樂,以勞行人,向辭樂者,卿或未相體。自喪禮廢替,於兹以久,我皇孝性自天,追慕罔極,故有今者喪除之議。去三月晦,朝臣始除衰裳,猶以素服從事。裴、謝在此,固應具此,我今辭樂,想卿無怪。"繪答言:"辭樂之事,向以不異。請問魏朝喪禮,竟何所依?"彪曰:"高宗三年,孝文踰月,今聖上追鞠育之深恩,感慈訓之厚德,執於殷漢之間,可謂得禮之變。"繪復問:"若欲遵古,何爲不終三年?"彪曰:"萬機不可久曠,故割至慕,俯從群議。服變不異三年,而限同一期,可謂亡禮之禮。"繪言:"汰哉叔氏!專以禮許人。"彪曰:"聖朝自爲曠代之制,何關許人。"繪言:"百官總已聽於冢宰,萬機何慮於曠?"彪曰:"我聞載籍:五帝之臣,臣不若君,故君親攬其事;三王君臣智等,故共理機務;五霸臣過於君,故事決於下。我朝官司皆五帝之臣,主上親攬,蓋遠軌軒唐。"[4]

---

[1] 《南齊書》卷四八,北京,中華書局,1972年,第842頁。
[2] 《南齊書》卷四八,第841頁。
[3] 《魏書》卷七上,第152—153頁。
[4] 《魏書》卷六二,第1389—1390頁。

二人就設樂與辭樂一事展開了激烈討論,追古思今、援引辯駁無不表現出他們的學識與才華,以及爭鋒相對的外交場景。

2.〔南朝齊〕王融《接虜使語辭》

《南齊書·王融傳》載王融語:"自上《甘露頌》及《銀甕啓》《三日詩序》《接虜使語辭》,竭思稱揚,得非'誹謗'?"①可知王融曾爲接對使,並撰有語辭。是書已佚。

王融(467—493)字元長,琅邪臨沂(今山東臨沂)人。齊武帝永明十一年(493)以王融有才辯,使兼主客,接來使房景高、宋弁。今《南齊書·王融傳》載有一段王融與房景高、宋弁之間的問答對話,可能出自《接虜使語辭》,茲錄於下:

> 弁見融年少,問主客年幾? 融曰:"五十之年,久踰其半。"因問:"在朝聞主客作《曲水詩序》。"景高又云:"在北聞主客此製,勝於顏延年,實願一見。"融乃示之。後日,宋弁於瑶池堂謂融曰:"昔觀相如《封禪》,以知漢武之德;今覽王生《詩序》,用見齊王之盛。"融曰:"皇家盛明,豈直比蹤漢武;更愍鄙製,無以遠匹相如。"上以虜獻馬不稱,使融問曰:"秦西冀北,實多駿驥。而魏主所獻良馬,乃駑駘之不若。求名檢事,殊爲未乎。將旦旦信誓,有時而爽,駉駉之牧,不能復嗣?"宋弁曰:"不容虛僞之名,當是不習土地。"融曰:"周穆馬迹遍於天下,若騏驥之性,因地而遷,則造父之策,有時而躓。"弁曰:"王主客何爲懃懃於千里?"融曰:"卿國既異其優劣,聊復相訪。若千里日至,聖上當駕鼓車。"弁曰:"向意既須,必不能駕鼓車也。"融曰:"買死馬之骨,亦以郭隗之故。"弁不能答。②

三人首先對王融的《曲水詩序》作了品鑑;之後因"獻馬不稱"的事件,王融與宋弁又進行了往復對答。這些説明,外交語辭不僅會表現緊張對立的一面,還會表現輕鬆融洽的一面。

目前可考的接對語辭作者僅劉繪和王融二人,巧合的是他們不但同爲南齊臣僚,還均以接對使的身份參與到交聘活動之中。通過這兩種接對語辭,我們可以發現在南北朝交聘活動中,每逢一方使臣來聘,另一方必選主客郎中進行接待,其間會舉行接對、宴射等項目,而語辭就是關於接對語言

---

① 《南齊書》卷四七,第 824 頁。
② 《南齊書》卷四七,第 821—822 頁。

的記録。還可以發現,從《南齊書·劉繪傳》對其接對魏使的表述上看,言"事畢,當撰《語辭》",説明在這一時期當接對聘使結束後,撰寫語辭已經形成了一種固定模式,並具有一定政治意義。

關於"接對語辭"的製作,在《南史·王錫傳》記載:"普通初,魏始連和,使劉善明來聘,敕中書舍人朱異接之。……善明造席,徧論經史,兼以嘲謔。錫、纘隨方酬對,無所稽疑,善明甚相歎挹。他日謂異曰:'一日見二賢,實副所期,不有君子,安能爲國。'引宴之日,敕使左右徐僧權於坐後,言則書之。"①所謂"言則書之"或許就是當時製作接對語辭的一個步驟。以上事例説明,早在南北朝時期,使臣語録文體已經出現在交聘活動當中,並形成了一定制度。不過,劉、王二人所撰的語辭均爲接使語辭,還表明南北朝時期接使語辭可能是使臣語辭的唯一表現形式,而與之相對應的奉使語辭、送使語辭還未能興起。

經過以上論述,我們可以明確認識使臣語辭與行記的本質區別是:語辭主要記録交聘活動中的語言,行記則主要記録交聘活動中的經見。更重要的是,從文體學上看使臣語辭的出現意味著:在中國古代交聘活動中,產生了區別於行記記事的語辭記言的新文體。

三、南北朝交聘活動中的詩歌交流

交聘不單是加强政治溝通的渠道,還是促進文化交流的有效途徑。在南北朝時期,妙選使臣無疑爲地域間的文學交流提供了平臺。才華横溢的南北名士齊聚一堂,自然少不了運筆潑墨,進行文學切磋,而在這一時期唯以詩歌成爲其中最常見的文學體裁。使行詩歌的創作一般有三個階段:一是奉使之前,二是奉使途中,三是奉使當地。每一階段的創作都各有特色,下面依次作簡要討論。

首先,寫於奉使之前的詩歌,通常有這樣兩種情況:一是使臣自吟,以抒發内心感觸,如庾信《將命至鄴》詩云:"大國修聘禮,親鄰自此敦。……人臣無境外,何由欣此言。風俗既殊阻,山河不復論。無因旅南館,空欲祭西門。眷然惟此別,夙期幸共存。"②二是使臣與人贈別,互贈感言,如庾信的《將命至鄴酬祖正員》,盧思道的《贈別司馬幼之南聘詩》《贈劉儀同西聘詩》等,主要表現贈別雙方對交聘的認識,如云:"我皇臨九有,聲教洎無隒。興文盛禮樂,偃武息氓黎。""故交忽千里,輶車蒞遠盟。幽人重離別,握手送

---

① 《南史》卷二三,第641頁。
② 庾信撰,倪璠注《庾子山集注》卷三,北京,中華書局,1980年,第198頁。

征行。""開邛昔柔遠,賓越盡招攜。豈若馳天使,玉節撫遺黎。"①從中可以看出,奉使者和贈別者都對交聘充滿了信心和希望。

其次,寫於奉使途中的詩歌一般具有記行特徵,多以聘使途中的所見所聞作爲歌詠對象。如庾信《將命使北始渡瓜步江》,詩云:"輶軒臨磧岸,旌節映江沱。觀濤想帷蓋,爭長憶干戈。"②又陳昭《聘齊經孟嘗君墓詩》云:"薛城觀舊迹,征馬屢徘徊。盛德今何在,唯餘長夜臺。蒼茫空壟路,顛頷古松栽。悲隨白楊起,淚想雍門來。泉户無關吏,雞鳴誰爲開。"③詩題所云"瓜步江""孟嘗君墓",都是使臣的行經地,當物觸其感時,則各以詩歌記詠之。另外,《宋書·顏延之傳》還記載有顏延之"奉使至洛陽,道中作詩二首,文辭藻麗,爲謝晦、傅亮所賞"④。其中一首云:

> 改服飭徒旅,首路跼險艱。振楫發吳洲,秣馬陵楚山。塗出梁宋郊,道由周鄭間。前登陽城路,日夕望三川。在昔輟期運,經始闊聖賢。伊瀍絕津濟,臺館無尺椽。宮陛多巢穴,城闕生雲煙。王猷升八表,嗟行方暮年。陰風振涼野,飛雲瞀窮天。臨塗未及引,置酒慘無言。隱憫徒御悲,威遲良馬煩。遊役去芳時,歸來屢徂諐。蓬心既已矣,飛薄殊亦然。⑤

整首詩都在述説聘使路途的艱險和使程的煩悶,文辭生動,引人入境。由此可見,在南北朝時期,詩歌已經作爲記行的手段開始在交聘行程中出現,但只是一些零散的記詠,不像宋代,使臣記行詩被大量創作,通常都在十數首以上,而形成了使臣記行的一個特殊的書寫類別。專題討論詳見第四章第三節"從宋代使行詩歌的書寫看其記行特徵"。

第三,寫於奉使當地的詩歌數量相對較多,因爲南北朝時期有作詩聘問的習慣。《魏書·盧昶傳》記載太和初,盧昶爲太子中舍人兼員外散騎常侍使於蕭昭業,王清石爲副使。臨行前高祖叮囑王清石説:"盧昶正是寬柔君子,無多文才,或主客命卿作詩,可率卿所知,莫以昶不作,便復罷也。"⑥也許正是在這種風氣的鼓舞下,一時間南北聘使競相獻詠、酬唱不絶,在交聘

---

① 《庾子山集注》卷三,第196—197頁。《隋詩》卷一,逯欽立輯校《先秦漢魏晉南北朝詩》,北京,中華書局,1983年,第2633—2634頁。
② 《庾子山集注》卷三,第325頁。
③ 《陳詩》卷六,載《先秦漢魏晉南北朝詩》,第2541頁。
④ 《宋書》卷七三,北京,中華書局,1974年,第1891頁。
⑤ 《宋詩》卷五,載《先秦漢魏晉南北朝詩》,第1234頁。
⑥ 《魏書》卷四七,第1055頁。

活動中創作了許多膾炙人口、令人稱道的詩歌作品。如有陰鏗《廣陵岸送北使詩》、潘徽《贈北使詩》和虞世基《在南接北使詩》等。

以薛道衡爲例，他曾作爲聘陳主使，《隋書·薛道衡傳》載："江東雅好篇什，陳主尤愛雕蟲，道衡每有所作，南人無不吟誦焉。"①他又曾作爲主客郎中接對陳使傅縡，《隋書》本傳載："縡贈詩五十韻，道衡和之，南北稱美。"②從"南人無不吟誦""南北稱美"的表述中可知，當時的使臣詩歌有廣泛的傳播渠道，而且深受時人喜愛。

此外，在因交聘而舉行的宴會中也産生了大量詩歌。《陳書·文學傳》載阮卓曾副王話聘隋，"隋主夙聞卓名，乃遣河東薛道衡、琅邪顔之推等，與卓談讌賦詩，賜遺加禮"③。隋主特意讓朝臣與聘使"談讌賦詩"，可見在當時詩歌不僅不會影響交聘的進展，還能營造氛圍、促進交流。"談讌賦詩"形式也是多種多樣的，如《酉陽雜俎》前集載：梁遣黄門侍郎明少遐、秣陵令謝藻、信威長史王繽沖、宣城王文學蕭愷、兼散騎常侍袁狎、兼通直散騎常侍賀文發，宴魏使李騫、崔劼。少遐詠李騫贈其詩曰："蕭蕭風簾舉，依依然可想。"李騫曰："未若'燈花寒不結'最附時事。"④可以在宴會中討論詩歌創作。當然，也可以在宴會中作詩應對，如劉敞《南北朝襍記》保存了盧思道聘陳時，與杜臺卿、崔儦等聯句作詩的記錄，云：

> 北齊盧思道聘陳，陳主令朝貴設酒食，與思道宴會聯句作詩。有一人先唱方，便譏刺北人云："榆生欲飽漢，草長正肥驢。"爲北人食榆，兼吴地無驢，故有此句。思道援筆即續之曰："共甑分炊水，同鐺各煮魚。"爲南人無情義，同炊異饌也，故思道有此句。吴人甚愧之。又衛尉卿京兆杜臺卿、共中兵參軍清河崔儦握塑曰："十子成都，止睹一雄。"盧思道曰："翳成都，不過一雄。"儦又謂思道曰："昨夜大雷，吾睡不覺。"思道曰："如此震雷，不能動蟄。"太子詹事范陽盧叔虎有子十人，大者字畜生，最有才思。思道謂人曰："從叔有十子，皆不及畜生。"叔虎主客郎中澤之孫也。散騎常侍隴西辛德源謂思道曰："昨作羌嫗詩，惟得五字云：'卓陂垂肩井'，苦無其對。"思道尋聲曰："何不道'黄物插腦門'。"思道常謂通直郎渤海封孝騫曰："卿既姓封，是封豕之後。"騫應聲曰："公既

---

① 《隋書》卷五七《薛道衡傳》，第1406頁。
② 《隋書》卷五七《薛道衡傳》，第1406頁。
③ 《陳書》卷三四，第472頁。
④ 段成式《酉陽雜俎》前集卷一二"語資"條，第239—240頁。

姓盧,是盧令之裔。"①

盧思道與杜臺卿、崔儦等人你來我往、相互發難,爲我們提供了"談謔賦詩"的交聘全景。這些説明,詩歌對於交聘有著十分特殊的意義,與行記、語辭一樣都是交聘活動中不可或缺的文學品種。也説明,南北朝時期受地域環境和社會風氣的影響,從妙選行人、以求專對,到撰寫行記、語辭和詩歌交流,這些不但對交聘往來是一種豐富,而且還掀起了使行文學創作的時代潮流。

第四節　隋唐五代時期的使行文體

隋唐五代時期,中原王朝與周邊不同政權和民族之間的交往頻繁。從唐初的政治環境來看,《新唐書·四夷傳序》説:"唐興,蠻夷更盛衰,嘗與中國亢衡者有四:突厥、吐蕃、回鶻、雲南是也。"②爲了穩固和加強地區間的交往,大批使臣往來其間,極大促進了政治事務的交涉和文化交流,同時也爲使臣撰寫使行作品提供了條件和需要,從而留下了一批地域特色鮮明的文獻。

一、隋唐五代使臣行記文獻

1. 〔隋〕常駿等《赤土國記》

《舊唐書·經籍志》《新唐書·藝文志》《通志·藝文略》地理類均著録有常駿等撰"《赤土國記》二卷"③。

常駿,兩《唐書》無傳。隋煬帝大業四年(608)三月"丙寅,遣屯田主事常駿使赤土,致羅刹"。④ 今《隋書》《北史》《通典》皆存録有常駿等使事細節,當與《赤土國記》相關,略云:

煬帝即位,募能通絶域者。大業三年,屯田主事常駿、虞部主事王君政等請使赤土。帝大悦,賜駿等帛各百匹,時服一襲而遣。齎物五千段,以賜赤土王。其年十月,駿等自南海郡乘舟,晝夜二旬,每值便

---

① 曹溶輯,陶樾增訂《學海類編》(第二册),揚州:江蘇廣陵古籍刻印社,1994年,第68頁。
② 《新唐書》卷二一五《四夷傳序》,第6023頁。
③ 《舊唐書》卷四六,第2016頁。《新唐書》卷五八,第1505頁。《通志二十略》,第1586頁。
④ 《隋書》卷三《煬帝本紀》,第71頁。

風。……月餘,至其都,王遣其子那邪迦請與駿等禮見。……浮海十餘日,至林邑東南,並山而行。……循海北岸,達于交阯。駿以六年春與那邪迦於弘農謁,帝大悅,賜駿等物二百段,俱授秉義尉,那邪迦等官賞各有差。①

根據這一文獻記錄,韓振華《赤土國記研究》②認爲常駿等奉使應在大業三年,並考證了他們在海上行程中所經諸地。

2.〔隋〕韋節《西蕃記》

《通典》卷一九三《邊防》引"韋節《西蕃記》云:……",記錄了康國的社會風俗,達二百餘字。③

韋節,生平不詳。據《隋書·西域傳》載:"煬帝時,遣侍御史韋節、司隸從事杜行滿使於西蕃諸國。至罽賓,得瑪碯杯;王舍城,得佛經;史國,得十儛女、師子皮、火鼠毛而還。"④可見《西蕃記》當爲韋節出使西蕃諸國時所撰之行記。

3.〔唐〕韋機《西征記》

《新唐書·藝文志》雜傳記類著錄"韋機《西征記》(卷亡)"⑤。是書已佚。

韋機(《新唐書》又作"韋弘機"⑥),雍州萬年(今陝西西安)人。貞觀中"爲左千牛冑曹,充使往西突厥,册立同俄設爲可汗。會石國反叛,路絕,三年不得歸。機裂裳錄所經諸國風俗物產,名爲《西征記》。及還,太宗問蕃中事,機因奏所撰書,太宗大悅,擢拜朝散大夫,累遷至殿中監"⑦。

4.〔唐〕王玄策《中天竺國行記》

《法苑珠林》卷一〇〇載:"《中天竺行記》十卷,皇朝朝散大夫王玄策撰。"⑧《舊唐書·經籍志》《新唐書·藝文志》《通志·藝文略》地理類均著錄爲王玄策"《中天竺國行記》十卷"⑨。是書已佚。

王玄策,河南洛陽人。他曾在唐太宗、高宗朝頻繁出使西域,《法苑珠

---

① 《隋書》卷八二《赤土國傳》,第1834—1835頁。又見《北史》卷九五《赤土國傳》,第3160—3161頁。
② 見韓振華《赤土國記研究》,《中國邊疆史地研究》1996年第2期。
③ 杜佑《通典》,北京,中華書局,1988年,第5256頁。
④ 《隋書》卷八三《西域傳》,第1841頁。
⑤ 《新唐書》卷五八,第1485頁。
⑥ 《新唐書》卷一〇〇《韋弘機傳》,第3944頁。
⑦ 《舊唐書》卷一八五《韋機傳》,第4795頁。
⑧ 釋道世著,周叔迦、蘇晉仁校注《法苑珠林校注》,北京,中華書局,2003年,第2885頁。
⑨ 《舊唐書》卷四六,第2016頁。《新唐書》卷五八,第1505頁。《通志二十略》,第1586頁。

林》引《西域志》稱："大唐使人王玄策等前後三迴往彼。"又説："使至西域，前後三度。"①《中天竺國行記》就是他奉使時的記行之作。《歷代名畫記》記録爲《中天竺國圖》，稱其"有行記十卷，圖三卷，明（顯）慶三年（658）王玄策撰"。② 以此可知《中天竺國行記》應是有圖相配的。

據陳佳榮等學者統計：《法苑珠林》《諸經要集》《釋迦方志》等文獻引録《中天竺國行記》佚文約二十餘條；對於王玄策行記的研究成果，主要有法人烈維《王玄策使印度記》、馮承鈞《王玄策事輯》、岑仲勉《王玄策〈中天竺國行記〉》、孫修身《王玄策事迹鈎沉》等。③

5. 〔唐〕達奚通《海南諸蕃行記》

《崇文總目》地理類著録達奚通《諸番行記》一卷，《新唐書·藝文志》《通志·藝文略》地理類則作《海南諸蕃行記》，《遂初堂書目》地理類記爲《西南諸蕃記》，《宋史·藝文志》地理類則分列爲二書：達奚弘通《西南海蕃行記》和達奚洪（一作"通"）《海外三十六國記》。④

達奚通，生平不詳。《玉海·唐西域記》亦著録此書，注云："書目云：'《西南海諸蕃行記》一卷，唐上元中唐州刺史達奚弘通撰。弘通以大理司直使海外，自赤土至虔郎，凡經三十六國，略載其事。'"⑤是書已佚，唯《六帖補》存録佚文一條⑥。

6. 〔唐〕杜環《大食國經行記》

《通典·邊防》記載："族子環隨鎮西節度使高仙芝西征，天寶十載至西海，寶應初（762），因賈商船舶自廣州而回，著《經行記》。"⑦

杜環字叔循，是杜佑的族子，他是高仙芝兵敗於怛邏斯時給大食人俘去兩萬個俘虜中的一個。杜環《經行記》早佚，今存録於《通典》的僅有一千五百餘字。《通典》《太平御覽》《太平寰宇記》《通志》《文獻通考》等書都有轉録。現代學者先後對此書進行過整理，如：丁謙根據《通典》中所見，寫了《經行記考證》；王國維從明嘉靖年間李元陽本的《通典》中將散見的《經行記》輯爲一書；張一純依據《通典》所引《經行記》原文先後順序排列，並參考

---

① 《法苑珠林校注》卷三五、五五，第 1107、1661 頁。
② 張彥遠撰，許逸民校箋《歷代名畫記校箋》卷三，北京，中華書局，2021 年，第 277 頁。
③ 詳見陳佳榮、錢江、張廣達合編《歷代中外行記》，第 185—195 頁。
④ 王堯臣等編次，錢東垣等輯釋《崇文總目》卷二，《叢書集成初編》第 21 册，第 91 頁。《新唐書》卷五八，第 1508 頁。《通志二十略》，第 1585 頁。尤袤《遂初堂書目》，《叢書集成初編》第 32 册，第 16 頁。《宋史》卷二〇四，第 5152、5154 頁。
⑤ 王應麟《玉海》卷一六，揚州，廣陵書社，2007 年，第 301 頁上。
⑥ 詳見李德輝《晉唐兩宋行記輯校》，瀋陽，遼海出版社，2009 年，第 126 頁。
⑦ 《通典》卷一九一，第 5199 頁。

《通志》《文獻通考》《太平御覽》《太平寰宇記》《古今圖書集成》引文、《王靜安遺書》外編《古行記校録》來校注此書。

7.〔唐〕顧愔《新羅國記》

《新唐書·藝文志》地理類著録"《新羅國記》一卷",云:"大曆中,歸崇敬使新羅,愔爲從事。"①《崇文總目》《通志·藝文略》《宋史·藝文志》地理類亦著録"顧愔《新羅國記》一卷"②。是書已佚。

顧愔,兩《唐書》無傳。唐代宗大曆二年(767),新羅景德王憲英卒,"國人立其子乾運爲王,仍遣其大臣金隱居奉表入朝,貢方物,請加册命。三年,上遣倉部郎中、兼御史中丞、賜紫金魚袋歸崇敬持節齎册書往弔册之。以乾運爲開府儀同三司、新羅王,仍册乾運母爲太妃"③。《新唐書·新羅傳》亦載:"詔倉部郎中歸崇敬往弔,監察御史陸珽、顧愔爲副册授之。"④今《紺珠集》《觀林詩話》《説郛》(宛委山堂本)等文獻存録有佚文。⑤

8.〔唐〕趙憬《北征雜記》

《直齋書録解題》傳記類著録"《北征雜記》一卷",云:"唐宰相趙憬撰。貞元四年,咸安公主下降回紇,憬副關播爲册禮使,作此書紀行。"⑥《宋史·藝文志》地理類亦有著録。是書已佚。

趙憬字退翁,天水隴西人。《舊唐書·趙憬傳》載:"憬多學問,有辭辯。……貞元四年,迴紇請結和親,詔以咸安公主降迴紇,命檢校右僕射關播充使,憬以本官兼御史中丞爲副。前後使迴紇者,多私齎繒絮,蕃中市馬迴以規利,憬一無所市,人歎美之。使還,遷尚書左丞,綱轄省務,清勤奉職。"⑦此次使迴紇可考者還有湛然,《舊唐書·迴紇傳》載唐德宗貞元四年(788)十月"庚子,詔咸安公主降迴紇可汗,仍置府官屬視親王例。以殿中監、嗣滕王湛然爲咸安公主婚禮使,關播檢校右僕射、送咸安公主及册回紇可汗使"⑧。又有張薦,《舊唐書·張薦傳》載:"四年,迴紇和親,以檢校右僕射、刑部尚書關播充使,送咸安公主入蕃,以薦爲判官,轉殿中侍御史。"⑨

---

① 《新唐書》卷五八,第1508頁。
② 《崇文總目》卷二,第91頁。《通志二十略》,第1585頁。《宋史》卷二〇四,第5154頁。
③ 《舊唐書》卷一九九《新羅國傳》,第5337頁。
④ 《新唐書》卷二二〇《新羅傳》,第6205頁。
⑤ 詳見《晉唐兩宋行記輯校》,第134頁。
⑥ 陳振孫《直齋書録解題》卷七,上海,上海古籍出版社,1987年,第197頁。
⑦ 《舊唐書》卷一三八,第3775—3776頁。
⑧ 《舊唐書》卷一九五,第5208頁。
⑨ 《舊唐書》卷一四九,第4024頁。

9.〔唐〕袁滋《雲南記》

《新唐書·藝文志》地理類著錄袁滋《雲南記》五卷。是書已佚。

袁滋字德深,蔡州朗山(今河南確山)人,陳侍中憲之後,彊學博記。貞元十年(794)六月"癸丑,以祠部郎中袁滋兼御史中丞,爲册南詔使"①。《舊唐書·袁滋傳》載:"貞元十九年,韋皋始通西南蠻夷,酋長異牟尋貢琛請使,朝廷方命撫諭,選郎吏可行者,皆以西南遐遠憚之。滋獨不辭,德宗甚嘉之,以本官兼御史中丞,持節充入南詔使。未行,遷祠部郎中,使如故。來年夏,使還,擢爲諫議大夫。……因使行,著《雲南記》五卷。"②《唐會要》載:"十三年六月,宰臣袁滋撰《雲南紀》五卷,上之。"③《册府元龜》云:"袁滋,貞元中爲祠部郎中,持節入南詔慰撫,因使行,著《雲南記》五卷。"④《雲南通志》亦著錄"《雲南紀》五卷",云:"貞元十年,袁滋使南詔,元和十三年上之。"⑤以上文獻皆記《雲南記》爲五卷,唯《通志·藝文略》記作一卷⑥。今《蠻書》《新唐書·地理志》《本草綱目》等文獻存錄有佚文。⑦

10.〔唐〕劉希昂等使南詔行記

《新唐書·地理志》載:"自清溪關南經大定城,百一十里至達仕城。西南經菁口,百二十里至永安城,城當滇、笮要衝。又南經水口西南,度木瓜嶺,二百二十里至臺登城。又九十里至蘇祁縣。又南八十里至巂州。又經沙野,二百六十里至羌浪驛。又經陽蓬嶺,百餘里至俄準添館。陽蓬嶺北巂州境,其南南詔境。又經菁口、會川,四百三十里至河子鎮城。又三十里渡瀘水。又五百四十里至姚州。又南九十里至外沙蕩館。又百里至佉龍驛,與戎州往羊苴咩城路合。貞元十四年,内侍劉希昂使南詔,由此。"⑧可見,此條行程當與劉希昂使南詔相關,很有可能節錄自劉希昂等人的奉使行記。今考劉希昂,兩《唐書》無傳,《輿地紀勝》卷一四七、《玉海》卷二四等文獻記錄其爲内侍。

11.〔唐〕李憲《回鶻道里記》(又名《入蕃道里記》)

《舊唐書·李憲傳》載唐穆宗長慶元年(821),"穆宗即位,以太和公主降迴鶻,命金吾大將軍胡証充送公主使,命憲副之。使還,獻《入蕃道里記》,

---

① 《舊唐書》卷一三《德宗本紀》,第379頁。
② 《舊唐書》卷一八五,第4830—4831頁。
③ 王溥《唐會要》卷三六,上海,上海古籍出版社,2006年,第771頁。
④ 《册府元龜》卷五六〇《國史部·地理》,第6426頁。
⑤ 《雲南通志》卷三〇,《文淵閣四庫全書》第570册,第746頁上。
⑥ 《通志二十略》,第1585頁。
⑦ 詳見《晉唐兩宋行記輯校》,第136—138頁。
⑧ 《新唐書》卷四二《地理志》,第1083頁。

遷檢校左散騎常侍,兼太府卿"①。《新唐書·李憲傳》亦載其"入爲宗正少卿,副金吾大將軍胡証爲送太和公主使。還,獻《回鶻道里記》,遷太府卿"②。是書已佚。長慶二年"閏十月戊子朔,入迴紇使金吾大將軍胡証、副使光祿卿李憲,婚禮使衛尉卿李銳、副使宗正少卿李子鴻等,送太和公主自蕃中迴"③。李憲使事詳見《舊唐書·迴紇傳》。

12.〔唐〕劉元鼎等使吐蕃經見記

兩《唐書》之《吐蕃傳》均載錄有劉元鼎出使吐蕃的聞見,《新唐書·吐蕃傳》引稱:"元鼎所經見,大略如此。"④

劉元鼎,兩《唐書》無傳。唐穆宗長慶元年(821)九月,"吐蕃遣其禮部尚書論納羅來求盟。庚戌,以大理卿劉元鼎爲吐蕃會盟使"⑤。《舊唐書·吐蕃傳》亦載:"命大理卿、兼御史大夫劉元鼎充西蕃會盟使,以兵部郎中、兼御史中丞劉師老爲副,尚舍奉御、兼監察御史李武,京兆府奉先縣丞兼監察御史李公度爲判官。"⑥劉元鼎等使吐蕃事迹,詳見於《新唐書·吐蕃傳》記載:

> 元鼎踰成紀、武川,抵河廣武梁,故時城郭未隳,蘭州地皆秔稻,桃李榆柳岑蔚,户皆唐人,見使者麾蓋,夾道觀。至龍支城,耆老千人拜且泣,問天子安否……過石堡城,崖壁峭竪,道回屈,虜曰鐵刃城。右行數十里,土石皆赤,虜曰赤嶺。……赤嶺距長安三千里而贏,蓋隴右故地也。曰悶怛盧川,直邏娑川之南百里,臧河所流也。河之西南,地如砥,原野秀沃,夾河多檉柳。山多柏,坡皆丘墓,旁作屋,赬塗之,繪白虎,皆虜貴人有戰功者,生衣其皮,死以旌勇,徇死者瘗其旁。度悉結羅嶺,鑿石通車,逆金城公主道也。至犛谷,就館。臧河之北川,贊普之夏牙也。……唐使者始至,給事中論悉答熱來議盟,大享於牙右,飯舉酒行,與華制略等,樂奏《秦王破陣曲》,又奏《涼州》、《胡渭》、《錄要》、雜曲,百伎皆中國人……⑦

據以上文字可知劉元鼎等使吐蕃時當撰有行記。《新唐書》所錄較《舊

---

① 《舊唐書》卷一三三,第3685頁。
② 《新唐書》卷一五四,第4874頁。
③ 《舊唐書》卷一六《穆宗本紀》,第500頁。
④ 《新唐書》卷二一六,第6104頁。
⑤ 司馬光編著,胡三省音注《資治通鑑》卷二四二《唐紀》,北京,中華書局,1956年,第7799頁。
⑥ 《舊唐書》卷一九六,第5264頁。
⑦ 《新唐書》卷二一六,第6102—6103頁。

唐書》更詳,内容近一千字。《河源紀略》本此記繪成"唐劉元鼎所見河源圖"①。

13.〔唐〕韋齊休《雲南行紀》

《郡齋讀書志》僞史類著録韋齊休"《雲南行紀》二卷",説:"齊休,長慶三年(823)從韋審規使雲南,記其往來道里及其見聞。"②《宋史·藝文志》地理類記作《雲南行記》二卷③。是書已佚。

韋齊休,兩《唐書》無傳。《新唐書·南詔傳》載長慶三年,"穆宗使京兆少尹韋審規持節臨册(豐祐)"④。《雲南行紀》序稱:"雲南所以能爲唐患者,以開道越巂耳。若自黎州之南、清溪關外,盡斥棄之,疆場可以無虞。不然,憂未艾也。及唐之亡,禍果由此。本朝棄巂州不守,而蜀遂無邊患。以此論之,則齊休之言可不謂善哉!"⑤今《太平御覽》《大事記續編》等文獻存録有佚文⑥。

14.〔唐〕張建章《渤海國記》

《崇文總目》《新唐書·藝文志》《通志·藝文略》《宋史·藝文志》地理類均著録有"張建章《渤海國記》三卷"⑦。是書已佚。

張建章,兩《唐書》無傳,曾爲幽州行軍司馬,"尤好經史,聚書至萬卷。所居有書樓,但以披閱清浄爲事。經涉之地,無不理焉。曾齎府戎命往渤海"⑧。據張建章墓誌記載:他於唐文宗大和七年(833)出使渤海國,大和九年使還幽州。云其"九年仲秋月復命。凡所賤啓賦詩,盈溢緗帙。又著《渤海記》,備盡島夷風俗宫殿官品,當代傳之"⑨。又《宋史·王貽孫傳》載太祖嘗問趙普,拜禮何以男子跪而婦人否。趙普問禮官,不能對。王貽孫説:"古詩云'長跪問故夫',是婦人亦跪也。唐太后朝婦人始拜而不跪。"趙普問所出,對云:"大和中,有幽州從事張建章著《渤海國記》,備言其事。"普大稱賞之。⑩ 今《北夢瑣言》《考古編》《野客叢書》等文獻存録有佚文⑪。

---

① 紀昀、陸錫熊等《河源紀略》卷三《圖説》,《文淵閣四庫全書》第579册,第40頁。
② 晁公武撰,孫猛校證《郡齋讀書志校證》卷七,上海,上海古籍出版社,1990年,第288頁。
③ 《宋史》卷二〇四,第5154頁。
④ 《新唐書》卷二二二,第6281頁。
⑤ 《郡齋讀書志校證》卷七,第288頁。
⑥ 詳見《晉唐兩宋行記輯校》,第159—161頁。
⑦ 《崇文總目》卷二,《叢書集成初編》第21册,第91頁。《新唐書》卷五八,第1508頁。《通志二十略》,第1585頁。《宋史》卷二〇四,第5154頁。
⑧ 孫光憲撰《北夢瑣言》卷一三,北京,中華書局,2002年,第276—277頁。
⑨ 周紹良《唐代墓誌彙編》,上海,上海古籍出版社,1992年,第2511頁。
⑩ 《宋史》卷二四九,第8802頁。
⑪ 詳見《晉唐兩宋行記輯校》,第162頁。

15.〔唐〕張氏《燕吴行役記》

《直齋書録解題》地理類著録《燕吴行役記》二卷,説:"不著名氏。大中九年,崔鉉鎮淮南,諸鎮畢賀。爲此記者,燕帥所遣僚佐,道中紀所經行郡縣道里及事迹也。其曰我府張公者,時張允中方帥燕也。《唐志》稱張氏,宣宗時人,失其名。'張'者,其帥之姓爾,未審何以知使者之亦爲張氏也。"①可見幽州府帥張允中曾遣張氏使淮南,此書即爲張氏所撰之行記。

張氏,生平名號不詳。關於《燕吴行役記》,《新唐書·藝文志》《通志·藝文略》《遂初堂書目》《宋史·藝文志》地理類均有著録。是書已佚。今《中山詩話》、《重修政和經史證類本草》卷八、《天中記》卷四等文獻存録有佚文。

16.〔唐〕竇滂《雲南行記》《雲南別録》

《新唐書·藝文志》地理類著録"竇滂《雲南別録》一卷、《雲南行記》一卷"②。《玉海·異域圖書》亦著録"竇滂《雲南別録》一卷(叙南蠻族類及風土)、《雲南行記》一卷"③。二書已佚。

竇滂,兩《唐書》無傳。《資治通鑑》載唐懿宗咸通十年(869),"南詔遣使者楊酋慶來謝釋董成之囚,定邊節度使李師望欲激怒南詔以求功,遂殺酋慶。西川大將恨師望分裂巡屬,陰遣人致意南詔,使入寇。師望貪殘,聚私貨以百萬計,戍卒怨怒,欲生食之,師望以計免。朝廷徵還,以太府少卿竇滂代之。滂貪殘又甚於師望,故蠻寇未至,而定邊固已困矣。是月,南詔驃信酋龍傾國入寇,引數萬衆擊董春烏部,破之"④。由此可知竇滂於咸通十年代李師望爲定邊軍節度使,到任後被南詔所敗,二書可能撰於此時。

17.〔唐〕徐雲虔《南詔録》

《直齋書録解題》地理類著録"《南詔録》三卷",説:"唐嶺南節度巡官徐雲虔撰。乾符中,邕州遣雲虔使南詔所作。上卷記山川風俗,後二卷紀行及使事。"⑤《新唐書·藝文志》《宋史·藝文志》均有著録。是書已佚。

徐雲虔,兩《唐書》無傳。乾符六年(879)正月,以嗣曹王龜年宗正少卿,爲雲南使,大理司直徐雲虔副之;内常侍劉光裕爲雲南内使,霍承錫副之。《資治通鑑》記其使雲南事迹云:"二月,丙寅,雲虔至善闡城,驃信見大使抗禮,受副使已下拜。己巳,驃信使慈雙羽、楊宗就館謂雲虔曰:'貴府牒

---

① 《直齋書録解題》卷八,第244頁。
② 《新唐書》卷五八,第1508頁。
③ 《玉海》卷一六《異域圖書》,第303頁上。
④ 《資治通鑑》卷二五一《唐紀》,第8150—8151頁。
⑤ 《直齋書録解題》卷八,第266—267頁。

欲使驃信稱臣,奉表貢方物;驃信已遣人自西川入唐,與唐約爲兄弟,不則舅甥。夫兄弟舅甥,書幣而已,何表貢之有?'雲虔曰:'驃信既欲爲弟、爲甥,驃信景莊之子,景莊豈無兄弟,於驃信爲諸父,驃信爲君,則諸父皆稱臣,況弟與甥乎!且驃信之先,由大唐之命,得合六詔爲一,恩德深厚,中間小忿,罪在邊鄙。今驃信欲脩舊好,豈可違祖宗之故事乎!順祖考,孝也;事大國,義也;息戰爭,仁也;審名分,禮也。四者,皆令德也,可不勉乎!'驃信待雲虔甚厚,雲虔留善闡十七日而還。"①關於《南詔錄》,《唐會要》載:"五年七月,讜遣從事徐雲叟通和。凡水陸四十七程,至善闡府,遇驃信遊獵,尚去雲南一十六程,叙好而還。進《南詔錄》三卷。"②今《資治通鑑考異》引錄佚文一條,云:"四年二月,南詔國號鶴拓,亦號大封人。"注曰:"徐雲虔《南詔錄》曰:'南詔别名鶴拓,其後亦自稱大封人,是以封爲國號也。'"③

18.〔南唐〕李延範《燉煌新錄》

《直齋書錄解題》著錄《燉煌新錄》一卷,云:"有序稱天成四年沙州傳舍集,而不著名氏,蓋當時奉使者。叙張義潮本末及彼土風物甚詳。涼武昭王時有劉昞者,著《燉煌實錄》二十卷,故此號《新錄》。"④《通志·藝文略》亦作《燉煌新錄》一卷,注曰:"唐李延範撰。"⑤可知李延範曾爲使者往燉煌並撰有行記。

李延範,史書無傳,僅在五代史籍中有幾則記錄。如《五代會要》載:"後唐(明宗)天成三年十二月十日,殿中監李延範奏:'請指揮諸道州府,每逃户歸業後,委州司各與公憑,二年内放免兩税差科。如有違,許州論訐勘責。若州縣官招得五百户已上,乞等第獎酬。'從之。"⑥又載:"(後唐明宗)長興四年六月,敕御史中丞龍敏、給事中張鵬、中書舍人盧導、尚書刑部侍郎任贊、大理卿李延範等詳定《大中統類》。"⑦又如《舊五代史·五行志》載:"(後唐末帝)清泰元年九月,連雨害稼。詔曰:'久雨不止,禮有所禳,熒都城門,三日不止,乃祈山川,告宗廟社稷。宜令太子賓客李延範等禜諸城門,太常卿李懌等告宗廟社稷。'"⑧故知李延範事迹主要發生在五代時期的南唐。

---

① 《資治通鑑》卷二五三《唐紀》,第 8211—8212 頁。
② 《唐會要》卷九九,第 2096 頁。
③ 《資治通鑑考異》卷二四,《四部叢刊初編》本。
④ 《直齋書錄解題》卷七"傳記類",第 199—200 頁。
⑤ 《通志二十略》,第 1579 頁。
⑥ 王溥撰《五代會要》卷二五《逃户》,上海,上海古籍出版社,2006 年,第 405 頁。
⑦ 《五代會要》卷九《定格令》,第 147 頁。
⑧ 薛居正等撰《舊五代史》卷一四一《五行志》,北京,中華書局,1976 年,第 1883 頁。

19.〔後晉〕平居誨《于闐國行程錄》

《崇文總目》《通志·藝文略》地理類均著錄平居誨撰"《于闐國行程記》一卷",《宋史·藝文志》地理類則作"《于闐國行程錄》一卷"①。

平居誨,部分典籍又稱作"高居誨"。《新五代史》載後晉天福三年(938),"于闐國王李聖天遣使者馬繼榮來貢紅鹽、鬱金、犛牛尾、玉氎等,晉遣供奉官張匡鄴假鴻臚卿,彰武軍節度判官高居誨爲判官,册聖天爲大寶于闐國王。是歲冬十二月,匡鄴等自靈州行二歲至于闐,至七年冬乃還。而居誨頗記其往復所見山川諸國,而不能道聖天世次也"。"居誨記曰:……"②存其文七百餘字。今《演繁露》《游宦紀聞》《重修政和經史證類本草》《研北雜誌》等文獻亦存錄有佚文③。

20.〔南唐〕章僚《海外使程廣記》(又名《海外行程記》)

《直齋書錄解題》地理類著錄《海外使程廣記》三卷,云:"南唐如京使章僚撰。使高麗所記海道及其國山川、事迹、物產甚詳。史虛白爲作序,稱己未十月,蓋本朝開國前一歲也。"④案:陳氏所云"本朝開國前一歲"當爲公元959年。《通志·藝文略》地理類著爲"《高麗國海外使程記》三卷",注稱"昇元中錄"。⑤《宋史·藝文志》地理類亦有著錄⑥。是書已佚。今《演繁露》《十國春秋》等文獻存錄有佚文⑦。

章僚,生平不詳。程大昌《演繁露續集》云:"《海外行程記》者,南唐章僚記其使高麗所經所見也。"⑧《十國春秋·章僚傳》略述了《海外使程廣記》的內容,云:"大抵言高麗有二京、六府、九節度、百二十郡,內列十省四部官,朝服紫丹、緋綠、青碧。俗喜漚頭,生男旦日按壓其首。又言高麗多銅,田家鎞具皆銅爲之。有温器名服席,狀如中國之鐺,其底方,其蓋圓,可容七八升。地志家多稱其書爲博洽云。"⑨

21.〔南唐〕公乘鎔使契丹進元宗蠟書

今陸游《南唐書》《十國春秋》均錄有公乘鎔使契丹進元宗蠟書一篇,

---

① 《崇文總目》卷二,《叢書集成初編》第21册,第93頁。《通志二十略》,第1586頁。《宋史》卷二〇四,第5156頁。
② 《新五代史》卷七四《四夷附錄》,北京,中華書局,1974年,第917—919頁。
③ 詳見《晉唐兩宋行記輯校》,第176—177頁。
④ 《直齋書錄解題》卷八,第266頁。
⑤ 《通志二十略》,第1584頁。
⑥ 《宋史》卷二〇四,第5155頁。
⑦ 詳見《晉唐兩宋行記輯校》,第174—175頁。
⑧ 程大昌撰,許逸民校證《演繁露續集校證》卷一"高麗境望"條,北京,中華書局,2018年,第1167頁。
⑨ 吳任臣撰《十國春秋》卷二八,北京,中華書局,1983年,第410頁。

云:"臣鎔自去年六月離罌油,七月至鎮東關,遣王朗奉表契丹。九月,乃有番官夷離畢部牛車百餘乘及鞍馬沿路置頓。十月至東京,留三日。契丹主遣閑廄使王廷秀稱詔勞問,兼述泰寧王、燕王九月同行大事。兀欲郡世,母妻併命。又遼東以西,水潦壞道數百里,車馬不通,今年正月方至幽州,館於愍忠寺。先迎御容入宮,言先欲見唐皇帝面。乃引見如舊儀。問國書中機事,臣即述奕世歡好,當謀分裂之事。契丹主喜,問復有事否。臣曰:'軍機別有密書。'契丹主接至袖間,乃云:'吾與唐皇帝一如先朝往來。'因置酒合樂,又諭臣曰:'使人泛巨海而至,不自意變起骨肉,道路有聞,亦憂恐。'手捫一玉鍾酒先自啜,乃以勸臣令飲釂,自旦至日餔始罷。自時數遣使宣勞,三日一賜食。謹遣王朗賫骰號子歸聞奏。"①

公乘鎔,相州(今河南安陽)人。元宗即位,遣公乘鎔與伴送使陳植航海修好於契丹,其蠟書進於次年。

除以上文獻外,隋唐五代時期的使臣行記還有:《舊唐書·經籍志》《新唐書·藝文志》《通志·藝文略》地理類均著錄有"《奉使高麗記》一卷"。②皆未注明作者,是書已佚。又《新唐書·藝文志》《宋史·藝文志》地理類均著錄有"張建章《戴斗諸蕃記》一卷"。③《玉海》亦錄,云:"唐幽州判官張建章撰,一卷。載朔漠群蕃回鶻等族類本末,及道里遠近。"④是書已佚。首先此書僅爲一卷,其篇幅不可能是奉使總集;其次從使臣行記的實際撰寫來看,能夠既"載朔漠群蕃回鶻等族類本末",又能錄其"道里遠近"的大都出自使臣之手,所以此書是使臣行記的可能性極大。再有《新唐書·地理志》引錄有劉希昂、佚名的關於南詔、吐蕃的記行文字各一段,均疑爲當時的使臣行記。⑤

二、隋唐五代使臣行記的結構與内容

從上述作品可見,隋唐五代時期的使臣行記同樣是以記錄使程和見聞作爲主要内容。下面略舉幾例以作説明。

首先,記錄使程大致有兩種方式:一是記錄行程距離,二是記錄行經見

---

① 《十國春秋》卷二三《公乘鎔傳》,第 329 頁。陸游《南唐書》卷一八,《叢書集成初編》第 3854 册,第 408—409 頁。
② 《舊唐書》卷四六,第 2016 頁。《新唐書》卷五八,第 1506 頁。《通志二十略》,第 1584 頁。
③ 《新唐書》卷五八,第 1508 頁。《宋史》卷二〇四,第 5155 頁。
④ 《玉海》卷一六《異域圖書》,第 302 頁下。
⑤ 詳見《晉唐兩宋行記輯校》,第 139、152 頁。

聞。另外,使臣因出使國家的不同,使程又有陸路和海路之分。如袁滋《雲南記》是記陸路:

> 自縣南七十里至曲州。又四百八十里至石門鎮,隋開皇五年率益、漢二州兵所開。又經鄧枕山、馬鞍渡二百二十五里至阿傍部落。又經蒙夔山百九十里至阿夔部落。又百八十里至諭官川。又經薄哶川百五十里至界江山下。又經荊溪谷、潵溪池三百二十里至湯麻頓。又二百五十里至柘東城。又經安寧井三百九十里至曲水。又經石鼓二百二十里渡石門至佉龍驛。又六十里至雲南城。又八十里至白崖城。又八十里至龍尾城。又四十里至羊苴咩城。①

可見袁滋是以地名加距離的方式記錄行程。其中包括三項要素:其一,記錄行經地名(或館驛),行程中的曲州、石門鎮、阿傍部落、阿夔部落、湯麻頓、柘東城、佉龍驛、雲南城、白崖城、龍尾城、羊苴咩城等都應是出使過程中重要的行經地或館驛,也是使團住宿的地方;而鄧枕山、馬鞍渡、蒙夔山、薄哶川、荊溪谷、潵溪池、安寧井等都是出使經過的山川。其二,記錄行程距離,通常以"里"作爲單位,較爲精確地提供出使所經地之間的程距。其三,記錄行進方向,如"自縣南七十里至曲州",又如劉希昂"南詔行記"所記"自清溪關南經大定城,百一十里至達仕城""西南經菁口,百二十里至永安城""南八十里至嶲州""南九十里至外渗蕩館",都表述出了使雲南的南行線路。此外,其他使臣行記也有對行程的記錄,如明王禕《大事記續編》卷二八載:"韋齋休《雲南行記》:黎州至臺登城五百餘里,至嶲州百餘里。"②又《唐會要》載《南詔錄》所記:"凡水陸四十七程,至善闡府,遇驃信游獵,尚去雲南一十六程。"③所以,使臣記錄奉使行程是撰寫行記的一項重要內容,而記述行經的地名(館驛)、程距、方向是用於反映使程的三個關鍵要素。

又如常駿等《赤土國記》是記海路:

> 其年十月,駿等自南海郡乘舟,晝夜二旬,每值便風。至焦石山而過,東南泊陵伽鉢拔多洲,西與林邑相對,上有神祠焉。又南行,至師子石,自是島嶼連接。又行二三日,西望見狼牙須國之山,於是南達雞籠

---

① 《新唐書》卷四二《地理志》,第 1085—1086 頁。
② 王禕《大事記續編》卷二八,《文淵閣四庫全書》第 333 册,第 403 頁上。
③ 《唐會要》卷九九,第 2096 頁。

島,至於赤土之界。其王遣婆羅門鳩摩羅以舶三十艘來迎,吹蠡擊鼓,以樂隋使,進金鎖以纜駿船。月餘,至其都。①

常駿等人主要記述了行經各地大致所花費的時間。這説明當時的陸路交通已較爲暢通,但海上交通的發展還較爲滯後。

其次,記録見聞包括山川、風俗、事迹和物産等内容。如韋節《西蕃記》云:

康國人並善賈,男年五歲則令學書,少解則遣學賈,以得利多爲善。其人好音聲。以六月一日爲歲首,至此日,王及人庶並服新衣,剪髮鬚。在國城東林下七日馬射,至欲罷日,置一金錢於帖上,射中者則得一日爲王。俗事天神,崇敬甚重。云神兒七月死,失骸骨,事神之人每至其月,俱著黑疊衣,徒跣撫胸號哭,涕淚交流。丈夫婦女三五百人散在草野,求天兒骸骨,七日便止。國城外别有二百餘户,專知喪事,别築一院,院内養狗。每有人死,即往取屍,置此院内,令狗食之,肉盡收骸骨,埋殯無棺槨。②

韋節記述了康國人"善賈""歲首馬射""俗事天神""喪事"等風土人情,精要地表述了他在當地的所見所聞。

又如《太平御覽》卷九一九羽族部引韋齊休《雲南行記》:

《雲南記》曰:韋齊休使雲南,屯城驛。西牆外有大池斗門,垂柳夾蔭,池中鵝鴨甚衆。

《雲南行記》曰:瞿笮館磴道崎危,又過兩重高山,上下各十四五里。山頂平,四望無人煙,多鸚鵡。又曰:新安城路多縵山,盡是松林,其上多鸚鵡飛鳴。

《南雲記》曰:韋齊休使至雲南,其國饋白鷴,皆生致之。

《雲南記》曰:唐韋齊休聘雲南,會川都督劉寬使使致甘蔗。蔗節希似竹許,削去後,亦有甜味。③

---

① 《隋書》卷八二《赤土國傳》,第1834—1835頁。又見《北史》卷九五《赤土國傳》,第3160—3161頁。
② 《通典》卷一九三《邊防九》,第5256頁。
③ 《太平御覽》卷九一九、九二四、九七四,第4077、4102、4105、4318頁。

對奉使路途中所見之山川、道路、物産等都作了簡要記述。另外,《資治通鑑考異》引徐雲虔《南詔録》説:"南詔别名鶴拓,其後亦自稱大封人,是以封爲國號也。"①又錢曾在錢謙益《投筆集》箋注中,引竇滂《雲南别録》説:"劍川在苴咩西北十五日程。""閣羅鳳徙都苴咩,城倚點蒼山,臨西珥河,山甚高峻,水極深闊。"②分别記録了南詔的國號、苴咩城的地理環境等見聞。可見,使臣採録路途中的奇聞異事和風土物産也是撰寫行記的一項内容。

可以説,在使臣行記的撰寫過程中,記録行程和採録見聞始終是使臣所需要表達的重要内容。諸如韋機《西征記》是"録所經諸國風俗物産"③,達奚通《海南諸蕃行記》是"自赤土至虔郍,凡經三十六國,略載其事"④,章僚《海外使程廣記》是"記海道及其國山川、事迹、物産甚詳"⑤。所以,使臣行記的結構和内容,不僅反映了一類使行文獻的面貌,還深入反映了使臣這一個特殊文人群體的撰述視野。

此外,隋唐五代使臣行記還能爲我們提供兩個信息:一是與此前的行記相比篇幅有所增加,如《赤土國記》二卷、《中天竺行記》十卷、《雲南記》五卷、《雲南行紀》二卷、《渤海國記》三卷、《南詔録》三卷、《海外使程廣記》三卷等。其原因大略有二:第一,這一時期的外事活動主要是在中原王朝和周邊民族之間展開,奉使的時間和行程加長,必然爲使臣提供了更多的記録對象;第二,對於以記録行程和見聞爲主要内容的使臣行記來説,異域風情無疑更能觸動使臣,提高他們的記録熱情,所以韋機才會有"裂裳録所經諸國風俗物産"的舉動。

二是某些使臣不止撰寫一部行記,如王玄策《中天竺國行記》,《歷代名畫記》稱"有《行紀》十卷,圖三卷";又如竇滂有《雲南行記》《雲南别録》各一卷。這与之前出現的單次奉使不止産生一部行記不同,單次聘使所撰寫的兩部行記分别出自兩位使臣,而這裏的兩部行記均屬一人撰寫。不過從内容上看,一人撰寫的兩部行記,其實也可視爲一部行記,如《玉海·異域圖書》説《雲南别録》的内容是"叙南蠻族類及風土",而《雲南行記》從書名就知其内容主要是記録行程。對此,如果依據使臣行記著重記録使程和見聞的特點,我們完全可以把《雲南别録》《雲南行記》合二爲一,因爲多數使臣

---

① 《資治通鑑考異》卷二四,《四部叢刊初編》本。
② 錢謙益《投筆集》卷上,載錢謙益著,錢曾箋注,錢仲聯標校《牧齋雜著》,上海,上海古籍出版社,2007年,第53、56頁。
③ 《舊唐書》卷一八五《韋機傳》,第4795頁。
④ 《玉海》卷一六,第301頁上。
⑤ 《直齋書録解題》卷八,第266頁。

行記都包含這兩方面内容,諸如:

> 韋齊休《雲南行紀》二卷,《郡齋讀書志》云:"記其往來道里及其見聞。"
> 徐雲虔《南詔錄》三卷,《直齋書錄解題》云:"上卷記山川風俗,後二卷紀行及使事。"
> 章僚《海外使程廣記》三卷,《直齋書錄解題》云:"使高麗所記海道及其國山川、事迹、物産甚詳。"

從内容的構成來講,以上三種行記和竇滂的兩種行記是一致的,所以把竇滂兩個一卷本的行記集爲一部二卷本也是可行的。反過來,按照竇滂的創作思路,我們同樣可以將這三種行記分別劃分成兩種,如《南詔錄》内容本身就界限明確,"上卷記山川風俗,後二卷紀行及使事"。由此説明:隋唐五代使臣行記的構成主體是行程和見聞,使臣在編撰過程中可以將二者融合爲一個整體,也可以分别作爲兩個獨立的單元。

三、隋唐五代使臣行記的撰寫動機

前文説到早在成周時期就有行人編撰"五物"成書以"反命于王"的禮制,所以關於使臣行記的撰寫,其中最主要的一個因素是爲了滿足朝廷的政治需求。據《後漢書·東夷列傳》記載:"自中興之後,四夷來賓,雖時有乖畔,而使驛不絶,故國俗風土,可得略記。"[1]説明外事活動成爲收集異域"國俗風土"等信息的平臺。從文獻記錄來看,由漢至唐的對外交往一直都是朝廷獲取異域信息的一條重要渠道。比如《後漢書·李恂傳》載孝章帝時,李恂"持節使幽州,宣布恩澤,慰撫北狄,所過皆圖寫山川、屯田、聚落百餘卷,悉封奏上,肅宗嘉之"[2]。又如《梁書·諸夷傳》載:"孫權黄武五年,有大秦賈人字秦論來到交趾,交趾太守吴邈遣送詣權,權問方土謡俗,論具以事對。""吴遣中郎康泰使扶南,及見陳、宋等,具問天竺土俗。"[3]又如王嘉《拾遺記》載:"太始元年,魏帝爲陳留王之歲,有頻斯國人來朝,以五色玉爲衣,如今之鎧。……使圖其國山川地勢瑰異之屬,以示張華。"[4]從這些記録可見不論是遣使還是來使,都爲統治者瞭解異國社會面貌提供了契機,所以孫

---

[1] 《後漢書》卷八五《東夷列傳》,第2810頁。
[2] 《後漢書》卷五一《李恂傳》,第1683頁。
[3] 《梁書》卷五四《諸夷傳》,第798頁。
[4] 《拾遺記校注》卷九,第208—209頁。

權親自詢問交趾的"方土謠俗"、魏帝要求頻斯國使圖寫"其國山川地勢瑰異之屬",表現出強烈的求知欲望和政治意圖。

對此,在唐代文獻典籍中也有類似記述。如《新唐書·百官》禮部主客郎中、員外郎條載:"使絕域者還,上聞見及風俗之宜、供饋贈貺之數。"①規定凡奉使者需將所聞所見上報。同時《唐六典》卷五《尚書兵部》"職方郎中"條載:"其外夷每有番官到京,委鴻臚訊其人本國山川、風土,爲圖以奏焉;副上於省。"②規定凡有外國使來,需委派專人詢問其國山川風土上報。這表明,在唐代已經建立了通過外事活動以探尋相關信息的明確制度。關於這一點,在唐代的各類文獻中均有體現,如《舊唐書·溫彥博傳》載:"彥博善於宣吐,每奉使入朝,詔問四方風俗,承受綸言,有若成誦。"③又如雍陶《送于中丞使北蕃》詩說:"經年通國信,計日得蕃情。"孫頠《送薛大夫和蕃》詩說:"當書外垣傳,迴奏赤墀前。"④從不同角度表露了朝廷借助外事途徑以達到周知天下的目的。另外,從唐代奉使行記來看也表現出明確的政治用途,如韋機奉使西突厥"錄所經諸國風俗物產,名爲《西征記》。及還,太宗問蕃中事,機因奏所撰書,太宗大悅,擢拜朝散大夫,累遷至殿中監"⑤,李憲奉使回鶻,"使還,獻《入蕃道里記》,遷檢校左散騎常侍,兼太府卿"⑥,二人因奏獻所撰行記而得到升遷。又如《唐會要》分別記述袁滋"撰《雲南記》五卷上之",徐雲虔"進《南詔錄》三卷",這些例證都說明使臣撰寫行記的目的就是爲了進上和奏獻。也就是說,通過外事活動來掌握異域的社會狀況是唐代統治集團的一項時政要務,而使臣撰寫行記就是其中的重要環節。因此,可以說唐代使臣撰寫行記的首要因素就是爲政治服務。

除此之外,通過外事活動所獲取的外域信息,還可以填補時人的知識空白。如《舊唐書·賈耽傳》記載:"耽好地理學,凡四夷之使及使四夷還者,必與之從容,訊其山川土地之終始。是以九州之夷險,百蠻之土俗,區分指畫,備究源流。"⑦可見,聘使往來爲賈耽提供了掌握異域地理狀況的機會。他通過長期努力,"凡三十年,所聞既備,因撰《海內華夷圖》。以問其郡人,皆得其實,事無虛詞"⑧。又如《舊唐書·裴矩傳》亦載裴矩曾利用西域與中

---

① 《新唐書》卷四六,第1196頁。
② 李林甫等《唐六典》卷五,北京,中華書局,1992年,第162頁。
③ 《舊唐書》卷六一《溫彥博傳》,第2361頁。
④ 彭定求等編《全唐詩》卷五一八、七七九,北京,中華書局,1960年,第5917、8814頁。
⑤ 《舊唐書》卷一八五《韋機傳》,第4795頁。
⑥ 《舊唐書》卷一三三《李憲傳》,第3685頁。
⑦ 《舊唐書》卷一三八《賈耽傳》,第3784頁。
⑧ 李昉等編《太平廣記》卷一九七引《盧氏雜說》,北京,中華書局,1961年,第1480頁。

國互市的機會,"訪西域風俗及山川險易、君長姓族、物產服章,撰《西域圖記》三卷,入朝奏之"①。顯然,《海內華夷圖》和《西域圖記》都是外事活動中的產物,也是唐人渴求獲取外族認識的體現。對此,還有多首唐詩可供參證,如劉長卿《同崔載華贈日本聘使》詩說:"憐君異域朝周遠,積水連天何處通。遥指來從初日外,始知更有扶桑東。"又雍陶《送于中丞使北蕃》詩說:"野次依泉宿,沙中望火行。遠鵰秋有力,寒馬夜無聲。"②分別對東瀛、塞北的地域環境表達出新奇。這說明,唐人對與中原風物不同的知識的汲取,以追求更多認識也是激發使臣撰寫行記的一大因素。

四、隋唐五代使臣行記的流傳與影響

通過以上對隋唐五代使臣行記的討論可知:它們不僅是朝廷周知天下的一批政治文件,還是反映隋唐五代現狀的一宗社會史料。所以,隋唐五代使臣行記成書後並没有被束之高閣,而是得到了後世的廣泛採用和引證。這裏以唐代使雲南行記爲例,其流傳和影響主要表現在以下兩個方面。

第一,唐代使雲南行記首先表現在對歷史地理的豐富。從唐宋時期相關目錄文獻的著錄來看:

	袁滋《雲南記》	韋齊休《雲南行紀》	竇滂《雲南行記》《雲南別錄》	徐雲虔《南詔錄》
《郡齋讀書志》		僞史		
《直齋書錄解題》				地理
《新唐書·藝文志》	地理		地理	地理
《宋史·藝文志》		地理		地理
《通志·藝文略》	地理		地理	

除《郡齋讀書志》外,其他目錄書是將這些雲南行記劃歸爲地理類典籍。這就是說,在唐代使雲南行記的流傳過程中,其作爲政治文件的身份被逐步淡化,進而以地理學著作的身份獲得了共識。對於這一點,在相關地理學文獻中也有反映。比如修纂《新唐書·地理志》就有多處是參考使雲南行記,其引述袁滋《雲南記》"自縣南七十里至曲州。……又四十里

---

① 《舊唐書》卷六三《裴矩傳》,第 2406 頁。
② 《全唐詩》卷一五〇、卷五一八,第 1558、5917 頁。

至羊苴咩城"一段後小注説："貞元十年,詔祠部郎中袁滋與内給事劉貞諒使南詔,由此。"①又引述劉希昂"南詔行記""自清溪關南經大定城,百一十里至達仕城。……又百里至佉龍驛,與戎州往羊苴咩城路合"一段後小注説："貞元十四年,内侍劉希昂使南詔,由此。"②顯然,使雲南行記爲修纂史書提供了重要參考。另外,唐代還有一部記録雲南史事的重要著作——樊綽《雲南志》,又名《蠻書》《雲南記》等,全面記述了唐代雲南地區的歷史、地理、物産、民族、交通、文化和風俗等内容。據考察,《雲南志》對唐代使雲南行記也有廣泛參考,比如李德輝通過比較《雲南志》與使雲南行記,認爲在卷一"雲南界内途程第一"中,有許多地名與使雲南行記中所行經的地名一致,所以推測《雲南志》中記録途程的内容大多來自于唐代使雲南行記③。其實,對於《雲南志》借鑒使雲南行記這一點是毋庸置疑的。比如在《雲南志》中有數次提及引用韋齊休《雲南行記》,如《雲南志》卷五"六賧"原注説："賧者,州之名號也。韋齊休《雲南行記》有十賧,字作此賧字。"④將使雲南行記作爲求證的重要依據。

第二,使雲南行記成爲各類典籍的引證資料。比如《資治通鑑考異》載："四年二月,南詔國號鶴拓,亦號大封人。"注云："徐雲虔《南詔録》曰：'南詔别名鶴拓,其後亦自稱大封人,是以封爲國號也。'"⑤通過《南詔録》的記録考察南詔的國號。可見在文史家眼中,使雲南行記的内容是值得信賴的史料。特別是竇滂《雲南別録》,雖然此書没有如袁滋《雲南記》、劉希昂"南詔行記"被大段修入史書而流傳下來,但它被《資治通鑑考異》、錢謙益《投筆集箋注》等典籍所大量引證,諸如：

　　六詔：蒙舍、蒙越、越析、浪穹、樣備、越澹。(《新書》六詔曰：蒙巂、越析、浪穹、邆睒、施浪、蒙舍。今從竇滂《雲南別録》。)
　　細奴邏生邏盛,邏盛生盛邏皮,盛邏皮生皮邏閣。(《新傳》云：蒙氏父子以名相屬,細奴邏生邏盛炎,邏盛炎生炎閣。武后時,邏盛炎身入朝妻方娠生,盛邏皮喜曰我又有子,雖死唐地足矣。炎閣立死。開元時,弟盛邏皮立生皮邏閣,授特進封臺登郡王,炎閣未有子,時以閣羅鳳爲嗣,及生子還其宗而名承閣,遂不改。按邏盛炎之子盛邏皮,豈得云

---

① 《新唐書》卷四二《地理志》,第 1086 頁。
② 《新唐書》卷四二《地理志》,第 1083 頁。
③ 《晉唐兩宋行記輯校》,第 137、140、167 頁。
④ 樊綽著,趙吕甫校釋《雲南志校釋》,北京,中國社會科學出版社,1985 年,第 184 頁。
⑤ 《資治通鑑考異》卷二四,《四部叢刊初編》本。

以名相屬,既有炎閻,豈得云我又有子,雖死唐地足矣。今從《舊南詔傳》及《楊國忠傳》《雲南別錄》。)

六月袁滋册南詔。(《舊·南詔傳》十年八月,遣湊羅揀獻吐蕃印。《新傳》曰:異牟尋與崔佐時盟點蒼山,敗突厥於神川。明年,六月册異牟尋爲南詔王。按《實錄》乃今年六月,新舊傳皆誤也。韋皐奏狀皆稱雲南王。而竇滂《雲南別錄》曰:詔袁滋册異牟尋爲南詔,蓋從其請,南詔之名自此始也。蠻語詔即王也。)①

從以上文獻記錄可見,司馬光在辨證兩《唐書》中與雲南相關的史料時,多以《雲南別錄》的記錄爲準。可以説,爲考辨史料提供重要佐證是使雲南行記的價值所在,凸顯了它們的内容真實可信,具有補證歷史地理學著作的功用。

總之,隋唐五代使臣行記的片段出現在史地類書籍中,作爲重要的參考和引證對象,這既是使臣行記流傳的一條途徑,也是豐富史地類著述的一種表現。

五、唐五代使臣圖記與記行詩

除行記外,唐五代時期的使臣還製作有圖記和記行詩兩類作品,它們分別用圖文和韻文的不同方式來記述行程和見聞,是兩種極爲重要的使行文獻。

(一) 唐代的使臣圖記

在漢晉時期的外事活動中已有圖記產生,如:漢章帝時李恂圖寫北方山川、屯田、聚落百餘卷,晉初讓頻斯國來使圖畫其國山川地勢瑰異之屬。在唐代外事活動中同樣有圖記產生,考尋文獻,有以下兩種:

1. 許敬宗等《西域圖志》(又名《西域國志》《西域圖》)

《新唐書·藝文志》地理類著録"《西域圖志》六十卷",注云:"高宗遣使分往康國、吐火羅,訪其風俗物產,畫圖以聞。詔史官撰次,許敬宗領之,顯慶三年上。"②《通志·藝文略》地理類則録爲"《西域國志》六十卷"③。是書已佚。

許敬宗字延族,杭州新城人。唐高宗顯慶三年(658)"五月,帝以西域盡平,遣使分往康國及吐火羅等國,訪其風俗物產,及古今廢置,畫圖以進,因命史官撰《西域圖志》六十卷,敬宗監領之。書成,學者稱其該博焉"。④

---

① 《資治通鑑考異》卷一三、一九,《四部叢刊初編》本。
② 《新唐書》卷五八,第1506頁。
③ 《通志二十略》,第1585頁。
④ 《册府元龜》卷五六〇《國史部·地理》,第6425頁。

又《新唐書·許敬宗傳》云："然自貞觀後,論次諸書,自晉盡隋,及《東殿新書》《西域圖志》《姓氏録》《新禮》等數十種皆敬宗總知之,賞賚不勝紀。"①又《新唐書·龜兹傳》亦云："帝遣使者分行諸國風俗物產,詔許敬宗與史官譔《西域圖志》。"②可知許敬宗是修撰《西域圖志》的總負責人。可考的參修者還有敬播,《舊唐書·敬播傳》云："永徽初,拜著作郎。與許敬宗等撰《西域圖》。"③

2. 田牟《入蕃行記圖》

《册府元龜》載："田牟,文宗時爲入吐蕃使。大和八年四月,進宣索《入蕃行記圖》一軸,并圖經八卷。"④《玉海》亦載："田牟爲入吐蕃使,大和八年四月,進《入蕃行記圖》一軸并圖經八卷。"⑤

田牟,兩《唐書》無傳。《入蕃行記圖》圖、經皆佚。

從内容上看,唐代使臣圖記基本承襲了漢晉使臣圖記以圖形呈現使行經見的撰寫宗旨,比如《西域圖志》以圖畫西域諸國風俗物產、古今廢置爲主要内容,而《入蕃行記圖》的書名就告訴我們此書著重是圖繪使程。從體裁上看,圖經作爲圖文並茂的著述體裁開始在唐代外事活動中出現,這種既圖畫形貌,又有文字解說的形式無疑爲使臣行記的編撰開闢了新局面。

(二) 唐五代的使臣記行詩

前文在討論南北朝使行詩歌時,已經發現使臣開始用詩歌記行,一定程度改變了使臣行記撰寫的單一模式,而呈現出另一種新貌。到唐五代時期,使臣記行詩的創作又向前推進了一步,更爲明確地表現出行記特徵。現將唐五代使臣記行詩介紹於下。

1. 〔唐〕吕溫使吐蕃詩

吕溫(771—811)字和叔,一字化光。河中人。《舊唐書》本傳載吕溫"天才俊拔,文彩贍逸,爲時流柳宗元、劉禹錫所稱"。又"溫文體富豔,有丘明、班固之風……頗爲文士所賞,有文集十卷"⑥。唐德宗貞元二十年(804)冬,吕溫"副工部侍郎張薦爲入吐蕃使,行至鳳翔,轉侍御史,賜緋袍牙笏。明年,德宗晏駕,順宗即位,張薦卒於青海,吐蕃以中國喪禍,留溫經年。……元和

---

① 《新唐書》卷二二三,第6338頁。
② 《新唐書》卷二二一,第6232頁。
③ 《舊唐書》卷一八九,第4955頁。
④ 《册府元龜》卷五六〇《國史部·地理》,第6426頁。
⑤ 《玉海》卷一六《異域圖書》,第302頁下。
⑥ 《舊唐書》卷一三七《吕溫傳》,第3769—3770頁。

元年,使還,轉户部員外郎"①。今存吕温使吐蕃詩十餘首,有《吐蕃别館卧病寄朝中諸友》《吐蕃别館中和日寄朝中僚舊》《吐蕃别館月夜》《吐蕃别館送楊七録事先歸》等。

2.〔後晉〕王仁裕《南行記》

《郡齋讀書志》地理類著録王仁裕"《南行記》三卷",云後晉天福三年(938),"仁裕被命使高季興,記自汴至荆南道途賦詠及飲宴酬倡,殆百餘篇"②。《宋史·藝文志》傳記類則記爲"《南行記》一卷"③。是書已佚。

王仁裕字德輦,天水人。《新五代史·王仁裕傳》稱其"少不知書,以狗馬彈射爲樂,年二十五始就學,而爲人儁秀,以文辭知名秦、隴間"。喜寫詩,曾"集其平生所作詩萬餘首爲百卷,號《西江集》"④。

準確地説吕温和王仁裕所創作的是記行組詩,包含著一個較爲完整的出使過程,如《郡齋讀書志》説王仁裕《南行記》"記自汴至荆南道途賦詠及飲宴酬倡,殆百餘篇"。可以想見篇幅百首的記行詩集,其賦詠使途、酬唱贈答的内容,是絶不會亞於一部使臣行記的。因王仁裕記行詩皆佚,故以吕温在吐蕃别館所創數首爲例:

《吐蕃别館和周十一郎中楊七録事望白水山作》:"純精結奇狀,皎皎天一涯。玉嶂擁清氣,蓮峰開白花。半巖晦雲雪,高頂澄煙霞。朝昏對賓館,隱映如仙家。夙聞藴孤尚,終欲窮幽遐。暫因行役暇,偶得志所嘉。明時無外户,勝境即中華。況今舅甥國,誰道隔流沙。"

《吐蕃别館卧病寄朝中諸友》:"星漢縱横車馬喧,風摇玉佩燭花繁。豈知羸卧窮荒外,日滿深山猶閉門。"

《吐蕃别館中和日寄朝中僚舊》:"清時令節千官會,絶域窮山一病夫。遥想滿堂歡笑處,幾人緣我向西隅。"

《吐蕃别館月夜》:"三五窮荒月,還應照北堂。迴身向暗卧,不忍見圓光。"

《吐蕃别館送楊七録事先歸》:"愁雲重拂地,飛雪亂遥程。莫慮前山暗,歸人正眼明。"⑤

---

① 《舊唐書》卷一三七《吕温傳》,第 3769 頁。
② 《郡齋讀書志校證》卷八,第 349—350 頁。
③ 《宋史》卷二〇三,第 5118 頁。
④ 《新五代史》卷五七《王仁裕傳》,第 662 頁。
⑤ 《全唐詩》卷三七〇、三七一,第 4158、4160、4164、4167 頁。

從現存吕温的奉使詩來看,因其在吐蕃滯留了一年時間,所以創作在當地的詩歌數量較多,内容也主要是追思故土和宣洩無聊的情緒。不過,還是能像使臣行記一樣從中瞭解吕温在吐蕃的經歷,比如與周十一、楊七唱和,以及在别館生病、望月興歎等。另外,雖然吕温詩中不斷有"窮荒""絶域"等字眼,但事實上在吐蕃的經見是給他留下了深刻印象的。吕温被貶道州刺史時寫下《道州月歎》,自注:"追述蕃中事,與道州對言之。"詩云:"别館月,犁牛冰河金山雪。道州月,霜樹子規啼是血。"①他追憶吐蕃見過的犁牛、冰河和金山雪,足見在他的視綫裏不僅僅是絶域窮荒,還有當地奇異的自然景觀。由此説明,在異國他鄉的所見所聞都是激發使臣記詠情感的潛在因子,而使臣的記行組詩就是由含有這些因子的詩歌所構成。

---

① 《全唐詩》卷三七一,第 4175 頁。

第二章 宋代使臣行記

趙宋王朝偏安一隅，先後與遼、金、元政權形成對峙。但使在其間，南北聘使往來相當頻繁。與此同時，在門户開放的歷史進程中，宋朝與周邊民族之間的交往也得以不斷深入。正是在這樣的大背景下，使臣行記的撰寫在宋代迎來了高峰，成爲外事活動中的一個亮點，而呈現出一段與宋代政治交流史相始終的使行文學史。

第一節 宋代使臣行記文獻的概况

1. 王延德《西州使程記》（又名《西州程記》《高昌行紀》）

《宋史·藝文志》傳記類著録"王延德《西州使程記》一卷"①，《遂初堂書目》地理類著録有《西州使程經》②，未署作者姓名，當爲同一書。

王延德（939—1006），大名（今河北大名）人。宋太宗太平興國六年（981），高昌國王始稱西州。師子王阿厮蘭漢，遣都督麥索温來獻。五月"甲寅，遣供奉官王延德、殿前承旨白尚勳使高昌"。③ 王延德等"自夏州渡河，經沙磧，歷伊州，望北庭萬五千里"，於雍熙元年（984）四月使還，撰"《西州程記》以獻"。④《宋史·高昌國傳》亦載："雍熙元年四月，王延德等還，叙其行程來獻，云：……"，⑤所叙内容是王延德等奉使高昌所經見的地名、風俗和物産等，近一千八百字。今《揮麈録》、《續資治通鑑長編》、《文獻通考》、《説郛》（宛委山堂本）、《遼使拾遺》等文獻均引録有此段佚文。另據《西州使程記》篇尾所記："自六年五月離京師，七年四月至高昌，所歷以詔

---

① 《宋史》卷二〇三《藝文志》，北京，中華書局，1985年，第5119頁。
② 尤袤《遂初堂書目》，《叢書集成初編》第32册，第16頁。
③ 李燾《續資治通鑑長編》卷二二《太宗》，北京，中華書局，1992年，第492頁。
④ 《宋史》卷三〇九《王延德傳》，第10157頁。
⑤ 《宋史》卷四九〇《高昌國傳》，第14110—14113頁。

賜諸國君長襲衣、金帶、繒帛。八年春,與其謝恩使凡百餘人復循舊路而還,雍熙元年四月至京師。"①可知王延德等使高昌歷時近三年之久,其間在高昌停留了大約八個月。

2. 宋鎬等《宋鎬行録》

宋太宗淳化元年(990)正月遣"左正言宋鎬、右正言王世則使交州,以加恩制書賜王治及黎桓也"②。明年(991)六月使還,太宗遂令宋鎬等條列山川形勢及黎桓事迹以聞。今《續資治通鑑長編》《宋史·交阯傳》③均收録有宋鎬等人所條例的内容,約計七百餘字。《安南志略》卷三引作"宋鎬行録"④。

3. 陳靖等奉使高麗行記

《宋史·高麗傳》載宋太宗淳化四年(993)正月,高麗國王王治遣使白思柔貢方物並謝賜經及御製。同年二月,太宗遣秘書丞直史館陳靖、秘書丞劉式爲使,加王治檢校太師。緊隨其後便記載了陳靖等人的奉使經過,云:"靖等自東牟趣八角海口,得思柔所乘海船及高麗水工,即登舟自芝岡島順風泛大海,再宿抵甕津口登陸,行百六十里抵高麗之境曰海州,又百里至閻州,又四十里至白州,又四十里至其國。治迎使于郊,盡藩臣禮,延留靖等七十餘日而還,遺以襲衣、金帶、金銀器數百兩、布三萬餘端,附表稱謝。"⑤可見陳靖、劉式等奉使高麗時應撰有行記。是書已佚。

4. 辛怡顯《至道雲南録》(又名《天禧雲南録》,或簡稱《雲南録》)

《郡齋讀書志》僞史類,《遂初堂書目》《直齋書録解題》《宋史·藝文志》地理類均著録有"辛怡顯《至道雲南録》三卷",⑥是書已佚。案:《宋史·藝文志》故事類又著録"辛怡顯《雲南録》三卷"⑦,此處當爲重出。是書已佚。

關於辛怡顯的奉使事迹,如《郡齋讀書志》説:"蜀賊李順既平,餘黨竄入雲南,雷有終募怡顯招出之。至道初,歸,因書其所歷,成此書。"又《直齋書録解題》説:"左侍禁知興化軍辛怡顯撰。李順之亂,餘黨有散入蠻中者,

---

① 《宋史》卷四九〇《高昌國傳》,第 14113 頁。
② 《續資治通鑑長編》卷三一《太宗》,第 697 頁。
③ 《續資治通鑑長編》卷三一《太宗》,第 698—699 頁。《宋史》卷四八八《交阯傳》,第 14061—14062 頁。
④ 黎㟽《安南志略》,北京,中華書局,2000 年,第 81 頁。
⑤ 《宋史》卷四八七《高麗傳》,第 14040—14041 頁。
⑥ 《郡齋讀書志校證》卷七,第 290 頁。《遂初堂書目》,《叢書集成初編》第 32 册,第 16 頁。《直齋書録解題》卷八,第 267 頁。《宋史》卷二〇四《藝文志》,第 5154 頁。
⑦ 《宋史》卷二〇三《藝文志》,第 5105 頁。

怡顯往招安之,繼賜蠻酋告敕而歸,遂爲此錄。天禧四年自序。"又《玉海》說:"淳化五年,以西蜀順賊與南蠻結連,詔募命官士庶通邊土者,往黎寓界招撫。時怡顯自薦請行,至道元年訖事而歸,是書備載始末云。"①由此可知,辛怡顯在宋太宗淳化五年(994)出使雲南,於至道元年使還(995);其間撰有行記,所謂"因書其所歷""是書備載始末",都表明此書記錄的是他使雲南期間的過往。今《續資治通鑑長編》《容齋隨筆》《方輿勝覽》等文獻均存錄有佚文。另據《續資治通鑑長編》所說:"辛怡顯著《雲南至道錄》,載其國山川風俗及淳化末朝廷所賜諸驅詔甚具。"②可略知此書內容。

5. 路振《乘軺錄》

《郡齋讀書志》僞史類、《直齋書錄解題》傳記類、《宋史·藝文志》傳記類均著錄有"路振《乘軺錄》一卷"。③

路振(957—1014)字子發,永州祁陽(今屬湖南)人。《宋史》本傳稱路振"文詞溫麗,屢奏賦頌,爲名輩所稱,尤長詩詠,多警句"。於宋真宗大中祥符初(1008),"使契丹,撰《乘軺錄》以獻"④。羅繼祖、賈敬顔曾先後輯錄過此書,分別收在《願學齋叢刊》與《五代宋金元人邊疆行記十三種疏證稿》中。賈敬顔題解說:"今所傳《乘軺錄》計二種:一、《續談助》本(《十萬卷樓叢書》三編、《指海》第九集、《粵雅堂叢書》三編第二十三集、《叢書集成》初編,皆收之);二、《皇朝事實類苑》卷七十七所收本。羅繼祖曾合兩者爲一,且略事校讎(入所著《願學齋叢刊》中)。"⑤

6. 宋摶等使契丹還上言

《續資治通鑑長編》載宋真宗大中祥符元年(1008)二月,宋摶等使契丹還,言:"契丹所居曰中京,在幽州東北,城壘卑小,鮮居人,夾道多蔽以牆垣。宮中有武功殿,國主居之,文化殿,國母居之。又有東掖、西掖門。大率頗慕華儀,然性無檢束,每宴集有不拜、不拱手者。惟國母願固盟好,而年齒漸衰。國主奉佛,其弟秦王隆慶好武,吳王隆裕慕道,見道士則喜。又國相韓德讓專權既久,老而多疾。"⑥

宋摶(943—1009)字鵬舉,萊州掖縣(今屬山東)人。宋真宗景德四年

---

① 《郡齋讀書志校證》卷七,第 290 頁。《直齋書錄解題》卷八,第 267 頁。《玉海》卷五八《藝文》,第 1114 頁上。
② 《續資治通鑑長編》卷一○《太祖》,第 228 頁。
③ 《郡齋讀書志校證》卷七,第 283 頁。《直齋書錄解題》卷七,第 203 頁。《宋史》卷二○三《藝文志》,第 5119 頁。
④ 《宋史》卷四四一《路振傳》,第 13062 頁。
⑤ 賈敬顔《五代宋金元人邊疆行記十三種疏證稿》,北京,中華書局,2004 年,第 39 頁。
⑥ 《續資治通鑑長編》卷六八《真宗》,第 1527—1528 頁。

(1007)九月"命户部副使、祠部郎中宋摶爲契丹國母正旦使,供奉官、閤門祗候馮若拙副之"①。宋摶等上言亦見載於《宋會要輯稿·蕃夷》,題爲"上虜中事"②。

7. 王曙《戴斗奉使録》

《郡齋讀書志》僞史類著録王曙"《戴斗奉使録》二卷",《宋史·藝文志》傳記類則作一卷。③ 是書已佚。

王曙(963—1034)字晦叔,隋東皋子續之後。世居河汾,後爲河南人。死後,"贈太保、中書令,謚文康"④。王曙曾兩使契丹:一是宋真宗景德三年(1006)冬十月"乙亥,以太常博士王曙爲契丹國主生辰使,内殿崇班、閤門祗候高維忠副之"⑤。二是大中祥符二年(1009)十二月,"契丹國母蕭氏卒……復命太常博士直史館王隨、内殿承制閤門祗候郭允恭爲祭奠使,太常博士判三司催欠憑由司王曙、供奉閤門祗候王承瑾爲弔慰使"⑥。

關於《戴斗奉使録》的文獻著録有:《宋史·王曙傳》載其平生著述,其中有"《戴斗奉使録》二卷"。⑦ 其卷數與《郡齋讀書志》的著録相同,晁公武説:"景德三年爲契丹主生辰使,祥符三年爲弔慰使所録也。"又尹洙《故推忠協謀同德佐理功臣樞密使金紫光禄大夫行尚書吏部侍郎檢校太傅同中書門下平章事上柱國太原郡開國公食邑四千一百户食實封一千四百户贈太保中書令文康王公神道碑銘》説王曙:"再使北庭,作《戴斗奉使録》二卷。"又朱弁《曲洧舊聞》説:"王文康再使,有《戴斗奉使録》三卷。"⑧

以上文獻表明,《戴斗奉使録》成書於王曙第二次出使契丹之時,但各家所著録的卷數不一,《宋史》本傳、晁公武、尹洙著録爲二卷,而朱弁著録爲三卷,《宋史·藝文志》著録爲一卷。

8. 王曾《契丹志》(又名《王沂公行程録》《王沂公上契丹事》《王曾上契丹事》《上契丹事》等)

《遂初堂書目》地理類著録有《契丹志》一書,但未注明作者和卷數。《宋史·藝文志》地理類、《玉海·異域圖書》均著録有"王曾《契丹志》

---

① 《續資治通鑑長編》卷六六《真宗》,第1490頁。
② 徐松輯《宋會要輯稿》之《蕃夷二》,上海,上海古籍出版社,2014年,第9737頁上。
③ 《郡齋讀書志校證》卷七,第282頁。《宋史》卷二〇三《藝文志》,第5120頁。
④ 《宋史》卷二八六《王曙傳》,第9633頁。
⑤ 《續資治通鑑長編》卷六四《真宗》,第1428頁。
⑥ 《續資治通鑑長編》卷七二《真宗》,第1645頁。
⑦ 《宋史》卷二八六《王曙傳》,第9633頁。
⑧ 《郡齋讀書志校證》卷七,第282頁。尹洙《河南集》卷一二,《文淵閣四庫全書》第1090册,第63頁上。朱弁《曲洧舊聞》卷四,北京,中華書局,2002年,第141頁。

一卷"。①

王曾(978—1038)字孝先,青州益都(今山東青州)人。宋真宗大中祥符五年(1012)十月"己酉,以主客郎中、知制誥王曾爲契丹國主生辰使,宮苑使、榮州刺史高繼勳副之;屯田郎中、兼侍御史知雜事李士龍爲正旦使,內殿崇班、閤門祗候李餘懿副之"②。此書版本頗多,《續資治通鑑長編》卷七九、《契丹國志》卷二四、《宋會要輯稿·蕃夷》、《文獻通考·契丹》、《遼史·地理志》等文獻皆有引錄。此書名稱也繁多,如《宋會要輯稿》作"上契丹事",《契丹國志》作《王沂公行程錄》,《元史·河渠志》作《北行錄》等。考其內容如《玉海·異域圖書》所說,乃"載經歷山川、城郭"③。

9. 晁迥《北庭記》(又名《虜中風俗》)

《宋史·晁迥傳》載晁迥"使契丹,還,奏《北庭記》,加史館修撰、知通進銀臺司"④。

晁迥(951—1034)字明遠,世爲澶州清豐人,自其父佺,始徙家彭門。宋真宗大中祥符六年(1013)九月"乙卯,以翰林學士晁迥爲契丹國主生辰使,崇儀副使王希範副之;龍圖閣待制查道爲正旦使,供奉官、閤門祗候蔚信副之"⑤。

《北庭記》已佚,今《續資治通鑑長編》存錄一段,當與此書相關,云:"迥等使還,言始至長泊,泊多野鵝鴨,遼主射獵,領帳下騎擊扁鼓繞泊,驚鵝鴨飛起,乃縱海東青擊之,或親射焉。遼人皆佩金玉錐,號殺鵝殺鴨錐。每初獲,即拔毛插之,以鼓爲坐,遂縱飲。最以此爲樂。又好以銅及石爲鎚以擊兔。每秋,則衣褐裘,呼鹿射之。夏月以布易氈帳,藉草圍棋雙陸,或深澗張鷹。有言迥與遼人勸酬戲謔,道醉而乘車,皆可罪。上曰:'此雖無害,然使乎絕域,遠人觀望,一不中度,要爲失體。'王旦曰:'大抵遠使貴在謹重,至於飲酒,不當過量。'上然之。"⑥此段《宋會要輯稿》引作"虜中風俗"⑦。

10. 薛映《上京記》(又名《遼中境界》《虜中境界》《薛映記》)

王仁俊撰《遼史藝文志補證》著錄"薛映《上京記》一卷",云"大中祥符九年事"。⑧ 是書已佚。

---

① 《宋史》卷二〇四《藝文志》,第 5156 頁。《玉海》卷一六《地理·異域圖書》,第 304 頁下。
② 《續資治通鑑長編》卷七九《真宗》,第 1794 頁。
③ 《玉海》卷一六《地理·異域圖書》,第 304 頁下。
④ 《宋史》卷三〇五《晁迥傳》,第 10086 頁。
⑤ 《續資治通鑑長編》卷八一《真宗》,第 1848 頁。
⑥ 《續資治通鑑長編》卷八一《真宗》,第 1848—1849 頁。
⑦ 《宋會要輯稿》之《蕃夷二》,第 9741 頁下。
⑧ 王仁俊《遼史藝文志補證》,《二十五史補編》(第六冊),第 8149 頁中。

薛映(951—1024)字景陽,華陽(今四川成都)人,唐中書令元超八世孫。《宋史·薛映傳》稱其"好學有文,該覽彊記,善筆札,章奏尺牘,下筆立成"①。宋真宗大中祥符九年(1016)九月"己酉,命樞密直學士、工部侍郎薛映爲契丹國主生辰使,東染院使劉承宗副之;壽春郡王友、户部郎中、直昭文館張士遜爲正旦使,供備庫使王承德副之"②。

薛映使契丹行記雖已早佚,但《續資治通鑑長編》卷八八、《遼史》卷三七《地理志》均引録有《薛映記》遼中京至遼上京一段,又《契丹國志》卷二四録有《富鄭公行程録》,内容與《長編》《遼史》所引大致相同。此據傅樂焕、賈敬顔先生考證,富弼於康定元年(1040)、慶曆二年(1042)三使遼朝,皆在仁宗朝,與薛映使遼不符,《富鄭公行程録》實爲《薛映記》一書誤題。③《宋會要輯稿》記此書爲《虜中境界》。賈敬顔先生曾疏證此書,更名爲《遼中境界》④。

11. 宋綬等《契丹風俗》(又名《上契丹書》《宋綬出使録》等)

《續資治通鑑長編》載:"宋綬等使還,上契丹風俗,云:……"⑤其内容達七百五十餘字。

宋綬(991—1041)字公垂,趙州平棘(今河北趙縣)人。宋真宗天禧四年(1020)九月"辛酉,命知制誥宋綬爲契丹國主生辰使,閤門祇候譚倫副之;太子左諭德魯宗道爲正旦使,閤門祇候成吉副之"⑥。關於宋綬等上奏的《契丹風俗》,今《續資治通鑑長編》《文獻通考》《宋會要輯稿》等文獻均有引録;《遼史拾遺》卷一三引爲《上契丹書》,《熱河志》卷九七則作《宋綬出使録》。賈敬顔據此作有《契丹風俗疏證稿》⑦。

12. 劉涣《劉氏西行録》(又名《西行記》)

《直齋書録解題》傳記類著録"劉涣《劉氏西行録》一卷",《宋史·藝文志》傳記類則作《西行記》。⑧ 是書已佚。

劉涣(998—1078)字仲章,保州保塞人。《續資治通鑑長編》載宋仁宗康定元年(1040)八月,"遣屯田員外郎劉涣使邈川諭唃厮囉出兵助討西賊,

---

① 《宋史》卷三〇五《薛映傳》,第10091頁。
② 《續資治通鑑長編》卷八八《真宗》,第2015頁。
③ 見趙永春輯注《奉使遼金行程録》(增訂本)之《薛映記》"題解",北京,商務印書館,2017年,第29頁。
④ 賈敬顔《五代宋金元人邊疆行記十三種疏證稿》,第104—109頁。
⑤ 《續資治通鑑長編》卷九七《真宗》,第2253—2254頁。
⑥ 《續資治通鑑長編》卷九六《真宗》,第2217頁。
⑦ 賈敬顔《五代宋金元人邊疆行記十三種疏證稿》,第110—121頁。
⑧ 《直齋書録解題》卷七,第203頁。《宋史》卷二〇三《藝文志》,第5120頁。

涣請行也。涣出古渭州,循木邦山至河州國門寺,絕河,踰廓州,抵青唐城。唃厮囉迎導供帳甚厚,介騎士爲先驅,引涣至庭,唃厮囉冠紫羅氊冠,服金線花袍、黄金帶、絲履,平揖不拜,延坐勞問,稱'阿舅天子安否'。道舊事則數十二辰屬,曰兔年如此,馬年如此云,涣傳詔已,唃厮囉召酋豪大犒,約盡力無負,然終不能有大功也"。①

關於《劉氏西行録》,《直齋書録解題》説:"十月十九日出界,慶曆元年三月十日回秦州。此其行紀也。"②又周煇《清波雜志》載:"康定二年,劉涣奉使入西羌,招納唃厮囉族部。……煇得《劉氏西行録》,乃涣所紀,往返繫日以書,甚悉,且多篇詠。"③由此可見,劉涣奉使出境的時間在宋仁宗康定元年(1040);《西行録》是劉涣奉使西羌時撰寫的往返日記,書中還有多篇記行詩歌。

13. 余靖《契丹官儀》

余靖《武溪集》卷一八"雜文"録《契丹官儀》一篇,有一千二百餘字。

余靖(1000—1064)字安道,韶州曲江(今廣東韶關)人。余靖曾三使契丹,一是宋仁宗慶曆三年(1043)冬十月"丁未,以右正言、集賢校理余靖爲契丹國母正旦使,代張昷之也"④。二是慶曆四年(1044)冬八月"戊戌,右正言、集賢校理、同修起居注余靖假右諫議大夫、史館修撰,爲回謝契丹使"⑤。三是慶曆五年(1045)春正月"庚辰,右正言、知制誥、史館修撰余靖爲回謝契丹使,引進使、恩州刺史王克基副之"⑥。

《契丹官儀》載有余靖自叙,説:"契丹舊俗,皆書於國史《外國傳》矣。予自癸未至乙酉,三使其庭,凡接送館伴、使副、客省、宣徽,至於門階户庭趨走卒吏,盡得款曲言語。彼中不相猜疑,故詢其人風俗,頗得其詳。退而誌之,以補史之闕焉。"⑦可見此篇包含了他三次奉使契丹所收集的信息。

14. 范鎮《使北録》

汪應辰《題范蜀公集》云:"按《蜀公墓誌》,公《文集》一百卷、《諫垣集》十卷、《内制集》二十卷、《外制集》十卷、《正書》三卷、《樂書》三卷。公,成都人也。某守成都,凡三年,求公文集,雖搜訪殆遍,來者不一,而竟無全書。蓋公之没,距今八十年矣。竊意歲月愈久,則雖此不全之書,亦或未易得也。

---

① 《續資治通鑑長編》卷一二八《仁宗》,第 3035 頁。
② 《直齋書録解題》卷七,第 203 頁。
③ 周煇撰,劉永翔校注《清波雜志校注》卷一〇,北京,中華書局,1994 年,第 426 頁。
④ 《續資治通鑑長編》卷一四四《仁宗》,第 3482 頁。
⑤ 《續資治通鑑長編》卷一五一《仁宗》,第 3678 頁。
⑥ 《續資治通鑑長編》卷一五四《仁宗》,第 3739 頁。
⑦ 余靖《武溪集》卷一八,《文淵閣四庫全書》第 1089 册,第 173 頁下—174 頁上。

于是以意類次，爲六十二卷。曰《樂議》、曰《使北錄》，不見于墓誌，亦恐其初文集中未必載也。而《樂議》或特出于世俗所裒輯，今皆存之。"①

范鎮（1007—1088）字景仁，成都華陽人。宋仁宗至和二年（1055）八月辛丑，以"起居舍人、直秘閣、知諫院范鎮爲契丹國母正旦使，内殿承制、閣門祗候王光祖副之"②。《宋史》本傳載其使契丹事迹説："契丹、高麗皆傳誦其文。少時賦《長嘯》，却胡騎，晚使遼，人相目曰：此'長嘯公'也。兄子百禄亦使遼，遼人首問鎮安否。"③其《使北錄》已佚，今范鎮《東齋記事》、江少虞《新雕皇朝類苑》存其記契丹事三條，很有可能是出自《使北錄》。

15. 王安石《王文公送伴錄》（又名《王介父送伴錄》）

《遂初堂書目》本朝雜史類著録有《王文公送伴錄》，又本朝故事類著録爲《王介父送伴錄》，④此處當爲重出。是書已佚。

據李德身《王安石詩文繫年》考證，王安石曾在宋仁宗嘉祐五年（1060）春擔任送伴使，伴送契丹賀正旦使回境，事畢後，大約在當年二月中旬返京。⑤ 其"送伴錄"應作於此時。

16. 宋敏求《入蕃錄》（又名《入番錄》）

《宋史·藝文志》傳記類著録"宋敏求《入番錄》二卷"⑥，是書已佚。

宋敏求（1019—1079）字次道，趙州平棘（今河北趙縣）人。宋仁宗寶元二年（1039）進士，歷知太常禮院、官告院、知制誥、右諫議大夫、龍圖閣直學士兼修國史等職。嘉祐六年（1061）閏八月，以"度支判官、刑部員外郎、集賢校理宋敏求爲契丹生辰使，西染院副使、閣門通事舍人張山甫副之"⑦。

關於《入蕃錄》，蘇頌《龍圖閣直學士修國史宋公神道碑》説宋敏求"記當官所聞見與其應用，則有《三川下官錄》《入蕃錄》《春明退朝錄》，各二卷"⑧。又范成大《琉璃河》（又名劉李河，在涿州北三十里，極清泚，茂林環之，尤多鴛鴦，千百爲群。）詩自注提及《入蕃錄》，詩云："煙林葱蒨帶回塘，橋眼驚人失睡鄉。健起褰帷揩病眼，琉璃河上看鴛鴦。"注云："此河大中祥符間路振《乘軺錄》亦謂琉璃河，惟嘉祐中宋敏求《入番錄》乃謂之六里河，

---

① 汪應辰《文定集》卷一〇，上海，學林出版社，2009 年，第 107 頁。
② 《續資治通鑑長編》卷一八〇《仁宗》，第 4365 頁。
③ 《宋史》卷三三七《范鎮傳》，第 10790 頁。
④ 《遂初堂書目》，第 9、10 頁。"父"，一本作"甫"。
⑤ 李德身編著《王安石詩文繫年》，西安，陝西人民教育出版社，1987 年，第 128—129 頁。
⑥ 《宋史》卷二〇三《藝文志》，第 5121 頁。
⑦ 《續資治通鑑長編》卷一九五《仁宗》，第 4717 頁。
⑧ 蘇頌《蘇魏公文集》卷五一，北京，中華書局，1988 年，第 775 頁。

大抵胡語難得其真。"①可見此書是宋敏求奉使契丹時的記行之作。

17. 沈括《熙寧使契丹圖抄》(又名《使契丹圖抄》)

《宋秘書省續編到四庫闕書目》地理類著錄有"沈括《使虜圖鈔》一卷"。《通志·藝文略》地理類亦著錄"《使遼圖抄》一卷",注"沈括撰"。②

沈括(1031—1095)字存中,宋杭州錢塘人。宋神宗熙寧八年(1075)三月"癸丑,右正言、知制誥沈括假翰林侍讀學士,爲回謝遼國使,西上閤門使、榮州刺史李評假四方館使副之"。③《宋史·沈括傳》詳載其使遼事迹,說:"遼蕭禧來理河東黃嵬地,留館不肯辭,曰:'必得請而後反。'帝遣括往聘。"又說:"至契丹庭,契丹相楊益戒來就議,括得地訟之籍數十,預使吏士誦之,益戒有所問,則顧吏舉以答。他日復問,亦如之。益戒無以應,謾曰:'數里之地不忍,而輕絕好乎?'括曰:'師直爲壯,曲爲老。今北朝棄先君之大信,以威用其民,非我朝之不利也。'凡六會,契丹知不可奪,遂舍黃嵬而以天池請。括乃還,在道圖其山川險易迂直,風俗之純龐,人情之向背,爲《使契丹圖抄》上之。"④

《使契丹圖抄》的傳世版本較少,目前僅能從《永樂大典》卷一萬八百七十七虜字下輯錄,原稱:宋沈存中《西溪集·熙寧使虜圖抄》。書中有沈括自序,說:

> 臣某臣評准三月癸丑詔書,充大遼國信使、副使。是時,契丹以永安山爲庭,自塞至其庭,三十有六日。日有舍,中舍有亭,亭有饗秩。以閏四月己酉出塞,五月癸未至單于庭,凡三十有六日。以六月乙未還,己未復至於塞下,凡二十有五日。山川之夷嶮、遠近、卑高、橫從之殊,道途之涉降紆屈,南北之變,風俗、車服、名秩、政刑、兵民、貨食、都邑、音譯,覙察變故之詳,集上之,外別爲《圖抄》二卷,轉相補發,以備行人。以五物反命,以周知天下之故,謹條如右。⑤

可知《使契丹圖抄》成書時應有二卷,且有文有圖,後來可能因圖皆遺失,僅存文字,故而錄爲一卷。賈敬顏作有《熙寧使契丹圖抄疏證稿》⑥。

---

① 范成大《范石湖集》卷一二,上海,上海古籍出版社,2006年,第156頁。
② 葉德輝考證《宋秘書省續編到四庫闕書目》,《叢書集成續編》(第三冊),臺北,新文豐出版公司印行,1988年,第243頁下。《通志二十略》,第1584頁。
③ 《續資治通鑑長編》卷二六一《神宗》,第6362頁。
④ 《宋史》卷三三一《沈括傳》,第10655頁。
⑤ 賈敬顏《沈括〈熙寧使契丹圖抄〉疏證稿》,見《五代宋金元人邊疆行記十三種疏證稿》,第122—124頁。
⑥ 賈敬顏《五代宋金元人邊疆行記十三種疏證稿》,第122—169頁。

18. 竇卞《熙寧正旦國信録》

《直齋書録解題》傳記類著録"《熙寧正旦國信録》一卷",説:"天章閣待制竇卞熙寧八年使遼所記。"①是書已佚。

竇卞字彦法,曹州冤句(今山東菏澤)人。《宋史》本傳未載竇卞使遼之事,唯《續資治通鑑長編》記宋神宗熙寧八年(1075)八月"丙申……刑部員外郎、集賢校理、同修起居注竇便爲正旦使,皇城使曹誦副之"②。此"竇便"當爲"竇卞"之誤。

19. 楊景略《奉使句驪叢抄》

蘇頌《龍圖閣待制知揚州楊公墓誌銘》稱楊景略撰有"《奉使句驪叢抄》十二卷"③。是書已佚。

楊景略(1039—1086)字康功,河南人。因高麗國王王勛卒,需遣使弔祭,故於宋神宗元豐六年(1083)九月"丙辰、承議郎、左司郎中楊景略爲高麗祭奠使,供備庫副使兼閤門通事舍人王舜封副之;朝散郎錢勰爲弔慰使,西頭供奉官、閤門祇候宋球副之"④。此書當爲楊景略使高麗時所録。

20. 張舜民《使遼録》(又名《張浮休使遼録》《張芸叟使遼録》《甲戌使遼録》等)

《郡齋讀書志》僞史類著録"《張浮休使遼録》一卷",説:"張舜民被命爲回謝大遼弔祭使,鄭介爲副,録其往返地里及話言也。"《宋史·藝文志》故事類簡稱爲《使遼録》。⑤

張舜民字芸叟,邠州(今陝西彬縣)人。《宋史》本傳稱其"慷慨喜論事,善爲文,自號浮休居士"⑥。因宋宣仁太后在元祐八年九月崩,十二月遼人遣使來弔祭,故遣張舜民於紹聖元年(1094)使遼報謝。《使遼録》當作於此時。

關於《使遼録》,《遂初堂書目》本朝故事類著録爲《張芸叟使遼録》,又在地理類著録爲《張浮休使遼録》,芸叟、浮休分别是張舜民的字和號,故二者當爲同一書。另外,張舜民有《投進使遼録長城賦劄子》一篇,講述了寫作《使遼録》的經過,説:"於元祐九年,差充回謝大遼弔祭宣仁聖烈皇后禮信使。出疆往來,經涉彼土,嘗取其耳目所得,排日記録,因著爲《甲戌使遼

---

① 《直齋書録解題》卷七,第204頁。
② 《續資治通鑑長編》卷二六七《神宗》,第6545頁。
③ 蘇頌《蘇魏公文集》卷五六,第852頁。
④ 《續資治通鑑長編》卷三三九《神宗》,第8167頁。
⑤ 《郡齋讀書志校證》卷七,第284頁。《宋史》卷二〇三《藝文志》,第5107頁。
⑥ 《宋史》卷三四七《張舜民傳》,第11006頁。

錄》。其始以備私居、賓友燕言之助，今偶塵聖選，辭不免行，因檢括舊牘，此書尚在。其間所載山川、井邑、道路、風俗，至於主客之語言，龍庭之禮數，亦可以備清閑之覽觀。"①是書早佚，曾慥《類説》卷一三曾輯録到八則佚文，今阮廷焯、趙永春、李德輝等學者也先後對此書作過輯録。

21. 吴拭《雞林記》（又名《雞林志》）

《宋史·藝文志》傳記類著録"吴拭《雞林記》二十卷"②。是書已佚。

吴拭，又作吴栻。宋徽宗崇寧二年（1103），詔户部侍郎劉逵、給事中吴拭往使高麗③，王雲爲書記官。《雞林記》當爲吴拭使高麗時所撰。

據《玉海·異域圖書》"崇寧《雞林志》"條記載："書目《雞林志》二十卷，崇寧中吴拭使高麗撰，載往回事迹及一時詔誥。又三十卷王雲撰，其類有八，自高麗事類至海東備檢（雲從拭使高麗）。"④可知吴拭和王雲在使高麗期間均撰有行記，並且都以《雞林志》作爲書名。爲此，後人常常混淆二書，但從《玉海》的著録可見，吴拭《雞林記》主要是載録行程事迹和外交公文，而王雲《雞林志》則採用分門别類的形式，重點記録趣聞異事。

22. 王雲《雞林志》（又名《奉使雞林志》）

《郡齋讀書志》僞史類著録王雲編次"《雞林志》三十卷"，《直齋書録解題》傳記類著録爲"《奉使雞林志》三十卷"，⑤《宋史·藝文志》傳記類亦有著録。是書已佚。

王雲字子飛，澤州人。《宋史》記載宋徽宗崇寧二年（1103），詔户部侍郎劉逵、給事中吴拭往使高麗，王雲爲書記官從使高麗，使還，撰《雞林志》以進⑥。據宋代文獻記録可知，王雲《雞林志》比吴拭《雞林記》流傳更廣，時人對其内容討論較多，諸如：

> 晁公武《郡齋讀書志》云："攟輯其會見之禮，聘問之辭，類分爲八門。"
> 陳振孫《直齋書録解題》云："自元豐創通高麗以後事實，皆詳載之。"
> 王應麟《玉海·異域圖書》云："其類有八，自高麗事類至海東備檢。"
> 徐兢《宣和奉使高麗圖經序》云："王雲所撰《雞林志》，始疏其説，而未圖其形，比者使行，取以稽考，爲補已多。"

---

① 張舜民《畫墁録》卷六，《叢書集成初編》第 1948 册，第 49 頁。
② 《宋史》卷二〇三《藝文志》，第 5121 頁。
③ 《宋史》卷四八七《高麗傳》，第 14049 頁。
④ 《玉海》卷一六《地理·異域圖書》，第 305 頁上。
⑤ 《郡齋讀書志校證》卷七，第 292 頁。《直齋書録解題》卷七，第 204 頁。
⑥ 《宋史》卷三五七《王雲傳》，第 11229 頁。

周煇《清波雜志》云:"《雞林志》四十卷,併載國信所行遣案牘,頗傷冗長。"

吳炯撰《五總志》云:"王子飛從國信之高麗,撰《雞林志》,天啟以詩贈行云:'聞君秉筆賦雞林,海怪山奇入購尋。莫紀大宛多善馬,却令天子便甘心。'非特句法之端重,而慮高識明,絕人遠甚。"①

由此可見,《雞林志》共分爲八類,有"高麗事類""海東備檢"等門目,內容包括"會見之禮""聘問之辭""海怪山奇"等。

今考《說郛》(宛委山堂本)卷六〇上收有《雞林志》一書,闕撰人名,共錄佚文八條。《遼史拾遺》引錄王雲《雞林志》五條,與《說郛》本中五條相同。《續資治通鑑長編》卷四五二與查慎行《蘇詩補注》卷二九各注引《雞林志》一條。高似孫《剡錄》卷七與趙彥衛《雲麓漫鈔》卷四各引《雞林志》一條,但未注明作者,疑爲其佚文。共計《雞林志》現存佚文十二條。

23. 孫穆《雞林類事》

《遂初堂書目》地理類著錄有《雞林類事》,但無作者和卷數;《直齋書錄解題》傳記類著錄《雞林類事》三卷,亦不錄作者;《玉海·異域圖書》著錄《雞林類事》三卷,云:"崇寧初,孫穆撰叙土風、朝制、方言,附口宣、刻石等文。"②《宋史·藝文志》卷二〇四亦有著錄。是書已佚。

據安炳浩推斷,孫穆使高麗當在宋徽宗崇寧二年(1103),與劉逵、吳拭、王雲等同使高麗。③ 又據《說郛》輯注《雞林類事》稱"奉使高麗國信書狀官",可明孫穆的使職。現《說郛》(宛委山堂本)卷五五、《說郛》(涵芬樓本)卷七、《五朝小說·宋人百家小說偏錄家》、《五朝小說大觀·宋人百家小說偏錄家》等文獻都存錄有《雞林類事》佚文。

24. 謝皓條列遼國山川地理名物

《福建通志》載謝皓字德夫,宋徽宗大觀三年(1109)遼使至,需索無厭,"接伴使張閎不能對,徽宗命(謝)皓代之。……乃以太常少卿充賀正旦國信使。歸,條具北地山川、地理、名物以聞"④。《山西通志》亦載:"謝皓字商老……遼使至,命皓代張閎等接對。……明年,以太常少卿使遼。比還,凡

---

① 《郡齋讀書志校證》卷七,第292頁。《直齋書錄解題》卷七,第204頁。《玉海》卷一六《地理·異域圖書》,305頁上。《清波雜志校注》卷七,第324頁。吳炯《五總志》,《全宋筆記》第五編第一册,鄭州,大象出版社,2012年,第20頁。
② 《玉海》卷一六《地理·異域圖書》,第305頁上。
③ 安炳浩《〈雞林類事〉及其研究》,《北京大學學報》1986年第6期。
④ 謝道承等編纂《福建通志》卷四八,《文淵閣四庫全書》第529册,第623頁下。

北界山川、地理、名物情狀皆以聞。"①可知謝皓(1037—1117)又字商老,曾於大觀四年(1110)使遼,並條録有北地見聞,現已失傳。

25. 王漢之《見聞録》

程俱作《延康殿學士中大夫提舉杭州洞霄宮信安郡開國侯食邑一千七百户食實封一百户贈正奉大夫王公行狀》,説王漢之在大觀四年(1110)八月,"充賀北朝生辰國信使。使回,爲《見聞録》以進。且言:'契丹上下游惰,無長慮却顧、爲其國爲久安計者。今預密議,唯宰相李儼,儼雖更事,然習久安,無遠識。契丹歲比荒,用度畢取於燕人,凌轢掊剥,至不堪命,怨嗟日聞。又渤海俗獷悍,契丹尤疑而防之,然待之不以理,其積憤與燕人未嘗一日忘契丹也。其亡可待'"②。可知王漢之曾使契丹,並撰有行記《見聞録》。是書已佚。

王漢之(1054—1123)字彦昭,衢州常山(今屬浙江)人,熙寧六年(1073)登進士甲科。《宋史》本傳載其"奉使契丹,還,言其主不恤民政,而掊克荒淫,亡可跂而待也"③,徽宗聽後大悦。

26. 陶悦《使北録》(又名《奉使録》)

《三朝北盟會編》政宣上帙六,宣和四年(1122)四月二十三日辛亥"童貫駐軍高陽關宣撫司揭榜示衆"下,引録有《使北録》④一書,未署作者名。是書主要記述了宋徽宗政和七年(1117),"以司封員外郎陶悦假太常少卿爲國信使,知霸州李邈副之"⑤,出使遼國;使還,陶悦等向童貫對答遼國情况,並諫議宋徽宗取消童貫所陳奏的伐遼之事。

關於《使北録》,《建炎以來繫年要録》記載:"(政和)七年春,尚書司封員外郎陶悦使遼而歸(二月癸未),具言敵未可圖。會知樞密院事鄧洵武亦不以爲然,事得暫止。"注云:"此以陶悦《奉使録》參修,録云:'二月中旬,貫北伐,前軍發,悦歸,奏敵未可圖,事乃寢。'建炎末,悦以此贈秘閣修撰。"⑥又《三朝北盟會編》引《使北録》文末記載:"建炎末,臣僚以此上言,有旨褒贈告詞曰:'故承議郎陶悦,朕信賞必罰,以勵多士,彰善癉惡,以風四方。……庶以伸久鬱之公議,賁不朽之餘光,尚其有知,欽此茂寵。可特贈

---

① 曾國荃、張煦等修,王軒、楊篤等纂:《山西通志》卷一〇六,《續修四庫全書》第644册,第191頁下。
② 程俱《北山小集》卷三四,北京,人民文學出版社,2018年,第593頁。
③ 《宋史》卷三四七《王漢之傳》,第11000頁。
④ 徐夢莘《三朝北盟會編》卷六,上海,上海古籍出版社影印,2008年,第38—39頁。
⑤ 《三朝北盟會編》卷六,第38頁下。
⑥ 李心傳《建炎以來繫年要録》卷一,北京,中華書局,2013年,第3頁。

秘閣修撰。'"①《會編》和《要錄》都記錄了陶悦因此行記而獲贈秘閣修撰之事，這説明《會編》所引《使北錄》與《要錄》所引《奉使錄》當爲同一書。

27. 連南夫《宣和使金錄》

《直齋書錄解題》傳記類著錄連南夫有"《宣和使金錄》一卷"，説："太常少卿安陸連南夫鵬舉弔祭阿骨打奉使所記。"②是書已佚。

連南夫(1085—1143)字鵬舉，應山(今湖北廣水)人。《宋史·徽宗本紀》載宋徽宗宣和六年(1124)春正月"戊寅，遣連南夫弔祭金國"③。《金史·交聘表》亦載太宗天會元年"十二月，遣宇菫李靖告哀於宋。二年四月，宋始遣太常少卿連南夫等來弔"④。

28. 徐兢《宣和奉使高麗圖經》

《直齋書錄解題》地理類著錄"《高麗圖經》四十卷"，説："奉議郎徐兢明叔撰。宣和六年路允迪、傅墨卿使高麗，兢爲之屬，歸上此書，物圖其形，事爲之説。今所刊不復有圖矣。"⑤《遂初堂書目》《文獻通考·經籍考》《宋史·藝文志》亦有著錄。

徐兢(1091—1153)字明叔，號自信居士。祖籍建州甌寧縣(今福建建甌)，後徙居和州歷陽(今安徽和縣)。宋徽宗宣和四年(1122)，以國信所提轄人船禮物官身份隨使高麗，歸國後第二年進呈所撰《宣和奉使高麗圖經》四十卷。

《宣和奉使高麗圖經序》講述了徐兢著書的原由、過程等內容。略云："臣聞天子元正大朝會，畢列四海圖籍于庭，而王公侯伯，萬國輻湊，此皆有以揆之。故有司所藏，嚴惎特甚，而使者之職，尤以是爲急。……而行人之官，駱驛道路。若賀慶禍檜之類，凡五物之故，莫不有治；若康樂厄貧之類，凡五物之辨，莫不有書。用以復命于王，俾得以周知天下之故。……此所以一人之尊，深居高拱於九重，而察四方萬里之遠，如指諸掌。……然則乘輶軒而使邦國者，其於圖籍，固所先務。矧惟高麗在遼東，非若侯甸近服，可以朝下令而夕來上，故圖籍之作尤爲難也。……謹因耳目所及，博采衆説，簡去其同於中國者，而取其異焉。凡三百餘條，釐爲四十卷。物圖其形，事爲之説，名曰《宣和奉使高麗圖經》。臣嘗觀崇寧中王雲所撰《雞林志》，始疏其説，而未圖其形。比者使行，取以稽考，爲補已多。今臣所著《圖經》，手披

---

① 《三朝北盟會編》卷六，第 39 頁。
② 《直齋書錄解題》卷七，第 204 頁。
③ 《宋史》卷二五《徽宗本紀》，第 413 頁。
④ 《金史》卷六〇，北京，中華書局，1975 年，第 1390—1391 頁。
⑤ 《直齋書錄解題》卷八，第 267 頁。

目覽,而遐陬異域,舉萃於前,蓋倣古聚米之遺制也。"①可見,徐兢著書的目的是希望像古代行人一樣用書"復命于王",讓"深居高拱"的天子,能"周知天下之故""察四方萬里之遠"。另外,此書採用"物圖其形,事爲之説"的記錄形式,收集異聞三百餘條,篇幅長達四十卷。

另據《四庫全書總目》提要介紹:"其書分二十八門,凡其國之山川、風俗、典章、制度,以及接待之儀文,往來之道路,無不詳載。而其自序尤拳拳於所繪之圖。此本但有書而無圖,已非完本。然前有其姪藏題詞一首,稱書上御府,其副藏家。靖康丁未,兵亂失之。後從醫者得其本,惟《海道》二卷無恙。又述兢之言,謂世傳其書,往往圖亡而經存。欲追畫之,不果就,乃以所存者刻之澂江郡齋。周煇《清波雜志》亦稱兢倣元豐中王雲所撰《雞林志》爲《高麗圖經》。物圖其形,事爲其説。蓋徐素善丹青也。……乾道中刊於江陰郡齋者,即家間所傳之本,圖亡而經存。蓋兵火後徐氏亦失元本云云,是宋時已無圖矣。"②於此可明此書在流傳過程中的傳抄和刊刻情況。

29. 許亢宗等《宣和乙巳奉使金國行程録》(又名《宣和乙巳奉使行程録》《許奉使行程録》等)

《三朝北盟會編》政宣上帙二十下引録有《宣和乙巳奉使行程録》一書。

《三朝北盟會編》記載宋徽宗"宣和七年(1125)正月二十日壬辰,詔差奉議郎、尚書司封員外郎許亢宗充賀大金皇帝登寶位國信使,武義大夫、廣南西路廉訪使者童緒副之"③。另有押禮物官鍾邦直隨使。傳統上認爲許亢宗是《宣和乙巳奉使金國行程録》的作者,但據陳樂素、崔文印等學者考證,認爲此書當是鍾邦直所撰,詳見《三朝北盟會編考》和《靖康稗史箋證》前言。④

此書名稱繁多,據賈敬顔統計:《日下舊聞考》卷百四十六引此書稱《宋著作郎許亢宗使金行程録》,同書卷百三十二及卷百四十四引均作《許奉使行程録》、卷百八引作《奉使行程録》、卷百二十七引作《許亢奉使行程録》遺"宗"字。《資治通鑑》卷二百六十九後梁紀四卷均王貞明三年二月甲午紀事胡三省注引作《金虜行程》等。⑤ 此書現有《三朝北盟會編》《大金國志》

---

① 徐兢《宣和奉使高麗圖經》,《全宋筆記》第三編第八册,鄭州,大象出版社,2008年,第7—8頁。
② 永瑢等《四庫全書總目》卷七一史部地理類,北京,中華書局影印,1965年,第631頁上。
③ 《三朝北盟會編》卷二〇,第141頁上。
④ 陳樂素《三朝北盟會編考》,《歷史語言研究所集刊》第六册,北京,中華書局,1987年,第263—264頁。確庵、耐庵編,崔文印箋證《靖康稗史箋證》前言,北京,中華書局,1988年,第4—5頁。
⑤ 賈敬顔《五代宋金元人邊疆行記十三種疏證稿》,第214頁。

《靖康稗史》等版本，其中《大金國志》作《許奉使行程錄》，《靖康稗史》作《宣和乙巳奉使金國行程錄》。

30. 洪皓《松漠紀聞》

《直齋書錄解題》僞史類著錄洪皓"《松漠記聞》二卷"，云："皓奉使留敵中錄所聞雜事。"①

洪皓（1088—1155）字光弼，饒州樂平（今江西樂平）人，宋徽宗政和五年（1115）進士。《宋史·洪皓傳》記載宋高宗建炎三年（1129），"帝以國步艱難、兩宮遠播爲憂。皓極言：'天道好還，金人安能久陵中夏！此正春秋郊、鄀之役，天其或者警晉訓楚也。'帝悦，遷皓五官，擢徽猷閣待制，假禮部尚書，爲大金通問使。龔璹副之"。洪皓至金，羈留不遣，身陷金國十五年之久。洪皓"雖久在北廷，不堪其苦，然爲金人所敬，所著詩文，爭鈔誦求鋟梓"。他博學強記，平生著述"有文集五十卷及《帝王通要》《姓氏指南》《松漠紀聞》《金國文具錄》等書"②。

《松漠紀聞》的成書過程較爲曲折，如洪皓長子洪适《題松漠紀聞》所說："先君銜使十五年，深陷窮漠，耳目所接，隨筆纂錄。聞孟公庚發篋汴都，危變歸計，創艾而火其書，握節來歸，同語言得罪柄臣，諸子佩三緘之戒，循陔侍鄴，不敢以北方事置齒牙間。及南從炎荒，視膳餘日，稍亦談及遠事。凡不關今日強弱利害者，因操牘記其一二。未幾，復有私史之禁，先君亦枕末疾，遂廢不錄。及柄臣蓋棺，弛語言之律，而先君已賫恨泉下。鳩拾殘編，僅得數十事，反袂拭面，不復彙次，或可廣史氏之異聞云爾。"③另據《四庫全書總目》介紹：紹興二十六年（1156），長子洪适"始校刊爲正續二卷"，正卷三十一事，續卷二十七事。以其所居冷山，金屬上京寧府，在唐松漠都督府地以北，故名此書爲《松漠紀聞》。乾道九年（1173），次子洪遵又刻板於建業，並"增補所遺十一事"。總計六十九事，一萬三千字。④

今傳《松漠紀聞》有《顧氏文房小説》《學津討原》《説郛》《歷代小史》《古今逸史》《豫章叢書》《遼海叢書》等版本，《大金國志》《三朝北盟會編》等文獻亦有部分引錄。此外，據《中國古籍善本書目》記載，《松漠紀聞》目前尚有以下善本存世：《松漠紀聞》二卷、補遺一卷，有明刻本和清乾隆四十一年吳翌鳳抄本；《松漠紀聞》二卷，有清抄本一種；《松漠紀聞》

---

① 《直齋書錄解題》卷五，第140—141頁。
② 《宋史》卷三七三《洪皓傳》，第11557—11558、11562頁。
③ 洪适《盤洲文集》卷六二，《四部叢刊初編》第1177冊。
④ 《四庫全書總目》卷五一史部雜史類，第464頁下。又見洪皓《松漠紀聞》，《長白叢書（初集）》，長春，吉林文史出版社，1986年，第4頁。

一卷、續一卷,有明抄本和清抄本各一種;《松漠紀聞》一卷、補遺一卷,有清抄本一種。①

31. 何鑄《奉使雜録》

《直齋書録解題》傳記類著録何鑄"《奉使雜録》一卷",説:"紹興十二年,何鑄使金所録禮物、名銜、表章之屬。"②是書已佚。

何鑄(1088—1152)字伯壽,浙江餘杭人。他曾兩度使金,一是宋高宗紹興十一年(1141)十一月"乙卯,以何鑄簽書樞密院事,充金國報謝進誓表使"③。副使爲曹勛,善"占對開敏"。"召入内殿,帝洒泣,諭以懇請親族之意。及見金主,正使何鑄伏地不能言,勛反覆開諭,金主首肯許還梓宫及太后。"④事畢,何鑄等於紹興十二年(1142)二月還京。二是紹興十六年(1146)"九月甲戌,命何鑄等爲金國祈請使,請國族"⑤。《奉使雜録》是何鑄第一次使金所撰。

32. 佚名《館伴日録》

《直齋書録解題》傳記類著録"《館伴日録》一卷",説:"無名氏。紹興二十四年。"⑥是書已佚。

今據《建炎以來繫年要録》《宋史》等文獻記載,宋高宗紹興二十四年(1154)入宋使僅金國派遣過兩次:一是五月"辛未,金主遣金吾衛上將軍工部尚書耶律安禮、正議大夫尚書吏部侍郎許霖來賀天申節"。二是十二月"乙巳,金主使驃騎上將軍簽書樞密院事白彦恭、中散大夫守右諫議大夫充翰林待制同知制誥胡勵來賀來年元旦"。⑦ 但不知是何人館伴時所録。

33. 洪邁《接伴雜録》

周必大《親征録》載紹興三十二年(1162)己未,洪景盧出《接伴雜録》云:"淮、泗間彌望無寸木,鵲巢平地。"又云:"道逢泰州民自虜中逃歸,言初被驅迫至京畿,百姓争舍匿之,調護甚至。仍爲治裝,告以歸路。有捨其馬使代步者,惟過河則不可回。"⑧可知洪景盧曾撰有此書,已佚。

洪邁(1123—1202)字景盧,號容齋,饒州鄱陽人。《建炎以來繫年要

---

① 《中國古籍善本書目·史部》,上海,上海古籍出版社,1993年,第236—237頁。
② 《直齋書録解題》卷七,第205頁。
③ 《宋史》卷二九《高宗本紀》,第551頁。
④ 《宋史》卷三七九《曹勛傳》,第11700—11701頁。
⑤ 《宋史》卷三〇《高宗本紀》,第565頁。
⑥ 《直齋書録解題》卷七,第205頁。
⑦ 《建炎以來繫年要録》卷一六六,第3157頁;卷一六七,第3181頁。
⑧ 周必大撰,王瑞來校證《周必大集校證》卷一六三,上海,上海古籍出版社,2020年,第2456頁。

錄》載紹興三十二年正月乙丑，金遣"元帥府左監軍高忠建、禮部侍郎張景仁來告登位，邊吏以聞。景仁，廣寧人也。尚書左司員外郎洪邁充接伴使，文州刺史知閤門事張掄副之"①。《中興禦侮錄》亦載洪邁等接伴金使之事，其中雙方就邊界問題展開了爭論。② 可見，《接伴雜錄》是洪邁接伴金使時所錄。

34. 樓鑰《北行日錄》

《直齋書錄解題》傳記類著錄"《北行日錄》一卷"，說："參政四明樓鑰大防，乾道己丑，待次溫州教授，以書狀官從其舅汪大猷仲嘉使金紀行。"③《國史經籍志》地理類著錄爲"《北行雜錄》一卷"④。

樓鑰（1137—1213）字大防，宋明州鄞縣（今浙江寧波）人。《宋史》本傳稱樓鑰"文辭精博，自號攻媿主人，有集一百二十卷"⑤。宋孝宗乾道五年（1169），"冬十月乙酉，遣汪大猷等使金賀正旦"⑥。樓鑰隨使，爲書狀官。是書收錄在樓鑰《攻媿集》中。

35. 范成大《攬轡錄》

《郡齋讀書志》著錄范成大"《攬轡錄》二卷"，《直齋書錄解題》傳記類則作"《攬轡錄》一卷"⑦，《宋史·藝文志》《文獻通考·經籍考》傳記類均著錄爲《攬轡錄》一卷。

范成大（1126—1193）字至能，號石湖居士，平江吳縣（今江蘇蘇州）人。紹熙二十四年（1154）進士。宋孝宗乾道六年（1170）閏五月戊子，范成大被命以資政殿大學士與崇信軍節度使康諝，爲奉使大金國信使副。《攬轡錄》爲范成大使金時所撰，《郡齋讀書志》注云："往返地理日記也。"《直齋書錄解題》注云："參政吳郡范成大至能乾道六年使金所記聞見。"⑧

今傳《攬轡錄》，版本較多，有《説郛》《寶顏堂秘笈》《續百川學海》《稗乘》《知不足齋叢書》《叢書集成初編》等。此外《三朝北盟會編》《建炎以來繫年要錄》《資治通鑑音注》《玉堂嘉話》《永樂大典》《黃氏日抄》等書皆有引錄。據學者統計：流傳至今的版本大多存 2 200 餘字，而《三朝北盟會編》

---

① 《建炎以來繫年要錄》卷一九六，第 3860 頁。
② 佚名撰《中興禦侮錄》卷下，《全宋筆記》第五編第一冊，鄭州，大象出版社，2012 年，第 50 頁。
③ 《直齋書錄解題》卷七，第 205 頁。
④ 焦竑輯《國史經籍志》卷三地理朝聘，《叢書集成初編》第 25 冊，第 108 頁。
⑤ 《宋史》卷三九五《樓鑰傳》，第 12048 頁。
⑥ 《宋史》卷三四《孝宗本紀》，第 646 頁。
⑦ 趙希弁《讀書附志》，《郡齋讀書志校證》，第 1131 頁。《直齋書錄解題》卷七，第 205 頁。
⑧ 趙希弁《讀書附志》，《郡齋讀書志校證》，第 1131 頁。《直齋書錄解題》卷七，第 205 頁。

引録多達 3 500 餘字,其中有 2 600 餘字不見於今傳版本。因此爲求全面,可以組合今傳本前半部分和《三朝北盟會編》所録后半部分爲一書。① 另外,比較重要的整理本是孔凡禮的《范成大筆記六種》,他以涵芬樓鉛印《説郛》本《攬轡録》爲底本,校以《知不足齋叢書》本,並參校了《玉堂嘉話》《永樂大典》等。②

36. 姚憲《乾道奉使録》

《直齋書録解題》傳記類著録"《乾道奉使録》一卷",説:"參政諸暨姚憲令則乾道壬辰使金日記。"③是書已佚。

姚憲(1119—1197)字令則,會稽(今浙江紹興)人。他於宋孝宗乾道八年(1172)二月,"使金賀上尊號,附請受書之事"④,曾覿任副使。當年七月,姚憲等至金國,不料金人拒其請受書之事。

37. 韓元吉《朔行日記》

韓元吉《南澗甲乙稿》有《書朔行日記後》一文,云:

嗚呼！靖康之禍,吾及之也,尚忍趨庭而見于敵哉！然吾嘗念之,中原陷没滋久,人情向背,未可測也。傳聞之事,類多失實,朝廷遣偵伺之人,捐費千金,僅得一二。異時使者率畏風埃,避嫌疑,緊閉車内,一語不敢接,豈古之所謂覘國者哉？故自渡淮,凡所以覘敵者,日夜不敢忘,雖駐車乞漿,下馬盥手,遇小兒婦女,率以言挑之。又使親故之從行者,反覆私焉,往往遂得其情,然後知中原之人,怨敵者故在,而每恨吾人之不能舉也。歸因爲聖主言敵之强盛,幾五十年矣。臣有知其不能久者,特以人心不附而已。是將何時可附,願思所以圖之,合謀定算,養威蓄力,以俟可乘之釁,不必規小利以觸其幾也。上深以爲然,蓋不敢廣也。淳熙改元,出守婺女,夏曝書,見《朔行日記》。因書其後,以明吾志之非苟然耳,無咎記。⑤

韓元吉(1118—1187)字無咎,號南澗,開封雍邱(今河南開封)人,一作許昌人。宋孝宗乾道八年(1172)十二月"丁巳,遣韓元吉等賀金主生辰"⑥。

---

① 趙永春《奉使遼金行程録》(增訂本)之《攬轡録》"題解",第 390 頁。
② 孔凡禮點校《范成大筆記六種》,北京,中華書局,2002 年,第 11—16 頁。
③ 《直齋書録解題》卷七,第 205 頁。
④ 《宋史》卷三四《孝宗本紀》,第 653 頁。
⑤ 韓元吉《南澗甲乙稿》卷一六,《叢書集成初編》第 1982 册,第 322 頁。
⑥ 《宋史》卷三四《孝宗本紀》,第 654 頁。

《金史·交聘表》亦載大定十三年(1173)"三月癸巳朔,宋試禮部尚書韓元吉、利州觀察使鄭興裔等賀萬春節"①。《朔行日記》當是韓元吉使金時所撰。是書已佚。

38. 周煇《北轅錄》

今《説郛》《古今説海》《歷代小史》《續百川學海》等叢書,皆收録有周煇《北轅録》一書。

周煇(1126—1198)字昭禮,淮海人。宋孝宗淳熙三年(1176)十一月"庚午,遣張子正等賀金主生辰"②。周煇隨使。《北轅録》亦載:"淳熙丙申十一月二十九日,詔待制敷文閣張子正假試户部尚書充賀金國生辰使,皇叔祖右監門衛大將軍士褎假明州觀察使知東上閤門兼客省四方館事副之。"③周煇等人於淳熙四年(1177)正月七日出國門,當年四月十六日回至家,是行往返共九十六日。《北轅録》即是周煇此行的往返日記,據《中國古籍善本書目》著録,是書現存清初錢曾家抄本一卷④。

39. 吳儆《邕州化外諸國土俗記》

吳儆《竹洲集》卷一〇存《邕州化外諸國土俗記》一篇,記述邕州以外諸國的風俗、物産、制度、典籍等,約一千餘字。篇中自述:"某淳熙四年春,以邕州别駕被旨出塞市馬,目所親睹,及分遣諜者圖其道里遠近,山川險易,甚信。"⑤可知吳儆曾於宋孝宗淳熙四年(1177)奉旨出塞,此記是其集自身所見以及諜者所採集的信息而成。

吳儆(1125—1183)字益恭,原名備,字恭父,休寧(今屬安徽)人,於淳熙元年(1174)通判邕州。

40. 鄭僑《奉使執禮録》

《直齋書録解題》傳記類著録"《奉使執禮録》一卷",説:"進士鄭儼撰。淳熙己酉中書舍人莆田鄭僑惠叔使金賀正,會其主雍病篤,欲令于閤門進國書,僑不可。已而雍殂,遂回。"⑥

鄭儼,無文獻可考。鄭僑(1132—1202)字惠叔,福建莆田人。《大金國志》記載:"大定二十九年(1189年,時宋淳熙十六年),是冬,宋以中書舍人鄭僑充賀正旦使,閤門張時修副之。以歲暮抵燕,時帝病已篤。傳旨:'使人

---

① 《金史》卷六一《交聘表中》,第1431頁。
② 《宋史》卷三四《孝宗本紀》,第662頁。
③ 周煇《北轅録》,《全宋筆記》第五編第九册,鄭州,大象出版社,2012年,第192頁。
④ 《中國古籍善本書目·史部》地理類二,第991頁。
⑤ 《全宋文》卷四九六八,第224册,第126—127頁。
⑥ 《直齋書録解題》卷七,第205—206頁。

免朝見,令就東上閣門進書。'僑與時修力爭,以爲東上閣門者乃臣寮進獻表章之地,本朝皇帝國書豈當于此投進? 往復爭辯,至漏下十數刻,乃令且就館相待。至元日晚,忽傳帝命:'以使人欲面進書,今已過期,可遣還。'明日帝崩,實大定二十九年餘二日也。"①據此可見,鄭儼和鄭僑可能同是一人,"儼"應屬"僑"之誤寫。故《奉使執禮録》當是鄭僑使金時所録,現已失傳。

41. 鄭汝諧《聘燕録》

《遂初堂書目》地理類著録"鄭汝諧《聘燕録》"②。是書已佚。

鄭汝諧(1126—1205)字舜舉,號東谷居士,浙江青田人。紹興二十七年進士,官吏部侍郎,徽猷閣待制致仕,有《東谷集》。宋光宗紹熙三年(1192)九月"戊子,遣鄭汝諧等使金賀正旦"。③《聘燕録》應是鄭汝諧使金時所撰。

《齊東野語》存有鄭汝諧詩一首,可能與《聘燕録》相關,説:"時聘使往來,旁午於道。凡過盱眙,例遊第一山,酌玻璃泉,題詩石壁,以記歲月,遂成故事,鐫刻題名幾滿。紹興癸丑,國信使鄭汝諧一詩云:'忍恥包羞事北庭,奚奴得意管逢迎。燕山有石無人勒,却向都梁記姓名。'可謂知言矣。噫! 開邊之用固無窮,而和戎之費亦不易,余因詳書之。"④

42. 倪思《北征録》

《宋史·藝文志》傳記類著録倪思"《北征録》七卷"⑤。是書已佚。

倪思(1147—1220)字正甫,湖州歸安(今浙江湖州)人。乾道二年進士,中博學宏詞科。宋光宗紹熙四年(1193)九月"壬午,遣倪思等使金賀正旦"⑥。《北征録》應是倪思的使金記行之作。

43. 鄭域《燕谷剽聞》

鄭域字中卿,號"松窗"。《宋史·寧宗本紀》載慶元二年九月丁酉,"遣張貴謨使金賀正旦"。《金史紀事本末》卷三七亦載承安二年春正月乙亥朔,宋使賀正旦,"正使爲焕章閣學士張貴謨,副使嚴州觀察使郭倪"。⑦鄭域隨使。《中興以來絶妙詞選》卷四鄭中卿小傳説:"慶元丙辰,多隨張貴謨使虜,有《燕谷剽聞》兩卷,記虜中事甚詳。"⑧清沈雄《古今詞話》卷下引《燕

---

① 宇文懋昭撰,崔文印校證《大金國志校證》卷一八《世宗皇帝》,北京,中華書局,1986 年,第 251 頁。
② 尤袤《遂初堂書目》,第 16 頁。
③ 《宋史》卷三六《光宗本紀》,第 704 頁。
④ 周密《齊東野語》卷一二,北京,中華書局,1983 年,第 216 頁。
⑤ 《宋史》卷二〇三《藝文志》,第 5124 頁。
⑥ 《宋史》卷三六《光宗本紀》,第 706 頁。
⑦ 李有棠《金史紀事本末》,北京,中華書局,2015 年,第 628 頁。
⑧ 黄昇輯《宋本中興以來絶妙詞選》,北京,國家圖書館出版社影印,2017 年,第 126 頁。

谷飘闻》一段,其後说:"寧宗慶元間,三山鄭中卿從張貴謨出使北地,有歌之者,歸而述之。"①

44. 虞儔使金行記

虞儔《使北回上殿劄子》説:"臣待罪柱史,遲鈍無取,蒙陛下畀節,報謝金庭。所得於詢訪聞見之實者,臣已口奏及見於進呈録矣……"②據此可知虞儔使金應撰有行記。是書已佚。

虞儔字壽老,寧國(今屬安徽)人,隆興元年(1163)進士。《宋史·寧宗本紀》載慶元六年(1200)十二月,遣虞儔使金報謝。③《金史·交聘表》亦載泰和元年(1201)"三月乙亥,宋試刑部尚書虞儔、泉州觀察使張仲舒等來報謝"④。其使金行記當撰於此時。

45. 余嶸《使燕録》

《直齋書録解題》傳記類著録余嶸"《使燕録》一卷",説:"尚書户部郎龍游余嶸景瞻撰。嘉定辛未,嶸使金賀生辰,會有韃寇,行至涿州定興縣而回。"⑤是書已佚。

余嶸(1162—1237)字景瞻,衢州龍游(今浙江衢州)人。《宋史·寧宗本紀》載嘉定四年(1211)"六月丁亥,遣余嶸賀金主生辰,會金國有難,不至而還"⑥。劉克莊《龍學余尚書神道碑》説:"公有《使燕録》一卷,紀金韃情狀尤詳。"⑦

46. 程卓《使金録》

《續文獻通考·經籍考》雜史類、《四庫全書總目》雜史類存目均著録有"程卓《使金録》一卷"⑧。

程卓(1153—1223)字從元,徽州休寧(今屬安徽)人。程大昌從子,淳熙十一年進士。嘉定四年(1211)"九月二十八日,有旨以朝散郎尚書刑部員外郎程卓,假朝請大夫、試工部尚書、清化郡開國侯、食邑一千户、食實封一百户、賜紫金魚袋,充賀金國正旦國信使。忠州防禦使、知大宗正事趙師嵒,假昭信軍承宣使、左武衛上將軍、天水縣開國伯、食邑七百户,充賀金國

---

① 沈雄《古今詞話》,見唐圭璋編《詞話叢編》,北京,中華書局,2005年,第788—789頁。
② 虞儔《尊白堂集》卷六,《文淵閣四庫全書》第1154册,第135頁下。
③ 《宋史》卷三七《寧宗本紀》,第728頁。
④ 《金史》卷六二《交聘表下》,第1470頁。
⑤ 《直齋書録解題》卷七,第206頁。
⑥ 《宋史》卷三九《寧宗本紀》,第757頁。
⑦ 劉克莊著,辛更儒校注《劉克莊集箋校》卷一四五,北京,中華書局,2011年,第5745頁。
⑧ 王圻《續文獻通考》卷一六三《經籍考》,王雲五等主編《萬有文庫十通》,北京,商務印書館,第4153頁下。《四庫全書總目》卷五二,第472頁上。

正旦國信副使"①。程卓等奉使金朝，往返共用時近三個月。

《四庫全書總目》簡要總結了《使金錄》的内容，説："是書乃途中紀行所作，於山川、道里及所見古迹，皆排日載之。中間如順天軍廳梁題名、光武廟石刻詩句之類，亦間可以廣見聞。然簡略太甚，不能有資考證。又稱接伴使李希道等往還不交一談，無可紀述。故於當日金人情事，全未之及，所記惟道途瑣事。"②此書又被《碧琳郎館叢書》《芋園叢書》《芋花庵叢書》收錄，存跋文二篇。另據《中國古籍善本書目》著錄，是書尚存清乾隆五十七年釋在觀抄本和清李鶴儔抄本。③

47. 趙拱《蒙韃備録》

《國史經籍志》卷三地理、《徐氏紅雨樓書目》卷二外夷均著録有宋孟琪"《蒙韃備録》一卷"；《歷代小史》卷六五收其文，題爲"《蒙韃備録》一卷，宋孟拱撰"。經王國維在《蒙韃備録箋證》中辨正"孟拱"當爲"趙拱"之誤。④

趙拱於宋寧宗嘉定十四年（1221）出使蒙古。《齊東野語》卷一九記載："賈涉爲淮東制閫日，嘗遣都統司計議官趙拱往河北蒙古軍前議事。"⑤奉使期間，趙拱筆録聞見成書，共設立十七個門目，依次是：立國、韃主始起、國號年號、太子諸王、諸將功臣、任相、軍政、馬政、糧食、征伐、官制、風俗、軍裝器械、奉使、祭祀、婦女、燕聚舞樂。今《説郛》本是此書現存最早的版本，而在諸通行本中，以王國維《蒙韃備録箋證》最佳。

48. 鄒伸之《使北日録》（又名《使韃日録》《使燕日録》《使蒙日録》等）

《續通志·藝文略》《續文獻通考·經籍考》雜史類均著録有"鄒伸之《使北日録》一卷"⑥。《千頃堂書目》《宋史藝文志補》則作《使韃日録》⑦。

《宋史》記載宋理宗紹定五年（1232）十二月，"時宋與大元兵合圍汴京，金主奔歸德府，尋奔蔡州，大元再遣使議攻金，史嵩之以鄒伸之報謝"。《宋季三朝政要》亦載："韃靼國遣使來議夾攻金人。史嵩之以鄒伸之奉使草地，報聘北朝。伸之曰：'本朝與貴國素無釁隙，寧宗嘗遣使臣苟夢玉通和。自後山東爲李全所據，河南又被殘金所隔。貴國今上順天心，下順人心，遣王

---

① 程卓《使金録》，《續修四庫全書》第423册，第443頁上。
② 《四庫全書總目》卷五二，第472頁上。
③ 《中國古籍善本書目·史部》雜史類，第241頁。
④ 王國維《蒙韃備録跋》，《觀堂集林》卷一六，北京，中華書局，1959年，第802頁。
⑤ 周密《齊東野語》卷一九，第346頁。
⑥ 《續文獻通考》卷一六三《經籍考》，萬有文庫十通本，第4153頁下。《續通志》卷一五八《藝文略》，萬有文庫十通本，第4190頁下。
⑦ 黄虞稷《千頃堂書目》，上海，上海古籍出版社，2001年，第140頁下。倪燦、盧文弨校正《宋史藝文志補》雜史類，《二十五史補編》（第六册），第8019頁。

宣撫來通好,所以伸之等前來。'北朝從之,仍許以河南歸本國。"①

《四庫全書總目》史部雜史類存目著錄"《使北日錄》一卷(浙江巡撫採進本)",説:

> 宋鄒伸之撰。理宗紹定六年(1233)癸巳,史嵩之爲京湖制置使,與蒙古會兵攻金。會蒙古遣王檝來通好,因假伸之朝奉大夫、京湖制置使參議官往使。以是歲六月,偕王檝自襄陽啓行。至明年甲午二月,始見蒙古主於行帳。尋即遣回,以七月抵襄陽。計在途者十三月。因取所聞見及往復問答,編次紀録,以爲此書。②

又《四庫存目標注》著錄《使北日録》一卷(宋鄒伸之撰)。注:"《浙江續購書》:'《使韃日録》一本。'又《浙江採集遺書總録》:'《使韃日録》一册,飛鴻堂寫本,宋鄒伸之編。'"③是書已佚,今《資治通鑑後編》卷一三一、《續文獻通考》卷一一八(引作《使蒙日録》)、《大金國志》卷三三、白珽《湛淵静語》卷二(引作《使燕日録》)均存録有佚文。

49. 彭大雅撰,徐霆疏《黑韃事略》

《明書經籍志》史附著録"《黑達事略》";《文淵閣書目》卷六史雜作"《黑達事略》一部一册,闕"④。

彭大雅(? —1245)字文子,鄱陽(今屬江西)人。他曾任書狀官隨鄒伸之出使蒙古,途中録有行記。不久之後,徐霆於端平二至三年(1235—1236)出使蒙古,事畢,則疏補彭大雅行記成《黑韃事略》。徐霆自述原委稱:

> 霆初歸自草地,嘗編叙其土風俗。及至鄂渚,與前綱書狀官彭大雅解后各出所編,以相參考,亦無大遼絶,遂彭所編者爲定本。間有不同,則霆復書於下方。然此亦述大略,其詳則見之《北征日記》云。嘉熙丁酉(1237)孟夏朔,永嘉徐霆長孺書。⑤

---

① 《宋史》卷四一《理宗本紀》,第797頁。佚名撰,王瑞來箋證《宋季三朝政要箋證》卷一《理宗》,北京,中華書局,2010年,第60頁。
② 《四庫全書總目》卷五二,第472頁下。
③ 杜澤遜《四庫存目標注》卷一六《史部·雜史類》,上海,上海古籍出版社,2007年,第584頁。
④ 傅維鱗撰《明書經籍志》,載王承略、劉心明主編《二十五史藝文經籍志考補萃編》第二十五卷,北京,清華大學出版社,2014年,第67頁。楊士奇等《文淵閣書目》,《叢書集成初編》第29册,第75頁。
⑤ 彭大雅撰,徐霆疏證《黑韃事略》,《叢書集成初編》第3177册,第19頁。

由此可見,《黑韃事略》當成書於1237年,是彭大雅和徐霆使蒙古行記的合錄本。是書以相互比對、去同存異的著述方式,介紹了蒙古國的主要人物、地理氣候、語言文字、風俗習慣、曆法、筮占、官制、習慣法、賦税、貿易、軍隊、武器、作戰方法、行軍陣勢,以及所屬各投下狀況、被征服各國的名稱等內容。《黑韃事略》現存最早的版本爲嘉靖二十一年(1542)抄宋刻本,而在諸通行本中,以王國維《黑韃事略箋證》最佳。

50. 嚴光大《祈請使行程記》

劉一清《錢塘遺事》卷九引錄《祈請使行程記》,注稱"日記官嚴光大錄"。管庭芬編《一瓻筆存》史部錄爲一卷。①

《宋史》卷四七載宋恭帝德祐二年(1276)春正月"丙戌,命天祥同吳堅使大元軍"②。《元史》卷九亦載元世祖至元十三年(1276),"宋主祖母謝氏遣其丞相吳堅、文天祥,樞密謝堂,安撫賈餘慶,中貴鄧惟善來見伯顏於明因寺"③。此次遣使的具體原因是"朝廷自十二月至二月信使往來,和議未決",所以才以"吳堅、賈餘慶、謝堂、家鉉翁、劉岊五人詣大都爲祈請使"④。據嚴光大《祈請使行程記》所記,除祈請使五人外,隨使官員還有奉表獻璽納土官楊應奎、趙若秀,日記官趙時鎮、嚴光大,書狀官徐用禮、吳慶月、朱仁舉、沈庚會、吳嘉興,掌管禮物官高舉、吳順,提舉禮物官潘應時、吳椿、劉玉信,以及帶行官屬五十四員、隨行人從二百四十人、扛擡禮物將兵三千人等。《祈請使行程記》以日記的形式記録了德祐二年二月初九日至五月初二日的行程見聞。

除以上介紹的使臣行記外,難以確定時間的還有:

1. 李罕《使遼見聞錄》

《直齋書錄解題》傳記類著錄"《使遼見聞錄》二卷",説:"尚書膳部郎中李罕撰。"⑤是書已佚。據《宋會要輯稿》記載宣和六年(1124)九月十八日,"中奉大夫直龍圖閣知懷州李罕爲秘閣修撰";同年十二月十一日,"知懷州李罕、知相州何漸、知慶源府趙令廈、直秘閣蘇之悌並送吏部,皆王黼黨也"。⑥可知李罕大概生活在宋哲宗和徽宗二朝,其《使遼見聞錄》可能作於

---

① 管庭芬編《一瓻筆存》,見《中國古籍善本書目·叢部》,上海,上海古籍出版社,1990年,第458頁。
② 《宋史》卷四七《瀛國公本紀》,第938頁。
③ 《元史》卷九《世祖本紀》,北京,中華書局,1976年,第177頁。
④ 《宋季三朝政要箋證》卷五,第432頁。
⑤ 《直齋書錄解題》卷七,第204頁。
⑥ 《宋會要輯稿》選舉三三,第5904頁上;職官六九,第4906頁上。

徽宗朝。

2. 俞庭椿《北轅録》

俞庭椿字壽翁,江西臨川人。"乾道八年進士,仕終新淦令。……嘗出使金人,自北地還,因紀次其道路、所經山川人物、與夫語言事迹之可備採用者,爲《北轅録》"①。《江西通志》亦載俞庭椿"使金還,差江西安撫司幹官。……倜儻有大志,而廉介自將。自北還,因紀次其道路,所經山川人物,與夫言論事物之可備采用者,爲《北轅録》"②。

由此可知,《北轅録》乃是俞庭椿使金記行之作。是書已佚,大概作於宋孝宗時期。黄震有《跋俞奉使北轅録》(庭椿)文一篇,説:"奉使俞公,身入京洛,歷覽山川,訪問故老,歸而録之。慷慨英發,意在言外,而中原之故老皆我宋之遺黎,一一能爲奉使公吐情實,亦足見忠義人心之所同,覽之不覺流涕。或者因以忠信行蠻貊褒之,是置中原於度外,棄赤子爲龍蛇也。嗚呼!豈奉使公作録本心哉。"③

3. 趙睎遠《使北本末》

樓鑰《跋趙睎遠使北本末》説:

> 漢武帝得人之盛,史贊有曰:"奉使則張騫、蘇武。"武之執節,千古所仰;若騫者,往來匈奴十餘年,謂其勤勞則可。然竟不得月氏要領,猶之可也。奉使有指,而多取外國奇物,失侯之後,益言所聞於他國者以蕩上心,帝之黷武以至虛耗。騫實啓之,殆漢之罪人也。少師以皇族之彥,孝宗妙選副國信使,上方鋭意恢拓,别持一書,前此未有。而公遇事詳審,抗節不撓,既深得庸使之體,迨其歸奏,力陳遵養之説。上意雖無封狼居胥之快,而察公之忠誠,南北信誓,守之愈堅。三復遺編,手澤粲然,敬歎不已。既得周文忠公爲隧碑以發揚之,謹書卷末以慰二賢嗣之孝思云。④

據樓鑰跋文可知,趙睎遠曾在孝宗朝出使金國,期間撰有《使北本末》。此外,《遂初堂書目》地理類著録佚名《慶曆奉使録》⑤,是書當撰於宋仁

---

① 凌迪知《萬姓統譜》卷一二,《文淵閣四庫全書》第 956 册,第 250 頁下。
② 曾國藩、劉坤一等修,劉繹、趙之謙等纂《江西通志》卷一五一,《續修四庫全書》第 659 册,第 762 頁下。
③ 黄震《黄氏日抄》卷九一,《文淵閣四庫全書》第 708 册,第 981 頁。
④ 樓鑰《攻媿集》卷七五,《叢書集成初編》第 2015 册,第 1013—1014 頁。
⑤ 尤袤《遂初堂書目》,第 16 頁。

宗慶歷時期；《宋史·藝文志》著錄佚名"《使高麗事纂》二卷"①。就書名來看，這些作品都應是使臣行記。

綜合觀察以上使臣行記，會產生這樣一些有趣的問題：統計已知的宋代使臣行記，可以發現其數量比宋前使臣行記的總和還多，而且宋朝與遼、金、元政權之間的行記遠多於與周邊民族之間的行記。這説明使臣行記的撰寫是受當時政治環境的影響，而帶有比較濃重的政治色彩。但是不是所有使臣行記都以服務政治作爲撰寫目的呢？或者説使臣行記的撰寫動機是什麽？這是值得重視的一個問題。

從形式上看，使臣行記有些以行程爲記述單元、有些以時間爲記述單元、有些以門類爲記錄單元；從内容上看，使臣行記主要是反映行程經見，館驛距離、風土人情、趣聞軼事等都可作爲記録的對象。據此，我們可以總結使臣行記的文體形式有哪幾種，其文本内容包括哪些。

此外，根據前面所介紹的内容可知使臣行記還存在以下區别：（1）作者身份不一，有些由正副使所撰，有些由隨使所撰。（2）成書時間不同，有的在使程中完成，有的在使還後結集。（3）因奉使和伴使在外事活動中承擔的使職不同，故行記又有奉使和伴使之分。對此，我們會在這些區别中得到怎樣的啓示呢？下面將圍繞這些問題展開討論。

第二節　影響宋代使臣行記撰寫的兩大因素

從歷史上看，宋王朝所面臨的複雜政治格局推動了多方外事活動的展開。不論是與遼、金、元之間的政權對峙，還是與周邊民族的友好往來，都需要大批使臣不辭辛勞、往返奔波，代表皇帝與臨邦進行政治上的洽談和溝通。借奉使之機，使臣也得以目睹異國的人文風俗、山川地理，於是他們隨筆記録，往往會結集成書。使臣爲何要在外事活動中著書呢？這是一個值得探討的問題。

一、政治因素

在古代中國的各個時期，統治者都肩負有瞭解異域社會的責任和對外交流的政治使命，所以他們通常會抓住一切機會來收集異域信息。例如宋太宗至道元年，夷王龍漢瑶"遣其使龍光進率西南牂牁諸蠻來貢方物。太宗

---

① 《宋史》卷二〇三《藝文志》，第 5122 頁。

召見其使,詢以地里風俗"①。又如宋神宗元豐四年,于闐國遣使朝貢,"神宗嘗問其使去國歲月,所經何國及有無鈔略"②。這兩個事例透露了皇帝渴望獲取異國信息的迫切心情。説明在交通不便、信息往來緩慢的古代中國,能夠盡可能多地瞭解周邊各國的社會情況,應該是作爲皇帝的政治夙願而長期存在的。但是,僅僅依靠外域使者的提供顯然不夠,最切實有效的辦法就是派遣本國使臣進行採集。一般來説使臣奉使是出於政治需要,他們相當於一個政治符號,以處理相關的政治問題作爲外事活動的首要任務。不過,如果從皇帝的政治需求來考慮,雖然遣使是一項光明正大的外事活動,但是借助使臣來探知對方國情也未嘗不是一種明智之舉。如蘇頌所説:"異國之情,非行人莫達,故次之以'奉使'。奉使之別,則有接送館伴,所經城邑、郵亭、次舍,山川有險易,道途有迴遠,若非形於繢事,則方向莫得而辨也,故能《驛程地圖》。"③徐兢《宣和奉使高麗圖經序》説:"一人之尊,深居高拱於九重,而察四方萬里之遠,如指諸掌。"又如周必大《送洪景盧舍人北使》詩云:"由來筆下三千牘,可勝軍中十萬夫。"梅堯臣《送劉司勳奉使》詩云:"使回儻可記,乃得驗天形。"④這些例子都充分説明遣使是皇帝掌握外情的一條有効途徑。

其次,宋代選派使臣,通常正使多用文官,副使多用武官。若以宋遼交聘爲例,據《續資治通鑑長編》記載:"詔:'自今使契丹,毋得用二府臣僚親戚。其文臣,擇有出身才望學問人;武臣,須達時務更職任者充。'"⑤可知文臣和武臣是使團的構成主體。又據聶崇岐先生《宋遼交聘考》的研究得知:"洎澶淵盟後,制乃畫一;大使皆用文,副使皆用武,惟報哀使率以武人應選;百餘年間,相因不改。"⑥聶先生的研究證明了澶淵結盟後,宋遼交聘多以文官擔任正使的事實,而文官的介入無疑爲使臣行記的撰寫提供了更多條件。根據前文的介紹可知,宋遼使臣行記的作者王曙、王曾、薛映、余靖、范鎮、宋敏求、沈括、竇卞、張舜民、陶悦等均爲正使,這就是説他們都應該是具備文化學養的文官。由此及彼,在宋遼之外的使臣行記作者中,除王雲、徐兢、樓鑰、周煇、嚴光大數人以隨使身份撰寫行記外,其餘像劉渙、連南夫、洪皓、何鑄、范成大、姚憲、韓元吉、鄭僑、鄭汝諧、倪思、余嶸、程卓等都是正使。由此

---

① 《宋史》卷四九六《西南諸夷傳》,第14225頁。
② 《宋史》卷四九〇《于闐國傳》,第14109頁。
③ 蘇頌《華夷魯衛信録總序》,《蘇魏公文集》卷六六,第1004頁。
④ 王瑞來《周必大集校證》卷二,第27頁。梅堯臣撰,朱東潤校注《梅堯臣集編年校注》,上海,上海古籍出版社,1980年,第410頁。
⑤ 《續資治通鑑長編》卷一六一《仁宗》,第3884頁。
⑥ 聶崇岐《宋史叢考》,北京,中華書局,1980年,第289頁。

可見,宋代使臣行記幾乎都是出自文官之手,其理由是文官比武官更擅於運用文字,更具備撰寫行記的能力。

再結合宋代使臣行記的撰寫實踐來討論。《三朝北盟會編》卷六引陶悦《使北録》,載陶悦等使還,童貫向他們打聽遼情,"貫云:'莫是初無聖旨,賢不曾探問否?'悦云:'尋常使人,不待得旨,自當探問虜中事宜,回日聞奏'"。① 童貫與陶悦的對話,提供了兩條關於使臣行記撰寫的信息:其一,從童貫的問話可知,使臣奉使有探問遼情的義務,甚至有時皇帝還會用旨命作爲要求。其二,從陶悦的對答可見,宋朝使臣在與遼國進行政治交往的過程中,隨機探問當地事宜似乎早已成爲一種習慣,即便在没有旨命的情况下,他們也會自覺地探問遼情,並在使回時上奏。對此,僅從《宋史》中就能找到很多關於使臣使還奏聞的記録,諸如:

> 蘇頌"使契丹,遇冬至,其國曆後宋曆一日。北人問孰爲是,頌曰:'曆家算術小異,遲速不同,如亥時節氣交,猶是今夕;若踰數刻,則屬子時,爲明日矣。或先或後,各從其曆可也。'北人以爲然。使還以奏,神宗嘉曰:'朕嘗思之,此最難處,卿所對殊善。'因問其山川、人情向背"。
> 王漢之"奉使契丹,還,言其主不恤民政,而掊克荒淫,亡可跂而待也"。
> 章衡使遼"歸復命,言遼境無備,因此時可復山後八州"。
> 徐起"館伴契丹使,還奏:'所過州縣,使者既去,官吏將校皆出郊旅賀,燕飲久之,城邑爲之空'"。
> 王介"接送伴金國賀生辰使還,奏:'故事兩國通廟諱、御名,而本朝止通御名,高宗至光宗皆傳名而不傳諱,紹熙初,黄裳嘗以爲言,而未及釐正。願正典禮,以尊宗廟'"。②

前三條材料屬於奉使回奏,後兩條材料屬於伴使回奏。這説明,在宋代凡是遣使,任務完成後使臣都需要向皇帝奏陳奉使過往,其內容可以是講述奉使經歷,也可以提出相關建議。這裏尤需注意第一條材料,在蘇頌向宋神宗上奏了一些奉使經過後,神宗又向他問及契丹的"山川、人情向背",這一行爲很明顯就是推動使臣行記撰寫的一個重要因素。無獨有偶,當宋鎬、王世則等使交州回,宋太宗便令他們"條列山川形勢及黎桓事迹以聞。鎬等具

---

① 《三朝北盟會編》卷六,第 38 頁下。
② 《宋史》卷三四〇《蘇頌傳》,第 10863 頁;卷三四七《王漢之傳》,第 11000 頁;卷三四七《章衡傳》,第 11008 頁;卷三〇一《徐起傳》,第 10003 頁;卷四〇〇《王介傳》,第 12154 頁。

奏曰：……"①於此可見，皇帝不但對使臣辦理外事事務的整個經過具有知情權，同時還希望使臣盡可能提供一些外事事務之外的信息。顯而易見，宋鎬等人所條列的内容也即是皇帝迫切想瞭解的信息。類似這樣的記録，在宋代歷史文獻中比比皆是，例如：

《宋史·高昌國傳》："王延德等還，叙其行程來獻。"
《續資治通鑑長編》："宋摶等使契丹還，言……"
《續資治通鑑長編》："（晁）迥等使還，言……"
《續資治通鑑長編》："宋綬等使還，上契丹風俗，云……"②

從以上文獻的表述來看，"上奏""進言"的意圖顯然是爲了滿足皇帝的政治心願。不過我們可以從中發現：宋代使臣行記的早期撰寫，以奏章形式出現的作品稍多於以書本形式出現的作品。這說明，在宋代使臣行記從奏章走向書本的撰寫發展中，統治者必然是起到了推動作用的。

事實可以證明，使臣行記的書本形式明顯好於奏章形式，因爲書本意味著記録的完整和詳實，也意味著有備而作，比倉促羅列更能提供豐富的内容和準確的信息。所以對於皇帝而言，他們可能更願意看到結集成書的使臣行記。正如徐兢《宣和奉使高麗圖經序》所説："行人之官，駱驛道路。若賀慶禬襘之類，凡五物之故，莫不有治；若康樂厄貧之類，凡五物之辨，莫不有書。用以復命于王，俾得以周知天下之故。"③以此表達他撰寫使臣行記的歷史淵源。也許正是受這一傳統的感召，宋代使臣極負責任感地在外事活動中記録經過和見聞，並結集進獻朝廷。例如：

《宋史·晁迥傳》："使契丹，還，奏《北庭記》。"
《宋史·沈括傳》："乃還，在道圖其山川險易迂直，風俗之純龎，人情之向背，爲《使契丹圖抄》上之。"
《宋史·王雲傳》："從使高麗，撰《雞林志》以進。"
《宋史·路振傳》："使契丹，撰《乘軺録》以獻。"④

---

① 《宋史》卷四八八《交阯傳》，第 14061 頁。
② 《宋史》卷四九〇《高昌國傳》，第 14110 頁。《續資治通鑑長編》卷六八《真宗》，第 1527 頁；卷八一《真宗》，第 1848 頁；卷九七《真宗》，第 2253 頁。
③ 徐兢《宣和奉使高麗圖經》，第 7 頁。
④ 《宋史》卷三〇五《晁迥傳》，第 10086 頁；卷三三一《沈括傳》，第 10655 頁；卷三五七《王雲傳》，第 11229 頁；卷四四一《路振傳》，第 13062 頁。

正是材料中"獻""奏""上""進"等語詞,鮮活地揭示了宋代使臣行記撰寫的一個客觀因素:即在政治環境的影響下,大多數使臣行記的撰寫是以滿足政治需求作爲歸宿的。不過這裏需要補充説明的是,從周代到宋代,雖然使臣行記的撰寫從未間斷,但是除《周禮·秋官·小行人》記録奉使"莫不有書"外,歷朝典章制度都未明文規定凡遣使必須撰寫行記。這就是説,撰寫行記並不是每次聘使的固定政務,而是使臣的自發行爲,表現了他們對傳統的認同和繼承。

二、個體因素

在宋代,有很多事例可以證明使臣行記的撰寫與否與使臣的個人意願相關。比如王曙,他曾兩次奉使契丹,分別在景德三年任契丹主生辰使,祥符三年任弔慰使。但據《郡齋讀書志》《王公神道碑銘》《曲洧舊聞》等文獻記録,他只有在第二次出使時才撰有《戴斗奉使録》,可見使臣行記的撰寫是具有主觀性的。也就是説使臣才是決定一部行記産生的關鍵因素,而非政治。所以,一些使臣行記的撰寫並不以服務政治作爲目的。比如以下幾例:

洪皓的《松漠紀聞》,其長子洪适在《題松漠紀聞》中説:"先君銜使十五年,深阽窮漠,耳目所接,隨筆纂録。聞孟公庚發篋汴都,危變歸計,創艾而火其書,握節來歸,同語言得罪柄臣,諸子佩三緘之戒,循陔侍鄴,不敢以北方事置齒牙間。及南從炎荒,視膳餘日,稍亦談及遠事。凡不關今日強弱利害者,因操牘記其一二。未幾,復有私史之禁,先君亦枕末疾,遂廢不録。及柄臣蓋棺,弛語言之律,而先君已賚恨泉下。鳩拾殘編,僅得數十事,反袂拭面,不復彙次,或可廣史氏之異聞云爾。"①這是一段講述《松漠紀聞》艱難成書過程的文字:先是洪皓隨筆纂録在金的見聞,但爲了歸宋而將書燒毀;回宋後洪皓追述金中見聞,又遇到私史之禁,遂廢不録;最後由洪适鳩拾殘編、彙次成書,也只是希望能夠廣史氏之異聞。可以發現受當時政治局勢的影響,《松漠紀聞》屢屢不能成書,這表明此書必然不是爲進獻朝廷而作。

我們再看這樣幾條記録:《宣和乙巳奉使金國行程録》文末記:"是行回程,見虜中已轉糧發兵,接迹而來,移駐南邊,而漢兒亦累累詳言其將入寇。是時,行人旦暮憂虜有質留之患,偶倖生還。既回闕,以前此有御筆指揮:'敢妄言邊事者流三千里,罰錢三千貫,不以赦蔭減。'繇是無敢言者。是秋八月初五日到闕。"周煇《北轅録》文末記:"四月十六日,至家。是行往返凡九十六日。"樓鑰《北行日録》文末記:"六日丁巳,雨。……先行還家,拜二

---

① 洪适《盤洲文集》卷六二,《四部叢刊初編》第 1177 册。

親燈下,上下無恙,歡聲相聞,喜可知也。"①這三則文字均處於文末,表露了使臣完成行記時的情形:若按《金國行程録》"由是無敢言者"的説法,是書決不可能上奏朝廷,因爲此則文字已經涉及了不敢"妄言"的邊事;周煇和樓鑰的行記一直記到家中,又因二人均是隨使,所以他們根本没有向皇帝面呈使事的機會,其行記自然也不會以進獻作爲撰寫目的。

由此我們可以發現,使臣不但有權利選擇是否撰寫行記,還有權利決定是否將其進獻朝廷。也就是説,政治只是影響使臣行記撰寫的客觀因素,而使臣則是決定行記產生的主觀要素。爲此,使臣可以將政治需求作爲撰寫指嚮,反之,也可不以服務政治作爲撰寫目的。例如:

  王延德《西州使程記》:"用書於編,以俟通道九夷八蠻將使指者,或取諸此焉。"②

  余靖《契丹官儀》:"予自癸未至乙酉,三使其庭,凡接送館伴、使副、客省、宣徽,至於門階户庭趨走卒吏,盡得款曲言語。彼中不相猜疑,故詢其人風俗,頗得其詳。退而誌之,以補史之闕焉。"③

  沈括《熙寧使契丹圖抄》:"山川之夷嶮、遠近、卑高、横從之殊,道途之涉降紆屈,南北之變,風俗、車服、名秩、政刑、兵民、貨食、都邑、音譯,覘察變故之詳,集上之,外别爲《圖抄》二卷,轉相補發,以備行人。"④

  張舜民《投進使遼録長城賦札子》:"出疆往來,經涉彼土,嘗取其耳目所得,排日記録,因著爲《甲戌使遼録》。其始以備私居、賓友燕言之助,今偶塵聖選,辭不免行,因檢括舊牘,此書尚在。其間所載山川、井邑、道路、風俗,至於主客之語言,龍庭之禮數,亦可以備清閑之覽觀。并《長城賦》一篇,涉獵古今,兼之風戒,謹繕寫成册,副以縑幓,隨狀進呈。"⑤

余靖自述撰寫《契丹官儀》可以"補史之闕",這與洪适自述整理《松漠紀聞》可以"廣史氏之異聞"的意圖一樣,都希望能爲歷史典籍的編撰提供幫助。王延德和沈括行記的撰寫意圖亦十分相似,他們説"以俟通道九夷八

---

① 《靖康稗史箋證》,第 43 頁。周煇《北轅録》,《全宋筆記》第五編第九册,第 199 頁。樓鑰《攻媿集》卷一一二,《叢書集成初編》第 2022 册,第 1605 頁。
② 王明清《揮麈前録》卷四,上海,上海書店出版社,2001 年,第 31 頁。
③ 余靖《武溪集》卷一八,《文淵閣四庫全書》第 1089 册,第 173 頁下—174 頁上。
④ 賈敬顔《沈括〈熙寧使契丹圖抄〉疏證稿》,見《五代宋金元人邊疆行記十三種疏證稿》,第 123—124 頁。
⑤ 張舜民《畫墁集》卷六,《叢書集成初編》第 1948 册,第 49 頁。

蠻將使指者"和"以備行人",這雖然也是一種政治安排,但其服務的對象却從皇帝轉移到了使臣,並認爲使臣行記對後使有更重要的指導作用。張舜民《使遼錄》的撰寫初衷則是"備私居、賓友燕言之助",後來投札進呈,也認爲是書"可以備清閑之覽觀",故其撰寫意圖是爲了滿足私人自娛。

綜上所述,我們發現在宋代的外事活動中,統治者有通過遣使瞭解外情的政治需求,於是大量選派文官擔任正使,從而爲使臣行記的撰寫提供了條件。因此,政治是影響宋代使臣行記撰寫的客觀因素。但是,行記的撰寫與使臣的主觀意願密切相關,他們有選擇撰寫與否的自由,所以即使宋代有千次以上的遣使,但決不表示就有上千部使臣行記産生。而且,因使臣的撰寫意圖不同,即便在外事活動中撰寫行記,也不一定是爲了服務政治。爲此,我們不能因政治因素對使臣行記的撰寫影響巨大,而忽略其"以補史闕""以備行人"和"以供閑觀"的其他因素。

第三節　宋代使臣行記的書寫形式

綜合考察宋代使臣行記的書寫形式,主要包括以下三個方面:

一、記錄行程

對宋代使臣行記來說,記錄行程是一種相當普遍的書寫形式,其類同於行程記。所謂"錄其往返地理""紀次其道路"等,都表明大多數使臣行記是以奉使行程作爲記錄的主體內容。在現存的使臣行記中,如王延德《西州使程記》、陳靖等"奉使高麗行記"、路振《乘軺錄》、王曾《契丹志》、薛映《薛映記》、宋綬《契丹風俗》、沈括《熙寧使契丹圖抄》、許亢宗《宣和乙巳奉使金國行程錄》、樓鑰《北行日錄》、范成大《攬轡錄》、周煇《北轅錄》、程卓《使金錄》等,都有記述奉使行程的內容。如果將這些使臣行記加以比較,就會發現關於行程記錄還具有不同的記述類型,而且這一書寫形式也經歷了一個不斷演變和逐漸完善的過程。爲此,下文將就這一問題作以下討論。

首先是王延德使西州叙其行程爲:

> 初自夏州……歷玉亭鎮……次歷黄羊平……次都囉囉族……次歷茅家嗢子族……次歷茅女王子開道族……次歷樓子山……次歷卧羊梁劾特族地……次歷太子大蟲族……次歷屋地目族……次至達于于越王子族……次歷拽利王子族……次歷阿墩族(經馬鬃山望鄉嶺)……次歷

格囉美源……次至托邊城……次歷小石州……次歷伊州……次歷益都……次歷納職城……思古(避風驛)……澤田寺……次歷寶莊……又歷六鍾乃至高昌。①

作爲宋代現存最早的使臣行記,《西州使程記》以次録奉使高昌行程爲軸心,又兼記所經諸地的見聞,如到拽利王子族,記:"有合羅川,唐回鶻公主所居之地,城基尚在,有湯泉池,傳曰,契丹舊爲回紇牧羊,達靼舊爲回紇牧牛,回紇徙甘州,契丹、達靼遂各爭長攻戰。"又如到伊州,記:"州將陳氏,其先自唐開元二年領州,凡數十世,唐時詔敕尚在。地有野蠶,生苦參上,可爲綿帛。有羊,尾大而不能走,尾重者三斤,小者一斤,肉如熊,白而甚美。又有礪石,剖之得賓鐵,謂之喫鐵石。又生胡桐樹,經雨即生胡桐律。"②從整篇行記來看,王延德對使高昌行程的記録佔有一半篇幅;另一半則記録他所聞見的高昌風俗,以及獅子王邀延德至北庭等事。需要特別説明的是,有不少北宋時期的使臣行記與《西州使程記》的佈局相似,如王曾《契丹志》、薛映《薛映記》和宋綬《契丹風俗》等,可以將它們的内容簡單劃分成兩個部分:一部分是記録使程經見,另一部分則是記録使行事迹和當地風俗。單説使程,王延德雖然將所經地名依次記録,可是幾經研讀也只能對其行程有一個宏觀認識。不過對於宋代使臣行記的記程方式而言,它的價值在於次録地名的書寫模式是行記記程的最初原型,儘管處於萌芽狀態,但是起著基礎性的作用。正是延續這一記程方式,又演生出了地名(館驛)加距離的記程模式,如路振的《乘軺録》③:

　　十二月四日:過白溝
　　五日:自白溝河北行至新城縣四十里
　　六日:自新城縣北行至涿州六十里(十五里過橫溝河、三十五里過桑河)
　　七日:自涿州北行至良鄉縣六十里(五里過胡梁河、十里過㴑河、四十里過琉璃河)
　　八日:自良鄉縣北行至幽州六十里(十里過百和河、三十里過鹿孤河、五十里過石子橋、六十里過桑根河)

---

① 王明清《揮麈前録》卷四,第28—29頁。
② 王明清《揮麈前録》卷四,第29頁。
③ 路振《乘軺録》,《全宋筆記》第八編第八册,鄭州,大象出版社,2017年,第61—65頁。

十日：自幽州北行至孫侯館五十里（十里過高梁河、三十里過孤溝河、三十五里過長城）

十一日：自孫侯館北行至順州三十里（二里過溫渝河）

十二日：自順州東北行至檀州八十里（二十五里過白絮河）

十三日：闕。案：此處當爲自檀州至金溝館

十四日：闕。案：此處當爲自金溝館至虎北館

十五日：自虎北館東北行至新館六十里（五里有關、五十里過摘星嶺）

十六日：自新館行至臥如館四十里（七里過編廂嶺）

十七日：自臥如館東北行至柳河館六十里（五里過石子嶺、三十里過鑾河、四十里過纏斗嶺、又行十餘里至平州路、六十里過柳河）

十八日：過柳河館，東北行至部落館八十里（十里過小山、六十里過契丹嶺）

十九日：自部落館東北行至牛山館五十里

二十日：自牛山館東北行至鹿兒館六十里

二十一日：自鹿兒館東北行至鐵漿館八十里

二十二日：自鐵漿館東北行至富谷館八十里

二十三日：自富谷館東北行至通天館八十里

二十四日：自通天館東北行至契丹國三十里

與《西州使程記》相比，《乘軺錄》在記錄行程的形式上增加了時間概念，這種排日記錄奉使過往的方式，與宋代使臣行記撰寫中日記體的運用相關，後文將單獨討論，此不贅述。若比較行程，路振不僅增加了對館驛之間距離的記錄，而且在兩驛之間還採錄了較多所經地名及其距離。這一記程模式明顯比《西州使程記》更加詳細、具體，更爲完整地描述了一條奉使路綫。

此後又有三種使遼行記相繼出現，同樣取用地名（館驛）與距離相配合的記程模式，雖然它們不似《乘軺錄》具有日記體特徵，且在記錄館驛之間的地名時也没能提供相應距離，但是它們對奉使行程的記述還是比較充分的。諸如：

王曾《契丹志》：自雄州白溝驛度河→四十里至新城縣→七十里至涿州（北度涿水、范水、劉李河）→六十里至良鄉縣（度盧溝河）→六十里至幽州（出北門，過古長城、延芳淀）→四十里至孫侯館（過溫餘河、大夏坡）→五十里至順州（東北過白嶼河）→七十里至檀州（自北漸入

山)→五十里至金溝館(過朝鯉河,亦名七度河)→九十里至古北口(度德勝嶺,盤道數層,俗名思鄉嶺)→八十里至新館(過雕窠嶺、偏槍嶺)→四十里至卧如來館(過烏濼河,又過墨斗嶺,又過芹菜嶺)→七十里至柳河館(過松亭嶺,甚險峻)→七十里至打造部落館(東南行)→五十里至牛山館→八十里至鹿兒峽館(過蝦蟆嶺)→九十里至鐵漿館(過石子嶺,自北漸出山)→七十里至富谷館→八十里至通天館→二十里至中京大定府

薛映《薛映記》：中京正北→八十里至臨都館→四十里至官窰館→七十里至松山館→七十里至崇信館→九十里至廣寧館→五十里至姚家寨館→五十里至咸寧館→三十里度潢水石橋→五十里至保和館(度黑河)→七十里至宣化館→五十里至長泰館→四十里至上京臨潢府

宋綬《契丹風俗》：中京→凡六十里至殺䲡河館(過惠州)→七十里至榆林館(前有小河)→七十里至訥都烏館→七十里至香山子館(涉沙磧,過白馬淀)→九十里至水泊館(度土河,亦云撞撞水)→凡八十里至張司空館→七十里至木葉館①

在宋代使臣行記中,能夠將地名(館驛)加距離的記程模式進一步發展、完善的是沈括《熙寧使契丹圖抄》,整篇行記幾乎都在記行,不但將記程模式向前推進了一步,而且其表述行程的細緻程度也遠高於上述行記。因其篇幅較長,這裏僅截取白溝到中京一段②,以備討論。

館驛	里程	經見
白溝館	南距雄州三十八里	面拒馬河,負北塘,廣三四里,陂澤繹屬,略如三關。近歲狄人稍爲繚堤畜水,以防塞南。
新城	南距白溝六十里	中道有頓,皆北行,道西循廢溝,北屬涿州。隋煬帝伐高麗,治軍涿郡,穿渠水運以饗軍。疑此故渠也。
涿州	南距新城六十里	州據涿水,州北二里餘,渡涿;又二里,復渡涿。涿之廣渡三百步,其溢爲城下之涿,廣才百步而已。又北數里,渡泟水,通三十里至中頓。過頓又三十里,至良鄉,皆東行少北。

---

① 《續資治通鑑長編》卷七九《真宗》,第1795—1796頁。《續資治通鑑長編》卷八八《真宗》,第2015頁。《續資治通鑑長編》卷九七《真宗》,第2253頁。
② 據賈敬顏《沈括〈熙寧使契丹圖抄〉疏證稿》錄文,見《五代宋金元人邊疆行記十三種疏證稿》,第122—155頁。

續 表

館驛	里程	經見
良鄉	西南距涿州六十里	自邑東北三十里至中頓,濟桑乾水,水廣數百步,燕人謂之盧駒河。絕水而東,小北三十里至幽州。
幽州	西南距良鄉六十里	館曰永平。州西距山數十里。自順州以南,皆平陸廣饒,桑谷沃茂,而幽爲大府,襟帶八州,提控中會,將家所保也。自州東北行三十里至望京館。
望京館	西南距幽州三十里	自館東行少北十里餘,出古長城。又二十里至中頓,過頓逾孫侯河。又二十里至順州。古長城,望之出東北山間,至順州,乃折而南,至順州負城西走,出望京之北,西南至廣信之北二十里,屬於西山。
順州	西距望京館六十里少南	館曰懷柔。城依古長城,其地平斥,土厚宜稼。城北倚潤水爲險,水之袤數百步,地廣多粟,可以積卒,以扼北山之沖。北當洞道而幽州壓其後,背勢面奇,此謀將之地也。自州東北數里出古長城,十里濟白水,又十餘里至中頓,過頓,東行三十餘里至檀州,皆車騎之道,平無險阻。
檀州	西南距順州七十里	館曰密雲。城據北山之東,南北距界數里,惟衢道北皆北之險,而順州策其後。管鑰所寄,鷙將之地也。自州東北行隘中,二十里餘至中頓,又二十里餘至金溝館。
金溝館	西南距檀州五十里	自館少行北行,乍原乍隰,三十餘里至中頓。過頓,屈折北行峽中,濟欒水,通三十餘里,鉤折投山隙以度,所謂古北口也。古北之險雖可守,而南有潮里,平磧百餘,可以方車連騎,然金鉤之南至於古北,皆行峽中,而潮里之水出其間。逾古北而南距中頓,皆奇地。可以匿姦藉勢,而南有密雲其會沖,此古北之所以爲固也。
古北館	南距金溝七十里少東	自館北行數里,度峻山之麓,乃循潮里東北行山間,數涉潮里,通三十五里至中頓。過頓,入大山間,委回東北,又二十里登思鄉嶺。逾嶺而降,少東折至新館。自古北至新館,山川之氣險麗雄峭。路由峽間,詭屈降陟,而潮里之水貫瀉清洌,虜境之勝,殆鍾於此。
新館	西南距古北七十里	自館北行,少西北屈行,復東北二十餘里至中頓。其東逾小嶺,有歧路,小近而隘,不能容車。過頓,東北十餘里,乃復鉤折而南,數里至臥如館。
臥如館	西南距新館四十里	館宅川間,中有大水,曰雹水,乃故雹之區也,絕雹有佛寺,墮崖石以爲偃佛,此其所以名館也。自館西行八九里,逾雹水,入山間,東北逾小嶺,二十餘里至中頓。過頓,濟欒水。東出,度摸斗嶺。三十五里至柳河館。

續表

館驛	里程	經見
柳河館	西距卧如館七十里	自館循山行十里，下俯大川曰柳河，乃北二十餘里至中頓。過頓，逾度雲嶺，三十五里至打造館。有徑路行於巉岏薈翳之間，校之驛道，近差十里餘。
打造館	西距柳河七十里小北	自館西南行十里餘至中頓。頓之西南有大山，上有建石，望之如人，曰會仙石。山下大川流水，川間有石，屹然對山，乃築館其上，傍有茂木，下湍水，對峙大山。大山之西有斷崖，上聳數百尺，挺擢如屏，而鳴泉漱其下。使人過此，必置酒其上，遂以爲常。過頓二十五里，南行至牛山館。
牛山館	東北距打造館五十里	館之西南數，有大山曰牛山。自館逾牛山之麓，西南屈折三十里至中頓。過頓，復西南數里濟車河。又二十餘里度松子嶺，嶺東有夷路，回屈數里，車之所由也。逾嶺三所，至鹿峽館。
鹿峽館	東北距牛山館六十里	自館東南行數里，度瘴嶺，又四十里至中頓。過頓，又東南數里逾小山，復三十里至路口村，有歧路，西南出幽州。自幽州由歧路出松亭關，走中京五百里。循路稍有聚落，乃狄人常由之道。今驛回屈幾千里，不欲使人出夷路，又以示疆域之險遠。過路口村東北行十里，至鐵漿館。
鐵漿館	西北距鹿峽館九十里	自館東北行，二十餘里逾瘴嶺，乃東數里至中頓。過頓，東行山間之川二十五里，折而小北五里，至富谷館。
富谷館	西南距鐵漿館六十里	自館東北行四十里至中頓。過頓，稍東出，又三十里至長興館，皆行山間。
長興館	西距富谷館七十里	依北山之迤，循虎河，逶迤正東至中京。
中京	西距長興館二十里少南	城周十餘里，有廛閈宮室，其民皆燕、奚、渤海之人。由其東南曰中和門，循城以北，至城之隅。乃稍東北行。其東一路歧出，逾隴走轓淀。又三十里餘至中頓。又十里餘，路曲，走西北，逾十里濟三膚河，至臨都館，皆平川。經小坂，自路曲東出七八里，望之可見，曰恩州。

　　仔細觀察此表可以發現，沈括記程不僅記錄了館驛和距離，還記述了館驛之間的方位和行進方向；並且對館驛之間經見的記述更加細微，更爲全面地介紹了行程細節。因此，憑借這篇行記繪製一幅沈括使遼行程圖並非難事。可以説《熙寧使契丹圖抄》是現存宋代使臣行記中的記程典範，除此再没有一部行記能與之相比。但是，真正把"程"的概念寫入行記的，則是《宣和乙巳奉

使金國行程録》,云:"本朝界内一千一百五十里,二十二程,更不詳叙。今起自白溝契丹舊界,止于虜廷冒離納鉢,三千一百二十里,計三十九程。"①

程 數	距 離	程 數	距 離
第一程	自雄州六十里至新城縣	第二十二程	自劉家莊一百里至顯州
第二程	自新城縣六十里至涿州	第二十三程	自顯州九十里至兔兒渦
第三程	自涿州六十里至良鄉縣	第二十四程	自兔兒渦六十里至梁魚務
第四程	自良鄉六十里至燕山府	第二十五程	自梁魚務百單三里至没咄寨
第五程	自燕山府八十里至潞縣	第二十六程	自没咄寨八十里至瀋州
第六程	自潞縣七十里至三河縣	第二十七程	自瀋州七十里至興州
第七程	自三河縣六十里至薊州	第二十八程	自興州九十里至咸州
第八程	自薊州七十里至玉田縣	第二十九程	自咸州四十里至肅州,又五十里至同州
第九程	自玉田縣九十里至韓城鎮		
第十程	自韓城鎮五十里至北界清州	第三十程	自同州三十里至信州
第十一程	自清州九十里至灤州	第三十一程	自信州九十里至蒲里孛菫寨
第十二程	自灤州四十里至望都縣	第三十二程	自蒲里四十里至黄龍府
第十三程	自望都縣六十里至營州	第三十三程	自黄龍府六十里至托撒孛菫寨
第十四程	自營州一百里至潤州		
第十五程	自潤州八十里至遷州	第三十四程	自托撒九十里至漫七離孛菫寨
第十六程	自遷州九十里至習州	第三十五程	自漫七離孛菫寨一百里至和里間寨
第十七程	自習州九十里至來州		
第十八程	自來州八十里至海雲寺	第三十六程	自和里間寨九十里至句孤孛菫寨
第十九程	自海雲寺一百里至紅花務	第三十七程	自句孤寨七十里至達河寨
第二十程	自紅花務九十里至錦州	第三十八程	自達河寨四十里至蒲撻寨
第二十一程	自錦州八十里至劉家莊	第三十九程	自蒲撻寨五十里至館

① 崔文印《靖康稗史箋證》,第 2 頁。

雖然《宣和乙巳奉使金國行程録》對行程的記録不及《熙寧使契丹圖抄》那麼精細,但是其標明行程次第的方式則無疑是對記録奉使行程的豐富和完善。

綜上所述,可知宋代使臣行記的記程方式,大致經歷了從次録地名到地名(館驛)加距離,再到地名(館驛)、距離和方位三者復合式記録的撰寫過程。對此,這裏有必要對記程體使臣行記中地名(館驛)、距離和方位這三個要素分別作一點討論。

1. 行經地名(館驛)

宋代使臣行記中所記録的行經地名,其實多爲館驛。館驛有接待使臣的職責和義務,主要向他們提供食宿和生活用品。所以使臣會每日奔波於館驛之間,如路振《乘軺録》記至涿州時説:"是夕,宿於永寧館。"又記至幽州時説:"是夕,宿於永和館,館在城南。"這説明館驛是奉使途中不可缺少的一個部分。

就宋遼交聘而言,由於宋使所行至的目的地不盡相同,如王曾《契丹志》所説:"初,奉使者止達幽州,後至中京,又至上京,或西涼淀、北安州、炭山、長泊。"①因此這裏僅以白溝至中京段爲例,共經過二十驛,依次是:白溝館、新城縣、涿州(永寧館)、良鄉縣、幽州(永平館)、望京館、順州(懷柔館)、檀州(密雲館)、金鈎館、古北館、新館、卧如館、柳河館、打造館、牛山館、鹿峽館、鐵漿館、富谷館、長興館(通天館)、契丹中京(大定府)。毫無疑問,這些館驛名稱所代表的正是使程,我們完全可以按照《宣和乙巳奉使金國行程録》的方式將其表述爲:第一程白溝至新城縣、第二程新城縣至涿州……這就是説,館驛是使臣每日必至之所,而當他們將所經館驛集中録入行記時,便構成了一段完整的奉使行程。

如果説白溝和中京分別是一次奉使的起點和終點,那麼白溝和新城縣則是使臣一天行程的起點和終點。所以使臣在記次館驛名稱的同時,還往往記録館驛之間的所經地名,如王曾所録涿水、范水、劉李河、雕窠嶺、偏槍嶺等,又如沈括所録孫侯河、思鄉嶺、雷水、欒水、摸門嶺等,均是採自兩館之間的地名。值得一提的是,沈括行記還每每在一程之間記録中頓,進而將每日的前後兩段行程和距離劃分得更爲具體。中頓又叫中頓館,是宋遼時期添加於行程中途供使臣吃飯、休息的場所。如路振所説:"近歲已來,中路又添頓館,供帳鮮潔,器用完備,燭臺、炭爐,悉鑄以銅鐵。奚民守館者,皆給土田,以營養焉。國信所至,則蕃官具翿秫,漢官排頓置,大閤執杯案,舍利勸

---

① 《續資治通鑑長編》卷七九《真宗》,第1795頁。

酒食,與漢使言,率以子孫爲契。"①由此可知,使臣在行記中所記錄的行程地名,主要包括館驛名稱和路經地名兩種。

2. 行程距離

宋代使臣行記大多有記錄行程距離的習慣,均以"里"作爲記述單位。這裏還是以白溝到契丹中京的這段使程爲例:

行記 館驛	路振 《乘軺錄》	王曾 《契丹志》	沈括 《熙寧使契丹圖抄》
自白溝館至新城縣	四十里	四十里	六十里
自新城縣至涿州	六十里	七十里	六十里
自涿州至良鄉縣	六十里	六十里	六十里
自良鄉縣至幽州	六十里	六十里	六十里
自幽州至望京館	五十里	四十里	三十里
自望京館至順州	三十里	五十里	六十里
自順州至檀州	八十里	七十里	七十里
自檀州至金溝館	闕	五十里	五十里
自金溝館至古北館	闕	九十里	七十里
自古北館至新館	六十里	八十里	七十里
自新館至卧如館	四十里	四十里	四十里
自卧如館至柳河館	六十里	七十里	七十里
自柳河館至打造館	八十里	七十里	七十里
自打造館至牛山館	五十里	五十里	五十里
自牛山館至鹿峽館	六十里	八十里	六十里
自鹿峽館至鐵漿館	八十里	九十里	九十里
自鐵漿館至富谷館	八十里	七十里	六十里
自富谷館至長興館	八十里	八十里	七十里
自長興館至契丹中京	三十里	二十里	二十里

---

① 賈敬顏《路振〈乘軺錄〉疏證稿》,見《五代宋金元人邊疆行記十三種疏證稿》,第 76—77 頁。

觀察此表可以發現，儘管三部行記記録了相同的行程，但對館驛之間距離的記載却多數不一，這一現象應與當時的"里堠"設置相關。所謂里堠，即古時道旁分程記里所設的土堆。據《新五代史·四夷附録第二》記載胡嶠曾隨蕭翰入契丹上京，居留七年後回到中國，能夠略述入契丹行程，他説："自幽州至此無里堠，其所向不知爲南北。"①可見當時從幽州到上京之間的每程距離是難以細知的。宋代使臣同樣會面臨這一問題，例如：

　　王延德《西州使程記》："次歷樓子山，無居人，行砂磧中，以日爲占，旦則背日，暮則向日，日下則止。又行望月，亦如之。"

　　王曾《契丹志》："五十里至金溝館。將至館，川原平廣，謂之金溝淀，國主嘗於此過冬。自此入山，詰曲登陟，無復里堠，但以馬行記日景而約其里數。"

　　《宣和乙巳奉使金國行程録》："第十五程，自潤州八十里至遷州。彼中行程並無里堠，但以行徹一日即記爲里數。"②

以上三則文獻説明，受環境的制約，使臣在奉使過程中失去對距離和方向的認知是普遍存在的事實，但是他們可以通過"以日爲占""以馬行記日景而約其里數"和"行徹一日即記爲里數"的方法來彌補。還進一步説明使臣所提供的行程距離主要來自兩個方面：一是採自里堠，一是參照行途和日景。所以再回看表中列舉的行程距離，在假設北宋時期里堠不曾變更的前提下，就會發現從白溝館到金溝館段相同的記録還是居多的，特別是兩館之間的總里數，三人所記誤差不過十里；而從金溝館到契丹中京段因無里堠作爲參考，故三人所記往往不同。此外，路振和沈括行記還大量記録了行走兩館過程中所經諸地的距離，這明顯是將以館驛爲單元的行程距離進一步細化，從而提高了奉使行程的精確性。

3. 行進方向

《乘軺録》和《熙寧使契丹圖抄》是宋代使臣行記中記録行程方位的典型代表。它們的記録特點可以總結爲兩個方面：其一，標明館驛方位。如《乘軺録》所記"白溝河北行至新城縣六十里""柳河館東北行至部落館八十里"，《熙寧使契丹圖抄》所記"白溝館南距雄州三十八里""幽州西南距良鄉

---

① 《新五代史》卷七三，第905頁。
② 王明清《揮麈前録》卷四，第29頁。《續資治通鑑長編》卷七九《真宗》，第1795頁。崔文印《靖康稗史箋證》，第19頁。

六十里"等。從白溝到契丹中京總體上是呈東北走向,因路振和沈括的立足點和參照地正好相反,所以使用的方位名詞也就全然不同了。此外,沈括還常用"少南""少東"等詞語來進一步精確館驛之間的方位,如記"順州西距望京館六十里少南""古北館南距金溝七十里少東"等。

其二,記述行進方向。據《乘軺錄》記載:"自卧如館東北行,至柳河館六十里。五里過石子嶺,道險;三十里過鑾河,四十里至纏門嶺;又行十餘里至平州路,六十里過柳河。"可知路振在朝東北方向行進中依次經過了石子嶺、鑾河、纏門嶺、平州和柳河。而《熙寧使契丹圖抄》的記述比《乘軺錄》更加精細,沈括幾乎對行進諸地的走向都作了標示,例如:"過頓又三十里至良鄉,皆東行少北。"又如:"過頓,入大山間,委回東北,又二十里,登思鄉嶺,逾嶺而降,少東,折至新館。"再如:"自館北行,少西北屈行,復東北二十餘里至中頓。"同時還用到"過頓稍東出""稍東北行""自館稍西北行""稍稍西北""北行稍東"等方向術語。可見沈括具備很高的地理學素養,並將其發揮到了使臣行記的撰寫上。

二、日錄經見

宋代使臣還以日錄經見的方式撰寫了一批行記,等同於是寫日記。根據文獻記錄可知,具有日記形式的使臣行記有:北宋時期的路振《乘軺錄》、劉渙《劉氏西行錄》、張舜民《使遼錄》和徐兢《宣和奉使高麗圖經·海道》;南宋時期的無名氏《館伴日錄》、樓鑰《北行日錄》、范成大《攬轡錄》、姚憲《乾道奉使錄》、韓元吉《朔行日記》、周煇《北轅錄》、程卓《使金錄》、鄒伸之《使北日錄》、徐霆《北征日記》和嚴光大《祈請使行程記》。從宋代日記體使臣行記的撰寫比例來看,南宋是北宋的兩倍還多;而且僅就南宋而言,在不明確鄭僑《奉使執禮錄》、趙睎遠《使北本末》、鄭汝諧《聘燕錄》、倪思《北征錄》、余嶸《使燕錄》等體式的情況下,即便是將它們排除在日記體之外,這一時期用日記方式撰寫的行記也佔有一半比重。這就表明雖然北宋使臣也不乏用日記方式來撰寫使臣行記,但是真正將這一體式普遍運用的是南宋使臣。關於這一點還能從相關文獻的表述中得到證明:與北宋時期的日記體行記,還需通過周煇在《清波雜志》中介紹《劉氏西行錄》是"往返繫日以書",張舜民自叙其《使遼錄》是"排日紀錄"的方式來明確其體式相比,像樓鑰、韓元吉、鄒伸之、徐霆這樣的南宋使臣,已經自然而然地以"日記""日錄"爲其行記命名,而且宋代目錄家也毫不猶豫地直呼它們爲"日記",比如《郡齋讀書志》稱《攬轡錄》是"往返地理日記",《直齋書錄解題》稱《乾道奉使錄》是"使金日記"等。尤其是在南宋末期,朝廷還專門設立了"日記官"

使職,對奉使每日的情況作專項記録。由此可見,南宋才是日記體使臣行記的高産期。

在宋代日記體使臣行記中,至今尚存有遺文,且能明確其記日特徵的還有七種,分别是:《乘軺録》《宣和奉使高麗圖經·海道》《攬轡録》《北行日録》《北轅録》《使金録》和《祈請使行程記》。從書寫形式上看,這些行記均是以時間作爲單元記録一天的經見。尤其對時間的記録,表現出了多種樣式,比如《乘軺録》《北轅録》和《祈請使行程記》是用序數記日,《攬轡録》是用干支記日,《宣和奉使高麗圖經·海道》《北行日録》和《使金録》則是用序數與干支共同記日。不僅如此,後三種行記還記録了一天的天氣情況,用到晴、陰、雨、風、霜等氣象術語,有些時候甚至會詳細表述"夜微霰,早陰,晴""早陰晚晴"等一天的氣候變化。這些特點説明,日記體使臣行記在其自身的發展過程中,記録形式一直發生著轉變,但在宋金之間的外事活動中表現出了成熟的一面。

再從日記體使臣行記的文本内容來看,其實與記程體使臣行記没有太多差異,總體上都是在記録奉使經見。但是二者的區别不僅僅只表現在撰寫方式上,仔細對比可以發現,它們在記録範圍的選擇、内容的安排等方面都略有不同。

首先,日記體使臣行記比記程體使臣行記的記録范圍更廣,内容更詳。比如《北行日録》,是目前所見篇幅最長的宋代日記體使臣行記,其特點是從奉使初始日至使還到家,每日必作記録,共記奉使往返一百四十七日。即便是出使前無事可記的日子,它也同樣記録了時間和天氣,諸如:"十二日甲午,陰""十三日乙未,雨"之類。由此可見,用日記方式所記録的奉使過往更爲全面。而記程體使臣行記則不然,它們幾乎都省去對宋朝境内的記録,而是只記境外。如《宣和乙巳奉使金國行程録》所説:"本朝界内一千一百五十里,二十二程,更不詳叙。今起自白溝契丹舊界,止于虜廷冒離納鉢,三千一百二十里,計三十九程。"文末又説"回程在路,更不再叙"。[①] 不止此書,像王延德《西州使程記》、路振《乘軺録》、王曾《契丹志》、薛映《薛映記》、宋綬《契丹風俗》和沈括《熙寧使契丹圖抄》都存在這種情况,它們通常對境内經見不涉一語,而僅僅呈現境外片段。所以日記體使臣行記相比記程體使臣行記,具有完整記録境内外經見的優點。

其次,日記體使臣行記比記程體使臣行記的内容安排更爲緊湊。前文已述用記程方式撰寫的使臣行記因受其形式的限制,只能用一半篇幅記録

---

① 崔文印《靖康稗史箋證》,第 2、43 頁。

使程,另一半篇幅記錄外事活動和當地風俗等內容,這樣明顯給人一種文本分離的感覺,也就是說沒有體現出一篇行記的連貫性。而用日記形式撰寫的使臣行記則不存在這一問題,使臣在外事活動中的行程、經見和交流等內容都被合理安排,並以時間爲單元進行連續記錄,從而使行記內容緊湊有序。

雖然日記體使臣行記與記程體使臣行記有以上差別,但它們對奉使經過的記錄還是有共性可尋的。比如記錄行程,若不講形式,其實"記程"和"記日"是同一概念,二者甚至可以互換。如前文提及的路振《乘軺錄》,作爲宋代現存最早的具有日記特徵的使臣行記,同時運用到"記程"和"日記"兩種形式,這就充分體現了它們的交融性和同一性。也就是說日記體使臣行記同樣是在分程記錄經見,反之記程體使臣行記亦是在日錄行程。對此,可以再結合一些文本內容進行討論,如《北行日錄》所記:

> 十九日辛丑:晴。行二十里,飯午頓驛。行二十五里,宿荆山上方。
> 二十日壬寅:晴。行十里,飯蔣家店。是日,行四十五里。
> 二十一日癸卯:晴。三十里,飯黄碧村。二十八里,宿和尚店。
> 二十二日甲辰:夜微霰,早陰,晴。行二十七里,飯諸應。行三十餘里,至龍窟。行五里,宿尚書塘。
> 二十三日乙巳:晴。行二十里,飯楊溪。四十里,宿横塘暮嶺間張家店。
> 二十四日丙午:晴。行十餘里,入東陽縣。行十里,飯愛頭孫家。渡溪行五十里,宿余店。
> 二十五日丁未:微雨,作而復止。行二十二里,飯羅嶺下篆坑何店。行三十五里,宿義井夏店。
> 二十六日戊申:晴,風。行三十里,飯高擁楊家。行三十五里,宿灰竈頭於店。
> 二十七日己酉:晴。行三十里,飯溪口傅店。行三十里,宿漁浦鎮上朱店。①

將這些內容與前面的記程體使臣行記稍作比較,就可發現日記體使臣行記同樣具有記錄行經地名和距離的特點,只是在內容上不及記程體使臣行記那麼精細。但對於在南宋普遍撰寫的日記體使臣行記而言,其最大特

---

① 樓鑰《攻媿集》卷一一一,《叢書集成初編》第 2022 册,第 1569—1572 頁。

點則是用"記日"的方式代替了"記程"的方式,由此提高了內容的連貫性和完整性。

三、條錄見聞

在宋代使臣行記中,還有一些雜錄或雜記使行見聞的作品,相當於是一篇"筆記"。分門別類和條列名目是宋代使行筆記的重要特徵,如王雲《雞林志》、徐兢《宣和奉使高麗圖經》和趙拱《蒙韃備錄》等作品都門目清晰,其中尤以《宣和奉使高麗圖經》最爲典型。據徐兢自叙:"謹因耳目所及,博采衆說,簡去其同於中國者,而取其異焉。凡三百餘條,釐爲四十卷。"可見此書共錄見聞三百餘條,並且將它們分配在二十九個門類下:

建國門:始封
世次門:王氏、世系、高麗國王王楷
城邑門:封境、形勢、國城、樓觀、民居、坊市、貿易、郡邑
門闕門:宣義門、外門、廣化門、昇平門、同德門、殿門
宮殿門:王府、會慶殿、乾德殿、長和殿、元德殿、萬齡殿、長齡殿、長慶殿、延英殿閣、臨川閣、長慶宮、左春宮、別宮
冠服門:王服、令官服、國相服、近侍服、從官服、卿監服、朝官服、庶官服
人物門:守太師尚書令李資謙、接伴正奉大夫刑部尚書柱國賜紫金魚袋尹彥植、同接伴通奉大夫尚書禮部侍郎上護軍賜紫金魚袋金富軾、館伴金紫光禄大夫守司空同知樞密院事上柱國金仁揆、同館伴正議大夫守尚書兵部侍郎上護軍賜紫金魚袋李之美
儀物門:盤螭扇、雙螭扇、繡花扇、羽扇、曲蓋、青蓋、華蓋、黄幡、豹尾、金鉞、毬杖、旌旆
仗衛門:龍虎左右親衛旗頭、龍虎左右親衛軍將、神虎左右親衛軍、興威左右親衛軍、上六軍左右衛將軍、上六軍衛中檢郎將、龍虎中猛軍、金吾仗衛軍、控鶴軍、千牛左右仗衛軍、神旗軍、龍虎上超軍、龍虎下海軍、官府門衛校尉、六軍散員旗頭、左右衛牽攏軍、領軍郎將騎兵、領兵上騎將軍
兵器門:行鼓、弓矢、貫革、鐙杖、儀戟、胡笳、獸牌、佩劍
旗幟門:象旗、鷹隼旗、海馬旗、鳳旗、太白旗、五方旗、小旗
車馬門:采輿、肩輿、牛車、王馬、使節馬、騎兵馬、雜載
官府門:臺省、國子監、倉廩、府庫、藥局、圖圄

祠宇門：福源觀、靖國安和寺、廣通普濟寺、興國寺、國清寺、王城內外諸寺、崧山廟、東神祠、蛤窟龍祠、五龍廟

道教門：道士

釋氏門：國師、三重和尚大師、阿闍梨大德、沙彌比丘、在家和尚

民庶門：進士、農商、工技、民長、舟人

婦人門：貴婦、婢妾、賤使、貴女、女子、負、戴

皂隸門：吏職、散員、人吏、丁吏、房子、小親侍、驅使

雜俗門：庭燎、秉燭、挈壺、鄉飲、治事、答禮、給使、女騎、瀚濯、種藝、漁、樵、刻記、屠宰、施水、土産

節仗門：初神旗隊、次騎兵、次鐃鼓、次千牛衛、次金吾衛、次百戲、次樂部、次禮物、次詔輿、次充代下節、次宣武下節、次使副、次上節、終中節

受詔門：迎詔、導詔、拜詔、起居、祭奠、吊慰

燕禮門：私覿、燕儀、獻酬、上節席、中節席、下節席、館會、拜表、門餞、西郊送行

館舍門：順天館、館廳、詔位、清風閣、香林亭、使副位、都轄提轄位、書狀官位、西郊亭、碧瀾亭、客館

供張門：繢幕、繡幕、繡圖、坐榻、燕臺、光明臺、丹漆俎、黑漆俎、卧榻、文席、門帷、繡枕、寢衣、紵裳、紵衣、畫楊扇、杉扇、白摺扇、松扇、草屨

器皿門：獸爐、水瓶、盤碗、博山爐、酒榼、烏花洗、面藥壺、芙蓉尊、提瓶、油盎、淨瓶、花壺、水釜、水罋、湯壺、白銅洗、鼎爐、溫爐、巨鐘、茶俎、瓦尊、藤尊、陶尊、陶爐、食罩、藤筐、䥥釜、水瓮、草苫、刀筆

舟楫門：巡船、官船、松舫、幕船、饋食、供水

海道門：神舟、客舟、招寶山、虎頭山、沈家門、梅岑、海驢焦、蓬萊山、半洋焦、白水洋、黃水洋、黑水洋、夾界山、五嶼、排島、白山、黑山、月嶼、闌山島、白衣島、跪苫、春草苫、檳榔焦、菩薩苫、竹島、苦苫苫、群山島、橫嶼、紫雲苫、富用山、洪州山、鵶子苫、馬島、九頭山、唐人島、雙女焦、大青嶼、和尚島、牛心嶼、聶公嶼、小青嶼、紫燕島、急水門、蛤窟、分水嶺、禮成港

同文門：正朔、儒學、樂律、權量

徐兢所記可謂詳盡，故《四庫全書總目》贊許道："凡其國之山川、風俗、典章、制度，以及接待之儀文，往來之道路，無不詳載。"①不過《宣和奉使高麗圖經》的最大優點還是門目清晰。是何種原因使徐兢選擇了分類條錄的

---

① 《四庫全書總目》卷七一史部地理類，第 631 頁上。

撰寫形式呢？若要回答這一問題，就需要提及另外一部同樣奉使高麗的宋代使臣行記，即王雲《雞林志》。徐兢在《宣和奉使高麗圖經序》中説道："臣嘗觀崇寧中王雲所撰《雞林志》，始疏其説，而未圖其形。比者使行，取以稽考，爲補已多。"①可見徐兢在使高麗前曾參閲過《雞林志》，但是對其"始疏其説，而未圖其形"的缺陷表示不滿，所以《宣和奉使高麗圖經》便以"物圖其形，事爲之説"作爲撰寫主旨。説明徐兢行記的撰寫具有明確的針對性，有彌補《雞林志》不足的撰寫動機。

今《郡齋讀書志》和《直齋書録解題》均著録王雲《雞林志》爲三十卷，是書早佚。前文對其形式和内容已作介紹，可知此書共分爲八門，有"高麗事類""海東備檢"等門目，内容包括"會見之禮""聘問之辭""自元豐創通高麗以後事實""國信所行遣案牘"和"海怪山奇"等。筆者還從《續資治通鑑長編》、《遼史拾遺》、《説郛》、查慎行《蘇詩補注》、高似孫《剡録》和趙彦衛《雲麓漫抄》等文獻中輯録到《雞林志》佚文十二條，現將其中與《宣和奉使高麗圖經》相類的記録對比於下：

王雲《雞林志》		徐兢《宣和奉使高麗圖經》	
僧衲	高麗僧衣磨納者，爲禪法師衲甚精好。	釋氏	詳細記録了國師、三重和尚、阿闍梨大德、沙彌比丘、在家和尚這幾類僧侣的服飾。②
織席	高麗人多織席，有龍鬚席、藤席。今舶人販至者，皆席草織之，狹而密緊，上亦有一小團花。	文席	文席精粗不等，精巧者施於床榻，粗者用以藉地。織草性柔，摺屈不損，黑白二色，間錯成文，青紫爲襈，初無定制。
松扇	高麗松扇，揭松膚柔軟者緝成，文如棕，心亦染紅間之，或言水柳皮也。	松扇	松扇取松之柔條，細削成縷，搥壓成綫，而後織成。上有花文，不減穿藤之巧。唯王府所遣使者最工。

從表中可見徐兢所記内容的確要比王雲更爲詳細，充分展現了"始疏其説"與"事爲之説"的不同；至於"物圖其形"，却因其圖畫失傳而難知詳細。以

---

① 《宣和奉使高麗圖經》，第8頁。
② 國師："皆服山水衲、袈裟、長袖偏衫、金跋遮那，下有紫裳、烏革鈴履。"三重和尚："服紫黄貼相、福田袈裟、長袖偏衫，下亦紫裳。"阿闍梨大德："服短袖偏衫、壞色掛衣、五條，下有黄裳。"沙彌比丘："未經受具，壞色布衣，亦無貼相。戒律既高，方易紫服；次第遷升，乃有衲衣。蓋高麗僧衣，唯以磨衲爲最重耳。"在家和尚："不服袈裟，不持戒律，白紵窄衫，束腰皂帛，徒跣以行，間有穿履者。"《宣和奉使高麗圖經》卷一八，《全宋筆記》第三編第八册，第74—75頁。

上比較還説明,雖然《宣和奉使高麗圖經》比《雞林志》記事更詳,又增設了圖繪,但是其撰寫方式則是對《雞林志》的模仿和繼承。正如周煇《清波雜志》所説:"宣和奉使高麗,詔路允迪、傅墨卿爲使介,其屬徐兢,倣元豐中王雲所撰《雞林志》爲《高麗圖經》,考稽詳備,物圖其形,事爲其説,蓋徐素善丹青也。"①

除上述二書外,還有趙珙的《蒙韃備録》,共設條目十七個,依次是:立國、韃主始起、國號年號、太子諸王、諸將功臣、任相、軍政、馬政、糧食、征伐、官制、風俗、軍裝器械、奉使、祭祀、婦女、燕聚舞樂。由此可見,分門條列的筆記形式也是撰寫宋代使臣行記的一種重要方式。

此外,還有一些使臣行記雖然沒有將内容分門條録,但是亦應在筆記之列。比如何鑄《奉使雜録》,《直齋書録解題》注稱:"使金所録禮物、名銜、表章之屬。"②又如洪皓《松漠紀聞》,《直齋書録解題》注稱:"奉使留敵中録所聞雜事。"③還有余靖的《契丹官儀》,專記契丹官屬制度一事;彭大雅撰,徐霆疏《黑韃事略》,著重編叙蒙古的土風習俗。這些作品都以"耳目所接,隨筆纂録"作爲撰寫宗旨,也能表現出一些門類特徵。比如,根據《直齋書録解題》的著録可知《奉使雜録》至少有禮物、名銜、表章等門。又據前文介紹洪适校刊《松漠紀聞》爲正續二卷,其中正卷三十一事,續卷二十七事,可見此書亦是在分條記述聞見,如記有女真、回鶻、嗢熱和渤海等國情,又記有女真酋長、金九代祖龕福、阿骨打八子、吴乞買、闍辣、粘罕和悟室等人物。還有《契丹官儀》,記録了契丹之掌兵者、胡人司會之官、胡人從行之官等官制情況。又有《黑韃事略》,分段記録了蒙古國的主要人物、地理氣候、放牧和圍獵的方式、語言文字、曆法、筮占、官制和習慣法、風俗習慣、差發賦税、貿易賈販、軍隊、武器、作戰方法、行軍陣勢,以及所屬各投下狀況、被征服各國的名稱等内容。凡此種種都可以説是宋代使行筆記的另一種表現方式。

事實上,如果僅從内容來考慮,同樣可以爲某些記程和日記體使臣行記條其門目。如王延德《西州使程記》記高昌見聞云:

> 高昌即西州也。其地南距于闐,西南距大石、波斯,西距西天、步露沙、雪山、葱嶺,皆數千里地。無雨雪而極熱,每盛暑,人皆穿池爲穴以處。飛鳥群萃河濱,或起飛,即爲日氣所爍,墜而傷翼。屋室覆以白堊。開寶二年,雨及五寸,即廬舍多壞。有水出金嶺,導之周繞國城,以溉田

---

① 周煇撰,劉永翔校注《清波雜志校注》卷七,第 323—324 頁。
② 《直齋書録解題》卷七"傳記類",第 205 頁。
③ 《直齋書録解題》卷五"僞史類",第 140—141 頁。

園,作水磑。地産五穀,惟無喬麥。貴人食馬,餘食牛及凫雁。樂多箜篌。出貂鼠、白氎、綉文花蕊布。俗多騎射。婦人戴油帽,謂之蘇幕遮。用開元七年曆,以三月九日爲寒食,餘二社、冬至亦然。以銀或鍮爲筒,貯水激以相射,或以水交潑爲戲,謂之壓陽氣去病。好遊賞,行者必抱樂器。佛寺五十餘區,皆唐朝所賜額,寺中有《大藏經》《唐韻》《玉篇》《經音》等。居民春月多遊,群聚遨樂於其間,遊者馬上持弓矢射諸物,謂之禳灾。有敕書樓,藏唐太宗、明皇御札詔敕,緘鎖甚謹。後有摩尼寺,波斯僧各持其法,佛經所謂外道者也。統有南突厥、北突厥、大衆熨、小衆熨、樣磨割禄、黠戛司、末蠻、格哆族、預龍族之名甚衆。國中無貧民,絶食者共振之。人多壽考,率百餘歲,絶無夭死。①

内容涉及高昌的地理、氣候、建築、河流、物産、習俗、寺院和統轄等,猶如《宣和奉使高麗圖經》的宮殿、祠宇、雜俗和供張等門。

又如宋鎬等條列交阯山川形勢及黎桓事迹云:

桓歛馬側身,問皇帝起居畢,按轡偕行,時以檳榔相遺,馬上食之,此風俗待賓之厚意也。城中無居民,止有茅竹屋數十百區,以爲軍營,而府署湫隘,題其門曰明德門。桓質陋而目眇,自言近歲與蠻寇接戰,墜馬傷足,受詔不拜。信宿之後,乃張筵飲宴。又出臨海汊,以爲娛賓之遊。桓跣足持竿,入水標魚,得一魚,左右皆叫噪歡躍。凡有宴會,預坐之人悉令解帶,冠以帽子。桓多衣花繢及紅色之衣,帽以真珠爲飾,或自歌勸酒,莫能曉其詞。常令數十人扛大蛇長數丈,饋於使館,且曰:"若能食此,當治之爲饌以獻焉。"又驅送二虎,以備縱觀。皆却之不受。卒三千人,悉黥其額曰"天子軍"。糧以禾穗,月給,令自舂爲食。其兵器止有弓弩、木牌、梭槍、竹槍,弱不可用。桓輕脱殘忍,昵比小人,腹心閹豎五七輩錯立其側。好狎飲,以手令爲樂,凡官屬善其事者,擢居親近。左右有小過,即殺之,或鞭其背一百至二百。賓佐小不如意,亦箠之三十至五十,黜爲門吏,怒息,乃召復其位。有木塔,其制樸陋,桓請同登遊覽,乃相顧而言曰:"中朝有此塔否?"地無寒氣,十一月猶衣夾衣揮扇。②

内容有黎桓事迹,以及交阯的建築、風俗、兵器和天氣等,明顯與《宣和

---

① 王明清《揮麈前録》卷四,第29—30頁。
② 《續資治通鑑長編》卷三一《太宗》,第698—699頁。

奉使高麗圖經》中門闕、兵器和雜俗等門的內容相類。另外,宋鎬等對交阯山川形勢及黎桓事跡的"條列",以及謝皓對遼地山川、地理、名物的"條具",也說明它們的撰寫方式是在分條列舉。

再如宋綬使還上《契丹風俗》云:

> 其衣服之制,國母與蕃官國服,國主與漢官即漢服。蕃官戴氊冠,上以金華爲飾,或加珠玉翠毛,蓋漢、魏時遼人步摇冠之遺象也。額後垂金花織成夾帶,中貯髮一總。服紫窄袍,加義襴,繫𩢲鞢帶,以黃紅色絛裹革爲之,用金玉、水晶、碧石綴飾。又有紗冠,制如烏紗帽,無簷,不撫雙耳,額前綴金花,上結紫帶,帶末綴珠。或紫皂幅巾,紫窄袍,束帶。丈夫或綠中單,綠花窄袍,中單多紅綠色。貴者被貂裘,貂以紫黑色爲貴,青色爲次。又有銀鼠,尤潔白。賤者被貂毛、羊、鼠、沙狐裘。弓以皮爲弦,箭削樺爲榦。鞦勒輕簡,便於馳走。以貂鼠或鵝項、鴨頭爲扞腰。蕃官有夷離畢參聞國政,左右林牙掌命令,惕隱若司宗之類。又有九行宮,每宮置使及部署掌領部族,有永興、積慶、洪義、昭敏等名。①

內容涉及契丹的服飾、官屬和宮殿等,則類同《宣和奉使高麗圖經》的宮殿、冠服和官府等門。

以上論述說明,在某些特殊情況下,使臣行記的內容可以在表現形式進行互換。比如張舜民《使遼錄》,據他所稱是書本採用"排日紀錄"的日記形式撰寫而成,但因其早佚,後人在輯錄時却爲其條目,有殺狐林、兜玄國、割馬肝、雕窠生獵犬、吹葉成曲、銀牌、佛妝、以車渡河等②。還如彭大雅撰,徐霆疏《黑韃事略》,當徐霆將其《北征日記》與彭大雅行記進行合錄後,却成了分段條錄的筆記形式。所以宋代使臣行記所反映的內容大同小異,幾乎都是外事活動中的見聞,但是採用何種形式來表現它們,則取決於使臣的個人喜好。

第四節　宋代的使團配置及行記作者辨析

一、宋代使團的人員配置

前文已述,宋代使臣行記的作者,其奉使身份不盡相同。雖然大多數使

---

① 《續資治通鑑長編》卷九七《真宗》,第2254頁。
② 葉隆禮《契丹國志》卷二五,上海,上海古籍出版社,1985年,第269—270頁。

臣行記是正使撰寫,但也有少數由副使和隨使完成。這説明,使臣行記的撰寫並不局限於某一特定身份的使臣。

另外,宋代使臣所承擔的使職也不盡相同。宋代遣使名目衆多,僅以宋遼爲例,每年雙方君主要互派使臣,交賀"生辰""正旦";在一方有大事,如舊君亡而新主立的時候,又要派遣"告哀使""告登寶位使",對方亦有"祭奠使""弔慰使""賀登寶位使"的報聘等。① 經學者總結宋遼交聘遣使名目主要有以下十二種:

> 賀鄰邦皇太后、皇帝或皇后正旦者,曰賀正旦國信使,簡稱正旦使或賀正使;
> 賀鄰邦皇太后、皇帝或皇后生辰者,曰賀生辰國信使,簡稱生辰使;
> 以本朝皇太后或皇帝崩逝告鄰邦者,曰告哀使;
> 以本朝大行皇太后或皇帝遺留物餽遺鄰邦者,曰遺留禮信使或稱遺留國信使,簡稱遺留使;
> 以本朝新皇帝即位告於鄰邦者,曰皇帝登寶位國信使,簡稱告登位使;
> 奠祭鄰邦大行皇太后或皇帝者,曰祭奠國信使,簡稱祭奠使;
> 弔慰鄰邦皇太后或皇帝者,曰弔慰國信使,簡稱弔慰使;
> 賀鄰邦新皇帝登位者,曰賀登位國信使,簡稱賀登位使;
> 賀鄰邦皇太后受册者,曰賀册禮國信使,簡稱賀册禮使;
> 答謝鄰邦弔賀者,曰回謝禮信使,簡稱回謝使;
> 普通聘問或有所報告要求於鄰邦者,曰國信使,俗稱泛使;
> 答聘或因鄰邦請求而遣人有所磋商者,曰答謝國信使,亦稱回謝使。②

據此,宋遼時期的使臣行記作者,其使職大都不出以上十二種,如王曙爲弔慰使,宋摶、竇卞爲契丹國母正旦使,王曾、晁迥、薛映、宋綬、宋敏求爲契丹國主生辰使,余靖、沈括爲回謝契丹使等。以此作爲參照,宋朝與其他國家交聘時撰有行記的使臣,其使職也同宋遼相類,如連南夫爲弔祭使,陶悦爲國信使,何鑄爲金國報謝使,宋之才、韓元吉、張子正、余嶸爲賀金主生辰使,鄭僑、鄭汝諧、倪思、程卓爲賀金國正旦使等。不過,以上都是正副使的名目,隨使的名目則有所不同,如王雲、樓鑰、彭大雅爲書記(一稱書狀)

---

① 傅樂焕《遼使叢考》,北京,中華書局,1984 年,第 1 頁。
② 聶崇岐《宋史叢考》,第 287 頁。又參見黃鳳岐《遼宋交聘及其有關制度》,《社會科學輯刊》1985 年第 2 期;顧吉辰《宋—西夏交聘考》,《固原師專學報》1986 年第 3 期。

官,徐兢、鍾邦直爲禮物官,嚴光大爲日記官等。事實上,宋朝每次遣使除正副外,隨行人員不在少數,其使職也各不相同。例如:

《宣和乙巳奉使金國行程録》:"隨行三節人,或自朝廷差,或由本所辟。除副外,計八十人:都輻一、醫一、隨行指使一、譯語指使二、禮物祗應二、引接祗應二、書表司二、習馭司二、職員二、小底二、親屬二、龍衛虞侯六、宣撫司十、將一、察視二、節級三、翰林司二、鸞儀司一、太官局二、馳務槽頭一、教駿三、後院作匠一、鞍轡庫子虎翼兵士五、宣武兵士三十。"

《宣和奉使高麗圖經·節仗》"上節"條:都轄、武翼大夫、忠州刺史兼閤門宣贊舍人吳德林,提轄、朝奉大夫徐兢,法籙道官、太虛大夫、蘂珠殿校籍黃大中,碧虛郎、凝神殿校籍陳應常,書狀官、宣教郎滕茂實、崔嗣道,隨船都巡檢吳敞,指使兼巡檢路允升、路逵、傅叔承、許興文,管句舟船王覺民、黄處仁、葛成仲、舒紹弼、賈垣,語録指使劉昭慶、武悗、楊明,醫官李安仁、郝洙,書狀使臣馬俊明、李公亮,引接荆珣、孫嗣興。又"中節"條:"管句禮物官承直郎朱明發,承信郎婁澤、范旼,迪功郎崔嗣仁、劉璹,將仕郎吳構,行遣迪功郎汪忱,進士王處仁,占候風雲官承信郎董之邵、王元,書符禁呪張洵仁,技術郭骯、司馬瑾,使副親隨徐閦、張皓、李機、許興古,親從官王瑾、魯蹲,宣武十將充代趙祐,正名程政,都轄親隨人吏王嘉賓、王仔。"

《祈請使行程記》:"祈請使:左相吳堅、右相賈餘慶、參政劉岊、樞密文天祥、參政家鉉翁;奉表獻璽納土官:監察御史楊應奎、大宗丞趙若秀;日記官:宗丞趙時鎮、閤贊嚴光大;書狀官:御帶高州太守徐用禮、潮州通判吳慶用、惠州通判朱仁舉、處州通判沈庚會、浙東路鈐吳嘉興;掌管禮物官:通事總管高舉、總管吳順;提舉禮物官:環衛總管潘應時、總管吳椿、環衛總管劉玉信;掌儀官:浙東路鈐詹因。帶行官屬五十四員,隨行人從二百四十人,扛擡禮物將兵三千人。"①

所以,使臣行記的撰寫也不受使職的限制。無論是交賀"生辰""正旦"的正副使,還是從行的書記官、禮物官、日記官等隨使,他們都有撰寫使臣行記的條件和可能。

---

① 崔文印《靖康稗史箋證》,第 2 頁。徐兢《宣和奉使高麗圖經》,《全宋筆記》第三編第八册,第 95、96 頁。劉一清撰,王瑞來校箋《錢塘遺事校箋考原》卷九,北京,中華書局,2016 年,第 307—313 頁。

二、宋代使臣行記作者辨析——以《宣和奉使高麗圖經》和《宣和乙巳奉使金國行程録》爲例

正是因爲宋代使臣行記可以由不同身份、不同使職的使臣撰寫,所以其作者構成具有複雜性,我們從中可以發現有些行記是使臣獨立撰寫,有些則是由數位使臣合作完成。獨撰一事不説自明,這裏重點説説合撰的情況。合撰使臣行記主要表現在北宋時期,據文獻記録可知,現存第一部宋代使臣行記《西州使程記》就應是合撰而成。《宋史》對王延德行記有三處記載:一是本傳稱其"使還,撰《西州程記》以獻"①;二是《高昌國傳》載:"王延德等還,叙其行程來獻,云……"②;三是《藝文志》著録有"王延德《西州使程記》一卷"③。本傳和《藝文志》都將《西州使程記》的著作權歸屬於王延德,但《高昌國傳》則表示此書有合撰可能。又據王明清《揮麈前録》記載:"延德等叙其行程來上,云……"④,對比可見《宋史·高昌國傳》的記録應該是本此而成,因爲二者句式相仿,在指出《西州使程記》爲王延德等叙上之後,又將其內容全文録出。這説明《西州使程記》最初是以上言的形式出現,類同一篇奏章,至於爲其命《西州使程記》之名應是後來之事。而《宋史》本傳、《藝文志》獨將此書歸於延德名下,可能是因他有正使身份,也可能是因他潑墨最多。但是,根據《揮麈前録》和《宋史·高昌國傳》的記録可以斷言《西州使程記》屬於合撰之書。

除此之外,據《續資治通鑑長編》載:"上令條列山川形勢及桓事迹,鎬等自叙云爾。"《宋史·交阯傳》亦載:"上令條列山川形勢及黎桓事迹以聞,鎬等具奏曰……"⑤可知宋鎬等使臣合撰有使交阯行記。尤其在澶淵會盟後,使遼行記在宋遼之間的交聘活動中陸續出現,先後有宋搏、晁迥、宋綬等人相繼合撰了使臣行記:

《續資治通鑑長編》:"宋搏等使契丹還,言……"

《續資治通鑑長編》:"(晁)迥等使還,言……"《宋會要輯稿》:"及還,上虜中風俗,迥言……"《宋史·晁迥傳》:"使契丹,還,奏《北庭記》。"

---

① 《宋史》卷三〇九《王延德傳》,第 10157 頁。
② 《宋史》卷四九〇《高昌國傳》,第 14110—14113 頁。
③ 《宋史》卷二〇三《藝文志》,第 5119 頁。
④ 王明清《揮麈前録》卷四,第 28—29 頁。
⑤ 《續資治通鑑長編》卷三一《太宗》,第 699 頁。《宋史》卷四八八《交阯傳》,第 14061—14062 頁。

《續資治通鑑長編》："宋綬等使還，上契丹風俗，云……"①

晁迥行記與王延德行記相似，《北庭記》當爲後起之名。

以上五種合撰的使臣行記說明，諸多使臣行記的原始形態相當於一篇奏章，内容通常是由奉使成員合作而成，並由正使傳達給皇帝。還說明，具有奏章形態的行記不同於具有書本形態的行記，奏章形態的行記代表了宋代使臣行記的草創階段，而書本形態的行記則代表了成熟階段。

事實上，即便是結集成書的使臣行記，某些也同樣具有合撰性質。如《新唐書·藝文志》《舊唐書·經籍志》和《通志·藝文略》地理類均著錄有常駿等撰"《赤土國記》二卷"，可見早在隋代就已經有過合撰使臣行記的先例。這種情況在宋代亦不鮮見，這裏略舉二書爲例，它們均成書於徽宗宣和年間。

（一）《宣和奉使高麗圖經》。歷代目錄典籍，如《遂初堂書目》《直齋書錄解題》《文獻通考·經籍考》《宋史·藝文志》等均著錄其作者是徐兢，當今學術界對此也普遍認同。但筆者以爲《宣和奉使高麗圖經》的撰寫，並非僅得力於徐兢一人，而是有奉使同僚的參與和幫助。宋趙彦衛《雲麓漫鈔》卷七載有一段書名叫《高麗錄》，内容爲談論潮汐的文字，文獻表述稱"徐明叔、傳墨卿《高麗錄》云：……"②按：徐明叔，即徐兢也；"傳墨卿"當爲傅墨卿之誤。《會稽志》卷一五載："傅墨卿字國華，山陰人。……宣和四年，以禮部尚書持節册立高麗王楷有功，還，賜同進士出身，進龍圖閣學士。……墨卿比凡三至高麗，初爲書狀官，中爲副，最後爲使。"③又據前文考述，可知徐、傅二人均有奉使高麗的經歷，並在宣和五年成爲奉使同僚，當時路允迪、傅墨卿分別充正、副使職，徐兢爲從屬。

所引《高麗錄》内容與《宣和奉使高麗圖經·海道》序論中段相同。據耐得翁《就日錄》引《雲麓漫鈔》時稱"徐明叔等《高麗錄》云……"④，這說明宋人很清楚《宣和奉使高麗圖經》的某些内容是由徐兢等人合撰而成，至少可以明確"海道"部分有傅墨卿參與其中。當然這個《高麗錄》不一定就對等於《宣和奉使高麗圖經》，今《說郛》（宛委山堂本）卷五六、《廣百川學海乙集》都收錄有徐兢《使高麗錄》一書，未條其目，内容相同於《宣和奉使高麗

---

① 《續資治通鑑長編》卷六八《真宗》，第1527頁；卷八一《真宗》，第1848頁。《宋會要輯稿》蕃夷二，第9741頁下。《宋史》卷三〇五《晁迥傳》，第10086頁。
② 趙彦衛《雲麓漫鈔》卷七，北京，中華書局，1996年，第127—128頁。
③ 施宿等《會稽志》卷一五，《文淵閣四庫全書》第486册，第325頁下。
④ 陸楫等輯《古今說海》，成都，巴蜀書社，1988年，第552頁。

圖經·海道》"招寶山"條至"禮成港"條。是宣和五年五月十六日從明州出發,六月十三日到朝鮮開城;七月十三日返回,七月二十七日抵明州定海縣的海程日記。從現存引文來看,《高麗錄》與《使高麗錄》的內容並不相同,但是二書共同指向了《宣和奉使高麗圖經》的"海道"部分。今本《宣和奉使高麗圖經·海道》下共設置條目四十六個,依次是:

> 神舟、客舟、招寶山、虎頭山、沈家門、梅岑、海驢焦、蓬萊山、半洋焦、白水洋、黃水洋、黑水洋、夾界山、五嶼、排島、白山、黑山、月嶼、闌山島、白衣島、跪苫、春草苫、檳榔焦、菩薩苫、竹島、苦苫苫、群山島、橫嶼、紫雲苫、富用山、洪州山、鵶子苫、馬島、九頭山、唐人島、雙女焦、大青嶼、和尚島、牛心嶼、聶公嶼、小青嶼、紫燕島、急水門、蛤窟、分水嶺、禮成港。

與《使高麗錄》相比多出"神舟""客舟"兩條;那段談論潮汐的《高麗錄》引文,則是在"神舟"之前的序論中。如此看來,二書難道是從《宣和奉使高麗圖經·海道》中所節錄出來的嗎?其實不然。據徐兢《宣和奉使高麗圖經》自序所稱"謹因耳目所及,博采眾說,簡去其同於中國者,而取其異焉。凡三百餘條,釐爲四十卷。物圖其形,事爲之說,名曰《宣和奉使高麗圖經》""謹掇其大概,爲之序云",又注作序時間是"宣和六年八月六日",可知《高麗圖經》是成書於使還的第二年,並經過徐兢"簡去其同於中國者,而取其異","三百餘條,釐爲四十卷"的整理加工。由此可以推測,徐兢、傅墨卿合撰的《高麗錄》,和內容沒有條目的《使高麗錄》可能都是未經整理的原始版本。對此,徐兢侄徐蕆寫於乾道三年夏至日的跋文可供旁證,其云:

> 仲父既以書上御府,其副藏家。靖康丁未春,里人徐周賓借觀未歸而寇至,失書所在。後十年,家君漕江西,弭節於洪,仲父來省,或謂郡有北醫上宜生實獲此書,亟訪之。其無恙者特《海道》二卷耳。仲父嘗爲蕆言:"世傳予書往往圖亡而經存,余追畫之,無難也。"然不果就。噫,蓋棺事乃已矣!姑刻是留澂江郡齋,來者尚有考焉。①

這段話的大意是:《宣和奉使高麗圖經》成書後在輾轉傳抄中內容逐漸流失,如徐兢自述"世傳予書往往圖亡而經存";故徐蕆所得并非完本,"無恙者特《海道》二卷";雖然徐兢曾有追畫補缺的打算,可惜未能如願,最終

---

① 《宣和奉使高麗圖經》,《全宋筆記》第三編第八冊,第 8—9 頁。

被徐蔵付梓的依舊是缺圖殘本。問題在於爲什麽《宣和奉使高麗圖經》在經過一段時間流傳後唯獨"海道"部分完好無損？它與《高麗録》《使高麗録》所存録的"海道"内容又有怎樣的關係？回答以上問題需要注意一個細節，即徐蔵稱所得"無恙者特《海道》二卷"，但據徐兢所整理的《高麗圖經》四十卷，"海道"部分實爲六卷。這就是説，"《海道》二卷"不是出自《宣和奉使高麗圖經·海道》，而很有可能與《高麗録》《使高麗録》同源，是《宣和奉使高麗圖經》成書前的一個"海道"單傳本。

通過前面的介紹可知，日記體在宋代使臣行記的撰寫中十分流行，以記録奉使每日行程見聞爲主要内容，有北宋時期的路振《乘軺録》、劉涣《劉氏西行録》、張舜民《使遼録》；南宋時期的樓鑰《北行日録》、范成大《攬轡録》、姚憲《乾道奉使録》、韓元吉《朔行日記》、周煇《北轅録》、程卓《使金録》、鄒伸之《使北日録》、徐霆《北征日記》、嚴光大《祈請使行程記》等。《宣和奉使高麗圖經·海道》文字正是如周煇在《清波雜誌》中介紹《劉氏西行録》是"往返繫日以書"、張舜民《投進使遼録長城賦劄子》自叙其《使遼録》是"排日紀録"，以及《郡齋讀書志》稱《攬轡録》是"往返地理日記"、《直齋書録解題》稱《乾道奉使録》是"使金日記"的使高麗往返海程日記。所以對比可以發現，在宋代以日記形式撰寫使行作品的風氣影響下，其"海道"部分是完全滿足獨立成書的條件的。

我們已經知道，宋代使臣行記的主要歸宿是進獻朝廷，尤其是日記體行記，起於使行，終於使回，内容全部在奉使過程中完成，無需任何修繕，回來即可上奏，爲統治者提供第一時間的信息。所以依據日記體行記的政治特性，可以推斷《宣和奉使高麗圖經》"海道"獨立成書的合理性在於滿足統治者的政治需求。也就是説徐兢一行人使回，便將使行日記以《高麗録》或《使高麗録》作書名進奏了朝廷。至於《宣和奉使高麗圖經》，可能是因進奏日記的緣故，使皇帝得知徐兢在奉使過程中多有繪畫記録，於是"有詔上之御府""詔給札上之"，所以徐兢才去其同、取其異，條其目、釐其卷，成書於第二年。而當《宣和奉使高麗圖經》成書進奏後，那篇曾寫著不止徐兢一人撰寫的使高麗日記便成爲此書的一部分。徐兢自然成爲人所共知的作者，而那些間接爲《高麗圖經》著過墨的奉使同僚却湮没無聞了。但是即使徐兢被定名爲《宣和奉使高麗圖經》的作者，但在清人王士禎眼中，著作權也不應只屬於他一人，如其所述："宋使路允迪、徐兢著《高麗圖經》，載富軾世家，又圖其形以歸。"①

---

① 王士禎《居易録》卷三，《文淵閣四庫全書》第 869 册，第 340 頁下。

(二)《宣和乙巳奉使金國行程録》。傳統上認爲此書作者是正使許亢宗,但據陳樂素先生考證,認爲是隨使鍾邦直所撰。陳先生提出四點理由:一是《宣和乙巳奉使行程録》中第二十八程有云:"使長許亢宗,饒之樂平人,以才被選。爲人醖藉似不能言者,臨事敢發如此。"非自述而是他述語。二是《三朝北盟會編》卷一七引有"鍾邦直《行程録》"一段,當是這個《行程録》中的文字。三是同書卷二〇在引這個《行程録》的開篇云:"宣和七年正月二十日壬辰,詔奉議郎、尚書司封員外郎許亢宗充賀大金皇帝登寶位國信使,武義大夫、廣南西路廉訪使童緒副之,管押禮物官鍾邦直。"接著便另外提行云:"《宣和乙巳奉使行程録》曰"云云。這裏當是"管押禮物官鍾邦直《宣和乙巳奉使行程録》曰",手民提行有誤,遂使這個《行程録》失去了作者之名。四是是本《行程録》開篇詳叙禮物,正因爲作者是押禮物官所致。① 以上論證均有一定道理,崔文印先生也表示贊同,並說:"我終疑心,既然這個《行程録》的作者是鍾邦直,那麽,這個《行程録》的標題似必當有'許亢宗'三字方妥。因爲鍾邦直不過是區區押禮物官,是個隨員而已,他自己焉能稱'奉使'?能稱奉使的,只能是許亢宗。"② 這一提法還有商榷的餘地。其實在宋代使臣行記中,有很多例子可以證明隨使的著作權幾乎不會任意歸屬於正使。比如徐兢同樣以禮物官身份撰寫了《宣和奉使高麗圖經》,即便《海道》部分有副使傅墨卿的參與,但《雲麓漫鈔》在引録時還是會稱"徐明叔等《高麗録》",而不是稱傅墨卿等《高麗録》。另外,還有以書記官身份隨使的王雲和樓鑰,不明隨使身份的周煇,以及日記官嚴光大,其《雞林志》《北行日録》《北轅録》和《祈請使行程記》都歸屬於自己名下,並不見屬與他人。所以,隨使的行記斷然不會輕易署名於正使的事實是明確的。但爲何會將《宣和乙巳奉使金國行程録》署名於許亢宗呢? 筆者認爲此書有合撰的可能。

今《宣和乙巳奉使金國行程録》有三個通行的版本,即《靖康稗史》《三朝北盟會編》和《大金國志》本。《靖康稗史》本最早,但未署作者姓名;《三朝北盟會編》本,經陳先生考證作者爲禮物官鍾邦直;《大金國志》本,注明作者爲正使許亢宗。前兩個版本内容大致相同,但與《大金國志》所録略有出入,主要表現在兩個地方:一是文首,《靖康稗史》和《三朝北盟會編》記有遣使之例、奉使制度、使行人員、交聘禮物和行程距離等,而《大金國志》只記

---

① 崔文印《靖康稗史箋證》前言,第4—5頁。又見崔文印《〈靖康稗史〉散論》,《史學史研究》1986年第1期。

② 《靖康稗史箋證》前言,第5頁。又見崔文印《〈靖康稗史〉散論》。

有行程距離,且與二書所錄內容全然不同。二是文末,《靖康稗史》和《三朝北盟會編》均有"是行回程,見虜中已轉糧發兵,接迹而來,移駐南邊,而漢兒亦累累詳言其將入寇。是時,行人旦暮憂虜有質留之患,偶倖生還,既回闕,以前此有御筆指揮:'敢妄言邊事者流三千里,罰錢三千貫,不以赦蔭減。'繇是無敢言者"①一段,而《大金國志》獨無。前文已述因爲文末已涉及使臣不敢妄言的邊事,所以此書不可能是進獻之作。若要進獻也未嘗不行,如像《大金國志》將尾段去掉即可。事實果真若此,就意味著《宣和乙巳奉使金國行程錄》將會出現兩個版本,一個是原本,一個則經過改動。所以,陳樂素先生認爲"使長許亢宗,饒之樂平人,以才被選……"一句,非自述語;傅樂煥先生認爲文首在介紹使行人員和禮物時,説"隨行三節人,或自朝廷差,或由本所辟",②也不是作者自述③,更不是使臣的口吻。由此可以推斷,通行的《宣和乙巳奉使金國行程錄》或許已非原本了。但是我仍然認爲陳先生的考證是有道理的,不過爲數衆多的文獻將此書署名於許亢宗也啓示我們:此書大概與《宣和奉使高麗圖經》相似,書中某些內容可能有許亢宗的參與,但在傳述過程中陰差陽錯地將他認定成了唯一撰著人。

第五節　范成大《攬轡錄》單行本與節錄本探原

《攬轡錄》是范成大使金時所撰寫的一部日記。據宋史記載,宋孝宗乾道六年(1170)閏五月戊子,范成大假資政殿大學士充奉使金國祈請國信使。此行主要有兩項任務:一是請求金國歸還北宋帝王陵寢之地,二是希望與金國更定受書之禮。在這一背景下,范成大撰寫了一部日記體行記《攬轡錄》和一組記行詩《使金絶句七十二首》,選用兩種不同的文學體裁記述了使金之所見所聞。尤其是《攬轡錄》對使金途中的經見、道里遠近以及金國禮儀制度等記述詳實,史料價值較高。《攬轡錄》今有多個單行本和節抄本,其結構和內容都差別較大。可見《攬轡錄》在流傳過程中,由於傳抄、節錄等方式,其內容受到不同程度的分割和裁剪。目前,學術界已有數種對《攬轡錄》進行校勘整理的著作,其方式或將節本補入傳本,或將節本附錄於傳本

---

① 崔文印《靖康稗史箋證》,第43頁。
② 崔文印《靖康稗史箋證》,第2頁。又見崔文印《〈靖康稗史〉散論》。
③ 傅樂煥説:"所謂'本所'當即是管勾往來國信所,這一段話,當也不是許氏本人的叙述,而必是徐氏(夢莘)鈔自國信所中保存的舊檔的。"見《遼史叢考》,第25頁。

之後，都各有特色。① 但對《攬轡錄》的撰寫背景、各版本之間的聯繫等問題都未作細究。所以，這裏擬結合《攬轡錄》的撰寫源起、作品原貌、流傳方式、各版本內容及其關係等問題，力求建立對《攬轡錄》的整體認識。

一、《攬轡錄》單行本

《攬轡錄》單行本多被各類公私書目所著錄，《直齋書錄解題》傳記類著錄爲一卷②，趙希弁《讀書附志》著錄爲二卷③。其後《宋史·藝文志》《文獻通考·經籍考》、明焦竑《國史經籍志》、清周中孚《鄭堂讀書記》均著錄爲一卷。此外，明葉盛《菉竹堂書目》著錄爲一册；《文淵閣書目》著錄爲一部，一册；明祁承㸁《澹生堂藏書目》著錄爲一卷，一册。

今《攬轡錄》傳世本均未分卷，被多種叢書所收録。主要有《説郛》涵芬樓本、《説郛》宛委山堂本、《石湖紀行三録》本、《寶顔堂秘笈》本、《續百川學海》本、《稗乘》本、《知不足齋叢書》本等。其中《石湖紀行三録》由明嘉靖間盧襄刊刻，早已亡佚，所幸《知不足齋叢書》本乃是據明盧襄本翻刻。《寶顔堂秘笈》本據輯刻者陳繼儒自述乃抄自《説郛》。這些被叢書所收録的《攬轡錄》傳世本，應該就是衆多目録書所著録的一卷或一册單行本。

不過，《讀書附志》著録《攬轡錄》爲二卷，這就不能排除《攬轡錄》有二卷單行本存在的可能。對此，鮑廷博《石湖紀行三録跋》説："《攬轡錄》元本二卷，晁氏《讀書志》著於録，今盧氏所刻，卷帙寥寥，與《秘笈》本相同，視二録詳略迥殊。眉公蓋云鈔自《説郛》，則元本之亡，由來舊矣，惜哉！"④認爲本書在宋代有二卷本存在，只是此本亡佚已久。孔凡禮先生通過整理和分析《攬轡錄》的相關佚文，也認爲："本書曾有二卷本流傳過，是無可懷疑的事。"⑤當然，也有人否認二卷本的存在，如周中孚《鄭堂讀書記》説："《讀書附志》《書録解題》《通考》《宋志》俱著録。趙氏作二卷，字之誤也（僅七頁，斷無分析之理）。"⑥認爲趙希弁所録有誤，其理由是衆多書目均著録爲一卷，唯獨趙氏不同；傳世本篇幅只有七頁，不可能被拆分爲兩卷。可見，對於《攬轡錄》卷數的討論形成了兩個對立的觀點，但都未作深究。那麼，二卷本

---

① 見孔凡禮《范成大筆記六種》，北京，中華書局，2002 年。朱易安等《全宋筆記》第五編第七册，鄭州，大象出版社，2012 年。顧宏義、李文《宋代日記叢編》第三册，上海，上海書店出版社，2013 年。趙永春《奉使遼金行程録》（增訂本），北京，商務印書館，2017 年。
② 陳振孫《直齋書録解題》卷七，第 205 頁。
③ 趙希弁《讀書附志》，載《郡齋讀書志校證》，第 1131 頁。
④ 鮑廷博《石湖紀行三録跋》，載《知不足齋叢書》第 23 集，古書流通處印本，1921 年。
⑤ 《范成大筆記六種》，第 5 頁。
⑥ 周中孚《鄭堂讀書記》卷二四，北京，北京圖書館出版社，2007 年，第 500 頁。

《攬轡錄》是否真實存在呢？這首先要從《攬轡錄》的書籍性質和內容説起，陳振孫《直齋書録解題》説："使金所記聞見。"①趙希弁《讀書附志》説："往返地理日記。"②二人都用簡短的文字提煉了所見《攬轡錄》的內容，從陳氏的表述來看其所見本內容主要爲使金見聞，而趙氏所見本主要爲使金往返地理。儘管陳、趙二人對所見本《攬轡錄》內容的表述不同，但對其使臣行記的性質判定是一致的。

如前文所述，關於使臣行記的記録，最早見載於《周禮·秋官·小行人》，説明早在周代就已制定了行人奉使需採録經見成書以回奏的禮制。此後，奉使行記的撰寫在歷代交聘活動中都得到延續，産生了一大批使臣記録奉使過往的作品。從歷代使臣行記的內容來看，主要以記録行程和採録見聞爲主。比如，漢代的張騫《出關志》和班勇《西域風土記》，從《史記·大宛列傳》③和《後漢書·西域傳》④所保留的佚文來看，前者主要記録大宛與周邊各國的行程距離和風土見聞，後者主要記録西域內屬各國之間的行程距離和奇聞異事。

魏晉南北朝時期聘使往來頻繁，使臣行記有朱應《扶南異物志》、康泰《扶南土俗》、李諧《李諧行記》、李繪等《聘梁記》、江德藻《聘北道里記》、劉師知《聘遊記》、姚察《西聘道里記》等，這些行記大多亡佚，但從其書名和佚文來看，內容基本都以記録使途行程和趣聞異事爲主。

隋唐五代時期，使臣行記有常駿《赤土國記》、韋節《西蕃記》、韋機《西征記》、王玄策《中天竺國行記》、達奚通《海南諸蕃行記》、顧愔《新羅國記》、趙憬《北征雜記》、袁滋《雲南記》、李憲《回鶻道里記》、韋齊休《雲南行紀》、張建章《渤海國記》、竇滂《雲南行記》及《雲南別録》、徐雲虔《南詔録》、章僚《海外使程廣記》、平居誨《于闐國行程録》等約二十種，其內容如《郡齋讀書志》僞史類著録韋齊休《雲南行紀》二卷所説："記其往來道里及其見聞。"⑤《直齋書録解題》地理類著録徐雲虔《南詔録》三卷所説："上卷記山川風俗，後二卷紀行及使事。"又著録章僚《海外使程廣記》三卷所説："記海道及其國山川、事迹、物産甚詳。"⑥通過以上表述可知，這些奉使行記大都是以使程道里與經見作爲記録的重點。

---

① 《直齋書録解題》卷七，第 205 頁。
② 《讀書附志》，第 1131 頁。
③ 《史記》卷一二三，第 3160—3164 頁。
④ 《後漢書》卷八八，第 2917—2919 頁。
⑤ 《郡齋讀書志校證》卷七，第 288 頁。
⑥ 《直齋書録解題》卷八，第 266 頁。

到宋代,在與周邊不同政權和民族的外交活動中產生了奉使行記約五十種,比如使遼有路振《乘軺錄》、王曙《戴斗奉使錄》、王曾《契丹志》、薛映《薛映記》、宋綬《契丹風俗》、范鎮《使北錄》、宋敏求《入蕃錄》、沈括《熙寧使契丹圖抄》、竇卞《熙寧正旦國信錄》、張舜民《使遼錄》等;使金有連南夫《宣和使金錄》、許亢宗等《宣和乙巳奉使金國行程錄》、洪皓《松漠紀聞》、樓鑰《北行日錄》、姚憲《乾道奉使錄》、韓元吉《朔行日記》、周煇《北轅錄》、趙睎遠《使北本末》、鄭汝諧《聘燕錄》、倪思《北征錄》、余嶸《使燕錄》、程卓《使金錄》、鄒伸之《使北日錄》、徐霆《北征日記》等;使高麗有吳栻《雞林記》、王雲《雞林志》、孫穆《雞林類事》、徐兢《宣和奉使高麗圖經》等;使蒙古有趙珙《蒙韃備錄》、鄒伸之《使北日錄》、彭大雅等《黑韃事略》等。在這些行記中,或側重記錄道里行程,或側重記錄奉使見聞,或兼記道里與見聞。比如沈括自序其《熙寧使契丹圖抄》説:"山川之夷險、遠近、卑高、橫從之殊,道途之涉降紆屈,南北之變,風俗、車服、名秩、政刑、兵民、貨食、都邑、音譯,覘察變故之詳,集上之。"①張舜民《投進使遼錄長城賦劄子》説:"出疆往來,經涉彼土,嘗取其耳目所得,排日記錄,因著爲《甲戌使遼錄》。……其間所載山川、井邑、道路、風俗,至於主客之語言,龍庭之禮數,亦可以備清閑之覽觀。"②《四庫全書總目》説《宣和奉使高麗圖經》:"凡其國之山川、風俗、典章、制度,以及接待之儀文,往來之道路,無不詳載。"③又説程卓《使金錄》:"乃途中紀行所作,於山川、道里及所見古迹,皆排日載之。"④《萬姓統譜》載俞庭椿使金還"因紀次其道路,所經山川人物,與夫語言事迹之可備採用者,爲《北轅錄》"。⑤ 總體而言,儘管宋代使臣行記的數量和内容與此前相比要更加豐富,但是記録使程道里之遠近、採録奉使往來之見聞依舊是兩項必不可少的核心内容。

所以,《攬轡録》正是在這一背景和傳統下編撰的,其内容也必定會涵蓋使程道里和見聞兩項内容,這與陳、趙二人所述相符。也就是説《攬轡録》成書後可能流傳有兩個單行本:一是内容側重反映使金見聞的一卷本,二是内容側重反映往返地理的二卷本。當然這只是一個推測,因爲陳、趙二人的表述過於簡要。不過,陸游應早於陳、趙二人見過《攬轡録》全本,他與范成大交往甚密,曾作《夜讀范至能攬轡録言中原父老見使者多揮涕感其事作絶

---

① 賈敬顔《沈括〈熙寧使契丹圖抄〉疏證稿》,第 123—124 頁。
② 張舜民《畫墁集》卷六,《叢書集成初編》第 1948 册,第 49 頁。
③ 《四庫全書總目》卷七一,第 631 頁。
④ 《四庫全書總目》卷五二,第 472 頁。
⑤ 凌迪知《萬姓統譜》卷一二,《文淵閣四庫全書》第 956 册,第 250 頁。

句》詩云:"公卿有黨排宗澤,帷幄無人用岳飛。遺老不應知此恨,亦逢漢節解沾衣。"①可見陸游曾閲讀過《攬轡録》,並且對其中"中原父老見使者多揮涕"的記述感觸最深。但今傳單行本《攬轡録》僅在過相州處記録有"遺黎往往垂涕嗟嘖,指使人云:'此中華佛國人也'"②十余字,顯然與陸游所見相差較大。考范成大使金詩中,在過東京時有《州橋》詩云:"州橋南北是天街,父老年年等駕回。忍淚失聲詢使者,幾時真有六軍來?"③又《黃氏日抄》引述《攬轡録》中過宿州時"途有數父老見使車潸然"。④ 這兩則記録都與陸游所述相符,而均不見載於單行本。僅從這一點就足以説明今傳本《攬轡録》並非全本。此外,陸游在《籌邊樓記》中也提及《攬轡録》全本的内容,説:

> 其使虜而歸也。盡能道其國禮儀、刑法、職官、宫室、城邑、制度,自幽薊以出居庸、松亭關,並定襄、五原以抵靈武、朔方,古今戰守離合,得失是非,一皆究見本末,口講手畫,委曲周悉,如言其閫内事,雖虜者老大人,知之不如是詳也。⑤

從陸游的表述可知全本《攬轡録》在主體上應包括兩項内容:其一,金國的禮儀、刑法、職官、宫室、城邑、制度等内容;其二,"自幽薊以出居庸、松亭關,並定襄、五原以抵靈武、朔方"的歷史地理與見聞。可見其記録范圍之廣、内容之詳。而且陸游稱讚范成大對所記内容都能"究見本末,口講手畫,委曲周悉",就如同在"言其閫内事",即便是金國的耆老大人,所知也不及此。那麽,倘若以陸游所見來衡量今傳本《攬轡録》,且不論對使程道里及見聞的記録詳實與否,僅以第一項内容論,今傳本除對入朝禮儀、宫室、城邑記述較詳外,其餘刑法、職官、制度等内容幾乎没有。所以,不能把今傳本《攬轡録》等同於全本。也就是説,全本《攬轡録》是完全有可能達到兩卷篇幅的。

其實,在衆多使臣行記文獻中,亦不乏將所記内容分爲多卷的例證。比如,前文已提到的韋齊休《雲南行紀》二卷,内容有"往來道里及其見聞";章倞《海外使程廣記》三卷,内容有"海道及其國山川、事迹、物産"。此二書均

---

① 陸游《劍南詩稿》卷二五,載《陸放翁全集》,北京,中國書店出版社,1986年,第423頁。
② 范成大《攬轡録》,載孔凡禮點校《范成大筆記六種》,第13頁。
③ 范成大《范石湖集》卷一二,第147頁。
④ 黃震《黃氏日抄》卷六七,《全宋筆記》第十編第十册,第428頁。
⑤ 陸游《渭南文集》卷一八,載《陸放翁全集》,第103頁。

以記録行程爲主線，兼記見聞，篇幅都在兩卷以上。而徐雲虔《南詔録》三卷，其内容劃分更加具體，"上卷記山川風俗，後二卷紀行及使事"，將行程和見聞作了拆分。更典型的事例是竇滂《雲南別録》一卷和《雲南行記》一卷，這兩種作品撰於同一次奉使中，《玉海·異域圖書》稱其《雲南別録》内容爲"叙南蠻族類及風土"，這就是説竇滂不僅把使程和見聞各分爲一卷，而且還各分爲一書，這有類於周代行人采"五物"別爲一書的傳統。所以，内容以行程和見聞兼具的《攬轡録》全本，其篇幅決不應只有一卷。

綜上所述可以推斷，《攬轡録》成書後至少流傳過二卷本和一卷本兩個單行本，其中二卷本是全本，一卷本是對全本的一個縮抄本。對此，以下討論也可供佐證。

二、《三朝北盟會編》節抄本

《三朝北盟會編》是由徐夢莘編撰的關於徽宗、欽宗、高宗三朝宋金史事的編年體史書，此書取材廣泛，如其自序所説："取諸家所説及詔、敕、制、誥、書、疏、奏議、記傳、行實、碑誌、文集、雜著，事涉北盟者，悉取銓次。"[1]並且在書首列舉了所徵引的書目約二百種，其中就有《攬轡録》。《會編》在卷二四五引録《攬轡録》文字一段，主要記録范成大等進入燕京後的種種見聞，内容涉及禮儀、官制、官員、宮室、城邑、地理、制度等。歸納起來依次主要包括以下六項内容。

1. 入見金主時所見城邑和宮室佈局以及金主和甲士的裝束等（通常稱之爲"入朝禮儀"或"見宋使儀衛"）。

2. 金國各級官制，包括三師、三公、尚書省、六部、樞密院、大宗正府、勸農使司、殿前都點檢司、宣徽院、御史臺、翰林學士院、國史院、太常寺、秘書監、諫院、大理寺、國子監、記注院、大府監、少府監、都水監、四方館、内藏庫、法物庫、摧袋務、都城所、惠民司、承發司、管當司、公使酒庫、交鈔庫、印造引鈔庫、直省局、管當尚書省樂工、宫師府、詹事院、親王府等官職，以及留守官、轉運使、指揮使、都總管、文武散官、司天官、太醫官、内侍官等各類官職。

3. 金國各級文武官員的佩服制度、曆法、年號。

4. 金國各路地理，包括中都路、東京路、遼西京兩路、南京路、北京路、河東路、河北路、河東西路、山東東路、河南路、河北路、京兆路、鄜延路、熙秦路、慶原路。

5. 入見金主時所見廷臣的姓名與職務，包括太尉、尚書令李石，左丞相

---

[1] 徐夢莘《三朝北盟會編》，第3頁上。

紇石烈良弼,右丞相紇石烈志寧,左、右平章完顔合喜、完顔夕剌,左、右丞石琚、孟浩,參政魏子平、完顔德受,左、右宣徽使敬嗣暉、耶律後,同知宣徽院韓綱,殿前都點檢完顔習列,左、右副點檢烏古論忠弼、烏古論元忠,吏部尚書王宇,户部耶律道,禮部楊伯雄,兵部高壽星,刑部高德基,工部張恭愈,御史中丞李天瑀,工部侍郎張汝霖,御史完顔德温、梁肅,翰林待制鄭子聃,秘書監楊邦基,太府監兼客省使梁彬,都水監耶律寶,大理卿李昌國,閣門使盧琪,内藏庫使兼國子祭酒王可進,左司員外郎張汝弼,右司張亨,兵部郎中田彦皋等三十六人。

6. 金主的子嗣與妃嬪。

傳世本《攬轡録》中也有這段關於燕京的記録,但其内容遠不及此,除第一項基本相同外,其餘僅簡要述及三、六兩項中曆法、年號和妃嬪之事,而缺少第二、四、五項。可見傳世本的記録主要是保留了開始一項,中間概述曆法、年號二事,結尾處對妃嬪的記述又與之相同。如此首尾相同的記録只説明一點:傳世本中的這段記録明顯是對全本的中間内容進行大幅裁剪後的一個節録本。所以《會編》所抄録的内容很有可能來自於《攬轡録》全本,因爲它與陸游的表述基本一致。

另外,在岳珂《愧郯録》中也引録有《攬轡録》對於金國年號的記述,説:"虜本無年號,自阿骨打始有天輔之稱,今四十八年矣。小本曆通具百二十歲,相屬某年生。而四十八歲以前,虜無號,乃撰造以足之:重熙四年,清寧、咸雍、太康、太安各十年,壽昌六年,乾統十年,大慶四年,收國二年,以接天輔。"①這與《會編》所抄《攬轡録》中年號的記録基本一致。而《攬轡録》傳世本對於年號的記述,僅是"虜本無號,自阿骨打始有天輔之稱"數語。足見傳世本所録金國年號只是截取了全本的開頭,並未保留後面的大段詳述。

需要特別説明的是,使臣行記對見聞的記録,除記録使程沿途的見聞,通常都會記録在目的地的諸多見聞及相關制度。比如宋綬《契丹風俗》中有關於衣服制度、行宫名稱的記録;許亢宗《宣和乙巳奉使金國行程録》中有關於建築、國主裝束、戲樂、入朝禮儀的記録。特别是到了南宋中後期,在樓鑰《北行日録》、周煇《北轅録》、程卓《使金録》等使臣行記中通常都有一段關於"入朝禮儀"的記録,相當於是《會編》節録本和《攬轡録》傳世本中的第一項内容。對於此項内容多有典籍引述,稱其爲"見宋使儀衛"②。這種在南宋時期所形成的使臣行記的著述方式,或許就是《攬轡録》傳世本完整保留

---

① 岳珂《愧郯録》卷九,北京,中華書局,2016年,第122頁。
② 王惲《玉堂嘉話》卷四,北京,中華書局,2006年,第104頁。

"入朝禮儀"部分的根源所在。可能正是在將《攬轡錄》全本與同時代使臣行記的比照下,抄録者對其儀制内容作了技術性的縮抄。因此,《會編》節抄本對《攬轡錄》是意義重大的,可以直接填補傳世本所缺失的内容。

三、《黄氏日抄》節抄本

《黄氏日抄》是黄震研究經義和文史的一部隨筆札記,在其卷六七"讀文集"中引録有《攬轡錄》一段,稱是范成大"北使時所見",其内容主要是使團進入金國國境後自泗州至燕京的行程道里及見聞。對於這一節本,孔凡禮先生認爲是從足本中節出,不過黄氏在節録時有自己的思路,且各個地方是以己意叙述,但是從全局看,仍可將其視爲《攬轡錄》佚文。[1] 這種看法是正確的,首先可以確定的是《攬轡錄》原本的形式是排日記録,而黄氏所抄則是以行程距離爲主,並且在文末總結説:"自泗州至東京,七百七十里。自東京至黄河,百十五里。自泗州至燕山,總二千五十八里。燕山以南,石晉以來失之。安肅軍以南,我朝南渡失之。河朔之水,皆出太行。公所渡者二十五河,睢、漳與滹沱最大。滹沱闊不減黄河,俗名小黄河。"[2] 這就是説,黄氏所抄意在著重表現范成大等人的奉使行程,並不是照録《攬轡錄》原文。其次,黄氏雖然是按己所需節抄《攬轡録》,内容縮減較多,但其佚文有補證之用是顯而易見的。這裏可將《黄氏日抄》節抄本與《攬轡録》傳世本中對行程距離的記述比照於下:

《攬轡錄》傳世本	《黄氏日抄》節抄本
八月戊午,渡淮。	泗州三十里至臨淮縣。
庚申,過虞姬墓。	百六十里至汴虹縣。
	三十里至靈壁縣。三十里至宿州。百五里至永城縣。三十里過鄷陽鎮。百十里至穀熟縣。
甲子,至南京。	十八里至南京。
	過雷萬春墓,過雙廟。三十里過睢口。八十里至拱州。
丙寅,過雍丘縣。二十里過空桑。過陳留縣。	六十里至雍丘縣。二十里過空桑。三十里至陳留縣。

---

[1] 《范成大筆記六種》,第 6 頁。
[2] 《黄氏日抄》卷六七,《全宋筆記》第 10 編第 10 册,第 430 頁。

續　表

《攬轡録》傳世本	《黃氏日抄》節抄本
丁卯,過東御園。二里至東京。	二十七里至東京。
	四十五里至封丘縣,二十五里至胙城縣。四十五里至黃河李固渡。四十五里至滑州。二十五里至濬州。
壬申,過伏道。	三十里過屯子河。四十五里至湯陰縣。
癸卯,過羑河。過相州。	三十里至相州。過湯河、羑河。
	過安陽河、漳河,六十里至磁州。
甲戌,過臺城鎮。三十里至邯鄲縣。	四十里至臺城,過趙故城。三十里至邯鄲縣。
	四十里至臨洺鎮。過洺河。三十里至沙河縣。十八里過七里河。七里至言德府,邢州也。四十里過冷水河。二十五里至内丘縣。
丙子,過沙河。六十里至柏鄉縣。	過沙河、禮儀河、大寧河,六十里至柏鄉縣。
	六十三里過趙州橋。五里至趙州。三十里至欒城縣。五十五里過滹沱河。五里至真定。三十里過磁河。四十里過沙河,爲新樂縣。四十五里至中山府。五十里山水河。七十里至保州。十里過徐河。十里過曹河。二十里至安肅軍。十五里過白溝河。又過曹河、徐河、暴河,三十五里至大口河。二十里至馬村。五十里行灰洞至涿州。
乙酉,過良鄉縣。	三十里過琉璃河,爲良鄉縣。三十里過蘆溝河。
丙戌,至燕山城外燕賓館。	三十五里至燕山城。

　　二者相較可見,黃氏抄本對范成大使程的摘録比較完整,歷數路經各地之行程距離,首尾相續,幾乎没有遺漏。而反觀《攬轡録》傳世本則遺漏甚多。所以,若將黃氏抄本作爲參照,傳世本《攬轡録》内容的缺失是一目瞭然的。

　　需要注意的是,在宋代諸多使臣行記中,記録奉使道里行程是一項基本内容,使臣往往都需對奉使行經州縣館舍、行程距離、行進方向等作詳細介紹。如蘇頌《華夷魯衛信録總序》所説:"異國之情,非行人莫達,故次之以'奉使'。奉使之别,則有接送館伴,所經城邑、郵亭、次舍,山川有險易,道途有回遠,若非形於續事,則方向莫得而辨也,故能驛程地圖。"①可見,使臣往來是瞭解異國社會情況的一條重要途徑。因此,向朝廷回饋所經道途等信息也是使臣的職責所在。具體來看,宋代奉使行記幾乎都有對使程的記錄,諸如《宋史·高昌國傳》記載王延德等使高昌還,即"叙其行程來獻"②。《玉海·異域圖書》説王曾《契丹志》乃是"載經歷山川、城郭"③。《福建通志》載謝皓使遼還,"條具北地山川、地理、名物以聞"。《江西通志》載俞庭椿使金,"紀次其道路,所經山川人物"。除此之外,還有許亢宗在《宣和乙巳奉使金國行程録》中説其使金行記内容爲:"本朝界内一千一百五十里,二十二程,更不詳叙。今起自白溝契丹舊界,止于虜廷冒離納鉢,三千一百二十里,計三十九程。"④徐兢在《宣和奉使高麗圖經》中設立"海道"一目,專門記錄使高麗之海路行程。這些例證説明,記述奉使行程是使臣撰寫行記時必不可少的一項内容,並且重視記録自邊境至使地的路程。其目的如蘇頌所説是爲達異國之情,尤其是對使程的記述則等同於一份"驛程地圖",有助於朝廷掌握異國的地理分佈。所以,同爲使臣行記的《攬轡録》,在其全本中也必定含有詳述行程距離及其聞見的内容。

那麽,與傳世本相比黄氏所抄録的内容則更符合"驛程地圖"的要求。也就是説,單從記述使程來看,黄氏所抄是詳於傳世本的,其來源定當是《攬轡録》全本。但是,再從《攬轡録》傳世本來看,其内容不但記録每一段行程距離,同時還會述及期間所見之名物古迹、風俗人情等内容。這便是黄氏抄本的問題所在,只集中抄録了前者,而對後者作了大量省略。因此,《黄氏日抄》節抄本對於今傳本《攬轡録》的意義是對使程記録具有重要的補證作用。

四、《攬轡録》與《使金絶句七十二首》的關係

范成大在此次使金過程中還寫有一組絶句,名爲《使金絶句七十二首》。這組詩與《攬轡録》關係密切,二者在内容上可互爲參證。之所以有此一説,是因爲這些寫在奉使過程中的組詩也同樣有記行的作用。比如《宋史·李度傳》載其曾於端拱元年(988)出使交州,"每至州府,即借圖經觀其勝迹,皆形篇詩",但最終李度未至交州,而卒於太平軍傳舍,其《奉使南遊集》也"未成編而亡"。⑤ 又如蘇耆於宋仁宗天聖七年(1029)出使契丹,"出疆,每

---

① 蘇頌《蘇魏公文集》卷六六,第 1004 頁。
② 《宋史》卷四九〇《高昌國傳》,第 14110—14113 頁。
③ 《玉海》卷一六《地理·異域圖書》,第 304 頁下。
④ 崔文印《靖康稗史箋證》,第 2 頁。
⑤ 《宋史》卷四四〇《李度傳》,第 13021 頁。

舍必作詩,山漠之險易,水薦之美惡,備然盡在,歸而集上之,人争布誦"。①可見李、蘇二人在奉使中都以詩詠的形式記述過使程。除此之外,宋代還有以下奉使詩集和組詩:

奉使時間	使地	作者	詩集或組詩	典據
端拱元年(988)	使高麗	吕佑之	《海外覃皇澤詩》十九首	《宋史》卷二九六《吕佑之傳》
不詳	使契丹	李學士	《北使集》	梅堯臣《書李學士北使集後》
嘉祐五年(1060)	伴送遼使	王安石	《伴送北朝人使詩》	《臨川先生文集》卷八四《伴送北朝使人詩序》
熙寧元年(1068)和十年(1077)	使遼	蘇頌	《前使遼詩》三十首、《後使遼詩》二十八首	蘇頌《蘇魏公文集》卷一三
元祐四年(1089)	使契丹	蘇轍	《奉使契丹二十八首》	《欒城集》卷一六
不詳	使遼	劉跂	"使遼詩"十八首	《永樂大典》卷一〇八七七《劉學易先生集》
建炎元年(1127)	使金	朱弁	《聘遊集》四十二卷	《宋史·朱弁傳》
紹熙四年(1193)	使金	許及之	《北征紀行詩集》	《宋詩紀事》卷五三

　　從以上所舉事例可見,宋代不乏像范成大一樣在使途中寫有詩集和組詩的使臣。他們選用詩歌的方式記行,在結構、内容和主題上都與使臣行記有諸多共通性。一方面,從撰寫方式看,李度使交州"每至州府……皆形篇詩"和蘇耆使契丹"每舍必作詩"的方式,與前文所提及奉使行記中劉涣使西羌"往返繫日以書"、張舜民使遼"取其耳目所得,排日記録"、程卓使金"於山川、道里及所見古迹,皆排日載之"的撰寫方式相似。另一方面,從文本内容看,朱弁撰《聘遊集》是"一於詩發之"②,"且述北方所見聞"③;蘇頌《後使遼詩》是"道中率爾成詩,以紀經見之事"④;丘崈《使北詩》是"詩中哀

---

① 蘇舜欽《蘇舜欽集》卷一四《先公墓誌銘》,上海,上海古籍出版社,2011年,第174頁。
② 李幼武纂集《宋名臣言行録續集》卷五,《文淵閣四庫全書》第449册,第339頁上。
③ 朱熹《奉使直秘閣朱公行狀》,載《晦庵集》卷九八,《文淵閣四庫全書》第1146册,第364頁下。
④ 《蘇魏公文集》卷一三,第168頁。

怨訴阿誰,河水嗚咽山風悲。中原萬象聽驅使,總隨詩句歸行李"①。這些同樣也與奉使行記中洪皓《松漠紀聞》"錄所聞雜事""耳目所接,隨筆纂錄",范成大《攬轡錄》"記聞見",徐兢《宣和奉使高麗圖經》採錄"耳目所及"的内容相呼應。所以使行詩集和組詩必然是與使臣行記存在血緣關係的。

由此,比較《使金絶句七十二首》與《攬轡錄》及其佚文,便可發現范成大使金諸詩明顯是對使行道途經見的記詠。主要有以下兩種表現。

其一,從結構與内容來看,使金絶句以使行之時間行程爲序,所立標題也多涉路經之州縣、山川、古迹等,比如,關於河流山川有《渡淮》《汴河》《睢水》《護龍河》《金水河》《漸水》《大寧河》《呼沱河》《白溝》《琉璃河》《廬溝》等;關於名勝古迹有《虞姬墓》《雷萬春墓》《雙廟》《伊尹墓》《留侯廟》《福勝閣》《相國寺》《州橋》《宣德樓》《壺春堂》《天成橋》《扁鵲墓》《羑里城》《文王廟》《講武城》《七十二塚》《趙故城》《藺相如墓》《叢臺》《光武廟》《趙州石橋》《東坡祠堂》《安肅軍》等;關於州縣驛站有《宿州》《京城》《舊滑州》《相州》《邯鄲驛》《臨洺鎮》《邢臺驛》《柏鄉》《欒城》《望都》《固城》《范陽驛》《定興》《良鄉》等;關於亭院樓閣有《西瓜園》《宜春苑》《市街》《秦樓》《翠樓》《柳公亭》《内丘梨園》《柏林院》等;關於道路橋樑有《李固渡》《邯鄲道》《出塞路》《太行》《龍津橋》等;關於風俗物產有《松醪》《蹋鴟巾》等。可見范成大使金絶句的結構和内容,是與宋代其他奉使詩集和組詩一致的,均以記詠使途經見爲宗旨,有明顯的記行功用。

其二,除詩歌本身外,使金諸詩還多有題注,以作爲詩歌背景。這些題注與《攬轡錄》的聯繫尤爲明顯,如下表所示:

《使金絶句七十二首》題注	《攬轡錄》傳世本
《雷萬春墓》題注:在南京城南,環以小牆,榜曰"忠勇雷公之墓"。 《雙廟》題注:在南京北門外,張巡、許遠廟也,世稱"雙廟",南京人呼爲"雙王廟"。	甲子,至南京。虜改爲歸德府。過雷萬春墓,環以小牆,榜曰"忠勇雷公之墓"。西門外,南望有宋王臺及張巡、許遠廟,世稱"雙廟",睢陽人又謂之"雙王廟"。
《伊尹墓》題注:在空桑北一里,有磚堠刻云"湯相伊公之墓"。相傳墓左右生棘,皆直知矢。	二十里過空桑,世傳伊尹生於此,一里過伊尹墓,道左有磚堠石刻云"湯相伊公之墓"。

---

① 楊萬里《跋丘宗卿侍郎見贈使北詩一軸》,辛更儒箋校《楊萬里集箋校》卷三〇,北京,中華書局,2007年,第1564頁。

續 表

《使金絕句七十二首》題注	《攬轡錄》傳世本
《宣德樓》題注：虜加崇茸，僞改曰承天門。 《市街》題注：京師諸市皆荒索，僅有人居。 《金水河》題注：在舊封丘門外，河中多大石，皆艮嶽所隕。 《壺春堂》題注：徽廟稱道君時所居，在擷芳園中，俗呼爲八滴水閣也。	過櫺星門，側望端門，舊宣德樓也，虜改爲承天門。……門西金水河，舊夾城曲江之處，河中卧石礧磈，皆艮岳所遺。過藥市橋街、蕃衍宅、龍德宮、擷芳、擷景二園，樓觀俱存。擷芳中喜春堂猶巋然，所謂八滴水閣者。
《扁鵲墓》題注：在湯陰伏道路傍，相傳墓上土可療病，禱耳求之，或得小圓如丹藥。	壬申，過伏道，有扁鵲墓。墓上有幡竿，人傳云墓四傍土可以爲藥，或於土中得小圓，黑褐色，以治病。伏道艾，醫家最貴之。
《講武城》題注：在漳河上，曹操所築，周遭十數里，鑿城爲道而過。 《七十二塚》題注：在講武城外，曹操疑塚也。森然彌望，北人比常增封之。	過漳河，入曹操講武城，周遭十數里。城外有操冢七十二，散在數里間，傳云操冢正在古寺中。

從此表可見二者所記有許多相似之處，某些記錄甚至不差一字；有些即便在文字上稍有出入，而究其大意也基本相同。可推測范成大在撰寫二書時，既有取《攬轡錄》題注使金諸詩的可能，也有取諸詩題注補撰《攬轡錄》的可能；二者在資料使用上明顯是共通的。

宋代以降，在使臣行記的發展過程中，像范成大一樣在單次奉使中並撰行記和詩歌的事例並不少見。比如明黄福使越南有《奉使安南水程日記》和《使交文集》，清代周燦使越南有《使交紀事》和《使交吟》，説明運用不同文體記述奉使過往是被使臣所樂於採用的一種記行方式。不僅如此，在諸多域外燕行文獻中還存在將二者相融的作品，既以文字述行，再以詩歌記詠。如越南燕行使臣阮輝瑩《奉使燕京總歌並日記》、黎侗《北行叢記》，朝鮮燕行使臣洪鎬《朝天日記》、姜銑《燕行錄》、姜時永《輶軒三錄》等，都是將記行文字與詩歌並爲一書的典型作品。因此，對於范成大使金絕句來說，其内容既在詠物，也在述行，呈現出了與《攬轡錄》不可割裂的親緣關係。

總之，從成周時期所建立的行人編撰"五物"以"反命于王"的禮制開始，撰寫使臣行記就一直活躍在各個時期。而《攬轡錄》就產生於這一歷史背景中，其身後站立的是數代統治者的政治理想和歷代使臣所延續的撰寫行記的傳統。《攬轡錄》也像衆多奉使行記一樣含有記述使程和採錄見聞兩項核心内容。具體來看，一方面是記錄往來使程的道路里程、所見之山川古迹、人情物理等；另一方面是記錄金國的禮儀、制度、宫室、城邑、官制等内容。認識到這一點,就可以基本掌握《攬轡錄》各個版本之間的聯繫:首先,《攬轡錄》在成書之初是二卷本,但在流傳過程中遭到了較大篇幅的縮減,形成了今天傳世的一卷本;其次,《會編》和黄氏所抄之《攬轡錄》内容,極大可能是來源於二卷全本,由於立足點不同,二者分别抄録了行程距離和金國見聞兩個部分,對今傳本有重要的補證作用;第三,范成大使金絶句是其記述聘使過往的另一種形式,與《攬轡錄》關係密切,二者可互爲參證。總之,通過這些聯繫可基本還原《攬轡錄》的完整内容,並由此認識中國古代交聘活動中一部使臣行記的面貌。

第三章 宋代使行圖記

在宋代交聘活動中，還出現了一批以圖文形式記錄奉使經見的作品，它們是宋代使行文獻的一個特殊類型。前文已對《宣和奉使高麗圖經》和《熙寧使契丹圖抄》兩種圖文類使行文獻做了介紹，發現繪圖是使臣記行的又一方式，即通過繪製路程圖、地形圖、見聞圖等以達到記行的目的。

第一節 宋代使行圖記概述

經考，宋代使行圖記有以下幾種：

1.《大宋四裔述職圖》

《續資治通鑑長編》載宋真宗大中祥符八年（1015）九月，張復上言："請纂集大中祥符八年已前朝貢諸國，繪畫其冠服，采錄其風俗，爲《大宋四裔述職圖》，上以表聖主之懷柔，下以備史官之廣記。"皇帝從之。"及復以圖來上，上曰：'二聖以來，四裔朝貢無虛歲，何但此也。'乃詔禮儀院增修焉。"①

王栐《燕翼詒謀錄》亦載："唐有《王會圖》，皇朝亦有《四夷述職圖》。大中祥符八年九月，直史館張復上言：'乞纂朝貢諸國衣冠，畫其形狀，錄其風俗，以備史官廣記。'從之。是時外夷來朝者，惟有高麗、西夏、注輦、占城、三佛齊、蒙國、達靼、女真而已，不若唐之盛也。"②是圖已佚。

2. 楊承吉使西蕃地理圖

《宋史·真宗本紀》載大中祥符八年（1015）十二月"丁亥，侍禁楊承吉使西蕃還，以地理圖進"③。是圖已佚。

《續資治通鑑長編》卷八五簡要記載有楊承吉的奉使見聞和圖記內容，

---

① 《續資治通鑑長編》卷八五《真宗》，第 1951 頁。
② 王栐《燕翼詒謀錄》卷四，北京，中華書局，1981 年，第 41 頁。
③ 《宋史》卷八《真宗本紀》，第 159 頁。

説："楊承吉使西蕃唃厮囉還，言蕃部甚畏秦州近邊丁家、馬家二族，此二族人馬頗衆，倚依朝廷。唃厮囉以立遵爲謀主，立遵貪而虐，好殺戮，其下怨懼。近築一城，周回二里許，無他號令，但急鼓則增土，緩則下杵，不日而就。承吉又圖上宗哥城東南至永寧寨九百一十五里，東北至西涼府五百里，西北至甘州五百里，東至蘭州三百里，南至河州四百一十五里，又東至龕谷五百五十里，又西南至青海四百里，又東至新渭州千八百九十里。"①

3. 盛度《西域圖》

《宋史·盛度傳》載："（盛度）奉使陝西，因覽疆域，參質漢、唐故地，繪爲《西域圖》以獻。"②是圖已佚。

盛度（968—1041）字公量，世居應天府，後徙杭州餘杭縣。宋仁宗天聖八年（1030）"八月丙戌，詔翰林學士盛度、御史中丞王隨與三司詳定陝西兩池鹽法"③。又據《宋史·盛度傳》記載：

  度嘗奏事便殿，真宗問其所上《西域圖》，度因言："酒泉、張掖、武威、燉煌、金城五郡之東南，自秦築長城，西起臨洮，東至遼碣，延袤萬里。有郡、有軍、有守捉，襟帶相屬，烽火相望，其爲形勢備禦之道至矣。唐始置節度，後以宰相兼領，用非其人，故有河山之險而不能固，有甲兵之利而不能禦。今復繪山川、道路、壁壘、區聚，爲《河西隴右圖》，願備上覽。"真宗稱其博學。④

可見盛度此行除繪有《西域圖》外，還應繪有《河西隴右圖》。

4. 劉渙使唃厮囉地形圖

《澠水燕談錄》載："尚書屯田員外郎劉渙上書請行，間道馳至青唐城，譙唃氏。皆頓首悔謝，請以死扞邊。因盡圖其地形，并誓書還奏。仁宗嘉歎，進直昭文館。"⑤是圖已佚。

前文已述，劉渙在康定二年（1041）出使唃厮囉的過程中撰有散文行記《劉氏西行錄》，故其地形圖亦當繪於此時。尹洙曾在《河南集》中提及此圖，說："朝廷圖任詩書之將，調發精銳之卒，副以屬國羌胡邊城射士塞上之兵，不下二三十萬，然而限以流沙之阻、山川之遠，莫敢進軍，故未能拔朔方

---

① 《續資治通鑑長編》卷八五《真宗》，第1958頁。
② 《宋史》卷二九二《盛度傳》，第9759頁。
③ 《續資治通鑑長編》卷一〇九《仁宗》，第2542頁。
④ 《宋史》卷二九二《盛度傳》，第9759頁。
⑤ 王闢之《澠水燕談錄》卷二《名臣》，北京，中華書局，1981年，第16頁。

之城,馘元昊之首,使其游魂於疆場之外者,幾一年矣。……此不按輿地之失,非戰士材武之劣也。昨聞屯田員外郎劉渙曾進西鄙地圖,頗亦周備平夏圖,諜秘府及民間當有存者,伏望博加求訪,命近臣參較同異,形於繪素而頒之於邊將。"①他充分強調了劉渙圖記的軍事功用。

5. 羅昌皓占城至交阯地圖

《玉海·朝貢》載:"元豐元年九月十四日,羅昌皓畫占城至交阯地圖。"②是圖已佚。

《續資治通鑑長編》載宋神宗熙寧九年(1076)二月,"詔:'占城、真臘久爲交阯寇擾。今王師伐罪,可乘機會協力蕩除,事平之日,當優賜爵命酬賞。乃聞彼國戶口多爲交阯所俘,已委招討司檢括遣還,惟占城舊王勢難復歸本國,當召令赴闕,撫以厚恩。仍遣容州節度推官李勃、三班奉職羅昌皓齎敕書賜二國藥物、器幣'"。③ 又載宋神宗元豐元年(1078)九月,"三班奉職羅昌皓言,昨差齎敕書、禮物往占城國,今畫占城至交阯地圖以獻。上批:'昌皓不憚難危,遠使絶域,雖不能成元初受命之功,然勤勞海道,亦可矜獎,宜轉一資'"。④ 據此可知羅昌皓奉使應在熙寧九年至元豐元年之間。

6. 畢仲衍使遼圖

《宋史·畢仲衍傳》載畢仲衍使契丹,"宴射連破的,衆驚異之。且偉其姿容,密使人取其衣爲度,製服以賜。時預其元會,盡能記其朝儀節奏,圖畫歸獻"⑤。是圖已佚。

畢仲衍(1040—1082)字夷仲,睢陽(今河南商丘)人。宋神宗元豐二年(1079)八月甲辰,命"知制誥李清臣爲遼主生辰使,西上閤門使曹評副之;主客郎中范子淵爲正旦使,皇城使、雅州刺史姚兕副之"。後因范子淵免行,故以太常丞、檢正中書戶房公事畢仲衍代之。⑥

7. 于闐使"諸國至漢境圖"

《宋史·于闐國傳》載宋神宗元豐四年(1081),于闐國遣使朝貢,"神宗嘗問其使去國歲月,所經何國及有無鈔略。對曰:'去國四年,道塗居其半,歷黃頭回紇、青唐,惟懼契丹鈔略耳。'因使之圖上諸國距漢境遠近,爲書以授李憲"⑦。是圖已佚。

---

① 尹洙《河南集》卷二三,《文淵閣四庫全書》第 1090 册,第 130 頁下。
② 《玉海》卷一五四,第 2830 頁上。
③ 《續資治通鑑長編》卷二七三《神宗》,第 6675—6676 頁。
④ 《續資治通鑑長編》卷二九二《神宗》,第 7135 頁。
⑤ 《宋史》卷二八一《畢仲衍傳》,第 9523 頁。
⑥ 《續資治通鑑長編》卷二九九《神宗》,第 7280 頁。
⑦ 《宋史》卷四九〇《于闐國傳》,第 14109 頁。

8. 宋球使高麗圖記

《宋史·宋球傳》載："（宋球）再使高麗，密訪山川形勢、風俗好尚，使還，圖紀上之，神宗稱善，進通事舍人。"①是圖已佚。

宋球曾兩次奉使高麗。首次應在宋神宗元豐元年之前，依據是《續資治通鑑長編》載宋神宗元豐元年（1078）十月，詔："奉使高麗回，都轄西頭供奉官、閤門看班祗候宋球遷一資，充閤門祗候，更減磨勘二年。"②第二次是宋神宗元豐六年（1083）九月丙辰，命"承議郎、左司郎中楊景略爲高麗祭奠使，供備庫副使兼閤門通事舍人王舜封副之；朝散郎錢勰爲弔慰使，西頭供奉官、閤門祗候宋球副之"③。故宋球圖記當撰於元豐六年。

9. 張叔夜使遼圖記

《宋史·張叔夜傳》載："（張叔夜）使遼，宴射，首中的。遼人歎詫，求觀所引弓，以無故事，拒不與。還，圖其山川、城郭、服器、儀範爲五篇，上之。"④是圖已佚。

張叔夜（1065—1127）字稽仲，河南開封人。《宋史》本傳先載其於"大觀中，爲庫部員外郎、開封少尹。復獻文，召試制誥，賜進士出身，遷右司員外郎"；繼而記使遼之事；此後緊接著記他"從弟克公彈蔡京"⑤。案：張克公彈劾蔡京一事發生在大觀三年（1109），《宋史紀事本末》記載此年六月"丁丑，蔡京罷。京專國日久，中丞石公弼、殿中侍御史張克公劾京罪惡，章數十上。上亦厭京，遂罷爲太一宮使"。由此可見，張叔夜使遼應發生在宋徽宗大觀元年至三年間。

除上述宋代使行圖記外，還有圖文並茂的《宣和奉使高麗圖經》和《熙寧使契丹圖抄》，因二書至今尚存有文字，且内容與散文行記相似，故前文已作介紹，兹不贅述。而其他宋代使行圖記，不論圖文，全部亡佚。所以下文只能通過相關文獻記錄，對宋代使行圖記的類型和記行特徵作簡要討論。

第二節　宋代使行圖記的三個類型

從宋代使行圖記的相關記錄來看，大致可以劃分爲三個類型：一是行

---

① 《宋史》卷三四九《宋球傳》，第 11064 頁。
② 《續資治通鑑長編》卷二九三《神宗》，第 7151 頁。
③ 《續資治通鑑長編》卷三三九《神宗》，第 8167 頁。
④ 《宋史》卷三五三《張叔夜傳》，第 11140 頁。
⑤ 《宋史》卷三五三《張叔夜傳》，第 11140 頁。

記圖,或稱地圖、地理圖;二是圖經,或稱圖錄、圖紀;三是四夷朝貢圖,或稱四夷述職圖。唐文宗時,田牟出使吐蕃,事畢,於"大和八年四月,進《入蕃行記圖》一軸,并圖經八卷"①。不難看出,田牟出使吐蕃製作有兩種圖記,即爲行記圖和圖經,它們應該是兩種性質的作品,前者可能只有圖畫而無文字,後者則是圖文並茂。所以,我們大致可以將其作爲劃分宋代使行圖記類型的標準。另外,四夷朝貢圖並非由宋代所派遣的使臣製作,而是通過外國使臣的協助完成。故就宋代使行圖記的製作途徑而言,四夷朝貢圖是區別於行記圖及圖經的另一個類型。

一、宋代使臣行記圖

宋代使臣繪製的行記圖主要有三種,即"劉涣使唃廝囉地形圖""楊承吉使西蕃地理圖"和"羅昌晧畫占城至交阯地圖"。它們的共同點都是直接用圖繪表現使行中的地理環境,簡單說就是畫一張地圖。據《續資治通鑑長編》記載楊承吉"又圖上宗哥城東南至永寧寨九百一十五里,東北至西涼府五百里,西北至甘州五百里,東至蘭州三百里,南至河州四百一十五里,又東至龕谷五百五十里,又西南至青海四百里,又東至新渭州千八百九十里"②。可見楊承吉所畫是上宗哥城周圍的地理,即《宋史·真宗本紀》所載其"以地理圖進"。以此類推,便知劉涣、羅昌晧所畫製的行記圖應與楊承吉所作類同。因爲根據記錄,劉涣是"盡圖其地形"、羅昌晧是"畫占城至交阯地圖",均是地理圖,並未配錄文字。由此推斷其所畫地理,則劉涣所畫是宋朝去唃廝囉的地理,羅昌晧所畫是占城到交阯的地理。所以,行記圖的特點是構造簡單,便於製作,並有簡潔、直觀的優點。

二、宋代使行圖經

圖經是一種圖文並茂的著述形式,它以圖形描繪事物,再以文字作出說明,有圖文互助的顯著作用。圖經在宋代交聘活動中得到了廣泛運用,其中以徐兢所編撰的《宣和奉使高麗圖經》最爲典型。全書共列二十九個門類,多數門類都繪有圖形。可惜此書的圖畫部分盡皆遺失,目前只能通過文字內容來瞭解其圖畫情況。詳見以下二表:

---

① 《玉海》卷一六《地理·異域圖書》,第 302 頁下。
② 《續資治通鑑長編》卷八五《真宗》,第 1958 頁。

(表一)

建國	
世次	
城邑	今盡得其建國之形勢而圖之云。
門闕	
宮殿	今繪其形制,仍不廢其名也。
冠服	然而官名參差,朝衣燕服,時有同異者,謹列之,作冠服圖。
人物	今姑自李資謙而下,圖其形者五人,並其族望而爲之説。
儀物	今並繪其儀物如後。
仗衛	今繪圖各以名色列之于後。
兵器	今具其名物,圖之于左。
旗幟	今並列于圖云。
車馬	
官府	
祠宇	今取其人使道路所歷,與夫齋祠遊覽耳目所及者圖之,其餘不見制度,則略而不載。
道教	
釋氏	今圖其衣服制度,以考同異云。
民庶	今繪其國民庶,而以進士冠于篇。
婦人	今姑摭其異於中國者圖之。
皂隸	今自吏職以迄驅使,並列圖于左。
雜俗	今姑摠其耳目所見者圖之,併以土産資養之物附于後。
節仗	
受詔	今圖其趨事執禮之勤,以備觀考。
燕禮	具載于圖,以志其向慕中國之意。
館舍	其建立使館,制度華侈,有逾王居,臣嘉之,作館舍圖。

續　表

供張	今謹叙麗人所以祗待使華者,作供張圖。
器皿	謹掇其概圖之。
舟楫	今謹即所見列于圖。
海道	今既論潮候之大概詳于前,謹列夫神舟所經島、洲、苫、嶼,而爲之圖。
同文	謹條其正朔、儒學、樂律、度量之同乎中國者,作同文記而省其繪畫云。

（表二）

城邑	國城條	總其建國大概而圖之,其餘則互見於別篇。
宮殿	王府條	析而圖之,或互見於諸篇也。
儀物	羽扇條	其形上方,今當圖其完形,如初製而未久者,庶可考也。
兵器	行鼓條	金鐃之形,與中華制度不異,故略而不圖。
祠宇	王城内外諸寺條	凡此者,以其屋宇隘陋且多,故略其圖而載其名焉。

（注：二表文字均録自徐兢《宣和奉使高麗圖經》）

　　徐兢自序説:"物圖其形,事爲之説。"①從二表可以看出其建國、世次、門闕、車馬、官府、道教、節仗七門與其餘門類的區別在於,缺少明確記録有"圖畫"字樣的經文,這説明徐兢所施之圖繪應該不包含所有門類。因爲徐兢對《宣和奉使高麗圖經》所録三百餘條是否都圖以其形是具有一定標準的。

　　第一,只圖其異。如"婦人"門説:"今姑摭其異於中國者圖之。"又如"同文"門説:"且圖志之作,所以紀異國之殊制,若其制或同,則丹青之作何事乎贅疣?"這一標準也是徐兢編撰《宣和奉使高麗圖經》的基本出發點,其自序説:"謹因耳目所及,博采衆説,簡去其同於中國者,而取其異焉。"②因此,當遇到與中國相同的制度和事物,但又有記録的需要時,徐兢的辦法是"略而不圖"、獨記以文。如"同文"門説:"謹條其正朔、儒學、樂律、度量之同乎中國者,作同文記而省其繪畫云。"又如"兵器"門"行鼓"條説:"金鐃之形,與中華制度不異,故略而不圖。"

---

① 徐兢《宣和奉使高麗圖經》,第8頁。
② 徐兢《宣和奉使高麗圖經》,第8頁。

如此,依據圖異標準則可以反推經文沒有"圖畫"字樣的七門中,至少"車馬"門是有圖繪的,說:"然其土地湫隘,道途蹺确,非中華比,故軺輪之制,轡馭之法,亦異云。"所以從文字對比來看這七門都有記錄缺失,沒有明確標示出"圖"或"略"。這為判斷七門是否有圖造成了一定難度,但徐兢的圖異標準是必然成立的。

第二,不圖其陋。如"祠宇"門"王城內外諸寺"條說:"凡此者,以其屋宇隘陋且多,故略其圖而載其名焉。"本此便能知道"門闕"門不言圖繪的原因是"高麗門闕之制,亦頗遵古侯禮,雖其屢聘上國,亦頗效顰學步,然材乏工拙,終以朴陋"。

由於徐兢有上述兩個圖記標準,故《宣和奉使高麗圖經》雖記有三百餘事,但並不表示就繪有三百餘幅圖形。也就是說"圖"和"經"作為圖經的兩個組成部分,存在不對等的情況。之所以會出現這種情況,或者說是只記以文、不圖其形的情況,則是因為所見之事物或與中國相同、或形製簡陋,不足以用圖形來表現。

從《宣和奉使高麗圖經》的編撰來看,其圖記方式主要是以事物作為重心,而不同於行記圖的繪製是以地理作為重心。所以圖記事物,是圖經類圖記的基本要求,也是圖文類使臣行記的重要內容。對此,宋代所有圖經類型的作品都能提供證明。這裏為了方便討論,故不避重複,再將前文介紹過的文獻集錄於下:

> 《宋史·沈括傳》:"在道圖其山川險易迂直,風俗之純龐,人情之向背,為《使契丹圖抄》上之。"又沈括自序:"山川之夷險、遠近、卑高、橫從之殊,道途之陟降紆屈,南北之變,風俗、車服、名秩、政刑、兵民、貨食、都邑、音譯,覘察變故之詳,集上之,外別為《圖抄》二卷,轉相補發,以備行人。"
>
> 《宋史·宋球傳》:"再使高麗,密訪山川形勢、風俗好尚,使還,圖紀上之,神宗稱善,進通事舍人。"
>
> 《宋史·畢仲衍傳》:"時預其元會,盡能記其朝儀節奏,圖畫歸獻。"
>
> 《宋史·張叔夜傳》:"還,圖其山川、城郭、服器、儀範為五篇,上之。"

沈括自稱《熙寧使契丹圖抄》有"風俗、車服、名秩、政刑、兵民、貨食、都邑、音譯"等門類;又《宋史》記載宋球使高麗圖記包括"山川形勢、風俗好尚",畢仲衍使契丹圖記包括"朝儀節奏",張叔夜使遼圖記有"山川、城郭、服器、儀範"五篇。可見四人所圖錄的對象都是經眼的事物,尤其是交聘活動中令使臣耳目一新的趣聞異事。故能發現圖經與行記圖還有一個明顯區別,即行記圖僅是一張地圖,而圖經則是由多幅圖形組成。

三、宋代四夷朝貢圖

前文已述四夷朝貢圖的製作途徑主要是得力於外國來使,早在魏太始元年,頻斯國使人來朝,便通過來使圖錄了"其國山川地勢瑰異之屬"。考其所圖錄之內容,包括頻斯國人飲食、物產、文字、服飾等,這一圖錄方式與宋代的圖經類似,即有圖有文。到宋神宗元豐四年,于闐使圖"諸國至漢境圖",與宋代的行記圖類似,即是一幅地理圖。二者都可以歸屬爲"四夷朝貢圖"。不過,宋代的四夷朝貢圖更多的是與圖經相仿。

在《玉海·朝貢》中詳述有"祥符注輦來貢及《四夷述職圖》"的源流,其主要內容如下:

1. 祥符八年(1015)九月二日己酉,注輦國主羅乍遣使奉表來貢。庚申,張復請纂集朝貢諸國,績冠服、錄風俗,爲《大宋四夷述職圖》。及撰成,却只有注輦一國。宋真宗對此不滿,認爲不應止此一國。

2. 祥符九年(1016)四月二日乙亥,宋真宗命禮儀院增脩《大宋四夷述職圖》,重加編錄。

3. 天聖九年(1031)正月十二日庚申,資政學士晏殊上奏,稱占城、龜茲、沙州、卭部川蠻至,有挈家入貢者。請如先朝故事,令館伴訪道路、風俗及繪衣冠人物以上。

4. 景祐四年(1037)三月二十五日戊戌,判鴻臚宋郊奏請,自今外夷朝貢並詢問國邑風俗、道途遠近,圖畫衣冠、人物兩本,一進內、一送史館。

5. 康定元年(1040)七月十五日,知制誥吳育奏請,選官屬使知外夷之務,并采集古今事迹、風俗,如有質問,悉以條陳。

6. 熙寧四年(1071)十月六日,樞密都承旨李評奏請,諸國朝貢別置一司領之,取索文字預爲法式,詔領于客省。

7. 熙寧七年(1074)九月丁未,史臣宋敏求等上《蕃夷朝貢錄》二十一卷,即李評所請。

8. 今秘閣圖畫有占城、三佛齊、羅斛、交阯《職貢圖》各一,真臘《職貢圖》二,《外國入貢圖》一。又崇文目地理類有《華夷列國入貢圖》二十卷。[1]

據上述內容可以瞭解到關於宋代四夷朝貢圖的一些信息:第一,四夷朝貢圖的內容主要包括各國的道路、風俗、衣冠、人物等;第二,從以上衆人

---

[1] 《玉海》卷一五三,第2817—2818頁。

的奏請來看,在祥符八年後多次製作過四夷朝貢圖。比如真臘《職貢圖》有二種,可能就是在真臘不同時期入貢時製作的;第三,四夷朝貢圖資料的採集者應主要是宋朝的館伴使,負責館伴各國使臣並詢問信息;第四,四夷朝貢圖與圖經的形式相似,圖文並茂,圖畫主要描繪各國來使的面貌和衣冠,文字主要記述各國的地理和風俗。比如姚寬《西溪叢語》引《四夷朝貢圖》説:"康國有神名袄,畢國有火袄祠。疑因是建廟。或傳晉戎亂華時立此。"①記述了其國的風俗。另外,祥符年間興起的製作《四夷述職圖》對後世的影響極大,大多仿效這一先例製作了"朝貢録""職貢圖""入貢圖"等作品。在宋徽宗政和六年(1116)二月二十八日,還下令將收藏在禮部的祥符所製《四夷述職圖》及表章編集成書。足見宋朝對於四夷朝貢圖的製作和保存極爲重視,這主要是因爲它與使行圖記一樣,都是記録異域信息的重要史料。

第三節　宋代使行圖記的記行特徵

在唐代使行文獻中,有關於王玄策《中天竺國行記》和《中天竺國圖》的兩種記録,而《歷代名畫記》却視爲一書,並合稱作"行記十卷,圖三卷"。②這一事例體現了行記與圖畫的聯繫,也即是文字與圖形的聯繫。它讓我們聯想到了宋代交聘活動中的圖文作品,一批用文字和圖形對奉使見聞作雙重記録的作品。若以這些圖文作品爲參照,可以説王玄策的兩件作品同樣是對中天竺國作文字和圖形的雙重記録。反之,若按王玄策的思路,也可以將這些圖文作品劃分爲使臣行記和奉使圖畫兩種。這個現象説明,宋代的圖文類使行作品具有顯著的記行特徵,因爲在其體内既有一部完整的使臣行記,又有與行記相匹配的圖形。可見它是對宋代使臣記行作品的一種完美結合和文體創新。難怪徐兢要在自序中"尤拳拳於所繪之圖"③,並尖鋭地批評王雲《雞林志》"始疏其説,而未圖其形"。所以,宋代使行圖記與使臣行記的内容應該是大同小異的。

一、使行圖經的記行方式

前文已述宋代使臣行記主要含行程記、日記、筆記三種書寫類型,内容

---

① 姚寬《西溪叢語》卷上,北京,中華書局,1993年,第42頁。
② 《歷代名畫記校箋》卷三,第277頁。
③ 《四庫全書總目》卷七一史部地理類,第631頁上。

主要記錄使程和見聞,而使行圖經究其實質也是對奉使經見的一種記錄。比如沈括《熙寧使契丹圖抄》有"山川之夷嶮、遠近、卑高、橫從之殊,道途之涉降紆屈,南北之變,風俗、車服、名秩、政刑、兵民、貨食、都邑、音譯";徐兢《宣和奉使高麗圖經》有二十九門,下列一百餘事;宋球使高麗圖紀有"山川形勢、風俗好尚";張叔夜使遼圖記有"山川、城郭、服器、儀範"五篇;等等。這些都是文字和圖形所共同表達的內容。當然,這些也是使臣行記的基本內容,它們無不與張舜民《使遼錄》載"山川、井邑、道路、風俗……主客之語言,龍庭之禮數",何鑄《奉使雜錄》"錄禮物、名銜、表章之屬"①,俞庭椿《北轅錄》"紀次其道路、所經山川人物與夫語言事迹"的內容相一致。尤其是徐兢《宣和奉使高麗圖經》中的"海道"一目,所記實爲一篇記述其使高麗海上行程的日記,其形式與多數使行日記並無不同;更重要的是此書還含有使行筆記和行程記的書寫特徵,能充分體現其以文字記行的目標。另外《熙寧使契丹圖抄》的書寫方式主要是以行程爲單元進行記述,其形式也與大多奉使行程記相同。所以,使行圖經也可説是一篇圖文並茂的使臣行記。

二、使臣行記圖的記行特徵

宋代使臣行記圖幾乎都沒有文字,是否也具備行記特徵呢？對此,不妨做這樣一個推導：前文已述,《河源紀略》曾依據劉元鼎等使吐蕃經見,製作了"唐劉元鼎所見河源圖"②,這是根據行記繪圖的實例;既然如此,也不能排除有根據圖畫製作行記的可能,比如《續資治通鑑長編》就以文字形式簡要總結過楊承吉的使西蕃地理圖。另外,《續資治通鑑長編》卷八五還記述了楊承吉使西蕃唃厮囉還時的進言,説:"蕃部甚畏秦州近邊丁家、馬家二族,此二族人馬頗衆,倚依朝廷。唃厮囉以立遵爲謀主,立遵貪而虐,好殺戮,其下怨懼。近築一城,周回二里許,無他號令,但急鼓則增土,緩則下杵,不日而就。"對其所見西蕃的家族、豪強、城防等都做了匯報,這些信息與其行記圖一樣具有政治功用。可見,楊承吉使西蕃實際帶回了兩類信息：一是關於當地的見聞,二是唃厮囉的地理。又如吳儆所作《邕州化外諸國土俗記》,其中實際包含有他"分遣諜者圖其道里遠近,山川險易"的內容。也即是説吳儆所記的諸國見聞,很大一部分是通過圖畫來完成的。所以,宋代使臣行記圖也應具有行記特徵。

上述內容説明,宋代使行圖記顯然是用圖文的形式呈現了行記內容,無疑是宋代使臣行記的一個重要分支。

---

① 《直齋書錄解題》卷七"傳記類",第205頁。
② 《河源紀略》卷三《圖説》,《文淵閣四庫全書》第579冊,第40頁。

第四節　宋代使行圖記的三項功能

相關文獻記錄表明，宋代使行圖記無一例外，均被奏獻，可見它有十分顯著的政治功能。

一、有助於朝廷瞭解外情

使行圖記可以幫助朝廷瞭解外情，例如隋煬帝時，裴矩之所以要撰《西域圖記》的原因是"矩知帝勤遠略"。又如唐代宗時，崔倫奉使吐蕃，被留二年，不屈而還，"代宗見之，爲感動嗚咽"。崔倫則向代宗"具陳虜情僞、山川險易，指畫帝前"①。這些事例都是對使行圖記的政治功能的體現。宋代對天下圖經也十分重視，比如在宋真宗景德四年七月，"詔翰林遣畫工分詣諸路，圖上山川形勢、地理遠近付樞密院，每發兵屯戍，移徙租賦，以備檢閲"②，從而編爲《州縣圖經》。李宗諤爲其作序説："夏載弼成於五服，職方周知於數要。其後，地志起於史官，郡記出於風土。昔漢蕭何先收圖籍，趙充國圖上方略，光武按司空輿地圖封諸子。"③認爲天下圖經對歷代統治者都至關重要。所以，《州縣圖經》就成爲當時朝廷掌握天下版圖的重要依據。對於內情可以用圖記的方式來瞭解，同理對於瞭解外情也可以通過製作圖記來完成。徐兢在《宣和奉使高麗圖經序》中説：

> 臣聞天子元正大朝會，畢列四海圖籍於庭，而王公侯伯，萬國輻輳，此皆有以揆之。故有司所藏，嚴扃特甚，而使者之職，尤以是爲急。在昔成周，職方氏掌天下之圖，以掌天下之地，辨其邦國都鄙、四夷八蠻、七閩九貉、五戎六狄之人民，周知其利害。而行人之官，絡驛道路。……用以復命於王，俾得以周知天下之故。外史書之，以爲四方之志；司徒集之，以爲土地之圖。誦訓道之，以詔觀事；土訓道之，以詔地事。此所以一人之尊，深居高拱於九重，而察四方萬里之遠，如指諸掌。④

認爲幫助天子瞭解內外是使者的職責，圖記"邦國都鄙、四夷八蠻、七閩

---

① 《新唐書》卷一六四《崔倫傳》，第 5042 頁。
② 《續資治通鑑長編》卷六六，第 1476 頁。
③ 《玉海》卷一四，第 274 頁上。
④ 徐兢《宣和奉使高麗圖經》，第 7 頁。

九貊、五戎六狄"等地的人情物理,可以使天子"周知天下之故";即便是天子"深居高拱",只要憑藉使臣的圖記就能對天下了如指掌。可以説徐兢所言不僅道出了其撰寫是書的根源,同時也指出了使行圖記有助於朝廷瞭解外情的現實功用。

由此可見,宋代使臣之所以撰寫圖記,都應是將其使行作爲朝廷周知天下的一個契機。徐兢就是其中的一個典型代表,他説:"乘輶軒而使邦國者,其於圖籍,固所先務。矧惟高麗在遼東,非若侯甸近服,可以朝下令而夕來上,故圖籍之作,尤爲難也。"深刻認識到朝廷對於高麗情況的不熟悉,所以認爲此行之首要任務是撰寫圖籍。又如吴儆在淳熙四年,藉助奉旨出塞市馬的機會,分遣諜者圖記邕州以外諸國的"道里遠近、山川險易";沈括自述其藉助出使契丹的機會,"覘察變故之詳"而作《使契丹圖抄》;宋球再使高麗,則是"密訪山川形勢、風俗好尚"。所謂"遣諜者""覘察""密訪"之舉,都表明搜集相關信息是一項私密的行動,其目的是爲了探測到一些有價值的事項,以供朝廷之需。所以從使行圖記的功能來看,其中一項就是能夠滿足朝廷瞭解外情的政治需求。

二、爲後之使臣提供參考

使行圖記的第二項功能是可以爲後之使臣提供參考。沈括《熙寧使契丹圖抄》自序説:"轉相補發,以備行人。"徐兢《宣和奉使高麗圖經序》在批評王雲《雞林志》始疏其説、未圖其形時説:"比者使行,取以稽考,爲補已多。"[1]可見作爲奉使前的準備,使臣有閲讀和參考前使之使行作品的需要。只有當使臣充分吸取前使的交聘經驗,做到有備無患,才能輕鬆解決交聘活動中的困難。據沈括《熙寧使契丹圖抄》記載:"自幽州由歧路出松亭關,走中京五百里,循路稍有聚落,乃狄人常由之道,今驛迴屈幾千里,不欲使人出夷路,又以示疆域之險遠。"[2]這是宋代交聘活動中的一個特殊現象,對方爲了"示疆域之險遠",一般不讓使臣走近路,而要"迴屈幾千里"。當遇到這種情況時,對使臣來説前使的使行記錄就顯得至關重要。據《宋史·劉敞傳》記載:劉敞"奉使契丹,素習知山川道徑,契丹導之行,自古北口至柳河,回屈殆千里,欲夸示險遠。敞質譯人曰:'自松亭趨柳河,甚徑且易,不數日可抵中京,何爲故道此?'譯相顧駭愧曰:'實然。但通好以來,置驛如是,不

---

[1] 徐兢《宣和奉使高麗圖經》,第 8 頁。
[2] 賈敬顔《沈括〈熙寧使契丹圖抄〉疏證稿》,見《五代宋金元人邊疆行記十三種疏證稿》,第 152 頁。

敢變也。'"《清波雜志》中也記録有此事,並在其後再記云:"後范中濟(子奇)出使,虜道使者由迂路以示廣遠。范詰之曰:'抵雲中有直道,旬日可至,何乃出此耶?'虜情得,嘿然。緣二公素精地理學,故毋得而欺。煇出疆,過白溝,日行六七十里若百餘里,窮日力方到。或問:'今日之程行遠?'答曰:'此中宿食頓,地里遠近初不定。'蓋亦取夫館舍之便。"①又據《宋史·閻詢傳》記載:閻詢"使契丹。詢頗諳北方疆理,時契丹在靴淀,迓者王惠導詢由松亭往,詢曰:'此松亭路也,胡不徑葱嶺而迂枉若是,豈非夸大國地廣以相欺邪?'惠慚不能對"。②文獻稱劉敞"素習知山川道徑",劉范二公"素精地理",閻詢"頗諳北方疆理",說明他們在奉使契丹前都做過充分準備,而參閲前使的使行作品必然是其中的一個重要環節。所以當契丹引導使迂回道路、夸示險遠時,衆人才能應對自如。

三、提供軍事用途

前文已述,宋代曾多次編製境内的州縣地圖,其中一個目的便是爲了"每發兵屯戍……以備檢閲",説明各州縣地圖有明確的軍事用途。這對使行圖記來説也是如此,據《宋史·于闐國傳》載宋神宗元豐四年于闐國遣使朝貢,神宗命其使"圖上諸國距漢境遠近,爲書以授李憲"③。爲何要將此圖記授於李憲呢?其原因應該是他"數論邊事合旨"④,且長期擔任鎮邊將領。又據:

> 尹洙《河南集》云:"朝廷圖任詩書之將,調發精鋭之卒,副以屬國羌胡邊城射士塞上之兵,不下二三十萬,然而限以流沙之阻、山川之遠,莫敢進軍,故未能拔朔方之城,馘元昊之首,使其游魂於疆場之外者,幾一年矣。……此不按輿地之失,非戰士材武之劣也。昨聞屯田員外郎劉涣曾進西鄙地圖,頗亦周備平夏圖,諜秘府及民間當有存者,伏望博加求訪,命近臣參較同異,形於繪素而頒之於邊將。"

《續資治通鑑長編》載:"三班奉職羅昌皓言,昨差齎敕書、禮物往占城國,今畫占城至交阯地圖以獻。上批:'昌皓不憚難危,遠使絶域,雖不能成元初受命之功,然勤勞海道,亦可矜奬,宜轉一資。'又批:'自安南用兵,獻議討賊者以百數,其言水陸進師之道,往往不同,未知孰

---

① 《宋史》卷三一九《劉敞傳》,第10384頁;《清波雜志校注》卷一〇,第451—452頁。
② 《宋史》卷三三三《閻詢傳》,第10703頁。
③ 《宋史》卷四九〇《于闐國傳》,第14109頁。
④ 《宋史》卷四六七《李憲傳》,第13638頁。

得。宜類衆説成書,各繪圖附見,以備他日之用。'乃詔檢詳官王伯虎、梁燾編類。"①

不可否認,以上文獻記録均表露了使行圖記的軍事用途。不過,我們也可以從其"命近臣參較同異,形於繪素而頒之於邊將"和"宜類衆説成書,各繪圖附見,以備他日之用"的文獻表述中發現,使行圖記並不等同於軍事地圖,而是爲軍事地圖提供參考,以起到補充和修正的作用。

不光宋朝,其他國家也認識到了使行圖記的軍事作用,所以它們同樣會借助交聘活動圖記宋朝的山川形勢。如《宋史·虞允文傳》就有關於"金主亮修汴,已有南侵意","亮又隱畫工圖臨安湖山以歸"②的記載。還有高麗使臣,也時常圖記宋朝地理。故蘇轍《乞裁損待高麗事件劄子》説:"高麗之人,所至游觀,伺察虛實,圖寫形勝,陰爲契丹耳目。"又《再乞禁止高麗下節出入劄子》説:"許令游覽都城,大則察探虛實,圖寫宮闕、倉庫、營房、衢道所在曲折,事極不便;小則收買違禁物貨、機密文書,及作非違法。"③蘇軾《論高麗買書利害劄子》亦説:"今使者所至,圖畫山川形勝,窺測虛實,豈復有善意哉?"④蘇轍指責高麗使臣"圖寫形勝"是"陰爲契丹耳目",認爲其"圖畫山川形勝,窺測虛實",並無善意。這對時常面臨戰爭威脅的宋朝來説,是極爲敏感的事件,所以二蘇才相繼上奏劄子,陳説利害。

---

① 《續資治通鑑長編》卷二九二《神宗》,第7135頁。
② 《宋史》卷三八三《虞允文傳》,第11791頁。
③ 蘇轍《欒城集》卷四六,上海,上海古籍出版社,2009年,第1003、1008頁。
④ 蘇軾《蘇軾文集》卷三五,北京,中華書局,1986年,第994頁。

第四章　宋代使臣記行詩

在宋代的交聘活動中産生了大量詩歌。據蔣祖怡、張滌雲整理本《全遼詩話》統計：北宋作有使遼詩的使臣共 17 人，使遼詩 216 首。又胡傳志《論南宋使金文人的創作》、張榮東《宋人使金詩考》和成少波《南宋使金詩考論》等文，相繼對使金詩的數量作過統計：胡傳志統計使金詩約 250 首；張榮東統計有使金詩的使臣 30 人，使金詩 468 首；成少波統計有使金詩的使臣 36 人，使金詩 527 首。從這些使臣詩歌的構成來看，有些是一組詩，能體現一個系統；而有些只是使臣的零散之作。這裏若對宋代所有使行詩作逐一介紹，既顯纍贅，也不是本章討論的重點。所以，下文主要介紹具有記行意義的宋代使行詩集與組詩，尤其是重點探討使行詩的寫作動機、記行特徵和交流功能等內容。

第一節　宋代使臣記行詩集與組詩概述

1. 吕祐之《海外覃皇澤詩》

據《宋史・吕祐之傳》記載："端拱中，副吕端使高麗，假內庫錢五十萬以辦裝。還，遇風濤，舟欲覆，祐之悉取所得貨沉之，即止。復獻《海外覃皇澤詩》十九首，太宗嘉之，仍蠲其所貸。"[1]《玉海・朝貢》亦載："太宗命起居舍人吕祐之使高麗，復命，獻《海外覃皇澤詩》十九章。"[2]是書已佚。

吕祐之（947—1007）字元吉，濟州鉅野（今山東巨野）人。《宋史・高麗傳》載宋太宗端拱元年（988），"加治檢校太尉，以考功員外郎兼侍御史知雜吕端、起居舍人吕祐之爲使"[3]。故《海外覃皇澤詩》應寫於此時。

---

[1]　《宋史》卷二九六《吕祐之傳》，第 9873 頁。
[2]　《玉海》卷一五四，第 2845 頁上。
[3]　《宋史》卷四八七《高麗傳》，第 14039 頁。

2. 李度《奉使南遊集》

據《宋史·李度傳》記載:"端拱初,籍田畢,交州黎桓加恩,命度借太常少卿充官告國信副使,上賜詩以寵行。未至交州,卒于太平軍傳舍,年五十七。度之南使,每至州府,即借圖經觀其勝迹,皆形篇詩,以上所賜詩有'奉使南遊多好景'之句,遂題爲《奉使南遊集》,未成編而亡。"①

李度(932—988),河南洛陽人,《宋史》本傳稱其工於詩歌。又據《宋史·交阯傳》記載可知:端拱元年(988),因"加桓檢校太尉,進邑千户,實封五百户"。所以,"遣户部郎中魏庠、虞部員外郎直史館李度往使焉"②。

3. 蘇耆使契丹詩集

蘇舜欽《先公墓志銘》説:"復詔使契丹,初出疆,每舍必作詩,山漠之險易,水薦之美惡,備然盡在,歸而集上之,人爭布誦。"③案:蘇耆乃是蘇舜欽之父。可見蘇耆曾在奉使契丹時撰有詩集,但已早佚。

蘇耆(987—1035)字國老,銅山(今四川中江)人。他曾被兩次任命爲使契丹正使:一是宋真宗天禧五年(1021)九月甲申,命"太常博士蘇耆爲正旦使,侍禁、閤門祗候周鼎副之"④。二是宋仁宗天聖七年(1029)八月,命"户部判官、度支員外郎蘇耆爲契丹妻正旦使,内殿承制、閤門祗候王德明副之"⑤。按墓志銘所説,蘇耆的奉使詩集應當寫在二使契丹時。

4. 王珪奉使契丹詩

王珪(1019—1085)字禹玉,成都華陽人。宋仁宗皇祐三年(1051)八月乙未,命"太常博士、直集賢院、同修起居注王珪爲契丹正旦使,東頭供奉官、閤門祗候曹偓副之"⑥。《全遼詩話》輯録到王珪使契丹詩十六首⑦,《奉使遼金行程録》輯注有十八首⑧。從内容來看他此行可能撰有奉使詩集或組詩。

5. 劉敞奉使契丹詩

經統計劉敞《公是集》今存使契丹詩三十首⑨,可見他在出使期間應撰有詩集或組詩。

---

① 《宋史》卷四四〇《李度傳》,第 13021 頁。
② 《宋史》卷四八八《交阯傳》,第 14060 頁。
③ 蘇舜欽《蘇舜欽集》卷一四,第 174 頁。
④ 《續資治通鑑長編》卷九七《真宗》,第 2253 頁。
⑤ 《續資治通鑑長編》卷一〇八《仁宗》,第 2521 頁。
⑥ 《續資治通鑑長編》卷一七一《仁宗》,第 4106 頁。
⑦ 蔣祖怡、張滌雲整理《全遼詩話》,長沙,嶽麓書社,1992 年,第 267—269 頁。
⑧ 趙永春輯注《奉使遼金行程録》(增訂本),第 38—42 頁。
⑨ 趙永春《奉使遼金行程録》(增訂本),第 43—51 頁。

劉敞(1019—1068)字原父,號公是,臨江軍新喻(今江西新餘)人。劉敞學問淵博,"自佛老、卜筮、天文、方藥、山經、地志,皆究知大略"①。宋仁宗至和二年(1055)八月辛丑,命"右正言、知制誥劉敞爲契丹生辰使,文思副使竇舜卿副之";當月甲寅,"改命劉敞、竇舜卿爲契丹國母生辰使"。②

6. 歐陽修奉使契丹詩

《全遼詩話》從《歐陽文忠詩鈔》《歐陽永叔集》和《宋詩鈔補》中,共輯錄到歐陽修使契丹詩十四首③,説明他可能撰有奉使詩集或組詩。

歐陽修(1007—1072)字永叔,號醉翁,又號"六一居士",吉州廬陵(今江西吉安)人。宋仁宗至和二年(1055)八月辛丑,命"翰林學士、吏部郎中、知制誥、史館修撰歐陽修爲契丹國母生辰使,四方館使、果州團練使向傳範副之";當月癸丑,"改命歐陽修、向傳範爲賀契丹登寶位使"。④

7. 李及之《北使集》

梅堯臣有《書李學士北使集後》詩一首,云:"蘇武艱窮只四篇,五言風格到今傳。節旄零落都無詠,枉在胡中十九年。"⑤詩題所稱李學士有姓無名,朱東潤在其《梅堯臣集編年校注》卷二八中將此詩編於宋仁宗嘉祐三年(1058)。案:梅堯臣曾因李君錫和李及之出使契丹而寫詩贈别、唱和,有《送李君錫學士使契丹弔慰》《依韻和李君錫學士北使見寄》和《送李學士公達北使》數首。

今考李君錫(仲師,一作中師),生平不詳。李及之字公達,嘉祐三年八月辛亥,命"開封府判官、度支郎中李及之爲契丹生辰使,内殿崇班、閤門祗候王希甫副之"⑥。故李及之可能爲《北使集》的作者。

8. 沈遘奉使契丹詩

沈遘(1025—1067)字文通,錢塘(今浙江餘杭)人。《續資治通鑑長編》載宋仁宗嘉祐四年(1059)八月乙酉,命"太常博士、集賢校理、判理欠憑由司沈遘爲契丹正旦使,供備副使高繼芳副之"⑦。今沈遘《西溪集》存使契丹詩二十餘首,説明他可能撰有奉使詩集或組詩。

9. 王安石《送伴北朝使人詩》

王安石《伴送北朝人使詩序》説:"某被敕送北客至塞上,語言之不通,

---

① 《宋史》卷三一九《劉敞傳》,第 10386 頁。
② 《續資治通鑑長編》卷一八〇《仁宗》,第 4365—4366 頁。
③ 《全遼詩話》,第 279—282 頁。
④ 《續資治通鑑長編》卷一八〇《仁宗》,第 4365—4366 頁。
⑤ 朱東潤《梅堯臣集編年校注》卷二八,第 1043 頁。
⑥ 《續資治通鑑長編》卷一八七《仁宗》,第 4519 頁。
⑦ 《續資治通鑑長編》卷一九〇《仁宗》,第 4587 頁。

而與之並轡十有八日,亦默默無所用吾意。時竊詠歌,以娛愁思,當笑語。鞍馬之勞,其言有不足取者,然比諸戲謔之善,尚宜爲君子所取。故悉錄以歸,示諸親友。"①

今考王安石曾在宋仁宗嘉祐五年(1060)初擔任送伴使,伴送遼國賀正旦使回國,事畢後,大約在當年二三月份返回汴京。就在伴送與返回的途中,他寫下了一組詩,結集爲《伴送北朝使人詩》。是書已佚,目前尚存詩十餘首。

10. 蘇頌《前後使遼詩》

蘇頌《蘇魏公文集》卷一三收有《前使遼詩》和《後使遼詩》,共計詩五十八首。

蘇頌(1020—1101)字子容,泉州同安(今屬廈門)人。他曾兩度使遼:第一次從熙寧元年(1068)十月到熙寧二年正月,擔任賀遼國生辰副使,寫《前使遼詩》三十首;第二次是神宗熙寧十年(1077)八月,命"秘書監、集賢院學士蘇頌爲遼主生辰國信使,西上閤門使、英州刺史姚麟副之;太常博士、集賢校理劉奉世爲正旦國信使,内藏庫副使張世矩副之",②此行又寫《後使遼詩》二十八首。

11. 蘇轍《奉使契丹二十八首》

蘇轍《欒城集》中收録有《奉使契丹二十八首》,乃其使遼時所作。

蘇轍(1039—1112)字子由,一字同叔,號"潁濱遺老",眉州眉山(今四川眉山)人。宋哲宗元祐四年(1089)八月,命"刑部侍郎趙君錫、翰林學士蘇轍爲賀遼國生辰使,閤門通事舍人高遵固、朱伯材副之;少府監韓正彦、光禄卿范純禮爲賀正旦使,閤門祇候賈裕、曹晚副之"③。

12. 彭汝礪使遼詩

彭汝礪(1047—1095)字器資,饒州鄱陽(今江西鄱陽)人。宋哲宗元祐六年(1091)八月乙巳,命"中書舍人韓川爲太皇太后賀遼主生辰使,皇城使、康州刺史訾虎副之。刑部侍郎彭汝礪爲皇帝賀遼主生辰使,左藏庫使曹諮副之。吏部郎中趙偁爲太皇太后賀遼主正旦使,西京左藏庫使王鑒副之。司農少卿程博文爲皇帝賀遼主正旦使,左藏庫副使康禹副之。其後虎辭不行,以西上閤門副使宋球代之。川辭不行,以樞密都承旨劉安世代之。安世辭,以中書舍人孫升代之。升辭,以户部侍郎韓宗道代之。汝礪辭,以鴻臚

---

① 王安石《王安石文集》卷八四,北京,中華書局,2021年,第1470頁。
② 《續資治通鑑長編》卷二八四《神宗》,第6952頁。
③ 《續資治通鑑長編》卷四三一《哲宗》,第10420頁。

卿高遵惠代之。宗道又辭,乃復以命汝礪"①。今彭汝礪《鄱陽集》存使遼詩約六十首②,說明他可能撰有奉使詩集或組詩。

13. 劉跂《使遼詩》

劉跂(？—1117)字斯立,東光(今屬河北)人,自號學易老人。今劉跂《學易集》存有《使遼作十四首》,可見他曾使遼,並寫下了這組詩歌。但據《永樂大典》卷一○八七七引《劉學易先生集》,却收《虜中作》共十八首,故劉跂原作應爲十八首。

14. 宇文虚中使金詩

宇文虚中(1079—1146)字叔通,別號龍溪居士,成都府廣都(今成都雙流)人。宇文虚中曾多次使金談判,據《宋史》記載:宋欽宗靖康元年(1126)二月"辛丑,又命資政殿大學士宇文虚中、知東上閣門事王球使之,許割三鎮地";同年二月"乙巳,宇文虚中、王球復使金軍"。宋高宗建炎二年(1128)二月"壬戌,安化軍節度副使宇文虚中應詔使絶域";同年五月"丙申,復命宇文虚中爲資政殿大學士,充金國祈請使"。③ 在建炎二年使金時被扣留,期間曾作詩三首。施德操《北窗炙輠録》卷上載:"宇文虚中在金作三詩……此詩始陷金國時作。"④

15. 朱弁《聘遊集》

《宋史·朱弁傳》載其著有"《聘遊集》四十二卷"。⑤

朱弁(1085—1144),字少章,號觀如居士,歙州婺源人,後移居新鄭(今屬河南)。宋高宗建炎元年(1127)十一月,朱弁以修武郎、閣門宣贊舍人爲通問副使,隨正使王倫赴金探問徽、欽二宗,却被扣留達十七年之久。直至紹興十三年(1143)宋金議和後,他才與洪皓、張邵等人同被遣返。《宋名臣言行録續集》載:"金又迫公換其官,公曰:'自古兵交,使在其間,言可從,從之,不可從,則囚之、殺之,何必換其官哉？吾受本朝官,今日有死而已,誓不易以辱吾君也。'且移書金用事人耶律紹文等曰:'上國之威命朝以至,則使夕以死,夕以至,則朝以死。'又以書告訣於後使洪忠宣曰:'殺行人亦非細事,吾曹不幸遭之,亦命也。命出於天,其可逃哉！要當舍生以全義耳。'金知終不可屈,遂不復强。然公以使事未報,憂憤得目疾,其抑鬱愁歎,無憀不

---

① 《續資治通鑑長編》卷四六四《哲宗》,第11084頁。
② 趙永春《奉使遼金行程録》(增訂本),第132—141頁。
③ 《宋史》卷二三《欽宗本紀》,第424頁;卷二五《高宗本紀》,第454、456頁。
④ 施德操《北窗炙輠録》,《全宋筆記》第三編第八册,鄭州,大象出版社,2008年,第177頁。
⑤ 《宋史》卷三七三《朱弁傳》,第11553頁。

平之氣,一於詩發之,號《聘遊集》。"①又朱熹《奉使直秘閣朱公行狀》説:"以彼中所得《六朝御容》及《宣和御集》書畫爲獻,并上所著《聘游集》且述北方所見聞,忠臣義士。"②可見《聘遊集》是朱弁寫於使金和留金期間的詩集,其《行狀》和《宋史》本傳均著録爲四十二卷,而王明清《揮麈三録》卷三則記作"《聘遊集》三十卷"③。是書已佚。現存朱弁使金詩四十餘首,應出自《聘遊集》。

16. 曹勛使金詩

曹勛(1098—1174)字公顯,一字世績,號松隱,潁昌陽翟(今河南禹縣)人。曹勛一生曾多次擔任使金大臣和接伴大使,早在靖康二年(1127)四月,金人攻破汴京時,曹勛就被迫隨從被俘的徽宗北遷,之後奉旨逃回。據《建炎以來繫年要録》記載:紹興十一年(1141)九月"戊午,劉光遠、曹勛辭於內殿,遂命持虜酋報書以行";同年十一月"丙午,詔通問副使王公亮先赴行在奏事,拱衛大夫、忠州防禦使、知閤門事曹勛充接伴副使";同年十一月"丁巳,拱衛大夫、利州觀察使、知閤門事曹勛落階官,爲容州觀察使,充報謝副使";紹興十二年(1142)六月己卯,金國遣高居安扈從皇太后回朝,"詔容州觀察使、知閤門事曹勛充接伴使";紹興十三年(1143)十一月庚午,"給事中楊愿假禮部尚書,充大金賀元旦接伴使;容州觀察使、知閤門事、兼權樞密副都承旨曹勛副之";紹興十四年(1144)四月"戊戌,權吏部侍郎陳康伯爲報大金賀生辰接伴使,容州觀察使、知閤門事曹勛副之";紹興二十九年(1159)"六月甲申朔,同知樞密院事王綸爲大金奉表稱謝使,保信軍承宣使、知閤門事曹勛副之"。④ 今在其《松隱集》中存有使金詩二十餘首,應該是曹勛在歷次聘使活動中所作。

17. 洪皓、張邵、朱弁《輶軒唱和集》

《宋史·藝文志》著録"《輶軒唱和集》三卷",注云:"洪皓、張邵、朱弁所集。"⑤

《三朝北盟會編》載宋高宗紹興十三年(1143)"二月初六日,金人忽召公(張邵)詣尚書省説諭放還,遣使館伴俾就館,且使與洪公皓、朱公弁會於燕山,同塗而歸,時紹興十三年也。四月十四日,自會於同塗,而洪公先在

---

① 李幼武纂集《宋名臣言行録續集》卷五,《文淵閣四庫全書》第449册,第338—339頁。
② 朱熹《晦庵集》卷九八,《文淵閣四庫全書》第1146册,第364頁下。
③ 王明清《揮麈録·第三録》卷三,第198頁。
④ 《建炎以來繫年要録》卷一四一、一四二、一四五、一五〇、一五一、一八二,第2665、2683、2684、2739、2837、2856、3498頁。
⑤ 《宋史》卷二〇九,第5407頁下。

焉。五月朱公自雲中,至六月庚戌,三人俱發軔於永平館。途中以詩唱和,目之曰《輶軒唱和集》。七月七日至汴京館,於都亭驛二公俾作集序"①。又洪适《題輶軒唱和集》説:

> 右《輶軒唱和集》三卷。紹興癸亥六月庚戌,先君及張公邵、朱公弁自燕還,途中相倡酬者,中興以來自出疆者,幾三十輩,或留或亡,得生渡瀘州而南者三人而已。初,朔庭因赦宥許使者歸其鄉,諸公懲其久縶幸稍南,率占籍淮北,惟先君及二公以實告,既約和,於是淮以南者乃得歸。八月戊戌,先君至;辛丑,張公至;乙巳,朱公至。九月乙卯,先君以徽猷閣直學士入翰林。是月甲子,出爲鄉州。後四年,南遷。八年薨。又三年,賜謚忠宣。張公以修撰秘閣,主佑神觀,是年出居明州。後六年,待制敷文閣。六年,爲池州。明年卒。朱公以直秘閣,亦主佑神觀。明年卒。先君字光弼,饒州人。張公字才彦,和州人。朱公字少章,徽州人。②

由此可知,《輶軒唱和集》收録的是洪皓、張邵和朱弁三人自金返宋途中的唱和之作。

18. 周麟之《中原民謡》

周麟之(1118—1164)字茂振,海陵人。紹興十五年進士。考周麟之曾兩任使金大使:一是宋高宗紹興二十九年(1159)九月,"翰林學士周麟之爲大金奉表哀謝使,吉州團練使、知閤門事蘇曄假崇信軍節度使副之"③;二是紹興三十一年(1161)四月,"同知樞密院事周麟之爲大金奉表起居稱賀使,賀金主遷都也"④,但麟之辭不行,以徐嚞代行⑤。今其《海陵集》外集存其《中原民謡》十章,自序云:"紹興己卯冬,予被命出使,長至後三日入北界,留燕京旬浹。明年人日,復渡淮而歸。時北人咸謂戎主不道,汰虐已甚,額焉以殺人爲嬉。方且竭財力事土木,又將欲包舉南夏,并吞八荒,曾不知覆亡之無日。始予聞之,駭且懼,未敢盡信其説。及往返中原數千里,觀人心之向背,測天地之逆順,考事物之廢興,得之謳吟者,蓋不一而足,何其慨然思舊德之深,望王師之切也。然則聖天子中興,恢復疆土,綏靖宇内,兆已著

---

① 《三朝北盟會編》卷二二二"炎興下帙一百二十二",第1605頁。
② 洪适《盤洲文集》卷六二,《四部叢刊初編》第1177册。
③ 《建炎以來繫年要録》卷一八三,第3533頁。
④ 《建炎以來繫年要録》卷一八九,第3673頁。
⑤ 佚名《中興禦侮録》卷上,《全宋筆記》第五編第一册,第35頁。

矣,北胡其能久乎。於是因所聞見,論次其事,檃括其辭,爲《中原民謠》十首,庶乎如古所謂抒下情,通諷諭,宣上德,廣風化者。異時太史採詩,或可以備樂府之闕云。"①可知這組詩乃其紹興二十九年使金時所作。《建炎以來繫年要録》卷一八三載周麟之使金過往,説:"麟之至金,金主亮喜其辨利,錫賚加厚,燕之二日。中貴人至館,密賜金瀾酒三尊,銀魚、牛魚各一盤,尊盤皆金寶器,併令留之。麟之以例辭,金主不許,曰:'一時錫賚,出自朕意,何例之有?'麟之歸,以其物繳進,上復賜之。"②

《中原民謠》十章依次爲《燕京小》《迎送亭》《金瀾酒》《歸德府》《過沃州》《造海船》《渡浮橋》《金臺硯》《任契丹》《雨木冰》。對此,《四庫全書總目》卷一五九説:"別有外集一卷,其中使金諸詩稱紹興己卯。考徐夢莘《三朝北盟會編》,載紹興二十九年周麟之爲告哀使,蓋以韋太后事而行。時金國方謀南伐,詩中《造海船》一章,亦知其欲由膠州浮海,水陸並進。而所載《中原民謠》十章,乃盛陳符讖。以《燕京小》爲康王坐之兆,以《迎送亭》爲迎宋之兆,以《金瀾酒》爲金爛之兆,以《歸德府》爲復舊之兆,以《沃州》爲天水之兆。皆附會牽合,亦何異吕紳棄通州而遁,乃表言夜夢赤幟朱甲爲中興之瑞乎!"③

19. 范成大《使金絶句七十二首》

宋孝宗乾道六年(1170)閏五月戊子,范成大被命以資政殿大學士與崇信軍節度使康詡,爲奉使大金國信使副。今范成大《石湖詩集》卷一二存有"使金絶句七十二首",即是他在寫於使金期間的組詩。

范成大生平及使金事迹詳見第二章第一節"宋代使臣行記文獻的概况"。

20. 楊萬里接送伴金使詩

楊萬里(1127—1206)字廷秀,號誠齋,吉州吉水人(今江西吉水縣),紹興二十四年(1154)登進士第。今《朝天續集》存有較多楊萬里的接送伴金使詩。

據《宋史·光宗本紀》載宋孝宗淳熙十六年(1189)十二月"壬子,金遣裴滿餘慶等來賀明年正旦"。又《宋史·楊萬里傳》載紹熙元年(1190),其"借焕章閣學士爲接伴金國賀正旦使兼實録院檢討官"④。可知楊萬里接送伴的對象即裴滿餘慶。楊萬里此行詩作被編入《朝天續集》,於紹熙元年四月九日,作《誠齋朝天續集序》云:"昔歲自江西道院召歸册府,未幾而有迎

---

① 周麟之撰《海陵集》,《泰州文獻》第四輯,南京,鳳凰出版社,2015年,第103頁下。
② 《建炎以來繫年要録》,第3533頁。
③ 《四庫全書總目》卷一五九,第1367頁中。
④ 《宋史》卷三六,第697頁;卷四三三,第12869頁。

勞使客之命,於是始得觀濤江,歷淮楚,盡見東南之奇觀。……既竣事歸報,得詩凡三百五十餘首,目之以《朝天續集》。"①據統計,楊萬里接送伴金使用時約七十七天,寫作詩歌三百五十二首。② 其詩如《五更過無錫縣寄懷范參政尤侍郎》,范成大和詩《同年楊廷秀秘監接伴北道道中走寄見懷之什次韻答之》。又如《初入淮河四絶句》《題盱眙軍東南第一山》《正月五日以送伴借官侍宴集英殿十口號》等。

21. 丘崇《使北詩》

楊萬里《跋丘宗卿侍郎見贈使北詩一軸》云:"太行界天二千里,清晨跳入寒窗底。黃河動地萬窐雷,却與太行相趁來。青崖顛狂白波怒,老夫驚倒立不住。乃是丘遲出塞歸,贈我大軸出塞詩。手持漢節娖秋月,弓挂天山鳴積雪。過故東京到北京,淚滴禾黍枯不生。誓取胡頭爲飲器,盡與遺民解鬌髻。詩中哀怨訴阿誰,河水嗚咽山風悲。中原萬象聽驅使,總隨詩句歸行李。君不見晉人王右軍,龍跳虎卧筆有神。何曾哦得一句子,自哦自寫傳世人。君不見唐人杜子美,萬草千花句何綺。祇以詩傳字不傳,却羡別人雲落紙。莫道丘遲一軸詩,此詩此字絶世奇。再三莫遣鬼神知,鬼神知了偷却伊。"③

邱崇字宗卿,江陰(今屬江蘇)人。宋光宗紹熙元年(1190)"六月丁亥,遣丘崇等賀金主生辰"。④ 由此可知,丘崇使金時撰有《使北詩》一軸,已佚。

22. 許及之《北征紀行詩集》

《宋詩記事》稱許及之作有《北征紀行詩集》⑤。是書已佚。

許及之(？—1209)字深甫,溫州永嘉(今浙江溫州)人。宋光宗紹熙四年(1193)六月"己亥,遣許及之等賀金主生辰"。⑥ 故《北征紀行詩集》可能是他的使金之作。而在現存許及之詩歌中,有數十首關於金庭的作品,如《虜宮闕》《虜行移以盱眙爲肝胎》等,亦可能出自《北征紀行詩集》。

23. 趙秉文使西夏詩

趙秉文(1159—1232)字周臣,磁州滏陽(今河北磁縣)人,號閑閑居士,大定二十五年(1185)登進士第。劉祁《歸潛志》載:"正大初,朝廷以夏國爲北兵所厭,將立新主,以趙公年德俱高,且中朝名士,遂命入使册之。既行,

---

① 辛更儒《楊萬里集箋校》卷八一,第3274頁。
② 詳見胡傳志《論楊萬里接送金使詩》,《文學遺産》2010年第4期。
③ 辛更儒《楊萬里集箋校》卷三〇,第1564頁。
④ 《宋史》卷三六《光宗本紀》,第698頁。
⑤ 厲鶚輯撰《宋詩紀事》卷五三,上海,上海古籍出版社,2013年,第1339頁。
⑥ 《宋史》卷三六《光宗本紀》,第705頁。

館閣諸公以爲趙公此行必厚獲,蓋趙素清貧也。至界上,朝議罷其事,飛驛卒遣追回,當驛卒之行也。"①又盛如梓《庶齋老學叢談》卷中下載:"金朝學士趙秉文,奉使西夏,中途聞夏主殂而回。楊尚書之美以詩戲之云:'中朝人物謫仙才,金節煌煌使夏臺。得句逢人唾珠玉,揮毫落紙散瓊瑰。一封書貸揚州牧,半夜碑轟薦福雷。窮達書生略相似,滿頭風雪却回來。'"②可知趙秉文曾於金哀宗正大二年(1225)使西夏,但中途因夏主殂而回。今趙秉文《滏水集》卷五至卷九存有其使西夏詩,經統計約 25 首③。

在宋代外事活動中,有較多使臣都留下了詩作,其中寫有記行詩集和組詩的使臣應不止於以上二十餘人。但限於篇幅,這裏僅對宋代交聘活動中較爲重要和特殊的作品做了介紹。可以說它們是宋代使臣記行詩集和組詩的典型代表,能夠充分體現韻文類使臣行記的文體特質。對此,下文將圍繞這些作品進一步展開討論。

第二節　宋代使行詩的寫作動機

一、構成宋代使行詩的兩個內容

除以上所介紹的使行詩集和組詩外,還有前文已做介紹的劉渙《劉氏西行錄》,周煇《清波雜志》說:"煇得《劉氏西行錄》,乃渙所記,往返繫日以書,甚悉,且多篇詠。"④可見此書是使臣行記及記行詩歌的集合。其實可以在宋代使臣行記中發現,一部作品既含行記又含詩歌的情況並不鮮見。比如樓鑰《北行日錄》,在十月二十一日記:"錄所題仙都二詩寄仲兄",又在十一月十七日記:"仲舅欲同謁王侍御。……侍御方赴夔州,不謂得見於此,以小詩道別,又辱和篇。"⑤又如程卓《使金錄》,在十二月十七日路經光武廟時記:"有詩二首,刻於廟門之外。一云:'廟謨開有漢,帝業肇蕪蔞。……宗臣遺像在,時有鼠銜鬚。'一云:'賊莽中斷漢,真人應赤符。……空餘二翁仲,寂寞下庭隅。'"⑥這表明行記和詩歌是可以在一部使臣行記中共存的,而且

---

① 劉祁《歸潛志》卷九,北京,中華書局,1983 年,第 97—98 頁。
② 盛如梓《庶齋老學叢談》,《叢書集成新編》第 12 冊,臺北,新文豐出版公司,第 613 頁上。
③ 郭麗琴《趙秉文記行詩研究》,山西師範大學 2013 年碩士學位論文,第 19 頁。
④ 《清波雜志校注》卷一〇,第 426 頁。
⑤ 樓鑰《攻媿集》卷一一一,《叢書集成初編》第 2022 冊,第 1571、1574 頁。
⑥ 程卓《使金錄》,《續修四庫全書》第 423 冊,第 445 頁下。

它們關係密切,都可成爲使臣記行的工具。對此,范成大使金並作《攬轡錄》和《使金絶句七十二首》就是證明,他分別用兩種不同的文學形式記述了同一奉使經見,充分説明使臣行記和使臣記行詩之間是必有血緣可尋的。總結起來,主要表現在以下兩個方面。

第一,使臣行記與使臣記行詩的創作方式相似。如李度《奉使南遊集》是"每至州府,即借圖經觀其勝迹,皆形篇詩";蘇耆使契丹詩集是"初出疆,每舍必作詩,山漠之險易,水薦之美惡,備然盡在"。此二人"每至州府……皆形篇詩""每舍必作詩"的方式,顯然與使臣行記分程記行、"繫日以書"和"排日記録"的寫作方式異曲同工。

第二,使臣行記與使臣記行詩所要表達的内容相同。比如:朱弁撰《聘游集》是因他"以使事未報,憂憤得目疾,其抑鬱愁歎,無懔不平之氣",故"一於詩發之","且述北方所見聞";丘崈《使北詩》的内容是"詩中哀怨訴阿誰,河水嗚咽山風悲。中原萬象聽驅使,總隨詩句歸行李";蘇頌《後使遼詩》是"道中率爾成詩,以記經見之事";周麟之《中原民謡》是"因所聞見,論次其事,騾括其辭"。這些無不與洪皓《松漠紀聞》"録所聞雜事"、"耳目所接,隨筆纂録";徐兢《宣和奉使高麗圖經》採"耳目所及";范成大《攬轡録》"記聞見"①的使臣行記内容相呼應。

由此可見,宋代的使行詩歌,尤其是形成系統的詩集和組詩,明顯是具有記行特徵的,當屬於使臣行記的一個分支。

而從宋代使行詩歌的具體内容來看,除了大量記録經過見聞的詩歌外,還有不少唱和交流之作。比如洪皓、張邵、朱弁的《輶軒唱和集》,就是編録他們在自金返宋途中相互唱和的詩歌專集。可以説唱和交流是使臣在交聘過程中用於情感表達的一種有效方式,亦是構成使臣詩集和組詩所不可或缺的元素。例如:在蘇頌《前使遼詩》三十首中,與正使張宗益的唱和詩就有二十五首,依次是《和國信張宗益少卿過潭州朝拜信武廟》《和張少卿過德清憶郎中五弟》《和張仲巽過瀛洲感舊》《和安撫王臨騏驥見寄》《和王大觀寄張仲巽》《和仲巽過古北口楊無敵廟》《和仲巽山行》《和仲巽過度雲嶺》《和仲巽奚山部落》《和晨發柳河館憩長源郵舍》《和宿牛山館》《又七絶》《和題會仙石》《和宿鹿兒館》《和冬至紫蒙館書事》《和就日館》《和過神水沙磧》《和土河館遇小雪》《和檀香板》《和神水館逢齊葉二國信》《和使回過松子嶺》《和遊中京鎮國寺》《和富谷館書事》《和奚山偃松》和《和過打造部

---

① 《直齋書録解題》卷五"僞史類",第 140—141 頁。徐兢《宣和奉使高麗圖經》,第 8 頁。《直齋書録解題》卷七"傳記類",第 205 頁。

落》；劉敞和歐陽修前後使遼相差不過數日，二人的唱和詩有劉敞的《寄永叔》，歐陽修的《奉使契丹道中答劉原父桑乾河見寄之作》和《重贈劉原父》；蘇轍的唱和詩有《次莫州通判劉涇韻二首》、《贈知雄州王崇拯二首》、《贈右番趙侍郎》、《古北口道中呈同事二首》（前一首呈趙侍郎，後一首呈王副使）、《趙君偶以微恙乘駝車而行戲贈二絕句》和《十日南歸馬上口占呈同事》；彭汝礪的唱和詩有《和國信子育元韻》五首、《再和子育》五首、《再和子育韻》五首；曹勛的唱和詩有《持節回呈王樞密》《過淮值雨偶成呈王樞密》《王樞密見和復用前韻》《持節和王樞密三首》；等等。所以，記行和唱和是使行詩歌的兩大內容，二者共同呈現了宋代使行詩的總體特徵。

二、使臣寫作記行詩的動機

上述兩個記行詩的構成內容對於使臣奉使來說有何意義呢？或者說使臣在交聘活動中創作詩歌的動機何在？要回答這一問題，可以從王安石《伴送北朝人使詩序》中得到一個最直接的答案，他說：「某被敕送北客至塞上，語言之不通，而與之并轡十有八日，亦默默無所用吾意。時竊詠歌，以娛愁思，當笑語。鞍馬之勞，其言有不足取者，然比諸戲謔之善，尚宜為君子所取。」[1]可見王安石寫詩的目的是為了緩解鞍馬之勞，以娛使途愁思。

如此看來，使臣在奉使過程中大都會面臨較為特殊的環境。如果將宋代的使行詩歌稍作比較就能發現，使臣們一般都會借助詩歌表達以下幾個內容。

其一，通過詩歌表達使途的綿長。諸如劉敞《金山館》云：「出塞二千里，荒亭無四鄰。」歐陽修《書素屏》云：「我行三千里，何物與我親。」蘇頌《和就日館》云：「馬蹄看即三千里，客舍今踰四十程。」彭汝礪《宿金鉤》：「絕域三千里，窮村五七家。」又《和國信子育元韻》（五）云：「殊方更喜人情好，長日不知山路遙。」又《塞外冬至》云：「今年至日是今朝，日影方長路更遙。」又《再和子育韻》（四）云：「朔風吹雪著人寒，行盡千山復萬山。」[2]都從不同角度描述了使程路遙。

其二，運用詩歌記錄使途的艱險。諸如劉敞《思鄉嶺》云：「絕壑參差半倚天，據鞍環顧一悽然。亂山不復知南北，惟記長安白日邊。」又《摸斗嶺》云：「盤峰回棧幾千層，徑欲凌雲攬玉繩。浪得虛名夸鄙俗，古來天險絕階

---

[1] 王安石《王安石文集》卷八四，第1470頁。
[2] 劉敞《公是集》卷二二，《叢書集成新編》第61冊，第206頁上。歐陽修《歐陽修全集》卷六，北京，中華書局，2001年，第92頁。蘇頌《蘇魏公文集》卷一三，第165頁。彭汝礪《鄱陽集》卷四、卷八、卷一一、卷一二，《文淵閣四庫全書》第1101冊，第218、267、299、320頁。

升。"蘇頌《奚山道中》云："山路縈回極險屯,才經深澗又高原。順風衝激還吹面,灘水堅凝幾敗轅。"又《和富谷館書事》云："沙底暗冰頻踠馬(道路冰凍多在沙底,彼人謂之暗冰,行馬危險百狀。),嶺頭危徑罕逢人。"又《發柳河》云："清晨驅馬兩崖間,霜重風高極險艱。前日使人衝雪去,今朝歸路踏冰還。"①都記述了使途的曲折和艱辛。

其三,借助詩歌述說使途的苦悶。諸如劉敞《發桑乾河》云："凝霜被野草,四顧人跡稀。……我行亦已久,羸馬聲正悲。"歐陽修《書素屏》云："君命固有嚴,羈旅誠苦辛。"又《馬齧雪》云："馬飢齧雪渴飲冰,北風卷地來崢嶸。馬悲躑躅人不行,日暮塗遠千山橫。我謂行人止歎聲,馬當勉力無悲鳴。"彭汝礪《使遼》云："孤驛夜深誰可語,青燈黃卷慰無聊。"又《宿金鈎》云："夜長無復寐,寂寞聽寒笳。"又《再和子育韻》(五)云："夜寒燈火照長宵,秪有塵編慰寂寥。"②都表達了使程長遠所產生的苦悶和寂寞。

其四,用詩歌描寫使行中相似的見聞。比如曹勛在其《入塞》和《出塞》詩序中說："僕持節朔庭,自燕山向北。部落以三分為率,南人居其二;聞南使過,駢肩引頸,氣哽不得語,但泣數行下,或以慨歎,僕每爲揮泣憚見也。"③記述了中原父老見使者多哭泣之事。而相同的事也被范成大遇到,他過東京時有《州橋》詩云："州橋南北是天街,父老年年等駕迴。忍淚失聲詢使者,幾時真有六軍來?"④其《攬轡錄》記述在過相州和宿州時,也有同類事件發生。可見使臣會用詩歌來描述那些觸動他們的見聞。

總之,這些詩句共同表現了奉使日久路遙、行程艱險困苦的現實境遇,也暗示了行人對使途所產生的困倦和乏味,以及使行見聞對使臣內心的觸動。因此,使臣身處這樣的環境中,以詩記行、唱和很難說不是一種緩解使途艱辛的娛樂方式。如蘇頌《早行新館道中》所云"人心自覺悲殊土,物色偏能動旅情",歐陽修《奉使契丹道中答劉原父桑乾河見寄之作》所云"出君桑乾詩,寄我慰寂寥",⑤就是對以詩記行和交流可以達到"動旅情"和"慰寂寥"功效的肯定。

究竟是怎樣的"物色",能夠讓使臣既"動旅情"又"慰寂寥"呢?無疑,使途中的萬象——無論是山川的險峻、道路的曲幽,還是風光的秀麗、物象

---

① 劉敞《公是集》卷二八,《叢書集成新編》第61冊,第223頁上。蘇頌《蘇魏公文集》卷一三,第162、167、176頁。
② 劉敞《公是集》卷七,《叢書集成新編》第61冊,第159頁上。歐陽修《歐陽修全集》卷六,第92頁。彭汝礪《鄱陽集》卷四、一二,第218、320頁。
③ 《全宋詩》卷一八八三,第21083頁。
④ 范成大《范石湖集》卷一二,第147頁。
⑤ 蘇頌《蘇魏公文集》卷一三,第170頁。歐陽修《歐陽修全集》卷六,第91頁。

的靈動——都可以凝聚於使臣筆端。例如：

  劉敞《過思鄉嶺南茂林清溪啼鳥遊魚頗有佳趣》云："山下回溪溪上峰，清輝相映幾千重。游魚出没穿青荇，斷蝀蜿蜒奔白龍。盡日浮雲橫暗谷，有時喧鳥語高松。欲忘旅思行行遠，無奈春愁處處濃。"又《山暖》云："通谷近中原，初陽生舊年。欣欣林動色，漠漠野浮煙。鳴雉飛朝日，新芽發暖泉。東風彊人意，車馬亦翩翩。"又《朱橋》云："朱橋柳映潭，忽見似江南。風物依然是，登臨昔所諳。犬聲寒隔水，山氣晚成嵐。留恨無人境，幽奇不盡探。"
  蘇頌《次行奚山》云："奚山繚繞百重深，握節何妨馬上吟。當路牛羊眠薦草，避人烏鵲噪寒林。羸肌已怯燻裘重，衰鬢寧禁霰雪侵。獨愛潺湲溪澗水，無人知此有清音。"又《牛山道中》云："農人耕鑿遍奚疆，部落連山復枕岡。種粟一收饒地力，開門東向雜夷方。田疇高下如棋布，牛馬縱橫似谷量。賦役百端閑日少，可憐生事甚茫茫。"又《契丹帳》云："行營到處即爲家，一卓穹廬數乘車。千里山川無土著，四時畋獵是生涯。酪漿膻肉誇希品，貂錦羊裘擅物華。種類益繁人自足，天教安逸在幽遐。"①

  顯而易見，以上詩歌既消解了使途的不快，也展示了使臣的自娱情懷。爲此，就不難理解使臣運筆潑墨、愉悦山川、描摹風土、往復唱和的動機，是爲緩解使途的單調與困乏了。不過，這只是促使宋代使臣記行詩歌產生的一個最基本、最直接的因素，其他因素將在以下討論中一一指出。

第三節　從宋代使行詩的書寫看其記行特徵

  前文已根據相關文獻記録證實，宋代使行詩歌的寫作宗旨與使臣行記基本一致，充分說明它是宋代使臣行記的韻文分支。因此，下文將結合具體的使行詩歌作品，對其記行特徵做進一步探討。

一、使行詩歌形式的記行特徵

  由於宋代使臣記行詩歌有"每至州府……皆形篇詩""每舍必作詩"的

---

① 劉敞《公是集》卷二〇、二一、二四，《叢書集成新編》第 61 册，第 199 頁上、204 頁上、213 頁上。蘇頌《蘇魏公文集》卷一三，第 169、170、171 頁。

書寫形式，故而通常會以所經地名作爲詩題。比如王珪使遼詩有《新城寄瓦橋郭太傅》《涿州》、《市駿坊》（幽州）、《虎北口》《思鄉嶺》《摸斗嶺》《富谷館》《發會同館》《冀館春夕見月》；劉敞使遼詩有《發桑乾河》《題幽州圖》《順州馬上望古北諸山》《檀州》《古北口》《思鄉嶺》《摸斗嶺》《柳河》、《山暖》（柳河館）、《朱橋》（鹿兒館前）、《神山》（鹿兒峽北）、《鐵漿館》《宿麃子嶺穹廬中》《金山館》、《壽山》（中京南）、《過中京走馬上平安奏狀》《黑河館連日大風》《過臨潢口號》；蘇頌前使遼詩有《和國信張宗益少卿過潭州朝拜信武殿》《和張少卿過德清憶郎中五弟》《和張仲巽過瀛洲感舊》《初過白溝北望燕山》《和仲巽過古北口楊無敵廟》《和仲巽過度雲嶺》《奚山道中》《和仲巽奚山部落》《過摘星嶺》《和晨發柳河館憩長源郵舍》《和宿牛山館》《又七絕》《和題會仙石》《和宿鹿兒館》《和冬至紫蒙館書事》《和就日館》《和過神水沙磧》《和土河館遇小雪》《和神水館逢齊葉二國信》《和使回過松子嶺》《和遊中京鎮國寺》《和富谷館書事》《和奚山偃松》《和過打造部落》；蘇頌後使遼詩有《向忝使遼於今十稔再過古北感事言懷奉呈同事閣使》《次行奚山》《奚山道中》《早行新館道中》《過新館罕見居人》《牛山道中》《發牛山》《奚山路》《中京紀事》《過土河》《沙陁路》《初至廣平紀事言懷呈同事閣使》《廣平宴會》《離廣平》《發柳河》《摘星嶺》《契丹紀事》；彭汝礪使遼詩有《至雄州寄諸弟並呈諸友》《歸次雄州》《過右北平》《宿金鈎》《古北口楊太尉廟》《過古北口始聞雞》《接伴太傅離新館其兄迓於途》《望雲嶺飲酒》《望雲嶺》《愁思嶺》《過墨斗嶺聞鳥聲似子規而其形非是》《廣平甸》《大小沙陁》；等等。

　　如果僅截取宋遼交聘路線中雄州至中京一段，並以途經的二十個館驛作爲單元，那麼以上詩題就可表現如下表：

	王珪使契丹詩	劉敞使契丹詩	蘇頌前使遼使	蘇頌後使遼詩	彭汝礪使遼詩
雄州					《至雄州寄諸弟並呈諸友》《歸次雄州》
白溝館			《初過白溝北望燕山》		
新城	《新城寄瓦橋郭太傅》				
涿州	《涿州》				

續　表

	王珪使契丹詩	劉敞使契丹詩	蘇頌前使遼使	蘇頌後使遼詩	彭汝礪使遼詩
良鄉		《發桑乾河》（良鄉與幽州之間）《題幽州圖》			
幽州	《市駿坊》				
望京館	《望京館》				
順州		《順州馬上望古北諸山》			
檀州	《杏壇坊》	《檀州》			
金溝館					《宿金鉤》
古北館	《虎北口》	《古北口》《初出古北口大風》《古北口對月》《楊無敵廟》《古北口守歲》	《和仲巽過古北口楊無敵廟》《奚山道中》《和仲巽奚山部落》《和奚山偃松》	《向忝使遼於今十稔再過古北感事言懷奉呈同事閣使》《次行奚山》《奚山道中》	《古北口楊太尉廟》《過古北口始聞雞》
新館	《思鄉嶺》（臨近新館）《新館》	《思鄉嶺》《過思鄉嶺南茂林清溪啼鳥游魚頗有佳趣》	《過摘星嶺》	《早行新館道中》《過新館罕見居人》《摘星嶺》	《接伴太傅離新館其兄迓於途》
卧如館	《摸斗嶺》（卧如館與柳河館之間）《柳河館》	《摸斗嶺》《柳河》《山暖》（柳河館）			《過墨斗嶺聞鳥聲似子規而其形非是》《望雲嶺飲酒》《望雲嶺》（柳河館與打造館之間）
柳河館			《和晨發柳河館憩長源郵舍》	《發柳河》	
打造館	《會仙石》		《和仲巽過度雲嶺》《和題會仙石》（打造館西南）、《和過打造部落》		
牛山館			《和宿牛山館》《又七絕》	《牛山道中》《發牛山》	
鹿峽館		《朱橋》（鹿兒館前）、《神山》（鹿兒峽北）	《和宿鹿兒館》《和使回過松子嶺》	《契丹帳》	

續　表

	王珪使契丹詩	劉敞使契丹詩	蘇頌前使遼使	蘇頌後使遼詩	彭汝礪使遼詩
鐵漿館		《鐵漿館》《出山》			
富谷館	《富谷館》		《和富谷館書事》		
長興館	《長興館絶句》《發會同館》				
中京		《壽山》（中京南）《過中京走馬上平安奏狀》	《和遊中京鎮國寺》	《中京紀事》	《記中京伶人口號》

此表説明，使臣記行詩歌的標題具有取材於所經館驛和地名的特點，這正好與使臣行記中以館驛和地名作爲記録單元的寫作方式相似。所以，使臣記行詩實際是將使臣行記次録見聞的記録方式轉變成了次詠見聞。那麽，從書寫形式上看，宋代使臣詩歌無疑是具備記行特徵的。

二、使行詩歌内容的記行特徵

在宋代使行詩歌和使臣行記中，出現過分别用韻文和散文形式記述同一見聞的情況。例如前文曾提及"路無里堠"的現象，《契丹志》説："五十里至金溝館……自此入山，詰曲登陟，無復里堠，但以馬行記日景，而約其里數。"《宣和乙巳奉使金國行程録》説："第十五程，自潤州八十里至遷州。彼中行程並無里堠，但以行徹一日即記爲里數。"這一現象在使行詩歌中也有類似表述，劉跂《使遼》（十四）詩云："記里無官堠，依身有短亭。"蘇頌《過摘星嶺》詩云："路無斥候惟看日，嶺近雲霄可摘星。"[1]又如遼婦人的"佛粧"現象，張舜民《使遼録》記述："北婦以黄物塗面如金，謂之'佛粧'。"而彭汝礪《婦人面涂黄而吏告以爲瘴疾問云謂佛粧也》詩中亦云："有女夭夭稱細娘（俗謂婦人有顔色者爲細娘），真珠絡髻面涂黄。華人怪見疑爲瘴，墨吏矜誇是佛粧。"[2]又如使臣途中所見之故迹，沈括《熙寧使契丹圖抄》記自打

---

[1] 劉跂《學易集》卷三，《叢書集成初編》第1940册，第22頁。蘇頌《蘇魏公文集》卷一三，第163頁。
[2] 彭汝礪《鄱陽集》卷一二，第319頁上。

造館"西南行十里餘至中頓,頓之西南有大山,上有建石,望之如人,曰會仙石"。對於這一故迹,王珪《會仙石》詩云:"奉使群材笑拍肩,玉漿春酒已酕然。當時曾舐淮南鼎,亦恐兹山自有仙。"蘇頌《和題會仙石》詩云:"雙石層稜倚翠巘,相傳嘗此會群仙。繫風捕影誰能問,空見遺踪尚嵬然。"①舉這些例證是爲了說明一個事實,即使行詩歌的内容具有十分明顯的記行功能。就像朱弁《聘游集》"述北方所見聞",蘇頌《後使遼詩》"以記經見之事"所表達的那樣,説明使臣行記可以記録的内容,使行詩歌也同樣可以記述。比如:

使行詩歌同樣可以記録道中經見。如劉敞、蘇頌、蘇轍和彭汝礪在路經古北口時,都對楊無敵(楊業)廟作了記詠:

  劉敞《楊無敵廟》云:"西流不返日滔滔,隴上猶歌七尺刀。慟哭應知賈誼意,世人生死兩鴻毛。"
  蘇頌《和仲巽過古北口楊無敵廟》云:"漢家飛將領熊羆,死戰燕山護我師。威信仇方名不滅,至今遺俗奉遺祠。"
  蘇轍《過楊無敵廟》云:"行祠寂寞寄關門,野草猶知避血痕。一敗可憐非戰罪,太剛嗟獨畏人言。馳驅本爲中原用,嘗享能令異域尊。我欲比君周子隱,誅彤聊足慰忠魂。"
  彭汝礪《古北口楊太尉廟》云:"將軍百戰死嶔岑,祠廟巖巖古到今。萬里邊人猶破膽,百年壯士獨傷心。遺靈半夜雨如雹,餘恨長時日爲陰。驛舍愴懷心欲碎,不須更聽鼓鼙音。"②

他們在詩中吊古感懷,都對將軍血戰沙場、至死方休的氣概表達了緬懷之情。又如王珪和劉敞同有《思鄉嶺》詩,前者云:"曉入燕山雪滿旌,歸心常與雁南征。如何萬里沙塵外,更在思鄉嶺上行。"後者云:"絶壑參差半倚天,據鞍環顧一悽然。亂山不復知南北,惟記長安白日邊。"二人面對變幻莫測的異域景象,正值行經思鄉嶺時,均表露出思鄉之情。

使臣詩歌還同樣可以記述異域風俗。如蘇頌和蘇轍均對契丹車帳有過記詠:

  蘇頌《契丹帳》云:"行營到處即爲家,一卓穹廬數乘車。千里山川

---

① 蘇頌《蘇魏公文集》卷一三,第164頁。
② 劉敞《公是集》卷二八,《叢書集成新編》第61册,第225頁上。蘇頌《蘇魏公文集》卷一三,第162頁。蘇轍《欒城集》卷一六,第395—396頁。彭汝礪《鄱陽集》卷四,第218頁下。

無土著,四時畋獵是生涯。酪漿羶肉誇希品,貂錦羊裘擅物華。種類益繁人自足,天教安逸在幽退。"

蘇轍《虜帳》云:"虜帳冬住沙陀中,索羊織葦稱行官。從官星散依冢阜,氈廬窟室欺霜風。春粱賣雪安得飽,擊兔射鹿夸強雄。朝廷經略窮海宇。歲遺繒絮消頑凶。我來致命適寒苦,積雪向日堅不融。聯翩歲旦有來使,屈指已復過奘封。禮成即日卷廬帳,釣魚射鵝滄海東。秋山既罷復來此,往返歲歲如旋蓬。彎弓射獵本天性,拱手朝會愁心胸。甘心五餌墮吾術,勢類畜鳥游樊籠。祥符聖人會天意,至今燕趙常耕農。爾曹飲食自謂得,豈識圖霸先和戎。"①

另外,還有王珪的《市駿坊》和《杏壇坊》,蘇頌的《和檀香板》《觀北人圍獵》《胡人牧》《契丹馬》,范成大的《虞姬墓》《雷萬春墓》《雙廟》《伊尹墓》《留侯廟》《西瓜園》《宜春苑》《護龍河》《福勝閣》《相國寺》《宣德樓》《壺春堂》《天成橋》《扁鵲墓》《文王廟》《秦樓》《翠樓》《講武城》《七十二塚》《藺相如墓》《叢臺》《柳公亭》《内丘梨園》《光武廟》《趙州石橋》《真定舞》《東坡祠堂》《松醪》《蹋鴟巾》和《龍津橋》等詩,涉及風俗、地理、人物、社會和文化等諸多方面,無不體現出記行特質。

三、使行詩歌注文的記行特徵

雖然在使行詩歌中注文主要扮演補充説明詩文的角色,但如果從記行的方面來考慮,其實注文內容並不比詩文遜色。對於宋代使臣詩歌而言,注文的類型主要有兩種:一是針對整首詩的題注,二是針對詩中某一句的間注。如劉敞的《壽山》詩,既有題注又有間注,題注云:"由中京南,云多老人,往往百餘歲。"間注云:"白隰見層峰(白隰即中京)""東陵非義終(太史公云:盜跖日殺不辜,竟以壽終)""吾聞仁且壽,故在太平中(《爾雅》距齊州以東至日出爲太平,太平之人,仁也)"。② 當然,不是所有使行詩歌都能同時擁有題注和間注,而且實際情況是有題注的詩歌要遠多於有間注的詩歌。使臣之所以多選用題注,其原因可能是間注通常起補充和理解詩歌的作用,而題注則能爲詩歌提供豐富的背景,故題注更能協助詩歌記行。例如劉敞《古北口》詩,題注云:"自古北口,即奘人地,皆山居谷汲,耕牧其中,而

---

① 蘇頌《蘇魏公文集》卷一三,第 171 頁。蘇轍《欒城集》卷一六,第 399 頁。
② 劉敞《壽山》詩云:"白隰見層峰,巉巖倚碧空。上多千歲木,下有百年翁。櫟社不材永,東陵非義終。吾聞仁且壽,故在太平中。"《公是集》卷一九,《叢書集成新編》第 61 册,第 197 頁上。

無城郭,疑此則春秋之山戎病燕者也。齊桓公束馬懸車,涉辟耳之溪,見登山之神,取其戎菽冬蔥布于諸侯,蓋近之矣。口占一篇,因以傳疑。"又如彭汝礪《廣平甸》詩,題注云:"廣平甸殿,謂北地險,至此廣大而平易云。初至單于行在,其門以蘆泊爲藩,垣上不去其花以爲飾,其上謂之羊箔。門作山門,以木爲牌,左曰紫府洞,右曰桃源洞,總謂之蓬萊。宮殿曰省方殿,其左金冠紫袍而立者數百人,問之,多酋豪。其右青紫而立者數十人。山棚之前作花檻,有桃、杏、楊、柳之類。前謂丹墀,自丹墀十步,謂之龍墀殿,皆設青花氈。其堦高二三尺,闊三尋,縱殺其半,由堦而登謂之御座。"①不難發現,這兩段題注不僅提供了詩歌的寫作背景,還用散文的形式記錄了當地見聞,若把它們視爲使臣行記的一個片段也未嘗不可。誠然,如此零散的記錄是不足以與完整的使臣行記媲美的,但是倘若把一組使行詩歌的題注都集中起來,情況就會大爲改觀。比如周麟之《中原民謠》,其題注如下:

《燕京小》:予次汴京,聞虜欲遷都於汴,起諸路夫八十萬增築城闕,胗飾宮殿,至以宣德門爲小而易之,展東御廊,侵民居五十步。令下之日,老壯悲憤,至有號泣者。及渡河而北,見遊童歌曰:"燕京小,南京大,修蓋了,康王坐。"所過諸郡不謀同辭。洎至燕,則其宮闕壯麗,延亘阡陌,上接霄漢,雖秦阿房、漢建章不過如是。又欲舍之而南徙,果何意哉!作《燕京小》。

《迎送亭》:予留盱眙幾月,待對境取接,未有耗。忽聞有四方館使先到泗州按視,一路官舍修飾甚嚴潔。及入北界,所至都邑門外各起迎送亭一所,丹臒猶未乾也。駕車父老指以謂予曰:"迎送者,迎宋也。此地殆將迎宋乎。"作《迎送亭》。

《金瀾酒》:予憩燕京會同館,虜以吾國故不設樂。一日,有梁大使入館傳旨曰:"卿等執哀命至此,朕拘典禮,不得與卿同燕樂,今賜卿金瀾酒二瓶,銀魚、牛魚二盤。皆下拜受賜。"瓶、盤乃金銀器,升龍交錯,形製甚精古,且令併留之。有客驚謂予曰:"酒則美也,其名不祥。"予曰:"古人命酒名,無不佳者。蘭英以香名,竹葉以色名,酴醾、蒲萄又各以其木之華實名。金瀾,佳名也。古樂府曰'月穆穆以金波',又曰'洞庭秋月生湖心,層波萬頃如鎔金'。金瀾之名,其取諸此乎?"客曰:"不

---

① 劉敞《古北口》詩云:"束馬懸車北度燕,亂山重複水潺湲。本羞管仲令君霸,無用俞兒走馬前。"《公是集》卷二八,《叢書集成新編》第61冊,第225頁下。彭汝礪《廣平甸》詩云:"四更起趁廣平朝,上下沙陁道路遙。洞入桃源花點綴,門橫葦箔草蕭條。時平主客文何縟,地大君臣氣已驕。莫善吾皇能尚德,將軍不用霍嫖姚。"《鄱陽集》卷八,第258頁上。

然。子弗聞夫白蛇斷而秦亡,當塗高而魏昌,國之興亡實係焉。金瀾者,金運其將闌乎?"予矍然曰:"有是哉。"作《金瀾酒》。

《歸德府》:至南京,聞車前有父老相與語曰:"此歸德府也,易名矣。"或應之曰:"名則易矣,而實未嘗易也。"此地古商邱,是爲宋分。我藝祖之興,初受鉞於此,時號歸德軍。大業既定,列於陪都。今天子繼統,復於此登寶位,改應天府。蓋我宋十葉興王之國,今日歸德,復舊名矣。祖宗之澤,在人者深,神孫紹隆,聖德昭著,民不歸我而誰歸。作《歸德府》。

《過沃州》:沃,吾古趙州也。予過趙,問所以易名者。州人曰:"往年此邦忽天開,有聲如雷,流火涌出。虜疑其爲趙氏復興之祥也,改今名,且取夫以水沃火之義。"或又曰:"沃之文,天水也。趙氏之興,其讖愈昭昭矣。"語雖不經,不可不紀。作《過沃州》。

《造海船》:河朔道中逢太平車數百兩,相尾而北,皆載竹木繩緯,揭旗曰"某州起發北通州造海船物料"。或曰北通州,舊潞縣也。隸燕山,今升爲州。在燕京之北,地濱海,虜於此造海船千數百艘,將由膠西浮海而南矣。作《造海船》。

《渡浮橋》:大河自兵火後,浮橋廢矣,近歲虜復建焉。予宿豐邱,北使遣引接來,告曰:"昨以凌冰東下,斷浮橋三十六洪,修治未畢工,今當以舟濟。"翼日,未辨色至渡口,各不下車,曳而登舟。後月餘回程,橋已成,遂策馬而過。或曰:"此橋縻錢數百萬緡,人力不可勝計,斧斤未嘗輟也。他年王師北征,其無憂乎。"作《渡浮橋》。

《金臺硯》:使還,過白溝河,河水涸,深廣不盈尺。耕種連阡陌,無南北之異。道左見茂林蓊然,曰:"此御莊也。"望之有佳氣,使人慨歎。至保州,接伴副使楊少卿,遼陽人也。其奴密以二硯來獻,且曰:"此佳硯,非翰林主人莫能當。"蓋山谷所謂金臺老張硯也,硯底刻字尚如故。予感之,報以香茗。作《金臺硯》。

《雨木冰》:庚辰正月四日,自虹縣至青陽驛。夜半起程,行未數里,大風雨作,雪雹雜下,二車皆陷淖而壞,跬步不能進。明日,彌望皆瓊林瑶草,蓋世俗所謂木冰稼者。因恩《春秋》書"雨木冰",先儒以爲庶人執兵之象。此方之民,其將囷視而起,以共踣此虜乎?不然,彼有異謀,犬羊纍又將南牧乎?天亡之時,必不遠矣。作《雨木冰》。①

---

① 北京大學古文獻研究所編《全宋詩》卷二〇八九,陳曉蘭整理,北京,北京大學出版社,1995年,第23558—23564頁。

以上題注記述了其在汴京、盱眙、燕京、南京、沃州、豐邱、保州、虹縣等地的見聞，包括使途所見宮闕、亭臺、造船物料、浮橋等景象，"歸德府""趙州"等州府易名的緣由，與金國使者之間的交談等。由此可見，這些記錄比較集中地反映了金地的建築、風土、制度、習俗、地理等內容，具備一篇使臣行記的基本特徵。

又如蘇頌的《後使遼詩》，在二十七首詩中便有十七條題注：

《奚山道中》："村店炊黍賣錫，有如南士。"

《牛山道中》："耕種甚廣，牛羊遍谷，問之皆漢人佃奚土，甚苦輪役之重。"

《發牛山》："朝發牛山，道路回遠，終日南行，至暮又北趨宿館。"

《契丹帳》："鹿兒館中見契丹車帳，全家宿泊坡坂。"

《奚山路》："出奚山路，入中京界，道旁店舍頗多，人物亦衆。"

《中京紀事》："十一月十六日到中京，未經苦寒，天氣溫煦幾類河朔。行人皆知厚幸，紀事書呈同事閤使。"

《過土河》："中京北一山最高，土人謂之長呌山。此河過山之東才可漸車，又北流百餘里，則奔注瀰漫，至冬冰厚數尺，可過車馬，而冰底細流涓涓不絕。"

《沙陁路》："二十三日入沙陁路，行馬頗艱。"

《觀北人圍獵》："北人以百騎飛放謂之羅草，終日才獲兔數枚，頗有愧色。顧謂予曰：道次小圍不足觀，常時千人已上為大圍，則所獲甚多，其樂無涯也。"

《遼人牧》："羊以千百為群，縱其自就水草，無復欄柵，而生息極繁。"

《契丹馬》："契丹馬群動以千數，每群牧者才三二人而已。縱其逐水草，不復羈縶。有役則旋驅策而用，終日馳驟而力不困乏。彼諺云：一分餵，十分騎。番漢人户亦以牧養多少為高下。視馬之形，皆不中相法，蹄毛俱不剪剔，云馬遂性則滋生益繁，此養馬法也。"

《北帳書事》："到會同館晚夕大風，沙塵蔽日，倍覺苦寒。赴行帳之辰，厲風頓止，晴和可愛。"

《廣平宴會》："禮意極厚，雖名用漢儀，其實多參遼俗。"

《離廣平》："十二月十日離廣平，一向晴霽，天氣溫暖。北人皆云未嘗有之，豈非南使和煦所致耶。"

《發柳河》："十二月二十七日早發柳河，蹉程山路，險滑可懼，因見舊游，宛然如昨。"

《摘星嶺》:"二十八日過摘星嶺,行人相慶云:過此則路漸平坦,更無登涉之勞矣。"

《契丹紀事》:"契丹飲食風物皆異中華,行人頗以爲苦,紀事書呈同事閤使。"①

以上題注既有所經見聞,又具日録特徵,内容和形式都基本符合使臣行記的編撰意圖,充分證明了題注本身的記行意義。另外,前文在討論范成大《攬轡録》的版本時,已對《攬轡録》與《使金絶句七十二首》②題注進行了一些比對,發現范成大在使金期間有同時使用散文和韻文記行的可能。因爲詩歌題注和《攬轡録》的内容大多相似,甚至有些還不差一字,比如在過雷萬春墓時,二者同樣記録:"環以小牆,榜曰'忠勇雷公之墓'。"由此可以推測,范成大既有取《攬轡録》内容題注詩歌的可能,也有取詩歌題注補充《攬轡録》的可能。所以從使臣記行的角度考慮,《使金絶句七十二首》題注的體量是足可以與《攬轡録》相匹敵的。更何況題注只是詩歌的輔助,而當詩歌和題注共同出現時,使行詩歌顯著的記行特質就不言而喻了。

第四節　宋代交聘活動中的詩歌交流

一、詩歌交流在交聘中的現實需要

在宋代使行詩集和組詩中,文獻明確記録將詩集進獻皇帝並得到贊許的,只有吕端《海外覃皇澤詩》和蘇耆使契丹詩。這似乎已經説明宋代使臣在交聘活動中進行詩歌交流,是被統治者所推崇的。其實不然,據《續資治通鑑長編》記載:宋仁宗慶曆二年(1042)正月丙寅,"詔奉使契丹,不得輒自賦詩,若彼國有請者,聽之"③。可見,使臣在交聘過程中無故賦詩是不被允許的,而且北宋的確有使臣因賦詩而受到處罰或不被擢升的事例。如天聖三年李維使契丹,"即席賦《兩朝悠久詩》,下筆立成,契丹主大喜"。"既還,帝欲用爲樞密副使,或斥維賦詩自稱小臣,乃寢。"④又如分别於慶曆三、四、

---

① 蘇頌《蘇魏公文集》卷一三,第170—177頁。
② 范成大《范石湖集》卷一二,第145—158頁。范成大《攬轡録》,載《范成大筆記六種》,第11—16頁。
③ 《續資治通鑑長編》卷一三五《仁宗》,第3219頁。
④ 《續資治通鑑長編》卷一〇四《仁宗》,第2402頁。《宋史》卷二八二《李維傳》,第9542頁。

五年奉使契丹的余靖,《宋史》本傳記載:"靖三使契丹,亦習外國語,嘗爲蕃語詩,御史王平等劾靖失使者體,出知吉州。"①不止於此,《趙清獻奏議》説:

  風聞充契丹國信使副王拱辰等昨至鞾甸赴筵,狂醉無狀,執手拍肩,或聯嘲謔之詩,或肆市廛之語,沙漠驚怪,道塗沸騰。拱辰身爲報聘之使,未致君命,却赴餞送離筵,自取亰醖,痛飲深夜,遂致副使宋選、王士全等歌舞失儀,言詞猥褻,此不可恕者一也;拱辰赴會至醉,吟詩乃有"兩朝信使休辭醉,皆得君王帶笑看"之句,語同俳優,意涉譏刺,此不可恕者二也。竊觀近年以來,臣僚出使違禮得罪者,如余靖作番語詩之屬較之,則拱辰辱命爲重。席上聯句用唐朝楊貴妃《木芍藥詩》語,譃浪信使,致令遼人有王萬年、王見喜之號。②

如此看來,使臣賦詩存在較高的危險因素,稍有不慎就會被朝臣彈劾,以至丢官罷爵。所以在交聘活動中,使臣經常會面對請求賦詩和受到彈劾的兩難選擇。但是現存宋代近千首使行詩歌也充分證明,使臣在這樣尷尬的境遇面前往往還是會果斷選擇賦詩。而問題在於使臣爲何要在明知有風險的前提下還依舊堅持賦詩呢?這需要從宋朝與鄰邦的文學交流説起。

在古代社會中,漢文化的傳播總是會隨時間的不斷推移而朝著廣泛和深入的方向發展。時至宋代,與之相鄰的各國都具備了較高的漢文化修養和漢文學水平,這一點毋庸置疑,而詩歌就是能體現其漢文學水平的一個重要文體。且不説宋朝周邊各國人士怎樣地創作詩歌,單就渴望與宋人進行交流這一點,就能看到他們對詩歌所飽含的熱情。如王闢之《澠水燕談錄》記載:"張芸叟奉使大遼,宿幽州館中,有題子瞻《老人行》於壁者。聞范陽書肆亦刻子瞻詩數十篇,謂《大蘇小集》。子瞻才名重當代,外至夷虜,亦愛服如此。芸叟題其後曰:'誰題佳句到幽都,逢著胡兒問大蘇。'"③這一情形同樣被奉使契丹的蘇轍遇到,故他在《神水館寄子瞻兄四絶》(三)詩中也詠道:"誰將家集過幽都,逢見胡人問大蘇。"④其實遼人不止欣賞蘇軾的詩歌,據《宋史・蘇轍傳》記載:"使契丹,館客者侍讀學士王師儒能誦洵、軾之文

---

① 《宋史》卷三二〇《余靖傳》,第10409—10410頁。
② 引自《全遼詩話》"王拱辰詩",第160頁。
③ 王闢之《澠水燕談錄》卷七,第89—90頁。
④ 蘇轍《欒城集》卷一六,第398頁。丁傳靖輯《宋人軼事彙編》卷一二引《堅瓠集》云:"元祐四年八月,子由爲賀遼生辰國信使,子瞻有詩送之。既至遼,遼人每問:'大蘇學士安否?'子由經涿州寄詩云:'誰將家譜到燕都,識底人人問大蘇。莫把聲名動蠻貊,恐妨他日卧江湖。"北京,中華書局,1981年,第641頁。

及轍《茯苓賦》,恨不得見全集。"①又據蘇軾《次韻子由使契丹至涿州見寄四首》(三)云:"氈毳年來亦甚都,時時鴂舌問三蘇。"自注説:"余與子由入京時,北使已問所在。後余館伴,北使屢誦三蘇文。"②可見當時以詩文著稱的三蘇,其作品都深受遼人喜愛。可以説,這些例子不僅體現出遼人具有較高的漢文學水平,還説明宋朝文學在當時具有廣泛的傳播空間。比如《青箱雜記》記載:魏野有"《贈萊公詩》云:'有官居鼎鼐,無地起樓臺。'而其詩傳播漠北,故真宗末年嘗有北使詣闕,詢於譯者曰:'那箇是無地起樓臺的宰相?'"③很明顯,宋人的詩文作品給周邊國家所帶來的文學衝擊,必然會提高它們與宋朝進行文學交流的興趣,也必定會讓它們重視聘使往來這一難得的文學交流機會。

所以每當宋使到訪,鄰國都會選用文士陪伴。諸如路振《乘軺錄》説:"自與朝廷通好已來,歲選人材尤異、聰敏知文史者,以備南使,故中朝聲教,皆略知梗概。"《石林燕語》記:"高麗用學士館伴。"《澠水燕談錄》載:"歐陽文忠公使遼,其主每擇貴臣有學者押宴,非常例也,且曰:'以公名重今代故爾。'其爲外夷敬服也如此。"④而當鄰國遣使入宋,其使就會設法求訪宋人詩文。例如:

祥符中,契丹使至,因言本國喜誦魏野詩,但得上帙,願求全部。真宗始知其名,將召之,死已數年,搜其詩,果得《草堂集》十卷,詔賜之。⑤

熙寧中,高麗遣使入貢,且求王平甫學士京師題詠。有旨,令權知開封府元厚之内翰鈔錄以賜。厚之自詣平甫求新著,平甫以詩戲之曰:"誰使詩仙來鳳藻,欲傳賈客過雞林。"⑥

蔡襄作《四賢一不肖詩》,都人士爭相傳寫,鬻書者市之,得厚利。契丹使適至,買以歸,張於幽州館。⑦

從這些記錄都能看出,鄰國相當重視交聘中的文化氛圍,同時也希望能

---

① 《宋史》卷三三九《蘇轍傳》,第 10828 頁。
② 蘇軾撰,王文誥輯注《蘇軾詩集》卷三一,北京,中華書局,1982 年,第 1671 頁。
③ 吴處厚《青箱雜記》卷六,北京,中華書局,1985 年,第 60 頁。
④ 賈敬顏《路振〈乘軺錄〉疏證稿》,第 75 頁。葉夢得撰,宇文紹奕考異《石林燕語》卷七,北京,中華書局,1984 年,第 96 頁。王闢之《澠水燕談錄》卷二,第 15 頁。
⑤ 文瑩《玉壺清話》卷七,北京,中華書局,1984 年,第 66 頁。
⑥ 陳鵠《西塘集耆舊續聞》卷九,北京,中華書局,2002 年,第 384 頁。又見彭□輯撰《墨客揮犀》卷四,北京,中華書局,2002 年,第 317 頁。又見魏泰《東軒筆錄》卷八,北京,中華書局,1983 年,第 93—94 頁。
⑦ 《宋史》卷三二〇《蔡襄傳》,第 10397 頁。

在交聘活動中開展文學互動。所以他們妙選文士作爲使臣,爲文學交流搭建平臺。

對此,宋朝又作何表現呢? 據《宋史·錢勰傳》記載:帝遣錢勰奉使高麗,"勰入請使指,帝曰:'高麗好文,又重士大夫家世,所以選卿,無他也'"。① 可見宋朝統治者同樣重視交聘活動中的文化因素。也即是説,宋朝其實很理解鄰國的文化需求,而對交聘活動中的文學交流並不會無動於衷。因此,禁止使臣"輒自賦詩"的規定,只能説是宋朝統治者謹慎態度的體現。事實可以證明,在文化交融的歷史趨勢下,限制文學交流和使臣賦詩,只會淪爲一紙空文。對於這一點,宋朝文人却是十分清楚的:

> 蘇轍《送林子中安厚卿二學士奉使高麗二首》(二):"但將美酒盈船去,多作新詩異域傳。"
> 許及之《喜德久從人使虜來歸》:"詩翁萬里恰歸來,滌面那無一點埃。生馬闇騎便武事,故京熟覽動詩才。"
> 趙抃《次前人贈奉使高麗安燾密學》:"機務須賢應並用,詩人莫惜詠巉巉。"②

宋朝文人對使臣詩歌創作的鼓勵,足以説明使行賦詩在當時是被社會所肯定的。還進一步説明,使臣對觸動他們的事物賦以歌詠,固然能夠緩解使途的困乏;而在交聘活動中開展詩歌互動,又未嘗不是在滿足政治和文化交流的需要。但令人大爲不解的是,這種有利於雙方交流的行爲却屢被好事者斷章彈劾,確實與人情物理相悖,與南北朝時期皇帝鼓勵行人賦詩的事例相比,的確反映出宋朝某些政客的自私與狹隘,也是對文化傳播和交流的一種阻礙。所以,下文將略舉宋代交聘活動中的幾個賦詩事例,以觀其利弊。

二、詩歌交流在交聘中的特殊功用

在宋代的交聘活動中,詩歌交流的事例很多,首先看以下二例:

> (聶冠卿)奉使契丹,其主謂曰:"君家先世奉道,子孫固有昌者。

---

① 《宋史》卷三一七《錢勰傳》,第 10349 頁。
② 蘇轍《欒城集》卷八,第 174 頁。《全宋詩》卷二四六〇"許及之",第 28454 頁;卷三四二"趙抃",第 4202—4203 頁。

嘗觀所著《蘄春集》,詞極清麗。"因自擊毬縱飲,命冠卿賦詩,禮遇甚厚。還,同知通進銀臺司、審刑院,入翰林爲學士。①

（皇祐三年,趙槩）"聘契丹,席上請賦《信誓如山河詩》。公詩成,契丹主親酌玉杯勸公飲"。②

從這兩條記錄來看,賦詩不但没有對交聘造成不良影響,反而讓使臣得到了"禮遇甚厚""契丹主親酌玉杯勸公飲"的待遇,從而使外事活動得以更加順利地進行。由此可見,使臣賦詩非但無過,還有奇妙的政治功用。

衆所周知,早在春秋時期的交聘活動中就有"賦詩言志"的傳統,《漢書·藝文志》説:"古者諸侯卿大夫交接鄰國,以微言相感,當揖讓之時,必稱《詩》以諭其志,蓋以别賢不肖而觀盛衰焉。"③毫無疑問,宋代的使臣賦詩正是對這一傳統的延續。所以,我們再仔細回顧那些被朝臣彈劾過的詩歌,就會發現其實它們的政治功用十分明顯。例如:"元豐中,高麗使朴寅亮至明州,象山尉張中以詩送之,寅亮答詩序有'花面艶吹,愧鄰婦青脣之斂,桑間陋曲,續郢人白雪之音'之語。有司劾:中小官,不當外交夷使。"而當有司將此事上奏時,宋神宗的表現却是:

顧左右"青脣"何事,皆不能對,乃以問趙元老,元老奏:"不經之語,不敢以聞。"神宗再諭之,元老誦《太平廣記》云:"有睹鄰夫見其婦吹火,贈詩云:'吹火朱脣動,添薪玉腕斜,遥看煙裏面,恰似霧中花。'其婦告其夫曰:'君豈不能學也。'夫曰:'汝當吹火,吾亦效之。'夫乃爲詩云:'吹火青脣動,添薪墨腕斜,遥看煙裏面,恰似鳩槃荼。'"④

似乎可以看出宋神宗對有司的彈劾並不在意,反而是再三問及朴寅亮詩序中"青脣"的由來,不過他也没有對有司所奏表示反對。這説明,如果站在政治的立場上,小官員私交外使可能的確是違反了當時的外事制度;但是站在文化的立場上,使臣賦詩則明顯發揮了展示文化修養和促進文學交流的巨大作用。

有資料可以證明,宋朝皇帝其實並不排斥使臣賦詩。據《高麗史》記載:高麗仁州人資諒,官中書侍郎平章事,嘗"奉使如宋。徽宗御睿謀殿,召一行

---

① 《宋史》卷二九四《聶冠卿傳》,第 9820 頁。
② 王珪《華陽集》卷三八《趙康靖公墓誌銘》,《叢書集成初編》第 1916 册,第 504 頁。
③ 《漢書》卷三〇《藝文志》,第 1755—1756 頁。
④ 王闢之《澠水燕談録》卷九,第 118 頁。

人賜宴,作詩示之。命和之,資諒即製進云:'鹿鳴嘉會宴賢良,仙樂洋洋出洞房。天上賜花頭上艷,盤中宣橘袖中香。黄河再報千年瑞,綠醑輕浮萬壽觴。今日陪臣參盛際,願歌天保永無忘'"。① 可以說宋徽宗賜宴高麗使並作詩酬唱的行爲本身,就表明賦詩應該是交聘活動中較爲普遍和平常的現象。所以再回頭看宋仁宗頒佈的"奉使契丹,不得輒自賦詩,若彼國有請者,聽之"的政令,便能深知其用意是出於謹慎而禁止使臣輒自賦詩,但是只要"彼國有請",使臣就可應邀賦詩。那麽,被北宋朝臣彈劾的李維和余靖,二人都是在交聘活動中應邀賦詩,這說明他們的行爲並不違反輒自賦詩的規定。故受爭議的很有可能是他們的賦詩内容。

先説李維,從其聘使背景來看,"契丹請和,以爲賀正旦使。……自是每北使至,多命維主之。……會塞下傳契丹將絶盟,復遣維往使"。可見他長期擔任與契丹之間的外事工作,積纍了豐富的經驗,於是朝廷在"傳契丹將絶盟"的時候便派他出使。而李維此行也頗見成效,因"契丹主素服其名",所以"館勞加禮,使即席賦《兩朝悠久詩》",李維則"下筆立成,契丹主大喜"②。契丹主請李維賦《兩朝悠久詩》,選用這個題目的意圖是爲了倡導和平共處,故李維欣然應允、下筆成詩,並得到了契丹主的讚賞。這顯然是宋代外事活動中詩歌交流的一個成功案例,却不想因詩中自稱"小臣",而被北宋朝臣所詬病。不過可以看出,朝臣的非議明顯帶有斷章取義、以偏概全的政治偏見。

再看余靖,據《中山詩話》記載:"余靖兩使契丹,情益親,余作北語詩,國主曰:'卿能道,我爲卿飲。'靖答曰:'夜筵設罷(一作邏,侈盛也)臣拜洗(受賜也),兩朝厥荷(通好也)情斡勒(厚重也)。微臣稚魯(拜舞也)祝荐統(福祐也),聖壽鐵擺(嵩高也)俱可忒(無極也)。'國主大笑,遂爲釂觴。"③正是因爲此詩,不僅調和了雙方交流的氛圍,還拉近了彼此的距離。但却被王平等人彈劾爲"失使者體",而這實際是無稽之談。因爲通曉外語的官員,通常都會得到統治者的重用,比如《宋史·劉重進傳》載其"晉初,以習契丹語,應募使北邊……遷西頭供奉官,再使契丹"④。正是由於劉重進精通契丹語,這才獲得了更多出使契丹並發揮其語言優勢的機會。事實上,在宋代交聘活動中寫過"北語詩"的使臣,不唯獨余靖一人,據《契丹國

---

① 鄭麟趾等《高麗史》卷九五《李子淵傳》,點校本,重慶,西南師範大學出版社、北京,人民出版社,2014年,第2946頁。
② 《續資治通鑑長編》卷一〇四《仁宗》,第2402頁。
③ 《宋人軼事彙編》卷九引,第419頁。
④ 《宋史》卷二六一《劉重進傳》,第9044頁。

志》卷二四記載:"刁約使契丹,爲北語詩云:'押燕移離畢(移離畢,官名,如中國執政),看房賀跋支(賀跋支,如執政防閤)。餞行三匹裂(匹裂,似小木罌。以木爲之,加黄漆),密賜十貔貍(形如鼠而大,穴居,食穀梁,嗜肉。北朝爲珍膳,味如豚肉而脆)。'"①奇怪的是爲何刁約没有受到彈劾呢?而且刁約所賦是在余靖被貶後不久。也就是説,刁約之前已經有余靖受劾的事件發生,但他却並不因此而畏懼,仍然創作了"北語詩"。這説明使臣作"北語詩"應該符合宋代外事制度的要求,而彈劾所針對的只是個别人和事,並不是使臣賦詩這一有效行爲。所以,使臣在交聘活動中賦詩無疑是一種利大於弊的交流形式,有著特殊的政治及文化功用。

---

① 《契丹國志》卷二四,第260頁。又見沈括《夢溪筆談》卷二五,北京,中華書局,2015年,第244頁。

第五章　宋代使臣語録

宋代外事制度規定,使臣需要對交聘活動中的語言進行記録並上報。這與使臣記録奉使經見的行記不同,語録主要是一份反映交聘雙方對話的文件。爲此,使臣語録在宋代外事活動中具有制度性要求,凡使行即有語録被製作。同時,使臣語録的制度化也較大程度地規範了其文體形式和文本内容,從而産生了一批文章風格簡潔質樸的作品。

第一節　宋代使臣語録文獻的概況

1. 寇瑊《生辰國信語録》

《郡齋讀書志》僞史類著録"《生辰國信語録》一卷",云:"(寇)瑊與康德輿天聖六年使契丹,賀其主生辰,往返語録,并景德二年至天聖八年使副姓名及雜儀附於後。"①《宋史·藝文志》傳記類則記作"寇瑊《奉使録》一卷"②。是書已佚。

寇瑊字次公,汝州臨汝(今屬河南)人。他曾兩任契丹使:一是宋仁宗天聖六年(1028)八月,命"樞密直學士、給事中寇瑊爲契丹生辰使,内殿崇班、閤門祇候康德輿副之"。《遼史》亦載遼聖宗太平八年十二月"丁亥,宋遣寇瑊、康德來賀千齡節"③。二是天聖九年(1031)七月"戊午,命樞密直學士寇瑊爲賀契丹登位使"④。但在當年九月,寇瑊因病免行。

2. 蘇紳使契丹語録

蘇象先《丞相魏公譚訓》卷二説:"曾祖康定二年使北虜,爲母后生辰使。虜主望見曾祖儀觀,大奇異之。及宴,躬至坐次,持大杯手酌盈升,曾祖

---

① 《郡齋讀書志校證》卷七,第282—283頁。
② 《宋史》卷二百三《藝文志》,第5120頁。
③ 《續資治通鑑長編》卷一〇六《仁宗》,第2480頁。《遼史》卷一七《聖宗本紀》,第203頁。
④ 《續資治通鑑長編》卷一一〇《仁宗》,第2564頁。

嚼之。虜人歎息，以謂自通好幾四十年，未有如此禮也。手抄語錄見藏於家，祖父題於後，以賜象先。"①按：蘇象先之曾祖爲蘇紳。可知蘇紳曾使契丹，撰有語錄並手抄副本用作家藏。是錄已佚。

蘇紳（999—1046）字儀甫，泉州晉江（今屬福建）人，進士及第。②《續資治通鑑長編》記載：康定元年（1040）八月"乙未，刑部員外郎、知制誥蘇紳爲契丹國母生辰使，西京左藏庫副使向傳範副之"③。

3. 郭稹使契丹語錄、張奎接伴契丹使語錄

《宋會要輯稿》在其職官門入内内侍省下，有"主管往來國信所"一目，其中記載："康定元年十一月二十六日，禮部郎中、知制誥賈昌朝等言：'奉詔差館伴契丹回謝使，所有郭稹奉使及張奎接伴語錄，並乞關送。及更有言語事宜，乞令密諭臣等。'詔國信所郭稹、張奎語錄封送昌朝等，仍今後並依此例。"④

郭稹字仲微，開封祥符人。宋仁宗康定元年（1040）七月"乙丑，遣刑部員外郎集賢校理同修起居注郭稹、供備庫副使夏防使契丹，告以方用兵西邊也。議者謂元昊潛結契丹，恐益爲邊患，故特遣稹等諭意"⑤。《宋史·郭稹傳》亦載："康定元年使契丹，告用兵西鄙。契丹厚禮之，與同出觀獵，延稹射。稹一發中走兔，衆皆愕視，契丹主遺以所乘馬及他物甚厚。"⑥可見郭稹使契丹語錄當作於此時。張奎字仲野，山東臨濮人，其接伴契丹使事不詳。

4. 富弼《奉使語錄》（又名《富公語錄》《富文忠入國語錄》《使北語錄》等）、《奉使別錄》

《郡齋讀書志》僞史類著錄富弼"《富公語錄》一卷"，云："使虜時所撰。"《讀書附志》又著錄"《富文忠入國語錄》一卷"，云："慶曆二年，以右正言知制誥，爲回謝契丹國信使西上，閤門使符惟忠副之。惟忠行至武強，病卒，以知貝州供備庫使、恩州團練使張茂實代之。所説機宜事件，具載錄中。弼所争者獻納二字，朝廷竟從晏殊議，用納字，弼不預也。"⑦《直齋書錄解題》傳記類著錄"《奉使別錄》一卷"，云："丞相河南富弼彥國撰。慶曆使契

---

① 蘇象先《丞相魏公譚訓》卷二，《全宋筆記》第三編第三册，鄭州，大象出版社，2008年，第51頁。
② 《宋史》卷二九四《蘇紳傳》，第9808頁。
③ 《續資治通鑑長編》卷一二八《仁宗》，第3033頁。
④ 《宋會要輯稿》職官三六，第3908頁下。
⑤ 《續資治通鑑長編》卷一二八，第3028—3029頁。
⑥ 《宋史》卷三〇一《郭稹傳》，第9998—9999頁。
⑦ 《郡齋讀書志校證》卷七，第283頁。趙希弁《讀書附志》，《郡齋讀書志校證》，第1130—1131頁。

丹,歸爲語録以進,機宜事節則具於此録。又一本有兩朝往來書附於末。"①《宋史·藝文志》傳記類則著録"富弼《奉使語録》二卷,又《奉使別録》一卷";故事類又著録"富弼《契丹議盟別録》五卷"。②

富弼(1004—1083)字彦國,河南洛陽人,謚號"文忠"。仁宗時,宋、遼關係緊張,契丹屯兵北境,要求遣使談判,與遼劃地。當時宋庭上下因敵情叵測,無人敢擔任使者。面對主憂臣辱,富弼挺身而行。《宋史·仁宗本紀》載慶曆二年(1042)四月"庚辰,知制誥富弼報使契丹";同年七月"癸亥,富弼再使契丹"③。在與契丹談判中,富弼詰其君、折其口,而服其心,無一語少屈,使契丹主自知理虧,遂息兵寧事。

從目録書的著録來看,富弼在使遼期間將入對遼庭的問答内容都悉數記下,結集成了"語録"和"別録"兩種作品。但目録書的著録存在書名各異、卷數不一的問題,故需進一步辨明。

首先,《富公語録》和《富文忠入國語録》應該作於富弼使契丹的不同時期,而不當是同一書。據《讀書附志》的著録已知《富文忠入國語録》作於慶曆二年,那麼《郡齋讀書志》所著録的《富公語録》又作於何時呢?據《續資治通鑑長編》記載:康定元年(1040)八月"乙未,刑部員外郎、知制誥蘇紳爲契丹國母生辰使,西京左藏庫副使向傳範副之。……右正言、知制誥吴育爲契丹主生辰使,東頭供奉官、閤門祇候馮載副之;右正言梁適爲契丹國母正旦使,西染院副使張從一副之;太常丞、史館修撰富弼爲契丹主正旦使,供備庫副使趙日宣副之"。注云:"據《富弼語録》,副使乃張從一,非趙日宣也。"④可見富弼此次奉使亦著有"語録",其《富弼語録》極大可能就是《富公語録》。

其次,慶曆二年,富弼使契丹應該同時作有"語録"和"別録"。《讀書附志》注《富文忠入國語録》稱:"所説機宜事件,具載録中。"這與《直齋書録解題》注《奉使別録》稱"機宜事節則具於此録"的表達一致。説明二書都是在同一次奉使中完成。

第三,總結上述兩點,可知富弼的使契丹作品當有前後"奉使語録"和《奉使別録》。所以,《宋史·藝文志》著録"富弼《奉使語録》二卷,又《奉使別録》一卷"。又程大昌《考古編》説:"富韓公慶曆和議,世傳援此意爲説,虜遂就和。然韓公前後《語録》皆不載此語,不知説者本何

---

① 《直齋書録解題》卷七,第 203 頁。
② 《宋史》卷二百三《藝文志》,第 5120、5103 頁。
③ 《宋史》卷一一《仁宗本紀》,第 213、214 頁。
④ 《續資治通鑑長編》卷一二八《仁宗》,第 3033 頁。

書？予嘗辨之。"①都表明後人大概是將富弼的前後"語録"合二爲一，結集成了二卷本的《奉使語録》。另外，《宋史·藝文志》還著録有"富弼《契丹議盟別録》五卷"，從卷數上看，此書與《奉使別録》相差甚大，待考。

富弼使契丹語録和別録今已失傳，唯見宋代史籍中記録了不少關於富弼等人與契丹君臣爭論對答的内容，可能與富弼的奉使記録相關。此外，周必大《跋司馬文正公手鈔富文忠公使北録》説："司馬文正公於廣記，備言不啻飢渴之嗜飲食，況國家重事乎。富文忠《使北語録》首尾萬有餘字，手自鈔録，他人安能爲此。"②又吕中《宋大事記講義》稱贊富弼："事求其必濟，功求其必成。雖鼎鑊在前，而有所不避，雖甘言重幣，而有所不能誘。鄭公惟能如是，故能拒遼主關南十縣之請，却遼主請婚公主之求。請勿許遼人獻納之二字，皆往復辨論，不啻數十百語，其見於《奉使録》之數篇。"③可知富弼《奉使語録》的篇幅當在萬字以上。

5. 張方平使契丹語録

《樂全集》附録張方平行狀説："冬，使契丹，假起居舍人知制誥入北境。及郊迎，北主與弟私至范陽郭門外，母閼支等亦乘馳車出郊，道旁填壅，觀者莫不屬目焉。燕日，北主親至坐前，命玉卮揖公曰：'聞君海量。'畢之，語左右曰：'有臣如此，鄴也。'又因公出館，至公寢室，繙藥盒，取湯茗，懷以去，所賫必別題送之，禮意殊厚。使回，進語録，中有對答數節，皆逆折其事端。當時禁中大黄簽摽之，以示中書。自此北使以事宜至者，輒命公館伴。慶曆中，館伴數矣。"④可知張方平撰有使契丹語録。已佚。

張方平（1007—1091）字安道，號"樂全居士"，睢陽（今河南商丘）人。宋仁宗慶曆二年（1042）八月壬辰，命"太常丞、直集賢院張方平爲國主生辰使，東頭供奉官、閤門祇候劉舜臣副之"⑤。

6. 邵良佐《賊中語録》

《續資治通鑑長編》載："元昊既不肯稱臣，如定等來，又多所要請，兩府厭兵，欲姑從之，獨韓琦以爲不可，屢合對於上前，晏殊曰：'衆議已同，惟韓琦獨異。'上顧問琦，琦歷陳其不便。上曰：'更審議之。'及至中書，琦持不可益堅，殊變色而起。琦退，復上章曰：'今西界遣人議和，其患有三：……

---

① 程大昌《考古編》卷一〇，北京，中華書局，2008 年，第 169 頁。
② 王瑞來《周必大集校證》卷四八，第 725 頁。
③ 吕中《宋大事記講義》卷一二，《文淵閣四庫全書》第 686 册，第 319 頁。
④ 張方平《張方平集》附録，鄭州，中州古籍出版社，1992 年，第 788 頁。
⑤ 《續資治通鑑長編》卷一三七《仁宗》，第 3289 頁。

臣觀邵良佐《賊中語録》，乃云賊言朝廷議和，必往問契丹。……'"①可見邵良佐曾奉使西夏，並撰有語録。已佚。

《續資治通鑑長編》載宋仁宗慶曆三年（1043）四月"癸卯，著作佐郎、簽書保安軍判官事邵良佐假著作郎使夏州"。又《宋史·夏國傳》亦載："詔遣邵良佐、張士元、張子奭、王正倫更往議，且許封册爲夏國主，而元昊亦遣如定、聿捨、張延壽、楊守素繼來。"②

7. 余靖《慶曆正旦國信語録》（簡稱《國信語録》）

《直齋書録解題》傳記類著録余靖"《慶曆正旦國信語録》一卷"，云："余靖慶曆三年使遼所記。"③《宋史·藝文志》故事類則簡稱爲《國信語録》，《通志·藝文略》地理類則記作"《余襄公奉使録》一卷"。是書已佚。

余靖（1000—1064）字安道，韶州曲江（今廣東韶關）人。余靖曾三任契丹使：一是慶曆三年（1043）冬十月"丁未，以右正言、集賢校理余靖爲契丹國母正旦使，代張瑰之也"；二是慶曆四年（1044）冬八月戊戌，命"右正言、集賢校理、同修起居注余靖假右諫議大夫、史館修撰，爲回謝契丹使"；三是慶曆五年（1045）春正月庚辰，命"右正言、知制誥、史館修撰余靖爲回謝契丹使，引進使、恩州刺史王克基副之"④。可知此録是余靖首次使遼時所撰。

8. 王拱辰使契丹語録和别録

趙抃《奏狀乞宣王拱辰語録付御史臺》云："今竊聞拱辰使迴，於隨行語録中增減矯飾詐僞不少。……臣愚欲乞聖旨，指揮下兩府將拱辰入國隨行語録并别録等，一宗文字宣付御史臺。與昨來宋選等公案一處照驗比對，便見拱辰灼然虛實事狀。"⑤由此可知王拱辰使契丹時撰有語録和别録。

王拱辰（1012—1085）字君貺，原名拱壽，開封咸平（今河南省通許縣）人。他曾兩任契丹使：一是宋仁宗寶元二年（1039）八月乙酉，命"右正言、直集賢院、判都磨勘司王拱辰爲正旦使，西京左藏庫副使彭再問副之"⑥；二是宋仁宗至和元年（1054）九月辛巳，命"三司使、吏部侍郎王拱辰爲回謝契丹使，德州刺史李珣副之"⑦。《宋史·王拱辰傳》載："至和三年，復拜三司使。聘契丹，見其主混同江，設宴垂釣，每得魚，必酌拱辰酒，親鼓琵琶以侑

---

① 《續資治通鑑長編》卷一四二《仁宗》，第 3408 頁。
② 《續資治通鑑長編》卷一四〇《仁宗》，第 3362 頁。《宋史》卷四八五《夏國傳》，第 13998 頁。
③ 《直齋書録解題》卷七，第 204 頁。
④ 《續資治通鑑長編》卷一四四《仁宗》，第 3482 頁。《續資治通鑑長編》卷一五一《仁宗》，第 3678 頁。《續資治通鑑長編》卷一五四《仁宗》，第 3739 頁。
⑤ 趙抃《清獻集》卷七，《文淵閣四庫全書》第 1094 册，第 844 頁。
⑥ 《續資治通鑑長編》卷一二四《仁宗》，第 2923 頁。
⑦ 《續資治通鑑長編》卷一七七《仁宗》，第 4281 頁。

飲。謂其相曰:'此南朝少年狀元也,入翰林十五年,故吾厚待之。'使還,御史趙抃論其輒當非正之禮,'異時北使援此以請,將何辭拒之'。"①案:《宋史・仁宗本紀》和《續資治通鑑長編》均記王拱辰二使契丹是在至和元年②,故《宋史》本傳所記至和三年當誤。因此,趙抃所說的王拱辰語録和別録,當撰於他二使契丹時。

王拱辰使契丹語録已佚,今《續資治通鑑長編》注引有別録一段,記王拱辰與契丹主關於西羌的對話。③

9. 劉敞《使北語録》(又名《劉原父奉使録》)

宋仁宗至和二年(1055)八月甲寅,劉敞爲契丹國母生辰使。《遂初堂書目》本朝故事類著録《劉原父奉使録》④,未署卷數。《宋史・藝文志》傳記類著録"劉敞《使北語録》一卷"⑤。是書已佚。

劉敞生平及使契丹事迹詳見第四章第一節"宋代使臣記行詩集與組詩概述"。

10. 歐陽修《北使語録》

宋仁宗至和二年(1055)八月辛丑,歐陽修爲契丹國母生辰使。《歐陽修年譜》載嘉祐元年(1056)丙申(九月改元)公年五十,"二月甲辰,使還,進《北使語録》"⑥。是書已佚。

歐陽修生平及使契丹事迹詳見第四章第一節"宋代使臣記行詩集與組詩概述"。

11. 陳襄《神宗皇帝即位使遼語録》(又名《國信語録》《使遼録》《奉使録》等)

《宋史・藝文志》故事類著録陳襄"《國信語録》一卷"⑦。又《古靈先生年譜》載治平四年丁未,"公(陳襄)年五十一,神宗皇帝即位,公以諫議大夫奉使於遼,八月還,有《使遼録》一卷"⑧。《通志・藝文略》地理類朝聘著録"陳襄《奉使録》一卷",《秘書省續編到四庫闕書目》傳記類則作"陳襄《奉使録事》一卷"⑨。

---

① 《宋史》卷三一八《王拱辰傳》,第10360頁。
② 《宋史》卷一二《仁宗本紀》,第237頁。
③ 《續資治通鑑長編》卷一七七《仁宗》,第4282頁。
④ 《遂初堂書目》,《叢書集成初編》第32册,第10頁。
⑤ 《宋史》二〇三《藝文志》,第5120頁。
⑥ 歐陽修《歐陽修全集》附録卷一,第2609頁。
⑦ 《宋史》卷二〇三《藝文志》,第5106頁。
⑧ 陳襄《古靈集》卷二五《古靈先生年譜》,《文淵閣四庫全書》第1093册,第722頁上。
⑨ 《通志二十略》,第1583頁。葉德輝考證《宋秘書省續編到四庫闕書目》卷一,《叢書集成續編》第3册,第246頁下。

陳襄(1017—1080)字述古,侯官(今福建福州)人,因居古靈,故號"古靈先生",著有《古靈集》二十五卷傳世。治平四年(1067),因英宗死而神宗立,故陳襄等充當"皇帝登寶位告北朝皇太后、皇帝國信使"。使遼期間,陳襄以日記形式記錄了交聘活動中的見聞和言語,遂成《國信語錄》。是錄"原附宋本《古靈集》之後,今傳《古靈集》本多無此文,金毓黻先生取日本静嘉堂文庫所藏宋本《古靈集》本爲底本,校補以庫中鈔本,以成完帙,收入《遼海叢書》"①。此本首題:"三司鹽鐵官、朝奉郎、守尚書工部郎中、充秘閣校理、騎都尉、賜緋魚袋,臣陳襄上進。"尾題:"神宗皇帝即位使遼語錄終",當爲此錄之全稱。

12. 沈括《入國别録》

《續資治通鑑長編》云:"沈括自有《乙卯入國奏請》并《别録》載使事甚詳,今掇取其間辨論地界處具注括《自誌》下。其緊要亦不出括《自誌》也。恐歲久不復見括《别録》,故且存之。"②

沈括生平及使契丹事跡詳見第二章第一節"宋代使臣行記文獻的概況"。今《續資治通鑑長編》卷二六五引録有部分《入國别録》的内容。

13. 沈季長《接伴送語録》

《直齋書録解題》傳記類著録沈季長"《接伴送語録》一卷",云:"集賢校理沈季長熙寧九年接伴送遼使耶律運所記。"③是書已佚。

沈季長(1027—1087)字道原,其先爲湖州武康(今浙江德清)人,後徙居真州揚子(今江蘇儀征)。《續資治通鑑長編》載熙寧九年(1076)十二月"丁未,遼主遣左監門衛上將軍耶律運、西上閤門使李逵來賀正旦"④。

14. 韓縝等使遼語録

《續資治通鑑長編》載宋神宗熙寧十年(1077)五月,"詔韓縝等:'昨已與北人分畫緣邊界至,其山谷、地名、壕堠、鋪舍相去遠近等,並圖畫簽貼,及與北人對答語録編進入'"。又同年十二月"韓縝等上與遼人往復公移及相見語録并地圖,詔縝同吕大忠以耶律榮等齎來文字、館伴所語録、及劉忱等案視疆場與北人論議、及朝廷前後指揮,分門編録以聞"⑤。可知韓縝等曾使遼,並撰有語録。已佚。

韓縝(1019—1097)字玉汝,原籍靈壽(今屬河北)人,徙雍丘(今河南杞

---

① 趙永春編注《奉使遼金行程録》(增訂本)題注,第67頁。
② 《續資治通鑑長編》卷二六五《神宗》,第6498頁。
③ 《直齋書録解題》卷七,第204頁。
④ 《續資治通鑑長編》卷二七九《神宗》,第6845頁。
⑤ 《續資治通鑑長編》卷二八二《神宗》,第6918頁;卷二八六《神宗》,第6999頁。

縣)。他應在熙寧間多次使遼,如《續資治通鑑長編》載熙寧七年(1074)三月甲子,命"兵部郎中、天章閣待制韓縝假龍圖閣直學士、給事中,爲回謝遼國使"。又如《宋史·韓縝傳》載:"熙寧七年,遼使蕭禧來議代北地界。召縝館客,遂報聘,令持圖牒致遼主,不克見而還。知開封府,禧再至,復館之。詔乘驛詣河東,與禧分畫,以分水嶺爲界。"①

15. 張誠一館伴高麗使語録

葉夢得《石林詩話》云:"高麗自太宗後,久不入貢,至元豐初,始遣使來朝。神宗以張誠一館伴,令問其復朝之意。云:其國與契丹爲鄰,每因契丹誅求,陵藉不能堪,國主王徽常誦《華嚴經》,祈生中國。一夕,忽夢至京師,備見城邑宮闕之盛,覺而慕之,乃爲詩以記曰:'惡業因緣近契丹,一年朝貢幾多般。移身忽到中華裏,可惜中宵漏滴殘。'余大觀間,館伴高麗人,常見誠一《語録》,備載此事。"②可知張誠一曾館伴高麗使臣,並撰有語録。

據《續資治通鑑長編》記載張誠一應兩次任館伴高麗使:一是宋神宗熙寧四年(1071)五月,"通州言高麗使民官侍郎金悌等入貢至海門縣。詔集賢校理陸經假知制誥館伴,左藏庫副使張誠一副之"。二是元豐元年(1078)正月辛未,命"安燾假左諫議大夫、史館修撰,爲高麗國信使……林希假右正言、直昭文館副之",此次遣使高麗的原因是"高麗國王王徽比年遣使朝貢,上嘉其勤誠,待遇良厚,故遣燾等使其國"。其後又"詔樞密副都承旨張誠一與高麗國信使、副同詳定一行儀物"。③ 雖未記載張誠一於此年任館伴高麗使,但因王徽每年遣使入貢,可推測張誠一在元豐初有可能也曾館伴過高麗使,故命其與安燾等詳定儀物。由此,就能與葉夢得所説相吻合。

16. 吕晦叔使遼語録

趙善璙《自警編》記載吕晦叔説:"昨使契丹,敵中接伴問副使狄諮曰:'司馬中丞今爲何官?'諮曰:'今爲翰林學士,兼侍讀學士。'敵曰:'不爲中丞邪?聞是人甚忠亮。'晦叔以著於語録。"④可知吕晦叔撰有使遼語録。已佚。

《續資治通鑑長編》載宋神宗元豐元年(1078)九月甲寅,命"知制誥兼侍講黄履爲遼主生辰使,皇城使、雅州刺史姚兕副之;太常博士周有孺爲正旦使,西京左藏庫副使楊從先副之。既而經略司留兕防秋,乃以東上閤門使、榮州刺史狄諮代之"。⑤ 晦叔當爲隨使。

---

① 《續資治通鑑長編》卷二五一《神宗》,第6137頁。《宋史》卷三一五《韓縝傳》,第10310頁。
② 葉夢得撰,逯銘昕校注《石林詩話校注》卷中,北京,人民文學出版社,2011年,第132—133頁。
③ 《續資治通鑑長編》卷二二三,第5432頁;卷二八七,第7020—7021頁。
④ 趙善璙《自警編》卷六,《全宋筆記》第七編第六册,鄭州,大象出版社,2016年,第170頁。
⑤ 《續資治通鑑長編》卷二九一《神宗》,第7119頁。

17. 蔡京等使遼語録

《續資治通鑑長編》注引蔡絛《北征紀實》説："當元豐初，魯公以起居郎借諫議大夫，副以西上閤門使狄詠，奉使遼國，行聘禮畢，而遼人老主令喻使人：……及使回，未至國門，國信所語録先上，神宗皇帝讀之大喜，且謂得使人體，即降内批：'卿等來日可上殿來。'"①魯公即蔡京，可見蔡京等撰有使遼語録。已佚。

蔡京（1047—1126）字元長，北宋興化仙游（今屬福建仙游縣）人。宋神宗元豐六年（1083）八月"乙酉，遣蔡京等賀遼主生辰、正旦"。《續資治通鑑長編》亦載："奉議郎、試起居郎蔡京爲遼主生辰使，西上閤門使狄詠副之；承議郎、駕部郎中吴安持爲正旦使，供備庫使趙思明副之。"②

18. 蘇轍等使遼語録

宋哲宗元祐四年（1089）八月，蘇轍爲賀遼國生辰使。有《北使還論北邊事劄子五道》，其二"論北朝政事大略"説："臣等近奉敕差充北朝皇帝生辰國信使，尋已具語録進呈訖。然於北朝所見事體，亦有語録不能盡者。恐朝廷不可不知，謹具三事，條列如左。"③可知蘇轍等人奉使時撰有語録，所上《北使還論北邊事劄子五道》則是對語録的補充。

蘇轍生平及使遼事迹詳見第四章第一節"宋代使臣記行詩集與組詩概述"。

19. 佚名使契丹語録

《道山清話》説："元祐五年（1090），先公爲契丹賀正使。虜主問：'范純仁今在朝否？'先公曰：'純仁去年六月，以觀文殿學士知潁昌府。'又問：'何故教出外？'先公云：'純仁病足，不能拜，暫令補外養病爾。'又問：'吕公著如何外補？'先公云：'公著去年卒于位，初不曾外補。'乃咨嗟曰：'朝廷想見闕人。'先公曰：'見不住召用舊人。'先是虜主聞先公言純仁以足疾外補，乃回顧近立之人微笑。先公既北歸，不敢以是載於語録，嘗因便殿奏陳。上微語曰：'因通書説與純仁、著。'未幾，先公捐舍。八年，純仁再入相，上首以此告之。"④《四庫全書總目提要》對《道山清話》的作者提出了質疑："不著撰人名氏。《説郛》摘其數條刻之，題曰宋王暐。案書末有暐跋語云，先大父國史在館閣最久，多識前輩，嘗以聞見著《館秘録》《曝書記》，并此書爲三。仍歲兵火，散失不存。近方得此書於南豐曾仲存家，因手鈔藏，示子孫。後題

---

① 《續資治通鑑長編》卷三三八《神宗》，第 8144 頁。
② 《宋史》卷一六《神宗本紀》，第 311 頁。《續資治通鑑長編》卷三三八《神宗》，第 8144 頁。
③ 蘇轍《欒城集》卷四二，第 939 頁。
④ 佚名《道山清話》，《全宋筆記》第二編第一册，鄭州，大象出版社，2013 年，第 108—109 頁。

建炎四年庚戌,孫朝奉大夫主管亳州明道宫,賜紫金魚袋曄書。則撰此書者乃曄之祖,非曄也。周煇《清波雜志》稱成都富春坊火詩,乃洛中名德之後,號道山公子者所作,亦不言其姓氏。書中記元祐五年其父爲賀遼國正旦使,論范純仁、吕公著事,歸奏哲宗。哲宗命寄書純仁。後純仁再相,哲宗問曾見李某書否。則撰此書者李姓,非王姓也。然考李燾《通鑑長編》是年八月庚戌,命吏部郎中蘇注、户部郎中劉昱爲正旦使,供備庫使郭宗顔、西京左藏庫副使畢可濟副之。後郭宗顔病,改遣西頭供奉官閤門陸孝立,無李姓者在其間。而所稱去年范純仁出守潁昌,吕公著卒於位事。考二人本傳,實均在元祐四年。則五年字又不誤,不審其何故也,或蘇字劉字傳寫譌爲李歟。"①據此,這一"使契丹語録"作者難詳。

20. 吕希績等接送伴遼使語録

《宋會要輯稿·職官》保存了兩份語録,爲接伴使吕希績和李世昌所録,内容900餘字。②

宋哲宗元祐七年(1092)正月,"乙酉,樞密院言:'遼使耶律迪病且殆。緣通好已來,未有故事,今用章頻、王咸宜奉使卒於契丹,北人津送體例比類,預立畫一,送館伴所密掌之,如迪死,即施行。'從之。迪尋死於滑州,送伴使校書郎吕希績等以聞,詔賜下饗器幣、賻贈等,就差知通利軍趙齊賢假中大夫充監護使,詔遣内供奉官王遘馳驛治喪事,特賜迪黄金百兩,水銀、龍腦以殮"③。紹興十九年(1149),禮部在討論如何處理類似問題時,需要援引這一先例,於是命"太常寺開具到正旦接送伴語録",也即是元祐七年吕希績等接送伴遼使語録。

21. 陳軒等館伴高麗使語録

宋哲宗元祐八年(1093),蘇軾《論高麗買書利害劄子三首》説:"又據(陳)軒等語録云:高麗使言海商擅往契丹,本國王捉送上國,乞更嚴賜約束,恐不穩便。而軒乃答云:'風訊不順飄過。'乃是與閩中狡商巧説詞理,許令過界。切緣私往北界,條禁至重,海外陪臣,猶知遵稟,而軒乃歸咎於風,以薄其罪,豈不乖戾倒置之甚乎?臣忝備侍從,事關利害,不敢不奏。"④

陳軒字元興,建州建陽(今福建建陽)人。《宋史·陳軒傳》載:"高麗入貢,軒館客,其使求市歷代史、《策府元龜》,抄鄭、衛曲譜,皆爲上聞。禮部尚

---

① 《四庫全書總目》卷一四一子部小説類,第1195頁。
② 《宋會要輯稿》職官三六,第3913—3915頁。
③ 《續資治通鑑長編》卷四六九《哲宗》,第11200頁。
④ 《蘇軾文集》卷三五,第997—998頁。

書蘇軾劾其失體,以龍圖閣待制知廬州,徙杭州、江寧潁昌府。"①可見陳軒等所撰當爲館伴高麗使語録。已佚。

22. 張元方等語録

《中興禮書續編》卷五八載:"昨國信所具到元祐八年,接伴北朝祭奠人使張元方等語録。内十一月十六日,宿内溝驛。十七日,于距馬橋南接見國信使耶律恂、副使張奉珪。"又載:"國信所具到元祐八年,祭奠館伴語録。内十二月十七日早,恂等赴紫宸殿門謝射弓例物,客省賜茶酒畢,詣相國寺廣願塔及大殿,次詣集禧觀五嶽觀燒香。"②可知在元祐八年(1093),張元方等人曾接送伴遼使,撰有語録。同時,亦有館伴語録,但不知館伴使爲何人。

蘇轍在《龍川略志》"議賑濟相、滑等州流民"中提及張元方等送伴北使一事,述其等人還,"言相、滑等州飢民衆多,倉廪空虛。予見范堯夫、鄭公肅議曰:'此事不可不令上知。'……既而堯夫先奏:'近日,張元方自河朔來,言流民甚衆。'轍曰:'元方言見相州見養流民四萬餘人,通利軍一萬餘人,滑州三千餘,然軍中月糧止支一斗,其餘盡令坐倉。蓋廪已空矣,恐别生事'"③云云。所言内容可能與張元方等人的語録相關。

23. 蹇序辰、王詔使遼語録

《續資治通鑑長編》和《曾公遺録》均詳細記録有蹇序辰、王詔等使遼,所撰語録不實的事件。

宋哲宗元符元年(1098),蹇序辰任生辰使、王詔任正旦使同往遼國,使還撰奉使語録上奏,但因所奏不實而被彈劾。如《續資治通鑑長編》載:"已而三省、密院同進呈王詔語録,有跪受香藥酒,舊例不拜,遼人言序辰已拜,詔亦拜。并序辰於客省帳茶酒,皆非舊例。即詔序辰、詔等分析,序辰乃言范鏜(紹聖三年生辰使。)、林邵(四年正旦使。)皆曾拜,而鏜、邵及張宗裔副林邵者皆云不拜。"④又如《曾公遺録》載曾布語:"序辰供進語録,在王詔事未發前,故隱不言拜供儀式,在王詔事發後,便言曾拜。序辰云可以互見,制勘所却曾申密院,取王詔事發及序辰供儀式月日,王詔事發係二月二十六日,序辰供儀式係二十九日,以此可見前供語録不實。兼序辰兩有分析,奏狀至三二十紙,其間莫須有不實之語。"⑤蹇、王二人的語録已佚。

---

① 《宋史》卷三四六《陳軒傳》,第 10985 頁。
② 徐松輯《中興禮書續編》卷五八"凶禮"二四,《續修四庫全書》第 823 册,上海,上海古籍出版社,2002 年,第 602 頁下。
③ 蘇轍《龍川略志》卷九,北京,中華書局,1982 年,第 58 頁。
④ 《續資治通鑑長編》卷五〇七《哲宗》,第 12077 頁。
⑤ 曾布《曾公遺録》卷七,《全宋筆記》第一編第八册,鄭州,大象出版社,2008 年,第 98 頁。

24. 劉逵接伴遼使語録

《續資治通鑑長編》載宋哲宗元符二年(1099),"先是,遼使蕭昭彦謂接伴劉逵曰:'北朝遣汎使,只爲西人煎迫,住不得。若南朝肯相順,甚善。'逵曰:'事但順理無順情。'是日輔臣進呈逵語録,衆皆稱之,上問曾布何如,布亦稱善"①。

劉逵字公路,隨州隨縣(今屬湖北)人。《續資治通鑑長編》載元符元年十二月"戊寅,遼國遣使奉國軍節度使蕭昭彦,副使中散大夫、守太常少卿、充乾文閣待制王宗度來賀興龍節"②。可見劉逵所録乃是接伴遼使語録。已佚。

25. 陸佃《使遼語録》

陸游跋《先左丞使遼語録》說:"右先楚公《使遼録》一卷,三十八伯父手書。伯父自幼被疾,以左手書,然筆力清健如此,平生凡鈔書至數十百卷云。淳熙八年四月五日,某謹識。"③是録已佚。

今考跋文所稱"楚公"即陸佃,爲陸游祖父,於徽宗朝封楚國公。陸佃字農師,越州山陰(今屬浙江)人。陸游在詩文中經常提到陸佃,如《誦書示子聿》詩云:"楚公著書數百編,少師手校世世傳。"又《家居自戒》詩云"猶愧先楚公,終身無屋廬"④等。

據《宋史·徽宗本紀》載宋哲宗元符三年(1100)七月"癸未,遣陸佃、李嗣徽報謝于遼"。又《宋史·陸佃傳》載:"遷吏部尚書,報聘于遼,歸,半道聞遼主洪基喪,送伴者赴臨而返,誚佃曰:'國哀如是,漢使殊無弔唁之儀,何也?'佃徐應曰:'始意君匍匐哭踊而相見,即行弔禮;今偃然如常時,尚何所弔?'伴者不能答。"⑤可知陸佃《使遼語録》當撰於此時。

跋文所說伯父,乃是陸元長。《老學庵筆記》說:"伯父通直公,字元長,病右臂,以左手握筆,而字法勁健過人。"⑥故陸游跋文稱其"以左手書"。

26. 范坦使遼語録

《宋史·范坦傳》載:"(范坦)押伴夏國使,應對合旨,賜進士第,權起居舍人。使於遼,復命,具語録以獻。徽宗覽而善之,付鴻臚,令後奉使者視爲式。遷殿中監,知開封府,再命使遼。"⑦

---

① 《續資治通鑑長編》卷五〇五《哲宗》,第12043頁。
② 《續資治通鑑長編》卷五〇四《哲宗》,第12005頁。
③ 陸游《渭南文集》卷二七,載《陸放翁全集》,第161頁。
④ 陸游《劍南詩稿》卷四九、五六,載《陸放翁全集》,第725、803頁。
⑤ 《宋史》卷一九《徽宗本紀》,第359頁;卷三四三《陸佃傳》,第10919頁。
⑥ 陸游《老學庵筆記》卷二,北京,中華書局,1979年,第18頁。
⑦ 《宋史》卷二八八《范坦傳》,第9680頁。

范坦字伯履,河南人。使遼事迹不詳,據《宋史》本傳所記其使遼語錄大約撰於宋徽宗1101年至1111年間。已佚。

27. 林攄《北朝國信語錄》

《通志·藝文略》地理類著録"林內翰《北朝國信語録》二卷",又《秘書省續編到四庫闕書目》傳記類著録"□翰《北國信語録》二卷"①。是書已佚。

案:宋代翰林學士別稱內翰,此人可能是一位林姓翰林學士。其語録著録於紹興間編纂的《秘書省續編到四庫闕書目》,則作者當爲北宋人。"查宋人之使遼者,林姓者凡三人:林旦,元祐五年(1090);林邵,紹聖四年(1097);林攄,崇寧四年(1105)。而這三人之中,只有林攄一人曾任翰林學士。"②

林攄(約1067—1124)字彥振,福州人。宋徽宗崇寧四年五月"壬子,遣林攄報聘于遼"③。《宋史·林攄傳》載其使遼經過云:"初,朝廷數取西夏地,夏求援於遼,遼爲請命。攄報聘,京密使激怒之以啓釁。入境,盛氣以待迓者,小不如儀,輒辨詰。及見遼主,始跪授書,即抗言數夏人之罪,謂北朝不能加責而反爲之請。禮出不意,遼之君臣不知所答。及辭,遼使攄附奏,求還進築夏人城柵。攄答語復不巽,遼人大怒,空客館水漿,絕煙火,至舍外積潦亦污以矢溲,使饑渴無所得。如是三日,乃遣還,凡饔飱、祖犒皆廢。"④

28. 謝皓接伴遼使語録

《福建通志》載宋徽宗大觀三年(1109)遼使至,需索無厭,"接伴使張閌不能對,徽宗命(謝)皓代之。還以對,語録奏,稱旨"⑤。《萬姓統譜》亦載:"遼使至……上命皓待之,皓入對曰:'不疑於物,物亦誠。苟待之以誠,彼雖無知,亦當屈服。'"⑥可知謝皓當撰有接伴遼使語録,已佚。

29. 蕭服《接伴遼使語録》

王梓材《宋元學案補遺》記蕭服,稱其"著有《接伴遼使語録》并文集十卷"⑦。是書已佚。

---

① 《通志二十略》,第1583頁。《宋秘書省續編到四庫闕書目》卷一,《叢書集成續編》第3冊,第247頁上。
② 劉浦江《宋代使臣語録考》,載張希清等主編《10—13世紀中國文化的碰撞與融合》,上海,上海人民出版社,2006年,第280頁。
③ 《宋史》卷二〇《徽宗本紀》,第374頁。
④ 《宋史》卷三五一《林攄傳》,第11110頁。
⑤ 《福建通志》卷四八,《文淵閣四庫全書》第529冊,第623頁下。
⑥ 淩迪知《萬姓統譜》卷一〇五,《文淵閣四庫全書》第957冊,第475頁上。
⑦ 王梓材、馮雲濠《宋元學案補遺》卷三〇,北京,中華書局,2011年,第1196頁。

蕭服(1059—1114)字昭甫,廬陵(今江西吉安)人。《宋史·蕭服傳》載:"俄偕沈畸使鞫獄,坐羈管處州,踰歲得歸。張商英當國,引爲吏部員外郎。送遼使,得疾於道,遂致仕。"①《宋史紀事本末》載大觀元年(1107)"九月,貶侍御史沈畸監信州酒税,竄御史蕭服於處州"②。解縉《跋蕭服侍郎印歷》説:"此宋吏部侍郎蕭公諱服,政和間除授尚書吏部員外郎考功印歷也。吏部歷官事已具宋史本傳。予嘗觀其《伴遼語録》,已深有靖康之憂。惜哉!公之早世也。其孫仲素又視予此印歷,爲之憮然,使公當執選,靖康群小何由得進。"③由此可見蕭服接伴遼使當在徽宗政和年間,因他卒於政和四年,所以其《接伴遼使語録》約撰於政和1111年至1114年間。

30. 二醫使高麗語録

《皇朝編年綱目備要》宣和元年(1119)"金是來"下載:"初,高麗來求醫,上遣二醫往。是秋還,以其事及語録奏聞,然後知實非求醫,乃彼知中國將與女真圖契丹,因是勸止中國。謂:'苟存契丹,猶足爲中國扞邊,女真虎狼,不可交也,宜早爲之備。'上聞之不樂。後三年,遣使往聘,欲促其共舉。高麗雖恭順,終不得其要領而歸。"④可見此"二醫"撰有使高麗語録。已佚。

31. 趙良嗣《燕雲奉使録》

《三朝北盟會編》引録有數段趙良嗣《燕雲奉使録》⑤。

趙良嗣(？—1126),本燕人馬植,世爲遼國大族,仕至光禄卿。政和初,童貫出使,馬植夜見,呈滅燕之策,童貫奇之,載與歸。馬植易姓名曰李良嗣。後宋徽宗召見,賜姓趙氏,以爲秘書丞,圖燕之議自此始。⑥

宋徽宗宣和二年(1120)"三月六日丙午,詔中奉大夫右文殿修撰趙良嗣,由登州往使,忠訓郎王瓌副之。議夾攻契丹,求燕雲地、歲幣等事"。《燕雲奉使録》亦載:"宣和二年春二月,詔遣中奉大夫右文殿修撰趙良嗣,假朝奉大夫,由登州泛海使女真,忠訓郎王瓌副之。以計議依祖宗朝故事買馬爲名,因議約夾攻契丹,取燕、薊、雲、朔等舊漢地。"⑦此后,趙良嗣又多次使金,商議滅遼之事。諸如:宣和四年(1122)九月"甲戌,遣趙良嗣報聘于金國";又十二月"戊子,遣趙良嗣報聘于金國";又宣和五年(1123)正月"己

---

① 《宋史》卷三四八《蕭服傳》,第11024頁。
② 陳邦瞻《宋史紀事本末》卷四九,第492頁。
③ 解縉《文毅集》卷一六,《文淵閣四庫全書》第1236册,第830頁上。
④ 陳均《皇朝編年綱目備要》卷二八,北京,中華書局,2006年,第725—726頁。
⑤ 見《三朝北盟會編》卷四、九、一〇、一一、一三、一五,第25—27、62—63、65—66、69、76—81、92—93、103—107頁。又見李德輝《晉唐兩宋行記輯校》,第259—269頁。
⑥ 見《宋史》卷四七二《趙良嗣傳》,第13733—13734頁。
⑦ 《三朝北盟會編》卷四"宣政上帙四",第25頁上。

未,遣趙良嗣報聘,求西京等州"。①

所以《燕雲奉使錄》應是趙良嗣對其多次使金所經諸事的輯錄。是書以記言爲主,與語錄相類,約撰於宣和1120年至1123年間。

32. 馬擴北使語錄

馬擴《茅齋自叙》記錄"次晚,南還到雄州,作語錄入遞待報"。又"馬擴歸到太原府宣撫司,以往來所歷事節答語錄呈"②。可知馬擴奉使時撰有語錄。

馬擴(？—1152)字子充,狄道(今甘肅臨洮)人。徽宗宣和中多次以閤門宣贊舍人使遼、金,促成宋金"海上之盟",事見《三朝北盟會編》《建炎以來繫年要錄》。著有《茅齋自叙》《續自叙》等,是馬擴據自己的《日記》摘編,再整理潤色而成,並以所居"茅齋"爲書名。書中所記之事始於北宋宣和二年(1120)九月,止於靖康元年(1126)二月,其內容與馬擴使金諸事及所撰的使金語錄相關。③

33. 鄭望之《靖康奉使錄》(又名《靖康城下奉使錄》)

《直齋書錄解題》雜史類著錄鄭望之"《靖康奉使錄》一卷"④。是書已佚。

鄭望之(1077—1161)字顧道,彭城(今江苏徐州)人。《宋史·鄭望之傳》載:"靖康元年,金人攻汴京,假尚書工部侍郎,俾爲軍前計議使。既還,金人遣吴孝民與望之同入見。望之言金人意在金幣,且要大臣同議,廼命同知樞密院事李梲與望之再使。"⑤

《三朝北盟會編》卷二八、二九、三三引作《靖康城下奉使錄》或《奉使錄》⑥,内容主要是記錄鄭望之使金過程中的問答言語。

34. 李若水《山西軍前和議錄》(又名《靖康大金山西軍前和議日錄》《山西軍前和議奉使錄》)、《奉使錄》

《三朝北盟會編》引錄有李若水《山西軍前和議錄》和《奉使錄》二書。

李若水(1093—1127)字清卿,洺州曲周(今屬河北)人,原名若冰。宋欽宗靖康元年(1126)八月"乙卯,遣徽猷閣待制王雲、閤門宣贊舍人馬識遠使于金國,秘書著作佐郎劉岑、太常博士李若水分使其軍議和"。《三朝北盟

① 《宋史》卷二二《徽宗本紀》,第 410、411 頁。
② 馬擴撰,傅朗雲輯注《茅齋自叙》,《長白叢書》第四集《金史輯佚》,長春,吉林文史出版社,1990 年,第 125、137 頁。
③ 馬擴撰,傅朗雲輯注《茅齋自叙》,第 141 頁。
④ 《直齋書錄解題》卷五,第 152—153 頁。
⑤ 《宋史》卷三七三《鄭望之傳》,第 11554 頁。
⑥ 《三朝北盟會編》,第 210—211 頁上、212—214 頁、216—217 頁上、247 頁下—249 頁上。

會編》亦載:"初朝廷欲遣使金國,以租賦贖三鎮,令侍從臺諫,各舉三人。有舉太常博士李若冰者,上召見,惡其名若冰。上曰:'若,猶弱也;冰,猶兵也。兵不可弱。'遂賜名若水。除秘書省著作佐郎、借秘書少監使於金國山西軍前。"①《山西軍前和議錄》即是記錄李若水使金議和的一份語錄,自稱:"靖康元年八月二十四日,若水等被旨,日下出門,差往大金山西軍前和議。"②

又《宋史·欽宗本紀》載靖康元年十一月,"遣資政殿學士馮澥及李若水使粘罕軍"③。此次使金李若水同樣撰有語錄,《三朝北盟會編》引作《奉使錄》,自稱:"十一月十三日,若水等被旨同王雲、馬識遠,并依舊軍前奉使。"④

李若水使金語錄均佚,唯《三朝北盟會編》卷五五引錄有部分佚文,題作"靖康大金山西軍前和議日錄"⑤,又《三朝北盟會編·書目》題作《山西軍前和議奉使錄》。

35. 傅雱《建炎通問錄》

《直齋書錄解題》雜史類著錄"《建炎通問錄》一卷",云:"宣教郎傅雱撰。建炎初,李丞相綱所進。"⑥

傅雱(?—1158)字彥濟,臨江(今江西清江)人。宋高宗建炎元年(1127)七月,"遣宣義郎傅雱使河東軍前,通問二帝"⑦。《四庫全書總目》存目亦著錄此書,注"浙江范懋柱家天一閣藏本",提要說:"宋傅雱撰。雱始末未詳。考李心傳《建炎以來繫年要錄》,載建炎元年六月,宣議郎傅雱特遷宣教郎,充大金通問使。此錄即所述奉使之事。《文獻通考》載此書,稱宣教郎傅雱撰,建炎初李丞相所進。蓋李綱以其書上於朝也。書終以館伴李侗之語,其文未畢。《北盟會編》一百十卷所載,闕處亦同。蓋後人從徐氏書中錄出也。"⑧

今《三朝北盟會編》卷一一〇引錄有《建炎通問錄》佚文一段。⑨

36. 楊應誠《建炎假道高麗錄》

《直齋書錄解題》雜史類著錄"《建炎假道高麗錄》一卷",云:"楊應誠

---

① 《宋史》卷二三《欽宗本紀》,第430頁。《三朝北盟會編》卷五二"靖康中帙二十七",第390頁上。
② 《三朝北盟會編》卷五五"靖康中帙三十",第409頁上。
③ 《宋史》卷二三《欽宗本紀》,第432頁。
④ 《三朝北盟會編》卷六三"靖康中帙三十八",第470頁下。
⑤ 《三朝北盟會編》卷五五"靖康中帙三十",第409頁上。
⑥ 《直齋書錄解題》卷五,第155頁。
⑦ 《宋史》卷二四《高宗本紀》,第446頁。
⑧ 《四庫全書總目》卷五二史部雜史類存目,第470頁中。
⑨ 《三朝北盟會編》卷一一〇"炎興下帙十",第803—808頁。

撰。取道遼東,奉使金虜,不達而還。"①是書已佚。

宋高宗建炎二年(1128)三月,楊應誠任大金、高麗國信使,於當年十月自高麗還。② 楊應誠此次奉使,欲借道高麗至金國,未料高麗王不許,故在高麗滯留數月而回。

今《建炎以來繫年要錄》卷一六、熊克《中興小紀》卷三均引錄有一段楊應誠語錄,當與《建炎假道高麗錄》相關。云建炎二年六月丁卯,國信使楊應誠、副使韓衍至高麗。見國王王楷諭旨,王楷拜詔已,與應誠等對立論事,討論宋、金、高麗三國之間的關係。王楷又遣富佾與楊應誠等對談,議及向高麗借道至金之事。

37. 章誼《章忠恪奉使金國語錄》

趙希弁《讀書附志》著錄章誼"《章忠恪奉使金國語錄》一卷",云:"紹興三年章誼以龍圖閣學士、樞密都承旨充軍前奉表通問使,給事中孫近副之。誼錄其報聘之語也。"③是書已佚。

章誼(1078—1138)字宜叟,建州浦城(今屬福建)人。宋光宗紹興四年(1134),金遣李永壽、王翊"求還劉豫之俘,及西北人在東南者,又欲畫江以益劉豫。時議難之,欲遣大臣爲報使"④。於是遣"樞密承旨章誼、中書舍人孫近使於金國"⑤。章誼等人的使金過往,僅在熊克《中興小紀》中能略見數語,云:"與其左右副元帥尼雅滿、烏克紳論事,不少屈。金人諭以亟還,誼等曰:'萬里銜命,兼迎兩宮,必須得請。'金遣金吾蕭愛受書,併以風聞歸過吾國。誼詰其所自,金以實對,乃已。還至南京,爲劉豫所留,誼等以計得還。上嘉勞之。"⑥文中言語可能和章誼的奉使語錄相關。

38. 魏良臣《奉使語錄》

《中興小紀》載:"魏良臣進《奉使語錄》言:金人比至天長縣,得親筆手詔墨本,謂良臣曰:'恤民如此,民心安得不歸。'丁丑,上謂宰執曰:'向下詔丁寧,欲刑無冤爾。'胡松年曰:'臣伏睹詔書,載小大之獄,雖不能察,必以其情,忠之屬也。可以一戰,使敵人讀至此,能無懼乎。'"⑦可知魏良臣撰有《奉使語錄》。是書已佚。

魏良臣(1094—1162)字道弼。宋光宗紹興四年(1134)九月"十九日乙

---

① 《直齋書錄解題》卷五,第 156 頁。
② 《宋史》卷二五《高宗本紀》,第 455、457 頁。
③ 趙希弁《讀書附志》,《郡齋讀書志校證》,第 1131 頁。
④ 《宋史》卷三七九《章誼傳》,第 11688 頁。
⑤ 《三朝北盟會編》卷一五七"炎興下帙五十七",第 1135 頁下。
⑥ 熊克《中興小紀》卷一六,《叢書集成初編》第 3859 冊,第 198—199 頁。
⑦ 《中興小紀》卷一七,《叢書集成初編》第 3859 冊,第 209—210 頁。

丑,以左朝請大夫、試尚書工部侍郎魏良臣充奉使大金國軍前奉表通問使,右武大夫、果州團練使王繪副之"①。

39. 王繪《紹興甲寅通和録》

《續通志·藝文略》著録王繪"《紹興甲寅通和録》一卷"②。是書已佚。

王繪曾於紹興四年副魏良臣奉使金國軍前通問。《四庫全書總目》亦著録王繪"《紹興甲寅通和録》一卷",注"浙江范懋柱家天一閣藏本",提要説:"紹興四年,以和議未成,遣魏良臣如金,繪副之。是時,金軍壓境,朱勝非尚主和議,趙鼎頗不以爲然。良臣等行至天長,僅達國書而還。繪因備録其事,蓋鄙勝非等之無謀也。"③今《三朝北盟會編》卷一六一引有《紹興甲寅通和録》佚文一段④。

40. 宋之才《使金賀生辰還復命表》

今《平陽縣志》卷六三載有宋之才《使金賀生辰還復命表》⑤。

宋之才(1090—1166)字庭佐,平陽(今屬浙江温州)人。《宋史·高宗本紀》載宋高宗紹興十四年(1146)八月"乙未,遣林保使金賀正旦,宋之才賀金主生辰"⑥。《三朝北盟會編》亦載:"九月,宋之才爲大金賀正旦國使信,趙環副之。"⑦宋之才《使金賀生辰還復命表》自述:"臣之才等奉敕差充大金賀生辰使副,以去年九月十日進發。""具表進呈,紹興十五年三月日。"是表今存兩千餘字,文中有數十處殘缺;從其内容來看更接近使臣語録。

41. 雍希稷《隆興奉使審議録》

《直齋書録解題》傳記類著録"《隆興奉使審議録》一卷",云:"左奉議郎雍希稷堯佐撰。隆興二年,編修官胡昉、閤門祗候楊由義使金人軍前,審議海、泗、唐、鄧等事,不屈而歸。希稷,其禮物官也。所記抗辯應對之語,多出由義。"⑧是書已佚。

《宋史》載宋孝宗隆興元年(1165)十一月"癸丑,以胡昉、楊由義爲使金通問國信所審議官"⑨。因金人向宋廷索要"四郡及歲幣","不然,以農隙治兵",所以令胡昉等往,"諭金四郡不可割,若金人必欲得四郡,當追還

---

① 《三朝北盟會編》卷一六一"炎興下帙六十一",第1164頁下。
② 《續通志》卷一五八《藝文略》,萬有文庫十通本,第4190頁中。
③ 《四庫全書總目》卷五二史部雜史類存目,第470頁下。
④ 《三朝北盟會編》卷一六一"炎興下帙六十一",第1164下—1168頁。
⑤ 《全宋文》卷三九八九引《平陽縣志》卷六三,第182册,第114—117頁。
⑥ 《宋史》卷三〇《高宗本紀》,第561頁。
⑦ 《三朝北盟會編》卷二一三"炎興下帙一百十三",第1531頁上。
⑧ 《直齋書録解題》卷七,第205頁。
⑨ 《宋史》卷三三《孝宗本紀》,第625頁。

使人,罷和議",胡昉等至宿州,金人以不許四郡械繫迫脅,胡昉等不屈,金主命歸之①。胡昉等於隆興二年二月,從宿州還。

42. 汪大猷接伴金使語録

樓鑰《敷文閣學士宣奉大夫致仕贈特進汪公行狀》説:"金國來賀(乾道)四年正旦,借吏部尚書爲接送伴使,上閲語録,見公敏於酬對,處事有體,滋嚮之。"②可知汪大猷撰有接伴金使語録。已佚。

汪大猷(1120—1200)字仲嘉,慶元府鄞縣(今浙江寧波)人。《宋史·汪大猷傳》載:"金人來賀,假吏部尚書爲接伴使。"③

43. 樓鑰使金語録

樓鑰《北行日録》記:"二十一日壬寅,晴。賜宴東館。口宣云:'來持使節,遠冒寒威,宜頒在鎬之恩,以示禮賓之意。'又云:'遠涉道途,衝冒霜雪,爰嘉勞勩,宜錫芳甘。'禮悉如汴京。但第三第四行及飯,遍使樂人舞。旋大茶,飯中有沙糖、熊白。使副下食人趨進尤肅。押宴下人李泉争執禮數,語具語録。"④可知樓鑰在宋孝宗乾道五年(1169)使金時撰有語録。已佚。

樓鑰生平及使金事迹詳見第二章第一節"宋代使臣行記文獻的概況"。

44. 趙雄館伴金使語録

李心傳《建炎以來朝野雜記》乙集卷八載"趙温叔探蹟敵情"一事,云乾道庚寅歲(1170)冬十月,"金國主遣金吾衛上將軍、兵部尚書耶律子敬來賀會慶節,起居舍人趙雄假翰林學士充館伴使。丁卯引見,戊辰上壽,庚午花宴,癸酉入辭,乙亥發行在,温叔與子敬並馬自驛中同行"⑤;其後録一千餘字,記趙雄與金使耶律子敬的對話,應出自趙雄的館伴語録。

趙雄(1128—1193)字温叔,資州人(今四川資中縣)。《宋史》本傳亦載其館伴金使的事迹,云:"金使耶律子敬賀會慶節,雄館伴。子敬披露事情不敢隱,邏者以聞。上夜召雄,雄具以子敬所言對,上喜。金使入辭,故事當用樂,雄奏:'卜郊有日,天子方齋,樂不可用。'上難之,遣中使諭雄,雄奏:'金使必不敢不順,即有他,臣得引與就館。'上大喜。"⑥可知趙雄曾將他與耶律子敬的對話内容向孝宗上奏。

---

① 《宋史》卷三六一《張浚傳》,第11309—11310頁。
② 樓鑰《攻媿集》卷八八,《叢書集成初編》第2017册,第1194頁。
③ 《宋史》卷四〇〇《汪大猷傳》,第12144頁。
④ 樓鑰《攻媿集》卷一一一,《叢書集成初編》第2022册,第1587頁。
⑤ 李心傳《建炎以來朝野雜記》,北京,中華書局,2000年,第628頁。
⑥ 《宋史》卷三九六《趙雄傳》,第12073頁。

45. 韓元吉《金國生辰語録》

《宋史·藝文志》故事類著録韓元吉"《金國生辰語録》一卷"①。是書已佚。

韓元吉生平及使遼事迹詳見第二章第一節"宋代使臣行記文獻的概況"。《金國生辰語録》當撰於宋孝宗乾道九年(1173)。

46. 倪思《重明節館伴語録》

《續通志·藝文略》和《續文獻通考·經籍考》雜史類均著録有倪思《重明節館伴語録》②,前者記其無卷數,後者記爲一卷。

倪思(1147—1220)字正甫,湖州歸安(今屬浙江)人。乾道二年進士,中博學宏詞科。宋光宗紹熙二年(1191)七月,"金國遣使鎮國上將軍、同簽大宗正事、上護軍、金源郡開國侯、食邑一千户、食實封壹百户完顏充,副使中議大夫、太常少卿、上騎都尉、陳留縣開國子、食邑伍百户路伯達,來賀重明聖節"③。倪思任館伴使,陪同完顏充等人,事畢撰語録上奏。自序説:"左丘明傳《春秋》,載列國應對賓客之辭甚詳,蓋事之委曲,非文辭不足以宣其意。義理所在,强者屈而弱者伸,則威力有所不行,豈不甚可貴哉!中興講和好,務大體,厭生事,於是館伴、接伴,與夫使虜,皆有語録。而虜亦仰體聖朝兼愛南北之意,懼其臣以口語輕啓釁端,故正使皆用同姓椎魯之人,相與應對,不過唯喏。輔行多中原士族,或黠而稍知文義。朝廷則以閤門賓贊習於儀範、謹於言辭者爲之對,故亦無自而妄發。當紹熙初,虜之事朝廷方謹,選使尤以重厚爲先。而朝廷亦重於伴客之選。故思以掖垣備數,與虜使周旋半月,不過寒暄勞問而已。畢事,以語録上。其書本不足存,然公見之儀、私覿之禮,皆斟酌舊典,無過弗及之患。後之求諸故府者,或有考焉。"④

《四庫全書總目》亦著録此書,記作一卷,乃《永樂大典》本,提要説:"蓋紹熙二年七月,金遣完顏充、路伯達來賀重明節,思爲館伴。因紀一時問答之詞、饋送之禮。考宋制,凡奉使伴使皆例進語録於朝。馬永卿《嬾真子》,記蘇洵與二子同讀《富鄭公使北語録》,則自北宋已然。此其偶存之一也。時金强宋弱,方承事不遑,而序謂北人事朝廷方謹,遣使以重厚爲先,已爲粉飾。其他虛夸浮誕,不一而足。上下相欺,苟掩耳目,亦可謂言之不怍矣。"⑤

---

① 《宋史》卷二〇三《藝文志》,第5104頁。
② 《續通志》卷一五八《藝文略》,萬有文庫十通本,第4190頁下。《續文獻通考》卷一六三《經籍考》,萬有文庫十通本,第4153頁。
③ 倪思《重明節館伴語録》,《全宋筆記》第六編第四册,鄭州,大象出版社,2013年,第311頁。
④ 倪思《重明節館伴語録》,《全宋筆記》第六編第四册,第310頁。
⑤ 《四庫全書總目》卷五二史部雜史類存目,第471頁下。

47. 佚名《接伴入國館伴録》

《通志・藝文略》地理類朝聘著録《接伴入國館伴録》,《宋秘書省續編到四庫闕書目》卷一傳記類亦著録"《接伴入國館伴録》一卷"。① 作者和成書時間均不詳。

48. 佚名《接伴語録》

《通志・藝文略》地理類朝聘著録《接伴語録》八卷,《宋秘書省續編到四庫闕書目》卷一傳記類亦有著録。② 作者和成書時間均不詳。

前面所介紹的語録篇幅,多爲一卷,至多不會超過兩卷。而此處所謂"八卷",應如《曾公遺事》所説:"丙戌,同呈國信、館伴語録,共八件。"③是對數種語録的合計。

第二節　宋代聘使專對與語録撰寫的聯繫

宋代使臣語録的撰寫是與交聘活動中的專對風氣密切相關的。衆所周知,早在先秦的交聘中就要求使臣應具備專對才能,《論語・子路》記載:"子曰:'誦《詩》三百,授之以政,不達;使於四方,不能專對;雖多,亦奚以爲?'"④此後是否具備專對才能便成爲挑選聘使的一個重要標準,比如南北朝時期的"妙簡行人",當選者多是能言善辯之士,都有參與專對的能力。宋朝亦是如此,誠如張尚瑗在《三傳折諸・左傳折諸》中所説:"南北朝通聘,宋待遼金之使,皆妙選館伴,以文學才辯之士充之。"⑤指出了南北朝和宋朝妙選聘使的共通性。

一、聘使專對的政治功用

富大用《古今事文類聚遺集》"選能專對"條援引《職略》曰:"本朝遇北使至,即命接送、館伴使,並遴選有出身能專對之人。"⑥又司馬光《辭免館伴

---

① 《通志二十略》,第1583頁。《宋秘書省續編到四庫闕書目》卷一,《叢書集成續編》第3册,第245頁下。
② 《通志二十略》,第1583頁。《宋秘書省續編到四庫闕書目》卷一,《叢書集成續編》第3册,第245頁下。
③ 曾布《曾公遺録》卷七,《全宋筆記》第一編第八册,第85頁。
④ 劉寶楠《論語正義》卷一六,第525頁。
⑤ 張尚瑗《三傳折諸》卷四四《左傳折諸》,《文淵閣四庫全書》第177册,第397頁上。
⑥ 富大用《古今事文類聚遺集》卷九,《文淵閣四庫全書》第929册,第511頁下。

劄子》建議"別選差才敏之人館伴北使"①。都認爲遴選人才是處理外事事務的關鍵一步,需要注重選擇擅長專對、才智機敏之人。這一政治主張在宋代外事活動中也得到推行,如《宋史·吕文仲傳》載:"文仲富詞學,器韻淹雅。其使高麗也,善於應對,清净無所求,遠俗悦之。"②又《宋史·王倫傳》載:"建炎元年,選能專對者使金,問兩宫起居,遷朝奉郎,假刑部侍郎。"③吕、王二人都因有專對之才而被選爲使臣。足見宋朝無論是與北方政權交聘還是與周邊民族交聘,無論是出使還是伴使,都是以專對人才作爲首選的。

相對而言,與宋朝交聘的政權也同樣重視使臣的專對能力。比如契丹王師儒通曉經史天文、異物醫卜之書,故遼朝"以公善辭令,可與賓客言,俾復充南宋賀生辰國信接伴"④。又如梁援曾以副使的身份奉命出使宋朝賀皇太后正旦、三次接送宋朝國信使、六次館伴宋使,之所以他能被多次選派爲使臣,是因爲其"館伴能以語辨屈宋人"⑤。由此可見,宋代的交聘雙方都是重視選用專對人才的,這無疑是對聘使專對傳統的歷史延續。

問題是爲何要選擇擅長專對的使臣參與外事呢?張方平《請選差北使文武官》説:

> 伏以朝廷修好北人,歲月深久,比來遣使,多出恩澤,人材智辨,鮮由推擇。今西疆未寧,諸戎心動,北方事釁,頗有異聞。孔子曰:"使乎!使乎!"蓋歎其使才之難也。且謂使於四方,不能專對,爲辱君命。古者兵交,使在其間,今乃以行人將命之重,爲徼倖恩澤之資,徇臣下之小利,輕國家之大計,諒非謀議之不至,蓋由因循而習然。今北朝賀聖節人使且至,日近當差接伴臣寮。近例差接伴者,便爲奉使彼國之選。臣伏乞此後遣使,宜加審擇,若使得其人,才略足用,可以發聖朝之光采,揚大國之威靈。睹事先機,所助至博,折衝排患,此誠要務。⑥

他認爲使臣若不能專對就會有辱君命,反之則可以"發聖朝之光采,揚大國之威靈。睹事先機,所助至博,折衝排患"。所以,選用擅長專對的使

---

① 司馬光《司馬光集》卷三八,成都,四川大學出版社,2010年,第873頁。
② 《宋史》卷二九六《吕文仲傳》,第9872頁。
③ 《宋史》卷三七一《王倫傳》,第11522頁。
④ 向南主編《遼代石刻文編·王師儒墓誌》,石家莊,河北教育出版社,1995年,第646頁。
⑤ 《遼代石刻文編·梁援墓誌》,第520頁。
⑥ 張方平《張方平集》卷二一,第301—302頁。

臣,有十分重要的外事作用和政治意義。那麼,專對的政治功用又具體表現在哪些方面呢?

首先,專對可以解決雙方爭端。在外事活動中,雙方時常會針對某一問題相互問難、往復辯駁,諸如:

《宋史·韓世忠傳》:"會當遣使于金,在廷相顧莫肯先,帝親擇以往,聞命慨然就道。方入境,金使蒲察問接國書事,論難往復數十,蒲察理屈,因笑曰:'尚書能力爲主。'"

《宋史·王綸傳》:"朝論欲遣大臣爲泛使覘敵,且堅盟好。綸請行,乃以爲稱謝使。……一日,急召使入,金主御便殿,惟一執政在焉,連發數問,綸條對,金主不能屈。"

《宋史·韓肖冑傳》:"和議已定,復命肖冑爲報謝使。接伴者逆於境,謂當稱謝恩使。肖冑論難三四反,遂語塞。既至,金遣人就館議事,肖冑隨問隨答,衆皆聳聽。"①

從"論難往復數十""連發數問,綸條對""論難三四反""隨問隨答"的文獻表述中可知,專對是一種語言交鋒,需要考驗交聘雙方的語言能力和應對能力。另外,上述文獻中還記有"蒲察理屈""金主不能屈""遂語塞"等文字,説明專對還是一種政治交鋒,並非是玩弄語言、逞口舌之快那樣簡單,而是有排除疑難、爭取主動的意義。

此外,還有王闢之《澠水燕談錄》稱富弼"公早使虜,以片言折狡謀,尊中國"。又《宋史·方信孺傳》載:"信孺自春至秋,使金三往返,以口舌折强敵,金人計屈情見。"②都體現了專對有解決政治爭端的效用。所以,專對是和平處理政治衝突的一種有效方式。或者可以説,專對爲人們提供了一條避免兵戈相向,共謀長期和平的有效途徑。比如梅堯臣《送吕冲之司諫使北》詩云:"虜人多竊朝廷禮,譯者交傳應對辭。"③就指出像交聘雙方爭執禮數這類時常發生,且矛盾並不尖鋭,但又涉及國體的事,只有通過合理應對才是最好的解決途徑。

因此,專對合理者向來是受統治者所喜愛的,如蘇頌使遼還上奏應對情況,皇帝稱贊道:"朕思之,此最難處,卿之所對,極中事理。"又如《宋史·高

---

① 《宋史》卷三六四《韓世忠傳》,第11370頁。《宋史》卷三七二《王綸傳》,第11536頁。《宋史》卷三七九《韓肖冑傳》,第11692頁。
② 王闢之《澠水燕談錄》卷二,第18頁。《宋史》卷三九五《方信孺傳》,第12061頁。
③ 朱東潤《梅堯臣集編年校注》卷二七,第982頁。

世則傳》載:"宣和末,金泛使至,徽宗命世則掌客。世則記問該洽,應對有據,帝聞,悦之,自是掌客多命世則。"①

以上記録都充分説明,專對是一種實用性極高的交聘技能,合理運用,不僅可以解决雙方争端,甚至還可以决定外事活動的進展和走嚮。

其次,專對可以探聽對方虚實。如李心傳《建炎以來朝野雜記》記乾道六年(1170)冬十月,金國主遣金吾衛上將軍、兵部尚書耶律子敬來賀會慶節,起居舍人趙雄(字温叔)假翰林學士充館伴使。二人對答如下:

子敬望吴山曰:"好一帶山。"温叔云:"聞燕京萬歲山極佳,不减南京否?"(謂東京)子敬云:"與南京一般。"温叔云:"萬歲山乃天生基阯,或但人力所致耶?"子敬云:"皆人作也。"温叔云:"聞燕京宫苑壯麗。"子敬云:"極壯麗。"温叔云:"周回有幾里?"子敬云:"只宫室自有二十餘里,見在歲時亦常修造。"温叔云:"盛哉!"子敬云:"内翰異時來奉使,可以恣看。"温叔云:"甚願再相見。"又云:"北邊此時想極寒。"子敬云:"寒甚,不可忍。"温叔云:"此時正宜畋獵。"子敬云:"北邊此時正是畋獵時節。"温叔云:"大金皇帝亦嘗出獵否?"子敬云:"一年須兩三度出獵。"温叔云:"一度出獵用得幾日?"子敬云:"往往亦須旬日,或二十日、一月不定。"温叔云:"頗聞北邊多名鷹、獵犬。"子敬云:"此間有否?"温叔云:"此有,然亦難得極好者。"子敬云:"北邊亦是難得好者,好者只是禁中有之。"温叔云:"大金皇帝有幾箇皇子?"子敬云:"煞多,有七箇。"温叔云:"聞説越王甚英武。"子敬云:"煞勇猛可畏。"温叔云:"越王是長否?"子敬云:"是二。"子敬又云:"昨日押筵鄭樞密是簽書樞密院事否?"温叔云:"是也。"子敬云:"此間樞密使至簽書樞密院,是文官,是武官?"温叔云:"舊制文武通除。"子敬云:"本朝則專用武臣。"温叔云:"大金宰相今何姓?"子敬云:"兩人皆姓赫舍哩。"温叔云:"又有尚書令者行宰相事否?"子敬云:"在宰相之上。"温叔云:"大金今尚書令何姓?"子敬云:"姓李。"温叔云:"聞是貴戚。"子敬云:"是外戚。"温叔云:"今年幾何?"子敬云:"六十餘。"温叔云:"赫舍哩宰相年幾何?"子敬云:"年甚少,一員五十餘,一員四十餘。"子敬又云:"内翰貴鄉只在此間?"温叔云:"在川中。"子敬云:"煞遠。"温叔云:"亦不過數千里。"子敬云:"從襄陽路來否?"温叔云:"是也。"子敬云:"川中聞説民

---

① 張邦基《墨莊漫録》卷二,北京,中華書局,2002年,第69頁。《宋史》卷四六四《高世則傳》,第13578頁。

間煞富。"溫叔云："有富者,有貧者。"溫叔云："尚書仙鄉?"子敬云："在北京,舊日大遼所謂中京者。"溫叔云："去燕京遠近?"子敬云："二千餘里,直向北邊。"溫叔云："去黃龍府遠近?"子敬云："甚近,纔五七百里。"溫叔云："見説大金皇帝每歲避暑,常巡幸雲中,雲中是何處?"子敬云："是西京。"溫叔云："西京、北京宫苑亦皆壯麗否?"子敬云："皆不減南京。見今諸處亦不住修。蓋本朝法嚴,修蓋滅裂,有司得重罪。"①

趙雄與耶律子敬問答往復數十次,可以明顯看出他有探聽金國情狀的動機,無論是金國的山川、宫苑、氣候、官制和宰相設置情況,還是金國皇帝的愛好、子嗣,以及中京、燕京、黄龍府之間的距離等内容,都被趙雄從耶律子敬的口中一一掏出,正如《建炎以來朝野雜記》所説："舊例,館客者寒暄之外,勞問而已。至溫叔始探賾虜中事宜以奏,上甚喜之。"②所以,專對還可以作爲收集信息和情報的政治工具。

二、聘使專對與語録撰寫的聯繫

對此,我們不難發現,使臣語録的形成其實是與專對休戚相關的。《南齊書·劉繪傳》載其以辭辯接對北使,稱"事畢,當撰語辭"③。説明語辭是對聘使專對的文字再現。以此類推,可知語録也同樣是聘使專對的載體。例如:

《樂全集》附録張方平行狀云："冬使契丹……使回,進語録,中有對答數節,皆逆折其事端。"④

《福建通志》載宋徽宗大觀三年遼使至,需索無厭,因接伴使張開不能對,徽宗命謝皓代之。"還以對,語録奏,稱旨。"

《直齋書録解題》著録雍希稷《隆興奉使審議録》云："所記抗辯應對之語,多出由義。"

樓鑰《敷文閣學士宣奉大夫致仕贈特進汪公行狀》稱汪大猷曾"爲接送伴使,上閲語録,見公敏於酬對,處事有體,滋嚮之"。⑤

樓鑰《北行日録》記:"押宴下人李泉争執禮數,語具語録。"⑥

---

① 李心傳《建炎以來朝野雜記》乙集卷八,第628—630頁。
② 李心傳《建炎以來朝野雜記》乙集卷八,第630頁。
③ 《南齊書》卷四八《劉繪傳》,第842頁。
④ 張方平《張方平集》,第788頁。
⑤ 樓鑰《攻媿集》卷八八,《叢書集成初編》第2017册,第1194頁。
⑥ 樓鑰《攻媿集》卷一一一,《叢書集成初編》第2022册,第1587頁。

這些文獻記錄都可以明確，語録實際就是記録聘使"對答""抗辯應對""酬對""爭執禮數"的文體，換言之即是對聘使專對的文字總結。

所以，使臣語録的撰寫不僅要反映專對的情節，還要儘量再現專對的細節。比如前面已經提到的富弼語録中有"獻納"二字之爭，今《宋史·富弼傳》略存其過往云：

> 及至，契丹不復求婚，專欲增幣，曰："南朝遺我之辭當曰'獻'，否則曰'納'。"弼爭之，契丹主曰："南朝既懼我矣，於二字何有？若我擁兵而南，得無悔乎！"弼曰："本朝兼愛南北，故不憚更成，何名爲懼？或不得已至於用兵，則當以曲直爲勝負，非使臣之所知也。"契丹主曰："卿勿固執，古亦有之。"弼曰："自古唯唐高祖借兵於突厥，當時贈遺，或稱獻納。其後頡利爲太宗所擒，豈復有此禮哉！"弼聲色俱厲，契丹知不可奪，乃曰："吾當自遣人議之。"復使劉六符來。弼歸奏曰："臣以死拒之，彼氣折矣，可勿許也。"朝廷竟以"納"字與之。①

無獨有偶，《宋史·衛膚敏傳》也記録了衛膚敏使金有"押"字之爭，云：

> 膚敏至燕，報愈急，衆懼不敢進，膚敏叱曰："吾將君命以行，其可止乎？"既至金國，知其兵已舉，殊不爲屈。及將還，金人所答國書，欲以押字代璽，膚敏力爭曰："押字豈所以交鄰國。"論難往復，卒易以璽。及受書，欲令雙跪，膚敏曰："雙跪乃北朝禮，安可令南朝人行之哉！"爭辨踰時，卒單跪以受。②

很明顯，這兩則文獻對聘使專對的情節和細節呈現是有相似之處的。而這種相似性則爲我們提供了一個客觀事實，即聘使專對是語録内容的直接來源。

對於這一點，倪思《重明節館伴語録序》可作印證，他説："左丘明傳《春秋》，載列國應對賓客之辭甚詳。……中興講和好，務大體，厭生事。於是館伴、接伴、與夫使虜，皆有語録。而虜亦仰體聖朝兼愛南北之意，懼其臣以口語輕啓釁端，故正使皆用同姓椎魯之人，相與應對，不過唯喏。……當紹熙初，虜之事朝廷方謹，選使尤以重厚爲先。而朝廷亦重於伴客之選。故思以

---

① 《宋史》卷三一三《富弼傳》，第10252頁。
② 《宋史》卷三七八《衛膚敏傳》，第11661—11662頁。

掖垣備數,與虜使周旋半月,不過寒暄勞問而已。畢事,以語錄上。"①倪思首先述及左丘明傳《春秋》的内容,然後再討論宋代使臣語錄的現狀,這一安排意在指明使臣語錄猶如左氏《春秋》一樣,都是記録應對賓客之辭的作品。他又説"畢事,以語録上",這恰好與"事畢,當撰語辭"的表述一致,説明語録和語辭的屬性相同,二者都是容納聘使專對内容的作品。

綜上所述,可知宋代使臣語錄的撰寫是與政治動態相聯繫的,是與交聘傳統相呼應的,它既是交聘活動的副産品,也是承載專對内容的實用文體。

第三節 宋代使臣語録文獻的多種類型

宋代使臣語録從類型上大致可以分爲奉使語録、接館送伴語録、奉使別録、和議録(或通問録、商議録等)四類,這幾類語録都各有其存在的價值和意義,它們共同構建了"語録"這一宋代使行文類,從而使語録成爲交聘活動中政治色綵濃厚的實用文體,記録了諸多外事細節和政治史料。所以,對語録類型的進一步區分能更爲深入地認識其文體特徵和文本内容。

一、奉使語録

奉使語録是使臣出使時,對外事活動中語言的記録。依據《郡齋讀書志》對寇瑊《生辰國信語録》的著録,可知奉使語録應包括"往返"兩個時段,不但要完整呈現出使的全過程,還要盡量提供往返途中的經過和細節。現存唯一的奉使語録是陳襄《神宗皇帝即位使遼語録》,是書完整記録了出使的三個階段:其一,從五月十日雄州白溝驛記起,至六月十三日到神恩泊,共33日,由蕭好古、楊規中充接伴使副;其二,六月十四日至二十一日在遼主駐地活動,共8日,由耶律弼、楊益誠充館伴使副;其三,六月二十二日至七月十九日回程到雄州,共28日,由蕭好古、楊規中充送伴使副。總計契丹境内往返共耗時69日。

從形式上看,陳襄語録與日記體行記較爲相似,有記録日期、地點的特徵:

> 五月十日到雄州白溝驛,十一日即時過白溝(與接伴使副立馬相對),十二日到涿州,十三日到良鄉縣,十四日至新城及涿州,十五日至幽州,十六日至望京館,十七日到順州,十八日到檀州,十九日到金溝

---

① 倪思《重明節館伴語録》,《全宋筆記》第六編第四册,第310頁。

驛,二十日到古北口館,二十一日至新館,二十二日至卧如館,二十三日宿柳河館,二十四日宿打造館,二十五日宿牛山館,二十六日宿鹿夾館,二十七日至鐵漿館,二十八日至富谷館,二十九日至長興館,六月一日至中京,三日宿臨都館,四日至鍋窑館,五日至松山館,六日至崇信氊館,七日至廣寧館,八日至會星館,九日至咸熙氊館,十日至黑崖館,十一日至三山館,十二日至赤崖館,十三日至柏石館,十四日至頓城館,在遼主駐地停留七日後原路返回……七月十九日宿雄州。①

雖然目前所見到的奉使語錄僅此一篇,但是可以推測其他語錄的形式也應該與此無異。使臣語錄作爲官樣文章,朝廷必定會對其真實性提出要求,所以使臣在語錄中明確時間和地點,既符合語錄文體的撰寫形式,也表明了他們的實錄態度。另外,奉使語錄和日記體行記撰寫形式的相似,使我們知道語錄和行記是有關聯的,體現了使行文體之間的微妙關係。而對於内容,奉使語錄與日記體行記則差別甚大,如果説日記體行記記錄時間、地點是爲所記事件提供真實、準確的保障,那麽,奉使語錄則是爲所記語言的真實、準確提供保證。

從内容上看,陳襄語錄自然少不了對言語的記錄。觀察其記言情況,大致可以分爲以下幾種類型:

1. 宋遼使副之間的問答。主要記錄宋使副陳襄、孫坦,與遼接送伴使副之間的語言交流。

臣坦問:"受禮何處?"規中言:"在神恩泊,此去有三十一程,已差下館伴副太常少卿楊義誠,大使即未聞。"

規中問臣:"南朝兩府大臣別無除改?"臣坦答:"參政歐陽侍郎以眼疾懇請出鎮亳州,樞密副使吴奎侍郎除參知政事。"又問:"文相公、曾相公及樞密副使有無移動?"答云:"並如舊。"

規中問臣等:"自入山路至北,煞遠不易。"臣坦答以:"若直路下來時莫近。"臣襄言:"比之向南州軍,此來爲遠;若據帳前至汴京,莫只衹汴京到杭州遠。"又問:"杭州屬甚處?"臣襄答以:"屬兩浙路。"又問臣襄住處,答云:"福州,屬福建路,去汴京四千餘里。"又問:"福建以外,更有甚路?"臣襄答以:"更有廣南東西二路,去京師萬里。"

---

① 陳襄《使遼語錄》,金毓黻主編《遼海叢書》第四册,瀋陽,遼瀋書社,1985 年,第 2543—2544 頁。

2. 遼使副與宋隨使之間的問答。宋有名爲"愈""咸融"的隨使。

規中問臣咸融:"富相公今在何處?"答以:"見判河陽三城。"
(規中)問臣咸融:"南朝曾得雨否?"答以:"自春及夏屢得雨澤。"
(規中)問臣愈:"父曾任甚官?"答以:"終於馬車副都指揮使。"又問:"曾伴射否?"答以:"累次伴射。"
規中問臣愈:"劉忩太保今在何處?"答以:"見在闕下。"
規中問臣咸融:"向傳范防禦當甚處?"答以:"見判三班院。"

3. 宋使副與遼地方官員的問答。

燕京副留守、中書舍人韓近郊迎……近先問臣襄:"昨者持禮到陳橋,蒙諫議迎接,多幸復在此相見。"臣襄答云:"奉別已三年矣。"臣襄問:"同番大使蕭禧觀察今在何處?"近云:"見持禮宿永年館。"

三司使、禮部尚書劉雲伴宴……雲勞臣等云:"盛暑道遠,衝涉不易。"再三勸臣等飲酒稱:"兩朝通好多年,國信使副與接使副相見,如同一家。"臣襄答云:"所謂南北一家,自古兩朝歡好,未有如此。"雲答言:"既然如是,今日敢請國信使副盡酒。"臣襄答云:"深荷厚意,但恨飲酒不多。"雲又問:"呂侍郎、胡侍郎莫只在朝否?"臣襄並答以實。

至中京,副留守大卿牛玹郊迎……玹問:"塗中可煞炎暑?"臣襄答以:"自過北溝入古北口,一路得雨稍涼。"玹言:"本京久旱,夜來得雨,蓋因國信使副所感也。"

4. 省錄問答的情況。

臣等送接伴使副私覿物。注:已後七次依例送接伴使土物,並有回答,更不入錄。
臣等送接伴使副下都總管土物。注:已後共五次依例送土物,並有回答,更不入錄。
接伴使副送臣等麂一隻、酒四瓶,臣等依例回答。注:已後每有送物,並量事回答,更不入錄。①

---

① 陳襄《使遼語錄》,《遼海叢書》第四冊,第 2542—2544 頁。

以上幾種類型較爲全面地反映了奉使語錄的記言特徵，總結起來主要有這樣幾點：第一，文中既有正副使的語言，也有隨使和地方官員的語言，可見語錄並不是只記錄正副使語言的文體。第二，文中有省錄語言的情況，表明語錄不會任何語言都一一採錄，而是有所選擇。第三，文中所選擇的不一定全是關乎交聘機宜事件的語言，也會有日常的問候與寒暄，比如遼人會經常向宋使打聽曾經使遼的宋人近況。這是外事活動中比較常見的現象，如宋真宗景德四年接伴契丹使王曙等言："臣嘗奉使北朝，群臣每見，競來趨揖，問本朝群臣曾至其國者動靜安否，臣察其情無猜阻，即一一以實對。"於是建議："今北朝使至，群臣中有曾使契丹者，亦乞諭令與北使交接，問其動靜安否，庶幾得其歡心。"①皇帝應允。這些特徵不僅不會影響語錄的質量，反而在語錄形式的緊湊和内容的真實性上都表現出重要意義。

不過，奉使語錄畢竟是與政治密切相關的文體，它作爲一種能再現交聘場景的官方文獻，文中對重要事件的討論同樣是不可缺少的。比如陳襄等人就坐次問題與遼接伴使、館伴使進行過三次討論，第一次發生在宋使與遼接伴使見面不久：

次接伴使副差人送到坐位圖子，欲依南朝遺留番使副史炤等坐位，要移臣裏坐放西北賓位。臣等尋據隨行通引官舊曾入國人程文秀《供錄結罪狀》稱："近於去年十月内，曾隨生辰番使邵諫議、傅諫議等入國，沿路置酒管待使臣，並是邵諫議主席，與今來接伴使副所送到圖子坐位不同。臣等亦令通引官程文秀依生辰番使坐次畫到坐位圖子，差人傳語接伴使副，合依當所供去圖子，依生辰番使邵諫議等近例坐次施行，左番大使合坐於東南，與使臣當頭，坐位相對，以伸主禮；接伴使合坐於西南，與右番大使相對，亦自不失主位，各無相壓。"往還計會十餘次，接伴使副不肯過位。臣等再差人傳語接伴使副，稱："使臣銜命事大，茶酒事末，且請先來傳諭，然後商議坐位，不宜以末事久留使命，深屬不便。"接伴使副却稱："南朝生辰番使邵諫議坐位不依得積年久例。"臣等答云："昨來邵諫議等管待使臣，自是接伴使韓閤使、館伴使劉侍郎安排坐位，非是當所刱生儀式，若非久例，因何韓閤使等前番並不理會！"接伴使副却差人傳語："爲使臣不飲，辭免茶酒。"

第二次發生在行至檀州宿密雲館時：

————————
① 《續資治通鑑長編》卷六七《真宗》，第1509頁。

臣等排備伺候，過來傳諭，次接伴使副準前要，欲依南朝遺留番使副坐位，臣等執定依生辰番使邵諫議等近例，坐次不敢移易。前後計會十餘次，却有公文稱是臣等久滯使命，尋具公文回答稱："自新城至此，兩次差到使臣，盡被貴所滯留，直至夜深，不令過位，非是當所住滯黎明。"

第三次發生在宋使與館伴使見面不久：

次館伴使副依前送到坐位圖子，欲依南朝遺留番使例坐次。臣等却，送與生辰番使邵諫議等坐位圖子，請依此近例坐次。往還計會亦十餘次。館伴使副差人傳語云："若不依南朝遺留番使例坐位，使臣要回闕下。"臣等答以"茶酒事末，不宜爲此以反使命，請館伴使副裁度，當所伺候多時，早請過位"。館伴使副却回。……益誠言："昨日以坐位未定，已白兩府，云未欲奏知，且令益誠再來商量，若不依此坐位，恐聞南朝。"臣裏答以"生辰番使近例，不敢更改，如聞南朝，有邵、傅二諫議在相次"。閤門舍人更不閱儀，便引臣等兩番使副入見。①

爭論坐次雖然不能與關乎國家安危、存亡的機宜事件相比，但却體現了交聘中的具體活動，以及宋遼雙方對交聘禮儀的特殊認識。所以表面上看雙方往返討論始終對位次爭論不定，而實際上則表現了和平交往下另一種形式的戰爭：對使臣來說是言語之爭，對國家來說則是身份和地位之爭。

二、接館送伴語録

接館送伴語録的源頭可追溯至南北朝時期，《南齊書·劉繪傳》載："北虜使來，繪以辭辯，敕接虜使。事畢，當撰《語辭》。"②又《南齊書·王融傳》載王融語："上《甘露頌》及《銀甕啓》《三日詩序》《接虜使語辭》。"③劉、王二人作爲接使官員，相當於宋代的接伴使；所撰接使語辭，則相當於宋代的接伴語録。

據趙升《朝野類要》載：宋朝接見蕃邦使臣，自入境到出境皆派人相伴，分別設有"接送伴"（蕃使入朝，差官待之。來程有接伴使副，回程則爲送伴）、"館伴"（蕃使入國門，則差館伴使副同在驛，趨朝、見辭、遊宴）、"伴射"

---

① 陳襄《使遼語録》，《遼海叢書》第四册，第 2542—2544 頁。
② 《南齊書》卷四八《劉繪傳》，第 842 頁。
③ 《南齊書》卷四七《王融傳》，第 824 頁。

（殿前、馬、步三司輪差,借觀察、承宣之官,環衛、四廂之職,以伴蕃使射。射於玉津御園,勝則有金帶陞轉官資之賞）官職[1]。故從"宋代使臣語錄文獻的概況"中可統計到接館送伴語錄共十五種,其中接伴語錄八種、館伴語錄五種、送伴語錄二種。如果按作者來劃分,接伴和送伴語錄當歸在一類,因爲"接送伴"是一個官職,由相同的使臣擔任,《朝野類要》所表達的"來程有接伴使副,回程則爲送伴"就是這個意思。現存的例子有宋真宗景德二年"十月丙子朔,屯田員外郎權判三司勾院杜夢徵、侍禁閤門祗候康宗元,接伴契丹賀承天節使,仍回日充送伴"[2]。杜、康二人同時任接送伴契丹使。相同的制度也在遼、金等國得到施行,如陳軒《神宗皇帝即位使遼語錄》所記的遼使蕭好古、楊規中,二人既爲接伴使副,又爲送伴使副。所以凡有接伴語錄,就有送伴語錄,二者分別記錄往返的兩個階段。不過從文獻記錄來看,將接、送伴語錄並記的有兩處,單記接伴語錄的有六處,唯獨不見只記送伴語錄的文獻。可能是由於相同的官員接送,送伴時已失去了接伴時的新鮮感,而導致送伴語錄的内容沒有接伴語錄豐富,從陳襄語錄也可看出,使來的語言記錄遠遠多於使還。這樣就使送伴語錄很少被重視,幾乎成爲了接伴語錄的附庸。

目前,接送伴語錄僅存一種,《宋會要輯稿》"主管往來國信所"下節錄有一段呂希績、李世昌接送伴語錄,主要内容是記錄遼使耶律迪從病到死的過程。内容大略如下:

元祐七年,契丹賀太皇太后正旦使左番太傅爲耶律迪、高端禮,右番太傅爲蕭仲奇、劉彦國。

> 六年十二月五日到瀛州,左番太傅耶律迪遣人傳語,欲得醫者看脉。
> ……
> 十六日早,離磁州上馬。行次,高端禮云:"左番太傅不安,蒙朝廷遣醫,一行人皆放心。兼來得甚速,必是朝廷留意。"
> 二十四日,入内内侍高班蘇世長傳宣館伴所:"北朝人使耶律迪不安,與放免朝見,其例物就驛交割。"
> 七年正月二日,入内内侍高品康承錫傳宣館伴所:"大遼國使人耶律迪見爲患,所有玉津園本人射弓例物,令就驛交割,仍免次日引謝。"
> 六日,入内内侍黄門邵琦傳宣館伴所:"大遼國使人耶律迪爲患,與

---

[1] 趙升《朝野類要》,北京,中華書局,2007年,第35—36頁。
[2] 《續資治通鑑長編》卷六一《真宗》,第1369頁。

免朝辭,所有例物令就驛交割。"又入內東頭供奉官張士良傳宣,宣問耶律迪:"春寒安樂! 知所患未得一向康和,入辭不得,已差醫官元常、楊文蔚二人隨行看醫調治,途中切在加愛。"耶律迪令人答:"小人上感聖恩,願太皇太后、皇帝萬萬歲。"尋左番副使代跪謝表一道與天使。

　　七日,入內東頭供奉官馮世寧傳宣,問耶律迪:"春寒安樂! 今特賜湯藥一銀合、御酒一十瓶,途中宜加調護。"耶律迪令人答:"自到館,累蒙聖恩差天使宣問、賜湯藥物及差到醫官,上感聖恩。只是爲患,不瞻見得聖人,心裏瞰不好。"左番副使代跪謝表與天使。是日回程到班荆館,耶律迪乘檐子先行。

　　……

　　十日,住滑州。至晚,蕭仲奇差人傳語:"左番太傅身亡,告令聲鍾及請僧於靈前道場。"

　　十二日,住滑州,送伴吕希績、李世昌過位澆奠,與蕭仲奇等相見,遣人送耶律迪襚衣、銀裝棺及棺衣、奠酒銀器物等。既殮,希績等又過位奠酹及慰蕭仲奇。

　　……

　　十四日早,離滑州過河。馬上高端禮謂送伴李世昌云:"耶律迪不幸物故,諸事皆感激。昨日蒙朝廷差中使降詔撫問,及密賜耶律太傅本家,上荷天恩,唯祝二聖聖壽無疆也。"

　　十九日早,離驛。馬上相揖次,希績等諭蕭仲奇等:"昨日得朝廷文字,皇帝爲耶律太傅輟視朝一日。"北副使劉彦國云:"左番太傅雖九泉之下亦有榮耀。"①

　　節錄的內容儘管全是關於耶律迪病故前後的記錄,但是同樣表現了語錄的記言特性,並且與奉使語錄一樣形式上習慣記錄時間和行經地名。另外,突出細節也是接送伴語錄的顯著特徵,所以紹興十九年,禮部在討論如何處理類似問題時才會援引這一先例。

　　其次是館伴語錄,倪思《重明節館伴語錄》是流傳至今唯一的、最完整的宋代館伴語錄。宋光宗紹熙二年(1191)七月,金遣完顔充、路伯達來賀重明聖節,十八日倪思、趙昂得旨充館伴使副,語錄所記爲九月初一日至十五日倪思等人的館伴過往。所以形式上還是會以時間作爲記錄的單元,而館伴

---

① 《宋會要輯稿》職官三六,第 3913—3914 頁。又見徐松《中興禮書》卷二二三《賓禮二》,《續修四庫全書》第 823 册,第 83—84 頁。

缺少接送伴時的路途跋涉，故無地名可記。內容如倪思自序所云："與虜使周旋半月，不過寒暄勞問而已。……其書本不足存，然公見之儀，私覿之禮，皆斟酌舊典，無過弗及之患。後之求諸故府者，或有考焉。"①故文中隨處可見瑣碎的"寒暄勞問"之語，比如：

> 思顧兗等云："國信同簽少卿，持禮遠來，跋涉良勞。此者被旨館伴，幸得參識。"兗等應喏。昂顧兗云："國信同簽，持禮遠來，跋涉良勞。此者被旨館伴，幸得參識。"兗應喏。顧伯達云："國信少卿，持禮遠來，跋涉良勞。被旨館伴，再得參見。"伯達云："再獲瞻見。"
>
> 酒行五盞畢，思顧兗云："船中莫穩便否？"兗云："瞰穩便。"思又云："得雨甚涼。"兗云："兩日前熱。"
>
> 思顧兗云："館中諸事穩便麼？"兗云："穩便。"又云："尚書謂思貴壽。"思云："四十五歲。"兗云："精神煞好。"思應喏。②

又有"公見之議，私覿之禮"，僅對禮物的記載就大約佔到整個文本的五分之二，例如：

> 思等循例送兗等第一次私覿，各紫羅、纈羅、木綿、虔布各一十疋，龍團、鳳團茶各一斤。……兗等回答思等第一次土物，各透背五段、毛子二段、徐呂皮一張、鹿頂合兒一箇、面油二楪、菝蓉一斤、紅乾肉二脚。
>
> 思等循例送兗等第二次私覿，各沉香一斤、箋香一斤、建茶盞一十隻、黑漆四星茶合一副、茶托子一十隻、走馬椀鉢一副、香罍子一副、椰子香罍子一副、犀皮四星茶合一副、減粧一副、茶筅子一十箇、分茶五十夸、建茶一百夸。……兗等回答思等第二次土物，各透背一段、絨紗一段、菝蓉二斤、斜皮二張、徐呂皮一張、鹿頂合兒一箇、面油二楪、羊牦半箇。
>
> 思等循例送兗等第三次私覿，各纈羅、纈絹、木綿、虔布各一十疋，龍團、鳳團茶各一斤，建茶五十夸。……兗等回答思等第三次土物，各紵絲一段、透背二段、絨紗二段、斜皮二張、徐呂皮一張、菝蓉二斤、鹿頂合兒一個、面油二楪、松子一裹、紅乾肉二脚。③

---

① 倪思《重明節館伴語錄》，《全宋筆記》第六編第四冊，第 310 頁。
② 倪思《重明節館伴語錄》，《全宋筆記》第六編第四冊，第 311—314 頁。
③ 倪思《重明節館伴語錄》，《全宋筆記》第六編第四冊，第 314—322 頁。

正如倪思所言,其語錄並未討論任何機宜事件。之所以會出現這種情況,一方面是因爲此時語錄的政治功能已漸趨弱化,另一方面是因爲館伴語錄畢竟不能與一些議事性很强的語錄相比。宋代交聘制度表明,"正旦生辰二使皆每年互遣,泛使則無定期,餘皆因事選派,亦無固定年月"①。所以正旦、生辰遣使是一種程式化行爲,是以相互慶賀的方式穩固雙方關係,就遣使意圖而言使臣並不承擔商討具體事件的職責,正如《建炎以來朝野雜記》所説"舊例,館客者寒暄之外,勞問而已"②。而從整個使臣語錄來看,大多是撰寫於交賀正旦、生辰的名義下,因此使臣語錄的議事性是難以與專記議事過往的和議錄和通問錄相比的。這一點將在後面作詳細討論。

三、奉使别録

前文已述,唐代竇滂奉使雲南,在撰寫《雲南行記》的同時又記有《雲南别録》,《玉海·異域圖書》注其别録内容爲"叙南蠻族類及風土",足見《雲南别録》的性質與行記相類,其撰寫意圖則可能是爲《雲南行記》提供補充。但從宋代奉使别録的文獻記録來看,都與行記的關係不大,而與語録性質相同。如富弼的《奉使别録》,《直齋書録解題》注云:"慶曆使契丹,歸爲語録以進,機宜事節則具於此録。又一本有兩朝往來書附於末。"③前文已述富弼慶曆奉使當既有語録又有别録,而由於語録和别録都是對語言的記録,故陳氏所説"機宜事節則具於此録",與《郡齋讀書志》注稱《富文忠人國語録》"所説機宜事件,具載録中"④的表述完全一致,可見富弼語録和别録不僅撰寫方式相同,而且所記内容也密切相關。又如王拱辰别録,趙抃《奏狀乞宣王拱辰語録付御史臺》云:"今竊聞拱辰使迴,於隨行語録中增减矯飾詐僞不少。……臣愚欲乞聖旨,指揮下兩府將拱辰入國隨行語録并别録等,一宗文字宣付御史臺。"⑤趙抃奏狀稱王拱辰奉使文字有語録和别録兩種,並要求將兩種記録一並送御史臺審核,這説明别録和語録同等重要,且别録的内容也應該不比語録遜色。再如沈括别録,《續資治通鑑長編》載:"沈括自有《乙卯入國奏請》并《别録》載使事甚詳,今掇取其間辨論地界處具注括《自誌》下。"⑥沈括此次奉使還撰有圖文並茂的行記《熙寧使契丹圖抄》,但奉使

---

① 聶崇岐《宋史叢考》,第 287 頁。
② 李心傳《建炎以來朝野雜記》乙集卷八,第 630 頁。
③ 《直齋書録解題》卷七"傳記類",第 203 頁。
④ 趙希弁《讀書附志》,《郡齋讀書志校證》,第 1131 頁。
⑤ 趙抃撰《清獻集》卷七,《文淵閣四庫全書》第 1094 册,第 844 頁。
⑥ 《續資治通鑑長編》卷二六五《神宗》,第 6498 頁。

《別錄》的佚文幾乎是往復問答之語，與行記內容差別甚大；可能與《乙卯入國奏請》相關，但此書無隻言片語可考，不過"《乙卯入國奏請》并《別錄》"的記述方式與王拱辰"入國隨行語錄并別錄"的表述相似，故而可以推測此書應與沈括的奉使語錄有一定關係。

上述內容可以提供兩點關於奉使別錄的認識：其一，奉使別錄通常與語錄並稱，説明二者同屬一個體系，即同爲記言的文體。其二，別錄和語錄雖然都爲記言文體，但名稱上的差別表明了二者政治屬性的不同，語錄具有正式的官方身份，別錄則與使臣的個人需要相關。也就是説別錄的撰寫是使臣的個人行爲，所以別錄不可能是獨立於語錄之外的另一份官方語錄，其存在的意義很大程度是出於對語錄的補充。當然，使臣並不一定都採用別錄的方式來補充語錄，蘇轍《北使還論北邊事劄子五道》其二"論北朝政事大略"云："臣等近奉敕差充北朝皇帝生辰國信使，尋已具語錄進呈訖。然於北朝所見事體，亦有語錄不能盡者。恐朝廷不可不知，謹具三事，條列如左。"① 可見在特定情況下劄子也是補充語錄的一種方式，只是内容採取使臣自述，而不記一言。相同的例子還有陳襄《治平四年八月奉使回上殿劄子》、李若水《使還上殿劄子三道》、虞儔《使北回上殿劄子》等，可能都有補充語錄的寫作意圖，其內容或是陳説見聞，或是提出建議，均能起到進一步完善語錄的作用。不過，別錄和劄子的不同表現形式也説明當對語錄進行語言補充時，別錄才是宋代使臣共同的選擇。

目前還能見到王拱辰別錄的片段，在《續資治通鑑長編》卷一七七引錄有一段，内容是契丹主與王拱辰關於用兵元昊的談話：

> 契丹主又云："更爲西界昨報休兵事，從初不稟朝命，邊上頭作過犯，遂行征討。緣元昊地界黃河屈曲，寡人先領兵直入，已奪得唐隆鎮。韓國大王插糧船遶頭轉來，寡人本意，待與除滅，却爲韓國大王有失備禦，被却西人伏兵邀截船糧，是致失利。今來既謝罪，遂且許和。"拱辰答云："元昊前來激惱南朝，續次不順北朝，始初南朝亦欲窮兵討滅，却陛下頻有書來解救，遂且許和。自聞皇帝失利，南朝甚不樂。"契丹主云："兄弟之國，可知不樂。"拱辰又云："南朝亦知北朝公主先聘與元昊，殊不禮待，憂幽而卒。"契丹主云："直是飲恨而卒，然只是皇族之女。"拱辰云："雖知只是宗女，亦須名爲陛下公主下嫁，豈可如此不禮！今或陛下更與通親，毋乃太自屈也。"契丹主云："更做甚與他爲親，只封

---

① 蘇轍《欒城集》卷四二，第 939 頁。

册至今亦未曾與。"……拱辰又云:"今來陛下且與函容,亦是好事。陛下于西羌用兵數年,其殺獲勝負,亦略相當。古語謂爭城殺人盈城,爭地殺人盈野,豈是帝王仁德好事!"契丹主云:"極是也。"①

從對答中可見契丹主述及其與元昊之間用兵和講和一事,但王拱辰考慮到契丹與西羌一旦通好,必定會對宋朝不利,故用聯姻之事諷刺契丹主。

再看沈括的《入國別錄》,内容主要記錄遼館伴使副耶律壽、梁穎,及遼樞密副使楊益戒與宋使副沈括、李評之間的對話,故所反映的應是館伴階段。神宗熙寧八年沈括、李評爲回謝遼國使,但遼人誤以爲他們是來商議地界。楊益戒說:"奉聖旨,昨來蔚、應、朔三州地界公事,朝廷兩遣使人詣南朝理辨。今來蔚、應兩州,已是了當,只有朔州一處未了,終是難停往復。未委卿等昨離南朝日,有何意旨了絶?"於是沈括等反復申明:"括等只是差來回謝,此等公事不敢預聞。"又"地界公事,括等豈敢預聞"。又"但告樞密給事回奏,括等來時,只是回謝,別無聖旨"。又"兼地界已是了公事,真不須如此理會。……今來使人更豈敢預聞他事"。② 對此,遼人並不相信,梁穎等分別在(熙寧八年)五月二十九日、六月一日、二日、四日不斷發難,沈括等也據理力爭,雙方往復辯駁達數十次。遼人爲何非要與沈括等人商議地界呢?從雙方的談話中可知是誤會引發了這場爭論。

益戒云:"地界未了,侍讀、館使必須別帶得南朝聖旨來。此起須要了當,今日聖旨宣問,不可隱藏。況前來文事,盡言差來審行商議,兼令將帶照證文字來北朝理辨,必須帶得照據文字來。"臣括答云:"南朝元差審行商議,後來改作回謝,累有公文關報。北朝照據文字,元曾承受得,後來改作回謝,朝廷却盡取去也。今來只是回謝。"益戒又云:"侍讀、館使雖用回謝,離南朝後,北朝再有牒去,言黄嵬大山等處地界未了,且令使人審行商議,恐到關推故不肯商量。文字到後,南朝別有指揮。"臣括答云:"都不知北朝再有文字,到雄州後,續領得本朝聖旨,内坐却據雄州奏到北朝涿州牒,却欲令括等審行商議後,面奏聖旨。沈括等元只是回謝,已起發前去訖,難爲更令商議,並劄下雄州令牒涿州聞達,不知曾見此文字否?"益戒云:"也見。"括云:"此便是聖旨也,更有何隱藏。"③

---

① 《續資治通鑑長編》卷一七七,第4282頁。
② 沈括《入國別錄》,載《續資治通鑑長編》卷二六五《神宗》,第6498、6500、6503、6505頁。
③ 沈括《入國別錄》,載《續資治通鑑長編》卷二六五《神宗》,第6504—6505頁。

這段對話提供了遼人一再向宋使提出商議地界的要求,而宋使接連推辭的原因:雙方的交聘目的幾經更易,造成了遼人誤認爲宋使此行是爲商議地界,於是遼人爲此作了充分準備,但沈括等人的奉使任務却由"審行商議"改爲了"回謝",故不能擅自商議地界"公事"。這樣一來雙方自然未能達成任何協議。

總之從内容來看,王拱辰和沈括別錄主要是記録交聘雙方對具體事件的討論。尤其是沈括別録,對事件的來龍去脉、討論的過程、對答的細節都清楚地作了交待,儘管是作爲語録的補充,但其内容細密翔實、政治功用明顯的特徵與語録相比是有過之而無不及的。

四、和議録與通問録

以和議、通問、計議、審議等名義撰寫的聘使記言作品是宋代使臣語録的又一品種,其内容具有很强的議事性。所以從遣使來看,派遣這類使臣與平常的生辰、正旦遣使不同,並不是常例,而是特殊情況下的遣使;使臣的奉使任務也不是道賀、稱謝,而是要辦理沈括所説的"公事"。從語録的撰寫來看,這類語録在宋代語録中所佔比重雖然不大,但其撰寫都主要集中在靖康前後。也即是在宋金約盟攻遼、金兵滅遼轉而攻宋、"徽""欽"二帝被俘、北宋滅亡而南宋建立的巨大歷史變革中,不斷有使臣往來交聘,處理各類公事;同時,宋朝使臣將商議公事的經過和細節都逐一記録,便形成了許多内容充實的使行文獻。因此,這些記録也是宋代最具政治功用和史料價值的語録文獻。諸如:

1.《三朝北盟會編》引録有趙良嗣《燕雲奉使録》數段,内容提及宣和二年(1120)"三月六日丙午,詔中奉大夫右文殿修撰趙良嗣,由登州往使,忠訓郎王瓌副之。議夾攻契丹,求燕雲地、歲幣等事"。例如趙良嗣與阿骨打對話説:

> 阿骨打令譯者言云:"契丹無道,我已殺敗,應係契丹州域全是我家田地。爲感南朝皇帝好意,及燕京本是漢地,特許燕雲與南朝,候三四日便引兵去。"良嗣對:"契丹無道,運盡數窮,南北夾攻,不亡何待?貴國兵馬去西京甚好,自今日議約既定,只是不可與契丹議講和。"阿骨打云:"自家既已通好,契丹甚閑事,怎生和得?便來乞和,須説與已共南朝約定,與了燕京。除將燕京與南朝,可以和也。"良嗣對:"今日説約既定,雖未設盟誓,天地鬼神實皆照臨,不可改也。"[①]

[①] 《三朝北盟會編》卷四"政宣上帙四",第25頁下。

此後,趙良嗣又在宣和四年九月、十二月,宣和五年正月等多次使金報聘①,商議訂盟攻遼諸事。《燕雲奉使録》即是趙良嗣使金商議内容的集合。

2.《直齋書録解題》雜史類著録有鄭望之《靖康奉使録》一卷②,《宋史·鄭望之傳》載:"靖康元年,金人攻汴京,假尚書工部侍郎,俾爲軍前計議使。既還,金人遣吴孝民與望之同入見。望之言金人意在金幣,且要大臣同議,廼命同知樞密院事李梲與望之再使。"③《三朝北盟會編》引録數段,記録的是鄭望之等使金議和經過。如載:"孝民等陛殿,跪奏:'皇子郎君截得赦書之意,今來議和。皇子郎君要一大臣過去。'上即云:'李梲與鄭望之過去。'……上云:'若及割地即爲許歲幣,增三五百萬不妨。'望之奏云:'三五百萬不爲不多,然國家常賦外只茶鹽錢歲收二千五百萬,若無他費,辦集有餘。'次論及犒軍金銀,可許銀三五百萬兩。"④在和議中重點討論了割地、歲幣、犒軍等問題。

3.《三朝北盟會編》引録有李若水《靖康大金山西軍前和議日録》和《奉使録》二書⑤。前書記録靖康元年八月"二十四日,若水等被旨,日下出門,差往大金山西軍前和議",主要討論宋朝此前同意將太原、中山、河間割讓與金的問題。李若水等與金國相第一次面議:

> 若水曰:"某等面奉本朝皇帝聖訓,令某等再三啓白國相元帥,今欲以三鎮逐年所收租賦悉奉貴朝,願休兵講好。"國相厲聲曰:"既有城下之盟,許割與他三鎮,那租賦便是這裏底,怎生更上説也？若如此,便是敗盟,不割三鎮。"若水曰:"蓋緣三鎮軍民未肯交割,故欲將逐年租賦奉貴朝,其利均一,止是愛省事。幸國相元帥開納。"國相曰:"公們不去勸諫貴朝皇帝,教早割與他三鎮土地人民,便是好公事。却來這裏弄唇舌,想捎空,恐使不得。"⑥

可知宋朝希望只向金交納三鎮的租賦而不割讓三鎮,但金國相並不同意。此後李若水等人又與金國相、館伴使蕭慶進行過數次討論,都未能説服對方。金國相態度明確,"若不割得三鎮土地人民,決不可和",並對李若水

---

① 《宋史》卷二二《徽宗本紀》,第410、411頁。
② 《直齋書録解題》卷五"雜史類",第152頁。
③ 《宋史》卷三七三《鄭望之傳》,第11554頁。
④ 《三朝北盟會編》卷二九"靖康中帙四",第212頁上。
⑤ 《三朝北盟會編》卷五五、六三,第409、470頁。
⑥ 《三朝北盟會編》卷五五,第409頁上。

等人説:"若差人速來交割土地人民,即便回軍通和。萬一不從,須索提兵直到汴京理會也。"

李若水等回宋後撰寫了三道劄子,並語録一同進呈朝廷。不久,金以三鎮未割爲由舉兵攻宋,故朝廷再次派遣李若水等使金和議。《奉使録》記録靖康元年十一月"十三日,若水等被旨,同王雲、馬識遠並依舊軍前奉使",與金國相商議割讓三鎮之事。

4.《直齋書録解題》雜史類著録有傅雱《建炎通問録》一卷,《三朝北盟會編》卷一一○引録一段,内容記有金接伴正使王秉彝與傅雱的對話,秉彝問:"貴朝今來差奉使侍郎,去見國相元帥,不知理會甚公事?"傅雱答曰:"此行别無公事,只爲今聖皇帝方即位,差雱於貴朝通問。"①事實上並不是没有公事,從《建炎通問録》和《宋史》的記載可以看出,傅雱等於建炎元年(1127)七月奉使河東軍前,其目的是通問二帝②。如載傅雱等"再三懇叩之曰:'使人遠來,仰荷見教甚多,比不知所懇請二帝回鑾之事,貴朝諸公却有商量無?'館伴云:'固知此行祇爲此事。前日二公不見郎君高聲云:來通問便及二帝,莫是要遣兵來取也? 其意亦有謂。'雱又問:'其意謂何?'云:'其意謂,初來通問,合須議論他事,爾若稍不曲折,言不相投,亦恐不無傷事。所以只指揮使人且歸館中,候别聽指揮。'雱再懇曰:'畢竟所懇二帝之事,貴朝諸公曾有商量否?'館伴云:'此事必須申去國中,軍前恐與決此事未得'"。③ 可見傅雱等此行希望能與金人商議迎二帝回鑾之事,但金方一再避而不談。

5. 魏良臣、王繪在光宗紹興四年(1134)充奉使金國軍前奉表通問使副,據文獻記載二人均有語録,魏良臣語録已佚,王繪語録佚文見存於《三朝北盟會編》卷一六一至卷一六三,書名爲《紹興甲寅通和録》,内容主要記録議和經過。魏、王二人此行主要是與金人商議兩件事,如其所述:"聿興云:'元帥欲要國書看,不知可以將去否?'某等云:'不妨。'遂以議事、迎請二聖二書授之。"又回答元帥説:"某等離江南日,奉皇帝指揮令致誠懇請,乞早定和議,迎請二聖。"④同前使的任務一致,也是議和並請還二帝。

6.《直齋書録解題》傳記類著録有雍希稷《隆興奉使審議録》一卷,《宋史》載宋孝宗隆興元年十一月"癸丑,以胡昉、楊由義爲使金通問國信所審議官"⑤,希稷爲隨行禮物官。因金人向宋朝索要"四郡及歲幣",所以遣使審

---

① 《三朝北盟會編》卷一一○"炎興下帙十",第 804 頁上。
② 見《宋史》卷二四《高宗本紀》,第 446 頁。
③ 《三朝北盟會編》卷一一○,第 806 頁上。
④ 《三朝北盟會編》卷一六二"炎興下帙六十二",第 1172 頁下、1173 頁下。
⑤ 《宋史》卷三三《孝宗本紀》,第 625 頁。

議海、泗、唐、鄧等事,諭金四郡不可割,否則將罷和議。

根據以上對通問和商議類型語錄的敘述可以得到以下幾點認識：首先,就形式而言,《三朝北盟會編》引李若水語錄爲《靖康大金山西軍前和議日錄》,可見這類語錄依舊有記錄時間的體式；其次,這類語錄既多被《直齋書錄解題》等目錄書著錄,也常爲《三朝北盟會編》等史書所引錄,所以儘管它們在宋代使臣語錄中比例小,但實際保留至今的內容反而居多；第三,之所以這類語錄倍受目錄書和史書的青睞,是因爲內容大多記錄公事,促使其政治功能和史料價值都高於平常的正旦、生辰語錄,想必這也是其佚文能保存至今的重要原因。

第四節　宋代使臣語錄制度兼及文體學的幾個問題

中國文學有辨體的傳統。其實質是重視對文學作品的應用範圍加以區分,進而對文章作法加以區分。從體裁角度看,最重要的區分是文、筆之分,即有文采的詩體作品、較無文采的散文作品之分。這一區分本可引至對抒情文體和應用文體作細緻區分,即對作品功能加以細緻區分①；但受西方學術的趣味影響,現在的研究者較多地偏向另一方面了。他們關注文學作品的"外形式""內形式"的區分,即語言形式、結構風格的區分,因而提出從體制、語體、體式、體性等四個層次或文體類別、語言系統、章法結構、體要、體貌、文章等六個方面對作品加以考察②。這樣就造成了文體形態研究、文章作法研究一枝獨秀的局面。這種獨秀意味著學術的進步,是好事；不過它也掩蓋了另一方面要求,即既然文體學意味著"對中國本土文學理論傳統的回歸"③,那麼,我們就應該回到"功能側"這個傳統關注點上來,也就是回到文體學的初始本質上來,注意考察古人文學活動與社會的關係,考察文學的生存狀態。本節就是從這一點出發而進行的嘗試,主要研究宋代使臣語錄的制度背景。

---

① 章太炎《國故論衡·文學總略》："文即詩賦,筆即公文,乃當時恒語。"意爲"文"指抒情性的韻文,"筆"指實用性的公文。見龐俊、郭誠永《國故論衡疏證》,北京,中華書局,2008年,第255頁。
② 郭英德《中國古代文體形態學論略》,《求索》2001年第5期；吳承學、沙紅兵《中國古代文體學學科論綱》,《文學遺產》2005年第1期。
③ 馮愛琴《多學科融合建設現代中國文體學》,《中國社會科學報》2013年10月16日第A02版。

使臣語錄是一種記言文體，產生在外事活動當中，主要記録交往雙方的問答言語。就這一文體的内涵看，它可以追溯到上古行人之官出使四方的記録，即《周禮·秋官·小行人》所説的"邦國賓客之禮籍"①，以及宋倪思《重明節館伴語録》序所云"左丘明傳《春秋》，載列國應對賓客之辭甚詳"②；而從其體制規範看，它可以追溯到南北朝時期的接對"語辭"。例如《南齊書·劉繪傳》記載："北虜使來，繪以辭辯，敕接虜使。事畢，當撰語辭。"③據《魏書·高祖本紀》，劉繪撰語辭這件事發生在太和七年（483）七月。此時，北魏孝文帝"詔假員外散騎常侍李彪、員外郎蘭英使於蕭賾"④，而蕭賾則命劉繪接對來使。又如《南齊書·王融傳》載王融語云："自上《甘露頌》及《銀甖啓》《三日詩序》《接虜使語辭》。"⑤這裏所謂《接虜使語辭》，則産生在齊武帝永明十一年（493）。當時，武帝因王融有才辯，而使其接對北魏使者房景高、宋弁等人。由這兩個事例可見，早在南北朝時期，使臣語録文體已經出現在外事活動當中，並形成了一定制度了。不過，這種文體臻於成熟，却是五六百年以後的事情。這時是宋代，使臣語録成爲外事活動的必要事項，從而産生了一大批反映各種交聘細節的文獻。中國文體史當中的使臣語録一體，於是在宋代進入高潮。

　　現在，對於宋代使臣語録的文學價值和史學價值，研究者已經開始加以認識了。比如注意它的文體特點，認爲它"在文體上不同於其他行紀，也不同於其他語録，而是兼採地理志、行記、傳記、雜史、故事等各種文體之優點，在寫法上不拘一格的雜記"；這種雜記"帶有綜合性文體特徵"。又如注意到它的史學意義，認爲它"如實地記載了使臣出使時的親見親聞，並由其政治性質所決定，所記之事皆具有實録性質"；因此，它是"研究遼宋金史……不可缺少的寶貴資料"。⑥這些認識是啓發人思考的，因爲，既然宋代使臣語録作爲文體、作爲史料已經進入學術視野，那麼，這一文體如何形成、這批史料如何産生——這樣的問題亦勢必列入學術議程。换一句話説，既然文學作品的内在形式由其外部關係决定，那麼，我們是否要從環境要素的角度來研究宋代使臣語録體的形成原因？或者説，我們是否要去考察：宋代人是如何製作使臣語録的？圍繞這一文體，宋代人在外事活動中形成了怎樣

---

① 孫詒讓《周禮正義》卷七二，第2994頁。
② 倪思《重明節館伴語録》，《全宋筆記》第六編第四册，第310頁。
③ 《南齊書》卷四八，第842頁。
④ 《魏書》卷七上，第152—153頁。
⑤ 《南齊書》卷四七，第824頁。
⑥ 趙永春《宋人出使遼金"語録"的史學價值》，《淮陰師範學院學報》2013年第3期。

一套制度？回答這些問題，或許可以爲中國古代文體學研究提供一條新思路。

一、宋代使臣語録的製作

爲回答上述問題，我們首先要肯定一個事實：在宋代外事活動中，語録是得到普遍應用的文體。倪思《重明節館伴語録》自序説："中興講和好，務大體，厭生事，於是館伴、接伴與夫使虜，皆有語録。"①《四庫全書總目》著録倪思此書亦説："考宋制，凡奉使、伴使皆例進語録於朝。"②這些話表達了兩個意思：其一，使臣語録的製作具有明確的政治性和制度性；其二，使臣語録主要有奉使和伴使兩大類別。而從實際活動的角度看，宋代遣使名目很多，每年雙方君主要互派使臣，交賀"生辰""正旦"；在一方有大事之時，例如舊君亡而立新主之時，又要派遣"告哀使""告登寶位使"，對方亦有"祭奠使""弔慰使""賀登寶位使"的報聘。③聶崇岐曾總結宋遼交聘遣使名目十二種："賀正旦國信使"，簡稱"正旦使"或"賀正使"；"賀生辰國信使"，簡稱"生辰使"；"告哀使"；"遺留禮信使"或稱"遺留國信使"，簡稱"遺留使"；"皇帝登寶位國信使"，簡稱"告登位使"；祭奠國信使，簡稱"祭奠使"；弔慰國信使，簡稱"弔慰使"；賀登位國信使，簡稱"賀登位使"；賀册禮國信使，簡稱"賀册禮使"；回謝禮信使，簡稱"回謝使"；"國信使"，俗稱"泛使"；"答謝國信使"，亦稱"回謝使"。④另外，在特殊時期的交聘中還有商議、和議、通問等遣使往來，負責商討專門事宜。宋代使臣語録的製作是與此對應的。

據前文統計，目前可考知的使臣語録作品約五十種。其名稱和遣使名目可列爲下表：

遣使名目		作　品　名　稱
奉使	賀生辰	寇瑊《生辰國信語録》，張方平"使契丹語録"，劉敞《使北語録》，歐陽修《北使語録》，吕晦叔"使遼語録"，蔡京等"使遼語録"，蘇轍等"使遼語録"，韓元吉"金國生辰語録"等
	賀正旦	富弼《富公語録》，余靖《慶曆正旦國信語録》，范鎮《使北録》，林邵"使遼語録"，樓鑰"使金語録"等

---

① 倪思《重明節館伴語録》，《全宋筆記》第六編第四册，第 310 頁。
② 《四庫全書總目》卷五二史部雜史類存目，第 471 頁下。
③ 傅樂焕《遼史叢考》，第 1 頁。
④ 聶崇岐《宋史叢考》，第 287 頁。

續　表

遣使名目		作 品 名 稱
奉使	回謝	富弼《富文忠入國語録》，王拱辰"使契丹語録"，沈括"入國别録"，韓縝等"使遼語録"，陸佃《使遼語録》等
	告登位	陳襄《神宗皇帝即位使遼語録》等
	商議	趙良嗣《燕雲奉使録》，馬擴"使金語録"，鄭望之《靖康奉使録》，李若水《山西軍前和議録》等
	通問	傅雱《建炎通問録》，章誼《章忠恪奉使金國語録》，魏良臣《奉使語録》，王繪《紹興甲寅通和録》，雍希稷《隆興奉使審議録》，方信儒《通問語録》等
	其他	孔道輔"使契丹國信語録"，郭稹"使契丹語録"，邵良佐《賊中語録》，林攄"北朝國信語録"，楊應誠《建炎假道高麗録》等
伴使	接送伴	張奎"接伴契丹使語録"，沈季長《接伴送語録》，吕希績等"接送伴遼使語録"，劉逵"接伴遼使語録"，謝皓"接伴遼使語録"，蕭服《接伴遼使語録》，汪大猷"接伴金使語録"等
	館伴	張誠一"館伴高麗使語録"，陳軒等"館伴高麗使語録"，倪思《重明節館伴語録》等

　　這些資料説明，使臣語録主要産生在宋遼之間、宋金之間的交聘遣使活動當中，其製作與宋代所建立的外事制度密切相關。促使語録製作的活動很多，在宋和遼、金政權之間的交聘往來中，除交賀"正旦""生辰"爲每年的通例外，還有"致謝""告登位""通問""議事"等外事活動。不止如此，在宋朝與藩屬國的交聘活動中也有語録製作。比如與高麗交聘，既有奉使語録，又有館伴語録——舉凡交聘活動即有語録製作。因此可以説，宋代使臣語録的製作具有制度化的特點。正如傅樂焕所説，語録在宋代交聘活動中是"每年必有的官樣文章"①；或者説得更明確一點，語録是宋代交聘活動中每次必有的官樣文章。並且宋代人定期整理這些"文章"。比如在《通志·藝文略》地理類"朝聘"和《宋秘書省續編到四庫闕書目》卷一"傳記"中，均著録有《接伴語録》八卷；而考語録作品的篇幅，多數爲一卷，至多不會超過兩卷，故此處所録"八卷"，應是對某年某類語録文獻的整編。《曾公遺録》説："丙戌，同呈國信、館伴語録，共八件。"②《宋會要》載："賀正旦國信副使孫顯祖言：'切見國家遣賀正旦、賀生辰并接伴、送伴使副，一年凡八往回。'"③

---

① 傅樂焕《宋人使遼語録行程考》，見《遼史叢考》，第 4 頁。
② 曾布《曾公遺録》卷七，《全宋筆記》第一編第八册，第 85 頁。
③ 《宋會要輯稿》職官三六，第 3919 頁上。

這裏所謂"八卷""八件",應是與"一年凡八往回"相對應的。這意味著,作爲宋代外事活動的一項制度,每逢遣使必有語録。

從製作意圖和内容結構來看,宋代使臣語録有以下四個顯著特點。

第一,有明顯的政治意圖,是使臣回復王命的重要文件。蘇轍《論北朝政事大略》説:"臣等近奉敕差充北朝皇帝生辰國信使,尋已具語録進呈。"①《宋史·范坦傳》載:"使於遼,復命,具語録以獻。徽宗覽而善之。"②《建炎以來朝野雜記》載乾道六年(1170)冬十月,金遣耶律子敬來賀會慶節,趙雄(字温叔)充館伴使;趙雄向耶律子敬詢問了金國的官制、宫苑、山川、氣候、風俗等情況,並將其"探賾虜中事宜以奏,上甚喜之"。③ 這些記録便表明了使臣語録同政治事務的關聯。從"具語録進呈""具語録以獻""探賾虜中事宜以奏"等語可見,使臣語録是爲回復王命而製作的。

第二,是一項集體事務。宋代使臣語録大都歸屬於正副使名下,但這並不表示語録是由其獨立製作。蘇轍《乞罷人從内親從官》説:"況已有譯語殿侍,别具語録,足以關防。"④對此,有學者認爲語録是由譯語殿侍"隨時將使人的言行記録下來,以備政府的查考"⑤。這一看法雖有道理,但仍需商榷。《直齋書録解題》著録雍希稷《隆興奉使審議録》説:"隆興二年,編修官胡昉、閤門祗候楊由義使金人軍前,審議海、泗、唐、鄧等事,不屈而歸。希稷,其禮物官也。所記抗辯應對之語,多出由義。"⑥看來禮物官也可隨時記録正副使的言行。又如《宣和奉使高麗圖經·節仗》"上節"條記録隨使高麗的臣僚中有"語録指使劉昭慶、武悗、楊明"⑦三人,可見在宋代外事機構中,專門設有負責語録之事的官職——語録指使,並且在單次交聘中就同時派遣了三名官員。這些事例説明,對於語録的製作,正副使及隨行人員大都參與其中。這一點,也可從現存的語録文本中得到證明,比如陳襄《神宗皇帝即位使遼語録》記録了多位宋、遼使臣的對話⑧,並不發生在同一時間、同

---

① 蘇轍《欒城集》卷四二《北使還論北邊事劄子五道》,第939頁。
② 《宋史》卷二八八《范坦傳》,第9680頁。
③ 李心傳《建炎以來朝野雜記》乙集卷八,第628—630頁。
④ 蘇轍《欒城集》卷四二《北使還論北邊事劄子五道》,第941頁。
⑤ 傅樂焕《宋人使遼語録行程考》,見《遼史叢考》,第4頁。
⑥ 陳振孫《直齋書録解題》卷七,第205頁。
⑦ 徐兢《宣和奉使高麗圖經》卷二四,《全宋筆記》第三編第八册,第95頁。
⑧ 記録雙方對答人有宋使副陳襄、孫坦;遼接送伴使副蕭好古、楊規中,遼館伴使副耶律弼、楊益誠等。儘管此書記録宋、遼正副使之間的對話最多,但也記録有遼使副與宋隨使之間的對話,如楊規中與名爲"愈""咸融"的宋朝隨使;還記録有宋使副與遼地方官員的對話,如陳襄、孫坦與燕京副留守中書舍人韓近、三司使禮部尚書劉雲、中京副留守大卿牛玹等。詳見陳襄《神宗皇帝即位使遼語録》。

一場合,顯然是不可能由陳襄一人記録的。所以"譯語殿侍"和"語録指使"等官職的設立,其目的就是爲了盡可能多地採集外事活動中的語言和信息。也就是説,語録是由使團集體整理和製作的一份外事報告。但出於政治制度的需要,最終以使團負責人的名義進呈朝廷,日後追責也由其承擔。

第三,需完整地記録過往。宋代外事制度表明,"正旦生辰二使皆每年互遣,泛使則無定期,餘皆因事選派,亦無固定年月"①。所以正旦、生辰遣使是一種程序化行爲,是以相互慶賀的方式穩固雙方關係,就遣使意圖而言使臣並不承擔商討具體事件的職責,正如《建炎以來朝野雜記》所説"舊例,館客者寒暄之外,勞問而已"②。而從整個使臣語録來看,大多出於交賀正旦、生辰,因此這類語録的議事性是難以與專記討論國事的和議録、商議録相比的。但不論是出於何種目的遣使,其語録都會確保記録的完整性。比如《郡齋讀書志》著録寇瑊《生辰國信語録》爲"往返語録"③,即是説,語録是對奉使往返過程的完整記録。又如陳襄《神宗皇帝即位使遼語録》,其内容完整地反映了交聘活動中的三個段落:雄州至遼主駐地神恩泊的使程;在神恩泊的前後活動;神恩泊至宋境的返程。同樣,倪思《重明節館伴語録》不避繁瑣地記録了館伴金使的所有細節,凡"寒暄勞問"之語、"公見之儀,私覿之禮"盡皆記録。④ 至於那些專議國事的使臣,其語録就更多記述議事的過程和細節。如王繪《紹興甲寅通和録》,完整記録議和經過;雍希稷《隆興奉使審議録》,完整記録審議海、泗、唐、鄧四郡不可割讓等事。由此可見,製作使臣語録,須注意其完整性,即反映外事活動全過程。

第四,著重記言。如《讀書附志》説,富弼《富文忠入國語録》"所説機宜事件,具載録中"⑤。《直齋書録解題》亦説,其"機宜事節,則具於此録"⑥。又如吕中《宋大事記講義》稱富弼語録:"請勿許遼人獻納之二字,皆往復辨論,不啻數十百語。"⑦這説明,語録雖然要記録交聘活動中的事件,但其重點却是記録圍繞這些事件而發生的雙方對答。關於這一點,相關文獻亦有表述:

《樂全集》附録"張方平行狀":"使回,進語録,中有對答數節,皆逆

---

① 聶崇岐《宋史叢考》,第287頁。
② 李心傳《建炎以來朝野雜記》乙集卷八,第630頁。
③ 晁公武撰,孫猛校證《郡齋讀書志校證》卷七,第282頁。
④ 倪思《重明節館伴語録》,《全宋筆記》第六編第四册,第310頁。
⑤ 趙希弁《讀書附志》,《郡齋讀書志校證》,第1131頁。
⑥ 陳振孫《直齋書録解題》卷七,第203頁。
⑦ 吕中《宋大事記講義》卷一二,《文淵閣四庫全書》第686册,第319頁下。

折其事端。"①

《續資治通鑑長編》:"詔韓縝等:'昨已與北人分畫緣邊界至,其山谷、地名、壕堠、鋪舍相去遠近等,並圖畫簽貼,及與北人對答語錄編進入。'"②

《茅齋自叙》:"歸到太原府宣撫司,以往來所歷事節答語錄呈。"③

《建炎以來繫年要錄》:"國信使楊應誠、副使韓衍至高麗。見國王楷諭旨,楷拜詔已,與應誠等對立論事。"④

在這幾段話中,有"辯論""對答""答語""對立論事"等詞。它們説明:語錄的中心內容是交聘活動中的對答語言。使臣語錄之所以有此特性,其一因爲中國古史重視記言,其二因爲使臣語錄要記錄談判細節,以滿足政治事務的需要——這和完整記錄過往的特點是一致的。所以倪思在其《重明節館伴語錄》自序中説"畢事,以語錄上"⑤。這句話不免讓我們想起《南齊書·劉繪傳》所記"事畢,當撰語辭"一語。它説明,宋代使臣語錄制度是南北朝交聘制度和中國古代史學傳統的延續。

綜上所述,交聘是宋代政治活動的重要組成部分;使臣語錄的製作與宋代外事制度密切相關;較完整地記錄交聘活動中的對答語言,是這項制度對使臣語錄的基本要求。

二、使臣語錄的主管機構

宋代外事制度包括對使臣語錄的管理,其中最重要的項目是設立機構。資料表明,自宋遼兩國於公元1004年澶淵定盟之後,相應的外事機構便陸續建立起來。《宋會要》記載:

> 主管往來國信所,掌契丹使介交聘之事。景德初,遣內臣排辦禮信,四年改。每契丹使至,則有館伴、接伴、送伴使、副使、管押三番諸司、內侍三班及編欄寄班等。以諸司使、副二人管勾。譯語殿侍二十人,通事十二人。初,雄州當用兵之際,每有密事,擇馴謹吏主之,號機宜司。及契丹請和,改爲國信所。

---

① 張方平《張方平集》,第788頁。
② 李燾《續資治通鑑長編》卷二八二《神宗》,第6918頁。
③ 馬擴《茅齋自叙》,《長白叢書》第四集,第137頁。
④ 李心傳《建炎以來繫年要錄》卷一六,第388頁。
⑤ 倪思《重明節館伴語錄》,《全宋筆記》第六編第四册,第310頁。

主管官二員,以内侍充。前行一名,後行四人,孔目官二人,係名貼司四人,守闕、私名貼司各二人。掌行大金賀生辰、正旦使人到闕應干合排辦事件,及遣發奉使大金賀生辰、正旦行遣事務,諸官司投下到文字,發放行遣架閣庫案牘,並日常書寫文字。①

這裏說的國信所,便是宋代設立的負責對外交往之事宜的外事機構。關於其職源與沿革,今人已有認識,云:"初,真宗朝宋遼交兵之際,雄州置機宜司,景德三年十二月,因宋遼結盟,改雄州機宜司爲國信司(《長編》卷64),此爲地方外事機構。在朝廷,景德初有排辦禮信所,景德四年(1007)八月,特置管勾往來國信所(《宋會要·職官》36之33)。南宋沿置,南宋紹興初,曾改稱奉使大金國信所。紹興和議達成後,稱主管往來國信所(《宋會要·職官》36之40、44)。"②這就是說,國信所是應南北交通的需要而建立的外事機構,在北宋有"機宜司""排辦禮信司""國信司"等名,在南宋則稱"管勾往來國信所"或"奉使大金國信所"。經研究,國信所雖然分別隸屬於鴻臚寺和入内内侍省,但實際上是一個相對獨立的外事機構,負責對外交往的具體事務,包括選派隨使人員、培訓交聘禮儀、處理交聘文字、接待遼金使節、管理國信禮物和都亭驛。③ 其中最值得注意的是處理交聘文字這一職能。據記載,在經歷靖康之變後,南宋初即有官員提出須設專人整理交聘文字:

自靖康來,國書往返多矣,至渡江盡失之。自建炎來,國書或出於執政,或出於翰林學士,其副本皆未嘗付有司。其詞意之輕重、信幣之多寡、使人之官品與夫往來之語錄,皆不可考。每欲遣使,朝廷旋爲措畫,紛紛旬月,妨費機務,豈所謂以餘力行之者哉! 臣謂宜專命一官,如古所謂行人者,專掌其事,或左或右司領之。悉裒前後行遣之見存者,稍加類次,使有條章,其有未盡未便,得以參訂。當遣使人,舉成法而授之可也。④

這段話表明了當時人對交聘文獻的認識:就交聘活動而言,過往的交聘文字有重要的參考價值,對它們加以"類次","使有條章",是交聘活動的

---

① 《宋會要輯稿》職官三六,第3905頁上。
② 龔延明《宋代官制辭典》,北京,中華書局,1997年,第66頁。
③ 吴曉萍《宋代國信所考論》,《南京大學學報》2005年第2期。
④ 《三朝北盟會編》卷一七四,第1253頁。

基本要求。值得注意的是,往來語錄就是受朝廷所重視的一個重要文類。

以上這段話也説明:使臣語錄是由宋代外事機構所"專掌"的文字——是由特定機構所監管的重要文獻。正因爲這樣,在現存語錄中,頗有直接以"國信"爲名的,如寇瑊《生辰國信語錄》、余靖《慶曆正旦國信語錄》、陳襄《國信語錄》、林攄《北朝國信語錄》。可見國信所是語錄的管理機構。所以在宋代典籍中,可以看到關於國信所處理使臣語錄的許多事例,如:

> 仁宗康定元年(1040)十一月二十六日,"詔國信所郭稹、張奎語錄封送(賈)昌朝等,仍今後並依此例"。①
>
> 神宗熙寧十年(1077)十二月"詔縝同吕大忠以耶律榮等齎來文字、館伴所語錄、及劉忱等案視疆場與北人論議、及朝廷前後指揮,分門編録以聞"。②
>
> 神宗元豐五年(1083)蔡京等奉使遼國,"及使回,未至國門,國信所語錄先上"。③
>
> 《宋史·范坦傳》載范坦"使於遼,復命,具語録以獻。徽宗覽而善之,付鴻臚,令後奉使者視爲式"。④

這些記録説明,國信所的設立,對語録文獻的管理和保存起到了重要作用。同時也説明,在宋代交聘事業的推動下,語録撰寫和語録管理都逐漸規範起來,形成比較穩固的程式和體系。國信所是這一體系的核心。它作爲語録的中轉單位,一方面對之加以整理,"分門編録",爲執政者提供翔實的交聘信息;另一方面將其妥善保管,爲後來使臣提供撰寫語録的範式——所謂"式",其實就是以官方名義發佈的文體要求。

三、主管機構對使臣語録的管理

上文説到,設立機構來管理使臣語録,這是宋代外事制度的重要方面。既然如此,我們不免要問:通過這一番管理,使臣語録的製作是不是會走上程式化、制度化的道路? 回答這一問題不難,因爲我們注意到,國信所在管理使臣語録方面有以下職能。

---

① 《宋會要輯稿》職官三六,第 3908 頁下。
② 《續資治通鑑長編》卷二八六《神宗》,第 6999 頁。
③ 《續資治通鑑長編》卷三三八引蔡絛《北征紀實》,第 8144 頁。
④ 《宋史》卷二八八《范坦傳》,第 9680 頁。

首先，接收語録。《宋會要》載高宗紹興三年（1133）十一月二十六日，國信所言："本所大小通事、傳語、指使、使臣等，遇人使到闕，引接使副、三節人從殿庭並在驛抄劄聽審語録、押送喫食酒菓等，及入位承領傳語計會公事，輪差奉使、接送伴覺察祗應。"又紹興三十二年（1162）四月十九日，"國信所言：'本所舊額管指使祗應二十人，準備祗應五人，昨裁減，差置指使祗應一十人，準備二人。逐年輪番隨從奉使入國，及差赴接送伴使副下，掌管引揖儀範，聽審語録，並遇使人到闕，在驛祗應，全籍慣熟舊人'"。① 這些記録表明，國信所人員須輪番隨奉使和接送伴使大臣出使。在此過程中，他們主要承擔在驛站接收語録的任務，執行抄録語録、聽審語録兩項程式。

其次，整理語録。據《續資治通鑑長編》記載，神宗熙寧十年（1077）十二月，"詔縝同吕大忠以耶律榮等齎來文字、館伴所語録、及劉忱等案視疆場與北人論議、及朝廷前後指揮，分門編録以聞"。據《宋會要》記載，高宗紹興三十一年（1161）七月十八日，"臣寮言：'遣使金國，往來所得語言率皆大事，往往先不相照知，酬應之間，不無差舛，此爲非便。每遇使回，有所受事，不載語録，誠爲闕典。欲自今後奉使回程，各具所得之語，實具劄子聞奏，降付三省、密院編録成册，不許泄漏。遇遣使命，則令通知前後事宜。如此則具知首尾，應答之間無失詞之患，可以專對。'從之"②。"臣寮"所説"往來所得語言率皆大事"，説明對交聘文獻的整理是外事機構的重要事務；"臣寮"所説"通知前後事宜"，説明整理語録的目的是爲後來使者提供參考，使其能知首尾而不失對答之詞。至於整理語録的方式，則如以上兩則記載所言，一是要"分門編録"，以確保門類整齊；二是要"編録成册"，以防止"闕典"和"泄漏"。

再次，保存語録。神宗熙寧二年（1069），曾鞏奉敕修撰英宗皇帝實録，爲此上劄子説："乞下管勾往來國信所，契勘嘉祐八年四月至治平四年正月末以來，所差入國接伴館伴官等，正官借官簿等册並語録，權借赴當院，照證修纂，仍不妨彼所使用。"③意思是説，他要商借1063年至1067年以來國信所所保存的檔案。可見國信所有保存和提供語録檔案的職能。又《宋會要》記有一份元祐七年（1092）吕希績等接送伴遼使的語録，其中記録了遼使耶

---

① 《宋會要輯稿》職官三六，第3910頁下、3917頁下。
② 《宋會要輯稿》職官三六，第3917頁。吴曉萍研究認爲："作爲具體的外事機構，國信所接受樞密院的指揮，協助樞密院辦好具體的外交接待事務，直接向樞密院負責。"見《宋代國信所考論》，《南京大學學報》2005年第2期，第133頁。
③ 曾鞏《曾鞏集》卷三二《英宗實録院申請劄子》，北京，中華書局，1984年，第476頁。

律迪從病到死的過程、伴使的處理方式以及樞密院的意見。① 到紹興十九年(1149),禮部爲處理類似問題時,需要援引這一先例,於是"禮部言:'主管往來國信所陳永錫等檢會在京舊例北使赴闕及人從身故體例,乞下有司看詳,降付本所,以備照用。本部今欲依具到體例並勘會到事理施行,詔令國信所照會。今據太常寺開具到正旦接送伴語錄'"。② 這說明,正是由於國信所保存了元祐七年的語錄檔案,所以在紹興十九年,陳永錫等人才得以提供可遵循的舊章。相似的例證還有紹聖元年三月八日,"給事中呂陶等言:'具析到昨充宣仁聖烈皇后遺留使副於北界,遇朔望,依元豐八年王震故例,用治平四年、嘉祐八年不赴宴會例。'按明道年遺留使副語錄內,在北界遇朔望日並赴,昨宣仁聖烈皇后上僊臣僚遇朔望日,亦無祭奠舉哀之儀,與嘉祐、治平、元豐故例不同"③。這裏說的是:朝臣把明道年間所遺留的使副語錄作爲類證,用以處理紹聖元年發生的同類事件。這些事例啓示我們:儘管北宋、南宋發生了政權更替,但是,國信所保存語錄的職能却是一直延續未變的。

另外,上述事例還說明,國信所具有遞交語錄的職能。《宋會要》記載:高宗紹興二十九年(1159)六月四日,"國信所言:'本所被旨,奉使大金所有行移文字,除申朝廷合用公狀外,其餘去處依例合用劄子。'從之"④。可見國信所遞交交聘文字主要有兩個去處:一是"申朝廷",二是"其餘去處"。這一區別又見於關於其他事件的記載。比如神宗元豐五年(1083)蔡京等使遼,"及使回,未至國門,國信所語錄先上"。又《宋史·范坦傳》載范坦"使於遼,復命,具語錄以獻。徽宗覽而善之,付鴻臚"。這兩條記錄都是說"申朝廷",即通過國信所向皇帝進獻語錄。後一記錄中的"付鴻臚",說的便是國信所,因爲國信所是鴻臚寺的下屬機構⑤。而"其餘去處"則是指因特殊緣故而接收語錄的其他部門,比如前文論保存語錄之職能時說到,國信所曾將語錄派送至英宗實錄院和禮部。另外,康定元年(1040)十一月二十六日,

---

① 宋哲宗元祐七年正月,"乙酉,樞密院言:'遼使耶律迪病且殆。緣通好已來,未有故事,今用章頻、王咸宜奉使卒於契丹,北人津送體例比類,預立畫一,送館伴所密掌之,如迪死,即施行。'從之。迪尋死於滑州,送伴使校書郎呂希績以聞,詔賜下饗器幣、賻贈等,就差知通利軍趙齊賢假中大夫充監護使,詔遣內供奉官王遷馳驛治喪事,特賜迪黄金百兩,水銀、龍腦以殮"。《續資治通鑑長編》卷四六九《哲宗》,第11200頁。
② 《宋會要輯稿》職官三六,第3913頁上。
③ 《宋會要輯稿》職官五一,第4419頁下—4420頁上。
④ 《宋會要輯稿》職官三六,第3916頁下。
⑤ 《宋史》卷一六五《職官志》記載,鴻臚寺"其官屬十有二:往來國信所,掌大遼使介交聘之事"。第3903頁。

"詔國信所郭積、張奎語錄封送昌朝等"①。趙抃奏狀乞聖旨"將拱辰入國隨行語錄並別錄等,一宗文字宣付御史臺"②。徐松《中興禮書續編》卷五八載:"昨國信所具到元祐八年,接伴北朝祭奠人使張元方等語錄。"③在這些事件中,相關人員都採用了有別於"申朝廷"的語錄遞交方式。

總之,作爲重要的外事機構,國信所建立了一整套管理語錄的制度,包括接收、抄錄、聽審、編錄、保存、呈交、派送等。這些制度既使語錄撰寫成爲交聘活動的慣例,也賦予語錄撰寫以規範的形式。作爲外事活動中的官樣文書,使臣語錄是有豐富的政治內涵的。

四、宋代朝廷對使臣語錄的審查

對於宋代政治來說,語錄檔案有多方面意義。它既可以記錄以往交聘言行的細節,以備朝廷審度時勢;又可以提供文體經驗,以供後來使臣借鑒取捨。這樣一來,語錄便受到朝廷上下廣泛關注。對語錄進行審查,也由此成爲一種制度化的現象。資料表明,宋朝廷十分重視使臣的言行,對交聘言語曾經作過一系列規定。比如據《宋會要》記載:

> (大中祥符)八年十月,詔:"入北界持禮國信使緣路支用錢物,並依體例,不得輒有更改。並接伴使、管押三番使臣等,不得妄有言説。及詢察契丹事宜,務存大體,各須齊肅,無令隨行人等多酒率易,並與契丹語言戲謔,逐程妄有呼索擾民。"
>
> 仁宗乾興元年。四月,詔:"接送契丹使,自今並須慎重禮貌,穩審言語,不得因循,別致猜疑。管押三番使臣亦須用心鈐轄,常令齊整,供應豐備。"④

這裏説的是:朝廷對使臣言行有嚴格的規定和限制,要求"不得妄有言説",須"穩審言語"。事實上,這是要求製作使臣語錄的一方面原因。

爲規範使臣言行,宋代朝廷對違規使臣多有懲處。《宋會要》載:

> (天聖元年)八月,樞密院上言:"入界三節人從,舊條並令逐處揀

---

① 《宋會要輯稿》職官三六,第3908頁下。
② 趙抃《清獻集》卷七《奏狀乞宣王拱辰語錄付御史臺》,《文淵閣四庫全書》第1094冊,第844頁。
③ 徐松《中興禮書續編》卷五八"凶禮"二四,《續修四庫全書》第823冊,第602頁下。
④ 《宋會要輯稿》職官三六,第3906頁下。

選有行止、無過犯者,須都將委保定差,候到國信所,更相責戒勵狀,非不丁寧。昨國信使張師德、劉諧、趙賀等隨行二十五人,因醉酒不謹言語,遂致釁隙,内親從長行李達已行處斬,自餘亦合決遣。宜令管勾國信所,應每年合差祗應人去處,依條揀選,交付使、副。若顔情鹵莽,夾帶無行止、有過犯人等在内,當職官吏劾罪嚴斷。其國信亦常切鈐轄。仍曉示三節人等遞相覺察,或有作過,仰同保人或知次第人密於使、副處陳告,候回雄州,交付本州枷勘情罪,牢固押送赴闕,其同保與免連坐,量與酬奬。若不陳告,亦當重行斷遣,即不得虚有告報。所差親事官即令皇城司子細揀選。"

三年三月,管勾國信所言:"自今通事殿侍與契丹私相貿易及漏泄機事者,以軍法論。在驛諸色人犯者,配流海島。若博飲鬭争、欺竊及損壞官物、書門壁者,亦行配隸。"從之。①

這裏提到兩種懲處方式:一是對首犯處以極刑,比如因"醉酒不謹言語,遂致釁隙"而"行處斬",因"私相貿易及漏泄機事"而"以軍法論";二是對從犯處以其他刑罰,比如"配流海島"或"決遣"。儘管對罪錯輕重有所區別,但顯而易見,懲處違規使臣的尺度是十分嚴厲的。

事實上,即使未有非常事故,宋代朝廷也要審查使臣的交聘言論,並且把奉使還朝語録用爲審查依據。這樣一來,在使臣語録制度中,就有呈交語録以備審查這一環節。至於審查結果,則大致有以下兩類。

第一類是給予肯定和好評,評價的標準則是"得體",或者説"語言應接,務存大體"②。比如《續資治通鑑長編》注引蔡絛《北征紀實》載蔡京等使遼,"及使回,未至國門,國信所語録先上,神宗皇帝讀之大喜,且謂得使人體"③。又樓鑰《敷文閣學士宣奉大夫致仕贈特進汪公行狀》説:"金國來賀(乾道)四年正旦,(汪大猷)借吏部尚書爲接送伴使,上閲語録,見公敏於酬對,處事有體,滋饗之。"④關於"得體",另一種説法是"順情""合旨"。如《續資治通鑑長編》載:"遼使蕭昭彦謂接伴劉逵曰:'北朝遣汎使,只爲西人煎迫,住不得。若南朝肯相順,甚善。'逵曰:'事但順理無順情。'是日輔臣

---

① 《宋會要輯稿》職官三六,第 3907 頁上、3909 頁上。
② 《續資治通鑑長編》卷一三五《仁宗》:"因詔奉使契丹及接伴、送使臣僚,每燕會毋得過飲,其語言應接,務大大體。"第 3237 頁。
③ 《續資治通鑑長編》卷三三八《神宗》,第 8144 頁。
④ 樓鑰《攻媿集》卷八八,《叢書集成初編》第 2017 册,第 1194 頁。

進呈逵語錄,衆皆稱之,上問曾布何如,布亦稱善。"①《宋史·范坦傳》載:"押伴夏國使,應對合旨……使於遼,復命,具語錄以獻。徽宗覽而善之。"又《福建通志》載遼使至,需索無厭,"接伴使張閎不能對,徽宗命(謝)皓代之。還以對,語錄奏,稱旨"。② 這幾段話説明,根據語録來評價使者是否稱職(是否"善"),是當時的一種習慣;而評價的標準有兩條:一是言行得體,即符合情理;二是應對合旨,即符合出使的目的。

第二類是給予差評,予以彈劾。例如以下幾例:

1. 蘇軾彈劾陳軒等人館伴高麗使失當。事見蘇軾《論高麗買書利害劄子》③,大意説蘇軾據陳軒所奏語録,得知高麗使求購歷代史、《册府元龜》和鄭衛曲譜,認爲這有五害,即費民膏血、攪擾市場、泄漏國防、資契丹口實、有損於觀德。陳軒等人作爲館伴,縱容包庇海商私自買賣,應責其言行不當。這件事説明,使臣語録是考核使臣的重要根據。

2. 趙抃劾奏王拱辰入國辱命。事見趙抃《奏狀乞宣王拱辰語録付御史臺》④。按此事發生在宋仁宗至和二年,趙抃時任殿中侍御史,有較大的彈劾許可權。所以,他根據王拱辰語録對其出使表現做了詳細審查,認爲有兩宗罪行:一是在報聘契丹之時與契丹主彈琴送酒,"痛飲深夜",席上聯句"語同俳優",屬"失禮違命";二是在"隨行語録中增減矯飾詐僞不少"。爲此,請求聖旨"將拱辰入國隨行語録並別録等,一宗文字宣付御史臺",與其

---

① 《續資治通鑑長編》卷五〇五《哲宗》,第 12043 頁。
② 《福建通志》卷四八,《文淵閣四庫全書》第 529 册,第 623 頁下。
③ 蘇軾《論高麗買書利害劄子》:"據(陳)軒等語録云:高麗使言海商擅往契丹,本國王捉送上國,乞更嚴賜約束,恐不穩便。而軒乃答云:風訊不順飄過。乃是與閩中狡商巧説詞理,許令過界。切緣私往北界,條禁至重,海外陪臣,猶知遵禀,而軒乃歸咎於風,以薄其罪,豈不乖戾倒置之甚乎?臣忝備侍從,事關利害,不敢不奏。"見《蘇軾文集》卷三五,第 997—998 頁。
④ 趙抃《奏狀乞宣王拱辰語録付御史臺》云:"臣近彈奏王拱辰入國辱命之事,乞正其罪,至今多日,未蒙施行。……今竊聞拱辰使迴,於隨行語録中增減矯飾詐僞不少。與御史臺昨來所勘宋選等案節事狀不同,上惑宸聰,苟免誅責。臣愚欲乞聖旨,指揮下兩府將拱辰入國隨行語録并別録等,一宗文字宣付御史臺。與昨來宋選等公案一處照驗比對,便見拱辰灼然虛實事狀。"見《清獻集》卷七,第 844 頁。又《續資治通鑑長編》卷一七九記載了仁宗至和二年趙抃的兩段奏狀,云:"殿中侍御史趙抃又言:'王拱辰報聘契丹,行及韡淀,未致君命。契丹置宴餞,宋選、王士全、拱辰等遂窄衣與會,自以隨行京酒換所設酒,痛飲深夜,席上聯句,語同俳優。選及士全因醉,與敵使争,及契丹主自彈琴以勸拱辰酒,拱辰既不能辭,又求私書爲己救解。失禮違命,損體生事,乞加黜降。'"又云趙抃"又言:'拱辰比吳奎罪惡爲大,兩府惡奎,即逐之,乃陰庇拱辰,不顧邦典。頃年韓綜坐私勸契丹主酒,落職知許州。去年契丹遣泛使,欲援綜例上壽,賴接伴楊察以朝廷曾黜綜己告之,敵使乃止。拱辰既輒當契丹主彈琴送酒之禮,今若不責拱辰,異時敵使妄欲援拱辰例,則朝廷將何辭拒之?'"見《續資治通鑑長編》卷一七九《仁宗》,第 4334 頁。

他公案"照驗比對",予以黜降。這件事又說明,考核使臣之時,須對不同來源的使臣語錄進行比勘。

3. 時彥、林邵、蹇序辰等因語錄所奏不實被彈劾。事見《續資治通鑑長編》卷五〇七《哲宗》①,略云元符元年(1098),蹇序辰任生辰使、王詔任正旦使使遼。朝廷從王詔語錄中察覺到蹇序辰、王詔曾參與拜供儀式,而蹇序辰在其語錄中並未提及此事,屬"語錄不實"②。朝廷遂決定對此一事件進行全面審處,"令制勘所詳比及序辰狀内事件,逐一子細根勘,取見詣實"③。審查結果是:相關使臣受到不同程度的處罰,比如蹇序辰被"落職降一官知黄州",林邵"罰銅三十斤放罪",時彥"供語錄在前,奏不實在後,合從事發更爲,又以首增一拜,特追一官勒停"。④ 這件事則說明,朝廷審核使臣語錄頗爲嚴格,往往深究其中的細節。

綜合以上事例可知,除前面說的兩大功能——記録交聘事件的功能、提供文體範式的功能——以外,使臣語錄還有一個功能,即對使臣的言行起到監督和警示作用。正因爲這樣,在使臣看來,撰寫語錄是一件須謹慎對待的事情。《道山清話》載:

> 元祐五年,先公爲契丹賀正使。虜主問:"范純仁今在朝否?"先公曰:"純仁去年六月,以觀文殿學士知潁昌府。"又問:"何故教出外?"先公云:"純仁病足,不能拜,暫令補外養病爾。"又問:"吕公著如何外補?"先公云:"公著去年卒于位,初不曾外補。"乃咨嗟曰:"朝廷想見闕人。"先公曰:"見不住召用舊人。"先是虜主聞先公言純仁以足疾外補,乃回顧近立之人微笑。先公既北歸,不敢以是載於語録,嘗因便殿奏陳。⑤

這裏說到使臣對於撰寫語錄的畏懼心理:自知與契丹主的問答有所未當,"不敢以是載於語録",故選用"便殿奏陳"的方式彙報。由此不難想像,使臣在撰寫語錄時,也不免會刪略或增飾,以求功避禍。也就是說,並不是

---

① 《續資治通鑑長編》卷五〇七《哲宗》載:"已而三省、密院同進呈王詔語録,有跪受香藥酒,舊例不拜,遼人言序辰已拜,詔亦拜。并序辰於客省帳茶酒,皆非舊例。即詔序辰、詔等分析,序辰乃言范鏜(紹聖三年生辰使)、林邵(四年正旦使)皆曾拜,而鏜、邵及張宗禹副林邵者皆云不拜。"第12077頁。

② 《曾公遺録》卷七載曾布語:"序辰供進語録,在王詔事未發前,故隱不言拜供儀式,在王詔事發後,便言曾拜。……以此可見前供語録不實"《全宋筆記》第一編第八册,第98頁。

③ 《續資治通鑑長編》卷五一一《哲宗》,第12157頁。

④ 《續資治通鑑長編》卷五一一《哲宗》,第12165、12160頁。

⑤ 《道山清話》,《全宋筆記》第二編第一册,第108—109頁。

所有使臣語録都會得到客觀公允的審查,亦不是所有彈劾都理由充分。比如黄慶基就認爲蘇軾彈劾陳軒等人屬私心用事,説:"軾與吕陶交結至厚,昨者薦陶自代,遂除爲起居舍人。近日中書舍人陳軒緣館伴高麗人使請賜書籍事,軾惡軒之不附己也,遂公奏於朝,力加排詆,意欲使軒補外,乃遷陶爲中書舍人。"①意思是説,蘇軾的彈劾是在借機排除異己。正是在同樣的情景之下,時彦、林邵、蹇序辰等人爲逃避審查,隱漏了語録。

五、使臣語録制度所反映的文體學問題

綜上所述,宋代既是文學事業充分發達的朝代,也是頗多外憂内患的朝代。王朝所面對的複雜的外交形勢,使外事活動在政治生活中佔據特別重要的地位,外事文獻也急速增加。在這種情況下,使臣語録體遂成爲一種成熟的文體。對撰寫者而言,它是需要謹慎掌握的文體;對政府而言,它是重要的監管物件。爲此,宋代朝廷在使臣語録的製作、管理、審查等諸多方面,建立起了比較完善的制度,使之成爲體制性極强的文體。其中特别值得注意的事項是:(一)宋王朝對使臣語録的審查,重在判斷使臣的言行是否得體;(二)審查範圍包括使臣的應對是否合旨,語録呈報是否屬實,語録内容是否有隱漏;(三)一旦查實過錯,便予懲處。這樣一來,使臣語録文體就有了特别鮮明的記實性質。所有使臣語録的製作,必定有别於日常的文學創作。從文體學的角度看,這些來自外在環境的政治要素和文化要素,必定會内含到所有宋代使臣語録作品之中,影響到這些作品的語言系統、章法結構、體要、體貌等。這裏僅擬就文體形成的問題稍稍引申,提出以下看法。

(一)本文所討論的使臣語録體,過去很少被研究者關注;在今人所撰各種文體學專著中,這一文體尚是空白。就此而言,它是文體學研究的"新"對象。但歷史事實却與此相反:這一文體其實是深植在中國文體傳統之中的。這樣説,不但因爲它歷史悠久,可以追溯到上古行人之官出使四方的記録之文;而且因爲它是重視記言的公文文體——我們知道,古所謂"文學""文章",其發韌之初的特點就是記言、用於公文。比如,人們一般認爲文體産生於書寫;但從《尚書》文體的名稱看,書面文體的區分乃來源於言語之體的區分——其中"典"指"道其常而作彝憲","謨"指"陳其謀而成嘉猷","訓"指"順其理而迪之","誥"指"屬其人而告之","誓"指"師衆而誓之"②,"謨""訓""誥""誓"都是從"言"之字。又比如,現在人通常説文體

---

① 《續資治通鑑長編》卷四八四《哲宗》,第 11500 頁。
② 吴訥《文章辨體序説》,北京,人民文學出版社,1962 年,第 12 頁。

是依照某種美學趣味建立起來的語言規則，但從《周禮》"六辭"的分體原則看，早期文體其實產生於儀式並用於儀式——其中"祠"（辭）指朝聘往來的"交接之辭"，"命"指外交辭令，"誥"指上對下的訓誡勸勵之辭，"會"指"會同盟誓之辭"，"禱"指祝福慶賀之辭，"誄"指喪禮上"相吊言禍災之辭"。[①]《文心雕龍·書記》說："詳總書體，本在盡言。"《序志》說："唯文章之用，實經典枝條，五禮資之以成，六典因之致用。"[②]這兩段話，說的就是文體的兩種初始屬性：其一，書面文體反映言語之體；其二，文體之分源於功能之分。由此看來，考察宋代的使臣語錄體有一個重要意義，即正本清源，呈現公文諸體在中國文體史上的地位，揭示文體的本質。

（二）前文提到倪思的《重明節館伴語錄》，以及《四庫全書總目》的相關評論，以說明使臣語錄服務於外事活動這一特性。事實上，這一特性在所有使臣語錄作品中都有表現。比如《重明節館伴語錄》，儘管它有"粉飾""虛夸"的成分[③]，但從形式上看，它符合使臣語錄體的各項要求。它完整記錄了紹熙二年（1191）七月，倪思作爲金使館伴的各項活動，包括逐日行止、往來問答之詞和饋送之禮。每日一則，以日期開頭，重視記錄人物、職銜、言語、禮數等細節。這些形式特點，恰好對應於宋代政府關於出使記錄的各項制度——"復命，具語錄以獻"的制度，"往返"皆記的制度，重視記錄"所說機宜事件"的制度。《重明節館伴語錄》的語辭，通篇整潔穩審，也對應於宋王朝對使臣語錄的嚴肅管理。這件事說明，我們有必要從制度角度觀察公文分體的緣由，考察各體產生的原因。這一道理是容易理解的：既然公文是國家政務活動的手段和工具，是具有實用性和直接現實性的文體；那麼，其作品必然要把相關的現實要素內化爲體裁要素。蔡邕《獨斷》便顯示了這一道理：在論述漢代典章制度的基礎上，它分析了"策書""制書""詔書""戒書""章""奏""表""駁議"等公文文體的功用、作法、格式和得名由來。《文心雕龍·書記》說"隨事立體，貴乎精要"，同樣說到現實要求對於文體確立的重要意義。在各種現實要素當中，制度無疑是造就文體的關鍵要素。由此可以理解，古人爲什麼習慣以功用和應用範圍爲標準來劃分文體，習慣根據某種行爲方式來爲文體命名[④]；同時可以解釋，使臣語錄這一文體的興盛，爲什麼出現在講究外事制度的宋代。這是因爲文體其實是制度的鏡像。

（三）通讀前文所列幾十種宋代使臣語錄，可以注意到，簡潔質樸是這

---

① 孫詒讓《周禮正義》，第 1992—1997 頁。
② 范文瀾《文心雕龍注》，北京，人民文學出版社，1958 年，第 456、726 頁。
③ 《四庫全書總目》卷五二史部雜史類存目，第 471 頁下。
④ 參見郭英德《論中國古代文體分類的生成方式》，載《學術研究》2005 年第 1 期。

些作品的基本風格。也許由於這一點,在很長時期,它未被納入以文飾爲標準的文學觀念,未被看作文學之一體。這反映了研究者對"審美"這個概念的誤解,即認爲講求文學美即是講求情采麗辭。其實與此相反,古代中國人一直主張另一種文學風格,即平易通達的風格。這種主張出於對文學實用性的強調,例如王充説"凡貴通者,貴其能用之也"①;顏之推説"文章當從三易",即"易見事""易識字""易讀誦"②。這種主張主要針對應用文寫作,例如劉勰論政論文體説"文以辨潔爲能,不以繁縟爲巧,事以明覈爲美,不以深隱爲奇"③。但文學家們往往把適用於應用文的原則推廣於各體散文,例如歐陽修論"作文之體"説"初欲奔馳,久當收節,使簡重嚴正"④;王若虛説"凡爲文章,須是典實過於浮華,平易多於奇險,始爲知本末"⑤。並且這種主張體現爲一系列文學運動。例如從南齊裴子野的《雕蟲論》、隋初李諤的《上隋文帝論文書》開始,出現了對南朝"辭勝於理"之文風的批評。這種批評一直持續到宋代初年,比如王禹偁主張"句之易道""義之易曉",反對"先文學而後政事"的"豔冶"之風⑥。值得注意的是,上述兩種文學觀都有其社會基礎,得到不同的政治制度和社會風尚的支持。例如南朝皇室大族盛行游宴,文人往往借此以華文博取知賞,故有所謂"宮體"。另一方面,北周太祖下令推廣蘇綽的大誥體,以杜絕浮華之弊;隋文帝在開皇四年詔令"公私文翰並宜實録",並以文表華豔的罪名懲處泗州刺史司馬幼。由此可見,我們不妨把中國文體史看作兩種文學力量相作用的歷史:一方面是同娛樂生活相聯繫的抒情文學,另一方面是同政治生活相聯繫的應用文學。與此對應,中國的文體學研究也應當注意全面觀照:既研究應用文體與抒情文體的相互作用,研究通過這種相互作用而形成的文學思潮,也研究社會環境對於文學思潮的推動。

(四)如果對宋代幾十種使臣語録作品加以分析,那麼可以發現,它們的文體是大同小異的。從同的方面看,這些語録都記載出使過程的行止、問答和禮數,大都是每日一則,以日期開頭;從異的方面看,它們敘事有繁簡不

---

① 王充《論衡·超奇》,見黄暉《論衡校釋》卷一三,北京,中華書局,1990年,第606頁。
② 顏之推《顏氏家訓·文章》,見王利器《顏氏家訓集解》卷四,北京,中華書局,1993年,第272頁。
③ 劉勰《文心雕龍·議對》,見《文心雕龍注》卷五,第438頁。
④ 歐陽修《歐陽修全集》卷一五〇《与渑池徐宰》,第2475頁。
⑤ 王若虛著,胡傳志、李定乾校注《滹南遺老集校注》卷三七《文辨四》,瀋陽,遼海出版社,2006年,第427頁。
⑥ 王禹偁《小畜集》卷一八《答張扶書》、卷一九《送譚堯叟序》、卷四《五哀詩·高公》,《四部叢刊初編》本。

同,議論有輕重之別,措辭也各具風格。這種大體相同、小體相異的情況,其實見於每一種文體,是具有普遍性的。劉勰説"設文之體有常,變文之數無方",又説"名理相因"是"有常之體","文辭氣力"是"無方之數",王若虛説文章既無體又有體,"定體則無,大體須有"①,正是對這種情況的反映。值得注意的是,所謂"常體"和"大體",乃取决於應用場合和範圍(即所謂"名理"),其實就是客觀之體;所謂"變體"和"小體",主要取决於寫作者的情感與個性(即所謂"文辭氣力"),則屬主觀之體。正因爲這樣,我們可以在使臣語録作品的共同特點中,亦即從其"常體"中,看到相關制度的影子。於是我們可以得出結論:使臣語録之文體,是通過其作品的共同特點而得以確立的;這些特點恰好是對相關制度的反映。倪思説過以下一句話,可以證實這一結論,云:"文章以體制爲先,精工次之。失其體制,雖浮聲切響,抽黄對白,極其精工,不可謂之文矣。凡文皆然,而王言尤不可以不知體制。"②如果説使臣語録正是所謂"王言",那麽,倪思所説的"體制"和"精工",便是上面説的客觀之體和主觀之體。倪思的理論表明:劃分文體的層次,應該注意到各層次的來歷,因此,最好作客觀文體、主觀文體之二分;分析不同文體的關係,應該注意它們爲"體制""精工"所設的空間,比如,宋代使臣語録就是特別講究"體制"的文體。本節之所以把宋代使臣語録制度作爲專門考察的對象,道理就在這裏。

---

① 劉勰《文心雕龍·通變》,見《文心雕龍注》卷六,第519頁。胡傳志、李定乾校注《滹南遺老集校注》卷三七《文辨四》,第427頁。
② 王應麟《玉海》卷二〇二"辭學指南"引,南京,江蘇古籍出版社、上海,上海書店出版社,1988年影印,第3692頁上。

第六章　宋代使臣行記與語録的關係

通過前面的研究可以得知：宋代使臣行記在文類上實際可以劃分爲散文（使臣行記）、韻文（使行詩歌）和圖文（使行圖記）三類。使行詩歌和使行圖記雖然在形式上與使臣行記有較大差異，但從諸多情節和細節來看，其核心還是在記行。因此，可以把使行詩歌和圖記看作使臣行記的兩個分支。另外，使臣語録與使臣行記却表現出較多不同，但二者又都是散文的形式，所以也表現出了一些内在聯繫。對此，下文擬就使臣行記和語録的異同做一番探討。

第一節　學術界對宋代使臣行記和語録的認識

系統地認識使臣行記和語録應該是從康熙年間朱昆田補其父朱彝尊《日下舊聞》開始的，他在卷三七"京城總紀"中補宋人與遼金交聘時説：

當時紀行之書存於今者，王曾上契丹事，富弼奉使録，許亢宗奉使行程録，洪皓松漠紀聞，范成大攬轡録，周煇北轅録，僅寥寥數卷而已。其官闕制度猶可藉以考證。外如路振乘軺録，宋敏求入蕃録，范鎮使北録，劉敞使北語録，江德藻聘北道里記，沈括使遼圖抄，李罕使遼見聞録，寇瑊奉使録，王曙戴斗奉使録，王晉使範，連鵬舉宣和使金録，何鑄奉使雜録，雍堯佐隆興奉使審議録，張棣講和事迹，韓元吉金國生辰語録，姚憲乾道奉行録，余嶸使燕録，樓鑰北行日録，富軾奉使語録，多軼不傳。又若趙良嗣燕雲奉使録，馬擴茆齋自叙，沈括南歸録，鄭望之靖康奉使録，李若水山西軍前奉使録，傅雱建炎通問録，范仲熊北紀，晁公态金人敗盟記，雖散見於北盟會編而未必全。至若皇華録，南北歡盟録，南北對鏡圖，南北國信記，議盟記，接伴語録，北朝國信語録，賀正人使例，使北録，靖康要盟録，紹興通和録，講和録，開禧通和特書，通問本末諸書,僅留其目,并作者姓氏皆佚矣。①

這裏邊既有行記又有語録,但朱昆田將二者合列在一起,並認爲它們都是"當時紀行之書",可見他是把這些作品都理解爲行記的。

還有不少學者在面對這批使行文獻時,也表達了與朱昆田類似的看法。比如無名氏跋陳卓《使金録》説:

> 宋人行役,多爲日録,以記其經歷之詳。其間道里之邅邐、郡邑之更革,有可概見。而舉山川、考古迹、傳時事,在博洽者,不爲無助焉。故余每喜觀之。若程正惠公之《使金録》,其一也。②

我們知道無名氏所講的"日録"其實也是語録較爲普遍的撰寫方式,所以這裏並不特指行記,語録當在其中。另外,雖然無名氏没有像朱昆田那樣將"宋人行役"的作品大勢羅列一番,但其"道里之邅邐、郡邑之更革""舉山川、考古迹、傳時事"的説法也表明,他對使臣行記和語録的認識是與朱昆田相似的。

又如羅繼祖校路振《乘軺録》,在後記中説:

> 宋人使遼,還者必有紀録上諸朝,若王沂公、富鄭公、薛映諸《行程録》;張舜民《使遼録》,附見《契丹國志》;宋綬、李維《上契丹事》,附見《續資治通鑑長編》,第皆寥寥短章。完具者,只一陳襄《使遼語録》而已。③

羅繼祖儘管没有明確以上作品當類屬行記還是語録,但可以發現他顯然將二者視爲同類作品,並統稱之爲使遼"紀録"。

此後經傅樂焕先生研究,認爲這些作品都應歸屬爲"語録",其《宋人使遼語録行程考》説:

> 這些往返於兩國間的使臣,其屬於遼朝的,不可詳知;至於宋朝的,則在他們回國以後照例須作一個《語録》上之於政府。《語録》中主要

---

① 于敏中等編纂《日下舊聞考》卷三七,北京,北京古籍出版社,1983年,第595—596頁。
② 陳卓《使金録》,《續修四庫全書》第423册,第450頁上。
③ 賈敬顔《路振〈乘軺録〉疏證稿》附録,見《五代宋金元人邊疆行記十三種疏證稿》,第77—78頁。

的在報告他在遼庭應對酬答的情形,附帶記載著所經地點及各該地方的民物風俗等。

使臣年年派遣,《語錄》自也不斷的出現,因此當時的人對於這種同時人的記載,習以爲常,當作官樣文章,並不特別的重視。

所謂"某某《上契丹事》""某某《行程錄》""某某《上契丹風俗》"等等名目,全是在"語錄"一名沒有成立以前,後人引用各該記載時所代加的。因爲"語錄"應用的時期最長,在這裏我們即用它來概括一切同類的記載。①

傅先生的認識顯然是與使臣"語錄"一詞的出現有關,並認爲語錄是"習以爲常"的"官樣文章",是使臣奉使回國後必須上奏的文件,這一點我是贊成的。但是認爲某某《上契丹事》、某某《行程錄》、某某《上契丹風俗》等作品,是在"語錄"一名沒有成立前,後人引用時所代加的名目。對此,我覺得將"語錄"之名強加給這些作品的方式略有不妥。因爲可以從傅先生依據《郡齋讀書志》《直齋書錄解題》和《宋史·藝文志》所清算的語錄中看出,有《戴斗奉使錄》《生辰國信使語錄》《乘軺錄》《富公語錄》《富文忠公入國語錄》《張浮休使遼錄》《慶曆正旦國信語錄》《熙寧正旦國信語錄》《使遼見聞錄》《陳襄國信語錄》《劉敞使北語錄》《王曾契丹志》《薛映記》和《宋綬上契丹事》,②這些使行文獻明顯代表的是兩類作品,即是使臣行記和語錄。也正如傅先生所總結的那樣,語錄一類主要"報告他在遼庭應對酬答的情形",行記一類主要"記載著所經地點及各該地方的民物風俗等"。

其後賈敬顏先生疏證"五代宋金元人邊疆行記十三種",其中宋代行記六種,分別是路振《乘軺錄》、王曾《上契丹事》、薛映《遼中境界》、宋綬《契丹風俗》、沈括《熙寧使契丹圖抄》、《許亢宗行程錄》。③ 賈先生的認識與傅先生不同,認爲所疏證者都應是記行之作。不過賈先生的確疏證的都是行記作品,而沒有語錄作品。之所以會出現這種情況,我認爲有兩點可能:一是語錄留存至今的内容少,賈先生並未注意此類作品;二是賈先生既知道有語錄的存在,也知道語錄和行記的不同。

而在當代學者中多數人更傾嚮於沿用傅先生的觀點。例如崔文印先生箋證《靖康稗史》,在前言中說:

---

① 見傅樂焕《遼使叢考》,第 1—3 頁。
② 見傅樂焕《遼使叢考》,第 5—7 頁。
③ 見賈敬顏《五代宋金元人邊疆行記十三種疏證稿》,北京,中華書局,2004 年。

《宣和乙巳奉使金國行程錄》是靖康事件之前，也就是宣和七年，許亢宗爲賀金太宗吳乞買登位使金而留下的出使紀錄。這種出使紀錄又叫語錄，是宋廷每個出使要員回朝後必作的一種上之朝廷的例行"公文"，叙述出使見聞和應對情況。宋代留下了不少這樣的語錄，如路振《乘軺錄》、王曾《上契丹事》、張舜民《使遼錄》、范成大《攬轡錄》、樓鑰《北行日錄》等，就都是他們使遼或使金後寫下的這類語錄。①

崔先生的觀點與傅先生相同，都是用"語錄"之名來統稱使臣行記和語錄。又如趙永春先生在《奉使遼金行程錄》序言和《宋人出使遼金"語錄"研究》一文中説：

宋朝規定，使者回國後，要將出使應對酬答情況、沿途經過路綫及所見所聞，筆錄成書，上奏朝廷，稱"行程錄""奉使錄""使北記""出使行記"或"語錄"等。其中，"語錄"之名應用時間最長，影響最廣（參見傅樂焕《宋人使遼語錄行程考》）。②

雖然趙先生已注明這裏是對傅先生觀點的援引，但是從他的口吻中可以看出其對行記和語錄還是有區分的。他表述説："稱'行程錄''奉使錄''使北記''出使行記'或'語錄'等。"對此，可以理解爲"行程錄""奉使錄""使北記"和"出使行記"應該屬於同一類型，而與"語錄"有互换關係。也就是説，對這批使行文獻既可以選擇稱爲"行程錄""奉使錄""使北記"和"出使行記"，也可以選擇叫作"語錄"。但由於"'語錄'之名應用時間最長，影響最廣"，所以更傾向於選擇"語錄"作爲統稱。

沿用傅先生觀點的還有李輝博士，他在博士論文《宋金交聘制度研究》第五章第一節"宋人使金國信'語錄'叙錄"中説：

考南宋人的使金語錄，既有《金國生辰語錄》《重明節館伴語錄》等以"語錄"命名的情況，又有《聘燕錄》《北行日錄》不以"語錄"命名的情況。因傅先生僅限於使遼語錄，並未涉及使金語錄，故此結論並不全面。但國信語錄，北宋即有之，則是無可否認的事實。况"語錄"之名使

---

① 確庵、耐庵編，崔文印箋證《靖康稗史箋證》，第3頁。又見崔文印《〈靖康稗史〉散論》，《史學史研究》1986年第1期。
② 趙永春《奉使遼金行程錄》序言，第2頁；又見趙永春《宋人出使遼金"語錄"研究》，《史學史研究》1996年第8期，第48頁。

用已廣,故本文亦沿之。①

李輝博士的寫作動機是"因傅先生僅限於使遼語錄,並未涉及使金語錄",故對宋人使金國信語錄作了梳理。重要的是他指出了南宋使金語錄,既有以"語錄"命名的情況,又有不以"語錄"命名的情況。這是有意義的,至少說明了使行作品具有名稱差異,但文中並未對不以"語錄"命名的情況加以追問。

此後劉浦江先生對宋人出使遼金所存留下來的各種文字記錄都進行了區分,認爲大致可以分作三類:

> 第一類是語錄。嚴格意義上的語錄亦即行程錄,它是每位使臣完成使命歸朝後均須向國信所遞交的一份例行的出使報告……大概以鍾邦直《宣和乙巳奉使金國行程錄》最爲規範;而倪思《重明節館伴語錄》則爲我們提供了一個館伴語錄的範本。
> 第二類是泛使向朝廷提交的專題報告。……在出使歸來後,除了向國信所遞交一份例行的語錄之外,往往還需要向朝廷呈上一份專題報告。……如趙良嗣《燕雲奉使錄》、鄭望之《靖康奉使錄》、李若水《山西軍前和議奉使錄》、傅雱《建炎通問錄》、王繪《紹興甲寅通和錄》等等。
> 第三類是私人記錄。某些傳世的"行程錄",實際上是出自使團成員之手的私人筆記,如樓鑰《北行日錄》就是一個典型的例子。與前兩類作品所不同的是,這類文字記錄毋需交付有司備案,故每有私事攙雜其間。②

劉先生的區分有一定意義,他明確劃分了官方文書與私人筆記的界限,即是否"交付有司備案",這是深入認識使行作品不同功能的關鍵點。同時劉先生還認爲趙永春先生將"沈括《乙卯入國別錄》、趙良嗣《燕雲奉使錄》、鄭望之《靖康奉使錄》、李若水《山西軍前和議奉使錄》、傅雱《建炎通問錄》、王繪《紹興甲寅通和錄》、樓鑰《北行日錄》等"作品列入語錄的範圍,並不合適。③ 不過,隨後趙先生又撰文予以辯駁,認爲"宋人所稱'語錄'含義比較

---

① 李輝《宋金交聘制度研究》第五章第一節"宋人使金國信'語錄'叙錄",復旦大學 2005 年博士學位論文,第 100 頁。
② 劉浦江《宋代使臣語錄考》,張希清等主編《10—13 世紀中國文化的蹤撞與融合》,第 254—256 頁。
③ 劉浦江《宋代使臣語錄考》,第 256—257 頁。

廣泛,宋人出使遼金之記録均可泛稱爲'語録'"①。可見劉、趙二位先生討論的核心在於使臣語録的範圍如何？使臣語録作品的性質應怎樣判斷？如果確定了語録的性質和範圍,那麽其他作品又該作何理解？需要説明的是,要回答這些問題並不容易,倘若不能追本溯源,進行全面系統的考查,採取多方面多角度比較的話,研究必定是舉步維艱的。

李德輝先生在對漢唐兩宋行記的整理和研究中,也接觸到宋代使臣行記和語録,並提出了一些看法,比如：

> 徽宗末至高宗朝,此類行記的創作達到了高潮,計有連鵬舉《宣和使金録》、陶悦《使北録》、趙良嗣《燕雲奉使録》……許亢宗《宣和乙巳奉使行程録》、李若水《山西軍前奉使録》、鄭望之《靖康城下奉使録》、沈琯《南歸録》、楊應誠《建炎假道高麗録》等。
> 不涉出使外國,專載宋人國内行役的行記,同樣很豐富。……或記宋人充當館伴使接待遼金使節的經過,如倪思《重明節館伴語録》。②

看得出李先生是站在歷史的時間跨度下,認識到"行記"在文獻中擁有更長久的傳承和更穩定的位置,所以許多被人們視爲使臣語録的宋代作品,都被其統稱爲行記。

通過梳理宋代使臣行記和語録的研究成果可以發現：第一,學術界産生了兩種認識,一部分學者認爲二者應統稱爲行記,另一部分學者則認爲當作語録理解。第二,還是有不少學者認識到了使行作品所存在的差異,比如有的内容是記録交聘中的應對酬答,有的是記載所經地點和民物風俗;有的以"語録"命名,有的不以"語録"命名;有的是上奏朝廷的官方文件,有的是私人筆記。這些差異實際所體現的正是行記與語録的區别。第三,行記和語録目前尚處於混淆狀態,這是可以理解的,畢竟它們之間有著千絲萬縷的聯繫;但不能因此而不作區分,它們的確在撰寫背景、寫作動機、實用功能、書寫形式和内容記録等方面都存在明顯差異。不過,若要準確區分這兩種文體,則需提出充足的理由和證據。

---

① 趙永春《"語録"緣起與宋人出使遼金"語録"釋義》,《遼金契丹女真史研究》2008 年第 1 期。又見孫建華主編《遼金史論集》(第十一輯),呼和浩特,内蒙古大學出版社,2009 年。
② 李德輝《晉唐兩宋行記輯校》前言,第 11 頁;又見李德輝《論宋人使番行記》,《華夏文化論壇》2008 年,第 90 頁;又見李德輝《論漢唐兩宋行記的淵源流變》,《中華文史論叢》2010 年第 3 期,第 333—334 頁。

第二節　宋代使臣行記與語録的關聯

一、使臣行記中的語録特徵

雖然使臣行記是以記行、記事作爲主要内容，但並不表示就不記片言。據文獻記録可知部分使臣行記還是會採録適量的言語，諸如：

《郡齋讀書志》著録張舜民《使遼録》云："録其往返地里及話言也。"張舜民自叙云："其間所載山川、井邑、道路、風俗，至於主客之語言，龍庭之禮數，亦可以備清閑之覽觀。"①

《郡齋讀書志》著録王雲《雞林志》云："攟輯其會見之禮，聘問之辭，類分爲八門。"②

《萬姓統譜》引述俞庭椿《北轅録》云："紀次其道路、所經山川人物、與夫語言事迹之可備採用者。"③

《四庫全書總目》著録鄒伸之《使北日録》云："因取所聞見及往復問答，編次紀録，以爲此書。"④

看來使臣將言語納入行記的撰寫方式並不罕見。不過"及話言""至於主客之語言""與夫語言""及往復問答"的表述形式也説明言語記録不是行記的主要内容，它是因撰寫主體的需要而被録入行記中的，所以嚴格意義上講行記中採録言語並非既定的撰寫模式。换句話説，就行記的撰寫而言，言語被直接録入並不具有普遍性，而是特殊性的表現。

這裏不妨從行記文本中舉些例子，看看行記的記言情况。比如王延德《西州使程記》録有兩段對話，其中一段云：

時四月，獅子王避暑於北廷，以其舅阿多于越守國，先遣人致意於延德曰："我王舅也，使者拜我乎？"延德曰："持朝命而來，禮不當拜。"復問曰："見王拜乎？"延德曰："禮亦不當拜。"阿多于越復數日始出相

---

① 張舜民《畫墁集》卷六，《叢書集成初編》第 1948 册，第 49 頁。
② 《郡齋讀書志校證》卷七"僞史類"，第 292 頁。
③ 凌迪知《萬姓統譜》卷一二，第 250 頁下。
④ 《四庫全書總目》卷五二，第 472 頁下。

見,然其禮頗恭。①

可見行記中對言語的記錄與語錄相同,也是以問答形式爲主。又如張舜民《使遼錄》,文中記有兩則對話:

是時,耶律永興、姚跂洄二人接伴,舜民因問:"北馬有割去肝者,遂無病能行,果否?"答云:"有之。其法飲以醇酒,於腋間破之,取去少肉,然亦十喪八九。"

舜民又問:"北地雕窠中生獵犬,果否?"答云:"亦有之,然極難得。今駕前有二隻,其性頗異,每獵而獲,十倍於常犬。"②

因爲是撰寫行記,所以張舜民更關注當地的風俗和物產,但他在記錄時却不用常規的散文形式敘述,反而是用問答形式呈現,故使行記的撰寫風趣迥然。這在語錄中也能找到與之相似的例子,如陳襄《神宗皇帝即位使遼語錄》載:"二十三日,過摘星嶺,臣襄問:'此松結實否?'規中言:'惟東樓接女真、高麗者有之。'"可以説,以上記錄都側重表現了交聘活動中輕鬆愉悦的一面。相反,則有爭鋒相對、辯駁問難的一面,如《宣和乙巳奉使金國行程録》所記:

是日,押伴貴臣被酒,輒大言詫金人之强,控弦百萬,無敵于天下。使長掎之曰:"宋有天下二百年,幅員三萬里,勁兵數百萬,豈有弱耶?某銜命遠來,賀大金皇帝登寶位,而大金皇帝止令太尉來伴行人酒食,何嘗令大言以相罔也?"辭色俱厲,虜人氣懾,不復措一辭。及賜宴畢,例有表謝,有曰"祇造鄰邦",中使讀之曰:"使人輕我大金國。《論語》云:'蠻貊之邦',表辭不當用'邦'字。"請重换方肯持去。使長正色而言曰:"《書》謂'協和萬邦''克勤于邦',《詩》謂'周雖舊邦',《論語》謂'至于他邦''問人於他邦''善人爲邦''一言興邦',此皆'邦'字,而中使何獨祇誦此一句以相問也?表不可换!須到闕下,當與曾讀書人理會,中使無多言!"虜人無以答。③

這一例子明顯符合使臣"對答數節,皆逆折其事端"的應對過程,也符合語

---

① 王明清《揮麈前録》卷四,第30頁。
② 張舜民《使北記》,見《契丹國志》卷二五,第269—270頁。
③ 確庵、耐庵編,崔文印箋證《靖康稗史箋證》,第27頁。

録"記抗辯應對之語"的文本内容。由此可見,行記採録言語的形式是與語録的記言形式大致相同的,這一密切關係是對兩種文體之間文本聯繫的生動體現。

另外,使臣行記還有一種與語録略有差別的記言方式,與直接記録言語、對話不同,而是採用叙述的形式將言語自然融入到行記表述中;一般不使用"某某問""某某答"的語録撰寫手法,而是將言語進行了巧妙的加工和轉述。例如路振《乘軺録》的中間和結尾部分,記述了契丹的地理、氣候、風俗、物産、兵制和官制等内容,作者均注明是出於他人之口。詳見下表:

《乘軺録》[①]	自 注
虜政苛刻,幽薊苦之。園桑税畝,數倍於中國,水旱蟲蝗之災,無蠲减焉。以是服田之家,十夫並耨,而老者之食,不得精鑿;力蠶之婦,十手並織,而老者之衣,不得繒絮。徵斂調發,急於剽掠。加以耶律、蕭、韓三姓恣横,歲求良家子以爲妻妾。幽薊之女有姿質者,父母不令施粉白,弊衣而藏之,比嫁,不與親族相往來。太宗皇帝平晉陽,知燕民之徯后也,親御六軍,傅於城下。燕民驚喜,謀欲劫守將,出城而降。太宗皇帝以燕城大而不堅,易克難守,炎暑方熾,士卒暴露且久,遂班師焉。城中父老聞車駕之還也,撫其子歎息曰:爾不得爲漢民,命也。	自虜政苛刻以下事,並幽州客司劉斌言。斌大父名迎,年七十五,嘗爲幽州軍政校,備見其事,每與子孫言之,其蕭后隆慶事,亦迎所説。
靈河有靈、錦、顯、霸四州,地生桑、麻、貝、錦,州民無田租,但供蠶織,名曰"太后絲蠶户"。東至黄龍府一千五百里。虜謂黄龍府爲東府,有府尹、留守之屬。又東至高麗、女真四千里。	自靈河以下事,皆接伴副使李詢言。
東北至遼海二千里,遼海即遼東也,樂浪、玄菟之地皆屬焉。遼海民勇勁樂戰,歲簡閲以爲渤海都。	遼海以下事,館伴使劉經言。
北至上國一千里,即林胡舊地。本名林荒,虜更其名曰臨潢府,國之南有潢水故也。皮室相公爲留守。西至炭山七百里。炭山即黑山也,地寒涼,雖盛夏必重裘。宿草之下,掘深尺餘,有層冰,瑩潔如玉,至秋分則消釋。山北有涼殿,虜每夏往居之。西北至刑頭五百里,地苦寒,井泉經夏常凍。虜小暑即往涼殿,大熱則往刑頭,官屬、部落咸輦妻子以從。	自臨潢以下事,亦劉經言。
東北百餘里有鴨池,鶩之所聚也。虜春種稗以飼鶩,肥則往捕之。	接伴副使邢祐言之。
西南至山後八軍八百餘里,南大王、北大王統之,皆耶律氏也。控弦之士各萬人。二王陸梁難制,虜每有徵發,多不從命,虜亦姑息。	此二王事,得之於檀州知州馬壽。

[①] 路振《乘軺録》,《全宋筆記》第八編第八册,第63—69頁。

續　表

《乘軺錄》	自　注
上國西百餘里有大池，幅員三百里，鹽生著岸如冰淩，朝聚暮合。年深者堅如巨石，虜鑿之爲枕，其碎者類顆鹽，民得採鬻之。上國之地，北有秫笪國，有鐵驪國，二國産貂鼠，尤爲溫潤，歲輸皮數千枚。	鹽池、貂鼠事，皆邢祐言之。
每欲南牧，皆集於幽州。有四路：一曰榆關路，二曰松亭路，三曰虎北口路，四曰石門關路。榆關在薊州北百餘里，松亭關在幽州東二百六十里，虎北口在幽州北三百里，石門關在幽州西一百八十里。其險絶悉類虎北口，皆古控扼奚虜要害之地也。虎北口東三十餘里，又有奚關，奚兵多由此關而南入。山路險隘，止通單騎。	榆關事，涿州刺史李賢言。松亭關、石門關等路，幽州客司牛榮言之。

通過此表可以發現，將交聘活動中的言語進行加工和轉述，不僅是使臣行記的一種撰寫方式，還從側面指出了言語是行記內容的一條重要來源。

若考查宋代使臣行記的內容，幾乎都是使臣對其奉使經歷的記述。如《西州使程記》，《宋史·高昌國傳》説："王延德等還，叙其行程來獻。"①又如《至道雲南錄》，《郡齋讀書志》説辛怡顯使還，"因書其所歷，成此書"。《玉海》説"是書備載始末云"。② 再如王曾《契丹志》，《玉海·異域圖書》説此書乃"載經歷山川、城郭"。③ 所以使臣行記主要是使臣對其奉使經歷的文字再現。

那麼，使臣的奉使所歷又包括哪些方面？簡單來說，其實不外乎眼見和耳聞兩個方面。如《直齋書錄解題》著錄洪皓《松漠記聞》説："皓奉使留敵中錄所聞雜事。"洪适《題松漠紀聞》説："先君銜使十五年，深陷窮漠，耳目所接，隨筆纂錄。"④又如徐兢《宣和奉使高麗圖經序》説："謹因耳目所及，博采衆説，簡去其同於中國者，而取其異焉。""耳目所及，非若十三歲之久，亦粗能得其建國立政之體，風俗事物之宜，使不逃乎繪畫紀次之列。"⑤再如《直齋書錄解題》著錄范成大《攬轡錄》説："參政吳郡范成大至能乾道六年使金所記聞見。"⑥作爲宋代使臣行記的代表，《松漠紀聞》《宣和奉使高麗圖

---

① 《宋史》卷四九〇《高昌國傳》，第 14110 頁。
② 《郡齋讀書志校證》卷七"僞史類"，第 290 頁。《玉海》卷五八《藝文》，第 1114 頁上。
③ 《玉海》卷一六《地理·異域圖書》，第 304 頁下。
④ 《直齋書錄解題》卷五"僞史類"，第 140—141 頁。洪适《盤洲文集》卷六二，《四部叢刊初編》第 193 册。
⑤ 徐兢《宣和奉使高麗圖經》，《全宋筆記》第三編第八册，第 8 頁。
⑥ 《直齋書錄解題》卷七，第 205 頁。

經》和《攬轡錄》分別記錄了使遼聞見、使高麗聞見和使金聞見，說明不論使臣奉使何地，但凡撰錄行記，奉使聞見都是最重要的記錄對象。也就是説，使臣奉使的所見和所聞是使臣行記內容的兩個重要來源。

對於使臣行記中使臣之眼見，前面已作充分討論，茲不贅述。至於使臣之耳聞，則無疑表現了使臣行記與語錄的密切關係，而從根本上揭示了行記也會存錄言語的事實。對此，以下兩篇行記書跋就是證明：

  韓元吉《書朔行日記後》："朝廷遣偵伺之人，捐費千金，僅得一二。異時使者率畏風埃，避嫌疑，緊閉車內，一語不敢接，豈古之所謂覘國者哉？故自渡淮，凡所以覘敵者，日夜不敢忘，雖駐車乞漿，下馬盥手，遇小兒婦女，率以言挑之。又使親故之從行者，反覆私焉，往往遂得其情。"①
  黃震有《跋俞奉使北轅錄》："奉使俞公，身入京洛，歷覽山川，訪問故老，歸而錄之。慷慨英發，意在言外，而中原之故老皆我宋之遺黎，一一能爲奉使公吐情實。"②

書跋中所反映的因果關係是：因爲"以言挑之""反覆私焉"，所以才"遂得其情"；因爲"訪問故老"，而"爲奉使公吐情實"，所以才能"歸而錄之"。這就表明雖說行記不是記言文體，但言語在其內容中還是佔有一定比重的。甚至在某些特定情況下，交聘言語的多少還決定著行記內容的詳略，如程卓《使金錄》結尾説："（接伴使）李希道等往還，絕不交一談，無可紀述。"③足見言語也是行記撰寫的一根重要支柱。但是，行記對言語的記錄和語錄並不相同，相對於語錄採集原話的記述方式，行記則是將原話進行了轉述。

二、使臣語錄中的行記特徵

使臣語錄同樣具有一些行記特徵，主要表現在以下幾個方面。

首先，某些使臣語錄既有一個語錄名稱，也兼有一個行記名稱。比如富弼的語錄：《郡齋讀書志》著錄有《富公語錄》和《富文忠入國語錄》兩種，《宋史·藝文志》統稱之爲《奉使語錄》，這些都是語錄名稱。此外，周必大《跋司馬文正公手鈔富文忠公使北錄》説："司馬文正公於廣記，備言不啻飢

---

① 韓元吉《南澗甲乙稿》卷一六，《叢書集成初編》第1982冊，第322頁。
② 黃震《黃氏日抄》卷九一，《文淵閣四庫全書》第708冊，第981頁。
③ 程卓《使金錄》，《續修四庫全書》第423冊，第449頁下。

渴之嗜飲食……富文忠《使北語録》首尾萬有餘字,手自鈔録。"①此處出現了《使北録》和《使北語録》兩個名稱,如果不存在遺漏"語"字的情况,那麽前者很明顯是行記名稱。還有吕中《宋大事記講義》載富弼:"請勿許遼人獻納之二字,皆往復辨論,不啻數十百語,其見於《奉使録》之數篇。"②又周紫芝《讀鄭公奉使録》詩云:"勁敵難交玉帛歡,只因獻納是争端。鄭公不請長纓去,有口真堪伐可汗。"③二人所説正好與《郡齋讀書志》對《富文忠入國語録》的注解一致,説:"弼所争者獻納二字,朝廷竟從晏殊議,用納字,弼不預也。"④由此可見,《使北録》和《奉使録》都是富弼語録的别稱,也是行記名稱。

又如陸佃的《使遼語録》,陸游跋《先左丞使遼語録》説:"右先楚公《使遼録》一卷,三十八伯父手書。"⑤陸游同時稱陸佃語録爲《使遼録》和《使遼語録》,這與周必大同時稱富弼語録爲《使北録》和《使北語録》可謂異曲同工,都充分體現了某些語録具有行記名稱的特徵。不過,這兩條相似的例子也提醒我們:宋人在傳述使臣語録時可能有省稱的習慣,由此會造成名稱屬於行記,但内容却是語録的情况。也即是説,某些不明内容的使行作品,雖然其書名與行記相類,但内容則可能是語録。

所以,當《郡齋讀書志》著録寇瑊《生辰國信語録》,《宋史·藝文志》作《奉使録》;《遂初堂書目》著録劉敞《劉原父奉使録》,《宋史·藝文志》作《使北語録》;《宋史·藝文志》著録陳襄《國信語録》,而《通志·藝文略》作《奉使録》、《古靈先生年譜》作《使遼録》、《宋秘書省續編到四庫闕書目》作《奉使録事》時,在没有確鑿證據證明不同名稱所指的書不同的前提下,就應該暫且視爲同一本書。這是一個比較穩妥的辦法,因爲部分語録摻入行記名稱的現象,確實爲行記和語録的區分造成了很大麻煩,對此後文將作詳細討論。

其次,使臣語録的行記特徵還體現在其撰寫形式上。最典型的例子是陳襄的《神宗皇帝即位使遼語録》,它和日記體使臣行記一樣,都採用了記録時間、地點的撰寫形式。相同的例子還有吕希績等人的"賀正旦使接送伴語録",形式上也習慣性地記録了時間和行經地名。另外,現存的使臣語録也幾乎都是以時間作爲記録的單元。由此可見,使臣語録是普遍具有日記特徵的。更有甚者,如李若水將其語録名之爲《靖康大金山西軍前和議日録》,這顯然與名爲《北行日録》《朔行日記》和《使北日録》的使臣行記在名稱上

---

① 王瑞來《周必大集校證》卷四八,第725頁。
② 吕中《宋大事記講義》卷一二,第319頁。
③ 周紫芝《太倉稊米集》卷一〇,《文淵閣四庫全書》第1141册,第70頁下。
④ 趙希弁《讀書附志》,《郡齋讀書志校證》,第1131頁。
⑤ 陸游《渭南文集》卷二七,載《陸放翁全集》,第161頁。

取得了一致。所以,使臣語録與日記體行記之間是有密切關係的。

第三,使臣語録在内容上也能找到與行記相似的記録。比如陳襄《神宗皇帝即位使遼語録》載:"七日,至廣寧館。道過小城之西,居民僅二百家。……又經沙陁六十里,宿會星館。"①記録了路途所見和兩地距離,這些都是使臣行記的典型特徵。不過,這樣的記録在使臣語録中是微乎其微的。

此外,部分使臣語録和行記,會在其文本之外附加一些與交聘相關的内容。先看語録,據《郡齋讀書志》著録寇瑊《生辰國信語録》説:"并景德二年至天聖八年使副姓名及雜儀附於後。"②又據《直齋書録解題》著録富弼《奉使别録》説:"又一本有兩朝往来書附於末。"③可見"使副姓名""雜儀"和"往來書"代表了語録的附加形式。再看行記,據《玉海·異域圖書》著録吴拭《雞林志》説:"載往回事迹及一時詔誥。"④又據晁公武《郡齋讀書志》著録王雲《雞林志》説:"攟輯其會見之禮,聘問之辭,類分爲八門。"周煇《清波雜志》補充説:"併載國信所行遣案牘,頗傷冗長。"⑤故而"詔誥"和"案牘"則代表了行記的附加形式。所以就附加形式來説,使臣語録和行記是有相似之處的。

以上討論證明,使臣行記和語録是有撰寫共性的,它們在名稱、形式和内容等方面都表現出了較爲密切的聯繫。但正是因爲有這些聯繫存在,又給行記和語録的區分增添了難度。

第三節　宋代使臣行記與語録的區别

若對前面使臣行記和語録的研究内容加以比較,就會發現二者的差異是非常明顯的,無論是在書寫形式和文本内容,還是在撰寫主旨和社會功能等方面均有一定差别。可以説這些方面爲行記和語録的區分提供了不同層面的依據,有助於我們充分認識和理解二者的文體意義。

一、使臣行記與語録的文體差異

行記側重於記程、記事和記里,語録側重於記言,這是二者最基本的文體特徵。同時,也決定了它們在書寫形式和文本内容上有諸多不同。

---

① 金毓黻主編《遼海叢書》,第 2543 頁下。
② 《郡齋讀書志校證》卷七"僞史類",第 282—283 頁。
③ 《直齋書録解題》卷七"傳記類",第 203 頁。
④ 《玉海》卷一六《地理·異域圖書》,第 305 頁上。
⑤ 《郡齋讀書志校證》卷七"僞史類",第 292 頁。《清波雜志校注》卷七,第 324 頁。

先説書寫形式。在行記的文本類型中,主要有三種書寫形式,即分別用散文、韻文和圖文的形式記錄交聘中的見聞。語録的書寫形式却相對單一,即便有奉使語録、接館送伴語録、奉使別録、和議録與通問録之別,但都是以散文的形式記録交聘中的語言。因此從書寫方式看,散文形式的行記與語録文體是比較接近的,都是採用散文手法記述交聘過往;而圖文類和韻文類行記則與語録的文體形式相差甚遠。所以,只有重點比較兩種文體形式相近的作品,才能充分體現行記和語録的不同。

前文已述,使臣行記主要有記程、日記和筆記三種撰寫方式,語録通常也有記日和記程的特點。説明二者在撰寫手法上有共性可尋,但並不意味著完全相同。若論記日,語録通常僅記日期,如陳襄《神宗皇帝即位使遼語録》和倪思《重明節館伴語録》等都用序數記日。行記則不同,不但有路振《乘軺録》、周煇《北轅録》和嚴光大《祈請使行程記》等用序數記日,還有《攬轡録》用干支記日,《宣和奉使高麗圖經·海道》《北行日録》和《使金録》用序數與干支同時記日。另外,後三種行記還使用晴、陰、雨、風、霜等氣象術語準確記録了一天的天氣情況,以及用"夜微霰,早陰,晴""早陰晚晴"等表述一天的氣候變化。所以儘管語録有記日特徵,甚至有些還以日録作爲書名(如李若水《靖康大金山西軍前和議日録》),但從文體角度考慮,使臣日記(尤其是南宋時期的使臣日記)才更接近於規範的日記。

若論記程,這是使臣行記的一個顯著特徵,具體表現爲詳細記録行經地名(館驛)、行程距離和行進方向。比如沈括的《熙寧使契丹圖抄》,不僅詳細記録了地名(館驛)、距離和方向,還對館驛之間的經見作了更爲精確的記録。而語録通常只是記録行經地名(館驛),典型的代表是前文提及的陳襄《神宗皇帝即位使遼語録》,完整記録了往返每日所經的地名(館驛),但是除記地名(館驛)之外,對行程距離和行進方向皆不涉及。而往往是在日期和地名(館驛)之後,或記當日的對話和活動,如:"六月一日,至中京,副留守大卿牛玹郊迎,置酒九盞。玹問:'塗中可煞炎暑?'臣襄答以'自過北溝入古北口,一路得雨稍涼'。玹言:'本京久旱,夜來得雨,蓋因國信使副所感也。'規中亦言,可謂隨軒。宿大同館。"或記接送伴使所贈物品和款待情況,如:"二十三日,至赤崖館,送伴使副送臣等顆鹽各一盤。"又"二十四日,至三山館,送伴使副請聚食酒五盞",又"二十八日,至崇信館,送伴使副送臣等鹿脯各十五條"。或不記一字,如"二十五日至黑崖館""二十六日至咸熙館""二十九日至松山館"等。[1] 所以對奉使行程的記録,語録是遠不如使臣

---

[1] 金毓黻主編《遼海叢書》,第 2543—2545 頁。

行記的。

　　再説文本内容。其實討論至此使臣行記和語録的内容都已十分明瞭了，顯而易見，它們在撰寫上有記事和記言的分工，所以它們分別代表了記事和記言兩種文體。當然，這是有淵源可尋的，中國自古以來就有記事和記言的傳統，《漢書·藝文志》説："左史記言，右史記事。事爲《春秋》，言爲《尚書》。"①説明早在先秦作品的編撰中人們就已明確了記言和記事兩種體例的界限。宋代亦然，表面上看行記和語録都類屬於使行作品，但實際上宋使對二者的認識是非常清楚的，如樓鑰《北行日録》載："二十一日壬寅，晴。賜宴東館。……押宴下人李泉争執禮數，語具語録。"②他明確指出了行記與語録的不同，所謂"争執禮數，語具語録"，意思就是記録語言的專屬文體不是行記，而是語録；所以樓鑰雖然在行記中提及"争執禮數"一事，但具體過程和争執語言却必須依靠語録文體來記述。由此可見，樓鑰奉使既撰有行記，又撰有語録，而這種用兩類文體來記録奉使過往的方式，從側面也證明了它們在性質和功能上都存在不同。相同的例子還有沈括使遼分別撰有行記《熙寧使契丹圖抄》和語録"入國別録"，韓元吉使金分別撰有行記《朔行日記》和語録"金國生辰語録"，都説明行記與語録具有文體差異，這一點早已在宋代使臣中達成了共識。

　　落實到行記與語録的具體内容，前文已述行記有直接或間接採録語言的情況，語録也有與行記内容相似的地方，但都不是各自記録的重點，只是從中體現了它們在使行文體上的細微聯繫。因此，以上對行記和語録的比較説明，雖然它們在形式和内容上具有一定聯繫，但並不等同於完全一致，事實已經表明語録與行記只是有相似之處，但差異之處則更爲明顯。

二、使臣行記與語録的撰寫及功能不同

　　行記和語録的撰寫主旨和社會功能也並不相同。經前文研究得知，行記的撰寫與否主要是取决使臣的個人意願；語録則不同，它是政治制度下的産物，並以服務政治爲目的而成爲交聘活動中必有的官樣文書。所以，他們在撰寫動機和實用功能等方面都應差異明顯。

　　行記作爲一種自主選擇性較强的文體，其撰寫動機自然是多種多樣的。比如：王延德《西州使程記》和沈括《熙寧使契丹圖抄》自述是爲了以備行人，洪适《題松漠紀聞》和余靖《契丹官儀》自述是爲了以補史闕，張舜民《甲

① 《漢書》卷三〇《藝文志》，第1715頁。
② 樓鑰《攻媿集》卷一一一，《叢書集成初編》第2022册，第1587頁。

戌使遼錄》自述是爲了以備私居、賓友燕言及閒觀等,這些動機都强有力地證明行記並非官方文體。不過客觀來講,行記作爲一種使行文體,雖然没有官方身份,但其服務政治的功用還是不容忽視的。主要體現於部分使臣會自發地、或在徵集下將其行記進獻朝廷,比如以上言方式進奏的宋鎬等"條列交阯山川形勢及桓事迹"、宋搏等"使契丹上言"和宋綬"契丹風俗"等,又如以書本形式進呈的路振《乘軺錄》、晁迥《北庭記》、沈括《熙寧使契丹圖抄》、張舜民《使遼錄》和王雲《雞林志》等,這些記錄交聘見聞的行記,所提供的又何嘗不是有利於朝廷的信息。所以就服務政治而言,行記和語錄是有共性的。不過前面的研究已證明,語錄是以官樣文書的身份活躍於交聘活動中,並且其產生與傳播都是與政治活動的發展相始終的。因此,語錄和行記相比與政治的關係更密切,其政治功能也更顯著。

根據以上討論可以總結使臣行記和語錄的差異有:第一,行記是記事文體,語錄是記言文體,這是對先秦記事和記言傳統的一種延續。第二,就文本形式而言,散文類行記豐富多樣,有記程、日記和筆記數種;語錄則略顯單一,僅日記一種。第三,就文本内容而言,行記集中反映使行聞見,涉及行程、風俗和人文等内容;語錄集中記錄交聘語言,有對重要事件的討論,也有寒暄和勞問之語。第四,使臣在單次交聘活動中,有同時撰寫行記和語錄的事例,其行爲本身就説明了二者性質的不同,尤其是樓鑰"語具語錄"之説,更明確地劃分了二者内容的界綫。第五,目前没有任何文獻能證明行記是每次遣使必有的記録,相反更多記載説明撰寫行記是使臣的個人行爲,記録與否也和使臣的個人意願相關;語錄則不同,它不僅具有正式的官方身份,而且宋朝還針對語錄建立了一整套完整的管理制度。

總的説來,行記和語録的差異爲我們區分二者提供了可參考的標準,也爲我們深入認識兩種文體的特點提供了很大幫助。然而,儘管行記和語錄表現出如此多的不同,如此大的差異,但還是存在難以區分的情況,這裏不得不作必要的説明。前文已經指出某些使臣語錄既有語錄名稱,又同時有行記名稱。爲什麽不能説使臣行記既有行記名稱又有語錄名稱呢?因爲材料所指嚮都是語錄,這一點前文已作討論,兹不贅述。下面筆者將針對語錄名稱的問題作兩點補充説明。

第一,一種語錄可能確有兩種名稱。從對富弼和陸佃語錄題名的討論中得知,它們的確都有兩種名稱,而且一種屬於語錄、一種屬於行記。不過這種現象可能是因爲省稱造成的,比如周必大、陸游爲富弼、陸佃的語錄各題有一跋,周必大跋題稱作"富文忠公使北錄",内容却作"富文忠《使北語錄》";陸游正好與之相反,跋題稱作"先左丞使遼語錄",内容却作"先楚公

《使遼錄》"。很容易發現富弼《使北語錄》與《使北錄》、陸佃《使遼語錄》與《使遼錄》之間僅差一"語"字，如果沒有二名同指一種作品作爲前提，就很有可能因一字之差將兩個名稱誤會成兩種作品。所以，如是一人筆下出現兩種名稱的現象，極有可能是時人對語錄的習慣性省稱。如果這一推斷成立，就意味著王安石《王文公送伴錄》、竇卞《熙寧正旦國信錄》和連南夫《宣和使金錄》等不明內容的使行作品可能是對語錄的省稱，當然也不能排除是行記的可能。

另外，呂中和周紫芝二人又稱富弼語錄爲《奉使錄》，這可能與《宋史‧藝文志》統稱作《奉使語錄》相關，也就是說《奉使錄》可能是相對於《奉使語錄》的省稱。但呂、周二人所稱也可能與《奉使語錄》無關，畢竟《奉使語錄》是對富弼前後語錄的後起統稱，而且二人所指都是其後使語錄。所以《奉使錄》可能是富弼後使契丹語錄的一個別稱，與省稱關係不大。如果這樣，就預示著宋人會以行記名稱來指稱語錄，諸如趙良嗣《燕雲奉使錄》、鄭望之《靖康奉使錄》、李若水《山西軍前和議錄》、傅雱《建炎通問錄》、楊應誠《建炎假道高麗錄》、王繪《紹興甲寅通和錄》和雍希稷《隆興奉使審議錄》等，從書名來看它們都不像語錄的名稱，反而更像行記名稱，但它們的內容却都是語錄。因此，可以推測某些使臣語錄可能的確同時具備語錄和行記兩種名稱。

第二，語錄的兩種名稱可能代表兩類作品。前文已述沈括、樓鑰和韓元吉等使臣在一次交聘中同時撰寫有行記和語錄兩種作品，這顯然爲那些同時具有行記和語錄名稱的作品提供了另一種理解。也就是說，語錄的兩種名稱可能分別代表了行記和語錄兩類作品，典型的例子有寇瑊《生辰國信語錄》和《奉使錄》，劉敞《劉原父奉使錄》和《使北語錄》，陳襄《國信語錄》和《奉使錄》《使遼錄》《奉使錄事》等，就這些書名的差異而言，不能否認寇瑊、劉敞和陳襄三人也像沈括、樓鑰和韓元吉那樣同時撰寫了語錄和行記。但這僅是一種假設，因爲除陳襄《國信語錄》外，其餘作品的內容尚不清楚；而另一種假設是，所謂《奉使錄》《使遼錄》《奉使錄事》等也有可能是對語錄的省稱或別稱。

上述兩個因素著實爲行記和語錄的區分帶來了不小的麻煩，在苦於沒有確鑿證據，且部分行記和語錄內容不明的情況下，穩妥起見，我們僅按其標題權且將王安石《王文公送伴錄》、竇卞《熙寧正旦國信錄》和連南夫《宣和使金錄》等作品劃歸在行記名下；將寇瑊《奉使錄》、劉敞《劉原父奉使錄》和陳襄《奉使錄》等作品看作是語錄的省稱或別稱，而與語錄歸爲一類。特作說明。

第七章　宋代使行文獻的傳播與影響專題研究

第一節　宋朝周邊的使行文獻

前面所討論的宋代使行文獻,實際僅侷限在宋王朝的範圍内,而對於宋朝的周邊政權和鄰近國家還尚未涉及。問題在於這種在漢文化土壤中孕育,並世代傳襲的作品在外族社會中有生存空間嗎?答案是肯定的。經考查發現,不論是與宋朝政權對立的遼、金、元,還是與宋代中國關係密切的高麗、安南等鄰邦,在漢文化的長期影響下,以及頻繁的交聘往來中,同樣將撰寫使行文獻作爲了吸取漢文學的一部分。對此,下文略舉數例,以作概觀。

首先介紹兩部金人行記。一是《西湖行記》。《中州集》卷八收王競《奉使江左讀同官蕭顯之〈西湖行記〉因題其後》詩云:"雲煙濃淡費臨摹,行記看來即畫圖。雲夢不防吞八九,筆頭滴水了西湖。"[1]考蕭頤和王競均爲金國派遣入宋的賀正旦使。《建炎以來繫年要録》卷一六一載天德二年(1150)十二月"己巳,金國賀正旦使正奉大夫秘書監兼左諫議大夫蕭頤、中大夫尚書禮部侍郎翰林待制兼行太常丞王競見于紫宸殿"[2]。可知《西湖行記》是蕭頤所撰寫的使行記,今已不傳。但從王競題詩來看,是書記録詳盡,描寫細微,通過文字能感知到其中的聲色。

二是《北使記》。烏古孫仲端,本名卜吉,字子正,於興定四年(1220)奉使蒙古乞和,此行產生了《北使記》。有關《北使記》的撰寫細節今詳見劉祁《歸潛志》,卷六記載:"公使歸時,備談西北所見,屬趙閑閑記之,趙以屬屏山,屏山以屬余。余爲録其事,趙書以石,迄今傳世間也。"[3]看來烏古孫仲

---

[1] 元好問編,張靜校注《中州集校注》,北京,中華書局,2018年,第2079頁。
[2] 《建炎以來繫年要録》卷一六一,第3060—3061頁。
[3] 劉祁《歸潛志》,第60—61頁。

端並未親自寫作《北使記》,而是作爲講述者,將記錄之事授權給了聽衆,最終由劉祁記錄成篇。陶九成《游志續編》保存了烏古孫仲端與劉祁商討記錄行記的對話:"吾古孫謂余曰:'僕身使萬里,亘天之西,其所游歷甚異,喜事者不可不知也。公其記之。'"①隨後引錄整篇行記,近一千字。大致記錄了烏古孫仲端一行"並大夏,涉流沙,踰葱嶺,至西域,進見太祖皇帝"②的過程,具體內容如烏古孫所説"西北所見"和"游歷甚異"之類,詳細記錄了當地的人文、氣候、建築、物産、習俗、語言和文字等。閻宗臨曾爲此行記做過箋注③。從上述信息中可以看出這篇行記一個最大的特點是撰寫方式與宋使不同,宋使所作或是獨撰、或是合撰,皆是奉使人員參與。但《北使記》則是由正使講述,非出使人員記錄。考烏古孫其人,《金史》本傳有他與同年裴滿思忠小飲,笑談太學同舍事,其間作詩述懷的記載④。可見他並非窮才少文之輩,但爲何要將一篇不足千字的行記再三屬他人幫記呢?這也許正是奉使行記傳播的一種異域表現。

其次介紹兩篇使臣語錄。一是施宜生語錄。周必大《文忠集》記:"紹興間,施宜生語錄云:'本不遣賀正,又恐兩國以爲疑。'"⑤考施宜生原名施逵,字必達。本宋人,後獲罪北走,改名宜生,字明望。《宋史·高宗本紀》載紹興二十九年(1159)十二月"丙子,金遣施宜生等來賀明年正旦"⑥。岳珂《桯史》載其使宋事迹:

　　逆亮時有意南牧,校獵國中,一日而獲熊三十六,廷試多士,遂以命題,蓋用唐體。宜生奏賦曰:"聖天子講武功,雲屯八百萬騎,日射三十六熊。"亮覽而喜,擢爲第一。……紹興三十年,虜來賀正旦,宜生以翰林侍講學士爲之使。朝廷聞之,命張忠定(燾)以吏部尚書侍讀,館之都亭。時戎盟方堅,國備大弛,而諜者傳造舟調兵之事無虛日,上意不深信。館者因以首丘風之,至天竺,微問其旨。宜生顧其介不在旁,忽廋語曰:"今日北風甚勁。"又取几間筆扣之,曰:"筆來!筆來!"於是始大警。⑦

---

① 陶宗儀《游志續編》卷上,阮元輯《宛委別藏》,南京,江蘇古籍出版社,1988年,第103—104頁。
② 《金史》卷一二四《烏古孫仲端傳》,北京,中華書局點校本,1975年,第2701頁。
③ 見閻宗臨《中西交通史》,桂林,廣西師範大學出版社,2007年,第199—205頁。
④ 《金史》卷一二四《烏古孫仲端傳》,第2702頁。
⑤ 王瑞來《周必大集校證》卷一七二,第2639頁。
⑥ 《宋史》卷三一《高宗本紀》,第594頁。
⑦ 岳珂《桯史》卷一,北京,中華書局,1981年,第10—11頁。

又有《宋史·金安節傳》載:"金使施宜生賀正,安節館伴。屬顯仁皇后喪,服黑帶,宜生曰:'使人以賀禮來,迓使安得服黑帶?'安節辭難再四,宜生屈服。"①又《貴耳集》載:"施宜生以賀正使來,韓子師館伴,因語《日射三十六熊賦》云:'雲屯八百萬騎,日射三十六熊。'以八百萬騎對三十六熊,何其鮮哉!宜生語塞。"②於此可知宋朝館伴使有張燾、金安節和韓子師等,他們與施宜生等人的交流必然是語錄撰寫的素材。雖然施宜生語錄早佚,但以上各類文獻記錄無疑是對其文本內容的片段呈現,至少反映了語錄內容的館伴時段。然而施宜生歸根結底還是宋人,將其語錄歸於金人名下也略顯牽強,不過這一現象卻正好向我們展示了使臣語錄傳播的一些細部,或者可以說是漢文化傳播的一種過渡。

二是金富軾《奉使語錄》,《宋史·藝文志》史類傳記類著錄爲一卷。③金富軾(1075—1151)是高麗王朝時期的歷史學家、官員,所著《三國史記》是朝鮮半島現存最早的歷史書籍。徐兢奉使高麗時曾密訪金富軾,贊其:"豐貌碩體,面黑目露,然博學強識,善屬文,知古今,爲其學士所信服,無能出其右者。"④《高麗史》卷一五載高麗仁宗四年(宋欽宗靖康元年,1126)"九月乙丑,遣樞密院副使金富軾、刑部侍郎李周衍如宋賀登極"⑤。《奉使語錄》今已不傳。這一事例充分說明,使臣語錄至晚在北宋末期就被海外吸收,同樣成爲域外使臣的官樣文書。《奉使語錄》被《宋史·藝文志》著錄又説明,使臣語錄文體的域外傳播,在當時已浮現出文本回流的態勢。

最後要介紹的是使行詩詞。從作品的遺存看,金朝使臣的詩文流傳至今較多,主要寫作於出使南宋和高麗的過程之中。比如蔡松年曾於金熙宗皇統八年(1148)出使高麗,册封高麗國王。《歸潛志》卷一〇載:"蔡丞相伯堅亦嘗奉使高麗,爲館妓賦《石州慢》。"⑥又《中州集》卷一收有其《高麗館中》詩二首。另外,他又於金海陵王貞元元年(1153)出使宋朝賀正旦,寫有《淮南道中》詩五首。在現有的文獻記錄中,尚未發現金朝使臣撰有使行詩文集,也沒有像宋朝使臣那樣寫有使行組詩。大部分金朝使臣都如蔡松年一樣,寫在使行活動中的詩作爲數不多。諸如:(1)出使宋朝的施宜生,宋

---

① 《宋史》卷三八六《金安節傳》,第11859頁。
② 張端義《貴耳集》卷下,《叢書集成初編》第2783册,第52頁。
③ 《宋史》卷二〇三《藝文志》,第5124頁。
④ 徐兢《宣和奉使高麗圖經》卷八"同接伴通奉大夫尚書禮部侍郎上護軍賜紫金魚袋金富軾",《全宋筆記》第三編第八册,第40頁。
⑤ 《高麗史》卷一五《仁宗世家》,點校本,第448頁。
⑥ 《歸潛志》卷一〇,第117頁。

廷命張忠定將其一行館之於都亭。① 故施宜生寫下了《題都亭驛》詩。又宋楫於金世宗大定十二年（1172）使宋，《中州集》小傳述其"副趙王府長史直臣獵淮上，射一虎斃之，濟川有詩記其事"②。又黨懷英使宋，《中州集》卷三收錄其使行詩有《奉使高郵道中二首》《金山》《過棠梨溝》等。（2）大定十二年出使高麗的李晏，《中州集》卷二收其《高麗平州中和館後草亭》詩一首。又趙可（字獻之）於大定二十七年（1187）使高麗，《歸潛志》卷一〇載："高麗故事，上國使來，館中有侍妓，獻之作《望海潮》以贈，爲世所傳。"③另《中州集》卷二收其《來遠驛雪夕》《雲興館曉起》詩二首。又張翰於崇慶元年（1212）使高麗，《中州集》卷八存其使行詩有《奉使高麗過平州館》和《金郊驛》二首。不難發現，以上作品大都寫於使行途中和所經館驛，雖然沒有達到宋朝使行詩集和組詩的規模，但這些零星之作同樣表現出了金朝使臣以詩詞紀行的寫作特徵。

綜上可知，在與宋朝同一時期的周邊政權和域外國家，已然被宋朝使行作品的撰寫氣氛所感染，他們對這些文體的接受與撰寫顯然成爲域外燕行錄蓬勃發展的萌芽。

第二節　宋代使行文獻的傳播途徑

從現存宋代使行文獻的數量來看，流失比較嚴重，説明這些作品在古代是不被重視的，比如倪思本人就曾自稱所錄"本不足存"。可以説，正是因爲人們對使行文獻的冷漠態度，才使得大批作品未經面世就已淹沒無聞了。不過，還是有一些作品成功借助某些媒介得以流傳至今，而這些媒介也就是幫助使行文獻傳播的各條途徑。經考查，宋代使行文獻的傳播途徑主要有傳抄、刊刻、引錄、輯錄、品讀和研討等。對此，下面將分别加以討論。

一、傳抄與刊刻

在宋代使行文獻的傳播過程中，傳抄和刊刻是兩條十分重要的途徑。抄書既是古人的愛好，也是書籍流傳的有效方式。宋代使行文獻自然也不例外，成爲時人傳抄的對象。如：

---

① 《桯史》卷一載："紹興三十年，虜來賀正旦，宜生以翰林侍講學士爲之使。朝廷聞之，命張忠定以吏部尚書侍讀，館之都亭。"第10頁。
② 張静《中州集校注》，第2126頁。
③ 《歸潛志》卷一〇，第117頁。

周必大《跋司馬文正公手鈔富文忠公使北録》:"司馬文正公於廣記,備言不啻飢渴之嗜飲食,況國家重事乎。富文忠《使北語録》首尾萬有餘字,手自鈔録,他人安能爲此。"①

陸游跋《先左丞使遼語録》:"右先楚公《使遼録》一卷,三十八伯父手書。伯父自幼被疾,以左手書,然筆力清健如此,平生凡鈔書至數十百卷云。"②

司馬光手自抄録富弼語録首尾萬餘字,陸元長用左手抄寫陸佃語録,可見語録在當時是有閱讀群體的,至少在司馬光看來可以擴充見聞,而陸元長可能是爲了家書的保存和流傳。

傳抄之外,也有不少宋代使行文獻成爲時人刊刻的對象,如徐兢《宣和奉使高麗圖經》,其姪徐蕆於乾道三年夏至日題跋説:

仲父既以書上御府,其副藏家。靖康丁未春,里人徐周賓借觀未歸而寇至,失書所在。後十年,家君漕江西,弭節於洪,仲父來省,或謂郡有北醫上宜生實獲此書,亟訪之。其無恙者特《海道》二卷耳。仲父嘗爲蕆言:"世傳予書往往圖亡而經存,余追畫之,無難也。"然不果就。嘻,蓋棺事乃已矣! 姑刻是留澂江郡齋,來者尚有考焉。

可知徐兢《圖經》在展轉傳抄中内容逐漸流失,如其自述"世傳予書往往圖亡而經存";故徐蕆所得亦非完本,雖然徐兢有追畫補缺的打算,但是天不遂願,最終被徐蕆付梓的仍然是缺圖殘本。

又如洪皓《松漠紀聞》,其長子洪适題跋説:

先君銜使十五年,深阮窮漠,耳目所接,隨筆纂録。聞孟公庚發篋汴都,危變歸計,創艾而火其書,握節來歸,同語言得罪柄臣,諸子佩三緘之戒,循陔侍郡,不敢以北方事置齒牙間。及南從炎荒,視膳餘日,稍亦談及遠事。凡不關今日强弱利害者,因操牘記其一二。未幾,復有私史之禁,先君亦枕末疾,遂廢不録。及柄臣蓋棺,弛語言之律,而先君已賫恨泉下。鳩拾殘編,僅得數十事,反袂拭面,不復彙次,或可廣史氏之異聞云爾。③

---

① 王瑞來《周必大集校證》卷四八,第725頁。
② 陸游《渭南文集》卷二七,載《陸放翁全集》,第161頁。
③ 洪适《盤洲文集》卷六二,《四部叢刊初編》第193册。

此跋講述了《松漠紀聞》艱難的成書歷程。確如洪适所言,他鳩拾殘編得數十事,在紹興二十六年(1156),校刊爲正續二卷,其中正卷三十一事,續卷二十七事,並以《松漠紀聞》爲書命名。此後乾道九年(1173),次子洪遵又刻板於建業,並增補十一事。如此,洪皓行記總計有六十九事,共一萬三千字。

上面是子、姪爲父輩刊刻行記的事例,另外還有玄孫、從孫等爲祖輩刊刻語録的事例。如陳襄《神宗皇帝即位使遼語録》,其玄姪孫陳輝於乾道元年(1165)十月己丑題跋説:

> 先密學少師,治平中抗節北遼,使不辱命,歸而以往來所紀爲語録一編恭上之。歲月云遠,偶失其傳。輝自幼年聞有是書,長而隨牒四方,博訪莫獲,常疚於懷。近者,九江令叔祖(祖卿)寄示其本,謹令燁子校正,仍求序於御史芮公,刊以傳永,庶幾少發前人之幽光,此子孫之職也。①

從陳輝"自幼年聞有是書"和"叔祖(祖卿)寄示其本"的自述中可知,同宗同族是接受和傳播使臣語録的一大群體,他們往往會秉承"發前人之幽光"的職責,盡力將先人著述刊刻面世,此舉也是部分使臣語録得以流傳至今的重要原因。之後又有五世從孫陳曄於慶元三年(1197)七月一日題跋説:

> 先正文哲公家集二十五卷。先君少師頃歲刊於章貢郡齋,垂三十有七年,字將譌闕,曄今刊於臨汀郡齋,附以治平《使遼録》一卷於後,用示毋忘先君克揚前休之意。②

陳曄和陳輝刊刻陳襄語録的方式有所不同,陳輝是將其單獨刊行,陳曄則是在重刊陳襄文集時將其附之於後。這裏需要説明的是,時人像陳曄那樣,將行記或語録作爲作者著述的一部分編入其文集的方式,可以説是爲使行作品的完整流傳提供了一種庇護,而使之不易流失。相似的例子有范鎮《使北録》,汪應辰《題范蜀公集》説:"按蜀公墓誌,公《文集》一百卷、《諫垣集》十卷、《内制集》二十卷、《外制集》十卷、《正書》三卷、《樂書》三卷。公

---

① 金毓黻主編《遼海叢書》,第 2546 頁。
② 《遼海叢書》,第 2546 頁。

成都人也。某守成都,凡三年,求公文集,雖搜訪殆遍,來者不一,而竟無全書。……于是以意類次,爲六十二卷。曰《樂議》、曰《使北錄》,不見于墓誌,亦恐其初文集中未必載也。"①可知范鎮《使北錄》是在汪應辰重編《范蜀公集》時被收入的。又有沈括《熙寧使虜圖抄》,今存於《永樂大典》卷一萬八百七十七虜字下宋沈存中《西溪集》中,賈敬顔先生辨其原委説:"(沈)括集名《長興》,《西溪集》乃括之侄邁所著,邁弟遼別著《雲巢集》,括蒼刊本合爲《沈氏三先生文集》而以《西溪》居首,《大典》撰人不詳查閲,且以括名在邁、遼上,遂誤以《西溪》爲括所著耳。"②可見沈括《圖抄》是被收入其《長興集》中的。這些都是宋人的使行記被刊入其文集而得以流傳的最佳證明。

以上是時人傳抄和刊刻宋代使行文獻的事例。下面再説説它們在宋以後的抄、刊情況,《中國古籍善本書目·史部》著録洪皓《松漠紀聞》如下:

　　《松漠紀聞》二卷補遺一卷　　明刻本
　　《松漠紀聞》二卷補遺一卷　　清乾隆四十一年吴翌鳳抄本　　清吴翌鳳校並跋　　屠寄校
　　《松漠紀聞》二卷　　清抄本　　清王宗炎校並跋
　　《松漠紀聞》一卷續一卷　　明抄本
　　《松漠記聞》一卷續一卷　　清抄本(四庫底本)
　　《松漠紀聞》一卷補遺一卷　　清抄本③

以上著録説明,是書在明時既有刻本又有抄本,從二本的内容來看,刻本應是對洪遵本的翻刻,抄本則是抄於洪适本。如此看來适、遵二人將《松漠紀聞》刊刻後,便形成了兩個版本及流傳系統:一個是洪适所刻的正續二卷本,另一是洪遵所刻的增補洪适本。這兩個系統在清抄本中也得到了反映,如吴翌鳳抄本顯然源自洪遵本,而題有"王宗炎校並跋"和"四庫底本"的兩個清抄本則明顯是本於洪适刻本。至於最後的清抄本,如果卷著不誤,它便是獨立在适、遵刻本外的又一系統,但無源可查;如果卷著有誤,其表現當屬适、遵二刻本系統之一。

宋代使臣行記在清代的抄本尤多,如陳卓《使金錄》有"清乾隆五十七

---

① 汪應辰《文定集》卷一〇,第107頁。
② 《沈括〈熙寧使契丹圖抄〉疏證稿》,見賈敬顔《五代宋金元人邊疆行記十三種疏證稿》,第122頁。
③ 《中國古籍善本書目·史部》雜史類,第236—237頁。

年釋在觀抄本,清朱上林跋"和"清李鶴儔抄本,清吳翌鳳跋"。①《蒙韃備錄》有"清抄本,沈曾植批校"②等。下面重點談談《黑韃事略》,據徐霆自述,此書是他與彭大雅使蒙古行記的合錄本。《中國古籍善本書目·史部》著錄其版本情況如下:

  明嘉靖二十一年抄本　　　明姚咨跋
  清光緒二十九年通州翰墨林編譯印書局鉛印本　　傅增湘校並跋
  清光緒三十四年胡思敬鉛印問影樓輿地叢書本　　傅增湘校並跋
  清乾隆抄本
  清抄本
  清抄本
  清鮑氏知不足齋抄本　　　清鮑廷博校
  清抄本　　佚名錄明姚咨跋
  清抄本　　清周星詒跋
  清抄本　　沈曾植校並跋
  清讀奇書齋抄本　　曹元忠校並跋
  章氏算鶴量鯨室抄本　　曹元忠校並跋
  清抄本③

以上著錄説明,此書除了光緒二十九年和三十四年的兩個鉛印本外,在衆多抄本中數明嘉靖二十一年(1542)抄本最爲重要,姚咨跋云:"是編爲故太史王懋中氏家藏。余近於其弟上舍君借錄,近日苦短,繼之焚膏,始訖。同志者當諒余苦衷云。嘉靖丁巳(1557)秋九月望夜,勾吳茶夢道人姚咨識于華秋館之寒錄軒。"④之後,此本便成爲一個重要抄本而被後人展轉傳抄。如在清代:

  《黑韃事略》一卷,宋彭大雅撰,徐霆疏證。南宋理宗時人,嘗奉使蒙古歸,而編其土俗人情。據其自跋,尚有北征日記一書,今已久佚。即此書亦爲藏書家所罕有矣。姚咨跋稱嘉靖丁巳鈔自太史王懋中家。光緒庚寅,見於廠肆,亟收之,以慰物聚之好云。順德李文田記。

---

① 《中國古籍善本書目·史部》雜史類,第 241 頁。
② 《中國古籍善本書目·史部》雜史類,第 249 頁。
③ 《中國古籍善本書目·史部》雜史類,第 249—250 頁。
④ 《黑韃事略》,《叢書集成初編》第 3177 册,第 19 頁。

此本借抄于繆小山編修,編修歸自江南,新得書也。李詹事春間從廠肆得一舊抄本,復借之校一過。繆本勝李本,然所出之源不同。繆本誤脱而李本是者,亦若干條,此書大略可讀矣。(沈曾植記)①

丁酉正月,達甫弟得鈔本於廠肆,余愛其叙事詳實,命書僕翟浦録副藏之。此書惟《述古堂》《持静齋》二目著録,他不多見,誠秘笈也。太初記。

右書自元以來展轉傳抄,罕見刻本。明人好搜輯古今逸乘,考諸家叢目,亦未著録。唯吴縣曹中翰注《蒙韃備録》,徵引十餘條,未知所據何本。就其所引者,兩相校對,各有脱誤,曹注没去彭大雅之名,竟以此書爲徐霆所著,度其所見,亦非校刻精本可知。此本爲熙太初祭酒家故物,祭酒殉難後,予游曉市得之。其李侍郎所跋原書,則不知流落何所。侍郎攻西北輿地學最專,書眉評語,考證精博,足與徐疏互相發明。疑即侍郎之筆,存而不削,異時當與《元秘史》《西游録》注並傳。末附校勘記,多係以意懸度,不敢徑改,用存古書之舊,讀者審之。光緒戊申秋九月,新昌胡思敬跋。②

這四篇跋文主要反映了《黑韃事略》抄本的流布情况。清代藏書家李文田、繆荃孫和熙元(太初)三人均得此書抄本於廠肆:李文田自述所得爲姚咨抄本;沈曾植借抄繆荃孫所得本,與李文田所得加以比對,認爲非出一源;熙元未述所得出於何本。又據胡思敬自述所得爲"熙太初祭酒家故物",而"李侍郎所跋原書,則不知流落何所"。從這些關係中可以看出《黑韃事略》在清代的傳抄頗廣,廠肆首先爲藏書家提供了收藏的平臺,藏書家又爲志同道合者提供了抄録的機會,傳抄顯然成爲此書流傳的重要方式。

總體而言,在宋代使行文獻的傳抄和刊刻過程中,每經人手大多會爲之題跋、校注和補遺,這樣既注明了抄、刻本的版本來源,又盡可能確保了書籍内容完整、準確地流傳。所以,傳抄和刊刻作爲宋代使行文獻傳播的重要途徑之一,無疑爲後人留下了一批高質量的古籍善本。

二、引録與輯録

早在漢代,引録就是保存和傳播使行作品的常用方式,例如張騫奉使西域録有《出關志》,司馬遷參考此書,在撰《大宛列傳》時開篇即稱"大宛之

---

① 轉引自許全勝《〈西游録〉與〈黑韃事略〉的版本及研究——兼論中日典籍交流及新見沈曾植箋注本》,《復旦學報》2009 年第 2 期,第 15 頁。
② 《黑韃事略》,《叢書集成初編》第 3177 册,第 21 頁。

迹,見自張騫"①。可知張騫行記爲史遷撰寫此傳提供了充足的資料。又如班勇在西域撰有《西域風土記》,嚴可均《全後漢文》説班勇"有《西域諸國記》若干卷,今全卷在范書"②。對此,范曄也並不隱晦將班書修入史傳的事實,《後漢書·西域傳》載:"班固記諸國風土人俗,皆已詳備《前書》,今撰建武以後其事異於先者,以爲《西域傳》,皆安帝末班勇所記云。"③惠棟又進一步明確了范曄所引録的範圍,其《後漢書補注》注《西域傳》"世傳明帝夢見金人,長大,頂有光明"一句,説:"世傳以下,范氏續述所聞,非班勇之文也。"④這兩個事例説明,一方面,使臣行記是史傳家修史不可多得的珍貴材料,具有很高的史料價值,所以往往引起史傳家的重視;另一方面,正是因爲使臣行記常常被史傳引録,所以其内容才得到妥善保存並流傳開來。

宋代亦然,不論是使臣行記還是語録,其内容均作爲修史的資料而被大量引録。毋庸置疑,使行作品具有很强的記實功能,真實反映交聘過往是它們的文本特質,所以才备受史傳家青睞。比如洪适認爲《松漠紀聞》能"廣史氏之異聞",余靖自述《契丹官儀》可"補史之闕";曾鞏因修撰英宗實録,便上劄子向管勾往來國信所借"嘉祐八年四月至治平四年正月末以來,所差入國接伴館伴官等,正官借官簿等册並語録",其目的是爲了"照證修纂"。⑤ 可見,使臣行記和語録的撰著者和接受者都對其史料價值頗爲認同,這也正是我們通常能在史籍中看到二書内容的原因所在。經研究發現,史傳家在處理行記和語録資料時一般會採用兩種方式,一種便是直接引録。比如直接引録使臣行記的有:

　　《宋史·高昌國傳》:"王延德等還,叙其行程來獻,云……"
　　《宋史·交阯傳》:"上令條列山川形勢及黎桓事迹以聞,(宋)鎬等具奏曰……"
　　《續資治通鑑長編》:"宋摶等使契丹還,言……"
　　《續資治通鑑長編》:"(王)曾使還,言……"
　　《續資治通鑑長編》:"(晁)迥等使還,言……"
　　《續資治通鑑長編》:"宋綬等使還,上契丹風俗,云……"⑥

---

① 《史記》卷一二三《大宛列傳》,第3157頁。
② 嚴可均《全上古三代秦漢三國六朝文》,第617頁上。
③ 《後漢書》卷一一八《西域傳》,第2912—2913頁。
④ 惠棟《後漢書補注》卷二〇,《二十五史三編》(第四册),第268頁上。
⑤ 曾鞏《曾鞏集》卷三二《英宗實録院申請劄子》,第476頁。
⑥ 《宋史》卷四九〇《高昌國傳》,第14110頁;卷四八八《交阯傳》,第14061頁。《續資治通鑑長編》卷六八《真宗》,第1527頁;卷七九《真宗》,第1794頁;卷八一《真宗》,第1848頁;卷九七《真宗》,第2253頁。

以上省略處皆爲使臣行記內容,體現了它們在史傳中的生存狀況。而事實上,一種使臣行記並不僅僅被一部史籍引錄,也有被多部史籍引錄的情況。例如王延德和宋鎬等行記除被《宋史》引錄外,《續資治通鑑長編》也有引錄;宋搏、王曾、曹迥和宋綬等行記除被《續資治通鑑長編》引錄外,《宋會要輯稿》卷五二五七亦有引錄。這説明使臣行記的史料價值是被史傳家普遍認可的,引錄它們明顯是對歷史著作的一種豐富。

另外,直接引錄使臣語錄的有《宋會要輯稿》,在其"職官三十六"中存錄有送伴使吕希績、李世昌的兩份語錄。還有《續資治通鑑長編》引錄有兩份使臣別錄,一是載於"卷一七七"的王拱辰使契丹別錄;一是沈括《入國別錄》,《續資治通鑑長編》卷二六五載:"沈括自有《乙卯入國奏請》并《別錄》載使事甚詳,今掇取其間辨論地界處具注括《自誌》下。其緊要亦不出括《自誌》也。恐歲久不復見括《別錄》,故且存之。"①而直接引錄使臣語錄最多的史籍是《三朝北盟會編》,有趙良嗣《燕雲奉使錄》、鄭望之《靖康城下奉使錄》、李若水《山西軍前和議錄》、傅雱《建炎通問錄》和王繪《紹興甲寅通和錄》等書。因爲使臣語錄的優越性是能再現整個交聘過往,既有來龍去脉,又能突出細節,所以它同樣受到史傳家的關注。

二是参修。與直接引錄不同,参修意味著需要對使臣行記和語錄進行轉述或加工。這一形式在《建炎以來繫年要錄》中有所表現,如卷一載:"(政和)七年春,尚書司封員外郎陶悦使遼而歸(二月癸未),具言敵未可圖。會知樞密院事鄧洵武亦不以爲然,事得暫止。"注云:"此以陶悦《奉使錄》参修,錄云:'二月中旬,貫北伐,前軍發,悦歸,奏敵未可圖,事乃寢。'建炎末,悦以此贈秘閣修撰。"②又卷一六載:建炎二年六月"丁卯,國信使楊應誠、副使韓衍至高麗。見國王楷諭旨,楷拜詔已與應誠等對立論事。……"注云:"此據應誠所上語錄修入。"③兩條記錄均用注解的方式標明参修的文獻和出處,而未在正文中直接注明,可見正文所引錄的使臣行記和語錄內容並不是照抄自原文。比如陶悦《奉使錄》的原文就出現在注解中,正文則是對其本意作了總結和轉述;所引錄的楊應成語錄明顯是對其原文的剪接,圍繞"對立論事"將整個文本進行了縮寫。

宋代使行文獻除被大量史籍所引錄外,還被筆記、小説和地理類著作所引錄,如王明清《揮麈錄》錄有王延德《西州使程記》,顧炎武《歷代宅京記》

---

① 《續資治通鑑長編》卷二六五《神宗》,第 6498 頁。
② 李心傳《建炎以來繫年要錄》卷一,第 3 頁。
③ 李心傳《建炎以來繫年要錄》卷一六,第 388—389 頁。

錄有王曾和薛映使契丹行記,《古今説海》錄有周煇《北轅錄》,《説郛》(宛委山堂本)也錄有王延德《西州使程記》和周煇《北轅錄》等。可以看出有些著作是將使行文獻作爲一部書籍來收錄,有些則是將其作爲引證資料,例如范成大《琉璃河》詩云:"煙林葱蒨帶回塘,橋眼驚人失睡鄉。健起褰帷揩病眼,琉璃河上看鴛鴦。"注云:"此河大中祥符間路振《乘軺錄》亦謂琉璃河,惟嘉祐中宋敏求《入番錄》乃謂之六里河,大抵胡語難得其真。"①路振《乘軺錄》和宋敏求《入番錄》都成爲范成大的引證資料。

就上述引錄情况而言,有些著作是將使行文獻全文引錄,有些僅是節錄了一個或幾個片段,所以引錄作爲一條傳播途徑,並不能確保每部使行文獻的完整流傳。不過,雖然有些引錄不完整,導致部分使行文獻的内容散佚在不同典籍中,但却爲輯錄它們提供了綫索和資源。比如張舜民的《使遼錄》,從其自叙可知此書是採用"排日紀錄"方式而撰寫的使行日記,早已失傳。但可以判斷其内容必定被一些文獻典籍引錄過,故《類説》卷一三才能輯錄到八條,並爲每條添加了條目,依次是:割馬肝、吹葉成曲、打圍、南朝峭漢、銀牌、黑山、佛粧、以車渡河。②又如王雲《雞林志》,採用分門條列的筆記形式撰寫而成,同樣早佚,好在《説郛》卷六十上載其書,僅有八則文字,條目依次是:佛龕、僧寺、僧不娶、織席、漆、收息、染采、僧衲。然而文獻著錄此書達三十卷,可見《説郛》所載乃是輯錄所得。

以上討論説明,引錄和輯錄同樣是宋代使行文獻傳播的兩條重要途徑。後人巧妙地將使行作品的内容引入各類典籍,使之盡可能完整地得以保存和流傳。但引錄也存在一定缺陷,因爲接受主體通常會按照各取所需的原則處理使行作品,所以一些引錄並不完整,僅是作了侷部的摘錄。此外,輯錄的出現又起到了彌補引錄缺陷的功效,將散佚在各類文獻中的使行作品輯錄到一起,雖然已非原書之貌,但是對書籍的流傳還是有意義的。也就是説,部分宋代使行文獻實際經歷了成書——散佚——再輯錄成書的傳播過程。

三、品讀與研討

宋代使行文獻的另一類接受群體是區别於藏書家和史傳家的一般文人,他們通常是站在品評、研習和鑒賞的角度來接受和傳播這些作品。

---

① 范成大《范石湖集》卷一二,第156頁。
② 曾慥編纂,王汝濤等校注《類説校注》卷一三,福州,福建人民出版社,1996年,第419—421頁。

我們知道,時人比後人更容易見到宋代使行文獻的真容,因爲他們佔據著時間和空間上的便利。所以在宋代典籍中,時常可見關於時人品讀使臣行記與語録的文獻記録。比如三蘇曾同讀富弼語録:

> 東坡自言少年時,與其父并弟同讀鄭公《使北語録》,至於説大遼國主云:"用兵則士馬物故,國家受其害,爵賞日加,人臣享其利。故凡北朝之臣勸用兵者,乃自爲計,非爲北朝計也。虜主明知利害所在,故不用兵。"三人皆歎其言,以爲明白而切中事機。時老蘇謂二子曰:"古人有此意否?"東坡對曰:"嚴安亦有此意,但不如此明白。"老蘇笑以爲然。①

從"三人皆歎其言,以爲明白而切中事機","老蘇謂二子曰:'古人有此意否?'"的表述來看,三蘇對富弼語録的閲讀頗有品鑒的味道,不但贊賞他在交聘活動中的精彩應對,還力圖尋找與古人的共通之處。也就是説宋人在閲讀使臣行記和語録時,並不是簡單地逐字讀完作罷,而是會深入分析和相互研討。某些時候讀至共鳴處,也不排除有抒發情感、表明心志,及賦詩歌咏的可能。例如:

> 周紫芝有《讀鄭公奉使録》詩二首:其一"勁敵難交玉帛歡,只因獻納是争端。鄭公不請長纓去,有口真堪伐可汗"。其二"諸公有意勒燕然,不道昭陵閉玉關。却遣氈裘窺漢鼎,拜公遺像獨何顔"。②
> 陸游作《夜讀范至能攬轡録言中原父老見使者多揮涕感其事作絶句》云:"公卿有黨排宗澤,帷幄無人用岳飛。遺老不應知此恨,亦逢漢節解沾衣。"③

周紫芝和陸游之詩好似兩篇讀後感,真實記咏了二人的閲讀感受。另外,陸游在《籌邊樓記》中也提及《攬轡録》的内容,説:"其使虜而歸也。盡能道其國禮儀、刑法、職官、宫室、城邑、制度,自幽薊以出居庸、松亭關,並定襄、五原以抵靈武、朔方,古今戰守離合,得失是非,一皆究見本末,口講手畫,委曲周悉,如言其闑内事,雖虜耆老大人,知之不如是詳也。"④感歎《攬

---

① 馬永卿輯,王崇慶解《元城語録解》卷下,《叢書集成初編》第 601 册,第 37—38 頁。
② 周紫芝《太倉稊米集》卷一〇,《文淵閣四庫全書》第 1141 册,第 70 頁下。
③ 陸游《劍南詩稿》卷二五,載《陸放翁全集》,第 423 頁。
④ 陸游《渭南文集》卷一八,載《陸放翁全集》,第 103 頁。

轡録》所記内容詳盡,認爲范成大比金國耆老還熟知當地的社會狀況。上述四例告訴我們,宋代使行文獻在傳播過程中往往會成爲時人或後人的品讀對象。

此外,據文獻記録反映,宋代使行文獻還經常是人們的討論對象。有在筆記中討論者,如程大昌《考古編》"以征伐利歸臣下利不歸人主説和"條載:

> 嚴安上書武帝曰:"今徇南夷,朝夜郎,降羌僰,略薉州,建城邑,深入匈奴,燔其龍城,議者美之。此人臣之利,非天下之長策也。"唐武德五年,突厥大入,高祖遣鄭元璹往論之。璹説頡利曰:"今擄掠所得,皆入國人,於可汗何有？不如復修和親,坐受金帛,又皆入可汗府庫。孰與棄積年之歡,而結子孫無窮之怨乎！"頡利引兵還,蓋言中其實,利害切於其身,故能以言語回鷙悍也。富韓公慶曆和議,世傳援此意爲説,虜遂就和。然韓公前後《語録》皆不載此語,不知説者本何書？予嘗辨之。①

程大昌之説顯然是針對三蘇同讀富弼語録,蘇軾指出富弼和議曾援引嚴安之意。經程大昌研究發現,嚴安事例尚有文獻可據,但世傳富弼援引嚴安之意的文字却不見載於前後《語録》,於是他感到不解並産生懷疑,故撰此條以求辨證。

又如葉寘《愛日齋叢抄》載:

> 宋朝殿上大宴,有蠻人控金獅子,對設柱間。乾道八年正月五日,宴北使,雪後日照殿門。《樂語》云:"香裊狻猊,雜瑞烟于綵仗；雪殘鳷鵲,耀初日于金鋪。"此益公記行都事也。故都紫宸殿有二金狻猊,蓋香獸也。故晏公《冬節》詩云:"狻猊對立香烟度,鷺鷥交飛組繡明。"今奉使至朔庭率見之,此陸務觀追記東都事也。范至能《攬轡録》記兩楹間有出香金獅。按,大防《北行日録》記有金香獅、金龍山各二,此必務觀謂率見之者,獨未詳益公所記何如也？②

此條記録提到兩部使臣行記,分別是范成大的《攬轡録》和樓鑰的《北行日録》,在葉寘看來二書提供了解釋"蠻人控金獅子,對設柱間"的證據,

---

① 程大昌《考古編》卷一〇,第169頁。
② 葉寘《愛日齋叢抄》卷一,北京,中華書局,2010年,第3—4頁。

首先從陸務觀處得知，金獅爲奉使朔庭率見之物，如《攬轡錄》就曾記其"兩楹間有出香金獅"；尤其是《北行日錄》記有"金香獅、金龍山各二"，他認爲此當與務觀所見相同。

有在題跋中討論者，如兩位明朝官員曾先後在題跋中論及蕭服《接伴遼使語錄》：

> 解縉《跋蕭服侍郎印歷》："此宋吏部侍郎蕭公諱服，政和間除授尚書吏部員外郎考功印歷也。吏部歷官事已具宋史本傳。予嘗觀其《伴遼語錄》，已深有靖康之憂。惜哉！公之早世也。其孫仲素又視予此印歷，爲之憮然，使公當執選，靖康群小何由得進。"①
>
> 羅洪先《跋蕭服接送遼使語錄》："宋有天下三百年，政和前是一天地，靖康後又一天地，景炎後又一天地矣。余讀景炎五月詔有曰：'玩愒於尚可爲之時，醞釀此不忍言之禍，爲之淚下。'嗚呼！安得使政和之君臣聞是語哉？嘉靖庚戌八月，敵犯郊畿，其冬重讀是錄，不覺髮豎。"②

解縉在讀蕭服《伴遼語錄》時，認爲此書隱藏靖康之憂。羅洪先"重讀是錄"，並結合"敵犯郊畿"的現狀，便觸發了"宋有天下三百年，政和前是一天地，靖康後又一天地，景炎後又一天地矣"的感慨。

又如黃震有《跋俞（庭椿）奉使北轅錄》一篇，說："奉使俞公，身入京洛，歷覽山川，訪問故老，歸而錄之。慷慨英發，意在言外，而中原之故老皆我宋之遺黎，一一能爲奉使公吐情實，亦足見忠義人心之所同，覽之不覺流涕。或者因以忠信行蠻貊襃之，是置中原於度外，棄赤子爲龍蛇也。嗚呼！豈奉使公作錄本心哉。"③跋文首先對俞庭椿撰寫《北轅錄》的經過作了介紹，主要是"歷覽山川，訪問故老"；又對書中所見"中原之故老皆我宋之遺黎，一一能爲奉使公吐情實，亦足見忠義人心之所同"表示感慨；最後揭示出"置中原於度外，棄赤子爲龍蛇"明顯不是俞庭椿撰寫此錄的本心。

還有用詩歌討論，如清高宗有御製詩一首《題倪思重明節館伴語錄》，云："重明館伴紀倪思，序語無非飾强詞。稱姪却思稱彼虜，畏人反詡畏吾儀。豈誠强屈弱伸也，祇以言游利啗之。南渡偷安顏特腆，千秋殷鑒慎哉斯。"④他對倪思語錄作了比較全面的討論：第一，認爲倪思自序無非是飾强

---

① 解縉《文毅集》卷一六，《文淵閣四庫全書》第 1236 册，第 830 頁上。
② 羅洪先《念庵文集》卷一〇，《文淵閣四庫全書》第 1275 册，第 207—208 頁。
③ 黃震《黃氏日抄》卷九一，《文淵閣四庫全書》第 708 册，第 981 頁。
④ 高宗撰，董誥等編《御製詩四集》卷一三，《文淵閣四庫全書》第 1307 册，第 471—472 頁。

之詞;第二,對"稱姪却思稱彼虜"的稱謂矛盾予以揭示,注云:"宋高宗致書金朝,自稱爲姪,而倪思此書稱金爲虜,外附於人,以求免禍,而私逞其詆嫚,自欺欺人不顧後世之非笑,亦何益哉。"第三,對倪思"畏人反詡畏吾儀""豈誠强屈弱伸也"的心態進行了揭露,注云:"時宋人甚畏金人,而此錄所載轉自誇金使之畏宋,且如射之一事,金俗所尚,彼東南文弱之人,豈能相勝,顧盛稱與使較射屢中,多見其不知量,而其自序乃云强者屈,而弱者伸,不亦深可笑乎。"第四,批評了此錄"衹以言游利啗之"内容,注云:"是錄紀使者接見,並無一語切要,惟每日與之款洽周旋,及飲饌餽遺之類,實亦無關輕重。"

由此可見,將宋代使行文獻作爲品讀和研討的對象,顯然與單純的文本傳播不同,二者具有認識文本和挖掘文義的功能;同時,也呈現了時人或後人接受宋代使行文獻的諸多動機和心態。這些無疑爲宋代使行文獻的傳播起到了推波助瀾的作用。

第三節　元明清使行文獻的編撰特徵

元明清三代結束了南北政權對峙的政治局面,統一的王朝外交主要在中國與域外諸國中展開。隨著門户日益開放,漢文化傳播不斷延伸,中外往來也漸趨頻繁,關於外交的故事不絕於耳,關於使臣事迹的文獻記載也隨處可見。其間所產生的使行文獻更是成倍遞增,並在元明清社會發展和文化交融的歷史進程中取得了令人矚目的繁榮。

一、元明清使行文獻概述

對於元明清時期的使行文獻至今尚無較爲全面和完整的統計,不過針對某一國家、某一時期的使行文獻整理目前已取得初步成果。

首先介紹奉使朝鮮半島的使行文獻。殷夢霞、于浩所選編的《使朝鮮錄》,作爲《中朝關係史料叢刊》的一種於2003年由北京圖書館出版社影印出版,此書收錄的使行文獻有:

徐兢《宣和奉使高麗圖經》《使高麗錄》,倪謙《奉使朝鮮倡和集》《朝鮮紀事》《遼海編》,張寧《寶顔堂訂正方洲先生奉使錄》,董越《朝鮮賦》《朝鮮雜志》,龔用卿《使朝鮮錄》,朱之蕃《奉使朝鮮稿》,姜曰廣《輶軒紀事》,阿克敦《東游集》《奉使圖》,柏葰《奉使朝鮮驛程日記》,魁齡《東使紀事詩略》,馬建忠《東行三錄》,崇禮《奉使朝鮮日記》。

從編撰時間來看，以上作品除徐兢《宣和奉使高麗圖經》和僅節錄《圖經》"海道"部分的《使高麗錄》產生於宋代外，其餘使行文獻均產生於明清時期。

從作品類型來看，上述作品基本延續了宋代使行文獻的三個撰寫類型：一是使臣記行，有倪謙《朝鮮紀事》、董越《朝鮮雜志》、龔用卿《使朝鮮錄》、姜曰廣《輶軒紀事》、柏葰《奉使朝鮮驛程日記》、馬建忠《東行三錄》和崇禮《奉使朝鮮日記》。其中採用日記形式的就有倪謙、姜曰廣、柏葰、馬建忠和崇禮數人，佔據了半數還多，説明這一形式在明清時期擁有更爲廣泛的接受群體。

二是使行詩文，有倪謙《奉使朝鮮倡和集》、張寧《寶顏堂訂正方洲先生奉使錄》、董越《朝鮮賦》、朱之蕃《奉使朝鮮稿》、阿克敦《東游集》和魁齡《東使紀事詩略》。這些作品中董越《朝鮮賦》比較顯眼，之前的研究證明詩歌在使臣記行中運用非常普遍，賦相對則是鮮見。但不能以此否定賦的記行功能，因爲早在漢賦創作中，人們就已開始用賦記叙旅途見聞，如《文選》賦類"紀行"所選錄的班彪《北征賦》、班昭《東征賦》和潘岳《西征賦》[①]三篇，正是記行賦的典型代表。由此可見，以賦記行早就是賦類創作的一個重要方面。既然賦能夠記錄旅途見聞，那麼也可以記錄使行見聞。董越《朝鮮賦》説：

> 賦者，敷陳其事而直言之也。予使朝鮮，經行其地者浹月有奇。凡山川、風俗、人情、物態，日有得於周覽諮詢者，遇夜則以片楮記之，納諸巾笥，然得此遺彼者甚多。竣事道途息肩公署者凡七日。乃獲參訂於同事黃門王君漢英所記，凡無關使事者悉去之，猶未能歸於簡約，意蓋主於直言敷事，誠不自覺其辭之繁且蕪也。賦曰……[②]

董越自叙以"直言敷事"作爲創作宗旨，所賦乃是朝鮮的"山川、風俗、人情、物態"。可見《朝鮮賦》的創作旨在記行，並且是直述見聞。故《四庫全書總目》提要稱贊其"因述所見聞，以作此賦。……所言與《明史·朝鮮傳》皆合。知其信而有徵，非鑿空也。……凡其土地之沿革，風俗之變易，以及山川、亭館、人物、畜産，無不詳錄"[③]。高度肯定了《朝鮮賦》的記行功能

[①] 蕭統編，李善注《文選》卷九、卷一〇，北京，中華書局，1977年，第135—161頁。
[②] 董越《朝鮮賦》，見殷夢霞、于浩所選編《使朝鮮錄》上，北京，北京圖書館出版社，2003年，第753頁。"道途"原作"道遼"，"繁且蕪"原作"繁且兼"，此據《文淵閣四庫全書》本改。
[③] 《四庫全書總目》卷七一史部地理類，第632頁。

和記實功能。所以《朝鮮賦》的出現意味著韻文類使臣記行體裁在明清之際得到了豐富與擴展。

三是使行圖記，僅有阿克敦《奉使圖》一種。由於前文所考的宋代使行圖記均無圖畫流傳至今，所以這裏有必要對《奉使圖》作一點簡要說明。阿克敦曾四次奉使朝鮮，依次是清康熙五十六年（1717）、康熙五十七年（1718）、康熙六十一年（1722）、雍正三年（1725），《奉使圖》完成於第四次使還後不久。據黃有福先生所述是圖現藏於中國民族圖書館善本部，"分圖、文兩册，圖册上下長46.5釐米、左右寬29釐米、厚4.2釐米；文册規格與圖册相同，只是厚度稍差3.8釐米"。又述圖册內容"由于敏中、鄒一桂、介福、董邦達四人的詩序和王澍的書名題字及二十幅絹本圖組成。每幅圖左右寬51釐米、上下長40釐米"。又述《奉使圖》所繪"除了兩幅分別是阿克敦畫像和鳳凰山景外，其餘十八幅圖均係有關朝鮮的圖畫。其中包括兩幅渡鴨綠江（往、來）圖，四幅使臣使行途中（行、宿、觀戲等）圖，一幅農夫牛耕圖，一幅都城圖，五幅山水風景圖，五幅朝鮮王宮（迎接、册封儀式、宴饗等）圖"。另外，還有阿克敦奉使途中所作二十八首詩，分別題寫在二十幅圖中。① 據上述內容可知《奉使圖》與宋代使行圖經基本相似，也是一種圖文並茂的作品；所不同的是宋代使行圖經中與圖畫相配的文字是散文，而《奉使圖》則用韻文（詩歌）與圖畫相配。比如第五幅圖畫渡鴨綠江，題詩云："路入朝鮮第一程，萬山殘照帶邊城。杯盤饗客多難識，風雨還深故國情。"又如第八、十二、十四幅畫途中所見僧道、田畝、雜戲等，題詩云："黃笠可通關尹意，白衣也誦梵王經。""田畝亦知營水利，人家大半近山居。""幾番雜戲導前來，簫鼓聲中響似雷。忽到馬頭還暫立，一人舞蹈笑顏開。"又如第二十二幅畫其都城，題詩云："都城繁盛異尋常，此日争看士女忙。行到街頭廬舍畔，瓶供清水案焚香。""暫見裙衫亦駭然，盤旋雲髻近前邊。豐姿原不同中夏，濃淡粧來却可憐。"②所以，《奉使圖》是結合圖畫和詩歌兩種表現手段，將朝鮮的社會、習俗、景物、禮儀和物產等内容都納入其圖詠範圍，既用一種新穎的形式呈現了使行見聞，也進一步豐富了使行圖記的撰寫樣式。

其次討論奉使琉球的使行文獻。國家圖書館陸續出版了"國家圖書館藏琉球資料"彙編、續編和三編，③收錄與琉球相關的文獻近五十種，其中多數為明清中國與琉球外交的使臣行記。現將這些文獻表列於下，以便討論。

---

① 黃有福《清朝阿克敦〈奉使圖〉初探》，《當代韓國》1999 年 Z1 期。
② 阿克敦《奉使圖》，見殷夢霞、于浩所選編《使朝鮮錄》下，第 486—521 頁。
③ 北京圖書館出版社編《國家圖書館藏琉球資料彙編》《國家圖書館藏琉球資料續編》《國家圖書館藏琉球資料三編》，北京，北京圖書館出版社，2000、2002、2006 年。

第七章　宋代使行文獻的傳播與影響專題研究　·265·

	書　名	作　者	版　本
國家圖書館藏琉球資料彙編	《紀錄彙編·使琉球錄》	〔明〕陳侃撰	萬曆四十五年(1617)陳于廷刻本
	《殊域周咨錄·琉球》	〔明〕嚴從簡輯	萬曆二年(1574)刻本
	《琉球記》(附《中山詩集》)	〔明〕胡靖著	萬曆刻本
	《會稽夏氏宗譜·使琉球錄》	〔明〕夏子陽、王士禎編	夏氏活字本
	《說鈴·使琉球錄》	〔清〕張學禮著	清刻本
	《使琉球雜錄》	〔清〕汪楫纂	康熙二十五年(1686)刻本
	《冊封疏鈔》	〔清〕汪楫編	康熙二十五年刻本
	《中山沿革志》(附《中山詩文》)	〔清〕汪楫纂	康熙雍正間刻悔齋集本
	《琉球圖說》	〔明〕鄭若曾著	康熙三十七年(1698)鄭定遠刻本
	《中山傳信錄》(附《贈送詩文》)	〔清〕徐葆光纂	康熙六十年(1721)二友齋刻本
	《琉球國志略》	〔清〕周煌輯	乾隆二十四年(1759)漱潤堂刻本
	《續琉球國志略》	〔清〕趙新輯	光緒八年(1882)刻本
	《琉球入學見聞錄》	〔清〕潘相輯	乾隆二十九年(1764)刻本
	《琉球詩錄》	〔清〕孫衣言評定	道光二十四年(1844)刻本
	《琉球詩課》	〔清琉球〕林世功等著	同治十二年(1873)刻本
	《琉球譯》	〔清〕翁樹崐鈔	清鈔本
國家圖書館藏琉球資料續編	《重編使琉球錄》	〔明〕郭汝霖、李際春編	清抄本
	《續琉球國志略》	〔清〕齊鯤、費錫章輯撰	清嘉慶間武英殿木活字本
	《琉球入太學始末》	〔清〕王士禎撰	清道光刻昭代叢書本
	《琉球地理小志并補遺附說略》	〔日本〕中根淑等撰，姚文棟譯	清光緒九年刻本

续 表

	书　名	作　者	版　本
国家图书馆藏琉球资料续编	《中山纪略》	〔清〕张学礼著	清光绪间上海著易堂铅印本
	《中山见闻辨异》	〔清〕黄景福著	清光绪间上海著易堂铅印本
	《使琉球记》	〔清〕李鼎元著	清光绪间上海著易堂铅印本
	《琉球实录》	〔清〕钱□著	清光绪间上海著易堂铅印本
	《琉球形势略》	〔日本〕中根淑著	清光绪间上海著易堂铅印本
	《琉球朝贡考》	〔清〕王韬著	清光绪间上海著易堂铅印本
	《琉球向归日本辨》	〔清〕王韬著	清光绪间上海著易堂铅印本
	《琉球国向克让等禀》	不详	清抄本
	《琉球国中山世鉴》	〔清琉球〕向象贤撰	抄本
	《中山世谱》	〔清琉球〕蔡温撰	抄本
	《琉球往来》	不详	抄本
	《琉球诗录》	〔清〕林世功等撰	清同治间刻本
	《古琉球吟》	〔日本〕桥本德有则著	昭和三年(1928)铅印本
国家图书馆藏琉球资料三编	《石泉山房文集》	〔明〕郭汝霖撰	《四库全书存目丛书》本
	《观海集》	〔清〕汪楫撰	雍正十一年(1733)刊本
	《玉岩诗集附池北偶谈晚晴簃诗汇》	〔清〕林麟焻撰	康熙间刊本
	《海舶三集》	〔清〕徐葆光撰	雍正间刻本
	《海东集》	〔清〕周煌撰	乾隆二十七年(1762)刊本
	《海东续集》	〔清〕周煌撰	乾隆三十四年(1769)刊本
	《海山存稿》	〔清〕周煌撰	乾隆五十八年(1793)刊本
	《石柏山房诗存》	〔清〕赵文楷撰	咸丰七年(1857)刊本
	《师竹斋集》	〔清〕李鼎元撰	嘉庆七年(1802)刊本

續　表

	書　　名	作　　者	版　　本
國家圖書館藏琉球資料三編	《東瀛百詠》	〔清〕齊鯤撰	嘉慶十三年(1808)刻本
	《一品集》	〔清〕費錫章撰	嘉慶十三年(1808)恩詒堂刊本
	《還硯齋全集》	〔清〕趙新撰	光緒間刻本
	《夢樓詩集》	〔清〕王文治撰	乾隆間刊本
	《要務彙編》	〔中山國〕蔡溫編	康熙五十七年(1718)居易堂刊本

　　此表所反映的情況是，第一，以上大約有四分之一的作品不屬於使臣行記，如《琉球入學見聞錄》是記錄琉球官學情形的專書，《琉球詩錄》和《琉球詩課》是琉球官學留學生的漢文詩集，《琉球譯》是一部漢語與琉球語對照的辭書，《琉球國中山世鑑》和《中山世譜》是琉球王國的兩部國史，等等。①所以這些作品都不是本文討論的重點，故對其内容不作過多説明。第二，"彙編""續編"所收多數爲使臣行記，包括陳侃《使琉球錄》，胡靖《琉球記》，夏子陽、王士禎《使琉球錄》，張學禮《使琉球錄》，汪楫《使琉球雜錄》《册封疏鈔》《中山沿革志》，徐葆光纂《中山傳信錄》，周煌輯《琉球國志略》，趙新輯《續琉球國志略》等。其中部分行記還附錄有詩文和圖畫，比如《琉球記》後附《中山詩集》、《中山沿革志》後附《中山詩文》、《中山傳信錄》後附《贈送詩文》；又如胡靖《琉球記》，夏子陽、王士禎《使琉球錄》，周煌《琉球國志略》等都有圖繪琉球的内容，另外《續文獻通考·經籍考》著錄陳侃《使琉球錄》説："圖其山川、風俗、人物、夷語、夷事，爲錄以進。"②表明此書亦有圖繪。可見，某些使臣會同時採用幾種形式來撰寫行記，並彙輯成册，這儼然是明清時期使臣行記編撰的一種新趨勢。第三，"三編"所收除蔡温在琉球所編的儒學語錄《要務彙編》外，剩下都是使琉大臣的詩文集，較爲集中地呈現了使琉詩歌的創作規模。若對彙編、續編和三編中的使琉球詩歌進行統計，可以發現它們在使琉文獻中佔有一半比重。這説明與宋代使行文獻相比，元明清採用日記、筆記和雜錄等散文形式撰寫的使臣行記數量相對減少，而採用詩歌等韻文形式所撰寫的使行詩數量則有大幅度提昇。

　　最後討論奉使越南的使行文獻。越南是受漢文化影響最深的一個國

---

①　參見《國家圖書館藏琉球資料彙編》《國家圖書館藏琉球資料續編》的出版説明、前言。
②　王圻《續文獻通考》卷一七八，《續修四庫全書》第765册，第439頁上。

家,尤其是在元明清三代,隨著中越宗藩關係的日益鞏固,外交使臣的往來越發頻繁,漢文化在越南得到了廣泛而深入的傳播。使行文獻正是中越交流的碩果。現據相關目錄、典籍及研究成果的統計①,將元明清使臣奉使越南所撰寫的文獻表列於下,以觀大概。

	使越時間	作者	使越作品	內容
元	憲宗七年(1257)	段信苴	《征行集》	不詳
	世祖至元二年(1265)	張立道	《安南錄》	不詳
	世祖至元十五年(1278)	李克忠	《移安南書》	文書、詩歌
	世祖至元二十五年(1288)	徐明善	《安南行紀》	日記、詔表等
	世祖至元二十九年(1292)	陳孚	《交州稿》	詩歌
			使交趾圖記	圖記
	世祖至元三十一年(1294)	蕭泰登	《使交錄》	日記、詩歌、詔書等
	成宗元貞元年(1295)至三年(1297)	何中	《元貞使交錄》	不詳
	英宗至治元年(1321)	文矩	《安南行紀》	詩歌、雜記
	順帝元統三年(1335)	智熙善	《越南行稿》	詩歌
		傅與礪	《南征稿》	詩歌
明	太祖洪武二年(1369)	張以寧	《安南紀行集》	詩歌
	太祖洪武三年(1370)	王廉	《南征錄》	詩歌
		林弼	《使安南集》	詩歌
	約太祖洪武四年(1371)至十七年(1384)	吳伯宗	《使交集》	詩歌
	約太祖洪武二十一年(1388)後	任亨泰	《使交稿》	詩歌
	太祖洪武二十八年(1395)	嚴震直	《南遊集》	詩歌、敕旨與往復書

---

① 參見劉玉珺《越南漢喃古籍的文獻學研究》,北京,中華書局,2007年,第315—336頁。

續表

	使越時間	作者	使越作品	内容
明	約成祖永樂二十二年(1424)至英宗正統五年(1440)	黃福	《奉使安南水程日記》	日記
			《使交文集》	詩文
	約英宗正統七年(1442)至代宗景泰七年(1456)	黃諫	《使南稿》	不詳
	英宗天順六年(1462)	錢溥	《使交錄》	詩歌、雜記
	約孝宗弘治元年(1488)後	呂獻	《使交稿》	詩歌
	孝宗弘治十八年(1505)	許天錫	《交南詩》	詩歌
	武宗正德元年(1506)	張弘至	《使交錄》	不詳
		魯鐸	《使交稿》	詩歌
	武宗正德七年(1512)	潘希曾	《南封錄》	詩歌、奏疏
	世宗嘉靖元年(1522)	孫承恩	《使交紀行》	詩歌
	不詳	佚名	《使交阯集》	不詳
	不詳	佚名	《使交錄紀行稿》	不詳
清	世祖順治十五年(1658)	徐孚遠	《交行摘稿》	詩歌
	聖祖康熙三年(1663)	吳光	《奉使安南日記》(又名《使交集》)	詩歌
	聖祖康熙七年(1668)	李仙根	《安南使事紀要》	不詳
			《安南雜記》	雜記
		楊兆傑	《日南記事》	不詳
	聖祖康熙二十二年(1683)	周燦	《使交紀事》	雜記
			《使交吟》	詩歌
	聖祖康熙五十八年(1719)	鄧廷喆	《皇華詩草》	詩歌
	宣宗道光元年(1822)	丐香	《越南竹枝詞》	詩歌
	宣宗道光二十一年(1841)	寶清	《越南紀略》	雜記、詩歌
	宣宗道光二十八年(1848)	勞崇光	《奉使越南詩稿》	詩歌

表中列有四十種奉使越南文獻，除九種內容不詳外，其餘三十一種中就有二十六種是詩歌作品或含有詩歌內容，這說明詩歌體裁在元明清使行文獻的撰寫中運用相當普遍，已成爲這一時期的典型代表而備受使臣青睞。另外，還能發現使越大臣有將散文類使行日記、筆記和韻文類使行詩歌加以合錄的習慣，如蕭泰登《使交錄》、文矩《安南行紀》、錢溥《使交錄》和竇清《越南紀略》就是這種情況。相反，黃福的《奉使安南水程日記》和《使交文集》，周燦的《使交紀事》和《使交吟》又呈現出使臣行記和使行詩歌單行的事例。這告訴我們，因爲日記、筆記和詩歌都是使臣記行作品，所以就性質而言它們是統一的；又因它們的表現方式不同，故而在體裁上則是相互獨立的。

除以上元明清奉使朝鮮半島、琉球和越南的使行文獻外，還有大批出使其他國家的使行文獻。現據相關目錄文獻的記載，粗略統計尚有：周達觀《真臘風土記》一卷，李實《使北錄》一卷，張洪《使緬錄》、陳誠、李暹等《西域行程記》《西域番國記》各一卷，張寧《奉使錄》二卷，李思聰《百夷傳》一卷，費信《星槎勝覽集》二卷、《天心紀行錄》一卷，宗泐《西遊集》一卷，圖理琛《異域錄》，何如璋《使東雜記》一卷，張鵬翩《奉使俄羅斯日記》一卷，王之春《使俄草》八卷，宜厚《初使泰西記》一卷，斌春《乘槎筆記》一卷，郭嵩燾《使西紀程》一卷，黎庶昌《奉使英倫記》一卷，曾紀澤《出使英法日記》二卷，薛福成《出使英法義比日記》六卷、《續》十卷，崔國因《出使美日秘日記》十六卷，李鳳苞《使德日記》一卷，蔡爾康《李傅相歷聘歐美記》二卷，陳蘭彬《使美紀略》一卷，張德彝《使俄日記》《隨使日記》《使英雜記》《使法雜記》《使還日記》，孫家穀《使西事略》，鄒代鈞《使西紀程》，等等。它們是元明清使行文獻繁榮景象的生動體現，也是反映中外政治和文化往來的珍貴文獻。

二、元明清使行文獻的編撰特點

上述內容表明元明清使行文獻的編撰大體是延續宋代及前代，但相較而言在某些地方又有所推進、演變和發展。因此，下文將對元明清使行文獻的編撰情況略作討論，以求能明確其時代特點。

首先，文獻編撰多樣化。回顧宋代使臣行記，面世的大多是使臣隨筆記錄，未經整理和加工的原始文獻，其他如詔表文書、貢品清單之類的作品偶爾會附錄於後。但部分元明清使臣行記的編撰則與之不同，外交活動中的聞見記錄、詩歌文賦、詔表文書和貢品清單等都是使臣編輯的第一手資料，將它們再加工便成爲此時行記編撰的一個顯著特徵。如蕭泰登《使交錄》，序云：

凡經行見聞，輒加記錄，不覺成集，歸以板行，以廣其傳。……用自上都至安南，州郡山川、人物禮樂、故塞遺逸、異政殊俗、怪草奇花、人情治法、愈病藥方，逐日編紀，通成一集。欽錄聖詔，冠乎集首。次以安南世子，回表貢物。及中朝諸老，送行詩章，編次於後。間有應酬紀詠，亦借附集末。庶使後世知聖代臣妾萬國之盛，而出使遠宦者，亦有所考焉。①

可見《使交錄》是彙集經行見聞、詔書、貢物、送行詩章和應酬紀詠而成的使臣行記，其特點是對一次外交中的相關文獻作了較爲完整的集合。又如龔用卿《使朝鮮錄》，序云：

渡江而東，於其國之境土、山川、橋梁、館舍，每詢訪輒記憶之。至於奉迎詔敕之禮，往返迎送之儀，宴饗酬酢之節，文物禮教之度，皆得於目擊之真，輒不自揆。乃類次之爲三：其一曰出使之禮，所謂出使之禮有四：一曰迎詔之儀、二曰開讀之儀、三曰沿途迎詔之儀、四曰謁廟之儀，此皆出使禮節之大者也，故居首。其二曰邦交之儀，所謂邦交之儀有八：一曰國王茶禮之節、二曰國王接見之節、三曰國王宴饗之節、四曰王世子宴饗之節、五曰陪臣參見之節、六曰國王送行之節、七曰沿途迎慰之節、八曰沿途設宴之節，此皆使事交際之儀，故次之。其三曰使職之務，所謂使職之務有五：一曰道里之距、二曰山川之限、三曰各道州府郡縣之屬、四曰沿途各官迎送之禮、五曰軍夫遞送之節，此皆於使事有關，爲使者之所當知者也，故又次之。②

他把外交見聞總結爲出使之禮、邦交之儀和使職之務三大類，每類下又設若干小類，巧妙地將資料分門別類，形成了一部有助於"使後之來者，得有所考，而不謬於所從"③的行記文獻。當然，這些都是相對簡單的編撰方式。

有些明代使行文獻不止收錄外交中的作品，還將已有的文獻記錄也悉數編入。如陳侃等人的《使琉球錄》，書首錄有詔敕和諭祭文。主體內容分爲"使事紀略"和"群書質疑"兩個部分，"使事紀略"自然是對奉使聞見的實錄；至於"群書質疑"，作者依次採錄了《大明一統志》《嬴蟲錄》《星槎勝覽》

---

① 黎崱《安南志略》卷三，第74—75頁。
② 龔用卿《使朝鮮錄》，見殷夢霞、于浩所選編《使朝鮮錄》下，第1—3頁。
③ 龔用卿《使朝鮮錄》，見殷夢霞、于浩所選編《使朝鮮錄》下，第4頁。

《集事淵海》《通典》《使職要務》《大明會典》有關琉球的記録，並加以辨析。正如其自序所說："因與高（澄）君日紀聞見，凡道途山川風俗人物之實、起居日用飲食之細，皆得諸耳目之所親究；乃知舊存紀載，殆鄒書燕説之類。志其略、辨其異，此録之所以不容已也。"①認爲所記奉使見聞有補充和辨證現有文獻記録的功用。其他内容還有"天妃靈應記""題奏"等文，尤其是附録的夷語、夷字，在宋代使行文獻中都是少有出現的。

此後有不少使臣依照陳侃等《使琉球録》的體例，編撰了多部使琉球行記。例如郭汝霖、李際春《重編使琉球録》，自叙云：

《使琉球録》者，陳、高二公使琉球録也。琉球歸化聖朝，前此嘗有使矣，而弗録焉。……後將何述滄溟萬里，不無望洋之歎焉。此録之所以作也。二公之心，仁哉。……舟旋之日，因類編之。首以詔敕尊君命也，次以使事、禮儀述宏綱也，次以造船、用人、敬神見緊要也，次以群書質異，則山川、風俗、夷語、貢物併前使姓名、詩文，而題奏終焉。具始末，備稽考也。原録云云者列于前，而是歲所行者附于後。嗚呼！後之使者，一舉目而星槎海濤燦然指諸掌矣。②

郭汝霖、李際春《重編使琉球録》明顯是針對陳侃等《使琉球録》而作，不僅體例上有所沿襲，而且内容的編排更是在參考陳、高的基礎上加以擴充。可以説這種使行文獻編撰體例在明代是十分流行的，特別在奉使琉球的行記編撰中表現得尤爲突出，諸如蕭崇業等人的《使琉球録》、夏子陽等人的《使琉球録》，又在沿襲《重編使琉球録》的基礎上增設了"琉球過海圖"等目次，極大程度地發展和豐富了使行文獻編撰的内容。

另外，清乾隆時期册封琉球使周煌所編的《琉球國志略》也比較典型，是書主要記載琉球國的歷史和地理概況。周煌先在使途中隨筆記録見聞，回國後又參閱各種典籍，最後整理並編輯成《琉球國志略》十六卷。全書依次有總目、凡例、採用書目、首卷及正文。首卷包括御書、詔敕、諭祭文和圖繪：御書輯録聖祖、世宗、高宗親筆書賜琉球國王的匾額，詔敕輯録世祖、聖祖、高宗給琉球國王的詔書，諭祭文輯録聖祖、高宗爲與琉球國有關的喪事或祭事諭寫的祭文，圖繪包括琉球星野圖、琉球國全圖、琉球國都圖、諭祭先王廟圖、册封中山王圖、中山王圖、天使館圖、球陽八景圖、封舟圖、玻璃漏圖、羅

---

① 陳侃等《使琉球録》，載《國家圖書館藏琉球資料匯編》，第4—5頁。
② 郭汝霖、李際春《重編使琉球録》，載《國家圖書館藏琉球資料續編》，第1—3頁。

星圖和針路圖等。正文各卷篇目如下：卷一星野；卷二國統；卷三封貢；卷四上輿地，包括建置、疆域、形勝、城池和砲臺等；卷四下風俗，包括形質、氣候、習尚、儀節、節令、服飾及舍宇等；卷五山川，包括國中山、屬島山、海（潮候、風信、針路）、水泉、橋梁等；卷六府署，包括王府、世子府、使館、學校等；卷七祠廟，包括寺院；卷八勝迹；卷九爵秩；卷十賦役；卷十一典禮；卷十二兵刑；卷十三人物，包括賢王、忠節、忠義、孝義、列女、文苑和方外；卷十四物產，包括穀、貨、蔬、果、草、木、禽、獸、鱗、介和蟲；卷十五藝文；卷十六志餘，所收的都是無卷可附的雜記叢談。《琉球國志略》之後，又有嘉慶十三年册封琉球使齊鯤、費錫章合撰《續琉球國志略》六卷；同治五年册封琉球使趙新，續齊、費而作《續琉球國志略》二卷。由此形成了一種續作使行文獻的風尚。

因此，通過考查元明清使行文獻的編撰可以發現，使行文獻大致經歷了從未加工的原始文獻，到彙錄使行作品，再到進行系統、大規模編輯的發展軌迹。這意味著使行文獻作爲一種實錄，在經過一定程度的編撰後，可以達到考辨記錄正誤和補充文獻疏漏的目的，從而形成更加完整和準確的歷史和政治史料。

其次，使行詩歌數量大增。前文已述詩歌在元明清使臣行記中至少佔有一半比重，説明詩歌在這一時期的外交活動中有著特殊的意義和功用。諸如：

陳孚《交州稿》後記："姑即道中所得詩一百餘首，目之曰《交州稿》，以示同志云。"

蕭方崖《使交錄序》："用自上都至安南，州郡山川、人物禮樂、故塞遺逸、異政殊俗、怪草奇花、人情治法、愈病藥方，逐日編紀，通成一集。欽錄聖詔，冠乎集首。次以安南世子，回表貢物。及中朝諸老，送行詩章，編次於後。間有應酬紀詠，亦借附集末。"

傅與礪《南征稿序》："道途所經山川、城郭、宮室、墟墓、草木、禽蟲、百物之狀，風雨、寒暑、畫夜、明晦之氣，古今之變、上下之宜、風土人物之異，凡所以感于心、鬱于情、宣於聲而成詩歌者，積百餘篇。"

宋濂爲林弼《使安南集》題序："至於行役之勞，倡酬之適，山川土俗之詳，已見詩中者，可得而略也。"

孫承恩《使交紀行稿序》："往返凡八閱月，途中履歷，隨意以小詩紀之。與凡感懷酬贈之作，共得古近體若干首。"

周燦《使交吟》自序："臣燦才慚專對，出使遐荒，仰見聖德，光華無遠,弗屆欣躍於中,以及賓朋贈答,山川草木,間有諷詠。共得七言絶句四十八首。"

杜詔爲徐葆光《奉使琉球詩》作序:"凡所經歷,及遊宴贈勞,各紀以詩,共若干首,分三卷,爲舶前、舶中、舶後,總題曰《奉使琉球詩》。"①

通過上述内容,我們可以對元明清使行詩歌建立以下三點認識:第一,元明清使行詩歌總體上與宋代相倣,大多爲記行之作,如陳孚《交州稿》内容是"道中所得詩一百餘首",傅與礪《南征稿》是將"道途所經山川、城郭、宫室、墟墓、草木、禽蟲、百物之狀,風雨、寒暑、晝夜、明晦之氣,古今之變、上下之宜、風土人物之異"形於詩歌,而積成百餘篇。第二,外交中的酬倡贈答之作增加,材料所記"倡酬之適""酬贈之作""賓朋贈答""遊宴贈勞"就是指這類作品。第三,對使臣的記行詩和酬贈詩而言,二者之間的界綫得以進一步明確,所謂"行役之勞""山川土俗""途中履歷""山川草木"等經歷,大多寫作於奉使行進中,著重記行和記事;而酬贈詩主要形成於外交雙方之間,成爲思想和文化交流的媒介,並表現出强大的政治功能和交流功能。

相對而言外交酬贈詩數量增多是一個值得注意的問題。以明代使臣出使朝鮮所産生的《皇華集》爲例,《四庫全書總目》著録"《皇華集》二卷、《續集》一卷",提要説:"明翰林院修撰唐皋、兵科給事中史道,於正德十六年以頒世宗即位詔奉使朝鮮,與其藩臣日有唱和。國王李懌特命書局編爲此集。《皇華集》卷首有嘉靖元年議政府左議政南衮序,載二使初至國境及歸朝與議政府右議政李荇等唱和之作。《皇華續集》卷首有嘉靖元年李荇序,專載唐皋留别國王二律,及議政府領議政金詮以下和韻之作。"又著録"《皇華集》十三卷",提要説:"明朝鮮國所刊使臣唱酬之作。所録惟天順元年、二年、三年、四年、八年,成化十二年,弘治元年、五年,正德十六年,嘉靖十六年之詩。考明代遣使往朝鮮者,不僅此十年,似有闕佚。然世所傳本並同,或使臣不盡能詩,其成集者止此耶?"②可知《皇華集》是朝鮮國刊行的外交唱酬之作,集中反映明使與朝鮮君臣的詩歌交流情況。其數量如《四庫全書總目》所説"考明代遣使往朝鮮者,不僅此十年,似有闕佚",故有學者統計現

---

① 顧嗣立《元詩選》二集《剛中集》,北京,中華書局,1987年,第250頁。黎崱《安南志略》卷三,第75頁。傅若金《傅與礪文集》卷四,《文淵閣四庫全書》第1213册,第320頁上。林弼《林登州集》附録,《文淵閣四庫全書》第1227册,第204頁上。孫承恩《文簡集》卷三〇,《文淵閣四庫全書》第1271册,第391頁。轉引自劉玉珺《越南漢喃古籍的文獻學研究》,北京,中華書局,2007年,第334頁。《國家圖書館藏琉球資料三編》,第99頁。

② 《四庫全書總目》卷一九二集部總集存目,第1746—1747頁。

存明代《皇華集》達二十五種①。可以説酬贈詩大量産生是漢文學深入傳播的有力證明。也可以説正是因爲域外國人的漢文學修養不斷提高,才使得外交雙方詩歌交流的平臺日益鞏固。所以,如果從文學上考慮,外交酬贈既是漢文化的一條傳播途徑,也表現了域外各國對漢文學的一種認同;如果從政治上考慮,外交酬贈既有調節外交氣氛的作用,也有作爲語言媒介的功能。

春秋時期的"賦詩言志"正是對詩歌語言功能的證明。那些諸侯卿大夫交接鄰國,必稱《詩》以諭其志的事件,在孔子看來都是對外交大臣"專對"職責的體現。前文提到過,專對是促使使臣語録産生的一個重要原因。而對於使行詩歌,也很難説不受專對的影響。至少在元明清使臣和文人看來,其外交賦詩是秉承了專對傳統的。例如:

> 袁桷《文子方安南行記序》云:"(文矩)還都,示予行記一編,夫誦詩專對,夫子之訓也。"
>
> 宋濂《南征録序》云:"(王)廉嘗與濂爲文字交,遂以所作歌詩曰《南征録》者授濂序,昔吾夫子以誦詩三百能專對於四方,然則詩固宜使者之所優爲矧,本乎人情、該乎物理,廉蓋學之有素矣。發於中而形諸外者,夫孰禦哉!今觀其措辭,和而弗流,激而弗怒,雅而不凡,可謂能專對者非耶!"
>
> 周燦《使交吟》自序云:"臣燦才慚專對,出使遐荒,仰見聖德,光華無遠,弗屆欣躍於中,以及賓朋贈答,山川草木,間有諷詠。"②

所以使行詩歌,尤其是酬贈詩,不少是以肩負專對使命而産生的。落實到具體作品中,我們可以深切感受到部分作品不能看作是純粹的詩歌唱和,更像是在進行對話。這裏不妨以元代使臣與越南君臣的詩歌交流爲例加以説明:

> 李思衍《世子燕席索詩》云:"北闕星馳新詔命,南交春轉舊山川。"又《世子和前韻有自顧不才慚錫土只緣多病欠朝天之句即席次韻》云:"雨露汪洋普漢恩,鳳啣丹詔出紅雲。拓開地角皆和氣,淨挾天河洗

---

① 參見杜慧月《明代文臣出使朝鮮與〈皇華集〉》,北京,人民出版社,2010 年。
② 袁桷著,楊亮校注《袁桷集校注》卷二二,北京,中華書局,2012 年,第 1142 頁。宋濂《文憲集》卷五,《文淵閣四庫全書》第 1223 册,第 360 頁下。

戰塵。"

蕭方崖《即席和世子韻》云:"從此安南成樂土,小心長與戴堯天。"

文子方《贈世子太虛子》云:"歷階再拜欽明詔,式燕多儀禮上賓。從此君臣保民社,主恩長昇越南人。"①

元朝使臣的贈詩大都著力於向安南宣揚朝廷的恩德,其政治意圖極爲明顯。而相同的政治願望也在陳朝君臣的贈詩中得到了回應。例如:

陳太宗《送天使麻合麻喬元朗》云:"上國恩深情易感,小邦俗薄禮多慚。""鼎語願溫中統詔,免教憂國每如惔。"

陳英宗《送天使安魯威李景山》云:"太平有象煩君語,喜溢洋洋入色眉。"

陳明宗《再用韻呈天使》云:"聖恩浩蕩慈雲闊,化作甘霖滿世間。"又《送天使撒只瓦趙子期》云:"四方專對男兒志,一視同仁天子心。"②

顯而易見,這些詩歌缺少傳統文學的審美和娛興功能,正如陳侃等《使琉球錄》自序所説:"前輩使外國,率有紀錄或賦咏,非以炫詞華也。"③它們以樸實的面貌,表現出詩歌的實用功能。特別是在外交活動中,爲了消除不同民族間的語言隔閡,爲了尋求共同的交流平臺,詩歌成爲雙方的選擇,發揮出共同語的作用。也就是説,當外交中出現語言不通的情況時,人們會尋求一種共有的方式來進行溝通,比如:

《宋史·日本國傳》:雍熙元年,日本國僧奝然與其徒五六人浮海而至,獻銅器十餘事,并本國《職員今》《王年代紀》各一卷。……奝然善隸書,而不通華言,問其風土,但書以對云:"國中有《五經》書及佛經、《白居易集》七十卷,並得自中國。土宜五穀而少麥。交易用銅錢,文曰'乾文大寶'。畜有水牛、驢、羊,多犀、象。産絲蠶,多織絹,薄緻可愛。樂有中國、高麗二部。四時寒暑,大類中國。國之東境接海島,夷人所居,身面皆有毛。東奧州産黄金,西別島出白銀,以爲貢賦。國王以王爲姓,傳襲至今王六十四世,文武僚吏皆世官。"

---

① 黎崱《安南志略》卷一七《至元以來名賢奉使安南詩》,第391、394、396頁。
② 黎崱《安南志略》卷一八《安南名人詩》,第417—419頁。
③ 《國家圖書館藏琉球資料續編》,第6頁。

許亢宗《宣和乙巳奉使金國行程録》：第三十三程，自黃龍府六十里至托撒孛董寨。府爲契丹東寨。當契丹强盛時，虜獲異國人則遷徙雜處于此。南有渤海，北有鐵離、吐渾，東南有高麗、靺鞨，東有女真、室韋，東北有烏舍，西北有契丹、回紇、党項，西南有奚，故此地雜諸國風俗。凡聚會處，諸國人語言不能相通曉，則各以漢語爲證，方能辨之，是知中國被服先王之禮儀，而夷狄亦以華言爲證也。①

這是兩條與宋代交聘相關的文獻，記錄了在語言交流出現障礙時，所採取的兩種溝通方式，即文獻所記的"書對"和"漢語爲證"。對此，我們不難發現外交賦詩的意圖也是在以詩爲對或以詩爲證。

總之，元明清使行詩歌數量的增長預示著漢文學在域外的傳播進入了新階段，在每一個被漢字所覆蓋的地方，詩歌等漢文學體裁都深切打動了人們。尤其是詩歌在外交活動中的廣泛運用，充分展示出了漢文學巨大的滲透力。此外，外交賦詩作爲春秋賦詩的餘響，其秉承專對傳統的文化特質，還回答了一個十分重要的問題：即盛極有宋一代的使臣語録爲何在元明清文獻中無處可尋？這也許正是層出不窮的使行詩歌發揮了替代作用。

第四節 13—14世紀往來於元越的使臣、商賈和藝人

從世界史的角度看，13世紀是蒙古人的世紀。1206年，鐵木真統一蒙古各部，被尊爲成吉思汗。1227年和1234年，其子窩闊台次第討滅西夏和金朝。其後，蒙古幾代王多次西征，版圖擴展到大半個歐亞大陸。1271年，忽必烈改國號爲元；1279年，統一全中國。1257年、1285年和1287年，蒙古人又三度短暫地攻佔越南北部地區，即當時的越南陳朝。一直到1368年，在中國各地起義軍的逼迫下，蒙古人才退居漠北稱"北元"。

蒙古人的擴張大大改變了東亞大陸的面貌。其大規模的西進，把東西方原有的區域性的、線性的道路編織成爲更通暢、更細密的交通網絡。蒙古人也繼承南宋人的海洋遺産，重視向南海和印度洋發展，海上"絲綢之路"於是與陸上"絲綢之路"得到全面貫通。傳統的以漢族爲主體的中國因而被帶進一個新的世界格局，成爲以蒙古人爲中心的多民族的中華帝國。

---

① 《宋史》卷四九一《日本國傳》，第14131頁。崔文印《靖康稗史箋證》，第31—32頁。

蒙古人是通過征戰和殺戮來建立自己的偉業的。因此可以説，13世紀是一個充滿災難的世紀，是用野蠻代替文明的世紀。不過從另一面看，大統一也爲新世界留下了一些積極的東西。其中最重要的一項是較方便的交通：1218年到1258年間，從關中到河西、到欽察草原、到印度半島以至於兩河流域的道路，全線開通；1355年則進一步到達小亞細亞和沙姆地區。① 與道路"開通"相對應的是驛站建設。這一事業在元代到達高峰，《元史》有云"四方往來之使，止則有館舍，頓則有供帳，饑渴則有飲食，而梯航畢達，海宇會同"云云②。在這種情況下，大批商人、傳教士、旅行家、工匠來到中國，既促進了貿易和宗教往來，促進了科學技術的交流，也促進了"紀行"文學的繁榮。札馬剌丁主修的《大元大一統志》，以及數以百計的紀行書、三千多篇紀行詩文，即是其結晶。

這裏所討論的一些人員流動的故事——在元越之間往來的使臣、商賈和藝人的故事——就是在這樣的背景下展開的。

一、使臣

使臣是奉政府使命往來於國際間的官員，也是割據政權之間相聯繫的紐帶。資料表明，在元越之間往來的人物，較早見於史籍的即是使臣。比如《元史·安南傳》記載：公元1257年十一月，在平定雲南全境以後，爲聯合安南（越南）圍攻南宋，蒙將兀良合台陳兵其邊境，派遣兩名使臣往安南招降。越南人扣押了這兩名使臣，並虐死其中一人，因而引起蒙越之間第一次戰爭。③ 戰爭持續時間不太長。蒙軍因氣候不適、糧草短缺、已達戰略目的等原因，盤踞越南首都升龍城僅九天就撤回了。但這件事意味著，使臣往來是蒙越官方交往的首要方式。

這位蒙古使臣的命運很悲慘：被安南人"以破竹束體入膚"，一旦釋縛，反而肉爛而死。不過，在大部分情況下，使臣的經歷却很平順。這是因爲，由於1257年那場戰爭，元與安南之間的宗藩地位反而確定了下來。此後元朝的擴張意圖屢屢受阻；雖然在1285年、1287年發生了兩場戰爭，但在後來經過權衡，雙方都選擇了妥協。這樣一來，在蒙古和安南之間，主要的關係人就不是軍士，而是使臣了。據統計，從1257年蒙古首次遣使，到1368年

---

① 參見樊保良《蒙元時期絲綢之路簡論》，《蘭州大學學報》1990年第4期；李雲泉《蒙元時期驛站的設立與中西陸路交通的發展》，《蘭州大學學報》1993年第3期；程軍《13—14世紀陸上絲綢之路交通線復原研究》，陝西師範大學2017年碩士學位論文。
② 宋濂等撰《元史》卷一〇一《兵志》，北京，中華書局，1976年，第2583頁。
③ 《元史》卷二〇九，第4633—4634頁。

元朝滅亡，在這 111 年裏，元、陳二朝兵戎相見的時間只有 5 年，而和平交往的時間則長達 106 年。在這一百多年裏，安南向元朝派出 47 次進貢使臣①，元朝則向安南派出 27 次使團。而且，從外交需要考慮，元朝慎重對待選派使者一事：出於對安南文化特點的重視，儘量選用長期在雲南任職並熟悉安南事務的專家，如呐剌丁、孟甲、張立道、合撒兒海牙、李京等人；或者選用有影響的漢族官員、文化名人，如李衎、陳孚、文矩、傅若金等人。② 與此相對應，安南方面也派出了一批高級別的外交人才，比如陳王光昺的族人通侍大夫陳奉公、陳王日烜之叔陳遺愛、殿前指揮使范巨地、宰相黎克復、中大夫陳克用、大夫潘公直等人。③

由於以上原因，公元 13 世紀至 14 世紀，元越之間的使臣往來，所構成的就好像不是外交史而是文學史了。史家所記載的外交成就，主要也表現爲文學成就。比如《大越史記全書·陳紀》記載陳朝使臣莫挺之入元，説他在朝廷上應對自如，爲元人所欽服。"適外國進扇，元帝命爲銘，挺之秉筆立就，其辭曰：'流金礫石，天地爲爐，爾於斯時兮，伊周鉅儒。北風其涼，雨雪載塗，爾於斯時兮，夷齊餓夫。噫，用之則行，舍之則藏，惟我與爾，有如是夫。'元人益嘉歎焉。"④這篇銘文，切題，行文雅致，還用了伊尹、周公、伯夷、叔齊等典故。"元人益嘉歎"的"元人"，顯然是一批精熟漢文學之人。他們所歎服的，是莫挺之所代表的安南文人的漢文學修養。由此可見，使臣往來有一個重要目的，即尋找作爲兩國交好之基礎的共同文化基因。

從文獻記錄看，元越交聘活動中的文學創作，以詩歌爲多，原因在於時人以詩才爲文學才能的代表。比如黎澄《南翁夢録》"貴客相歡"條記載越人莫記與元使黄裳詩歌交流的片段，説："軍頭莫記，東潮人也。出身行伍，酷好吟詩。元統間，伴送元使黄裳，裳亦好詩者，旬日江行，相與唱和，多有佳句，裳甚歡之。至界上留别。詩云：'江岸梅花正白，船頭細雨斜飛。行客三冬北去，將軍一棹南歸。'"⑤這裏説的"軍頭莫記"，只是伴送元朝使臣的安南行伍之人，但他也擅詩。其詩作見於記録，正表明當時國際交往對詩歌教化非常重視。

---

① 黄安國、楊萬秀、楊立冰、黄錚《中越關係史簡編》，南寧，廣西人民出版社，1986 年，第 74—75 頁。
② 馬明達《元代出使安南考》，載高偉濃主編《專門史論集》，廣州，暨南大學出版社，2002 年，第 156—183 頁。
③ 參見王英《元朝與安南之關係》，暨南大學 2000 年碩士學位論文，第 31—35 頁。
④ 黎文休、吳士連等《大越史記全書》卷六《陳紀》，重慶，西南師範大學出版社，2015 年，第 328—329 頁。
⑤ 黎澄《南翁夢録》，載《越南漢文小説集成》第 16 册，上海，上海古籍出版社，2010 年，第 43 頁。

關於元越使臣的詩歌創作,其記錄集中見於黎崱《安南志略》。此書有"至元以來名賢奉使安南詩"和"安南名人詩"兩篇,記元朝使臣的詩歌有:

李思衍《世子燕席索詩》《世子和前韻有自顧不才慚錫土只緣多病欠朝天之句即席次韻》《行贐有禮辭之世子舉陸賈事亹亹見愛謝絕以詩》《觀棋》;

徐明善《佐兩山使交春夜觀棋贈世子》;

陳孚《入安南以官事未了絕不作詩清明日感事因集句成十絕奉呈貢父尚書并示世子及諸大夫篇篇見寒食》十首、《交趾偽少保國相丁公文以詩餞行因次韻》①;

李仲賓《和洞妙自真世子韻》;

蕭泰登《即席和世子韻》;

另外,李景山七言律詩一首,杜希望七言律詩一首,文矩《贈世子太虛子》和七言律詩一首,楊廷鎮《答太子世子韻》,趙子期《和太子世子韻》,智熙善《答世子韻》等。

又記陳朝君臣的詩歌有:

陳太宗《送天使張顯卿》;

陳仁宗《饋天使張顯卿春餅》《送天使李仲賓蕭方厓》《送天使麻合麻喬元朗》《和喬元朗韻》;

陳英宗《送天使安魯威李景山》;

陳明宗《贈天使撒只瓦文子方》《謝天使馬合謀楊庭鎮》《再用韻呈天使》《送天使撒只瓦趙子期》;

老國叔昭明王樂道先生《贈天使柴莊卿李振等》《送柴莊卿》等。

爲應對緊張的中越關係,陳朝前六代實行上皇之制。如黎澄在《南翁夢錄》之《藝王始末》所說:"陳家舊例,有子既長,即使承正位,而父退居北宮,以王父尊稱而同聽政,其實但傳名器以定後事,備倉卒爾,事皆取決於父,嗣王無異於世子也。"②另外,元朝曾多次要求陳朝履行"六事"③,但陳朝都予

---

① 陳孚二詩另見其《交州稿》,《文淵閣四庫全書》第1202冊《陳剛中詩集》卷二,第638、645頁。
② 黎澄《南翁夢錄》,《越南漢文小說集成》第16冊,第11頁。
③ 《元史·安南傳》載:"未幾,復下詔諭以六事:一,君長親朝;二,子弟入質;三,編民數;四,出軍役;五,輸納稅賦;六,仍置達魯花赤統治之。"第4635頁。

以拒絕。爲此,元朝去除了陳朝皇帝"安南國王"的封號,降其爲"世子"。陳朝皇帝僅太宗和聖宗被元朝封爲"安南國王",其餘皇帝均被稱爲"世子"。① 故反映國交的詩歌唱酬,往往在使臣和"世子"之間進行。這些詩歌刻畫了元越之間交聘活動的側影,既有雅致的問答,也有溫婉的傾訴。從這個角度看,在中國元朝,往來於元越的使臣,他們所攜帶的物品,與其說是貢封之物,不如說是詩歌。

以上事實,對於理解公元13世紀至14世紀的東亞文化是很有意義的。一方面,説明統治元朝的蒙古人已接受漢族古來的交聘傳統;另一方面,説明漢文化對於越南文學有深刻影響。事實上,陳朝是越南漢詩發展的一個高峰。陳朝國王幾乎每人都有詩文集傳世②,陳朝科考亦以詩賦爲重要項目③。潘輝注《歷朝憲章文籍志》所著録的陳朝文人詩集有:朱文貞《樵隱詩》一集,威文王陳國遂《岑樓集》一卷,昭明王陳光啓《樂道集》一卷,司徒陳元旦《冰壺玉壐集》一卷,阮忠彦《介軒詩集》一卷,范師孟《峽石集》一卷,陳元璹《菊堂遺草》二卷,胡尊鷟《討閒效顰》一卷,阮飛卿《蘂溪詩集》一卷,韓詮《披砂集》一卷,李濟川《越甸幽靈集》一卷。④ 因此不妨説,陳朝是一個漢詩升騰的時代。安南君臣與元朝使臣進行詩歌交流,安南使臣入元與當朝文士詩歌往來,這是很容易理解的事情。

現在,且讓我們欣賞幾首使臣的作品⑤。

李思衍,江西餘干人,曾兩度出使安南。《元史》記載他在至元二十五年(1288)以禮部侍郎身份任國信使,"詔諭陳日烜親身入朝"。⑥ 他在安南世子陳日燇的宴席上作詩,題爲《世子和前韻有自顧不才慚錫土只緣多病欠朝天之句即席次韻》,前四句云:"雨露汪洋普漢恩,鳳啣丹詔出紅雲。拓開地角皆和氣,净挾天河洗戰塵。"這首與陳仁宗(1278年—1293年在位)相唱和的詩强調兩國相交以"和"爲上。

蕭泰登,長沙人,後落籍江西太和,著有《使交録》一書。至元三十一年(1294)以兵部郎中身份"齎詔使安南"⑦,作《即席和世子韻》,有詩句云:

---

① 成思佳《越南古代的上皇現象研究(968—1759)》,鄭州大學2015年碩士學位論文,第31頁。
② 潘輝注《歷朝憲章文籍志》載:"陳太宗《課虚集》一卷、《御詩》一卷,聖宗《貽後録》二卷、《箕裘録》一卷、《詩集》一卷,仁宗《中興實録》二卷、《詩集》一卷,明宗《詩集》一卷,英宗《水雲隨筆》二卷,藝宗《葆和殿餘筆》八卷、《詩集》一卷。"潘清簡等纂《欽定越史通鑑綱目》卷一三,建福元年(1884)刻本,葉四至五。
③ 《大越史記全書》卷六《陳紀》,第323—324頁;卷七《陳紀》,第361頁。
④ 《欽定越史通鑑綱目》卷一三,葉五。
⑤ 詩見黎崱《安南志略》卷一七《至元以來名賢奉使安南詩》,第391—396頁。
⑥ 《元史》卷一五《世祖本紀》,第317頁。
⑦ 《元史》卷一八《成宗本紀》,第382頁。

"從此安南成樂土,小心長與戴堯天。"這首與陳英宗(1293年—1314年在位)相唱和的詩仍然描寫使交的願景。

文矩,長沙人,宋儒文與可的後代,著有《安南行紀》一篇。至治元年(1321)以禮部郎中身份"使安南"①,作《贈世子太虛子》,後四句云:"歷階再拜欽明詔,式燕多儀禮上賓。從此君臣保民社,主恩長畀越南人。"這首贈給陳明宗(1314年—1329年在位)的詩,描寫了元越外交的場合和願景。

徐明善,江西德興(一説鄱陽)人,著有文集《芳谷集》三卷和《安南紀行》一書。至元二十五年(1288)以李思衍隨員身份使安南。在陳日烜宴席上作《席上口占》詩,云:"乘傳入南中,雲章照海紅。天邊龍虎氣,南徼馬牛風。日月八荒燭,車書萬里同。丹青入王會,茅土祚無窮。"這首詩強調兩種文化相融通但互爲主次、尊卑的關係,對仗工整奇妙,且使用了周代侯國進貢丹青、周王封以白茅五色土的典故。《中洲野録》記其本事説:"徐芳谷嘗奉使交趾國,其王子陳日炫聞公善詩,舉卮酒立索吟,公口占云云。日炫遂納款奉貢,公聲名大振。"②可見使臣詩歌在中越關係史上意義重大,足以影響國交的發展進程。

二、商賈

公元13世紀以來,中越之間的交通逐漸便利。由於加強站赤(驛站)制度的建設,元代出現了"國家疆理之大,東漸西被,暨于朔南。凡在屬國,皆置驛傳。星羅棋佈,脉絡通通。朝令夕至,聲聞畢達"的局面。③ 元軍平定大理後,便開通了滇越之間的通道。蒙元出使安南,都取這條道路。此即所謂"由吐蕃、大理諸蠻至於安南""並黑水,跨雲南以至其國"④。1276年以後,元朝又在廣西設置站赤57處(陸站29處,水站28處),使廣西至越南的交邕("邕"指邕寧)之路成爲兩國往來的主要通道,史稱"自江陵直抵邕州,以達交趾""由交趾,歷邕、桂抵潭州"⑤。至於廣州至越南的交廣海路,雖然未必是出使之路,但也用於軍事和貿易。⑥ 總之,公元13世紀至14世紀,是中越交往在空間上較便利的時期。因軍事原因造成的交通優勢,此時被用於商貿。三條通道均已開通。商賈和同物質交流相關聯的人員,成爲往來

---

① 《元史》卷二七《英宗本紀》,第613頁。
② 陳衍輯撰,李夢生校點《元詩紀事》卷九引,上海,上海古籍出版社,1987年,第184頁。
③ 《永樂大典》卷一九四一六"站"字引《經世大典》,北京,中華書局1986年影印,第7192頁上。
④ 《元史》卷一六七《張庭珍傳》《張立道傳》,第3920、3916頁。
⑤ 《元史》卷二〇九《安南傳》,第4638頁;卷四《世祖本紀》,第62頁。
⑥ 參見張金蓮《略論元代的中越交通》,《蘭州學刊》2006年第3期。

於元越之間的主體。

元越之間的商貿有兩種：一是官方商貿，以"封貢"的名義進行，使臣兼具商賈身份；二是民間商貿，由商人和普通民眾承擔。從宋代的記錄看，交趾（1174年始稱安南）的朝貢品主要爲犀角、象牙、玳瑁、絹、珍珠、乳香、沉香、金銀器、孔雀翎、馴象、馴犀等；中國的回賜品主要爲絹製品和經典書籍。① 在民間市場上，比如在靠近北部灣的海路欽州博易場、位於南寧的陸路邕州博易場上，來自交趾的商品通常是金銀、銅錢、象牙、名香、犀角、鹽、珍珠、魚蚌；來自中國的商品通常是綾、錦、羅、布、紙、筆、米②和作爲奴隸的人③。這種情況同樣出現在13世紀後期。《元史・安南傳》記中統三年（1262）元朝向安南提出的貢物清單，有云："可選儒士、醫人及通陰陽卜筮、諸色人匠各三人，及蘇合油、光香、金銀、朱砂、沉香、檀香、犀角、玳瑁、珍珠、象牙、綿、白磁盞等物同至。"④由此可見，宋元兩代封貢之物大抵相同，同樣需要用很大的商業力量來運營。

從各種資料看，元越之間的物質交流，有這樣幾個特點。

首先，商賈的流動，往往和其他人員的流動相混合。這在宋亡之時，公元1279年前後，表現得特別明顯。此時中越之間人員流動很頻繁，多以逃難、投奔爲目的，可以說是半商業性的流通。有一種情況是以文武之才求售，即所謂"曾淵子等諸文武臣，流離海外，或仕占城，或婿交趾"⑤。比如陳仲微，在宋亡之後入安南，因爲"能涵飫六經，精研理致，於諸子百家、天文、地理、醫藥、卜筮、釋老之學，靡不搜獵"⑥，而受到安南人接納。陳仲微死後，陳聖宗爲其作挽詩，云"痛哭江南老鉅卿，春風搵淚爲傷情"⑦，可見陳仲微曾被看作文明的代表。另一種情況是普通人攜帶商業物質一起流動。比如《大越史記全書・陳紀》載陳聖宗寶符二年（1274）十月"宋人來附"，云："先是，宋國偏居江南，元人往往侵伐。至是，以海船三十艘裝載財物及妻

---

① 徐松輯《宋會要輯稿・番夷四・交趾》，第9778—9800頁。
② 周去非著，楊武泉校注《嶺外代答校注》卷五《財計門》"邕州永平寨博易場""欽州博易場"條，北京，中華書局，1999年，第195—197頁。
③ 馬端臨《文獻通考》卷三三〇《四裔考・交趾》引成大《桂海虞衡志》載："其國土人極少，半是省民。南州客旅，誘人作婢僕擔夫，至州洞則縛而賣之，一人取黃金二兩，州洞轉賣入交趾，取黃金三兩，歲不下數百千人。有藝能者，金倍之。知文書者，又倍。"北京，中華書局，1986年，考2594下。
④ 《元史》卷二〇九《安南傳》，第4635頁。
⑤ 鄭思肖《心史・大義略叙》，《叢書集成續編》第130冊，臺北，新文豐出版公司，1988年，第600頁下。
⑥ 《宋史》卷四二二《陳仲微傳》，第12620頁。
⑦ 王瑞來《宋季三朝政要箋證》，第450頁。

子,浮海來蘿葛源。至十二月,引赴京,安置於街媢坊,自號'回雞'。蓋我國呼宋國爲雞國,以宋有段子、藥材等物置賣爲市故也。"①這裏說的"段子"即"緞子",絲織品。李攸《宋朝事實》載宋仁宗景祐元年(1034)四月詔,也提到"段子",曰:"織文之奢,不鬻于國市;纂組之作,實害于女工……內自掖庭,外及宗戚,當奉循于明令,無因習于媮風。其錦背、繡背及遍地密花、透背段子,並宜禁斷。"②

其次,商業往來造成了新的習俗和新的族群。比如在北部灣東北部的雲屯鎮,出現了"以商販爲生業"的人群。《大越史記全書》陳仁宗重興三年(1287)條記載了這個人群,說仁惠王陳慶餘鎮守雲屯時,當地"俗以商販爲生業,飲食衣服皆仰北客,故服用習北俗"。③ 雲屯即今越南廣寧省雲屯縣。據《大越史記全書》記載,從李朝時起,此地就是商船聚集之所,13世紀進而成爲亞洲東部有影響的地區中心港口。④ 所謂"服用習北俗",意思是,商業發展改變了雲屯等地的習俗,以致產生了使用中國禮儀的北人文化群落。若作仔細觀察,那麼還可以發現,商業對於社會和文化的影響非常深刻。有人認爲,來自中國福建的陳氏家族,便是通過貿易而取得政治力量的。這一家族深度參與了沿海模式的越南建設,在獲得王位之後,採用漢化方式實行統治,在海陽、山南、清化等沿海省份遴選出一批進士,進而建立了同首都佛教文化區相對應的沿海儒教文化區。1253年,陳朝設立國學院,塑孔子、周公、孟子像,詔令天下儒士講習"四書五經"。1272年,又命出身於清化(沿海省份)的儒生黎文休,編成官方史書《大越史記》,強調"人之華夷,惟德是視"。13—14世紀,最著名的安南降元人物有兩位:一是來自陳氏家族的王子陳益稷(通過一名雲屯商人降元);二是著名史籍《安南志略》的作者黎崱(爲清化士人)。這些重要的文化現象,都可以追溯到最初的商業流通。⑤

其三,商業貿易通有無,交流稀缺之物或稀奇之物,往往是文化事物。其中稀奇之物有小矮人、火浣布和鸚鹉鉢。《大越史記全書》陳裕宗紹豐七年(1347)載:"國初,宋商舶來,進小人國人,身長七寸,其聲似蠅,不通言語。又進火浣布一匹,價錢每尺三百鏹,留傳爲貴物。後制爲御服,制差短,藏之內府。"又載紹豐九年(1349)春三月,"北方商舶來貢鸚鹉鉢"。所謂

---

① 《大越史記全書》卷五《陳紀》,第282頁。
② 李攸《宋朝事實》卷三《詔書》,《叢書集成新編》第28冊,臺北,新文豐出版公司,1985年,第638頁上。
③ 《大越史記全書》卷五《陳紀》,第299頁。
④ 參見山本達郎《安南の貿易港雲屯》,(東京)《東方學報》第9冊,1939年。
⑤ 參見約翰·K·惠特摩(John K. Whitmore)《沿海崛起:早期大越的貿易、國家與文化》,《海洋史研究》第10輯,第175—197頁。

"鷓變鉢",指的是用鷓糞燒成的玉鉢,即所謂"宋末,杭州人燒鉢,爐將熟,見一飛鷓過爐上,遺屎爐中,化成玉鉢,故名之"。①

事實上,對於一個發展中的社會而言,最稀缺的事物是科學技術和文化。所以,商業交流也意味著科學技術的交流和文化交流。隨商船南下的北方之人,有許多是文化人。比如《大越史記全書·陳紀》載陳朝英宗興隆十年(1302),"時有北方道士許宗道隨商舶來,居之安華江津。符水齋醮科儀興行自此始"②。次年正月,"上皇幸重光宮,設醮壇于普明寺"③。這兩條記錄意味著,越南新興的民間科儀是通過商貿活動而傳入的。這是越南佛教史上的重要事實。我們曾考察越南科儀古籍的來源,發現其中很大一部分乃通過商船運來越南。④

還有一個重要事實是,通過外交途徑輸入越南的物品,有兩件最重要:一是《大藏經》,二是《授時曆》。越南多次向中國請賜《大藏經》,例如黎朝國王黎桓曾寫有《請大藏經表》,李朝太祖公蘊曾向宋朝乞贈《大藏經》。據統計,宋朝向安南頒賜《大藏經》達八次。⑤ 到陳朝也是這樣。《大越史記全書》載英宗興隆三年(1295)二月,"元使蕭泰登來,帝遣内員外郎陳克用、范訏偕行,收得《大藏經》部回,留天長府,副本刊行"⑥。至於《授時曆》,在元朝也是由使臣送達越南的。例如《大越史記全書》記載:陳明宗開泰元年(1324),"元帝遣馬合謀、楊宗瑞來告即位,及《授時曆》一帙"⑦。又《元史·順帝紀》記載:元統二年(1334)正月,"遣吏部尚書帖住、禮部郎中智熙善使交趾,以《授時曆》賜之"⑧。安南重視這部曆法,爲其更改新名。《大越史記全書》載陳憲宗開祐十一年(1339),"改《授時曆》爲《協紀曆》。時候儀郎太史局令鄧輅以前曆皆名'授時',請改曰'協紀'。帝從之"⑨。目前,在越南、法國等地尚存有《大南成泰十三年歲次辛丑協紀曆》《大南維新七年歲次癸丑協紀曆》《大南啟定五年歲次庚申協紀曆》《大南保大十二年歲次丁丑協紀曆》等曆書十餘種,可見這部曆法在越南有長達600年的影響。

佛教在越南影響很大,1975年以前,佛教徒在越南民衆中達到80%的

---

① 《大越史記全書》卷七《陳紀》,第362—363頁。
② 《大越史記全書》卷六《陳紀》,第322頁。
③ 《欽定越史通鑑綱目》卷八,葉四十。
④ 見王小盾、王皓、黃嶺、任子田《從越南的四所寺院看漢籍在域外的生存》,《域外漢籍研究集刊》第18輯,北京,中華書局,2019年。
⑤ 劉玉珺《宋代中越文學交流述論》,《學術論壇》2013年第5期,第171頁。
⑥ 《大越史記全書》卷六《陳紀》,第311頁。
⑦ 《大越史記全書》卷六《陳紀》,第343頁。
⑧ 《元史》卷三八《順帝紀》,第819—820頁。
⑨ 《大越史記全書》卷七《陳紀》,第358頁。

佔比。而從歷史角度看,其鼎盛時期則在陳朝(1225—1400)。這說明,《大藏經》的輸入,可謂對越南意義最重要的一種文明的輸入。而《授時曆》則是作爲最先進的科學知識輸入越南的——受伊斯蘭—阿拉伯天文學的影響,元代曆學達到當時最高水平。《元史》記載,元朝在至元八年(1271)設置司天臺;在至元十八年(1281)開始施用由郭守敬等人研製的《授時曆》;在延祐元年(1314)設置司天監,起用了很多優秀的回回天文學家。① 這份《授時曆》是當時世界上最先進的曆法,在中國曆法史上也施行了 364 年。也就是說,由於融通了伊斯蘭—阿拉伯天文學和中國的天文曆法之學,元代天文學達到極盛;而由於元朝使臣和商賈的努力,元代的優秀文明進入了越南。

三、藝人

以上説到元越之間的使臣往來,認爲它不僅意味著外事信息的往來,還意味著文學的往來;又説到元越之間的商賈往來,認爲它不僅意味著生産資料和生活資料的往來,還意味著科學與文明的往來。那麼,藝人往來意味著什麼呢? 不難判斷,意味著表演藝術的往來。

據史料記載,中越之間的藝人往來可以推到宋朝。《大越史記全書》説,在黎朝龍鋌王時(1005—1009 在位),有一位名叫廖守心的藝人進入越南,得到寵信。② 范廷琥《雨中隨筆·樂辨》則説:在李朝時(1010—1224),又有一位宋道士來"教國人歌舞、戲弄,蓋亦扮戲之類,至今教坊參用爲八段錦"。③ 這兩位藝人向越南帶來了歌舞、戲弄等表演藝術,因發生影響而得到記録。未記録的藝人交流應該也有很多。有研究者認爲,《大越史記全書》所記公元 11 世紀到 12 世紀那些樂舞事件,比如 1025 年定"唱兒乃號管甲""唱女並呼爲陶娘"之事,1028 年"使伶人於巖中弄笛、吹笙、獻歌、奏舞爲娱樂"之事,1122 年演出水上木偶之事,1123 年正月十五日"造推輪舞舍令宫女舞其上以獻觴"之事——都反映了宋朝歌舞伎樂的南傳。④

不過,這裏我們重點考察元朝。其時從中國南來的藝人,被記載的有以下兩位。

第一位是李元吉。其事迹見於《大越史記全書》陳裕宗大治五年

---

① 《元史》卷九〇《百官志》,第 2297 頁。
② 《大越史記全書》卷一《黎紀》,第 143 頁。
③ 范廷琥《雨中隨筆》卷上,《越南漢文小説集成》第 16 册,第 143 頁。
④ 參見彭世團《越南嘲劇噱劇與中國宋元戲劇的關係》,《戲曲研究》第 74 輯。《大越史記全書》卷二《李紀》,第 155、160 頁;卷三《李紀》,第 199、200 頁。

(1362),云:"春正月,令王侯公主諸家獻諸雜戲,帝閱定其優者賞之。先是,破唆都時,獲優人李元吉。善歌,諸勢家少年婢子從習北唱。元吉作古傳戲,有《西方王母獻蟠桃》等傳。其戲有官人、朱子、旦娘、拘奴等號,凡十二人;著錦袍繡衣,擊鼓吹簫,彈琴撫掌,鬧以檀槽,更出迭入。爲戲感人,令悲則悲,令歡則歡。我國有傳戲始此。"①這段話的意思是:李元吉入越之事發生在1285年,即第二次蒙越戰争之時。其時元吉是蒙軍中的隨員,作爲戰俘進入越南。他向越南貴族家的"少年婢子"傳授了兩項技藝:一是"北唱",即漢語歌唱或蒙古語歌唱;二是"古傳戲",即按劇本表演故事和傳説。傳戲包括《西方王母獻蟠桃》。其特點是:(一)分角色,有官人、朱子、旦娘、拘奴等人物;(二)有妝扮,穿錦袍繡衣;(三)有伴奏,使用鼓、簫、琴等樂器;(四)分幕表演,即所謂"更出迭入"。如果把官人、朱子、旦娘、拘奴之分工看作正末、副末、正旦、净(或醜)之分工,那麽,我們推測,李元吉所傳的是北曲雜劇。

第二位是丁麗德。其事迹見於《大越史記全書》紹豐十年(1350)春正月,説:"元人有丁麗德者,因其國亂,挈家駕海船來奔,善緣竿,爲俳優歌舞。國人效之,爲險竿舞。險竿技自此始。"②丁麗德和李元吉一樣,推動了一種越南表演藝術——"險竿舞"——的産生。但他有三個不同:其一,李元吉是作爲戰俘而入越的,丁麗德則作爲投奔者入越。他們各自代表藝人往來的一條路線。其二,李元吉原屬元軍唆都部,可能來自華北;而丁麗德"駕海船來奔",應當是東南沿海之人。他們代表了流行於不同地區的表演藝術。其三,李元吉所擅長的"古傳戲",由十二人表演,這十二人應當是一個戲班③;丁麗德擅長"緣竿"和"俳優歌舞",他應當是"挈家"表演的。可見他們也爲越南帶來了不同的表演體制。

藝人往來在越南文化史上造成了很大影響。李元吉入越七年之後,1292年,元朝使臣陳孚來到陳朝,在其《安南即事》詩裏記載了陳朝國宴的情況。在"笙簫圍醜妓,牢醴祀淫巫"一句後,他注解説:"嘗宴于其集賢殿,男優女倡各十人,皆地坐,有琵琶、蓁筝、一絃之蜀。其謳與絃索相和,歌則先哩喻而後詞。殿下有踢弄、上竿、杖頭、傀儡。又有錦袴,裸其上體,跳擲號呌。婦人赤脚,十指爪槎枒起舞,醜態百出。"在"曲歌歎時世,樂奏入皇

---

① 《大越史記全書》卷七《陳紀》,第371頁。
② 《大越史記全書》卷七《陳紀》,第363頁。
③ 劉致中《中國古代戲班進入越南考略》認爲,元代角色名目是12人,明清時期較爲完備的戲班多爲12人,故李元吉之12人並非偶然,而代表元代前期的戲班體制。文載《文學遺産》2002年第4期。

都"一句後,他又注解説:"男子十餘人,皆裸上體,聯臂頓足,環繞而久歌之,各行一人舉手,則十數人皆舉手,垂手亦然,其歌有《莊周夢蝶》《白樂天母别子》《韋生玉簫》《踏歌》《浩歌》等曲。惟歎時世最愴惋,然漫不可曉。大宴殿上,大樂則奏于廡下之後,樂器及人皆不見,每酌酒,則大呼曰樂奏某曲,廡下諾而奏之。其曲曰《降黄龍》,曰《入皇都》,曰《宴瑶池》,曰《一江風》,音調亦近古,但短促耳。"①顯而易見,展現在陳孚眼前的表演形式不同於李元吉的"北唱"和"古傳戲"。陳孚的主要印象是"笙簫""醜妓""牢醴""淫巫"。他看到的藝術形式是:由男女二十人表演,席地而坐,奏琵琶、箏和一弦琴,用土語相和而歌,插入百戲節目,裸體赤脚。也就是説,這套節目並不符合陳孚的審美習慣,而採用了本土風格和本土素材。但從《莊周夢蝶》《白樂天母别子》《韋生玉簫》《踏歌》《浩歌》等歌曲名、《降黄龍》《入皇都》《宴瑶池》《一江風》等大樂曲名看,這套國宴表演節目又大幅度地吸收了中國的音樂文化。由此可見,越南表演藝術有多種來源。李元吉所傳歌舞戲曲,是同其他藝人的往來(包括越南藝人前往中國交流)共同發生作用的。李元吉是這個藝人群體的代表。

還有一件事同李元吉有關,這就是在公元1369年六月十五日舉行的陳帝楊日禮的即位儀式。《大越史記全書》記載這件事説:楊日禮的母親名叫楊姜,號"王母"。之所以有此號,是因爲她在傳戲《王母獻蟠桃》中扮演王母。② 這件事説明,在李元吉入越84年後,他所傳的傳戲仍然在越南王朝中風靡。丁麗德之于越南表演藝術,也有相似的作用。從陳孚《安南即事》詩可以知道,在1292年的國宴上已經表演了踢弄、上竿、杖頭、傀儡等雜技。黎崱是在1285年内附元朝的,其《安南志略》記此前風俗,也説到雜技百戲:"除日王坐端拱門,臣僚行禮畢,觀伶人呈百戲。"二月"王觀衆鬪於觀庭,觀勇夫與兒孺搏,勝者賞之。公侯馬上擊毬,吏士博奕,捔蒲、蹴踘、角鬪、山呼侯等戲"。③ 丁麗德的"險竿舞"是"緣竿"同"俳優歌舞"的結合。儘管此舞較晚傳入越南,但它不同於以前的百戲,而有更高的藝術性。由此可以知道,丁麗德同樣是往來於國際間的衆多藝人的代表。在元越的文化交流之路上,出現過很多有意義的事情。歷史學家對此有所選擇,我們於是看到了其中最典型的事件。

---

① 顧嗣立《元詩選》二集《交州稿》,第244—245頁。
② 《大越史記全書》卷七《陳紀》云:"憲慈皇太后使人迎故恭肅大王昱庶子日禮即位,改元大定元年。日禮,優人楊姜子。其母號王母者,爲傳戲時(傳有《王母獻蟠桃》,日禮母爲之,因以爲號),方有娠,昱悦其艷色,納之。及生,以爲己子。"第376頁。
③ 《安南志略》卷一《風俗》,第41—42頁。

結語

　　蒙古國在亞洲大陸的崛起，揭開了世界史上驚心動魄的一頁。在充滿血與火的百年裏，東亞大陸被蒙古鐵騎從北到南粗暴地爬梳了一遍，然後留下一點縫隙，供逃難的、投奔的人群行走。這中間有使臣、商賈和藝人的身影。他們代表了這個百年史中比較柔軟的一面。

　　這三種人是作爲戰爭的補充出現的。使臣實際上是關於和平的謀士。儘管在蒙越戰爭前夕，雙方也會遣使，但這正好説明使臣代表不同于戰爭的另一種關係——對戰爭的規避。商賈也和戰爭不同：戰爭意味著死難，商賈則意味著生息。所以在關於"欽州博易場"的歷史記録中，有"凡交阯生生之具，悉仰於欽"一語。① 至於藝人，儘管他們也服務於軍旅，但他們却是同藝術創造、人生享受聯繫在一起的，他們意味著生的豐富和豐滿。

　　由於這個原因，所以，當我們討論"公元13—14世紀：往來于元越的使臣、商賈和藝人"的時候，我們實際上在討論戰爭年代人們對於"生"的渴望，討論他們對於野蠻現實的某種超越。這樣一來，我們就在使臣那裏，看到大量關於和平、建設、友情的文學描寫；在商賈那裏，看到人們對於科學與文明的尊重；在藝人那裏，看到人類對再現自己、表現自己之能力的探求。事實上，正是這三種人改變了包括越南在内的東方文明史。其中有兩項成果，特别值得一述。

　　一項成果是戲劇。李元吉入越傳授傳戲，意味著越南早於日本、朝韓等東亞國家，在13世紀末就已進入劇本時代。此後越南戲劇持續發展，成爲娛樂風尚的主流。比如《大越史記全書》載陳朝太師陳日燏（1254—1330）精通音律，能作曲；居家之時，"無日不開倡優場作戲樂"②。所以在陳裕宗大治五年，有"令王侯公主諸家獻諸雜戲"之舉。又如據記載，後黎太宗於紹平四年（1437）五月"謁太廟，罷倡優戲，不奏淫樂"③；黎聖宗光順六年（1465）十月頒佈禁令，規定"倡優不得戲謔父母並官長"④。這些舉措正好説明，戲劇風尚已蓬勃高漲。後來，這一風尚還導致了越南嗩劇的發展以及嗩劇劇本的廣泛傳佈。所以在《大南實録》19世紀部分，充斥著"演戲七日，使臣庶共觀之""閱是堂舞八佾、看戲""諸歌工俗樂及戲藝人等齊集，歌舞

---

① 《嶺外代答校注》卷五《財計門》"欽州博易場"條，第196頁。
② 《大越史記全書》卷七《陳紀》，第353頁。
③ 《大越史記全書》卷一一《黎皇朝紀》，第545—546頁。
④ 《大越史記全書》卷一二《黎皇朝紀》，第610頁。

演戲""帝御正樓,樂工、歌工及蠻樂人等具陳戲劇"一類記錄。①

同樣,在丁麗德之後,越南雜技逐漸興盛起來。《大越史記全書》有兩個時間上較爲貼近的記載。一是陳藝宗紹慶元年(1370)載:"日禮僭位,縱酒淫逸,日事宴遊,好爲雜技之戲。"②二是黎太宗紹平二年(1435)載:"繼天聖節,宴群臣,雜呈戲術、舞劍於殿陛。"③可見在丁麗德入越之後數十年,雜技和戲術都在越南宮廷流行起來。又據張國用《公暇記聞》記載,黎聖宗洪德年間(1470—1497)定樂,其中禮部所奏第三章爲"百工呈技":"有百暴格、穿揚格、連舞、嫉妒、險竿、覆舞、蠻舞、交跌、中繩、上繩、舞缽等技"④——在這裏,"險竿"等雜技被納入禮樂。由此可見,丁麗德之入越,不僅爲越南表演藝術增加了新品種,而且提升了越南雜技的地位。

另一項成果是史學。一百年來的大動蕩、大遷徙,在東方造就了《西遊記》(耶律楚材)、《長春真人西遊記》(李志常)、《北使記》(烏古孫仲端撰,劉祁記)、《蒙韃備錄》(孟珙)、《黑韃事略》(彭大雅撰,徐霆疏證)、《嶺北紀行》(張德輝)等一批紀行之書,在西方則造就了《威廉魯布魯克蒙古遊記》(作者爲法國人)、《海屯行紀》(作者爲小亞美尼亞人)、《普蘭卡爾賓蒙古遊記》《鄂多立克東遊錄》《馬可波羅遊記》(三書作者皆爲義大利人)等紀行之書。這些書的作者或是使臣,或是旅人,或是書記之官。他們提升了這個世紀的史學。

在元越這條使行之路上,也出現了一批類似的作品,即使臣行記。例如張立道的《安南錄》、李克忠的《移安南書》、徐明善的《安南行記》、陳孚的《交州稿》、蕭泰登的《使交錄》、何中的《元貞使交錄》、文矩的《安南行紀》、智熙善的《越南行稿》、傅與礪的《南征稿》。這些書的作者,遵循周以來行人奉使的禮制,詳細記錄了使行見聞。其中徐明善之書包括安南國奏表、元朝諭安南詔、使越過程記錄和安南國的貢品清單⑤;陳孚之書"于安南道途往返紀行諸詩,山川草木蟲魚人物詭異之狀,靡不具載"⑥;蕭泰登之書"自上都至安南,州郡山川、人物禮樂、故塞遺逸、異政殊俗、怪草奇花、人情治

---

① 《大南實錄正編第二紀・聖祖仁皇帝實錄》卷一四,第 1613 頁下;卷一二五,第 3239 頁下;卷一八六,第 4166 頁下;卷二一二,第 4573 頁上。(東京)慶應義塾大學言語文化研究所 1971—1976 年影印。
② 《大越史記全書》卷七《陳紀》,第 377 頁。
③ 《大越史記全書》卷一一《黎皇朝紀》,第 540 頁。
④ 張國用《公暇記聞》,《越南漢文小説集成》第 17 册,第 40 頁。
⑤ 徐明善《安南行記》,陶宗儀等編《説郛》(涵芬樓本)卷五一,上海,上海古籍出版社,1988 年,第 812—814 頁。
⑥ 《元詩選》二集《交州稿》,第 212 頁。

法、愈病藥方,逐日編紀,通成一集"①;傅與礪之書則於"道途所經山川、城郭、宮室、墟墓、草木、禽蟲百物之狀,風雨、寒暑、晝夜、明晦之氣,古今之變、上下之宜、風土人物之異,凡所以感於心、鬱于情、宣于聲而成詩歌者,積百餘篇"②。也就是說,這些紀行之書是詩文作品與使行文獻的結合。其所記不僅有見聞,有觀感,而且附載各類交涉文書;既富文學性,也具有史學功能。

在13—14世紀的中越外交作品中,影響最大的是安南人黎崱所著《安南志略》。黎崱是在元軍第二次南征之時(1285年)隨昭國王陳益稷等人降附元朝的。後隱居漢陽,寫成《安南志略》。其書除卷首以外共十九卷,詳記安南的郡邑沿革、山川地理、風俗物產、人物官職、典章制度、詔制書表和名賢詩文,特別記錄了中越兩國間的歷史交往,充分反映了兩國在種族、文化上的共同淵源。黎崱在書序中揭出了此書主題,即所謂"南交,唐虞聲教所暨,以迄於今三千餘年,是宜聲名文物所尚,近乎中國"。③ 這個強調文化高於國別的主題實際上是具有時代性的。也就是說,黎崱實際上是13—14世紀往來於元越的使臣、商賈、藝人的代表。因爲他在兵連禍結的年月裏,明確發出了呼喚文明、呼喚和平的聲音。

第五節　陳孚《交州稿》與元代使越文獻

前文在討論人員流動與文化交流時,對往來於元越的使臣及其使行作品已有論及。從中可見,元朝與陳朝之間無論是短暫的戰爭,還是長久的和平,使臣在其中都發揮了不可估量的作用;隨之而產生的使越文獻,不僅有較高的文學價值,而且有重要的史學價值。爲此,這裏不妨對元代的使越文獻再稍作探究,以進一步加強對使行文獻的認識。

我們已知陳孚是衆多使越大臣中的一員,著有使越文集《交州稿》,以詩歌形式記錄了一次較爲完整的外交經過。尤其是以《交州稿》爲代表的元代使越文獻,在編撰主旨、內容結構等方面都表現出了一些共通性,它們較深刻地體現了使越文獻的特殊功能和文化意義。

一、中越關係中的元代使臣

對於元朝與陳朝的關係,這裏可以講得更詳盡一些,主要表現爲三個層

---

① 蕭方崖《使交錄序》,《安南志略》卷三,第75頁。
② 傅若金《傅與礪文集》卷四《南征稿序》,《文淵閣四庫全書》第1213册,第320頁上。
③ 《安南志略》卷首《自序》,第12頁。

面：戰爭衝突、宗藩矛盾、和平相處。從這些活動中都能找到元朝使臣的身影，他們起到了推動中越關係向前發展的巨大作用。他們在這三個層面均表現出了不同的政治職能及存在意義，是奔走於中越關係史上的一個特殊的政治團體。

（一）中越戰爭中的元代使臣

在中越關係史上，元朝和陳朝先後有過三次戰爭。每在戰爭前夕元朝都會向陳朝派遣使臣，其目的在於用和平的方式來解決爭端。衆所周知，越南是受漢文化濡染最深的一個國家。當蒙古人以征服者的姿態向安南施壓時，安南人表現出了對少數民族統治的不認同，致使元使在戰爭中所起到的作用微乎其微。如第一次戰爭，當時蒙古與南宋的戰爭構成了南宋、蒙古、安南特殊的三邊關係，蒙古爲了達到消滅南宋的目的，其戰術是打通西南通道，與北下的蒙古軍對南宋形成合圍之勢。正當蒙古軍控制了整個西南地區時，安南便成爲下一個征服對象。1257年蒙古大軍壓境，"十一月，兀良合台兵次交趾北，先遣使二人往諭之"①。安南扣留二使臣。蒙古軍攻入安南，"得前所遣使於獄中，以破竹束體入膚，比釋縛，一使死，因屠其城"②。蒙古軍取得了勝利，但因"氣候鬱熱"等原因，只在安南停留了九天就班師。此後，蒙古"復遣二使招日煚來歸。日煚還，見國都皆已殘毀，大發憤，縛二使遣還"③。儘管安南此時依舊附屬於南宋，但南宋朝廷已難於自保，更無暇顧及陳朝。當蒙古軍再次向安南迫近時，陳朝國王最終決定向蒙古納貢稱臣。《元史·安南傳》載憲宗"八年戊午二月，日煚傳國于長子光昺，改元紹隆。夏，光昺遣其壻與其國人以方物來見，兀良合台送詣行在所，別遣訥剌丁往諭之"④。可以看到"先遣二人"與"復遣二使"並未在此次戰爭中發揮較大作用，反而遭到了陳朝的捆綁和扣押。說明在元越關係初期，陳朝對蒙古有著極大的抵觸情緒。

在元朝征討占城時，要求安南爲元軍開道和助糧，但陳朝統治者不僅拒絕"開路助糧"，還派大軍阻截元軍，於是又引發了一次戰爭。在開戰之前，仍然可以尋見元朝三次遣使的足迹：一是，元世祖至元二十年（1283）七月，帝欲交趾助兵糧以討占城，令以己意諭之。行省遣鄂州達魯花赤趙翥以書諭安南。二是，同年十月，朝廷復遣陶秉直持璽書往諭助兵糧事。三是，至元二十二年（1285）三月，鎮南王奉旨統軍征占城……遣理問官曲烈、宣使塔

---

① 《元史》卷二〇九《安南傳》，第4633頁。
② 《元史》卷二〇九《安南傳》，第4634頁。
③ 《元史》卷二〇九《安南傳》，第4634頁。
④ 《元史》卷二〇九《安南傳》，第4634頁。

海撒里同安南國使阮道學等,持行省公文,責日烜運糧送至占城助軍。① 但這三次遣使安南的結果並未讓元朝見到陳朝送來的兵糧和修備的戰道,而是引來了安南大軍,與元軍激戰數月。可見,元使在中越戰爭中的作用並不明顯,但又不可缺少。這説明在元朝與陳朝的外交往來中,和平解決爭端是首要選擇。

(二) 中越宗藩矛盾中的元代使臣

在元朝與陳朝的宗藩矛盾中使臣則以傳達者的身份出現。元越宗藩關係建立以後,元朝爲實施宗主國的權利,陳朝也爲履行藩屬國的義務,雙方就在貢品問題上産生了巨大分歧。元朝要求陳朝"每三年一貢,可選儒士、醫人及通陰陽卜筮、諸色人匠,各三人,及蘇合油、光香、金、銀、朱砂、沉香、檀香、犀角、玳瑁、珍珠、象牙、綿、白磁盞等物同至"②。陳朝對此並不滿意,故陳光昺"遣楊安養上表三通,其一進獻方物,其二免所索秀才工匠人,其三願請訥剌丁長爲本國達魯花赤"③。對於陳朝的請求,元朝先是表示同意並"詔許之"。但是,"未幾,復下詔諭以六事:一,君長親朝;二,子弟入質;三,編民數;四,出軍役;五,輸納税賦;六,仍置達魯花赤統治之"④。這裏的"六事"就是元朝和陳朝宗藩矛盾的症結所在。一方面元朝統治者要求陳朝統治者履行"六事",特別要求君主入覲。另一方面陳朝拒不履行"六事",還上表請求免除"六事"和罷免達魯花赤;陳朝國王借故推脱,如陳日烜所説:"孤臣稟氣軟弱,恐道路艱難,徒暴白骨,致陛下哀傷而無益天朝之萬一。伏望陛下憐小國之遼遠,令臣得與鰥寡孤獨保其性命,以終事陛下。"⑤雙方相持不下。最後,元朝改變了策略,在之後的詔諭中,獨諭陳朝"君長親朝"一事,其餘諸事皆不再提及。所以,在這一時期使越大臣的任務也隨之轉變爲以傳達"君長親朝"的詔諭爲主。《元使·安南傳》載:

(1280 年)八月,遣禮部尚書柴椿、會同館使哈剌脱因、工部郎中李克忠、工部員外郎董端,同黎克復等持詔往諭日烜入朝受命。

(1281 年)十一月,留其使鄭國瓚于會同館。復遣柴椿等四人與杜國計持詔再諭日烜來朝。

(1288 年)十一月,以劉庭直、李思衍、萬奴等使安南,持詔諭日烜

---

① 《元史》卷二〇九《安南傳》,第 4640—4641 頁。
② 《元史》卷二〇九《安南傳》,第 4635 頁。
③ 《元史》卷二〇九《安南傳》,第 4635 頁。
④ 《元史》卷二〇九《安南傳》,第 4635 頁。
⑤ 《元史》卷二〇九《安南傳》,第 4639 頁。

來朝。

（1291年）命禮部尚書張立道、兵部郎中不眼帖木兒，引其來人嚴仲維等還，諭世子陳日燇入見。

（1292年）九月，遣吏部尚書梁曾、禮部郎中陳孚持詔再諭日燇來朝。①

元使在宗藩矛盾中所扮演的"傳聲筒"角色，同樣沒有爲元朝迎來一位安南國王的親臨。但是，隨著元朝統治者地位的不斷鞏固與和平意識的不斷加強，儘管陳朝拒不履行"六事"，君長拒絕親朝，元朝的鐵騎最終也未淩駕於宗藩關係之上。誠如屠寄《蒙兀兒史記》所說："忽必烈汗詔諭安南四事。一君長來朝，二子弟入質，三編民出軍役、納賦稅，四置答魯合臣統治之，而貢獻方物不與焉。張庭珍雖授安南答魯合臣，而其國卒不受。王師再駕失利。張立道、李克恭、梁曾先後奉使詰責，其主納貢謝辠而已，終未束身入朝也。元貞之初，朝廷悟四事不可實行，故李衎繼往，無復強以所難。自此以後，終元之世，朝廷不復用兵，安南亦貢獻無缺。"②自此，元朝和陳朝進入了和平相處的階段。

（三）中越和平關係中的元代使臣

在元代中越和平關係中元使則是一個友好的載體。戰爭不是征服的惟一手段，武力只能起到威懾的作用。從歷史上看，元朝對安南主要是採取和平的方針政策，因此，兩國在長達106年的時間裏都處於和平交往、團結友好的關係之中。元使在這些時段的主要任務是向陳朝宣讀元朝皇帝的即位詔書。如《元史·安南傳》載元世祖至元三十一年（1294）六月，遣禮部侍郎李衎、兵部郎中蕭泰登持詔往撫綏國哀。元成宗大德五年（1301），因安南來使鄧汝霖竊畫宮苑圖本，私買輿地圖及禁書等物，又抄寫陳言征收交趾文書，及私記北邊軍情及山陵等不法事宜，故于三月，遣禮部尚書馬合馬、禮部侍郎喬宗亮持詔諭日燇，責以大義。③ 又如《安南志略》記載：

至大元年（1308），遣禮部尚書安魯威、吏部侍郎李京、兵部侍郎高復禮使安南，宣武宗皇帝即位詔。

---

① 第四條出自黎崱《安南志略》卷三《大元奉使》，第67頁。其餘四條出自《元史》卷二〇九《安南傳》，第4638、4639、4649頁。
② 屠寄《蒙兀兒史記》卷一〇八，上海，上海古籍出版社、上海書店出版社，1989年，第677頁下。
③ 《元史》卷二〇九《安南傳》，第4650頁。

至大四年(1311),遣禮部尚書乃馬歹、吏部侍郎聶古柏、兵部郎中杜與可奉使安南,宣仁宗皇帝即位詔。

至治元年(1321),遣吏部尚書教化、禮部郎中文矩,使安南,宣英宗皇帝即位詔。

泰定元年(1324),遣吏部尚書馬合謀、禮部郎中楊宗瑞使安南宣詔。

至順二年(1331),遣吏部尚書撒只瓦、禮部郎中趙期頤使安南,宣文宗皇帝即位詔。

元統三年(1335),遣吏部尚書鐵柱、禮部郎中智熙善使安南,宣今上皇帝即位詔。①

從上述元使的使越事宜來看,此時的中越關係既不含戰爭鋒芒,也没有矛盾糾葛。元使從中搭建起了中越和平的橋樑,"自延祐初元以及至治之末,疆場寧謐,貢獻不絕"②。而且"終元之世,朝廷不復用兵,安南亦貢獻無缺"③。這些都充分説明了元代的中越關係是在友好和平的氛圍中不斷深入發展和向前推進的。

綜上所述,元使與元代的中越關係有著千絲萬縷的聯繫,無論是在中越長期的和平共處,還是短暫的戰爭和矛盾中,元使都扮演著重要的角色。元使的政治意義也在中越關係的不同階段得到了深刻體現,有力地推動了中越和平關係的進程。此外,我們在肯定元使的政治作用時,還不能忽略他們所具有的文化作用。較多元使在使越過程中都撰寫有使越作品,這些作品既有鮮明的現實意義,又具豐富的文化内涵,對中越文化的交流與傳播有極大的促進作用,因此元使還是一個極具特色的文化團體。下面所討論的陳孚,不僅是元朝的官員,還是當時著名的文人,他的使越歷程和使越文集都呈現出了較爲豐富的歷史性和文學性。

二、陳孚使越與《交州稿》的形成

陳孚(1259—1309)字剛中,號勿齋,台州臨海人。關於陳孚的生卒年問題,學界頗有異議,一般有兩種説法:一是《元史·儒學》載陳孚卒於大德七年台州路總管府治中任上,"年六十四",④根據這一信息,可推算出陳孚生於宋嘉熙四年(1240),卒於元大德七年(1303)。其後的《台州府志》《中國

---

① 《安南志略》卷三《大元奉使》,第76—77頁。
② 《元史》卷二〇九《安南傳》,第4652頁。
③ 《蒙兀兒史記》卷一〇八,第677頁下。
④ 《元史》卷一九〇《儒學》,第4339頁。

人名大辭典》《元代文學史》《中國文學史話》等書皆從此説。二是陳孚《交州稿》中《交州使還感事》詩"金戈影裏丹心苦,銅鼓聲中白髮生"句下自注曰:"孚年三十五,已見二毛矣。"①又陳孚出使安南是在至元二十九年(1292),使還京師是在翌年九月。由此上推,陳孚應生於宋開慶元年(1259)。至於陳孚卒年,王德毅等《元代傳記資料索引》與徐三見《元史陳孚傳考證》皆引出陳孚的壙志,云:"公于宋開慶元年己未七月二十六日生……至大二年(1309)己酉六月初四日卒於官。"②終年五十一歲。可見根據陳孚自注和壙志來推算其生卒年是合理的,《元史》之誤當據以糾正。

《元史·儒學》載陳孚幼年"清峻穎悟,讀書過目輒成誦,終身不忘"③。又《南村輟耕録》載陳孚在"國初時,嘗爲僧,以避世變"。一日將詩題於父執之壁,父執知其欲歸俗,於是讓他養髮娶妻,後來"挈家入京"。④ 元世祖至元二十二年(1285),陳孚二十七歲時以布衣上《大一統賦》,得授上蔡書院山長,考滿,謁選京師。至元二十九年(1292)五月,中書省臣言:"妄人馮子振嘗爲詩譽桑哥,且涉大言,及桑哥敗,即告詞臣撰碑引諭失當,國史院編修官陳孚發其姦狀。"⑤至元二十九年九月,元世祖命梁曾以吏部尚書再次出使安南,朝臣推薦陳孚,稱他"博學有氣節",⑥官攝禮部郎中,爲梁曾副。至元三十年(1293)九月陳孚使還,其出使事迹得到了元世祖的讚賞,被任命爲翰林待制,兼國史院編修官。元帝還欲將陳孚安置於要地,但"廷臣以孚南人,且尚氣,頗嫉忌之"⑦。此後陳孚被任命到地方爲官,曾歷任建德路總管府治中、衢州路總管府治中、台州路總管府治中。《元史》本傳記載了陳孚出任台州治中時,振救饑民的事迹:"詔遣奉使宣撫循行諸道,時台州旱,民饑,道殣相望。江浙行省檄浙東元帥脱歡察兒發粟賑濟,而脱歡察兒怙勢立威,不恤民隱,驅脅有司,動置重刑。孚曰:'使吾民日至莩死不救者,脱歡察兒也。'遂詣宣撫使,愬其不法蠹民事一十九條。宣撫使按實,坐其罪。命有司亟發倉賑饑,民賴以全活者衆,而孚亦以此致疾,卒於家。"⑧至大二年(1309),陳孚卒於官,被追封爲臨海郡公,謚"文惠"。

―――――
① 陳孚《陳剛中詩集》卷二《交州稿》,《文淵閣四庫全書》第1202冊,第647頁上。
② 轉引自徐三見《元使陳孚傳考證》,載於《中國歷史文獻研究》第二輯,武漢,華中師範大學出版社,1988年。
③ 《元史》卷一九〇《儒學》,第4338頁。
④ 陶宗儀《南村輟耕録》卷八"五馬入門"條,上海,上海古籍出版社,2022年,第158—159頁。
⑤ 《元史》卷一七《世祖本紀》,第362頁。
⑥ 《元史》卷一九〇《儒學》,第4339頁。
⑦ 《元史》卷一九〇《儒學》,第4339頁。
⑧ 《元史》卷一九〇《儒學》,第4339頁。

(一) 陳孚使越始末

關於陳孚使越的始末,主要反映在以下五個方面。

1. 使團人員配備。《元史·世祖本紀》載:至元二十九年(1292)九月"辛酉,詔諭安南國陳日燇,使親入朝。選湖南道宣慰副使梁曾,授吏部尚書佩三珠虎符;翰林國史院編修官陳孚,授禮部郎中佩金符同使安南"[1]。此次使越的主要人員是梁曾和陳孚。又《元史·梁曾傳》載:"以禮部郎中陳孚爲副。"[2]《元史·儒學》也言陳孚"爲曾副"。據此可知梁曾當爲正使,陳孚則爲副使。其餘使越成員《元史》皆不載,但仍有蛛絲馬迹可尋。陳孚《交州稿》之《過臨洺驛大雨雪寒甚》中有詩句云:"饑鳥時一鳴,僕夫寒墮指。"又《禄州遇大風》中有詩句云:"病馬不嘶毛似蝟,征夫相對面如灰。"這兩首詩皆是對途中境況的記録,"僕夫""征夫"當是使越侍從。另外,《交州稿》有一詩題爲《回衡山縣望南嶽呈御史完顏正夫修撰龐或簡》,題中提及的完顏正夫和龐或簡可能是隨使人員。據《交州稿》中另兩首詩題爲《入安南以官事未了絶不作詩清明日感事因集句成十絶奉呈貢父尚書並示世子及諸大夫篇篇見寒食》《泊金慶府呈貢父》,其中的"貢父"是梁曾的字,"世子及諸大夫"皆指安南人。這樣看來陳孚詩歌的交流對象主要是元使和安南人士,與完顏正夫和龐或簡的交流説明,二人跟隨使越的可能性很大。此外,還有安南的使臣隨行其中,據陳孚《交州稿》之《蔡州至馬鄉遇大雪有作》詩可知,此詩有句云:"回頭却笑鶴髮翁,地爐如蝟縮擁腫。"句下自注:"鶴髮翁,謂交趾老使臣也。"

2. 使越所用交通工具。元代的驛站有水陸之分,都爲出使人員準備有專門的交通工具。《元史·兵四·站赤》載:"凡站,陸則以馬以牛、或以驢、或以車,而水則以舟。"[3]陳孚等人使越的交通工具當以馬爲主,在《交州稿》中多有提及馬的詩句,諸如:"又騎官馬過中原"(《出順承門》),"馬上秋雲擁節旄"(《中山府》),"我今躍馬蹴瑶瓊,馬怒長嘶耳雙鳴"(《蔡州至馬鄉遇大雪有作》)。此外,陳孚《交州稿》後記透露:"越翼日,召至便殿,賜金符、襲衣、乘馬、弓矢、器幣,諭遣之。"臨行前元帝賜有"乘馬","乘馬"即是用馬駕的車。又《交州稿》中《交趾支陵驛即事》中有詩句云:"六轡南驅下寶台,交州正月已青梅。""六轡"亦指馬車。由是可知此次使越的交通工具除馬之外,還配有馬車。

---

[1] 《元史》卷一七《世祖本紀》,第366頁。
[2] 《元史》卷一七八《梁曾傳》,第4134頁。
[3] 《元史》卷一〇一《兵四·站赤》,第2583頁。

3. 使越時間。陳孚《交州稿》後記云："至元壬辰秋九月朔,詔命吏部尚書臣梁曾、禮部郎中臣陳孚,奉璽書問罪於交趾。越翼日,召至便殿,賜金符、襲衣、乘馬、弓矢、器幣,諭遣之。明年正月二十有四日至其國,三月望日,世子陳日燇遣陪臣明宇、陶子奇奉旨,梁文藻等奉表請命,以九月至京師,行李之往來及期,凡駐偽境五十有二日。"從陳氏後記中可得使越的時間流程:至元二十九年(1292)九月朔(初一)受詔命——翌日(初二)受賜封——至元三十年(1293)正月二十四日至安南——駐安南境五十二日——三月往日(十五日)還——九月還至京師。這個時間流程的不足之處在於缺少從京師出發的時間。《元史·梁曾傳》載梁曾於至元二十九年"十二月改授淮安路總管而行,三十年正月至安南"①,則純屬無稽之談,使團由大都到安南僅用時一個月是不現實的。另據《元史·世祖本紀》記載的時間是"九月辛酉",②辛酉正是初三,恰好比九月初一受詔命、初二受賜封並諭遣的時間晚一天。因此陳孚等人離京時間爲九月三日,是比較合理的,用時近五個月抵達安南境。

4. 使越任務。從《元史》記載的内容看,陳孚等人此次使越的主要任務是詔諭安南國王陳日燇入朝覲見,但陳孚在《交州稿》後記中説是"奉璽書問罪於交趾"。前文已述自元代中越宗藩關係建立以來,元朝曾屢次遣使詔諭安南國王入覲。所以,陳孚言"問罪於交趾"的原因正在於此。《安南志略》載元世祖於至元二十八年(1291)"命禮部尚書張立道、兵部郎中不眼帖木兒,引其來人嚴仲維等還,諭世子陳日燇入見"③。然而張立道一行回京後,陳日燇依然不至,所以才派遣陳孚等人前往安南"持詔再諭日燇來朝"④。從陳孚等人所持詔書内容也表現出,"問罪於交趾"與陳日燇不朝有關。詔曰:

> 省表具悉。去歲禮部尚書張立道言,曾到安南,識彼事體,請往開諭使之來朝。因遣立道往彼。今汝國罪愆既已自陳,朕復何言。若曰孤在制,及畏死道路不敢來朝,且有生之類寧有長久安全者乎? 天下亦復有不死之地乎? 朕所未喻,汝當具聞。徒以虛文歲幣,巧飾見欺,於義安在?⑤

---

① 《元史》卷一七八《梁曾傳》,第4134頁。
② 《元史》卷一七《世祖本紀》,第366頁。
③ 《安南志略》卷三,第67頁。
④ 《元史》卷二〇九《安南傳》,第4649頁。
⑤ 《元史》卷二〇九《安南傳》,第4649頁。

詔書言辭鋒利,罪責之意猶顯。另外,元帝十分重視陳孚等人使越之事,並將之定爲"軍情急務"來看待。元朝對使臣的行程有嚴格的規定,《元史·刑法·職制下》載:"使還人員,除軍情急務外,日不過三驛。"①定義陳孚等使越屬於"軍情急務"的原因是:元帝曾賜予陳孚"金符",陳孚本人也在《交州稿》之詩中數次提到"金符"。諸如《過邕州昆侖關》有詩句云:"我今七尺不能勇,金符正爾羞蒼顏。"《交州使還感事》有詩句云:"寶劍金符笑此身,灞陵今是舊將軍。"在元代"金符"正是"軍情急務"的象徵,《元史·兵四·站赤》載:"遇軍務之急,則又以金字圓符爲信,銀字者次之。"②又《元史·刑法·職制下》載:"諸朝廷軍情大事,奉旨遣使者,佩以金字圓符給驛。"③所以陳孚等人使越不受"日不過三驛"的限制。

5. 陳孚與安南的交涉。《元史·梁曾傳》載:"(至元)三十年正月,至安南。其國有三門:中曰陽明,左曰日新,右曰雲會,陪臣郊迎,將由日新門入。曾大怒曰:'奉詔不由中門,是我辱君命也。'即回館,既而請開雲會門入,曾復執不可,始自陽明門迎詔入。又責日燇親出迎詔,且講新朝尚右之禮。以書往復者三次,具宣布天子威德,而風其君入朝。"④這段材料包含了陳朝迎詔不尊禮數的兩點內容:一是對使臣不尊,不讓使臣從中門(陽明門)入國;二是對皇帝詔諭不尊,其國王沒有親自出迎詔書。在中越宗藩關係史上,安南國人迎詔不尊、怠慢使臣是一種較爲普遍的現象,如蘇天爵《滋溪文稿》卷一三《元故廣州路儒學教授傅君墓誌銘》云:"安南之人往往以中國使者不習其國風土,多設譎詐,以紿使者。"⑤又《交州稿》之《安南即事》詩中陳孚自注云:"使臣至其國,皆鑿山開道,縈迴跋涉,意以示險遠也。"從中體現出了中越之間存在著微妙的外交關係。面對這種情況,梁曾和陳孚的處理辦法是"以書往復者三次,具宣佈天子威德,而風其君入朝"。《四庫全書總目》曰:"考孚《元史》無傳,其出使始末乃載《梁曾傳》中。"⑥這裏必須注意一點:陳孚的出使事迹需要從《梁曾傳》中準確獲取的難度極大,因爲從"往復三書"的執筆者來看,我們就不能斷定是梁曾還是陳孚,或者是二人共同所寫。所以用《梁曾傳》來代替陳孚事迹的方法實不可取。據《元史·儒學》記載:"且責日燇,當出郊迎詔及講新朝尚右之禮,往復三書,宣布

---

① 《元史》卷一〇三《刑法·職制下》,第 2629 頁。
② 《元史》卷一〇一《兵四·站赤》,第 2583 頁。
③ 《元史》卷一〇三《刑法·職制下》,第 2629 頁。
④ 《元史》卷一七八《梁曾傳》,第 4134 頁。
⑤ 蘇天爵《滋溪文稿》,北京,中華書局,1997 年,第 213—214 頁。
⑥ 《四庫全書總目》卷一六六,第 1434 頁下。

天子威德,辭直氣壯,皆孚筆也。"①又《陳剛中詩集》附錄確有陳孚與安南國王的往復書問,由此可以斷定《元史》所說的"往復三書"當出自陳孚之筆。這裏還需說明陳孚與安南國王之間實爲"往復四書",其書問在《陳剛中詩集》附錄中皆有收録,共八篇。《交州稿》後記亦云:"諭以順福逆禍爲書八篇,悉已上於使官,兹不敢述。"於此又見《元史》之疏。

考察"往復四書"的原因在於它不僅是陳孚使越事迹中不可或缺的重要部分,還因爲它在使越進程中起到了關鍵性的推動作用。如《元史·梁曾傳》曰:"世子陳日燇大感服,三月,令其國相陶子奇等從曾詣闕請罪,并上萬壽頌、金册表章、方物。"②《元史》評價陳孚寫給安南國王之書"辭直氣狀",如云:"蓋聞禮者,敬而已。敬孰爲重?敬君爲重。敬君孰爲先?敬君之命爲先。君,天也;君之命,天之風霆也。其敢不敬乎?在禮,君言至,則臣出拜,君言之辱。使者返,其拜送於門外。至而迎,返而送,禮也。迎必拜,送必拜,禮也。迎送必拜於門外,禮也。安南詩書之國,嫻於禮者也。明詔之至,盡禮必矣,何待於議?"所言義正詞嚴而不失威儀。

(二)《交州稿》的形成與流傳

整本《交州稿》由 107 首詩歌構成,是陳孚使越時"往來道中之作"。③其後記云:

> 其山川、城邑、風俗爲圖一卷……姑即道中所得詩一百餘首,目之曰:《交州稿》,以示同志云。④

從後記中得知陳孚使還後,將道中所作詩歌結集成了《交州稿》;另繪有一幅安南地圖,但此圖現已不傳。《交州稿》後記末署"癸巳(至元三十年)除夕",應該是結集的時間。

元代以降,《交州稿》在後世的流傳過程如何?楊士奇《東里續集》載:"元天台陳孚剛中,《交州稿》一册,蓋至元壬辰奉使安南所作,有《玉堂稿》附在後。……此集刻板在浙江,余舊得之,廬陵王仲志云。"⑤又《四庫全書總目》在陳孚著作下有小注曰:"浙江巡撫採進本。"⑥這兩則材料說明:一、

―――――――

① 《元史》卷一九〇《儒學》,第 4339 頁。
② 《元史》卷一七八《梁曾傳》,第 4134 頁。
③ 《四庫全書總目》卷一六六,第 1434 頁中。
④ 顧嗣立《元詩選》二集《剛中集》,北京,中華書局,1987 年,第 250 頁。
⑤ 楊士奇《東里續集》卷一八,《文淵閣四庫全書》第 1238 册,第 610 頁下。
⑥ 《四庫全書總目》卷一六六,第 1334 頁中。

由於陳孚户籍浙江，所以此地便成爲《交州稿》刊刻與流傳的主要地點；二、由於《交州稿》與《玉堂稿》的内容相近，都有紀行之作，所以後人將之合刊在了一起。據王彦威、喻長齡等編《台州府志》記載，陳孚的著作有《天遊稿》《觀光稿》《玉堂稿》《交州稿》《桐江稿》《柯山稿》等，但從《千頃堂書目》《元史藝文志》《四庫全書總目》等書的著録和現存情況來看，流傳下來的僅存有《觀光稿》《交州稿》和《玉堂稿》，後人將三稿合刊而稱之爲《陳剛中詩集》。綜上所述，《交州稿》應該經歷了單獨板行——與《玉堂稿》合刊——與《玉堂稿》《觀光稿》合刊爲《陳剛中詩集》的流傳過程。《交州稿》的具體流傳情況主要表現在以下兩個方面。

1. 前文已述傳抄和刊刻是使行文獻的主要途徑。《交州稿》單獨的傳抄和刊刻的情況已難以考索，現存的《交州稿》是編録在《陳剛中詩集》中的，因此可以通過後世對《陳剛中詩集》的傳抄和刊刻來窺見《交州稿》的流傳情況。根據《中國古籍善本書目》提供的現存《陳剛中詩集》的書目記載如下：

> 《陳剛中詩集》三卷，附録一卷。明天順四年沈琮刻本。
> 《陳剛中詩集》三卷。明抄本，清黄丕烈跋。
> 《陳剛中詩集》三卷，附録一卷。清初抄本。
> 《陳剛中詩集》三卷，附録一卷。清汪氏摛藻堂抄本。
> 《陳剛中詩集》三卷，附録一卷。清抄本。
> 《陳剛中詩集》三卷，附録一卷。清清風萬卷堂抄本，清鮑廷博校。
> 《陳剛中詩集》三卷，附録一卷。清抄本，清孫峻校並跋，清丁丙跋。
> 《陳剛中詩集》三卷，附録一卷。清嘉慶二十四年王宗炎抄本，清王宗炎校。[1]

以上書目表明了《陳剛中詩集》在明清兩代的傳抄和刊刻情況。總體上看，明代《陳剛中詩集》就有刻本出現，而清代均爲抄本；《陳剛中詩集》多在私人藏書家中傳抄，傳抄者並加以校勘和題跋。

2. 關於《交州稿》的流傳，除以對整本文集的傳抄和刊刻的形式流傳外，其集中詩作還被後人大量地選編入多類典籍中。譬如：

第一，詩文集

（1）元孫存吾編《元風雅後集》收有：《出順承門》《銅雀臺》《鄂渚晚

---

[1] 《中國古籍善本書目》集部上，上海，上海古籍出版社，1996年，第452頁。

眺》《交趾使還》。

（2）元蘇天爵編《元文類》（卷五）收有：《入安南以官事未了絕不作詩清明日感事因集句成十絕奉呈貢父尚書並示世子及諸大夫篇篇見寒食》。

（3）明李蓘編《元藝圃集》（卷三）收有：《鄂渚晚眺》《交州使還感事二首》《銅雀臺》。

（4）明曹學佺編《石倉歷代詩選》（卷二三二）收有：《煙寺晚鐘》《銅雀臺》《鄂渚晚眺》《馬平謁柳侯廟》《磁州》《靈川縣觀桂林山》《自永福縣過八十里山》《思明州》《回衡山縣望南嶽呈御史完顏正夫修撰龐或簡二首》。

（5）陳焯編《宋元詩會》（卷七〇）收有：《涿州》《鄢陵》《鸚鵡洲》《遠浦歸帆》《銅雀臺》《度三花嶺》《邯鄲懷古》《鄂渚晚眺》《交州使還感事二首》《馬平謁柳侯廟》《磁州》《博浪沙》《思明州》《回衡山縣望南嶽呈御史完顏正夫修撰龐或簡二首》。

（6）汪森編《粵西詩載》（卷一）收有：《題水月洞》《賓州》《七星山玄元樓棲霞之洞》《過邕州昆侖關》《邕州》《度摩雲嶺至思淩州》《柳州道中》《度三花嶺》《全州》《馬王閣》《馬平謁柳侯廟》《靈川縣觀桂林山》《磐石山》《自永福縣過八十里山》《過牂牁江》《思明州元日》《思明州》《江州》。

（7）張豫章《四朝詩·元詩》收有：《過盧溝橋》《過臨洺驛大雨雪寒甚》《黃州黃陂驛》《鄂渚晚眺》《瀟湘八景》《衡州》《永州》《安南即事》《交州使還感事二首》。

（8）顧嗣立《元詩選》二集中收錄了《交州稿》中的大多數詩歌，除《保定府》《淇州》《衛州》《蔡州》《朱仙驛》《湘山寺無量壽佛》《題水月洞》《梧溪題元次山頌後》《回過湘陰縣》等詩未收錄外，其餘詩歌皆有收錄。

（9）張景星《元詩別裁集》收有：《瀟湘八景》之《煙寺晚鐘》與《江天暮雪》、《邕州》《真定懷古》《永州》《博浪沙》《鄂渚晚眺》。

（10）陳衍《元詩紀事》收有：《江州》《銅雀臺》《泊安慶府呈貢父》《鸚鵡洲》、《瀟湘八景》之《遠浦歸帆》、《安南即事》。

（11）朱梓、冷昌言編《宋元明詩三百首》收有：《瀟湘八景》之《煙寺晚鐘》與《江天暮雪》。

第二，史志

（1）《安南志略》卷一七載錄了陳孚的一首無題名的七絕與一首七律《交州與丁少保》，其中無題名七絕乃《江州》一詩，與《交州與丁少保》詩皆在《交州稿》中。

（2）《畿輔通志》收有：《過臨洺驛大雨雪寒甚》《盧溝橋》。

（3）《廣西通志·藝文》（卷一二〇）收有：《題水月洞》《賓州》《過邕州

昆侖關》《柳州道中》《全州》《磐石山》。

(4)《貴州通志·藝文》(卷四五)收有:《過牂牁江》。

(5)明李濂撰《汴京遺迹志·藝文》(卷二三)收有:《汴梁龍德故基》《登相國寺資聖閣》《黄河》《朱仙驛》。

檢討《交州稿》的流傳情況,會發現它作爲一部使越文集流傳的特殊性:

其一,《交州稿》單獨流傳的時間當在元代——明代則先後與《玉堂稿》《觀光稿》合抄在一起——清代主要以《陳剛中詩集》的抄本形式流傳。由於《交州稿》的内容獨特,單獨流傳比較困難,所以後世將之與同類作品組合在一起才使其流傳下來。

其二,《交州稿》中的作品被大量編選入詩文集中,表明它的内容深受文人的推崇和喜愛;被編選進史志書中,則體現出其特殊的社會價值和歷史意義。同時,這些書籍對《交州稿》部分詩歌的吸收也爲它的流傳提供了另一個空間。

三、《交州稿》的記事性與文學性

(一)《交州稿》的記事性

陳孚自述《交州稿》中詩歌是"道中所得",《四庫全書總目》亦云"往來道中之作"。可知《交州稿》與道路聯繫甚密。《四庫全書總目》又云:"《觀光》《交州》二稿,皆紀道路所經山川、古迹,蓋仿范成大使北諸詩,而大致亦復相埒。《玉堂稿》多春容諧雅,渢渢乎治世之音,其上都紀行之作,與前二稿工力相敵。"①亦可知《陳剛中詩集》中的三部詩集,《交州稿》《觀光稿》是純屬紀行之作,《玉堂稿》也有紀行内容。而"蓋摹繪土風最所留意矣"一句,則著重强調了陳孚作詩長於紀行,並且他的紀行詩作最具價值。另據《台州府志》記載陳孚的著作有《天遊稿》《觀光稿》《玉堂稿》《交州稿》《桐江稿》《柯山稿》等,其中以"天游""桐江""柯山"作爲詩集名稱,可以想見其内容當與遊歷山川和描摹地理有很大的關聯。依此可以初步斷定陳孚是一位"紀行詩人"。

再看陳孚詩歌的書寫方式。如《交州稿》的書寫方式是以地名爲詩題,把詩題中的地名依次寫下來,則表現如下:

順承門(北京)、盧溝橋、良鄉縣(河北)、涿州、易州(易縣)、保定府、中山府、真定(真定縣)、滹沱河(河北)、趙州(趙縣)、望台、鄗南、臨

---

① 《四庫全書總目》卷一六六,第1434頁中。

洺驛、邯鄲、磁州、彰德（河南安陽縣）、淇縣（淇縣之西北）、衛州（汲縣）、黃河、汴梁、朱仙驛、鄢陵、上蔡縣、蔡州（汝南縣）、黃州（湖北黃岡縣）、鄂渚（武昌縣之西）、鸚鵡州（武昌縣之西）、潭州（湖南長沙縣）、衡州、永州（零陵縣）、全州（廣西全縣）、靈川縣、永福縣、馬平、賓州（賓陽縣）、牂牁江（貴州）、邕州、江州（在溪洞，崇善之南南東）、思明州（寧明縣）、思淩州（寧明縣南方之思陵）、禄州（越境）、丘溫縣、支陵驛、朝地驛、橋市驛（橋市驛之西）、安南（河内）、老鼠關、柳州（廣西馬平縣）、浯溪（祁陽縣之西南）、衡山縣（湖南）、湘陰縣、安慶府（安徽）、採石（當塗縣之北方）。①

上述詩題的紀行意義顯著，可以得出以下三點認識：一是極具地域色彩，展示了使越的大致經過；二是提供時間線索，能反映使越的時間流程；三是能考索出一條使越往返的路線圖。如果一部詩集還不足以反映出陳孚以地名爲詩題的寫作特徵，那麽我們可以對《觀光稿》和《玉堂稿》的内容再作考察。《觀光稿》中詩題有常州、瓜洲、真州、金陵、揚州、淮安州、邳州、徐州、沛縣、高唐州、陵州、景州、獻州、莫州、雄州、涿州、良鄉縣等地，是對從浙江進京的紀行；《玉堂稿》中詩題包括觀光樓、龍虎臺、昌平縣、居庸關、彈琴峽、懷來縣、桑乾嶺、赤城驛、雲州等地，是對上都的紀行。這些都能説明以地名爲詩題的書寫方式是陳孚的一般寫作特徵，也是對他"紀行詩人"身份的有力支撐。

另外，我們定義陳孚是紀行詩人的基礎是源於生活的。季節、氣候、事物、時間等諸多内容都可以作爲紀行詩的書寫對象，如《交州稿》中《蔡州至馬鄉遇大雪有作》云："北風一夜聲洶洶，大地吹如銀浪湧。古槐夾道萬玉虬，向人夭矯欲飛動。蔡州昔讀昌黎碑，疾馳文城見真勇。我今躍馬蹴瑶瓊，馬乞長嘶耳雙聳。平生凛凛鐵石心，意行萬里無關隴。膚爪皴裂豈復問，政要歲寒報天寵。回頭却笑鶴髮翁，地爐如蝟縮擁腫。"反映了蔡州下雪時的情形。又《二月三日宿丘溫驛見新月正在天心衆各驚異因詩以記之》云："雲開林影明，出門看月色。但見天中間，彎彎貼半璧。同行二三子，相顧各太息。中原月初生，去地纔數尺。今胡翹首望，月乃在東北。"②反映了南北之間的地域時差。

---

① 參見陳玉龍《歷代中越交通道里考》，載於中國東南亞研究會編《東南亞史論文集》，鄭州，河南人民出版社，1987年，第111頁。
② 《陳剛中詩集》卷二《交州稿》，《文淵閣四庫全書》第1202册，第631、637頁。

綜上可見,陳孚詩歌的寫作方式和内容都與路途密切相關,都包含著紀行意義,所以稱他爲紀行詩人是確切的。既然陳孚是一個典型的紀行詩人,毫無疑問《交州稿》也富有典型的紀行和記事性,從中可以清楚地認識到記事性在詩歌中的成功表現。基於《交州稿》的內容特殊,首先需要對它作一個段落劃分。可分爲三個部分:一是從大都到安南境的記事詩,二是安南境內的記事詩,三是從安南回京的記事詩。這個劃分的立足點在於作者所處的地域不同,記錄的側重點會產生差别;陳孚在不同階段的思想情感也影響到了記事詩的内容。簡單地説,《交州稿》中的記事詩就是陳孚在面對不同環境時情感的流露,而記事性是與使越環境和情感相始終的。

1. 從大都到安南境的記事詩。這一階段的詩歌佔據了《交州稿》的主要篇幅,共有 78 首。陳孚在這一階段的記事詩多的原因可能在於從大都到安南的時間較長,所經地域也較多,爲他提供了足夠大的寫作空間和足夠多的記錄內容。這一時段的記事詩具有很強的針對性,即所到一地,便會對當地的歷史文物、地域風情等加以記錄和歌詠。如記錄地域風情,《真定懷古》詩云:"千里桑麻綠蔭成,萬家燈火管絃清。恒山北走見雲氣,滹水西來聞雁聲。主父故宫秋草合,尉陀荒塚暮煙平。開元寺下青苔石,猶有當時舊姓名。"詩中記錄真定的當地面貌是"千里桑麻""萬家燈火",地理環境是"恒山北走""滹水西來",人文氣象則有"主人故宫""尉陀荒塚""開元寺"。又《賓州》詩云:"賓州大如斗,青林掩蒼靄。亂石熊豹蹲,纍纍漱江瀨。野嫗碧裙襦,聚虛擁野外。青篛羅米鹽,飄飄雙繡帶。日晚投古驛,酸風不可奈。綠竹亂生枝,離披影如蓋。瘴雨飛爲塵,鵂鶹生䎘䎘。"主要記錄了賓州"青林""亂石"獨特的地理環境,"碧裙襦""青篛"別樣的生活習俗,"酸風""瘴雨"惡劣的氣候條件。又如記錄人文氣象,《博浪沙》詩云:"一擊車中膽氣豪,祖龍社稷已驚摇。如何十二金人外,猶有民間鐵未消。"①是對張良和力士狙擊秦始皇史事的回顧與秦王鑄"十二金人"的評議。

這一階段的記事詩還寄寓了陳孚複雜的思想情感。前面我們考察了陳孚使越一事是被作爲緊急軍務來對待,可以不受"日不過三驛"制度的限制,所以陳孚此行在路途中停頓的機會和時間都不會太多。因此陳孚使越的大部分時間花在了路途中,"馬蹄聲里光陰度"(《交趾境丘温縣》)就是證明。受這些因素的影響,《交州稿》中有部分詩歌是對使越環境的重點記錄。諸如"山冰忽陰冱,急雪白玭玭。北風利如矛,剪剪射雙耳。饑烏時一鳴,僕夫寒墮指"(《過臨洺驛大雨雪寒甚》);"懸崖千仞鐵崔嵬,勢似飛虯卷海來。

―――――――――

① 《元詩選》二集《剛中集》,第 229、239、231 頁。

我見只疑山欲躍,馬蹄不敢蹴青苔"(《磐石山》);"下山如井上如梯,亂石嵯岈割馬蹄。正是行人行不得,鷓鴣更在隔林啼"(《自永福縣過八十里山》);"昨日過大林關,酸煙毒霧山復山。今日過崑崙關,寒泉怒瀉聲潺潺。道傍榕葉密如織,千柯萬葉嚚崖間。怪藤倒懸一百尺,霜雪不剝皮堅頑。勢如蛟螭夭矯下絕壑,駐馬側視不敢攀"(《過邕州崑崙關》)云云。① 這些詩句無一不是在表現使越環境的惡劣,無一不是在暗示陳孚困頓的內心世界。所以當陳孚面對這樣的困境時就產生了逃避的念頭,云"何如東院老尊宿,不出山門到白頭"(《宿趙州驛》二);"平生三間茅,豈不願田里"(《過臨洺驛大雨雪寒甚》);"何時得似龐居士,一鉢空門了此生"(《衡州》)②。但逃避思想與陳孚使臣的政治身份是相對立的,他對自己所肩負的使命依然銘記於心,云"聖明恩重一身輕,英簜熒煌萬里行。試問黃金臺上月,清光此夜爲誰明"(《保定府》);"平生所持一忠壯,荒嶠何殊玉階上"(《邕州》);"老貙忽何來,眼閃電光尾彎彎。山童驚顫髮卓豎,勸我急勒金鞍還。因思狄天使,貔貅夜度摧狂蠻。上元燈火杳何處,至今野燒痕斕斑。我雖一書生,袖有青絲綸。誓將報天子,肯避路險艱"(《過邕州崑崙關》)③。陳孚通過對使越環境的記錄表達了雖然自己對使越環境有所厭倦,但最終依舊不忘使命的這樣一種看似矛盾又合乎情理的思想情感。總之,《交州稿》中這一階段的記事詩給我們留下的印象是,陳孚對途經之地有針對性的記錄和對使越環境的情感表達,共同體現了《交州稿》的記事性。

2. 安南境內的記事詩。陳孚在安南境內所作的記事詩共有 17 首,表現程度與中國境內不同,更傾向於對奇聞異事作逐一記錄,體現出廣泛性、具體性和綜合性。《歷代詩餘》評論陳孚"所著《交州集》一卷,皆誌風土之異端"④。一針見血地指出了《交州稿》的記事特點。但從整體上看《交州稿》,會明顯感受到中國境內的記事內容與安南相比其"異端"味道並不濃厚,這應歸因於異域氣象給了陳孚另類的情感衝擊,而將"誌風土之異端"用來概括安南境內的記事詩會更顯得恰當。《安南即事》一詩稱得上絕對的"異端"代表,它是一首兼有陳孚自注的記事長詩,也是一首極其重要的五言排律,無論是詩歌本身,還是與詩歌相應的注文,都具有十分特殊的歷史意義和社會意義。這首詩的代表性表現在它所涉及的內容幾乎涵蓋了越南社會的各個方面,如歷史沿革、禮樂制度、社會習俗、山川地理和種植物産等內

---

① 《元詩選》二集《剛中集》,第 230、237、239 頁。
② 《元詩選》二集《剛中集》,第 230、237 頁。
③ 《元詩選》二集《剛中集》,第 239—240 頁。
④ 沈辰垣等編《御選歷代詩餘》卷一一九,杭州,浙江古籍出版社影印,1998 年,第 527 頁上。

容,是對《交州稿》記事性最豐滿的體現。

《安南即事》開篇追述了安南逐漸從中國版圖上分離出去的過程,云:"睠彼交州域,初爲漢氏區。樓船征既克,徵側叛還誅。五代頼王紐,諸方裂霸圖。遂令風氣隔,頓覺版章殊。"接下來記述安南獨立後到陳朝的更替情況和記錄陳孚在安南期間的見聞。總的來講,《安南即事》①詩是通過以下方式來體現《交州稿》的記事性的:

類別	詩　句	注　　文
歷史沿革	丁璉前猖獗, 黎桓後覬覦。 一朝陳業構, 八葉李宗徂。	安南本漢交州,唐立都護府,梁貞明中,土豪田承美據其地。楊延藝、結洪、吳昌岌、昌文,互相争襲。宋乾德初,丁公著之子部領立,傳子璉、璿,大將黎桓篡之。桓子至忠,又爲李公藴所篡。公藴、德政、日尊、乾德、陽焕、天祚、龍翰、昊旵,凡八傳至宋嘉定乙酉歲,陳氏始奪其國。陳本閩人,有陳京者,僞謚文王,壻于李,值龍翰昏耄,不恤政事。京與弟本僞謚康王,盜國柄,昊旵沖幼,其子承篡立,僭號太上皇,死。子光炳嗣,在宋名威晃,上表内附,國朝封爲安南王,死。子日烜立。在宋名日照,死。今日燁代領其衆,于是有國六十九年矣。
禮儀	祭祀宗祊絶, 婚姻族屬污。	雖有寢廟,無歲時祀禮,惟供佛最謹。國族男女與同姓爲婚,互相匹偶,以齒不以昭穆。
習俗	玳簪穿短髪, 蟲紐刻頑膚。	婦人斷髪,留三寸束于頂上,屈其杪,再束如筆,無後鬢髻,亦無膏沐環珥之屬。富者玳瑁珥,餘骨角而已,鎦銖金珠無有也。人皆文身,爲鉤連屈曲之文,如古銅爐鼎款識。又有涅字于胸,曰義以捐軀,形于報國,雖有子姓亦然。
服飾	斜鉤青繒帽, 曲領黑羅襦。	巾色深青,鬆繒爲之,貫額以鐵線,前高一尺,而屈之及頸,以帶束反結其後,頂有鐵鉤,有職掌則加帶于鉤。家居囚首,見客乃巾,遠行則一人捧巾以從。惟酋醫以皂羅包束,遠望如道家綸巾,而益廣出,其旁髪皆露垂。國皆衣黑,皂衫四裾,盤領以羅爲之。婦人亦黑衣,但白裏,廣出就以緣,其領博四寸,以此爲異。青、紅、黄、紫諸色絶無。
語音	語笑堂前燕, 趨鎗屋上烏。	語音侏離,謂天曰"勃未",地曰"煙",日曰"扶勃未",月曰"勃叉",風曰"教",雲曰"梅",山曰"斡隈",水曰"掠",眼曰"未",口曰"皿",父曰"吒",母曰"娜",男子曰"干",女曰"于多蓋",夫曰"重",妻曰"陀被",好曰"領",不好曰"張領",大率類此。聲急而浮,大似鳥語。趨進輕佻,往來如風,深黑一色,如寒鴉萬點。

---

① 《安南即事》詩注篇幅較大,今摘其要,每一類别各舉一例録於此表。見《元詩選》二集《剛中集》,第243—248頁。

續表

類別	詩　句	注　　文
坐騎	抵鴉身偃豕，羅我背拳狐。	其舁人用布一匹，長丈餘，以圓木二，各長五寸，挈布兩端，更以繩挈圓木，上以大竹貫繩，兩人舁之，人側其中，若舉羊豕然，名曰抵鴉。貴者則以錦帛，扛用黑漆，上拖黑油紙屋。高四尺許，銳其脊而廣其簷，簷廣約四尺，雨則張之，晴則撤屋而用傘。酋出入以紅輦朱屏，八人舁之，甚麗。象背上施鞍韉，凡座名曰"羅我"，人坐其上，拳屈如狐。象領編鈴數十，行則琅琅然。
建築	安化橋危矣，明靈閣岌乎。	自館行六十里過安化橋，復一里至青化橋北，其上爲屋十九間。至酋所居門曰"陽明門"，上有閣曰"朝天閣"，左小門曰"日新門"，右小門曰"雲會門"，門内天井，廣袤數十丈，升自阼階。閣下扁曰"集賢殿"，上有大閣曰明靈閣，道右廡至大殿曰德輝殿，左門曰同樂門，右門曰橋應門，其扁皆金書。
樂舞	曲歌欸時世，樂奏入皇都。	男子十餘人，皆裸上體，聯臂頓足，環繞而久歌之，各行一人舉手，則十數人皆舉手，垂手亦然，其歌有莊周夢蝶、白樂天母别子、韋生玉簫、踏歌、浩歌等曲。惟欸時世最愴怳，然漫不可曉。大宴殿上，大樂則奏于廡下之後，樂器及人皆不見，每酌酒，則大呼曰樂奏某曲，廡下諾而奏之。其曲曰降黄龍、曰入皇都、曰宴瑶池、曰一江風，音調亦近古，但短促耳。
衛隊	國尉青盤護，軍撒白梃驅。	當國二人，其叔僞太師陳啓，弟僞太尉陳曄，國事巨細，曄、啓皆專之。每至殿門下輿，則二人各執二大木，圓如鏡，色青，廣六尺，上畫日月北斗二十八宿，意以自障也。每州縣有官曰"將撒"，司巡徼之事，兼領土兵。有警則盡驅丁壯以往，器械悉自備。無弓矢，惟持藥弩、標鎗，亦有操白梃者。
官職	閲條親獄訟，明字掌機樞。	官自司尉而下，有檢法、明字，皆執政官，今丁公文、杜國器、黎克復等爲之。次有尚書、亞卿、翰林、奉旨、判首、三司。又有閲條，則掌法令、刑獄。其族有昭明、興道、昭懷、昭文、佐天，皆僭王號。正月四日，椎牛饗其官屬。以七月十五日爲大節，人家相問遺，官屬各以一口獻其酋，十六日開宴酹之。
賦稅	吏榷檳榔稅，人收安息租。	產檳榔最多，其稅亦重，專立官榷之。安息木取其津及葉，揉爲小團，大數寸，歲收租利甚厚，然與西域安息不類。
物產	牛蕉垂似劍，龍荔綴如珠。	芭蕉極大者，冬不凋，中抽一幹，節節有花。花重則幹爲所墜。結實下垂，一穗數十枚，長數寸，如肥皂，去皮，頓爛如緑柹，極甘冷，一名牛蕉。龍荔實如小荔枝，味如龍眼，木與葉亦相似。二果，古名奇果。有波羅密，大如瓠，膚礧砢如佛髻，味絶甘，人面子肉甘酸，核兩目口鼻皆具。又有椰子、盧都子、餘甘子，皆珍味可食。
村落	墟落多施榻，顛崖屢改途。	村落有墟，每二日一集，百貨萃焉。五里則建屋三間，四面置榻，以爲聚墟之所。使臣至其國，不復行舊徑，皆鑿山開道，縈回跋涉，意以示險遠也。

續　表

類別	詩　句	注　文
山川	突兀山分臘，汪茫浪注瀘。	其國西面皆山，惟寄狼、寶臺、佛迹、馬鞍于境内爲高。西南善汝縣有赤土山，萬仞插天，緜數百里……行四十里至富良江，水湍急，不甚闊。江之南名橋市，居民頗衆，又四十四里曰歸化江，一曰瀘江，闊與漠鄂等。江自大理西下，東南入于海，即諸葛武侯渡瀘之下流也。有四津，潮汐不常。
名人古迹	士燮祠將壓，高駢塔未蕪。	吴士燮，蒼梧人。兄弟四人，一爲合浦太守，一爲九真，一爲南海，士燮爲交趾太守，有惠政，死葬焉，土人祠之甚謹。高駢既定交州，遂于富良江上橋市之左立石塔，巋然猶存。
異事	鼻飲如瓴甋，頭飛似轆轤。	習以鼻飲，如牛然，酒或以小管吸之。峒民頭有能飛者，以兩耳爲翼，夜飛往海際，拾魚蝦而食，曉復歸，身完如故，但頸下有痕如紅線耳。
奇物	鰐魚鳴霹靂，蜃氣吐浮屠。	鰐魚大者三四丈，四足，似守宫，黄色修尾，口森鋸齒，一名忽雷，其聲如霹靂，鹿走崖上，聞其嘷吼，則怖而墜，多爲鰐所啗。海中大魚多有之，惟海鰌最偉，小者亦數千尺，吞舟之説非虚也。蜃千春夏間吐氣蔽天，如樓臺宫室，亦有如七級塔者，人往往見之。
刑法	臺章中贊糾，邑賦大僚輸。	置御史臺中贊，即中丞也，刑法酷甚，盗及逃亡，斷手足指，其人甘心，或付象蹴殺之。國有大鐘樓，民訴事扣鐘。州設安撫通判，縣有大僚，箕斂煩重，魚鰕蔬果，悉以充斂，皆大僚主之。

此表反映了陳孚《安南即事》詩注相間的整體面貌，也反映了以記録爲本的主旨。具體表現如下：

（1）《安南即事》力求記録内容的廣泛。舉凡安南獨有而中國罕見的事物，陳孚都盡可能網羅記録，涉及安南社會的諸多方面，有歷史、沿革、禮儀、習俗、服飾、語音、坐騎、建築、飲宴、祭祀、軍隊、官職、賦税、樂舞、物産、山川、地理、名人、古迹、異事、奇物等。

（2）《安南即事》力求使詩句排列整齊，對仗工整。首先對仗工穩是《安南即事》詩的一大特點，如表中所列詩句均兩兩成對，且朗朗上口。其次作者幾乎是把相同類别的事物組成一個對仗句，這樣其結構就很合理，一個對句就能反映同一類别的事物。如"斜鈎青繒帽，曲領黑羅襦"講的是衣冠服飾；"曲歌歎時世，樂奏入皇都"説的是音樂舞蹈。

（3）《安南即事》要求注文内容詳細。如注"語笑堂前燕"句，講到安南的語言特點，作者認爲安南語言"語音侏離"，便一連舉了十八個例子來加以説明。又如注"安化橋危矣"句説：從館驛走六十里過安化橋，再走一里到青化橋北,上有屋十九間;再到酋所居的陽明門,上有朝天閣,左有日新門,右有雲會門,門內有天井,且廣袤數十丈。作者仿佛是在遊覽一般,將所見之物緊湊而合理地記錄下來,內容超過了詩句本身許多。

《安南即事》詩的字里行間都透露著奇異與詭譎,也透露了陳孚驚異的情感,而這種驚異情感正是受安南的異域風貌所觸動才得以表達的。如果把《安南即事》詩看作是一篇對安南社會的記實報導,那麼這一階段的其餘記事詩則是對它的補充。如《交趾橋市驛戲作藥名詩》云:"長空青茫茫,大澤瀉月色。使君子何來,山椒遠於役。虎狼毒草叢,淚如鉛水滴。更苦參與商,骨肉桂海隔。問天何當歸,天南星漢白。"就是對安南物產的補充。又如在《交趾境丘溫縣》中有詩句云:"九月出薊門,北風吹雪衣正溫。正月至交趾,赤日燒空汗如水。"《二月初三日宿丘溫驛見新月正在天心衆各驚異因詩以記之》有詩句云:"雲開林影明,出門看月色。但見天中間,彎彎貼半壁。同行二三子,相顧各太息。中原月初生,去地纔數尺。今胡翹首望,月乃在東北。"《交趾支陵驛即事》有詩句云:"交趾正月已青梅。"①陳孚在先後的三首詩中通過對氣溫、月亮和植物的記錄,呈現了南北氣候的差異,亦是對《安南即事》的補充。因此,《交州稿》的記事性在安南境內的記事詩中的體現,就是陳孚對安南異端所作的全面而詳細的記錄。

3. 從安南回京的記事詩。這一時段的記事詩僅有13首,與大都至安南期間的詩歌數量的懸殊較大,可能是因使越往返路途相同,回經諸地皆已經過,所記之事皆已記錄的緣故。如《交州稿》中有兩首以"永州"爲題的詩,分屬往返安南的兩個階段。往安南時《永州》詩記錄的是"燒痕慘澹帶昏鴉,數盡寒梅未見花。回雁峰南三百里,《捕蛇說》裏數千家。澄江繞郭聞漁唱,怪石堆庭見吏衙。昔日愚溪何自苦,永州猶未是天涯",表現了陳孚在永州的所見所感。而回京時《至永州》詩記詠的是"萬里歸來一葉舟,淡煙疏雨滿汀洲。夢魂怪得清如許,身在瀟湘第一州"②,表達了陳孚使越得以回還的愉悦心境。還需注意,陳孚在這一時段的記事詩大都是在記詠一種身處回京途中的欣喜。

《回過湘陰縣》:牛斗槎邊小客星,北溟萬里渡南溟。三生帶得煙波福,又泛瀟湘過洞庭。

《泊安慶府呈貢父》:共擁旄幢度百蠻,今朝忽遇皖公山。幸承乙

---

① 《元詩選》二集《剛中集》,第242—243頁。
② 《元詩選》二集《剛中集》,第237、248頁。

夜君王問,更喜丁年奉使還。舊夢未迷天禄閣,新愁猶憶鬼門關。塵纓笑濯滄浪水,少伴沙鷗半日閑。

《采石月題蛾眉亭》:我行萬里擁使旌,柳根偶繫東歸船。三生似結明月緣,銀光射牖窺我眠。夜深忽夢羽衣仙,神如碧沼浮疏蓮。脚踏赤鯨跨紫煙,問月何在摇玉鞭。聳身忽滅鴻翩翩,覺來試鼓朱絲絃。①

所記内容很難見到風土異端,也不見"雪濤怒濺秋風寒"(《陽羅堡歌》)、"膚爪破裂豈復問"(《蔡州至馬鄉遇大雪有作》)的困頓,唯有自足與閑適。這一時段記事詩内容和情感之所以發生較大的轉變是有原因可尋的,《柳州道中》詩云:"五嶺炎蒸苦,征夫各憚行。荒哉秦象郡,痛矣柳龍城。水毒人多病,煙昏馬易驚。閭閻彫瘵甚,邊將莫言兵。"對使越路途的艱難、地理環境的惡劣以及當地人民的境遇都深有體會。所以,當陳孚離開了安南,就如同脱離了困境一般,不厭其繁地表達"從此定知身不死,生前先過鬼門關"(《老鼠關》),"已幸歸來身健在,夢回猶覺瘴魂驚"(《交州使還感事二首》一)得以全身的慶幸之感。因此,陳孚從安南回京的記事詩對《交州稿》記事性的體現,主要是借回經地域爲背景來傳達使越回還的信息和宣洩跳出困境的喜悦。

綜上所述,陳孚所寫的記事詩的内容受地域環境和作者情感的影響,在不同的階段都存在一定的差異,表現爲記録的側重點會跟隨環境和情感而發生轉移,而這些都是對《交州稿》記事性的生動體現。

(二)《交州稿》的文學性

陳孚作爲元代的一位傑出詩人,其詩作是可以體現元詩精神的。《元史·儒學》稱贊其詩"大抵任意即成,不事雕斲"②,這一點突出地表現在《交州稿》中的記事諸詩對途經之地所進行的平實記詠。此後,皇甫涑認爲:"良非雕鐫刻畫有意爲文者可比也。"③亦是對陳孚"任意即成,不事雕斲"的詩歌風格的認同。所以當《交州稿》甫一行世,衆多評論就蜂擁而至。

《交州稿》中的一些詠史詩極具特色。陳孚記事通常以當地的歷史人物或文化遺産爲題材,或詠懷古人以表達追慕之情,或議論史事以抒發自我之見。如《元詩選·剛中集》説:"錢塘皇甫涑謂其忠義之氣,遇事觸物,沛然發見。"④明人張綸言在《林泉隨筆》中評論:"陳剛中之詩豪邁卓異,每每驚

---

① 《元詩選》二集《剛中集》,第249頁。
② 《元史》卷一九〇《儒學》,第4339頁。
③ 《元詩選》二集《剛中集》引,第212頁。
④ 《元詩選》二集《剛中集》引,第212頁。

人。"接著他又舉例說:"《博浪沙》云:'一擊車中膽氣高,祖龍社稷已驚搖。如何十二金人外,猶有民間鐵未消。'此皆有出人意外之見,較之杜牧《赤壁》《項羽廟》二詩庶幾近之。而他作亦不減此云。"①張綸言憑藉《博浪沙》詩將陳孚與杜牧並稱。又如《鸚鵡洲》詩云:"大江東南來,孤洲屹枯蘚。中有千載人,殘骨寄偃蹇。貽漢黨錮禍,薦紳半摧殄。況復啖葛奴,盡使羽翼翦。天乎鸑鳳姿,乃此侶狎犬。想當落筆時,酒酣玉色洒。鸚鵡何足詠,僅以雕蟲顯。我來策蓬顆,清淚淒以泫。尚恨迷幾先,不爲無道卷。賢哉龐德公,一犁老襄峴。"瞿佑《歸田詩話》贊云:"崔塗《鸚鵡洲》詩云:'曹瞞尚不能容物,黄祖何由解愛才。'後無繼之者。陳剛中一篇云云。詞語跌宕,議論老成,佳作也。"②認爲陳孚《鸚鵡洲》詩是繼崔塗之後的難得佳作。此外,《交州稿》中還有部分寫景詩,如《瀟湘八景》分別描寫了《洞庭秋月》《煙寺晚鐘》《江天暮雪》《瀟湘夜雨》《平沙落雁》《遠浦歸帆》《山市晴嵐》《漁村返照》八種景致,意境幽然、氣度悠閑。其中《遠浦歸帆》詩云:"日落牛羊歸,渡頭動津鼓。煙昏不見人,隱隱數聲櫓。水波忽驚搖,大魚亂跳舞。北風一何勁,帆飛過南浦。"楊慎贊曰:"元陳孚《遠歸帆》絶句……識者以爲不減王維。"③認爲陳孚寫景詩能與王維媲美。

對陳孚詩歌評論最多的是胡應麟,他在《詩藪》中的評論包含兩個方面:一是陳孚對詩歌體裁的駕馭能力。胡應麟説:"元五言律可摘者……陳剛中:'亂山空北向,大火已西流。'……句格閎整,在大曆、元和間,第殊不多得也。""元五言古作者甚希,七言古諸家多善。五言律,傅與礪爲冠,楊仲弘、張仲舉次之。七言律,虞伯生爲冠,揭曼碩、陳剛中次之。"又説:"七言律難倍五言,元則五言罕睹鴻篇,七言盛有佳什。……陳剛中《題金山寺》《鳳凰山》《安慶驛》……皆全篇整麗,首尾匀和,第深造難言,大觀未極耳。"④胡氏認爲陳孚的五言、七言律詩均有較高的價值,特別是七言律詩在元代詩歌中佔據著重要的位置。二是陳孚詩歌的藝術特色。《銅雀臺》詩云:"古臺百尺生野蒿,昔誰築此當塗高。上有三千金步搖,滿陵寒柏圍風綃。西飛燕子東伯勞,塵間泉下路迢迢。龍帳銀箏紫檀槽,怨入漳河翻夜濤。人生過眼草上露,白骨何由見歌舞。獨不念漢家長陵一抔土,玉柙珠襦鎖秋雨。"《詩藪》贊曰:"雄渾流麗,步驟中程。"又《詩藪》説:"陳剛中:'櫓聲搖月過巫峽,燈影隨潮入漢陽。''僧榻夜隨蛟室湧,佛燈秋隔蜃樓昏。'……皆句格莊嚴,

①　張綸言《林泉隨筆》,《叢書集成新編》第 87 册,第 647 頁上。
②　丁福保輯《歷代詩話續編》,北京,中華書局,1983 年,第 1270 頁。
③　楊慎撰,王大厚箋證《升庵詩話新箋證》,北京,中華書局,2008 年,第 760—761 頁。
④　胡應麟《詩藪》外編卷六,北京,科學技術出版社,2023 年,第 225—227、235 頁。

詞藻瑰麗,上接大曆、元和之軌,下開正德、嘉靖之途。今以元人,一概不復過目,余故稍爲拈出,以俟知者。"①

總結上述種種對陳孚詩歌的評論,足以體現《交州稿》具有以下三個藝術特色:第一,雖然《交州稿》是一部以紀行爲主的詩集,但正是因爲這些紀行詩,才成就了陳孚"任意即成,不事雕斲"的詩歌風格。第二,張綸言、瞿佑、楊慎分别舉《交州稿》中《博浪沙》《鸚鵡洲》《遠浦歸帆》詩與杜牧、崔塗、王維的詩歌並稱,則是對《交州稿》中詠史、寫景諸詩藝術上的高度評價,從中説明《交州稿》有著較高的藝術成就和詩壇影響力。第三,胡應麟對陳孚詩歌的藝術特色做了一些精當的評價,如"雄渾流麗,步驟中往";"全篇整麗,首尾匀和";"句格莊嚴,詞藻瑰麗"。又評價陳孚對詩歌體裁的駕馭能力,則是强調了陳孚文學表現手法和藝術形式運用的嫻熟。對此,《交州稿》所含的多種詩歌體裁即是印證,諸如樂府歌行有《陽羅堡歌》《黄鶴樓歌》,五言古詩有《過臨洺驛大雨雪寒甚》《黄州黄陂驛》《瀟湘八景》,七言古詩有《蔡州至馬鄉遇大雪有作》《邕州》《交趾境丘温縣》《採石月題峨眉亭》《度摩雲嶺至思淩州》《吕仙亭》,五言律詩有《度三花嶺》《淇州》《衛州》,七言律詩有《過盧溝橋》《鄂渚晚眺》《衡州》《永州》《交州使還感事二首》,五言長律有《安南即事》,七言絶句有《出順承門》《涿州》《磁州》《黄河》《磐石山》《自永福縣過八十里》《思明州》《過羚羊江》《至永州》《回衡山縣望南嶽呈御史完顔正夫修撰龐或簡二首》,雜體詩有《交趾橋市驛戲作藥名詩》,等等。

四、元代使越文獻的撰寫因素和多種功能

前文在討論元清明使行文獻時,對元代的使越文獻已有列舉,這裏不再重複羅列。下面擬就元代使越文獻的撰寫動因和功能稍作探討。

(一) 元代使越文獻的撰寫動因

據統計,元朝一共向越南派出過二十七次使團②,使越的頻率增多,與此同時使越文獻的撰寫也愈加繁盛起來。使越文獻在元代的撰寫,有其多方面原因。從歷史上看,能在外交場上馳騁縱横、遊刃有餘的大多是飽讀詩書、能言善辯的文士。降至元代,儘管統治者以其狹隘的民族意識壓制文人的成長,但在外交思想中却呈現出了較清醒的認識。程文海《送禮部侍郎喬

---

① 胡應麟《詩藪》外編卷六,第 224、228 頁。
② 馬明達《元代出使安南考》,第 156—183 頁。

元朗使安南》有詩句云："一士賢於萬甲兵,文星兩兩使星明。"①《安南志略》之《玉堂諸公贈送天使詩序》中王希賢有贈詩云："長纓致越非難事,寸舌强秦君不勞。"又李清有贈詩云："服遠自應文德在,五溪何必動干戈？""我有一言君試聽,古來定遠是書生。"②和《安南名人詩》中內附安南國公善樂老人《贈天使張顯卿使還》有詩句云："盡道朝廷用文士,尚書志氣香秋天。"③上述中越大臣贈予元使的詩歌,均表達了使越當用文士的相同認識。説明元朝統治者的外交思想,促使大批文士先後踏上使越路途,這無疑爲使越文獻的產生提供了契機。

此外,使越環境是影響使越文獻撰寫的另一個原因。元代從大都到安南近需半年之久自不待言,如果是軍情急務,一路上便是車馬不息。如陳孚在《交州稿》中提及馬的詩歌就有二十餘首。

《中山府》：馬上秋雲擁節旄,霜花如雪點征袍。
《全州》：停鞭欲問炎州事？不奈侏離見矮奴。
《自永福縣過八十里山》：下山如井上如梯,亂石嵯岈割馬蹄。
《過邕州昆侖關》：勢如蛟螭夭矯下絕壑,駐馬側視不敢攀。
《度摩雲嶺至思淩州》：對此停鞭空自慨,吾獨何爲在荒裔。
《交趾境丘温縣》：天涯海角茫茫路,馬蹄聲里光陰度。

這些詩句均以馬作爲參照物,既表現了使越路途的艱辛和時間的漫長,也暗示著詩人對這種單調騎行感到困倦和乏味。綿長的使越路程固然讓使臣感到煩悶,而元代的出使制度對使臣來說更是雪上加霜。使臣的日常活動倍受元代出使制度限制,諸如禁止使臣人家安下、使臣不過三站、禁止使臣拷打站官、使臣不得騎馬入酒肆、禁止使臣索要妓女、禁止使臣稍帶沉重等。還選有專職官員脱脱禾孫來監督使臣的行爲。如《元史・刑法・職制下》載："諸乘驛使臣,或枉道營私,横索祇待,或訪舊逸遊,餓損馬乘,並申聞斷治。"④嚴格制度的限制,壓縮了使臣的私人空間,使臣除了能在驛站有短暫的停留外,幾乎沒有會見當地閑客的餘裕。爲此,就不難理解使臣運筆潑墨、愉悦山水、描摹風土的動機,是爲了緩解使越的困乏。

可以説,是使越路途的勞苦和出使制度的限制共同造就了使越文獻的

---

① 程鉅夫《程鉅夫集》卷二七,長春,吉林文史出版社,2009年,第377頁。
② 《安南志略》卷一七《玉堂諸公贈送天使詩序》,第402—403頁。
③ 《安南志略》卷一八《安南名人詩》,第416頁。
④ 《元史》卷一〇三《刑法・職制下》,第2629頁。

產生。而這些僅僅是影響使越文獻撰寫的外在因素。

元代使越文獻撰寫還有源自使臣自身的內在因素。《交州稿》中有一首詩，題爲《入安南官事未了絕不作詩清明日感事因集句成十絕奉呈貢父尚書並示世子及諸大夫篇篇見寒食》，這首詩題包含了兩個信息，即是使越詩歌撰寫的兩個原因：第一，使臣出使主要是去辦理政治事務，從事文學創作只是一個附帶的行爲。第二，《交州稿》中的詩歌幾乎是因感事而作，由感物而發。使越文獻含有政治意圖在所難免，畢竟是政治活動爲它提供了生存空間。對於陳孚"感事"作詩之說，便是作者的内心情感在使越詩歌撰寫中的流露。前文已述及使越環境的特殊，使臣身在其中，整日與道途相伴，唯有特色各異的見聞是對使臣辛苦跋涉的心理安慰。當使臣將映入眼簾的事物形諸筆端時，不能否認他們是在借物達情。所以傅與礪在《南征稿》中自序云："嗟夫！古之《皇華》遣使，《杕杜》勞還，《采薇》歌戍役之苦，《黍離》閔宗周之舊，斯皆原情所生，而詩由作也。今人之情，豈異於古哉！余惟不能禁余之情，而達諸辭耳，惡能保其必存以久也。自古之詩零落亦多矣！矧後之人所作乎！余獨有感於行迹之遠，而憫夫宗玉之志之勤，於是叙而存之。"①還需注意，詩歌是使越過程中運用較爲普遍的一種體裁。使臣們之所以熱衷於在使越途中寫詩，主要有以下二端：一是詩歌要求語言簡潔、精煉，便於使臣在行路當中記錄那些觸動他們的事物。二是詩歌最益于表情達意，這才有了陳孚"感事"寫詩，傅與礪"不能禁情"而作詩的舉動。

（二）元代使越文獻的功能

1. 記錄功能。蕭方崖《使交錄序》云："客有誚曰：此子使交日錄也，板行於世，將不免釣名之譏，小廉曲也。"②這句評論頗有幾分嘲諷的味道。所以蕭方崖用了較大篇幅來說明這部作品有益於世，總結起來主要有三點：一是"若不傳之永久，何以昭宣聖化"；二是"使後世知聖代臣妾萬國之盛"；三是"出使遠宦者，亦有所考焉"③。看來蕭方崖對"使交日錄"的評價並不接受。但有一點需要肯定，"使交日錄"四字指出了使越文獻的"日記體"寫作特徵。比如使越日記按日記行，無需多言；而使越詩集中的詩歌按時間先後排列，内容又都是在記錄，被説成"日錄"也不算委屈。至於"釣名之譏"的評論不免有些"誚過其實"，但"使交日錄"之說却是對使越文獻記錄功能的肯定。

---

① 傅若金《傅與礪文集》卷四，《文淵閣四庫全書》第 1213 册，第 320 頁上。
② 《安南志略》卷三《大元奉使》，第 74—75 頁。
③ 《安南志略》卷三《大元奉使》，第 75 頁。

中越宗藩關係的建立是從宋代開始的，但在典籍中並未發現有使越詩集的遺存。《宋史·李度傳》載："度之南使，每至州府，即借圖經觀其勝迹，皆形篇詩，以上所賜詩有'奉使南游多好景'之句，遂題爲《奉使南遊集》，未成編而亡。"①這段文字當是使越詩集撰寫的先聲，《奉使南遊集》則是使越作品結集的萌芽；"每至州府，即借圖經觀其勝迹，皆形篇詩"則表明了這部使越作品體裁以詩歌爲主和内容取材於途經之地的撰寫趨向。這種寫作導向在元代使越作品的撰寫中得到了延續，形成了元代使越作品特殊的結集原則。

徐明善《安南行記》包括：至元二十五年和至元二十六年兩篇安南國上表，元諭安南詔，使越過程，安南國進貢物品單。

《元詩選·剛中集》云《交州稿》："其于安南道途往返紀行諸詩，山川草木蟲魚人物詭異之狀，靡不具載。"（另《陳剛中詩集》附録包括：《元史列傳》《元諭安南國詔》《元奉使與安南國往復書》《元安南國進萬壽頌並表奏》）。

蕭方崖《使交録序》云："凡經行見聞，輒加記録，不覺成集，歸以板行，以廣其傳。……用自上都至安南，州郡山川、人物禮樂、故塞遺逸、異政殊俗、怪草奇花、人情治法、愈病藥方，逐日編紀，通成一集。欽録聖詔，冠乎集首。次以安南世子，回表貢物；及中朝諸老，送行詩章，編次於後。間有應酬記詠，亦借附集末。"

袁桷《文子方安南行記序》云："還都，示予《行記》一編。夫誦詩專對，夫子之訓也。予於書獨有取焉，宣上意，儆有衆，誓命焉。有考山川導别，表土俗以宜于民，莫詳於貢書。"

傅與礪《南征稿序》云："道途所經山川、城郭、宮室、墟墓、草木、禽蟲百物之狀，風雨、寒暑、晝夜、明晦之氣，古今之變、上下之宜、風土人物之異，凡所以感于心、鬱于情、宣于聲而成詩歌者，積百餘篇。"②

以上材料能反映元代使越作品結集的大致原則：第一，使越作品多以詩歌爲主，其内容多取材於途中，對山川、草木、人物、禽蟲、古迹、氣候、土俗等内容最爲留意。第二，使越作品多含有元朝諭安南國之詔書，能表現使越

---

① 《宋史》卷四四〇《李度傳》，第13021頁。
② 陶宗儀等説《説郛三種》卷五一《安南行記》，第812—815頁。《元詩選》二集《剛中集》，第212頁。蕭方崖《使交録序》，載《安南志略》卷三，第74—75頁。楊亮《袁桷集校注》卷二二，第1142頁。傅與礪《傅與礪文集》卷四，《文淵閣四庫全書》第1213册，第320頁上。

的原因。第三,部分使越作品中還載有使臣與安南國王的交涉文書和自述使越經過,反映使越過程。第四,安南國之上表、貢書多在使越作品中,體現了使越的結果。儘管元代使越作品的內容並不是都含有這四個方面,但這四點可作爲我們識別使越作品的標準。就使越作品的構成情況來看,詩歌多以途經之地名爲標題,内容多涉奇聞異端、人文物理,地域色彩相當濃厚;除詩歌之外的中越詔表、貢書、交涉文書等内容都是與政治相關的材料。這些内容無一不是對使越文獻記錄功能的深刻體現。

再看後世對使越作品的接受情況。有人撰寫,就有人品讀。元代使越作品的接受者大概可以分爲兩類,一是使臣,另一是使臣之外的文人。首先討論使臣,蕭方崖《使交錄》自序云:"出使遠宦者,亦有所考焉。"①袁桷爲文子方《安南行記》作序亦云:"是宜廣梓,以告于後之使者云。"②表示使越作品有益於"後之使者"。這一點,可在清代道光年間使臣丐香《越南竹枝詞》卷首自題中得到印證。其文云:

  皇華載道,昔傳使者之章。白雉呈祥,遠獻交人之項。雙詔沛深恩,命啣豸繡,一行承末吏,力效黽趨。天涯海角,異俗殊風,瘴雨蠻烟,授餐適館。雖無鼻飲頭飛之怪,絶非耳濡目染之常。一路衣冠人物,愈出愈奇。四時草木昆蟲,無冬無夏。見聞所及,記載頗繁,慢爲竹枝淘浪之詞,可作牛背牧豬之曲。③

丐香言"雖無鼻飲頭飛之怪",顯然表明他認真閱讀過《交州稿》,曾把它作爲自己的出使指南。許多大臣是初次使越,並不瞭解越南特殊的地理環境,所以他們會借鑒於前使,參考他們的事迹和作品。

其次,使越作品的另一批接受者是後世文人和學者,他們與"後之使者"的目的不同,而是將使越作品當作文獻使用。以《交州稿》爲例。明代郎瑛《七修類稿》曰:

  元詩人陳孚出使安南,有紀事之詩曰:"鼻飲如瓴甋,頭飛似轆轤。"蓋言土人能鼻飲者,有頭能夜飛於海食魚,曉復歸身者。予見《嬴蟲集》中所載,老撾國人鼻飲水漿,頭飛食魚。近汪海雲亦能鼻飲,頭飛則怪

---

① 蕭方崖《使交錄序》,載《安南志略》卷三,第74—75頁。
② 楊亮《袁桷集校注》卷二二,第1142頁。
③ 王慎之、王子今輯《清代海外竹枝詞》,北京,北京大學出版社,1994年,第66頁。

也。昨見《星槎勝覽》亦言，占城國人有頭飛者，乃婦人也，夜飛食人糞尖，知而固封其項或移其身則死矣。作者自云目擊其事，予又考占城正接安南之南，而老撾正接安南西北，信陳詩之不誣也。①

郎英把《交州稿》當作考證的對象。"鼻飲頭飛"是《安南即事》中的一句，其記錄比較奇怪，難免會引起人們的質疑，所以郎英對此作了考證，並得出了陳詩記事不誣的結論。

《御定佩文齋廣群芳譜》《徐氏筆精》《元明事類鈔》等書皆針對《安南即事》有關交趾產"龍荔"的記載，云："交趾有龍荔，實如小荔支。元陳剛中使安南詩云：'龍荔綴如珠。'紀其實也。"②又明胡世安撰《異魚圖贊補》中談到蝦鬚可做拄杖這一現象，說："交趾蝦巨如柱，鬚長七八尺者，海濱以作柱杖，甚佳。陳剛中詩'蝦鬚作筇杖'。"③又姚之駰撰《元明事類鈔》中記"羅我"一事，說："元陳孚《安南即事》詩：抵鴉身偃豕，羅我背拳狐。自注其昇人用布一疋，以繩繫圓木，上大竹貫繩，兩人昇之，人側其中，若舉羊豕然，名曰抵鴉。象背施鞍鞻，几座名曰'羅我'，人坐其上，拳曲如狐。"④都把《交州稿》作爲了引證資料。

陳孚《思明州》有詩句云："元宵已似春深後，龍眼花開蛤蚓鳴。"吳景旭《歷代詩話》曰："所云元宵似春深，見其地暖，即薩天錫'閩土臘如春'之意，亦猶四月熟荔枝，稱火山耳。"⑤把《交州稿》視爲探究的對象。

從後世的文人和學者對使越作品的接受實例來看，使越作品與傳統的文學作品確有不同，傳統文學作品的審美和娛興功能在使越作品中幾乎沒有得到太多體現。當後世學人相繼將使越作品作爲資料來引證和研究時，我們就不得不對它的記錄功能再作肯定了。

2. 政治功能。使臣是一個政治符號。使越作品出自使臣之手，含有政治色彩是在所難免的。使臣使越的目的並不是爲了進行作品的撰寫，本質還是爲了辦理政務。元朝統治者向來重視使越之事。

《元史·張立道傳》載："帝召至香殿，諭之曰：'小國不恭，今遣汝

---

① 郎瑛《七修類稿》卷四九，上海，上海書店出版社，2001年，第515頁。
② 劉灝、張逸少等《御定佩文齋廣群芳譜》卷六三，《文淵閣四庫全書》第846冊，第716頁上；徐𤊹輯《徐氏筆精》卷八，《叢書集成續編》第17冊，第587頁上；姚之駰《元明事類鈔》卷三五，《文淵閣四庫全書》第884冊，第570頁上。
③ 胡世安《異魚圖贊補》卷下，《叢書集成新編》第44冊，第237頁下。
④ 姚之駰《元明事類鈔》卷三八，《文淵閣四庫全書》第884冊，第605頁上。
⑤ 吳景旭《歷代詩話》卷六五，《文淵閣四庫全書》第1483冊，第654頁下。

往論朕意,宜盡乃心。'立道對曰:'君父之命,雖蹈水火不敢辭,臣愚恐不足專任,乞重臣一人與俱,臣爲之副。'帝曰:'卿朕腹心臣,使一人居卿上,必敗卿謀。"①

李謙《送尚書柴莊卿序》云:"自古非有才之難,而擇才之不易。今主上知莊卿純茂辯給,弘毅博洽,足以任重致遠,始於四方,不辱君命;故寄之以閫外,委之以絶域,凡師旅之事,得以專制之。"②

《傅與礪文集》(附録)《揭文安公送行序》云:"向非朝廷知人,不能使傅君;非傅君之學,不足以稱朝廷任使。"③

元朝廷對使臣的選擇十分細心,當選者多爲才學出衆之士;朝廷賦予使臣較高的權利,如"凡師旅之事,得以專制之""使一人居卿上,必敗卿謀",皆説明朝廷爲了出使成功,給了使臣臨機應變、處事立斷的較大空間。

此外,元朝上下對使臣都有較高期許。楊載《送李侍郎使安南》曰:"奉揚天子命,慰答遠人情。"④《安南志略》之《玉堂諸公贈送天使詩序》中庾恭曰:"此行識得君王命,要補西南半壁天。"⑤張伯淳《送李仲賓蕭方崖序》更是用大量篇幅來告誡使臣當竭盡全力。序云:

大抵柔遠,惟德與威,德者聖人所先;威者聖人所不得已。舜敷文德於兩階,文王修教,而因壘皆時也。今天子六龍正御,大霈解澤,不以安南遠服而外之,謀所以布宣德音者。……人謂此行爲易,余獨以爲難!奚言其難?向者諭旨於是邦,孰不曉以君臣大義與禍福利害之機?彼挾其懼心以聽,則言易入;不然,歸而報聞,吾盡吾職,國家固自有以處。今二君涉跋數千里,播尺一書,開其自新而已。倘于于而去,于于而來,是夫人而能爲傳,安事我輩?!况人情積懼之餘,一旦自拔於無過,則不勝喜。然喜者玩之萌也!吾就其所喜,而能使之,舍其遲回不決之舊,而新是圖,斯不負皇華禮樂之遺。⑥

朝廷的重視必然會加强使臣的政治責任感,也會影響到他們的言行。

---

① 《元史》卷一六七《張立道傳》,第3917—3918頁。
② 《安南志略》卷一七《玉堂諸公贈送天使詩序》,第399頁。
③ 傅若金《傅與礪文集》附録,《文淵閣四庫全書》第1213册,第365頁下。
④ 楊載《楊仲宏集》卷三,《叢書集成續編》第168册,第112頁上。
⑤ 《安南志略》卷一七《玉堂諸公贈送天使詩序》,第402頁。
⑥ 《安南志略》卷一七《玉堂諸公贈送天使詩序》,第405頁。

一旦使臣進入到越南，他們的政治熱情定會一度昇高，即便是寫詩作文，都難免會與政治沾染上關係。

　　如果從政治上考慮，使臣使越決不僅僅是辦理政務這麼簡單，他們還能起到探聽對方虛實的作用。《元史》載："安南來使鄧汝霖竊畫宫苑圖本，私買輿地圖及禁書等物，又抄寫陳言征收交趾文書，及私記北邊軍情及山陵等。"①安南派使偷窺元朝地理、軍要，而元朝又何嘗不是在借遣使之機來暗探安南的動向。《安南即事》詩最後一句云："沐薰陳此什，禮部小臣孚"，這似乎説明了陳孚作此詩的用意就是在向某人講述越南情狀。又程文海《送李景山侍郎使安南》最末兩句詩要求李景山："交州九郡皆王略，他日殷勤話所經。"②也從某個角度證明了元朝對越南的具體情況相當關切。可以明確地説，自從中越宗藩關係確立以來，使臣就開始充當起了"情報員"的身份。《宋史》載宋太宗端拱元年（988 年）派遣大臣宋鎬、王世則出使越南，二人使還後，太宗則令他們"條列山川形勢及黎桓事迹以聞"，③二人便將在越南的所見所聞上奏於帝，其内容略曰：

　　　　至城一百里，驅部民畜産，妄稱官牛，數不滿千，揚言十萬。又廣率其民混於軍旅，衣以褾色之衣，乘舠鼓噪。近城之山虛張白旆，以爲陳兵之象。……城中無居民，止有茅竹屋數十百區，以爲軍營，而府署湫隘，題其門曰明德門。桓質陋而目眇，自言近歲與蠻寇接戰，墜馬傷足，受詔不拜。……卒三千人，悉黥其額曰"天子軍"。糧以禾穗，月給，令自舂爲食。其兵器止有弓弩、木牌、梭槍、竹槍，弱不可用。桓輕脱殘忍，昵比小人，腹心閽豎五七輩錯立其側。好狎飲，以手令爲樂，凡官屬善其事者，擢居親近。左右有小過，即殺之，或鞭其背一百至二百。賓佐小不如意，亦笞之三十至五十，黜爲門吏，怒息，乃召復其位。④

　　這段文字與《安南即事》詩的注文有異曲同工之妙，記録雖不及《安南即事》詳細，但是也涉及了安南社會的多個方面，對統治者瞭解安南大有裨益。遺憾的是宋鎬未曾寫詩，倘若爲上述條目冠以詩句，就是一首宋代版的《安南即事》；反之，把《安南即事》詩中的自注摘列下來，又何嘗不是一篇條

---

① 《元史》卷二〇九《安南傳》，第 4650 頁。
② 程鉅夫《程鉅夫集》卷二八，第 403 頁。
③ 《宋史》卷四八八《交阯傳》，第 14061 頁。
④ 《續資治通鑑長編》卷三一《太宗》，第 698—699 頁。《宋史》卷四八八《交阯傳》，第 14061—14062 頁。

列安南山川形勢的奏文。

前文已述,在元代使越詩歌中有一批是與安南君臣的唱和,可見在政治環境中滋生的詩歌,傳統的文學功能已消失殆盡,取而代之的則是政治功能和外交功能的萌發。回到歷史長河中,那些詩歌片段顯然是對"賦詩言志"的一種延續。既然詩歌有運用於外交場合的先例,那麼我們就應該對使越文集的政治功能表示認同。更何況詩歌在外交中還確有功效,如徐明善《席上口占》一詩,《中洲野錄》載其本事云:"徐芳谷嘗奉使交趾國,其王子陳日炫聞公善詩,舉卮酒立索吟,公口占云云。日炫遂納款奉貢,公聲名大振。"①席間一首詩就使安南國王甘願納款奉貢,這似乎讓人難以置信,但詩歌有推動政治外交的巨大作用是明顯的。不同的場合就會產生與之相應的作品,元代使越作品進入到外交場合中就具有了政治功能。

另外,使越詩歌還具有交流功能。這一點,在前文"往來於元越的使臣、商賈和藝人"中已做討論,此不贅述。

總之,使越文獻是中越文化交流的碩果。它以其自身所具有的獨特形式和內容,展示出別樣的史學意義和文學意義。從表現形式來看,詩歌是元代使越文獻的構成主體,是對中越文化交流的最直接體現。從詩歌內容來看,由於使臣身處特殊的寫作環境,受政治和地域的影響,詩歌多爲"紀行",具有很強的記事性,表現出使越文學的記錄功能、政治功能和交流功能,而這些都與出自書齋亭閣的文人詩集有著本質的不同。使越作品不再服務於審美和娛興,而是以記錄功能體現其史學價值和文獻價值,以政治功能體現中越之間的關係,以交流功能體現漢文化的傳播。

第六節 越南漢文燕行文獻的中國淵源

2001 年韓國學者林基中搜集整理並出版了朝鮮半島的《燕行錄全集》,共 100 册,收錄約 390 種燕行錄;2008 年又出版了續集,收錄 100 餘種。除《燕行錄全集》之外,2001 年林基中還與日本學者夫馬進一起編輯出版了《燕行錄全集:日本所藏編》,收錄日本所藏燕行錄 33 種。2010 年復旦大學文史研究院和越南漢喃研究院合編出版了《越南漢文燕行文獻集成》,共 25 册,收錄 1314 年至 1884 年的燕行錄 79 種。2011 年,復旦大學出版社又出版《韓國漢文燕行文獻選編》,全書共 30 册,收錄韓國漢文燕行文獻 33 種。

---

① 陳衍輯《元詩紀事》卷九引,第 184 頁。

弘華文主編的《燕行錄全編》，計劃收錄500多位作者的700餘部作品，在2010年至2016年間共出版了四輯。所謂"燕行錄"，就是從13世紀到19世紀，高麗、朝鮮、陳、黎、莫、阮等王朝的使臣們來往燕京時對所聞所見的記錄，這些記錄類型多樣、內容豐富，結集之後有些直接就以"燕行錄"命名，因此學界特將這些產生於與古代中國外交中的使臣記錄，統稱之爲"燕行錄"。若要追溯域外燕行錄的淵源，毫無疑問是在中國。考慮到域外燕行文獻品種繁多、卷帙浩大，集中研究需要更大篇幅。爲此，筆者在這裏權且將越南燕行文獻作爲討論的切入點。

一、越南漢文燕行文獻的概況

《越南漢文燕行文獻集成》所收79種文獻詳見下表：

朝代 越	朝代 中	作者	奉使時間（越中年號）	作品	體裁
陳	元	阮忠彥	1314年（大慶元年，延祐元年）	《介軒詩集》	詩歌
後黎	明	馮克寬	1597年（光興二十年，萬曆二十五年）	《使華手澤詩集》	詩歌
		馮克寬	同上	《梅嶺使華手澤詩集》	詩歌
		馮克寬	同上	《旅行吟集》	詩歌
	清	陶公正等	1673年（陽德二年，康熙十二年）	《北行詩集》	詩歌
		阮公基	1715年（永盛十一年，康熙五十四年）	《使程日錄》	日記
		丁儒完	1715年（永盛十一年，康熙五十四年）	《默翁使集》	詩歌
		阮公沆	1718年（永盛十四年，康熙五十七年）	《往北使詩》	詩歌
		阮翹、阮宗窐	1742年（景興三年，乾隆七年）	《乾隆甲子使華叢詠》	詩歌
		阮宗窐	同上	《使華叢詠集》	詩歌
		阮宗窐	同上	《使程詩集》	詩歌
		阮輝㑮輯	1749年（景興十年，乾隆十四年）	《北輿輯覽》	散文
		黎貴惇	1760年（景興二十一年，乾隆二十五年）	《桂堂詩彙選》	詩歌
		黎貴惇	同上	《北使通錄》	日記

續　表

朝代 越 / 中	作者	奉使時間(越中年號)	作　品	體裁
後黎	阮輝𝓲	1765 年(景興二十六年,乾隆三十年)	《奉使燕京總歌並日記》	日記 詩歌
後黎	阮輝𝓲等	同上	《燕軺日程》	圖記
後黎	武輝珽	1772 年(景興三十三年,乾隆三十七年)	《華程詩》	詩歌
後黎	胡士棟	1778 年(景興三十九年,乾隆四十三年)	《花程遣興》	詩歌
後黎	黎㤕	1788 年(昭統二年,乾隆五十三年北行中國)	《北行叢記》	日記 詩文
後黎	黎惟亶	1788 年(昭統二年,乾隆五十三年)	《使軺行狀》	詩歌
西山	武輝瑨	1789 年(光中二年,乾隆五十四年)	《華原隨步集》	詩歌
西山	潘輝益	1790 年(光中三年,乾隆五十五年)	《星槎紀行》	詩歌
西山	武輝瑨	1790 年(光中三年,乾隆五十五年)	《華程後集》	詩歌
西山	段浚	1790 年(光中三年,乾隆五十五年)	《海煙詩集》	詩歌
西山	段浚	同上	《海翁詩集》	詩歌
西山	吳時任	1793 年(西山景盛元年,清乾隆五十八年)	《皇華圖譜》	詩歌 圖記
西山	武輝瑨、吳時任、潘輝益	1789 年至 1793 年	《燕臺秋詠》	詩文
西山	佚名	約 1791—1794 年	《使程詩集》	詩歌
西山	阮偍	1789 年(光中二年,乾隆五十四年) 1795 年(景盛三年,乾隆六十年)	《華程消遣集》	詩歌
阮	鄭懷德	1802 年(嘉隆元年,嘉慶七年)	《艮齋觀光集》	詩歌
阮	吳仁靜	1802 年(嘉隆元年,嘉慶七年)	《拾英堂詩集》	詩歌
阮	黎光定	1802 年(嘉隆元年,嘉慶七年)	《華原詩草》	詩歌
阮	阮嘉吉	1802 年(嘉隆元年,嘉慶七年)	《華程詩集》	詩歌
阮	武希蘇	1803 年(嘉隆二年,嘉慶八年)	《華程學步集》	詩歌

續　表

朝代 越 中	作者	奉使時間(越中年號)	作　品	體裁
阮　清	吳時位	1809 年(嘉隆八年,嘉慶十四年)	《枚驛諏餘》	詩歌
	阮攸	1813 年(嘉隆十二年,嘉慶十八年)	《北行雜錄》	詩歌
	阮攸	同上	《使程諸作》	詩歌
	潘輝湜	1817 年(嘉隆十六年,嘉慶二十二年)	《使程雜詠》	詩歌
	丁翔甫	1819 年(嘉隆十八年,嘉慶二十四年)	《北行偶筆》	詩歌
	潘輝注	1825 年(明命六年,道光五年)	《華軺吟錄》	詩歌
	潘輝注	同上	《輶軒叢筆》	筆記
	黃碧山	1825 年(明命六年,道光五年)	《北遊集》	詩歌
	鄧文啓	1829 年(明命十年,道光九年)	《華程略記》	詩歌
	潘輝注	1831 年(明命十二年,道光十一年)	《華程續吟》	詩歌
	張好合	1831 年(明命十二年,道光十一年)	《夢梅亭詩草》	詩歌
	李文馥	1831 年(明命十二年,道光十一年)	《閩行雜詠》	詩歌
	李文馥	1832 年(明命十三年,道光十二年)	《粵行吟草》	詩歌
	汝伯仕	1832 年(明命十三年,道光十二年)	《粵行雜草編輯》	詩文
	黎光院	1833 年(明命十四年,道光十三年)	《華程偶筆錄》	詩歌
	李文馥	1835 年(明命十六年,道光十五年)	《三之粵集草》	詩文
	李文馥編	1835 年(明命十六年,道光十五年)	《仙城侶話》	詩歌
	李文馥	1836 年(明命十七年,道光十六年)	《鏡海續吟草》	詩歌
	范世忠編	1838 年(明命十九年,道光十八年)	《使清文錄》	公文 詩歌
	李文馥	1841 年(紹治元年,道光二十一年)	《周原雜詠草》	詩歌
	李文馥	同上	《使程遺錄》	詩歌
	李文馥	同上	《使程誌略草》	日記

續　表

朝代		作者	奉使時間(越中年號)	作　品	體裁
越	中				
阮	清	李文馥	同上	《使程括要編》	筆記
		范芝香	1845年(紹治五年,道光二十五年)	《郿川使程詩集》	詩歌
		裴樻	1848年(嗣德元年,道光二十八年)	《燕行總載》	詩文
		裴樻	同上	《燕行曲》	詩歌
		阮攸	1848年(嗣德元年,道光二十八年)	《星軺隨筆》	詩歌
		阮文超	1849年(嗣德二年,道光二十九年)	《方亭萬里集》	詩歌
		阮文超	同上	《如燕驛程奏草》	筆記
		范芝香	1845年(紹治五年,道光二十五年) 1852年(嗣德五年,咸豐二年)	《志庵東溪詩集》	詩歌
		潘輝泳	1853年(嗣德六年,咸豐三年)	《駰程隨筆》	詩歌
		鄧輝㷸編	1865年(嗣德十八年,同治四年) 1867年(嗣德二十年,同治六年)	《東南盡美錄》	詩文
		黎峻、阮思僩、黃竝	1868年(嗣德二十一年,同治七年)	《如清日記》	日記
		阮思僩	1868年(嗣德二十一年,同治七年)	《燕軺筆錄》	日記 公文
		阮思僩	同上	《燕軺詩文集》	詩文
		范熙亮	1870年(嗣德二十三年,同治九年)	《北溟雛羽偶錄》	詩歌
		裴文禩	1876年(嗣德二十九年,光緒二年)	《萬里行吟》	詩文
		裴文禩	同上	《中州酬應集》	詩歌
		裴文禩、楊恩壽	同上	《艤舟酬唱集》	詩歌
		阮述	1880年(嗣德三十三年,光緒六年)	《每懷吟草》	詩歌
		范慎遹、阮述	1882年(嗣德三十五年,光緒八年)	《建福元年如清日程》	日記
		裴樻撰、范文貯繪	1848年(嗣德元年,道光二十八年)	《如清圖》	詩歌 圖記

續表

朝代		作者	奉使時間(越中年號)	作 品	體裁
越	中				
阮	清	裴樻撰、佚名繪	同上	《燕臺嬰語》	詩歌圖記
		裴文禩等編繪	1876年(嗣德二十九年,光緒二年)	《燕軺萬里集》	圖記
		佚名	不詳	《北使佳話》	筆記

準確説來以上作品不全是燕行文獻,"燕行"作爲統稱,實際包括如作品名目所記"使華""北行""使程""北使""華程""使軺""華軺""如燕"和"燕軺"等意思。這就是説燕行録應該和使臣行記一樣,是使臣在奉使過程中撰寫的與外交相關的作品。由此可以判定阮輝瑩輯《北輿輯覽》不是燕行録,據阮氏書前"小引"所述:"凡所親歷之境經已編輯成詩,名《奉使歌詩集》,然而全國之勝,則茫乎未聞。抵北京之日,寓于驛館,館中書籍堆積。余取披而閲之,見有《名勝全誌》一卷,其中詳載府州縣諸地名,及山川諸名勝。余因約之,存其簡而去其繁,名曰《北輿輯覽》。集歸而贈同僚,使知天朝土地之廣,名勝之奇,以不負斯行焉耳。"[1]可見《北輿輯覽》只不過是中國書籍《名勝全誌》的節鈔本,而非使臣原創。又有黎侗《北行叢記》也不應在燕行録之列,黎侗原本是因黎、阮戰事而退入中國,後被拘押十年之久的黎朝將領。雖然其《北行叢記》所賦詩文與中國密切相關,同樣有記見聞、述行程的特點,但是由於他的中國之行缺少使行名義,故此書與燕行録的性質存在明顯差異。還有佚名《北使佳話》,以三十四則文字記録了中越外交活動中的四十餘位人物,儘管書中也雜録了少許中越使臣的文學作品,但嚴格來説此書係越南北使人物的傳記合集,實與燕行録相差甚遠。所以《越南漢文燕行文獻集成》實際收入燕行録76種。另據《越南漢喃文獻目録提要》著録有"燕行記"八種、"北使詩文"八十種,除去與《燕行集成》重複者,尚有裴文禩《大珠使部唱酬》、武茂甫《北使江隱夫茂甫武原稿》、潘輝詠《如清使部潘輝詠詩》、岳潘侯《使程雜詠》、潘清簡《使程詩集》、張登桂《使程萬里集》、黎光院《華程偶筆録》和潘梅峰《華韶吟録》等作品,多是寫在燕行途中的詩文。

以上作品反映了越南燕行録的整體面貌:詩歌是最主要、使用頻率最

---

[1] 復旦大學文史研究院和越南漢喃研究院合編《越南漢文燕行文獻集成》第五册,上海,復旦大學出版社,2010年,第167頁。

高的編撰體裁,佔到所有燕行文獻的半數以上,這説明古代越南文人的漢文學修養極高,幾乎都具有寫作漢文詩歌的能力,並使之成爲燕行文獻編撰中最受青睞的文體。另外,日記、圖記和筆記等記行文體在燕行録中亦有出現,但在使用頻率上遠不及詩歌。

二、越南燕行文獻的編撰方式

從歷史上看,古代越南曾經先後是中國的一個行政區和藩屬國,有著悠久的漢文書寫和創作歷史。所以,在越南燕行録中能夠發現許多與中國使行文獻共通的主題和相似的撰寫因素。例如汪鈍夫題馮克寬《梅嶺使華手澤詩集》序説:"皇華之選,儒墨所榮。預是選者,代有其人。而使程之作,亦間有之。"①可見古代越南人也同樣有奉使著書的習慣,這顯然是對漢文化中皇華遣使、以書復命傳統的回應。又如潘輝注《華軺吟録》自序:"使華一路,水陸共八千餘里。楚粵山川之奇,冀豫開河之壯,固歷歷見諸記載。周覽而賦詠之,自是讀書人分事。""奉使者職分,叙事記見。"②可以説正是由於越南使臣這種責無旁貸的精神,才有了燕行録編撰的高潮。

燕行的確是一件可以鼓舞使臣創作熱情的事。李文馥《周原襍詠草》自序:

>惟使燕一路,凡聖賢遺迹、古今人物,與夫江山烟景之勝、疆域沿革之殊,平日僅學而知之,亦或僅聞而知之焉耳。而今乃得親履其地,因得見其所未見,聞其所未聞,不亦余晚景桑蓬之一適也耶。遂忘其譾淺,每於公暇隨其意之所到與景之所觸,悉以吟詠發之,得輒入襍,無復鍛煉,額曰《周原襍詠草》。③

有了燕行的機會,使臣得以親眼目睹那些曾經只是通過書本或口耳傳授所瞭解到的文化故迹。觸景生情,或記録、或吟詠都在情理之中,那種親切感想必只有使臣才能體會到,而成爲運筆潑墨的動力。相同的感觸還如燕行使臣潘輝注《華軺吟録》自序:"十餘年來按圖卧遊之興,今得以親履其境,目瀾神怡,淋漓壯浪,自不覺發爲詩歌賦詠。"丁翔甫《北行偶筆》自序:"一路往返九千有餘里,凡山川封域、聖賢事迹、古今人物,皆在平日之所聞,而今日足迹之所及,不覺觸□成詠。"④正是身臨其境的現場感,才誘發了使

---

① 《越南漢文燕行文獻集成》第一册,第75頁。
② 《越南漢文燕行文獻集成》第十册,第177、179頁。
③ 《越南漢文燕行文獻集成》第十四册,第154—155頁。
④ 《越南漢文燕行文獻集成》第十册,第178、125頁。

臣內心不自覺的創作衝動。

於是,使臣記詠見聞成爲燕行公務之外的最要緊事。諸如:

> 張漢昭題阮宗室《使華叢詠前集》序:"使君公務之暇,吟哦不旬日,間得詩近若干首。"
> 武輝珽門生寧遜爲其《華程詩集》題序:"專對之暇,觸興吟題。"
> 李文馥自序《三之粵集草引》:"余不自揣量,每于公事之暇,吟態復萌。"①

不難發現,燕行録正是在使臣公務之暇的日常創作中形成的。很多例子都能表現燕行録的結集是對使途諸作的集合,比如:

> 武輝瑨《華原隨步集》自序:"使事稍閑,點檢囊中吟稿,得若干首,付書吏録之爲集。"
> 阮□序阮偡《華程消遣後集》:"凡行間紀勝之作及應制贈答諸篇,隨手抄録,名曰《華程消遣後集》。"
> 潘輝注《華軺吟録》自序:"回舟日,因自次第諸作,得詩歌賦詞,大小共二百八十餘首,迺分爲上下二卷,題曰《華軺吟録》。"
> 潘輝注《華程續吟》自序:"再回粵江,併檢先後諸作,該得一百二十六首,次第備録,因題曰《華程續吟草》。"
> 李文馥《鏡海續吟》自序:"間有隨口吟咏,積若干首,命曰《鏡海續吟》。"②

而當燕行録結集之後,行記的特徵也隨即表現出來。也就是説,當使臣將日常零碎的記詠按次序編排起來時,完整的使行聞見記録也隨之得以呈現。所以燕行録的記行作用向來爲人們所公認,如以下序跋所説:

> 陶公正等《北行詩集》書首自題:"奉往北使,諸經過程途間,有玩風景,有接國客,亦有會同差僚友談笑,所作詩唱和,取快一時吟詠。"
> 阮仲常《默翁使集引》稱丁儒完"奉命往使北國,凡所經過一皆

―――――――
① 《越南漢文燕行文獻集成》第二册,第136頁;第五册,第241—242頁;第十三册,第237頁。
② 《越南漢文燕行文獻集成》第六册,第294頁;第八册,第166—167頁;第十册,第179頁;第十二册,第37頁;第十四册,第8頁。

品題。"

　　李文馥《閩行雜詠序》："襮而存之，冠以《閩行襮詠草》，凡亦紀其所行，而不沒其寔，爲吾子弟孫侄開闢其耳目焉。耳豈翊然，以詩文佈諸見聞，如所謂不脛而走也乎哉！"

　　繆艮爲李文馥《粵行吟草》題序："凡所遇名山大川，及往來酬應，與夫人情風土、去國懷鄉，莫不紀之以詩。"

　　吴時任《皇華圖譜》卷首《小引》："在道山川之險易，驛館之停發，古人遺迹、今人見景一一繪之。"①

其中"經過一皆品題""紀其所行""以詩文佈諸見聞"等言語，無不表達出燕行録的記行特徵，而這一特徵顯然是與中國的使臣行記一致的。

燕行録的撰寫除爲了記詠見聞外，某些還爲了消遣。前文已述，在中國使臣看來寫作詩歌可以起到緩解使途困乏的效果。越南使臣對此也有同感，胡士棟自述："一路往還九千有餘里，翰墨之外無以消旅悶者，往往因有所觸，綴拾成篇，詩云乎哉，姑以此閑中消遣而已。至於贈答諸作，即所謂矢在弦上者。回朝之暇，掇輯僅百餘篇，命之曰《花程遣興》。"這明顯與王安石《伴送北朝人使詩序》"時竊詠歌，以娛愁思，當笑語"②表達了相同的意思。甚至還有使臣將"消遣"二字作爲書名，如阮偍將前後兩次撰寫的燕行詩題名爲《華程消遣集》，以此明示燕行詩歌消乏解困的功用。

此外，交流也是促進燕行録撰寫的一大因素。一方面，燕行爲越南文人提供了與中朝人士交流的機會，借此可以展示其漢文學修養。例如：

　　黎良慎題序黎光定《華原詩草》："我越號稱文獻，自丁氏建國以來，與北朝通好，使命往來必以有名士大夫充其選。故其禮文之交際，書札之酬答，應對之明辨，與沿途所歷之詩篇吟咏，往往爲北朝縉紳起敬。"

　　阮倣子香亭爲其《星軺隨筆》題序："我邦以文獻名，素爲中州所推重，故前代飽學之儒，必以北使爲盛選。盖其週歷宇宙、品詠江山，吐胸中之奇以標譽于上國，此士夫之韻事也。"③

這種讓"北朝縉紳起敬"和"標譽于上國"的文化心態，必然是加強中越

---

① 《越南漢文燕行文獻集成》第一册，第219、303頁；第十二册，第214頁；第十三册，第11頁；第七册，第109—110頁。
② 《越南漢文燕行文獻集成》第六册，第5頁。王安石《王安石文集》卷八四，第1470頁。
③ 《越南漢文燕行文獻集成》第九册，第93頁；第十六册，第77頁。

文學交流,產生累累碩果的内在動力。所以在燕行詩歌中有大量與中朝士大夫的唱和贈答之作,其中以《中州酬應集》《雄舟酬唱集》和《大珠使部唱酬》等燕行酬唱專集最爲典型。

另一方面,燕行使臣還能與其他國使進行交流互動,但通常都是在具有漢文書寫能力的國使間展開。在燕行録中很容易見到以下記載:

  馮克寬《与滕尹趙侯相見》:"今天下一軌文同,萬里夤緣快此逢。"
  李文馥《見琉球國使者并引》:"天地間同文之國者五,中州、我粵、朝鮮、日本、琉球亦其次也。"
  潘輝注《輶軒叢筆》:"四驛館在京城西南,爲外國貢使停駐之所。……此館體製頗華飭,本國使與朝鮮、琉球諸使來者,分住,蓋外國表文,惟我並此二國用漢文,與中華同,殊異於諸國也。"①

共同的漢文學基礎,必定爲越南、朝鮮和琉球等國使帶來溝通的便利,並刺激其文學創作與交流的慾望。所以在燕行詩歌中此類作品不在少數,有馮克寬《達琉球國使》、武輝珽《贈朝鮮國使詩並引》、胡士棟《贈朝鮮使回國》、丁翔甫《柬朝鮮國使》和范芝香《贈朝鮮書狀李學士裕元題扇》等。倘若未能與其他國使交流,反而會成爲燕行的缺憾,如潘輝注《輶軒叢筆》所説:"聞有朝鮮使來,遭風反飄在山東,約十月旬,始抵京,不及與見。回憶先輩與伊國使唱酬,傳爲佳話,弗獲再續雅遊,殊闕事也。"②

三、越南燕行文獻的三個類型

統觀越南燕行文獻的類型,大致與使臣行記相似,主要有以詩歌爲主的韻文類,日記、驛程記等散文類和以圖記爲代表的圖文類。

(一)韻文類燕行文獻。統計可知《越南漢文燕行文獻集成》中含有詩歌内容的文獻達六十五種之多,佔總數的百分之八十以上。詩歌體裁被燕行使臣如此高頻率地運用,可見其在外交活動中的優越性。這充分説明燕行詩歌應與使行詩歌一樣,不僅有記録行程和見聞的重要功能,還是文化交流和語言溝通的特殊工具。正因爲如此,我們可以採取劃分使行詩歌的方式,把燕行詩歌大致歸爲兩類:一類是行程見聞之作,一類是唱和題贈之

---

① 《使華手澤詩集》,《越南漢文燕行文獻集成》第一册,第64頁;《閩行雜詠》,《越南漢文燕行文獻集成》第十二册,第264頁;《越南漢文燕行文獻集成》第十一册,第175—176頁。
② 《越南漢文燕行文獻集成》第十一册,第177頁。

作。之前在討論使行詩歌時已經說過,行程見聞之作重在記行,唱和題贈之作重在交流。可以說這一點是被大多數燕行使臣和燕行詩歌品鑑者所認同的,如阮□爲阮偍《華程消遣後集》題序稱:"凡行間紀勝之作及應制贈答諸篇,隨手抄錄,名曰《華程消遣後集》。"李文馥《三之粵集草引》説:"余固陋言且無文,所至有應酬記詠,類多率意成吟。"黎文德爲李文馥《鏡海續吟草》題跋道:"其中唱酬題詠諸篇,洋海之情狀,風雲之變態,與天地氣候,古今人物,興會森然,無不紙上淋漓"等。① 其中"行間紀勝"與"應制贈答"、"應酬"與"記詠"、"唱酬"與"題詠"的並列,都足以證明燕行詩歌主要是由記行和交流詩歌組成。

對於燕行詩歌的兩分,也可以結合其編撰實例來考查。如《乾隆甲子使華叢詠》,對阮宗窐與正使阮翹在使途中的唱詠詩歌作了專門編錄。又如《仙城侣話》,是李文馥將自己與杜俊大、陳秀穎兩位同使詩集中"有涉於酬應往復者,摠爲抄錄,顏曰《仙城侣話》"②。此外,還有裴文禩《中州酬應集》和《雄舟酬唱集》,前者是他與中朝士人的贈詩和書札彙編,後者是他與楊恩壽的詩歌酬唱專集。這些燕行詩集的編撰事例説明,酬唱詩歌是可以作爲燕行詩歌的一個品種單獨成集的。反之,記行詩歌也可以單獨結集,如阮偍《華程消遣前集》、黃碧山《北遊集》、鄧文啓《華程略記》和李文馥《周原襍詠草》等。

另外,還可以結合燕行詩集的文本佈局來考查。如《桂堂詩彙選》是黎貴惇詩歌的選集,編者潘霖卿和阮湯建將其編爲兩卷,卷一有賀餞、投贈、題詠三類,卷二僅有題詠一類。黎貴惇的燕行詩歌,編排在投贈和題詠兩類,如投贈類有:《奉北使贈諸僚友》《附朝鮮李徽中和詩》《附洪正使和詩》《附朝鮮洪正使和詩》《端陽日答伴送官岵齋》《駐江南省城答沈秋湖》《答岵齋遊琵琶亭阻風之作》《駐湖南城贈布政使》等;題詠類有:《春風樓》《香海寺》《爛柯山》《仙遊萬福寺》《題伏波廟》《經岳陽樓》《經武侯祭風臺》《經烏江望項王祠》等。可見,投贈和題詠是越南文人劃分燕行詩歌的兩個重要標準。而且這一劃分在當時的燕行使臣中已成爲共識,如武輝珽《華程詩》分上下兩集,上集與下集前半部分爲燕行記行諸作,下集後半部分則爲"贈答諸作";胡士棟《花程遣興》前半部分記詠使途所見、所聞和所感,後半部分則是他與清朝士人及朝鮮使臣的贈答唱和之作;潘輝注《華程續吟》正文爲燕行記詠諸作,據目錄有七言律六十二首、五言律十七首、七言古四首、五言古十七首、五七言古一首、七言絶二十五首、五言絶一首,其後附錄"回程和

---

① 《越南漢文燕行文獻集成》第八册,第166—167頁;第十三册,第236頁;第十四册,第6頁。
② 《越南漢文燕行文獻集成》第十三册,第310頁。

答餞贈諸作"十餘首。

所以我們通常在燕行詩歌中看到,那些記詠沿途經歷、詠唱所見風景名勝、記錄所經諸地生活實態的作品,都應在記行和記事之列;那些在使行途中與同僚和中朝接送官員唱和,在京城酬和中朝士人,以及朝鮮、琉球等使臣的贈答之作,都應屬於詩歌交流範疇。

(二) 散文類燕行文獻。此類作品共有十種,其中日記七種,驛程記三種。先説燕行日記,有阮公基《使程日録》,黎貴惇《北使通録》,阮輝瑩《奉使燕京總歌並日記》,李文馥《使程志略草》,黎峻、阮思僩、黄竝《如清日記》,阮思僩《燕軺筆録》,范慎遹、阮述《建福元年如清日程》。其文體形式和內容與宋代使行日記相似,皆是繫日記録行程、見聞和事件等。具體如黎貴惇《北使通録》自序所説:

  《北使通録》四卷,僕隨筆所記也。始於奉命始行,終於度關修聘。訖於回朝奏啓表本、書柬文移、手帖尺牘、應對談論,皆在焉。《説郛》中有《攬轡》《驂鸞》諸録,皆前賢紀行之作。南國前輩奉使詩集甚多,惟紀事未有。永祐丁巳,遜齋黎先生充賀登極副使,始述日程道里、應酬贈遺,與所見聞、風俗、事迹,爲《使北紀事》一卷。編叙簡潔,有風致,憶僕來第時,公曾出以相示,且語曰:"此吾奚囊中略草也,子他日必膺皇華盛選,其推而廣之,以重事增華焉。"僕謝不敢。迫□年叨登朝序,戊寅冬果奉差充副使,庚辰春進關,壬午春回國復命。途中紀録,不覺成帙,擬歸呈公,而公已騎箕矣。遺恨又何可言。抑從來文臣專對,常擇五十歲上下。僕承之行人,年甫踰而立外,頗粗豪自喜,好遊採陟,感古訪今,到處題詠,見官廳對聯題扇,常默記歸舟抄之。雅蒙中州士大夫,以言詞詩章相愛好,故是録中於塘汛道里、山川風景、衙署聯額、官僚問對爲詳核。又與東國使臣相遇,結縞紵之誼,尺簡往復,僕所撰書二編,及與同幹唱酬瀟湘百詠,東使爲弁卷併載於此,亦觀風一佳話也。僚友多訪中州事,疲於應答,輒指此録示之。①

這段文字提供了越南燕行日記的撰寫實況、内容結構等諸多信息:首先,在黎貴惇看來越南"前輩奉使詩集甚多,惟紀事未有",但實際在他之前已有阮公基《使程日録》,因此對於越南燕行日記的撰寫實況不能説未有,而是少有。其次,黎貴惇提到啓發他撰寫燕行日記的原因:一是舉出前賢范成大的"《攬轡》《驂鸞》"二録(其中《攬轡録》爲使金日記),對南國前輩使

---

① 《越南漢文燕行文獻集成》第四册,第 7—9 頁。

者缺少日記作品感到遺憾；二是前使黎先生向他出示《使北紀事》一書，希望他日後奉使能夠推而廣之。再次，黎貴惇談到所撰燕行日記的相關内容，據"於回朝奏啓表本、書柬文移、手帖尺牘、應對談論，皆在焉"一句可知，有關燕行的各類文書都被悉數收入；另外他還時常抄録所見之"官廳對聯題扇"；又在中朝士大夫的協助下，對"塘汛道里、山川風景、衙署聯額、官僚問對"的記録尤爲詳核；再有他與同僚、中朝人士、東國使臣的酬唱之作，都並載入書中。最後，黎貴惇表達了燕行日記的三個優點：一是"隨筆所記"，不需要苦心積慮、精巧設計，便於在使途中運用；二是"編叙簡潔，有風致"，不冗長、繁瑣，一目瞭然，而且獨具風格；三是"僚友多訪中州事，疲於應答，輒指此録示之"，説明內容充實、記録豐富，能夠滿足人們的好奇心。

由此來看，越南燕行日記總體上是與宋代使行日記相一致的，畢竟以《攬轡録》爲代表的前賢作品對其撰寫産生過重要的指導作用。不過燕行日記也有不少獨具特色的地方，有些是在沿襲前賢的基礎上有所發揚，有些則屬於自創。比如：

第一，燕行日記篇幅普遍較大。燕行日記體裁的特殊性，需要使臣從始至終地堅持記録每日活動。如黎峻、阮思僴、黄竝《如清日記》卷首所題"臣等奉充如清使務所有途間返往行走事宜逐日登記"①，記録了同治七年八月初一日出鎮南關，至次年十一月十三日抵鎮南關的全部過程；范慎遹、阮述《建福元年如清日程》卷首所題"所有途間見聞，及公與清官交接往來款贈，竝臣等行走居住，各等情，具有日記"②，記録了嗣德三十五年十二月二十一日從越南出發，至次年十二月二十九日返抵越南的全部過往。可見，燕行往返至少要耗時一年，這自然爲日記撰寫提供了充實的内容。

第二，燕行日記中對詩歌的採録增多。可能是受燕行詩歌創作潮流的影響，《奉使燕京總歌並日記》《使程志略草》和《建福元年如清日程》等都或多或少地收入途中詩歌。尤其是阮輝𠐓《奉使燕京總歌並日記》，在多條日記後附詩一首至十數首不等，如："初五日，到淮安府，古名淮陰。有山陽縣同治，其淮陰祠，扁'國士無雙'。又有雙槐李家藥室，室右槐樹大可二圍，扁'樹此甘棠'（明嘉靖建）。經西湖，臨流是漂母祠，扁'一飯千金'，前有御詩亭臨湖，立大碑，刻韓信釣臺，其釣處即城下之深潭。"後附詩兩首：一是《題淮陰廟》："無雙寡二負才名，計利商功亦世情。飯孰金多吾報厚，勳非爵值漢恩輕。品卑自罣塵緣綱，信薄空煩帶誓盟。夢境當年如早覺，釣臺風月又

---

① 《越南漢文燕行文獻集成》第十八册，第74頁。
② 《越南漢文燕行文獻集成》第二十三册，第177頁。

誰爭。"二是《題漂母祀》:"咄嗟一飯進王孫,何以晨炊不耐煩。立志本無覬望態,千金難買怒辰言。"①這種分別用散文和韻文記詠同一經見的方式,有類於范成大《攬轡錄》與《使金絕句七十二首》的組合。

第三,燕行日記撰寫特色鮮明。每種燕行日記都有獨具特色的地方,體現了作者在撰寫上的突破與求新。例如,《如清日記》標注日期比較特殊,使用大寫漢文數字,如拾陸日、貳拾壹日之類,在宋代使行日記用數字、干支,及數字和干支組合標日之外又新添一種;另外,還往往標明每日活動的時刻,如卯刻開船、戌刻停泊,亦是在前賢日記中未曾見到的。李文馥《使程志略草》尤其重視對注解的編撰,一般在每條日記下有雙行小字注文,如"十三日,經劉三烈廟",注云:"明正德間,有通判劉仁者,舟行至此,尋遇劫,妻蘇氏、妻郭氏,女菊花,並投江死,今碑扁猶存。"②提供了劉三烈廟的背景信息。阮思僴《燕軺筆錄》"日程記"選擇在不同地域前標示出域名,有北寧省、諒山省、太平府、南寧府、潯州府、梧州府、平樂府、廣西省城、衡州府、湖南省城、洞庭湖、岳州府、湖北省城、漢陽府、衛輝府、直隸省城、燕京等,進一步明確和細化了使臣在各個地域的每日活動。

再討論燕行驛程記,有潘輝注《輶軒叢筆》、李文馥《使程括要編》和阮文超《如燕驛程奏草》等。其各方面表現,可參見阮文超自序:

  如清使部臣等謹奏:嗣德二年正月日臣等陛辭,奉敕:"是行江山勝概,所至詳記,回朝進覽。欽此。"臣等自出南關至燕京,道廣西、湖南、湖北、河南、直隸,凡有萬里。廣西地連五嶺,其大概則山粗水急;湖廣地稱澤國,其大概則水秀山清。河南豫土四野寬平,岷山黃河眾水所歸。直隸冀野,地居高脊,太行自南而北,水隨山上游,頗爲獨異,然壤連大漠,江河水淺,滿地風沙,書日幽都,純陰方也。臣等道塗涉獵,誠體會之爲難;文字摹糊,惟鄙俚之是懼。迺倣諸家驛程記,隨其所至。爰用諮詢,載質之《一統志》《通志》《廣輿記》諸書。頗徵之經史,墊其名稱,約其來歷。所過江自源及委,則舉江以見山;所過山自起及止,則舉山以見江。間或一州一縣,山水頗異,與夫江河要害,疆域沿革,以至城廓塘澤之足徵。古制、風物氣習之或異諸州,庶可以備觀風者,亦概舉其大,因江山以附見。區爲寡會,恭陳于左。③

---

① 《越南漢文燕行文獻集成》第五冊,第113—114頁。
② 《越南漢文燕行文獻集成》第十五冊,第39頁。
③ 《越南漢文燕行文獻集成》第十七冊,第5—7頁。

從阮氏口中可以獲得與此書撰寫相關的信息：一是奉敕撰書，爲完成皇帝"江山勝概，所至詳記"的重託，明示了撰寫的政治意圖。二是從鎮南關到燕京，要路經"廣西、湖南、湖北、河南、直隸，凡有萬里"之遥，故作者仿效前使諸家驛程記的撰寫方式進行記録。三是重視考訂，爲了避免文字記録模糊、鄙俚，作者則參閲《一統志》《通志》和《廣輿記》等書，以求達到廣征經史、考其來歷的撰寫目的。四是記録内容廣泛，含有山川、江河、沿革、城廓、塘汛、古制、習俗和物産等。

所以從文體形式來看，燕行驛程記與宋代使臣的行程記是比較相似的。整個文本具有連貫性，所記經見都依時間先後排録，如《如燕驛程奏草》條目依次有：南關山路、太平江山、横州大灘、潯州名巖、鬱黔皷灘、南滕磯梁、梧州咽喉、平樂潭印、陽朔峰石、臨桂山水、廣西大勢、臨源分水、湘江風景、洞庭水勢、江漢要會、武勝阨塞、碻山山廓、新鄭地形、黄河津要、太行形勢、燕京大略、西湖名勝、北平風物、塘汛烽燧。又如潘輝注《輶軒叢筆》自鎮南關始一路經見有：幕府營、受降城、寧明州、明江、新寧城、南寧、南寧府、横州半仙崗、五險灘、伏波廟、貴縣、潯州府、南平縣之閭石山、藤縣、梧州、梧江三界、梧江三岐、象鼻山、獨秀峰、疊綵山等。還如李文馥，他認爲奉使一路"記者甚多，其中疆域之沿革，古後之事迹，與夫岩崗、庵院之勝，磯灘、橋陡之微，或詳或略，互有異同，要之各有所據。惟塘汛名號、程路里數，或彼則有而此則無，或此則曰甲而彼則曰乙，難從徵準"。他偶然在全州喜獲一編事關燕行"塘汛里數甚詳，而古後事迹則失之遺略"的文獻，便"取其詳者參之，以從前之記録質之，以是行之見聞，因而删繁補漏"①，遂成《使程括要編》。其内容大致以行經省州府縣爲綱，記當地沿革與周圍地理等，如："（廿五里）趙州城（正定府屬）。按趙州古趙國地，北齊趙平後爲趙州。（七里）北平棘、（十七里）宋子遺迹、（五里）李牧故里、（五里）洨沙河、（五里）孤竹遺迹。"②

（三）圖文類燕行文獻。有吴時任《皇華圖譜》，阮輝瑩等編繪《燕軺日程》，裴樻撰、范文貯繪《如清圖》，裴樻撰、佚名繪《燕臺嬰語》，裴文禩等編繪《燕軺萬里集》五種。案：《如清圖》與《燕臺嬰語》實爲裴樻燕行圖記的兩個傳本，據《如清圖》書首題"嗣德叁拾五年畫於驪臺學舍之□""學生范文貯奉畫"③，又據佚名所繪《燕臺嬰語》較《如清圖》圖文大致相仿，由此可以推斷二書當係范文貯、佚名對裴樻燕行圖記的兩個重繪本。

---

① 《越南漢文燕行文獻集成》第十五册，第79—80頁。
② 《越南漢文燕行文獻集成》第十五册，第123頁。
③ 《越南漢文燕行文獻集成》第二十四册，第175頁。

燕行圖記的形式和内容如吳時任《皇華圖譜》卷首"小引"所說：

> 凡經粵、楚、宋、魏、鄭、趙、燕之墟，計程一萬二千二百餘里。來辰又多一倍，宵征夕發不已，于行不比前度賦《金陵》、題《赤壁》之從容也。在道山川之險易，驛館之停發，古人遺迹、今人見景一一繪之，爰將所賦詩文，供與原樓壁碑碣之記識，具載圖上。①

内容一般包括兩個部分：一是圖繪燕行途經的山川、驛館、遺迹和見聞等；二是將所賦燕行詩文與"樓壁碑碣之記識"文字載於圖上。可見其與宋代使臣的圖文類行記相似，均爲圖文並茂的書寫體裁。至於文本形式，據此書卷首漢喃研究院陳翰瑢題跋考證：

> 本院《皇華圖譜》現有二集：（A1579）内具使程圖。（A2871）内惟詩文與前集上層多相似。後集小引年爲癸丑，校之前集抄乾隆諭於五十八年正合，但並無使者之名號。昨有攜來《皇華圖譜》一集，内具行程圖并其詩文，校之本院前後二集無異。②

第一種應爲圖文齊備的傳本，第二種應爲僅存詩文的節錄本。所稱"惟詩文與前集上層多相似"，可知燕行圖記的編排通常分上下兩層，上層謄錄文字，下層圖繪使途。因此本《皇華圖譜》不存圖形，故舉其餘四種文獻所繪作爲圖證。

圖一至圖四爲燕行所經南寧府圖。首先，上下兩欄的編排形式一目瞭然。由於《燕軺日程》較其餘三種早百餘年左右，可見早期的越南燕行圖記撰寫是以繪圖爲中心，相關文字僅被安排在圖畫的空白處；其餘三種則不同，有意爲文字留出空餘，尤其是最後一種，把文、圖明確劃分在了上下兩欄。其次，内容有詳有略。從圖畫上看，圖一較爲簡略，圖二、圖三稍詳，圖四最詳，大致隨時間先後呈現了燕行圖記由略到詳的撰寫趨勢。從文字上看，圖一、圖四用字不多，簡要記錄了城内外的環境，如圖一記道"阴陽書院""外岸有伏波廟"，圖四記道"城内外街鋪稠疊""城之東有崑崙山"等。圖二、圖三偏重於記錄流經當地江河的源尾，内容大略相同，皆記有明江、麗江、月德江、珥河、馬江、甲江、禁江等，圖三又多出藍江、麗水、廣治明江數種。

---

① 《越南漢文燕行文獻集成》第七册，第109—110頁。
② 《越南漢文燕行文獻集成》第七册，第107頁。

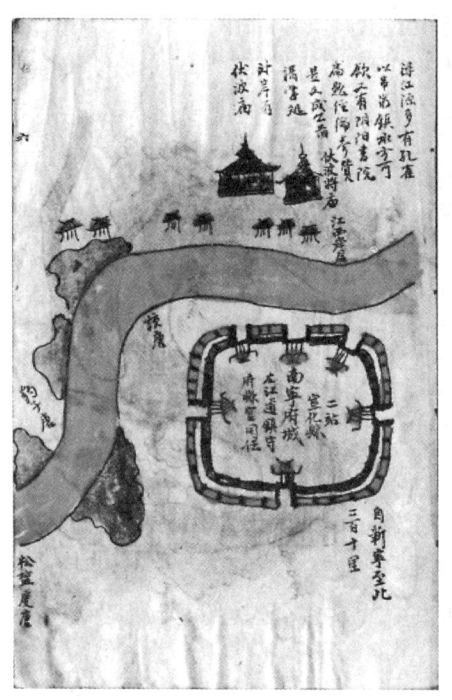

（圖一）《燕軺日程》南寧府圖　　　　（圖二）《如清圖》南寧府圖

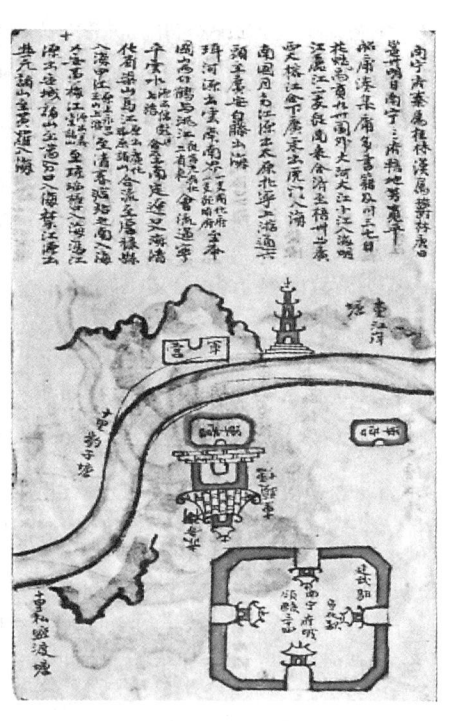

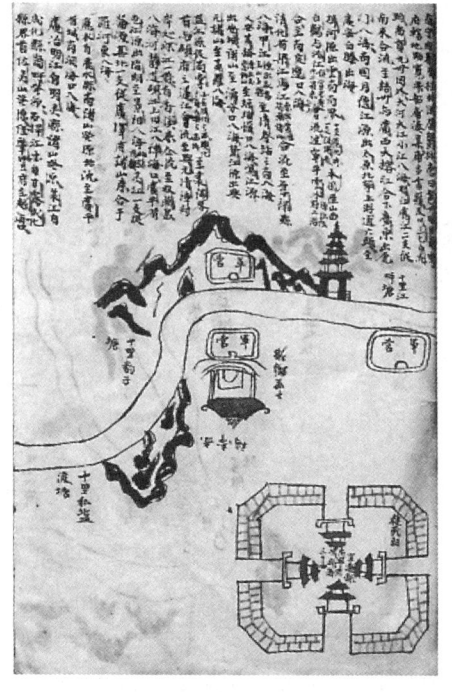

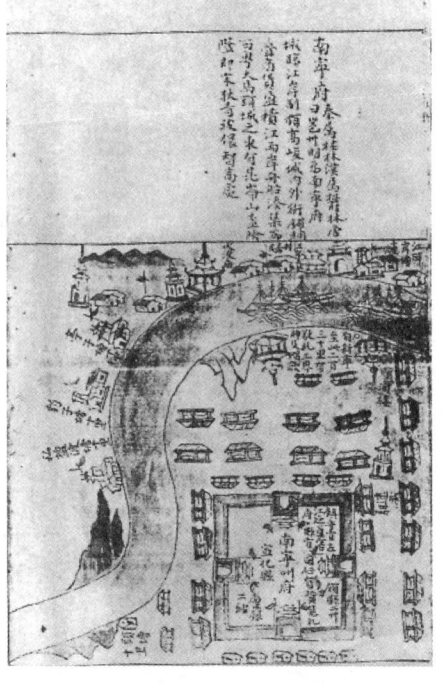

（圖三）《燕臺嬰語》南寧府圖　　　　（圖四）《燕軺萬里集》南寧府圖

第三,圖繪色彩主次分明。四圖所繪均用墨色最多,除圖四外其餘三圖又選用朱色點染建築或景物;另外圖一還用朱色填充河道,藍色填充山石、房屋等。從某個層面來說,燕行圖繪及色彩的運用,可以彌補宋代使行圖記文存圖亡的遺憾;而依照燕行圖記的結構,還有助於推測宋代使行圖記的圖文佈局。

四、越南燕行錄的文獻特色

燕行錄對越南文學史的意義非同一般,如王小盾先生所説"越南古籍中有十多種燕行記和八十多種北使詩文集,生動而細緻地反映了歷史上的中越關係。但這些作品的意義却並不限於史學;更重要的是,它們是越南古典文學的一筆重要遺産。若就作者的數量而言,它們在越南文學史上至少佔有七分之一的比重;若與集部相關類別的漢文作品相比較,則佔有五分之一的比重"。① 它們明顯是越南古代文學的一個重要組成部分。

"吴家文派"的代表人物吴時任,曾在爲潘輝益《星槎紀行》所題寫的序文中總結越南詩歌的發展歷程爲:

> 我越以文獻立國,詩自丁李,至于陳,大發揚于皇黎洪德間。一部《全越詩》,古體不讓漢、晉,近體不讓唐、宋、元、明,戛玉敲金,真可稱詩國。就中求其機杼大段,可稱詩家者,蔡吕、塘白、雲庵諸公,此外茫然渺矣。暨夫皇黎中興以後,名家之詩,雜見於使華諸作。其或尋幽訪古,觸景生情,去國懷鄉,因事述意,殘膏賸馥,真可以粘蓋後人。②

在他看來,燕行詩是越南詩歌發展史上的一個高峰,也是文學史上的一個重要階段。所以燕行錄在越南文學史上所獲得的地位,是中國的使行文獻所難企及的。具體表現爲,圍繞燕行錄所展開的文學活動是使行文獻没有的。主要有以下二端:

一是品評,大多表現在燕行詩集中。諸如:

> 阮翹、阮宗窒《乾隆甲子使華叢詠》有"正使阮翹,號浩軒;副使阮宗窒,號舒軒。金陵引莫昭秘□朱評,欽差翰林出身郎中鄭壁軒墨評"。
> 阮宗窒《使華叢詠集》有"江南詩客卓山氏朱評,欽差翰林出身禮

---

① 王小盾等編《越南漢喃文獻目録提要序》,臺北,臺灣"中研院"中國文哲研究所,2002年。
② 《越南漢文燕行文獻集成》第六册,第186—187頁。

部郎中鄭壁齋墨評,湖南王居士、胡秀才朱墨間評";又有歐陽旺、鄭壁齋、王雲翔三家書首總評。

　　胡士楝《花程遣興》由其同年,翰林院校理兼國史纂修汝慎齋點評。

　　阮偍《華程消遣集》有"庚弟醒齋張承甫朱評,弟學亭汝韞甫墨評,弟楊川陳密斋朱墨混評"。①

　　評論者涉及中越人士,可見這既是"標榜于上國"的成果,又是對燕行詩歌文學成就的肯定。這一文學鑒賞活動,必然是對燕行詩歌創作的一種理論總結,意味著燕行詩歌已成爲越南文學史上的重要類別,開闢了文學創作的新局面。

　　二是彙編,對燕行文獻進行再傳播。意思是如果燕行錄的結集代表了個人作品的傳播,那麽燕行錄的彙編則體現了文學類型的傳播。中國使行文獻中也有過彙編的情況,但終究不如燕行錄表現得這麽具體。在燕行錄中我們不僅可以看到合錄個人單次奉使的作品,如阮輝偣《奉使燕京總歌並日記》是日記和詩歌的雜錄,范世忠編《使清文錄》是使清公文和詩歌彙編,阮思僩《燕軺筆錄》是公文與日程記的彙錄,阮思僩《燕軺詩文集》是《燕軺詩草》《燕軺文集》和附錄中國士人贈詩的合錄。或者合錄一人兩次奉使的作品,比如阮偍《華程消遣集》,包括《華程消遣》前集與後集,合錄了1789年(西山光中二年,清乾隆五十四年)和1795年(西山景盛三年,清乾隆六十年)的燕行詩集;范芝香《志庵東溪詩集》是1845年(阮紹治五年,清道光二十五年)和1852年(阮嗣德五年,清咸豐二年)兩次燕行詩歌合集。鄧輝燸編《東南盡美錄》是1865年(阮嗣德十八年,清同治四年)、1867年(阮嗣德二十年,清同治六年)兩次奉使廣東的詩文彙集。

　　更重要的是還可以看到雜抄、合錄數位使臣的作品,例如《燕臺秋詠》雜抄了武輝瑨、吳時任、潘輝益三人不同奉使年限的燕行詩文;《仙城侶話》合錄了李文馥、杜俊大、陳秀穎三人同次奉使時的答詠詩作,誠如李文馥《仙城侶話序》所說:"時因公暇,相與論文,或發于詩,各存之集,就中有因事同詠者,有隨興別詠者,有次韻者,有不必次韻者,凡亦以聲韻代音話耳,余具其久而諼也。……兹復摘取集內諸作,有涉於酬應往復者,摠爲抄錄,顏曰《仙城侶話》。"②

---

① 《越南漢文燕行文獻集成》第二册,第43頁;第二册,第138—139頁;第六册,第5頁;第八册,第169頁。
② 《越南漢文燕行文獻集成》第十三册,第309—310頁。

此外,《越南漢喃文獻目録提要》集部北使詩文還著録有:

繆艮編輯《中外群英會録》(又名《群英會詩》《中外英會録集》):中國人士與越南使節的酬應詩文集,包括與李文馥、汝伯仕、阮文章、黄岡等越南使節的唱和詩及來往書信。

《日南風雅統編》:北使詩集合編,分三部分:一爲北使詩篇十七首,二爲《段先生詩集》收段阮俊燕行詩一百四十一首,三爲柴山進士潘氏使華詩集《柴山進士潘公詩集》。

《北使詩集》:合抄本。陶公正永治二年(1677)燕行詩篇,阮公沆永盛十四年(1718)燕行詩篇。

李文馥《克齋粤行詩》(又名《李克齋粤行詩》):李文馥三部詩集合抄。一爲出使廣東的《粤行吟草》,二爲出使英吉利的《西行詩記》,三爲出使中國的《東行詩説》。①

以上燕行文獻的彙編情况説明,彙編不但是突出作品特點、發揮傳播優勢和提高社會關注度的一條重要途徑,還成功讓燕行録作爲文學的一個重要類型而被越南社會所認知。

第七節　越南西行文獻述論

19世紀,越南開始與西方國家建立交往,阮朝派遣大批使臣出國訪問和考察,開啓了認識西方世界的道路。衆多越南使臣在西行過程中撰寫有日記、筆記、詩歌等作品,從不同角度記録其經歷見聞,較爲集中地反映出了當時越南人眼中的西方世界。越南西行文獻在《越南漢喃文獻目録提要》中著録有二十餘種,它們是研究越南的交流史、文化史的一批珍貴資料。目前,學術界對這批文獻亦有所關注,比如陳益源先生通過討論1830年初期的越南使臣關於南洋的記録,認爲這些作品爲我們認識其當年筆下所記録的東南亞新世界提供了生動的史料。② 又如于向東先生通過19世紀前期的記録,考察了阮朝在"下洲""小西洋"等地所開展的外洋公務活動。③ 可見,

---

① 《越南漢喃文獻目録提要》集部,第748、750頁。
② 陳益源《越南漢文學中的東南亞新世界——以1830年代初期爲考察對象》,《深圳大學學報(人文社會科學版)》2010年第1期。
③ 于向東《西方入侵前夕越南阮朝的"外洋公務"》,《歷史研究》2012年第1期。

越南西行文獻對於認識越南當時的外事活動及東南亞社會面貌有重要的史料意義。同時，西行文獻也是越南文學史的一宗資源，所以有必要從其文本特徵、編撰體例以及文化淵源等方面來認識它們，以理解這一文學活動的意義。

一、越南西行文獻概述

越南現存最早的西行文獻是李文馥的《西行見聞紀略》和《西行詩紀》。阮朝明命十一年（1830），陳文禮、阮知方等奉命出國參加時屬英國殖民地明歌鎮的海軍演習，李文馥隨行，乘坐奮鵬、定洋二船，"以新正十八日，自廣南沱瀼汛起椗。六月達其境，途經新咖波、嗎粒呷、檳榔嶼等地方，乃抵明歌鎮治津次。停宿數月而返"①。李文馥此行編寫有多種著作，他在《得旨由富安登陸程》詩中自述："是行，余所錄筆有《見聞錄》《日程記》《舟行賦》《海行吟》《仇大娘張文成演義》等作。"又說："《見聞》《日程》等作，經有奏進。"②就存佚而言，目前僅見《西行見聞紀略》和《西行詩紀》二書。前者分類編錄西行見聞，李文馥自序說："其國風俗之好尚，官府之施設，與夫天時之互異，地産之所宜，固不能悉其詳細。然或得之目睹，或憑之詢問，亦彈竭愚陋，採而集之，仍分別門類以登于紀，顏曰《西行見聞紀略》。"全書分名號、人物、氣習、衣服、飲食、文字、禮俗、官事、時候、屋宇、車乘、貨幣、舟船、地産十四類，又附錄孟牙啦、蘷嗤、闍閭三地風俗。後者以詩述行，李文馥引言說："姑存其所往之地，所過之境，與其往來之日月，籍以聲律紀之，顏之曰《西行詩紀》。"③此二書雖然體裁不同，但主要內容都是在記述西行經見。

此後，何宗權等人於明命十三年（1832）亦乘坐奮鵬、威風二船出訪明歌鎮，不過在其到達大占嶼後，因奮鵬船漏水，需要修理，故威風船被改派前往江流波。何宗權撰《洋夢集》（又名《夢洋集》），全書以詩歌記此行，如《出洋》題注："正月初四日，自沱瀼出港。"《訪大占嶼山寺》題注："初六日，將抵大占嶼，同行奮鵬船漏水，回帆相護，因泊岸訪寺。"《改派江流波》題注："有旨威風船，改派江流波。"④書中共有詩二百餘首，何宗權自述所作爲"洋程所見，雲霧波濤，或起或伏，或飛或立，與夫洋番人物，器用草木，凡一切可喜可標之景趣，痦痳記之，日久積成若干篇"，多在記詠海程及見聞。

至嗣德十六年（1862）五月，潘清簡、范富庶、魏克憻等人奉命前往法國

---

① 李文馥《西行見聞紀略序》，越南漢喃研究院圖書館藏抄本，編爲 A.243 號。
② 李文馥《西行詩紀》，見《使程志略草》，越南漢喃研究院圖書館藏抄本，編爲 A.2150 號。
③ 李文馥《西行詩紀引》，見《使程志略草》，越南漢喃研究院圖書館藏抄本，編爲 A.2150 號。
④ 何宗權《洋夢集》，越南漢喃研究院圖書館藏抄本，編爲 A.307 號。

（富浪沙）、西班牙（衣坡儒）二國報使。三人於嗣德十七年二月回奏，進上《西浮日記》三卷。此書所記始於嗣德十六年五月六日，訖於嗣德十七年二月二十一日。據范富庶等人在嗣德十七年二月二十四日的上書表所説："去年五月日，臣等奉派前往富浪沙、衣坡儒二國報使。兹奉公回，除辦公文書支項清册另款繕進外，所有程途、經歷、聞見、問答各款，謹奉會同逐日登記進呈。"①可知范富庶等人使回進呈的文件有兩份：一份是往來的外交文書，一份是使行日記。其中《西浮日記》所涉内容廣泛，包括每日的程途、經歷、聞見和問答等。需要説明的是，《西浮日記》雖然以三位使臣的名義進呈，但實際應是由范富庶負責撰録。原因是此篇日記被編入范富庶的《蔗園别録》中，題名爲《西行日記》。葦野爲此日記題辭："傳後信兮推巨手，鑿空休誤漢臣查。"②將范富庶比作張騫，稱讚此録亦有"鑿空"的意義。另外，范富庶還撰有《西浮詩草》，收録其記詠西行見聞的詩作三十餘首。《大南列傳·范富庶傳》亦記載其"所著有《西行日記》《西浮詩草》《蔗園詩文集》行世"③。潘清簡、魏克憻二人對此行也各有記録。比如潘清簡《梁溪詩草》中收録了多首題詠出使中國、法國和西班牙之見聞的詩篇，其中使中國諸詩又編爲《使程詩集》。又如魏克憻撰有《如西記》④，全書以筆記形式分條記録西方見聞，包括當地的宗教、習俗、地貌、文藝、科技、貨幣、軍事、醫療、教育、語言、服飾、建築等内容。由此可見，范富庶等三人對於出使法國和西班牙的過往，主要採用了日記、筆記和詩歌三種形式加以記述。

　　阮簡宗建福元年（1884），中越宗藩關係結束，越南成爲法國殖民地。此後，阮朝曾多次派遣使團到法國辦理公務或參觀博覽會，其間也留下了多種西行記録。比如阮福昭成泰元年（1889），派遣阮綿寮、武文豹、阮澄等出使法國並參觀在巴黎舉辦的第四届世界博覽會，三人撰《己丑年如西日記》二卷進呈。其成泰元年九月四日奏表説："本年四月日，臣等奉準如大法國通聘。兹奉公回，除現辦公文書支項清册另款繕進外，所有程途歷閲、風俗見聞各款，謹奉會同逐日登記進呈。"⑤日記始於成泰元年四月七日，訖於當年八月二十三日。書中詳細記載有西行的路程距離，使臣途經新加坡、馬賽、巴黎、里昂等地時的外交活動，各地的人口、風俗、港口、商業、文藝、物産及

---

① 《西浮日記》，越南漢喃研究院圖書館藏抄本，編爲 A.100 號。
② 范富庶著，范富臨、張仲友檢輯《蔗園别録》，越南胡志明市社會科學圖書館藏抄本，編爲 HNV.296 號。
③ 《大南正編列傳第二集》卷三四《范富庶傳》，東京，慶應義塾大學言語文化研究所 1981 年影印本，第 7988 頁。
④ 魏克憻《如西記》，越南漢喃研究院圖書館藏抄本，編爲 A.764 號。
⑤ 《己丑年如西日記》，越南漢喃研究院圖書館藏抄本，編爲 A.101 號。

博覽會參觀記等。此外,阮綿家此行還寫有多篇紀行詩,收錄在《約亭詩鈔》卷二中,包括《奉使如西呈葦野先生兼留別京中諸兄弟及親友》《欽使大法示同行諸君子》《西浮途中誌事》《新加坡》《出印度洋》《謝船官興夷多謨巴贈如西地圖四首》等。

值得注意的是,成泰元年的使團人員中張明記(號梅庵,字世載)也撰寫有日記《如西日程》,不過是用七七六八體喃詩的形式記述。"國瑞鄧氏"題序述及此書內容,説:"歷叙如西行程,其中西域山川、程途遠近、樓臺廬舍、民物風景以及江程、陸路、水迅、火奔,凡身所徑歷,目所確見,一一叙明,撰成國音演歌一本。其立言甚詳而載事甚備,隨見隨書,固非無稽之言也。"①可見此書與漢文西行日記的功能基本一致,都是對所歷所聞做全面而詳細的記録。可以説,越南使臣用六八體喃詩編撰西行文獻的事例並不鮮見。例如在此之前的阮景宗同慶二年(1887),清高和尚就撰有出使巴黎及參觀博覽會的七七六八體喃詩《如西日記》(又名《西行日記》);其後的成泰二年(1890),阮棚璃、阮澄使團出使法國也撰有六八體喃詩《西行日程演音》;又成泰十二年(1900),陳廷量以副使身份出使法國,同樣撰有六八體喃詩《西行日程》。這些文獻都名以"日程"或"日記",内容一般會涉及西行的日程和所經各地的地理、人物、習俗、文化、經濟等。説明在西行文獻的編撰中,越使除了以漢文、漢詩記行外,還擅於使用具有本土特色的六八體喃詩述行。

在成泰十二年的使團中,不止編撰了《西行日程》一部記録。當時正值法國巴黎舉辦第五屆世界博覽會,所以使團人員眾多,隨之產生的記録也頗多。例如有武光玗、陳廷量、黃仲敷等正副使臣用漢文撰寫的《使西日記》,用於上奏朝廷。另有徐淡編撰的《覽西紀略》、黎文敬編撰的《附槎小說》等,都是對此次使西行程的實録,内容包括往來日程、途中事宜、各地見聞以及餞送使團啓程的詩文、參觀博覽會的細節等。

爲强化與法國的關係,阮弘宗福昶於啓定七年(1922)親自出訪法國,阮高標爲此行編撰了《御駕如西記》一書。全書共四卷:卷一爲"自奉降諭及一切事宜儀注",卷二爲"自啓鑾至駕抵馬賽城",卷三爲"自馬賽城及駐蹕玻璨城",卷四爲"自回鑾至駕抵京城"。② 以起居注的形式記録了啓定帝赴法商談事務及參加馬賽博覽會的經過,内容包括每日的行程、在法活動、與

---

① 張明記《如西日程》,法國國家圖書館東方寫本部藏天寶樓庚寅年(1890)印本,編爲 VIETNAMIEN.B.128號。
② 阮高標撰,范岠、黄有桱審校《御駕如西記》,法國國家圖書館東方寫本部藏啓定七年(1922)鉛印本,編爲 VIETNAMIEN.B.23號。

法國的談判等。同時，啓定帝撰有御製詩六十首，編爲《啓定御駕如西詩集》，與《御駕如西記》一同由"中圻承天得立印館"刊印發行。

除以上西行文獻外，在《越南漢喃文獻目錄提要》中還著錄有阮仲合《西槎詩草》、阮文桃《歐學行程記》以及佚名《西行記》（六八體喃文）、《如西洋日程記》（漢文）等作品。總之，這些作品基本反映了越南西行文獻的面貌，它們是越南與西方國家建立交往的一組實錄。

二、越南西行文獻的類型與特徵

根據上述内容，可以發現越南西行文獻大多產生於外事活動之中，主要有日記、筆記、漢詩和六八體喃詩四種形式，分別反映了西行文獻編撰中對散文和韻文的運用。

具體來看，首先散文包括日記和筆記二體。西行日記繫日記錄每天的氣候、行程、見聞、語言及使團人員的活動等。比如《西浮日記》載：

> 二十二日晴，寅牌，經過地盤山。卯牌，經將軍帽山，向丁駛。午經母子猪嶼、東笠山、觀音山，入白石港。港道之左，有小石嶼，英吉利人經砌石表，派兵輪住，每夜高灼玻瓈燈；又於港之左右，或暗沙處，各繫浮表，皆爲舟船往來標望。未牌，底津嘉波澳。
>
> 十六日晚分，須油箕陪使坡移輦至館，云："該國與富浪沙有舊，今富浪沙又與貴國交好，是亦一家友誼，故來候問。"臣等答云："本使一初遠來，乃屈相顧，多謝盛情，另日即當造候。"乃就坐款茶烟。因問該國至富浪沙程途。該答曰："自該國黑海港門，駛火輪船往澳大利國，起陸由火車至玻運城，通計八日夜。"移刻辭回。

前一則記錄了西行海程，一日航經地盤山、軍帽山、母子猪嶼、東笠山、觀音山、白石港、津嘉波澳等地以及在小石嶼所見英國人設立的石表和浮表。後一則記錄了使團與"須油箕陪使坡移"之間的問答，重點詢問了該國至富浪沙的程途。可見行程和見聞是西行日記記錄的兩個重點。

對於西行筆記，主要是記錄所見所聞，如李文馥《西行見聞紀略》、魏克憻《如西記》等都是如此。前文已述李文馥在《西行見聞紀略》中分十四類記述在明歌鎮等地的見聞，比如名號類中記有"英咭唎國""新咖波鎮""嗎啦呷鎮""檳榔嶼鎮"和"明歌鎮"的名稱沿革，人物類中記有當地人的相貌、名諱、姓氏和年齡，屋宇類中記有"室屋之制""富顯所居之室"和"閻閻之間"的情況，地產類記有食用、服用、寶玉、果樹和物畜等。從中可詳細瞭解明歌鎮等

地各方面的信息,相當於一部地方志。以名號類所記明歌鎮爲例,其載:

> 明歌鎮名,其地平陽廣邈,四望無山,原係孟牙里國故地,既而爲謨喏國佔據,後紅毛以智取之,至今八十有四年。其市肆林立,舟船蟻聚,車轍馬迹,塞巷填街,繁盛比前三鎮十倍,稱爲大都會處。
> 明歌鎮距紅毛國都尚遠,聞之唐人云:"如駛用火烟船,則兩閱月可到;餘船則全憑風力,順者四五閱月。"又叩其地勢相聯絡否?尚間于三四國之間。叩其名則云"白頭國、達塞國"。餘皆不記。獻者久寓于此。其人亦皆有學識,每以文字爲問答,多有所得。又有流民名遊夷者,一日少轉從明歌處,經四十年,今因便攜回,每有所問,他亦據所知以答。

從中可知明歌鎮的歷史變故和當日繁榮。這些信息都是通過使臣親歷所見和多方打探兩個途徑所獲取的,具有較高的文史價值。

其次,韻文包括漢詩和喃詩二體。越南使臣用漢詩紀行的事例較多,比如在燕行文獻中漢詩體裁的作品就達半數以上,這說明詩歌是越南使臣用以記述使行最爲青睞的一種文體。從內容來看,西行漢詩也多涉日程和見聞。這裏僅以李文馥《西行詩紀》爲例,首先其在一些詩歌題名中就會寫明日期,如《正月初一日赴沱瀼口船次留別》《三月初三日有感》《四月二十二日遙賀萬壽大慶節》《七月二十七日哭三弟鳶溪》等,可以明晰各詩寫作的時間。其次也會在一些詩歌題注或序引中寫明日期及行程,諸如:

> 正月十八日。(《開船》題注)
> 明歌鎮名,蕃語稱芒歌囉。四月初九日,入其港,時已薄暮,忽狂風驟至,收帆弗及,船爲之偏側,幾覆者再幾撞岸者一。悠悠異域,與死爲隣,只向於船上所設天后神像,磕頭哭禱。俄而帆裂船復平急,投掟紊柱,得無事。(《明歌港遭風》序引)
> 閏四月初四日,時船舟沉覆者五十餘,本船所紊掟之鐵索亦斷,幸風水相左,得無恙。問之土人,皆曰:此風四十年來再見也。(《颶風即事》題注)
> 五月二十五日。(《回舵》題注)
> 明歌港口自古稱爲至險,出入須雇土著人引導猶患不濟。六月初五日,船離十幾里,豁然如脫穽檻矣。迨入夜以後雲霧波浪交作,風轉逆連日進退惟谷,惟有左右游移,以與海天相抗。時又椿撞搖曳幾不能自持,晨夕哀鳴,繼之以哭。直至二十三日之旦,乃向西風披拂,送萬里

之歸帆。(《征人五章章四句》序引)

　　八月二十八日,船回抵本國富安鎮分之泳淋口,距京都只有半月,旱路行者赴家,喜可知矣。(《詠淋口遭風口號》題注)

　　九月十二日也。船初到即具疏以聞,至是日得旨。(《得旨由富安登陸程》題注)

通過這些詩歌題注和序引可以了解到此行的海上行程往來各花費了大約三個半月,總共用時近八個月。

同時,李文馥的西行詩歌幾乎都有序引、題注或間注,雖然是用以幫助解析詩歌,但所述都是其一路見聞。這裏可將其與《西行見聞紀略》相對比:

《西行詩紀》	《西行見聞紀略》
《新咖波》題注:"鎮名,蕃語稱吁歌迪,原屬闍閩故地,後爲紅毛所並。其地臨海依山,車船輳集,稱爲都會之所。"	新咖波鎮名,其地原屬闍閩國,後爲紅毛所並,迄今十有九年。經已設立庯舍,開治津岸,爲舟船都會之所。
《抵明歌津次安船》引:"明歌鎮治臨江,平陽廣邈,四望無山,本屬孟牙里國轄下,既而母鹵國佔據已歷年所,後轉爲紅毛所併。設大鎮目治之,前三鎮皆其兼轄也。其家樓閣林立,舟船蟻聚,間閻比屋,車馬巷街,繁盛比前三鎮十倍,稱爲小西大都會云。"	明歌鎮名,其地平陽廣邈,四望無山,原係孟牙里國故地,既而爲譕唯國佔據,後紅毛以智取之,至今八十有四年。其市肆林立,舟船蟻聚,車轍馬迹,塞巷填街,繁盛比前三鎮十倍,稱爲大都會處。
《記所見》間注:"紅毛素有機巧,常於長江橫鐵爲橋,全無一椿樹植於江中,而條緒相維不可拔。"又間注:"其間多風霆,每見人家墙户外豎一鐵鞭,高數十尺,腰圍寸餘,名曰收雷鞭。其鐵煉有法,每天降霹靂,將近此鞭,則石靈自走,注於鞭底不能發。"又間注:"其處爲火煙船者,船之兩邊水機車船之中心樹鐵柱一,中通而外圓,暗設火機於柱下。駛船時燃火,火煙遶於柱頭,其風自生,可以運水機車,水機既運,船走如飛矣。"	國人多機智工巧,常於長江橫鐵爲橋,橋之下全無一椿柱植於江中者,但於橋上多用鐵條、鐵索,歷爲維繫,條諸相關,望之則憑空無所倚著,而人馬往來,堅牢不可拔。又有收雷鞭者,常於人家墙屋間,見有豎一鐵鞭,周圓一寸高可數十尺。叩之,云此鐵製煉有法,用以收雷。蓋其處多風霆,每有天降霹靂,逢此鞭則石靈自走注於鞭底,堅固不能發,可以避害。國人造船之技,備極工巧,就惟火煙船爲最。船之兩邊各有水機車,行時運之,可以使水。船之中心豎有鐵柱一,中通而外圓,暗設火機於柱之下,行時起火,煙從柱頭吹上,其風自生,可以運機。

對比可見,此二書對於相同見聞的記述雖互有詳略,但相似度較高,其中一些語句完全一致,這說明二書在編撰時資料是互通的,可互爲參證。

中、員外郎條"載:"使絶域者還,上聞見及風俗之宜、供饋贈貺之數。"①《唐六典》卷五《尚書兵部》"職方郎中"載:"其外夷每有番官到京,委鴻臚訊其人本國山川、風土,爲圖以奏焉,副上於省。"②尤其是在唐代,建立了通過外交往來以探尋相關信息的明確制度,規定凡奉使者需將所聞所見上報;同時,凡有外國使來,則需委派專人詢問其國山川風土上報。這些記録説明,在交通不便、信息往來緩慢的古代中國,通過外交往來收集異國信息是最切實有效的一條途徑。因而從周代所建立的行人編撰"五物"以"反命于王"的禮制開始,撰寫使行作品就一直活躍於各個時期。

從中國使行文獻的内容來看,如《史記·大宛列傳》③和《後漢書·西域傳》④所保留的張騫《出關志》和班勇《西域風土記》佚文,前者主要記録大宛與周邊各國的行程距離和風土見聞,後者主要記録西域内屬各國之間的行程距離和奇聞異事。又如《直齋書録解題》地理類著録唐代徐雲虔《南詔録》三卷説:"上卷記山川風俗,後二卷紀行及使事。"著録章僚《海外使程廣記》三卷説:"記海道及其國山川、事迹、物産甚詳。"⑤足見記録道里遠近、採録往來見聞是衆多使行文獻必不可少的兩項核心内容。

19世紀,林鍼、斌椿、張德彝、郭嵩燾、曾紀澤、薛福成等人開始走出國門,到歐美進行訪問或遊學,在此過程中編撰了一大批關於西方見聞的文獻。如林鍼《西海紀遊草》、斌椿《乘槎筆記》《海國勝遊草》《天外歸帆草》、張德彝《航海述奇》、志剛《初使泰西記》、郭嵩燾《使西紀程》、劉錫鴻《英軺私記》、曾紀澤《出使英法俄國日記》、徐建寅《歐遊雜録》、池仲佑《西行日記》、鄒代鈞《西征紀程》、崔國因《出使美日秘國日記》、薛福成《出使英法義比四國日記》、吳宗濂《隨軺筆記》、王之春《使俄草》、載振《英軺日記》、戴鴻慈《出使九國日記》、載澤《考察政治日記》等,有較高的文化意義和歷史價值,是中國人從東方走向西方的實録⑥。這些西行文獻中以日記居多,主要原因是其撰寫有較明顯的政治意圖。比如載振在《英軺日記》凡例中説:"出洋日記,近人所著,首推郭嵩燾之《使西紀程》、薛福成之《四國日記》。……是書宗旨,務在考求各國政治、學術、律令、典章。"而且是"蓋覘國之要"⑦。他認爲西行日記應重點反映所到之國的與典章制度相關的内容。薛福成也有類

---

① 《新唐書》卷四六,第1196頁。
② 李林甫等《唐六典》卷五,北京,中華書局,1992年,第162頁。
③ 《史記》卷一二三,第3160—3164頁。
④ 《後漢書》卷八八,第2917—2919頁。
⑤ 陳振孫《直齋書録解題》卷八,第266—267頁。
⑥ 鍾叔河《走向世界叢書·總序》,長沙,嶽麓書社,2008年,第3頁。
⑦ 載振《英軺日記》,長沙,嶽麓書社,2016年,第10頁。

似看法，亦在其日記的凡例中説："日記爲出使而作，揆之體例，但當但就四國所見聞，隨事詳書。然中國所以遣使之故，在默察西國之情勢，亦期裨益中國之要務也。"①認爲中國遣使的用意是爲了師以長技，以備己用，所以日記應當圍繞這一目的來撰寫。崔國因更是認爲"出使日記，與尋常日記不同，必取其有關交涉裨法戒，此外皆所略焉"②。通過這些使西大臣的表述可知，其日記撰寫需具有時政用途。事實上，使臣通常都會日録過往以上報總理衙門。比如李善蘭爲斌椿西行日記題序説："斌君凡身之所至，目之所見，排日記之。既恭録進呈，又刻以行世。"③郭嵩燾在《致李傅相》中説："初議至西洋，每月當成日記一册呈達總署，可以討論西洋事宜，竭所知爲之。"④可見，西行日記顯然是使臣出使必須撰寫的一份用於回奏的重要文件，用以服務於政治。就此而言，中越兩國對於西行日記的撰寫目的是一致的。

從内容來看，清代的西行文獻延續了前代使行文獻重點記述行程、見聞的一貫傳統。如斌椿在《乘槎筆記》開篇説："奉總理衙門行知，斌椿奉命往泰西遊歷，飭將所過之山川形勢、風土人情，詳細記載，繪圖帖説，帶回中國，以資印證。"⑤薛福成在向總理衙門遞交的"咨呈"中説："本大臣於光緒十六年正月十二日由上海起程，一路訪察外洋各埠情形，隨所見聞，據實纂記。莅任以後，馳驅英法義比四國，又逐事考求，於各國形勢，政事風俗，觀其大略，編録成帙。惟日記雖體例不一，而出使情事無甚歧異。查前出使英法大臣郭，及前出使英法大臣曾，俱有日記，所紀程途頗已詳備。"⑥對於西行所歷之山川形勢，所見之風土人情都據實纂記，從而達到"以資印證"的效果。又如吴宗濂的《隨軺筆記》，宋文蔚爲其題序説："公事之暇，從事鉛槧，于所過都會，訪其風俗爲《記程》一卷；于所辦交涉，詳具顛末，爲《記事》一卷；復詳考其政事藝術，足備我采取者，爲《記聞》一卷；遍歷其名都大邑，足廣我識見者，爲《記遊》一卷。"⑦介紹吴宗濂使西是將不同的事項各記一書，這種方式可以説是對周代"五物之書"的一種延續。值得一提的是張德彝，他從同治五年至光緒三十二年曾先後八次西行，每次都寫一部以"述奇"爲名的日記以記述經見。比如他爲第一次"述奇"日記自序説："隨使遊歷泰西各國，

---

① 《走向世界叢書》第八册，第 64 頁。
② 崔國因《出使美日秘國日記》自序，長沙，嶽麓書社，2016 年，第 5 頁。
③ 《走向世界叢書》第一册，第 87 頁。
④ 郭嵩燾《養知書屋文集》卷一三，《續修四庫全書》第 1547 册，第 291 頁下。
⑤ 《走向世界叢書》第一册，第 91 頁。
⑥ 《走向世界叢書》第八册，第 59—60 頁。
⑦ 吴宗濂《隨軺筆記》，長沙，嶽麓書社，2016 年，第 6 頁。

此外,越南使臣還喜用六八喃詩紀行。關於六八體,越南文人有較爲詳細的講解。比如喬瑩懋《琵琶國音新傳序》説:"我國國音詩始於陳朝韓詮,繼乃變七七爲六八,而傳體興焉。"①潘善美《南北史書詠序》説:"我國諸儒嘗取土音,著爲諸傳,其體上句六字,下句八字。上句用韻在第六字,連之後次上句第六字,韻續而叶之,連韻無窮。此體最佳,雖里巷兒女,亦可口傳而詠之。"②范少遊《國音詞調序》説:"我國音五七言詩,脚韻亦貌中國。惟歌吟用六八之體,別增腰韻,頗與中國不同。其體上短下長,平多仄少。……既便吟哦,復易記憶,此我國之絕妙體也。"③從中可見用國音賦詩始於韓詮,繼他之後"變七七爲六八",都在第六字用韻,形成了六八詩體;此體在越南應用廣泛,便於口傳、歌詠和記憶。也就是説,六八體是在漢詩影響之下産生的,是貼近口語和口頭傳播方式的越南民族詩歌體裁④。或許正因六八體具備這種特質,所以它也被用以紀行,方便閱讀和傳誦。關於越南西行六八體喃詩的內容,張明記在爲《如西日程》所寫之序文中論述甚詳,説:

  泰西諸國,雖章亥之所不能步,夸父之所不能追。酈道元、《山海經》之書,漢唐宋地輿圖之誌,亦皆略略説過,而有所未竟處也。故後之有志於遊者,嘗以不能目擊不無遺憾焉。……歷叙如西行程,其中西域山川、程途遠近、樓臺廬舍、民物風景以及江程、陸路、水迅、火奔,凡身所徑歷,目所確見,一一叙明,撰成國音演歌一本。其立言甚詳而載事甚備,隨見隨書,固非無稽之言也。是作也,雖不敢擬之"武林傳勝事,靈竺探奇蹤",然於三餘之際覽是編,而諷誦詠吟怳若披地輿,而指諸其掌足以供仁知之一樂。⑤

他將此書與中國的地理類書籍相比附,認爲其内容是對西行一路"隨見隨書",備載山川、程途、樓舍、風物等,類同於地輿典籍。所以不能將西行詩集視爲純粹的文學作品,若從西行文獻的層面來看,它們也相當於是一部西行日記或筆記。

---

① 喬瑩懋《琵琶國音新傳》,越南漢喃研究院圖書館藏維新壬子年(1912)河內行桃街益軒印本,編爲 AB.272 號。
② 潘善美《南北史書詠》(又名《詠南北書史歌》),編撰於咸宜元年(1885),現有越南國家圖書館藏抄本,編爲 R.582 號。
③ 范少游《國音詞調》,越南漢喃研究院圖書館藏抄本,編爲 Nc.295 號。
④ 見王小盾、劉春銀、陳義主編《越南漢喃文獻目錄提要·王序》,第 31—32 頁。
⑤ 張明記《如西日程》,法國國家圖書館東方寫本部藏天寶樓庚寅年(1890)印本,編爲 VIETNAMIEN.B.128 號。

通過以上討論,可以明確行程和見聞是編撰西行文獻的兩個核心要素。若要追溯西行文獻的根源,則與中國使行文獻密切相關,正如粵東花縣楊瑜爲《西行詩紀》題序所説:"常考古大夫奉使出征,類多紀行之什,蓋其所以攄登高作賦之才,寓遇物感懷之意,正有在也。"①言外之意,奉使紀行是漢文化中的一個傳統,這也正是越南西行文獻的文化淵源所在。

三、基於越南西行文獻的兩個類比

阮綿寅爲阮仲合《西槎詩草》題序説:"余向閲近代名人奉使出洋及遊歷泰西諸國者,如郭侍郎筠仙《使西紀程》、袁祖志《海外吟》等集,不下數十部;及我國弘化親公《七萬鵬程集》、范尚書竹堂《西浮集》等,亦不下數十部。"②可見,當時中越兩國所撰寫的西行文獻都在數十部以上,説明東西方的頻繁交往,爲東方國家深入認識西方世界提供了條件。重要的是,對於越南西行文獻有一個可供比較的對象,即是中國的西行文獻。

(一) 前文已述,關於中國使行文獻的記録,最早見於《周禮·秋官·小行人》,説:"及其萬民之利害爲一書,其禮俗政事教治刑禁之逆順爲一書,其悖逆暴亂作慝猶犯令者爲一書,其札喪凶荒厄貧爲一書,其康樂和親安平爲一書。凡此五物者,每國辨異之,以反命于王,以周知天下之故。"③説明周代就已制定了行人奉使需採録經見各成一書以回奏的禮制。

就古代交聘使臣往來而言,其不僅僅是共建關係、處理事務的一項政治活動,還是統治者獲取信息的一條重要通道。在中國古代不同時期的歷史文獻中,都保存有統治者借助外交往來以獲取異域社會信息的記録。例如《後漢書·東夷列傳》載:"自中興之後,四夷來賓,雖時有乖畔,而使驛不絶,故國俗風土,可得略記。"④不難發現,在漢代出現了"使驛不絶,故國俗風土,可得略記"的局面,外交活動成爲收集異域信息的平臺。又如《梁書·諸夷傳》載:"孫權黄武五年,有大秦賈人字秦論來到交趾,交趾太守吴邈遣送詣權,權問方土謡俗,論具以事對。"又"吴遣中郎康泰使扶南,及見陳、宋等,具問天竺土俗"。⑤孫權通過外交使臣往來詢問大秦、天竺的風土,這是對統治者希望"周知天下"的真實寫照。再如《新唐書·百官》"禮部主客郎

---

① 見李文馥《使程志略草》,越南漢喃研究院圖書館藏抄本,編爲 A.2150 號。
② 阮綿寅《葦野合集》文五,法國國家圖書館東方寫本部藏嗣德乙亥(1875)印本,編爲 VIETNAMIEN.A.13 號。
③ 孫詒讓《周禮正義》卷七二,第 3007 頁。
④ 《後漢書》卷八五,第 2810 頁。
⑤ 《梁書》卷五四,第 798 頁。

遨遊十萬里,遍歷十六國,經三洲數島、五海一洋。所聞見之語言文字、風土人情、草木山川、蟲魚鳥獸、奇奇怪怪,述之而若故,駭人聽聞者,不知凡幾。"①感歎其遊歷之廣,見聞之奇。以上表述都從不同角度指出了西行文獻的內容,這顯然與越南西行文獻記"程途歷閲、風俗見聞"也是一致的。

晚清西行文獻中亦有詩作。如斌椿《海國勝游草》《天外歸帆草》、張祖翼《倫敦竹枝詞》、王以宣《法京紀事詩》、潘飛聲《西海紀行卷》《天外歸槎録》《柏林竹枝詞》等,都是西行詩集。考其內容,如《倫敦竹枝詞》中有署名"檥甫"的題跋,説:"其詩多至百首,一詩一事,自國政以逮民俗,罔不形諸歌詠。"②又如《法京紀事詩》中有署名《蘅軒居士》的題跋,説:"行抵法蘭西國巴黎斯都城,派司法署支應事宜。句稽之餘,閑涉遊覽,見見聞聞,覺與吾華風尚相反,亦有相同。隨筆録記,久而成帙。"③這兩篇跋文都指出了西行詩歌的紀事功能。對比可見,這一功能在中越西行文獻中都是有所體現的。

所以,中越兩國的西行文獻在形式和內容上都表現了出高度相似,而這種相似是與漢文化背景中使行文獻的編撰傳統密切相關的。也就是説,"五物"傳統實際是中越西行文獻撰寫的共同的文化淵源。

(二)可供與越南西行文獻比較的另一個對象是越南燕行文獻。對其編撰、類型與特徵,前文已有詳述,這裏再略作説明。首先,《越南漢喃文獻目録提要》和《越南漢文燕行文獻集成》介紹了自14世紀至19世紀的燕行文獻約一百種,它們是越南使臣往來中國的記録。從文體類型來看,以詩爲載體的文獻約佔有80%的比重,足見詩歌在記録燕行活動中的優越性。在中國使行文獻中也不乏詩歌作品,如宋人蘇耆使契丹,"每舍必作詩,山漠之險易,水薦之美惡,備然盡在。歸而集上之,人爭布誦"④。蘇頌使遼作《前後使遼詩》,是於"道中率爾成詩,以紀經見之事"⑤。朱弁使金作《聘遊集》,"述北方所見聞"⑥。宋人將詩歌紀行的功能進一步發揚,以詩紀經見、述見聞就已成爲當時使行創作所盛行的一種方式。這一功能同樣在越南燕行詩歌中有所體現,如阮仲常《默翁使集引》稱丁儒完"奉命往使北國,凡所經過一皆品題";繆艮爲李文馥《粵行吟草》題序説:"凡所遇名山大川,及往

---

① 《走向世界叢書》第一册,第440頁。
② 張祖翼《倫敦竹枝詞》,見鍾叔河等編《走向世界叢書》續編,長沙,嶽麓書社,2016年,第31頁。
③ 王以宣《法京紀事詩》,見《走向世界叢書》續編,第81頁。
④ 蘇舜欽《蘇舜欽集》卷一四,第174頁。
⑤ 蘇頌《蘇魏公文集》卷一三,第168頁。
⑥ 朱熹《晦庵集》卷九八《奉使直秘閣朱公行狀》,《文淵閣四庫全書》第1146册,第364頁下。

來酬應，與夫人情風土、去國懷鄉，莫不紀之以詩。"①所謂"經過一皆品題""莫不紀之以詩"，表達的正是燕行詩歌的紀行功能。若與前文所述及的越南西行詩集相聯繫，楊瑜對李文馥《西行詩紀》紀行意義的肯定，也同樣明示了西行詩歌的紀行功能。這表明，中國的使行詩歌實際上是越南燕行和西行詩歌的文化淵源。

其次，除燕行詩歌外，現存的燕行日記有十餘種。從性質來看，燕行日記與西行日記相同，都屬於一份使行文件，需在回國後進呈。比如黎峻、阮思僩、黃竝的《如清日記》，始於嗣德二十一年（1868）六月二十四，訖於嗣德二十二年（1869）十一月十四日，其書首奏表說："臣等奉充如清使務，所有途間返往行走事宜逐日登記。謹奉一併彙列清冊進呈。"②又范慎遹、阮述的《建福元年如清日程》，始於嗣德三十五年（1882）十二月二十一日，訖於嗣德三十六年（1883）十二月二十九日，其書首奏表說："臣等奉往天津公幹，至去年十二月底公回。所有途間見聞及與清官交接往來款贈，竝臣等行走居住各等情，具有日記。謹奉精繕進呈。"③前文已述，類似的奏表也多出現在西行日記的書首，可見當時對於使臣記錄每日經過是一種制度化的要求。

不過，從現存越南使行日記來看，對於使臣應撰寫日記的規定在阮朝之前尚未形成。據黎貴惇《北使通錄》自序說：

> 《北使通錄》四卷，僕隨筆所記也。始於奉命始行，終於度關修聘，訖於回朝。奏啓表本、書束文移、手帖尺牘、應對談論，皆在焉。《說郛》中有《攬轡》《驂鸞》諸錄，皆前賢紀行之作。南國前輩奉使詩集甚多，惟紀事未有。永祐丁巳，遜齋黎先生充賀登極副使，始述日程道里、應酬贈遺，與所見聞、風俗、事迹，爲《使北紀事》一卷。編叙簡潔，有風致。憶僕來第時，公曾出以相示，且語曰："此吾奚囊中略草也，子他日必膺皇華盛選，其推而廣之，以重事增華焉。"僕謝不敢。迨□年叨登朝序，戊寅冬果奉差充副使，庚辰春進關，壬午春回國復命。途中紀錄，不覺成帙，擬歸呈公，而公已騎箕矣。④

黎貴惇在文中提到了兩部使行日記：一是范成大的使金日記《攬轡

---

① 《越南漢文燕行文獻集成》第一冊，第303頁；第十三冊，第11頁。
② 《越南漢文燕行文獻集成》第十八冊，第74頁。
③ 《越南漢文燕行文獻集成》第二十三冊，第177頁。
④ 《越南漢文燕行文獻集成》第四冊，第7—9頁。

錄》,提及此書原因是此前越南燕行使臣所撰的奉使詩集甚多,但沒有出現像《攬轡錄》一樣的紀行之作,故而感歎前使文獻中缺少日記一體;二是前使黎遜齋的《使北紀事》,此書"始述日程道里",編叙簡潔,頗有風致。其實這兩部使行日記,正是啓發黎貴惇撰寫燕行日記的兩個原因。也就是説,黎貴惇撰寫《北使通録》的目標,一是爲了填補使行日記之缺失,二是爲了推廣前賢的日記體著述。當然,其撰寫使行日記的最終目的還是爲了用以回國復命。由此可以明確一點,即越南燕行日記的編撰實際是在《攬轡録》等前賢作品的影響下逐漸開展起來的,這體現了中越使行日記的親緣關係。

綜上所述,記録行程和見聞是越南西行文獻的兩個核心內容,它們以日記、筆記、漢詩、六八體喃詩爲載體,集中反映了 19 世紀越南與西方建立交往的史實。同時,19 世紀的中國也産生了一大批西行文獻,其文本内容和編撰體例與越南西行文獻都有諸多相似之處。説明中越西行文獻的書寫存在某種關聯,究其緣由,乃根源於漢文化中奉使紀行的傳統。在這一傳統的影響下,不僅中國歷代産生了衆多使行文獻,還推動了域外燕行録的編撰。通過比較,可以發現中國與越南的使行文獻在主旨、體例、內容等方面都聯繫緊密,文脉相通,這充分體現了漢文化背景中中越使行文獻的共通性。

結論與餘論

一

使行文獻作爲外事活動的實錄，無疑是中國政治史、外交史的重要史料；但它同時也是中國文學史的一宗資源，亟需得到重視。因爲它們曾作爲固定的文體形式而被歷代使臣所沿用，曾通過外交活動而在不同民族之間傳播，是在文學史上長期存在的特殊的文學現象。它們本可以像域外燕行錄那樣成爲漢文學的一個部類；但是在被中國經典所陶冶的目光下，它們已被文學工作者長期遺忘。然而域外燕行錄所取得的輝煌成就告訴我們：研究者必須正視這些作品，因爲它們是燕行錄的源頭，是燕行錄的中國書寫。

使行作品的撰寫，集中出現在宋代。複雜的社會背景、南北政權對立的局面，以及多邊外交關係都爲當時使行作品的撰寫提供了條件。當外交作爲一種必要的政治手段而在各方面開展之時，宋代使臣或行走在南北政權之間，或奔波於不同民族之中，成爲使行作品的製作者。作爲分別以記事和記言爲主的兩類文體，使臣行記和語錄在宋代平行發展，在外交功能上起到了互補效果。此前此後，再沒有一個時代能像宋代這樣爲使臣行記和語錄的共同編撰提供豐富的背景和適宜的環境。所以，宋代是使行作品撰寫承前啓後的時代，是各類文體逐步穩定而又漸趨轉變的時代，是足以提供關於這些文體的深刻認識的時代。

考慮到學術研究的重要一步是追本溯源，所以，我們在研究宋代使行文獻之前，對宋前具有使行文獻性質的文本進行了梳理和討論。我們發現，使臣行記的内容比較固定，主要是記述行程和採錄見聞——或是叙述使程，或是言説事物，或是陳述事件——以講述性的文字作爲表現形式。可以説，這些内容幾乎成爲宋前使臣行記的固定表達方式。當其創作由此走向模式化之時，行記也成爲一種獨特的交聘文體。

與此相伴隨，另外還有兩種與使臣行記相類的文體：一是使臣記行詩，一是使行圖記。二者之區別在於：記行詩是對交聘活動的韻文呈現，圖記是對交聘活動的圖文呈現。它們與使臣行記的共同點是：都以記錄奉使行程和見聞，反映交聘事件作爲著述的核心內容。雖然表現形式有所差別，但毫無疑問，使臣記行詩和圖記是使臣行記的近親。這意味著，我們不能因形式上的差異而忽視其內容上的關聯。相反，應把使臣行記、記行詩、圖記看作不同的記行文類對交聘活動所作的共同表達。所以，宋前使臣行記的結構大致可以描寫爲：

$$\text{宋前使臣行記}\begin{cases}\text{行記（散文類）}\\\text{詩歌（韻文類）}\\\text{圖記（圖文類）}\end{cases}$$

在南北朝時期，接對語辭的出現同樣令人興奮。它標誌著在使行著述體裁中出現了與記事文體相呼應的記言文體。它是因政治需要而出現的，故其撰寫宗旨是盡量再現交聘細節。正是由於這一點，所以它與政治的聯繫比使臣行記更加緊密。

二

宋代使臣行記的類型與宋前基本一致，仍然以散文、韻文和圖文類行記爲主。但在這三大類型中又各自包含一些小類型，可供我們進一步深入認識使臣行記。

首先，通過對散文類行記的對比可以發現，大致有記程、筆記和日記三種撰寫形式，分別代表了三種行記類型。其一，記程類行記大部分撰寫於北宋，內容主要是對每程起點至終點的地名、距離和方位的彙錄，多數作品能表現其中兩點，但也有像路振《乘軺錄》和沈括《熙寧使契丹圖抄》等作品三點都具備。所以地名、距離和方位既是記程類行記的核心內容，又是其特色鮮明的撰寫方式。其二，筆記類行記也可以稱之爲雜記或雜錄，比如何鑄自稱其行記爲《奉使雜錄》，《直齋書錄解題》著錄洪皓《松漠紀聞》爲"錄所聞雜事"，都表示這類作品沒有明確格式，應屬於隨筆寫作。但也有如王雲《雞林志》、徐兢《宣和奉使高麗圖經》和趙珙《蒙韃備錄》等作品能分門別類，條目記錄。其三，日記類行記大都撰寫於南宋，而且至少佔有南宋使臣行記總數的一半比重，說明使臣行記的體式發展到南宋開始有了統一的趨勢，這一點可以在與記程和筆記類行記的對比中得到明確。記程和筆記類行記有一個天生的缺陷，即記錄有一定的選擇性。比如記程幾乎都是只記錄境外一段，對於境內一般都像《宣和乙巳奉使金國行程錄》所稱："本朝界內一千一百五十里,二十二程,更不詳叙。""回程在路,更不再叙。"這樣掐頭去尾地一律略去。誠然相較境内記錄,境外記錄更加重要,但若考量一部作品的完整性,這顯然是美中不足的。又如筆記的隨意性很强,大都以"耳目所接,隨筆纂録"作爲撰寫宗旨,以記録異聞趣事作爲主要内容,故使此類行記缺乏記録的連貫性。所以,日記類行記優於記程和筆記類行記的重要特徵是,它具備使臣行記的完整性與連貫性。這也許就是南宋使臣多選擇日記體式的一個關鍵因素。

其次,使行詩歌是韻文類行記的典型代表。宋代出現了大批使行詩集和組詩,充分鞏固了詩歌在使臣行記中的文體地位,也進一步强化了詩歌的交聘作用。第一,使行詩歌有記行作用。通過對韻文類與散文類行記的比較可以發現,二者有兩個共通之處:一是結構相似,使行詩歌作者自述其"每舍必作詩""每州府"皆有詩的寫作經歷,實際與散文類行記作者日録和程記的撰寫方式是一致的;也就是説,在文本結構上可以尋找到"每舍""每州府"與"每日""每程"的對應。二是内容相近,使臣用詩歌"述北方所見聞""紀經見之事"的撰寫意圖,明顯接近於散文類行記以見聞、經過作爲首要内容的撰寫主題。第二,使行詩歌還有交流作用。活躍於春秋交聘活動中的"賦詩言志",可能給人們留下的最深刻印象就是其對話功能。可以説這一傳統在歷代外事活動中都有不同程度的體現,宋代亦然,使臣或是在路途中與同僚唱和,或是在交聘中與對方贈答,奉使一路都留下了詩歌交流的足跡。所以,使行詩歌大致包含兩個内容,即記行和交流,它們是構成使行詩集和組詩的必要元素。

最後,圖文類行記集中撰寫在北宋,主要以圖文並茂或圖繪地理的形式記述交聘經過。通過對圖文類行記的作品性質和寫作實踐進行總結,發現它主要有三個類型:一是"圖經",或可稱作"圖録"。這是一種圖文互助的記録形式,也就是徐兢所説的"物圖其形,事爲之説",即用圖形勾畫事物,用文字作出説明。可見它與筆記類行記的關係極爲密切,意味著完全有可能將圖記中的文字分解爲使行筆記;反之,也可以爲使行筆記增添圖形。所以圖形和文字的組合,也可以視爲兩種使臣行記的組合,或者可以看成是對交聘經過的雙重記録。二是"行記圖",或稱"地理圖",與圖經的一個明顯區别就是缺少文字説明。另外,内容也相差較大,主要描摹行程或地形,而非圖繪事物。簡言之,行記圖實際就等同於一幅地圖。三是"朝貢圖",或稱"職貢圖",它類似於"圖經",主要用圖文形式記録各國的風土和描畫來使的服飾等,包含了豐富的異域社會信息。

總之,就使臣行記的類型而言,在宋代取得了進一步豐富。從撰寫方式來看,散文類行記延展出記程、日記和筆記三個支脈;從寫作内容來看,韻文類行記表達了記行和交流兩個主題;從文本構造來看,圖文類行記則有圖經和行記圖兩種類型。

三

據我們統計,目前有文獻記録的宋代使臣語録約五十餘種,但它的實際數量應該遠多於此,因爲它有服務政治的撰寫主旨,是每次交聘必有的官方文件,所以其數量是很難以確切的數字來限定的。

使臣語録的産生是政治推動的結果,它來源於漢文化中的專對傳統,可以説是聘問專對活動的文字化,也可以説是讓聘問對答從口頭走向了書面;它的文體淵源於南北朝時期的接對語辭,即一種專録交聘雙方對答語言的記言文體,一種只屬於交聘的特殊文化現象。時至宋代,語辭更名爲語録,被廣泛運用於外事活動之中,成爲每次交聘不可或缺的文字記録。結合文獻記録可以發現,語録在宋代大致經歷了從初興到形式和内容的不斷完善,再經靖康前後一度興盛,最後在宋金中興講和後,南宋中後期因其政治用途逐漸弱化,而慢慢淡出文獻記録的政治流變過程。

與南北朝接對語辭相比,使臣語録的面貌在宋代焕然一新,獲得了不同類型的表達,合計之有奉使語録、接館送伴語録、別録、和議録與通問録等,它們以不同的形式和性質使語録的功能不斷加強,文體內涵逐步深化。

若論性質,奉使語録和接館送伴語録是使臣語録的本體,即它們是所有使臣語録中最具普遍性的作品;若論内容,它們是對整個外事活動中語言、應接的雜録,而不是專門針對某一事件、論題討論的記録。奉使語録和接館送伴語録還是兩種有對應關係的記録,具體表現爲:一是環境上的不同,奉使是去向對方境內,接館送伴是在本國境内;二是使職上的互换,奉使表現本國使臣與對方接館送伴使的交流,接館送伴表現本國接館送伴使與對方來使的交流。所以,奉使語録和接館送伴語録是兩種性質的使行記録。另外,接館送伴語録的構成要比奉使語録複雜,接、館、送是三組概念,分別表示對來使的迎接、館伴和送離;但在一般情況下接送職責由一組官員擔任,而館伴職責則由另一組官員擔任。意思是接館送伴語録實質只包括兩種語録:接送伴語録(有時省稱爲接伴語録)和館伴語録。

別録存在的意義很大程度是作爲語録的補充。在宋代時常可以看到"語録並別録"之類的文獻表述,從語義上可以建立兩點認識:其一,別録與語録同屬一個範疇,即記言文體;其二,別録相對於語録有一定從屬關係,一般充當語録的續作。別録的現存佚文也能對這兩個特徵作出説明,比如王拱辰別錄所記是契丹主與他關於用兵元昊的談話，沈括《入國別錄》記錄的是遼館伴使副耶律壽、梁穎等與宋使副沈括、李評關於地界的討論。以上體現出別錄和語錄同爲記言文體的屬性，但也表現出別錄是不同於語錄的一種專題討論。所以，別錄的眞實身份是與語錄有親緣關係的議事性極強的作品。

和議錄、通問錄等，和別錄類同，是具有專題討論性質的一組作品。它們被集中創作在建炎前後，一個需要派遣大量使臣談判、計議的特殊時期。也就是説，這批作品的內容是由使臣的使職所決定的，即朝廷派遣他們去商討某一事項、或處理某一爭端，其過程和細節就會在語錄中被完整反映。比如宋朝多次派遣趙良嗣等使金商議夾攻契丹諸事，於是就有了《燕雲奉使錄》；先後派遣鄭望之、李若水、魏良臣、王繪和雍希稷等人與金國議和，於是就有了《靖康奉使錄》《靖康大金山西軍前和議日錄》《紹興甲寅通和錄》和《隆興奉使審議錄》等。所以，這類作品在宋代的製作不具有普遍性，而是在特殊時期和背景下，針對特殊事件的記錄。

由此可見，宋代使臣語錄主要呈現出兩個類別：一類是撰寫具有普遍性的語錄，另一類是撰寫具有特殊性的別錄和通問錄等。而語錄又表現出奉使和接館送伴兩個層面，接館送伴又包括接送伴和館伴兩種語錄。凡此種種，構建起了宋代使臣語錄的支系。

四

行記和語錄同樣是在外事活動中孕育的。這一事實，注定它們有與生俱來的血緣關係。儘管我們已經明確二者在文本形式和內容上有巨大不同，知道它們的本質區別，但是相同的成長環境也預示它們之間必然存在著或多或少的聯繫。

首先，可以發現在行記文本中的一些語錄特徵。比如王延德《西州使程記》、張舜民《使遼錄》和鍾邦直等《宣和乙巳奉使金國行程錄》都記錄有一些交聘活動中的問答內容，這説明雖然行記是記行、記事的文體，但是也不會完全將對話內容排除在外。更何況除了"所見"是行記的記錄對象外，"所聞"也是其必不可少的資料來源。比如路振就巧妙地將所聽言語進行了加工和轉述，而形成了《乘軺錄》的一個部分。所以，若僅比較行記和語錄表現交聘語言的優劣，行記反而還優於語錄，它既可以如語錄一般採錄原話，也可以對原話進行轉述。

其次，語錄文本也具備某些行記特徵。從文體形式來看，語錄基本是以時間爲創作單元，記錄每天的所聞所言，可見它與日記類行記相似。從文本內容來看,奉使語錄和記程類行記一樣有記錄每日行經館驛,以及附錄外事活動中的詔表文書等特點。再從語錄的稱謂來看,"語錄"作為一個基本詞,通常出現在每種語錄的書名中,如《生辰國信語錄》《富公語錄》《慶曆正旦國信語錄》《使北語錄》和《神宗皇帝即位使遼語錄》等。但在宋代可能存在省稱語錄的習慣,比如把《使北語錄》省稱爲《使北錄》,把《使遼語錄》省稱爲《使遼錄》,不想"語"字的減省,却爲語錄平添了一個行記名稱。可以説,這些內容都是對語錄和行記密切關係的生動體現。

使臣行記和語錄之間的各種聯繫,勢必爲二者的區分帶來不少困難。從研究現狀可以看出,學術界對二者的認識還處於比較模糊的狀態:要麼統一在行記名下,要麼統一在語錄名下。誠然,從歷史史料的角度看待二者,的確沒有區分的必要,因爲它們都是反映交聘的第一手資料,不論是記事、記行,還是記言,都有共同的資料屬性。但是從文學作品的角度考慮,形式的區分是認識作品的第一步,是研究深入、學術推進的重要手段。爲此,本書從文體、類型和結構等方面對行記和語錄作了較多探討,目的就是爲了準確定義二者的性質,劃清彼此的界限,儘量改善將行記和語錄混爲一談的局面。經研究發現,使臣行記和語錄主要有以下四點區別:

第一,從寫作背景看。使臣行記的撰寫具有主觀性,雖然對其撰寫在歷史上從未間斷,但在政治上却一直沒有明確、正式的制度規定,要求使臣出使必須撰寫行記。所以在外事活動中撰寫行記是使臣的自發行爲,他們掌握著寫作的主動權。使臣語錄的撰寫具有制度性,宋代對語錄的管理和審核非常嚴格,特別是外事機構國信所的建立,對語錄的接收、抄錄、聽審、編錄、保存、遞交和派發等都起到了保障作用,從而形成了一套相對完整的語錄管理體系。這一體系既能爲皇帝提供一手的外事文獻,也能爲後之使臣提供語錄的撰寫範式,還能方便朝廷援引交聘事例,以及朝臣審查語錄內容的虛實等。

第二,從文體類型看。據文獻記錄可知,使臣行記的書籍形態可以追溯到漢代初期,使臣語錄的書籍形態則出現在南北朝中期。這表明使臣行記的文獻基礎要比語錄更加豐富,其文體類型也必然會相對多樣。經研究發現使臣行記有散文、韻文和圖文三種類型,語錄僅有散文類型,可見語錄的表達方式是比較單一的。所以就整體而言,使臣行記和語錄是兩種文體類型,分別代表兩個記錄系統。

第三,從文本內容看。使臣行記主要記錄經見,包括山川、人文、風俗、地理和物產等;使臣語錄主要記錄問答,表現雙方的接洽、交談、問候和辯駁等。所以二者關注的是兩個完全不同的內容,而且有不同的表達職能。比如樓鑰《北行日錄》説"争執禮數,語具語錄",這就是説語言是語錄文體的專屬表達對象,而不屬於行記文體的表達範圍。不過職能差異也體現出二者在内容上是具有互補性的,因爲它們各自承擔一種記録功能,大致對應先秦所謂"左史記事,右史記言",是記事、記言之分工在宋代交聘活動中的表現。

第四,從社會功能看。使臣語錄的政治性不言而喻,其撰寫不受時間、地域限制,無論是正使還是伴使,無論是與遼、金、元政權交聘還是與西夏、高麗等國家交往,都會出現語錄;語錄還是一種集體創作,雖然正副使不一定親自參與,但是却需要以正副使的官方名義進呈朝廷。這些現象都説明使臣語錄是一種官方文體,有突出的政治功能。使臣行記也同樣具有政治性,儘管行記撰寫不受制度約束,有主觀性、隨意性和自娱性,但是大部分行記都以進獻朝廷作爲最後的歸宿,可見其政治功能也非同一般。所以使臣行記和語錄都有以供聖覽、以備行人的政治用途,而行記還附帶有以廣見聞、以供閑觀的文化用途。

此外,我們已經知道在使臣行記與語錄的對比中,使行日記和奉使語錄的關係最爲密切,它們是體式最接近的兩種文體,均屬以時間爲記述單元的使行日記。我們在前面的討論中也基本瞭解了二者的撰寫情况,並且認識到一些現象,當時未能作出解釋,這裏不妨集中起來再作一點討論。前文已述,使行日記在兩宋都有撰寫,但在南宋撰寫尤其頻繁,以致在南宋末期朝廷還設立了"日記官"使職,對奉使每日的情况作專項記録。而使臣語錄在經過南北宋之交的一度輝煌後,便在南宋中後期淡出了文獻記録,有關最後一部奉使語錄的記載是在宋孝宗乾道九年。如此明顯的反差不得不讓我們做出一個大膽的推測:難道在南宋中後期使行日記替代了使臣語錄嗎?這一推測有一定道理,因爲在南宋中後期,以及宋代以後,尚未發現任何關於使臣語錄的文獻記録,但是使行日記的撰寫依舊在延續,尤其是在域外燕行録的撰寫中成爲僅次於詩歌的第二大文體。不過,這一推測也不盡合理,因爲使行日記不可能完全替代使臣語錄,二者是兩種性質的文體,一旦替代就意味著要改變原來的文體性質。那麽,事實究竟如何?在我們看來,使行日記和語錄可能是從分離逐漸走向了統一,有以下幾點可供旁證。

其一,從"語錄指使"到"日記官"官職的設立來看,使行日記在南宋末期才和使臣語錄一樣具有了正式的官方身份。問題在於爲什麽使行日記會在南宋後期獲得官方身份並撰寫得如火如荼呢?爲什麽獲得官方身份的偏偏是和使臣語錄形式類同的使行日記呢?這也許正是使臣語錄從鼎盛步入式微後人們所採取的一種折中方案,即將日記和語錄都合併在"日録"名下,對交聘經過作共同表達,畢竟語錄、日記的結合並不會產生排斥,反而能起互補效果。

其二,不妨看看南宋後期的幾部日記作品,如程卓《使金錄》結尾説:"其李希道等往還,絶不交一談,無可紀述。"很明顯交聘活動中談話的多少已經直接影響到日記内容的詳略。又如《四庫全書總目》著録《使北日録》説鄒伸之是"取所聞見及往復問答,編次紀録,以爲此書"。這些都説明,南宋後期使行日録涵蓋日記和語録内容的寫作實踐已經開始了。

其三,使臣語録雖然在宋代以後的文獻記録中消失了,但是在域外燕行文獻中還能尋見其身影。比如曾在明萬曆年間兩度使華的朝鮮使臣李睟光,就分别記録了1597年與安南使臣、1611年與琉球使臣的交流情况,集爲《安南使臣唱和問答録》和《琉球使臣贈答録》。這是兩種對詩歌酬唱與問答交談的輯録,它告訴我們,當詩歌在外交活動中發揮出巨大的交流功能時,當詩歌和日記成爲外交往來的兩種主要記行文體時,語録已不必再作爲獨立的文體表現外交了。

五

今天之所以還能見到宋代使行文獻的相關内容,主要依賴於文學傳播的巨大力量。可以説宋代使行文獻的傳播,一方面實現了自身不斷被後人所接受,另一方面則啓發了使行作品在後世的繁榮寫作。

文學的傳播途徑多種多樣,就宋代使行文獻的傳播途徑而言,主要有傳抄、刊刻、引録、輯録、品讀和研討等,分别體現了藏書家、史傳家、文人和學者等幾類人群在面對使行作品時的不同立場。這些途徑對宋代使行文獻的傳播都意義重大,傳抄和刊刻可以確保作品能比較完整地流傳,引録和輯録是對作品進行史料性保存,品讀和研討可以擴大和提高作品的影響力和知名度。正是因爲有這些傳播途徑的存在,才使"本不足存"的作品艱難地流傳了下來。

宋代以後的使行作品編撰必然會受前代影響,也可以説是對前代作品編撰的歷史延續。而就是在宋代之後,使行作品的撰寫範圍不斷擴大,對使行文體的掌握已不再侷限於中國人手中,域外各國使臣也逐漸成爲撰寫主體。比如越南的燕行文獻,主要是越南使臣來往中國時的記録,它與中國的使行文獻關係密切。此外,還有朝鮮半島的燕行文獻,一般説來有兩類:一是訪問明朝的朝鮮使團成員作品,多稱爲"朝天録";二是訪問清朝的朝鮮使團成員作品,多稱爲"燕行録"。文體類型則有以下幾種:

(一)詩歌,除去重複者,大約佔總數的一半,諸如鄭夢周《赴南詩》、權近《點馬行錄》、權近《奉使錄》、成倪《辛丑朝天詩》、曹偉《燕行錄》、權柱《燕行詩諸公贈行帖》、鄭士龍《朝天錄》、崔演《西征錄》、金誠一《朝天錄》、崔岦《丁丑行錄》、裵三益《朝天錄》、尹根壽《朝天錄》、吳億齡《朝天錄》、崔岦《甲午行錄》、李睟光《朝天錄》、許筠《丁酉朝天錄》、李尚毅《丁酉朝天錄》、黄汝一《銀槎錄詩》、李恒福《朝天錄》、李廷龜《戊戌朝天錄》、趙翊《朝天錄》、姜栢年《燕京錄》、南龍翼《燕行錄》、朴世堂《使燕錄》、金海一《燕行錄》、崔錫鼎《椒餘錄》、金海一《燕行續錄》、洪致中《燕行錄》、金昌業《燕行塤篪錄》、趙泰采《癸巳燕行錄》、李宜顯《庚子燕行錄》等。內容如權近《奉使錄》自序所説："記奉使所歷之地、所見之事也。……凡有接於耳目者,必記而詩之。"①他甚至自稱其使行詩集是"行錄"和"日曆"②。可見在燕行使臣看來,其詩作主要發揮了記行和記事的功能,故將其燕行每日的詩作集爲一書,那麽就可以類同於是"日記"或"行記"之書。正如權復仁《天游稿燕行詩》之《北程課述小序》中所述："凡燕行者,計道里、記陰晴,事爲冗瑣,詳而無遺,備日後考,名曰日記,例耳。余之行……每日課以詩若文,自始發至留館未或輟也。多於馬上、車中及燈下率成。……有人索日記,則無以應,强以是出視曰：此吾燕行日記云爾。"③表示其詩作在記行上可與日記相等同。

　　（二）日記,大約有百餘種。諸如蘇世讓《陽谷赴京日記》、蘇巡《葆真堂燕行日記》、丁焕《朝天錄》、權撥《朝天錄》、許震童《朝天錄》、許筠《荷谷朝天記》、趙憲《朝天日記》、金誠一《朝天日記》、裵三益《裵三益日記》、鄭崑壽《赴京日錄》、鄭澈《鄭松江燕行日記》、閔仁伯《朝天錄》、申忠一《建州見聞錄》、權挾《石塘公燕行錄》、黄汝一《銀槎日錄》、李恒福《朝天日乘》、趙翊《皇華日記》、鄭太和《陽坡朝天日錄》、仁興君李瑛《燕山錄》、趙珩《翠屏公燕行日記》、鄭太和《壬寅飲冰錄》、李俁《朗善君癸卯燕行錄》、南龍翼《曾祖考燕行錄》、朴世堂《西溪燕錄》、金海一《燕行日記》、尹攀《燕行日記》、柳命天《燕行日記》、申厚命《燕行日記》等。內容如洪鎬《朝天日記》小引自述："事完回來,凡所聞見逐件開錄于後。"又朴世堂《西溪燕錄》書首小引自述："回還一路聞見,謹具啓聞。"④主要記錄燕行每日的聞見。且與衆多使行日記、西行日記相似,燕行日記同樣相當於一份文件,需回奏上報。值得注意的是,在燕行使團中幾乎都有"書狀官"隨行,較多燕行文獻都出自他們之

---

① 林基中編《燕行錄全集》第1册,首爾,韓國東國大學校出版部,第156—157頁。
② 《燕行錄全集》第1册,第120頁。第156—157頁。
③ 《燕行錄全集》第94册,第14頁。
④ 《燕行錄全集》第17册,第412頁；第23册,第339頁。

手。比如《朝天日記》的作者洪鎬,《西溪燕録》《使燕録》的作者朴世堂,他們都是燕行的"書狀官"。説明在燕行使團中設置有專門從事燕行記録的官員,而"書狀官"是源於宋代的使職。

(三)部分雜録、圖録和行程記等。有趙憲《東還封事》、李廷龜《庚申朝天記事》、南九萬《甲子燕行雜録》、申佐模《燕行雜記》、姜栢年《燕行路程記》、吳載純《航海朝天圖跋》、蔡濟恭《題李竹泉航海勝覽圖後》等,主要用筆記、圖繪等方式記録燕行經見。

整體而言,朝鮮半島的燕行録與越南燕行録一樣,在文體類型上基本與中國使行文獻一致,表現出它們之間的源流關係。從使行作品數量來看,不論是元明清使行文獻,還是域外燕行録,都有數百種之多,充分展現了宋代之後使行作品編撰的盛况。從使行作品類型來看,元明清使行文獻和燕行録都基本延用了宋代使臣行記的三種文體類型,即散文、韻文和圖文;不過這一時期詩歌和日記的數量急增,成爲使行作品中的主流文體。從使行作品內容來看,大量詩歌的湧現,不但體現了漢文學的傳播碩果,還表現了中外人士在外交平臺上的交流與互動。這些都是對元明清使行文獻與燕行録密切關係的反映,都是對使行文獻傳播成果的呈現。不僅讓我們認識到了域外燕行録的中國淵源,還啓示我們,只有同使行文獻相比較,才能建立關於域外燕行録的全面而系統的認識。

除域外燕行録外,周邊國家和地區也先後產生了較多使行作品。比如越南的西行文獻,主要是19世紀越南阮朝派遣使臣出訪西方時的各類記録,包括日記、筆記、詩歌等作品。琉球在對外交往中,其使臣也多有記録。比如蔡大鼎曾出使清廷,撰詩集《閩山遊草》一卷,署名"閩中樂誠氏"爲其書題序説:"球陽蔡先生,出使天朝,浮帆南下,其一路所歷名山大川、寺堂古迹,悉繫以詩章。"[1]可見,奉使紀行的傳統在周邊國家和地區中都得到了繼承和延續。

上述內容表明,使行記録作爲一個歷史和文學命題,不僅在中國的撰寫高潮不斷,還在受漢文化影響的域外各國中得到回應。對於域外使行録這種與中國使行文獻在文體選擇、作品類型、書籍編寫等方面都近乎相似的文學品種,與其説是簡單模仿,不如説是對文化傳統的一種認同。其成功之處在於改變了域外漢文學的構成,使自身成爲文學史的一個重要部類,由此留存下來一筆令人矚目的文化遺産,並展現出了東亞使行文獻的共通性。

---

[1] 高津孝、陳捷主編《琉球王國漢文文獻集成》第28册,上海,復旦大學出版社,2013年,第17頁。

附録一　漢代至宋代使行文獻總表

(表一)　漢唐兩宋使臣行記表

朝代	時間	作者	奉使職事	使臣行記	行記內容
漢	前196	陸賈	賜尉他印爲南越王	《南越行紀》	記使南越見聞。
	前138	張騫	使月氏聯擊匈奴	《出關志》	司馬遷稱："大宛之迹，見自張騫。"
	？—127	班勇	長期在西域生活	《西域風土記》	記西域諸國風土人俗。
三國	孫權時	朱應	宣化從事朱應、中郎康泰通使扶南	《扶南異物志》	《梁書》載二人同使扶南，"其所經及傳聞，則有百數十國，因立記傳"。
		康泰		《扶南土俗》	
南北朝	436	董琬等	出鄯善招撫九國	使西域行記	《魏書》載董琬等回，"具言凡所經見及傳聞傍國"。
	不詳	佚名	不詳	《魏聘使行記》	不詳
	518	宋雲、慧生等	使西域取經	《慧生行傳》《宋雲家記》	記西行求經的事迹。
	537	李諧	聘梁和好	《李諧行記》	不詳
	539	李繪等	使于蕭衍	《聘梁記》	記使梁之見聞和對答。
	563	江德藻	使齊迎曇朗喪柩	《聘北道里記》	記使行見聞。
	563	劉師知	與江德藻同使北齊	《聘遊記》	不詳
	不詳	姚察	爲吏部尚書使隋	《西聘道里記》	《陳書》本傳載此書"叙事甚詳"。

續　表

朝代	時間	作者	奉使職事	使臣行記	行記内容
隋	607	常駿等	使赤土，致羅刹。	《赤土國記》	記海上行程和赤土國經見。
	煬帝時	韋節	與杜行滿使於西蕃諸國	《西蕃記》	記所經罽賓、王舍城、史國、康國等地見聞。
唐	貞觀中	韋機	使突厥册立同俄設爲可汗	《西征記》	裂裳録所經諸國風俗物産。
	658	王玄策	前後三次出使西域	《中天竺國行記》	含《行紀》十卷、圖三卷，記經國所見。
	上元中	達奚通	以大理司直使海外	《海南諸蕃行記》	自赤土至虔郁，凡經三十六國，略載其事。
	762	杜環	隨鎮西節度使高仙芝西征	《大食國經行記》	記拔汗那、康居、拂菻、摩鄰等國行程及風俗。
	767	顧愔	使新羅册立乾運爲新羅王	《新羅國記》	記新羅的風俗、物産。
	788	趙憬	送咸安公主及册回紇可汗	《北征雜記》	《直齋書録解題》稱"作此書紀行"。
	794	袁滋	持節入南詔慰撫	《雲南記》	據佚文，主要是記程。
	不詳	劉希昂等	不詳	使南詔行記	記使南詔行程。
	821	李憲	送太和公主入蕃	《回鶻道里記》	據題目、佚文，是書以記程爲主。
	821	劉元鼎等	使吐蕃會盟	使吐蕃經見記	《新唐書·吐蕃傳》云"元鼎所經見，大略如此"。
	823	韋齊休	持節臨册豐祐	《雲南行紀》	《郡齋讀書志》云"記其往來道里及其見聞"。
	大和中	張建章	曾齎府戎命往渤海	《渤海國記》	據現存佚文，以記渤海風俗爲主。
	855	張氏	幽州府帥張允中遣使淮南	《燕吴行役記》	道中紀所經行郡縣道里及事迹。
	869	竇滂	代李師望爲定邊軍節度使	《雲南行紀》《雲南别録》	《玉海》稱《雲南别録》"叙南蠻族類及風土"。
	879	徐雲虔	使雲南通和	《南詔録》	上卷記山川風俗，後二卷紀行及使事。

续　表

朝代	时间	作者	奉使职事	使臣行记	行记内容
五代	不详	李延范	不详	《燉煌新录》	记张义潮本末及彼土风物甚详。
	938	平居诲	册圣天为大宝于阗国王	《于阗国行程录》	记使程及于阗风俗、物产。
	959	章僚	不详	《海外使程广记》	使高丽所记海道及其国山川、事迹、物产甚详。
	元宗时	公乘镕	航海修好于契丹	使契丹进元宗蜡书	记使契丹行程和使事。
宋	984	王延德等	与白尚勋使高昌	《西州使程记》	《宋史·高昌国传》载其"叙其行程来献"。
太宗	991	宋镐等	赐黎桓加恩制书	《宋镐行录》	条列交阯山川形势及黎桓事迹。
	993	陈靖等	加高丽国王为检校太师	奉使高丽行记	佚文记使高丽海程。
	995	辛怡显	招抚李顺余党	《至道云南录》	记云南山川风俗及淳化末朝廷所赐诸驱诏。
真宗	1008	路振	贺契丹国主生辰使	《乘軺录》	记使契丹的日程和见闻。
	1008	宋搏等	贺契丹国母正旦使	使契丹还上言	记使契丹见闻。
	1009	王曙	弔慰契丹国母使	《戴斗奉使录》	不详。
	1012	王曾	贺契丹国主生辰使	《契丹志》	《玉海》记其"载经历山川、城郭"。
	1013	晁迥等	贺契丹国主生辰使	《北庭记》	记使契丹所见风俗。
	1016	薛映	贺契丹国主生辰使	《上京记》	记使契丹的行程和见闻。
	1020	宋绶等	贺契丹国主生辰使	《契丹风俗》	记使契丹的行程和所见风俗。
仁宗	1041	刘涣	谕唃厮啰助兵西讨	《刘氏西行录》	《直斋书录解题》述其"往返繫日以书""且多篇咏"。
	1045	余靖	贺契丹国母正旦使	《契丹官仪》	记契丹职官制度。

續　表

朝代		時間	作者	奉使職事	使臣行記	行記內容
宋	仁宗	慶歷時	不詳	不詳	《慶歷奉使錄》	不詳
		1055	范鎮	賀契丹國母正旦使	《使北錄》	佚文記使契丹見聞。
		1060	王安石	伴送遼國賀正旦使	《王文公送伴錄》	不詳
		1061	宋敏求	賀契丹生辰使	《入蕃錄》	不詳
	神宗	1075	沈括	回謝遼國使	《熙寧使契丹圖抄》	記使契丹的行程和見聞。
		1075	竇卞	賀遼正旦使	《熙寧正旦國信錄》	不詳
		1083	楊景略	高麗奠祭使	《奉使句驪叢抄》	不詳
	哲宗	1094	張舜民	回謝遼國弔祭太后禮信使	《使遼錄》	記使契丹所歷山川、井邑、道路、風俗、語言、禮數。
	徽宗	1103	吳拭	使高麗正使	《雞林記》	《玉海》記其"載往回事迹及一時詔誥"。
		1103	王雲	使高麗書記官	《雞林志》	分爲八類，含"高麗事類""海東備檢"等。
		1103	孫穆	使高麗國信書狀官	《雞林類事》	記土風、朝制、方言，附口宣、刻石等文。
		1110	謝皓	賀遼正旦國信使	遼國山川地理名物	《福建通志》載其"條具北地山川、地理、名物"。
			王漢之	賀遼生辰國信使	《見聞錄》	不詳
		1117	陶悅	賀遼國信使	《使北錄》	記使遼所見情狀。
		1124	連南夫	弔祭金國阿骨打	《宣和使金錄》	不詳
		1124	徐兢	使高麗禮物官	《宣和奉使高麗圖經》	記高麗的山川、風俗、典章、制度、儀文、道路等。
		徽宗時	不詳	不詳	《使高麗事纂》	不詳

續　表

朝代		時間	作者	奉使職事	使臣行記	行記内容
宋	徽宗	1125	許亢宗等	賀金國皇帝登位國信使	《宣和乙巳奉使金國行程録》	記使金國行程和見聞。
		徽宗時	李罕	不詳	《使遼見聞録》	不詳
	高宗	1129	洪皓	金國通問使	《松漠紀聞》	《直齋書録解題》記其"録所聞雜事"。
		1141	何鑄	金國報謝進誓表使	《奉使雜録》	不詳
		1150	蕭頤	入宋賀正旦使	《西湖行記》	記使宋見聞。
		1154	佚名	館伴金國使	《館伴日録》	館伴金使日記。
		1162	洪邁	接伴金國使	《接伴雜録》	雜録接伴見聞。
	孝宗	1169	樓鑰	使金書狀官	《北行日録》	記使金國日程和見聞。
		1170	范成大	使金國信使	《攬轡録》	《郡齋讀書志》記其爲"往返地理日記"。
		1172	姚憲	使金賀上尊號	《乾道奉使録》	《直齋書録解題》記其爲"使金日記"。
		1172	韓元吉	賀金主生辰使	《朔行日記》	出使金國日記。
		1177	周煇	賀金主生辰隨使	《北轅録》	出使金國日記。
		1177	吳儆	以邕州別駕被旨出塞市馬	《邕州化外諸國土俗記》	記邕州以外諸國的風俗、物産、制度、典籍等。
		1189	鄭僑	賀金正旦使	《奉使執禮録》	不詳
		孝宗時	俞庭椿	不詳	《北轅録》	黄震稱其"歷覽山川，訪問故老，歸而録之"。
		孝宗時	趙睎远	不詳	《使北本末》	不詳
	光宗	1192	鄭汝諧	賀金正旦使	《聘燕録》	不詳
		1193	倪思	賀金正旦使	《北征録》	不詳
	寧宗	1197	鄭域	賀金正旦隨使	《燕谷剽聞》	記使金中所見事甚詳。
		1201	虞儔	使金報謝	使金行記	記使金所詢訪聞見的實況。

續　表

朝代		時間	作者	奉使職事	使臣行記	行記內容
宋	寧宗	1211	余嶸	賀金生辰使	《使燕錄》	劉克莊述其記"金韃情況尤詳"。
		1211	程卓	賀金正旦國信使	《使金錄》	山川、道里及所見古迹，皆排日載之。
		1220	烏古孫仲端	使蒙古乞和	《北使記》	記使蒙古見聞，含人文、氣候、物產、習俗等。
		1221	趙珙	使元議事	《蒙韃備錄》	筆錄使元聞見，含十七個門目。
	理宗	1233	鄒伸之	使元報謝	《使北日錄》	記使元之每日聞見及往復問答。
		1237	彭大雅撰，徐霆疏	彭大雅為使元書狀官	《黑韃事略》	記人物、地理、語言、風俗、曆法、官制等。
	恭帝	1276	嚴光大	使元日記官	《祈請使行程記》	使元日記並行程和見聞。

（表二）　六朝兩宋使臣語錄表

朝代		時間	作者	奉使職事	使臣語錄	語錄內容
南朝齊		483	劉繪	接對北魏使臣	接魏使語辭	記劉繪與魏使李彪的對話。
		493	王融	接對北魏使臣	《接虜使語辭》	記王融與魏使房景高、宋弁之間的對話。
宋	仁宗	1028	寇瑊	賀契丹國主生辰使	《生辰國信語錄》	《郡齋讀書志》記其為賀生辰"往返語錄"。
		1040	富弼	賀契丹國主正旦使	《富公語錄》	不詳
		1040	蘇紳	契丹國母生辰使	使契丹語錄	不詳
		1040	郭稹	使契丹告以將用兵西夏	使契丹語錄	不詳
		1040	張奎		接伴契丹使語錄	不詳

續　表

朝代		時間	作者	奉使職事	使臣語錄	語錄內容
宋	仁宗	1042	富弼	回謝契丹國信使	《富文忠入國語錄》	《讀書附志》記其"所説機宜事件,具載錄中"。
					《奉使別錄》	《直齋書錄解題》稱"機宜事節則具於此錄"。
		1042	張方平	賀契丹國主生辰使	使契丹語錄	《樂全集》記其"進語錄,中有對答數節"。
		1043	邵良佐	假著作郎使西夏	《賊中語錄》	記宋朝與西夏議和之事。
		1043	余靖	賀契丹國母正旦使	《慶曆正旦國信語錄》	不詳
		1054	王拱辰	回謝契丹使	使契丹語錄	不詳
					使契丹別錄	佚文記王拱辰與契丹主關於西夏的對話。
		1055	劉敞	賀契丹國母生辰使	《使北語錄》	不詳
		1055	歐陽修	賀契丹國母生辰使	《北使語錄》	不詳
	英宗	1067	陳襄	皇帝登位告北朝國信使	《神宗皇帝即位使遼語錄》	以日記形式記錄外交活動中見聞和言語。
	神宗	1071(或1078)	張誠一	館伴高麗使副使	館伴高麗使語錄	佚文記張誠一與高麗使的對話。
		1075	沈括	回謝遼國使	入國別錄	記沈括、李評與遼館伴使耶律壽、梁穎的對話。
		1076	沈季長	接送伴遼使	《接伴送語錄》	不詳
		1077	韓縝等	回謝遼國使	使遼語錄	韓縝等使遼北人對答。
		1078	呂晦叔	疑爲賀遼國主生辰隨使	使遼語錄	佚文記呂晦叔與遼人的對話。
		1083	蔡京等	賀遼國主生辰使	使遼語錄	不詳
	哲宗	1089	蘇轍等	賀遼國主生辰使	使遼語錄	不詳
					北使還論北邊事劄子五道	記所見北界邊事、北朝政事等。

續　表

朝代	時間	作者	奉使職事	使臣語錄	語錄內容
宋	1090	佚名	契丹賀正使	使契丹語錄	記宋使與契丹主的對話。
	1092	呂希績等	接送伴遼使	接送伴遼使語錄	佚文記關於遼使耶律迪病故作何處理的討論。
	1093	陳軒等	館伴高麗使	館伴高麗使語錄	不詳
	1093	張元方等	接伴遼使	接伴遼使語錄	不詳
		不詳	館伴遼使	館伴遼使語錄	不詳
	1098	蹇序辰、王詔	賀遼國主生辰使、正旦使	使遼語錄	不詳
	1099	劉逵	接伴遼使	接伴遼使語錄	佚文記遼使蕭昭彥與劉逵的對話。
	1100	陸佃	報謝遼國使	《使遼語錄》	佚文記陸佃使遼與北人的對話。
	約1101—1111	范坦	不詳	使遼語錄	不詳
	1105	林攄	使遼遂報聘	《北朝國信語錄》	佚文記林攄使遼與北人的對話。
	1109	謝皓	接伴遼使	接伴遼使語錄	不詳
	約1111—1114	蕭服	接伴遼使	《接伴遼使語錄》或《伴遼語錄》	不詳
	1119	二醫	高麗來求醫，上遣二醫往。	使高麗語錄	不詳
	約1120—1123	趙良嗣	使金商議夾攻契丹	《燕雲奉使錄》	佚文記趙良嗣與金國商議訂盟攻遼諸事。
	約1120—1126	馬擴	徽宗宣和中多次使金定盟	使金語錄	佚文記與金達成"海上之盟"。
欽宗	1126	鄭望之	軍前計議使	《靖康奉使錄》	佚文記與遼和議，討論割地、歲幣、犒軍等問題。

續 表

朝代		時間	作者	奉使職事	使臣語錄	語錄內容
宋	欽宗	1126	李若水	使金軍議和	《山西軍前和議錄》《奉使錄》	佚文記討論將太原、中山、河間割讓與金之事。
		1126	金富軾	入宋賀登極	《奉使語錄》	不詳
	高宗	1127	傅雱	使河東軍前通問二帝	《建炎通問錄》	佚文記商議迎二帝回鑾之事。
		1128	楊應誠	大金、高麗國信使	《建炎假道高麗錄》	佚文記楊應誠與高麗國王王楷的對話。
		1134	章誼	使金國軍前奉表通問使	《章忠恪奉使金國語錄》	《讀書附志》稱其"錄其報聘之語"。
		1134	魏良臣	使金國軍前奉表通問使	《奉使語錄》	佚文記魏良臣使遼與北人的對話。
		1134	王繪	使金國軍前奉表通問副使	《紹興甲寅通和錄》	佚文記與金國議和並請還二帝。
		1146	宋之才	賀金國主生辰使	《使金賀生辰還復命表》	以日記形式記述使金見聞和語言。
		1159	施宜生	入宋賀正旦	使宋語錄	不詳
	孝宗	1164	雍希稷	使金通問國信所禮物官	《隆興奉使審議錄》	佚文記審議海、泗、唐、鄧四郡不割讓與金之事。
		1168	汪大猷	接伴金使	接伴金使語錄	不詳。
		1169	樓鑰	使金賀正旦書狀官	使金語錄	記與金人爭執禮數等。
		1170	趙雄	館伴金使	館伴金使語錄	記趙雄與金使耶律子敬的對話。
		1172	韓元吉	賀金國主生辰使	金國生辰語錄	不詳。
	光宗	1191	倪思	館伴金使	《重明節館伴語錄》	《四庫全書總目》稱其記"問答之詞、饋送之禮"。
	不詳	不詳	佚名	不詳	《接伴入國館伴錄》	《通志·藝文略》著錄"《接伴入國館伴錄》"。
		不詳	佚名	不詳	《接伴語錄》	《通志·藝文略》著錄"《接伴語錄》八卷"。

(表三) 漢唐兩宋使行圖記表

朝代	時間	作者	奉使職事	使行圖記	圖記內容
漢	孝章帝時	李恂	使幽州宣布恩澤,慰撫北狄	使幽圖記	《後漢書》本傳載其"所過皆圖寫山川、屯田、聚落百餘卷"。
魏	太始元年	頻斯國使臣	頻斯國使臣來朝	頻斯國地形圖	《拾遺記》載頻斯國使"圖其國山川地勢瑰異之屬"。
唐	658	許敬宗等	遣使分往康國及吐火羅等國	《西域圖志》	許敬宗總領撰次使臣在各國所訪查和畫圖之風俗物產及古今廢置。
唐	834	田牟	田牟爲入吐蕃使	《入蕃行記圖》并圖經	《册府元龜》載其進"《入蕃行記圖》一軸,并圖經八卷"。
宋	1015	張復等		《大宋四裔述職圖》	諸國朝貢,畫其冠服,錄其風俗。
宋	1015	楊承吉	侍禁楊承吉使西蕃	西蕃地理圖	畫上宗哥城周圍的地理。
宋	1030	盛度	詳定陝西兩池鹽法	《西域圖》	《宋史》本傳載其"參質漢、唐故地,繪爲《西域圖》"。
宋	1041	劉渙	諭唃廝囉助兵西討	唃廝囉地形圖	《澠水燕談錄》載其"盡圖其地形,并誓書還奏"。
宋	1076	羅昌皓	賜占城、真臘藥物和器幣	占城至交阯地圖	畫占城到交阯的地理。
宋	1079	畢仲衍	賀遼國主正旦使	使遼圖	《宋史》本傳載其"盡能記其朝儀節奏,圖畫歸獻"。
宋	1081	于闐使	于闐國遣使入宋朝貢	諸國至漢境圖	畫所經諸國至中國的地圖。
宋	1083	宋球	奉使高麗弔慰使	使高麗圖記	《宋史》本傳載其"密訪山川形勢、風俗好尚,使還,圖紀上之"。
宋	不詳	張叔夜	不詳	使遼圖記	《宋史》本傳載其"圖其山川、城郭、服器、儀範爲五篇"。

（表四） 唐宋使臣記行詩集與組詩表

朝代	時間	作者	奉使職事	使行詩集與組詩	紀行詩數量及內容
唐	804	呂溫	爲入吐蕃副使	使吐蕃詩	現存呂溫使吐蕃詩十餘首。
後晉	938	王仁裕	被命使高季興	《南行記》	記自汴至荆南道途賦詠及飲宴酬倡，殆百餘篇。均佚。
宋	988	呂祐之	使高麗加王治爲檢校太尉	《海外覃皇澤詩》	十九首。均佚。
	988	李度	使交州加黎桓爲檢校太尉	《奉使南遊集》	《宋史》本傳載其"每至州府……皆形篇詩"。均佚。
	1029	蘇耆	賀契丹妻正旦使	使契丹詩集	蘇舜欽稱其"每舍必作詩……歸而集上之"。均佚。
	1051	王珪	賀契丹正旦使	使契丹詩	《全遼詩話》輯錄王珪使契丹詩十六首。
	1055	歐陽修	賀契丹國母生辰使	使契丹詩	《全遼詩話》輯錄歐陽修使契丹詩十四首。
	1055	劉敞	賀契丹生辰使	使契丹詩	劉敞《公是集》存其使契丹詩三十首。
	不詳	李及之	不詳	《北使集》	不詳
	1059	沈遘	賀契丹正旦使	使契丹詩	沈遘《西溪集》存使契丹詩十餘首。
	1060	王安石	伴送遼國賀正旦使	《送伴北朝使人詩》	自序述其"時竊詠歌，以娛愁思，當笑語鞍馬之勞"。
	1068	蘇頌	賀遼國生辰副使	《前使遼詩》	三十首。存於《蘇魏公文集》卷一三。
	1077		賀遼主生辰國信使	《後使遼詩》	二十八首。存於《蘇魏公文集》卷一三。
	1089	蘇轍	賀遼國生辰使	《奉使契丹詩》	二十八首。存於《欒城集》卷一六。
	1091	彭汝礪	賀遼主生辰使	使遼詩	彭汝礪《鄱陽集》存其使遼詩六十首。

續　表

朝代	時間	作者	奉使職事	使行詩集與組詩	紀行詩數量及內容
宋	不詳	劉跂	不詳	《使遼詩》	《劉學易先生集》存其使遼詩十八首。
	1126—1128	宇文虛中	多次使金談判	使金詩	《北窗炙輠錄》載："宇文虛中在金作三詩……此詩始陷金國時作。"
	1127—1143	朱弁	使金探問徽、欽二宗，被扣留十七年。	《聘遊集》	《宋史》本傳載其"《聘遊集》四十二卷"。現存詩四十餘首。
	1141—1159	曹勛	多次擔任使金大臣和接伴大使	使金詩	《松隱集》存其使金詩二十餘首。
	1143	洪皓、張邵、朱弁	張邵與洪皓、朱弁同塗而歸。	《輶軒唱和集》	《宋史·藝文志》著錄"《輶軒唱和集》三卷"。
	1159	周麟之	爲大金奉表哀謝使	《中原民謠》	自序其"因所聞見，論次其事，櫽括其辭，爲《中原民謠》十首"。
	1170	范成大	以資政殿大學士使金	《使金絕句》	七十二首。存於《石湖詩集》卷一二。
	1190	楊萬里	接伴金國賀正旦使	接送伴金使詩	自序其因此行得以"歷淮楚，盡見東南之奇觀……得詩凡三百五十餘首"。
	1190	丘崈	賀金主生辰使	《使北詩》	已佚。
	1193	許及之	賀金主生辰使	《北征紀行詩集》	現存有關其使金的詩數十首。
	1225	趙秉文	奉使冊西夏新主	使西夏詩	《滏水集》存其使西夏詩約25首。

附録二　宋代使行文獻輯補

　　宋代使行文獻的構成主要有三類：一是單行的原書；二是在其他典籍中的佚文；三是散見記録的單篇。第一類文獻比較常見，學術界對其關注最多，也做過較多整理。比如范成大《攬轡録》，在孔凡禮《范成大筆記六種》、趙永春《奉使遼金行程録》、朱易安等《全宋筆記》第五編、顧宏義等《宋代日記叢編》中均有整理。所以這類單行且經過點校已形成較好整理本的書，這裏不作輯録。而第二、三類文獻需要通過輯佚、考證等方式獲取，學術界對此也做了一些整理。比如傅樂焕在《宋人使遼語録行程考》中列舉了使行文獻十四種；賈敬顔在《五代宋金元人邊疆行記十三種疏證稿》中疏證了使行文獻六種；趙永春在《奉使遼金行程録》中輯注了使行文獻三十餘種；李德輝在《晉唐兩宋行記輯校》中也對部分宋代使行文獻做了輯校。所以這裏對那些已經較好整理的文獻也不做重複輯録。爲此，這裏所做的輯録主要是補遺宋代的散佚使行文獻。其方式有三：其一，對同一文獻的不同版本加以比校；其二，對一書的佚文進行輯録；其三，選取經過整理的書籍而採録其中所録之使行文獻。

目　　録

宋鎬行録	宋鎬等	377
使西蕃地理圖	楊承吉	378
富公前後使遼語録	富　弼	379
使契丹語録	張方平	380
契丹官儀	余　靖	381
王拱辰别録	王拱辰	383
使北録	范　鎮	383
館伴高麗使語録	張誠一	384
使契丹語録	吕晦叔	384

使遼語録 …………………………………………… 蔡京等 384
北使還論北邊事劄子五道 ………………………… 蘇　轍 385
使契丹語録 ………………………………………… 佚　名 387
接送伴遼使語録 …………………………………… 呂希績等 388
接伴遼使語録 ……………………………………… 劉　逵 390
使遼語録 …………………………………………… 陸　佃 390
雞林志 ……………………………………………… 王　雲 391
建炎假道高麗録 …………………………………… 楊應誠 392
章忠恪奉使金國語録 ……………………………… 章　誼 393
奉使語録 …………………………………………… 魏良臣 394
接伴雜録 …………………………………………… 洪　邁 394
館伴金使語録 ……………………………………… 趙　雄 394
邕州化外諸國土俗記 ……………………………… 吳　儆 395
燕谷剽聞 …………………………………………… 鄭　域 397

宋鎬行録
宋鎬等

據《續資治通鑑長編》卷三一録文，參校《宋史》卷四八八《交趾傳》、《皇宋通鑑長編紀事本末》卷一二《交趾内附》。

宋鎬等[一]抵交州境，黎桓遣衙[二]内都指揮使丁承正等以船[三]、卒三百人至太平軍來迎，由海口入大海，冒涉風濤，頗歷危險。經半月至白藤涇[四]，入海汊，乘潮而行。凡宿泊之所，皆有茅舍三間，營葺尚新，目[五]爲館驛。至長州，漸近本國，桓張皇虚誕，務爲誇詫，盡出舟師戰櫂，謂之耀軍。

自是宵征抵海岸，至交州僅[六]十五里，有茅亭五間，題曰柔征[七]驛。至城一百里，驅部民畜產，妄稱官牛，數不滿千，揚言十[八]萬。又廣率其民混於軍旅，衣以襍色之衣，乘舡鼓噪。近城之山虚張白旂，以爲陳兵之象。俄而擁從桓至，展郊迎之禮。桓斂馬側身，問皇帝起居畢，按轡偕行，時以檳榔相遺，馬上食之，此風俗待賓之厚意也。城中無居民，止有茅竹屋數十百區，以爲軍營，而府署湫隘，題其門曰明德門。

桓質[九]陋而目眇，自言近歲[十]與蠻寇接戰，墜馬傷足，受詔不拜。信宿之後，乃張筵飲宴。又出臨海汊，以爲娛賓之遊。桓跣足持竿，入水標魚，得[十一]一魚，左右皆叫噪[十二]歡躍。凡有宴會，預坐之人悉令解帶，冠以帽子。

桓多衣花纈及紅色之衣，帽以真珠爲飾，或自歌勸酒，莫能曉其詞。常令數十人扛大蛇長數丈，餽於使館，且曰：「若能食此，當治之爲饌以獻焉。」又羈送二虎，以備縱觀。皆却之不受。卒三千人[十三]，悉黥其額曰「天子軍」。糧以禾穗，月給[十四]，令自舂爲食。其兵器止有弓弩、木牌、梭槍、竹槍，弱不可用。

桓輕脱[十五]殘忍，昵比小人，腹心閹豎五七輩錯立其側。好狎飲，以手令爲樂，凡官屬善其事者，擢居親近。左右有小過，即[十六]殺之，或鞭其背一百至二百。賓佐小不如意，亦箠之三十至五十，黜爲閹[十七]吏，怒息，乃召復其位。有木塔，其制樸陋，桓一日[十八]請同登遊覽，乃相顧而言曰：「中朝有此塔否？」地無寒氣，十一月猶衣夾衣揮扇。

【校】

[一]「宋鎬等」，《交趾傳》作「去歲秋末」。
[二]「衙」，《交趾傳》作「牙」。
[三]《交趾傳》「船」後有「九艘」二字。
[四]「淫」，《交趾内附》作「徑」。
[五]「目」，《長編》原作「因」，據《交趾内附》《交趾傳》改。
[六]「僅」，《交趾内附》作「近」。
[七]「征」，《交趾傳》作「徑」。
[八]「十」，《長編》原作「千」，據《交趾内附》《交趾傳》改。
[九]「質」，《交趾内附》作「側」。
[十]「歲」，《長編》原作「日」，據《交趾内附》《交趾傳》改。
[十一]「得」，《宋史·交趾傳》作「每中」。
[十二]「叫噪」，《交趾内附》作「噪叫」。
[十三]「卒三千人」，《交趾傳》作「士卒殆三千人」。
[十四]「月給」，《交趾傳》作「日給」。
[十五]「脱」，《交趾傳》作「佻」。
[十六]「即」，《交趾傳》作「亦」。
[十七]「閹」，《長編》原作「門」，據《交趾内附》《交趾傳》改。
[十八]「一日」，《長編》原無，據《交趾内附》《交趾傳》補入。

使西蕃地理圖

楊承吉

據李燾《續資治通鑑長編》卷八五録文。

楊承吉使西蕃唃厮囉還，言蕃部甚畏秦州近邊丁家、馬家二族，此二族人馬頗衆,倚依朝廷。唃厮囉以立遵爲謀主,立遵貪而虐,好殺戮,其下怨懼。近築一城,周回二里許,無他號令,但急鼓則增土,緩則下杵,不日而就。承吉又圖上宗哥城東南至永寧寨九百一十五里,東北至西涼府五百里,西北至甘州五百里,東至蘭州三百里,南至河州四百一十五里,又東至氂谷五百五十里,又西南至青海四百里,又東至新渭州千八百九十里。

富公前後使遼語録

富　弼

據趙善璙《自警編》卷七(程郁點校,大象出版社 2016 年版)録文。

契丹自晉天福以來踐有幽薊,北鄙之警略無寧歲,凡六十有九年。至景德元年舉國來寇,真宗用寇準計親征澶淵,射殺其驍將順國王達蘭,虜懼遂請和。時諸將皆請以兵會界河上,邀其歸,徐以精兵躡其後殲之,虜懼,求哀於上,遂詔諸將按兵縱虜歸,虜自是通好守約,不復盜邊者三十有九年。及元昊叛,兵久不決,契丹之臣有貪而喜功者,以我爲怯且厭兵,遂教其主設詞以動我,欲得晉高祖所與關南十縣。慶曆二年,聚重兵境上,遣其臣蕭英、劉六符來聘。仁宗命宰相擇報聘者,時虜情不可測,群臣皆不敢行,宰相以富弼名聞,乃以公接伴。英等入境,上遣中使勞之,英托足疾不拜,公曰:"吾嘗使北,病臥車中,聞命輒拜。令中使至而公不起見,何禮也?"英矍然起拜。公開懷與語,不以夷狄待之,英等遂去左右,密以其主所欲得者告公,且曰:"可從從之,不可從更以一事塞之。"公具以聞,上命御史中丞賈昌朝館伴,不許割地而許增幣,且命報聘見虜主。虜主曰:"南朝違約,塞雁門,增塘水,治城隍,籍民兵,此何意也?群臣請舉兵而南,寡人以謂不若遣使求地,求而不獲,舉兵未晚。"公曰:"北朝忘章聖皇帝之大德乎?澶淵之役,若從諸將言,北兵無得脱者。且北朝與中國好,則人主專其利,而臣下無所獲,若用兵,則利歸臣下,而人主任其禍,故北朝諸臣爭勸用兵者,此皆其身謀,非國計也。"虜主驚曰:"何謂也?"公曰:"晉高祖欺天叛君,而求助於北,末帝昏亂,神人棄之,是時中國狹小,上下離叛,故契丹全師獨克,雖虜獲金帛,充牣諸臣之家,而壯士、健馬物故大半,此誰任其禍者?今中國提封萬里,所在精兵以百萬計,法令修明,上下一心,北朝欲用兵,能保其必勝乎?"曰:"不能。"公曰:"就使勝,所亡士馬,群臣當之歟?亦人主當之歟?若通好不絶,歲幣盡歸人主,臣下所得,止奉使者歲一二人耳,群臣何利焉?"虜主大悟,首肯久之。公又曰："塞雁門者，以備元昊也。塘水始於何承矩，事在通好前，地卑水聚，勢不得不增。城隍皆修舊，民兵亦舊籍，特補其闕耳，非違約也。晉高祖以盧龍一道賂契丹，周世宗復伐取關南，皆異代事，宋興已九十年，若各欲求異代故地，豈北朝之利也哉！本朝皇帝之命使臣，則有詞矣。曰：'朕爲祖宗守國，必不敢以其地與人，北朝所欲，不過利其租賦耳，朕不欲以地故多殺兩朝赤子，故屈己增幣以代賦入。若北朝必欲得地，是志在敗盟，假此爲詞耳，朕亦安得獨避用兵乎？澶淵之盟，天地鬼神實臨之，今北朝首發兵端，過不在朕，天地鬼神豈可欺也哉！'"虜大感悟，遂欲求婚，公曰："婚姻易以生隙，人命修短不可知，不若歲幣之堅久也。本朝長公主出降，齋送不過十萬緡，豈若歲幣無窮之獲哉？"虜主曰："卿且歸矣，再來當擇一受之，卿其遂以誓書來。"公歸，復命再聘，受書及口傳之詞于政府。既行，次樂壽，謂其副曰："吾爲使者，而不見國書，萬一書詞與口傳者異，則吾事敗矣。"發書視之，果不同，乃馳還都，以晡入見，宿直學士院，一夕易書而行。既至，虜不復求婚，專欲增幣，曰："南朝遺我書，當曰獻，否則曰納。"公爭不可，虜主曰："南朝既懼我，何惜此二字？若我擁兵而南，得無悔乎？"公曰："本朝皇帝兼愛南北之民，不忍使蹈鋒鏑，故屈己增幣，何名爲懼哉？若不得已，而至於用兵，則南北敵國當以曲直爲勝負，非使臣之所憂也。"虜主曰："卿勿固執，古亦有之。"公曰："自古惟唐高祖借兵於突厥，故臣事之，當時所遣或稱獻納則不可知，其後頡利爲太宗所擒，豈復有此禮哉？"公聲色俱厲，虜知不可奪，曰："吾當自遣人議之。"於是留所許增幣誓書，復使耶律仁先及六符以其國書來，且求爲獻納。公奏曰："臣既以死拒之，虜氣折矣，可勿許，虜無能爲也。"上從之，增幣二十萬，而契丹平。契丹君臣至今誦其語，守其約不忍敗者，以其心曉然，知通好用兵利害之所在也。（《溫公日錄》云："公力爭獻納二字，及還，而晏公已稱納矣。"《聞見錄》云："富公再使，以國書與口傳之詞不同，馳還奏曰：'政府故爲此，欲置臣於死，臣死不足惜，奈國事何？'仁宗召宰相呂夷簡面問之，夷簡從容袖其書曰：'恐是誤，當令改定。'富公益辯論不平，仁宗問樞密使晏殊如何，殊曰：'夷簡決不肯爲此，真恐誤耳。'富公怒曰：'晏殊姦邪，黨呂夷簡，以欺陛下。'富公，晏公之壻也，其忠直如此。"）

使契丹語錄

張方平

　　據張方平《樂全集》載其使契丹事迹一段，當與其語錄相關。又李燾《續資治通鑑長編》記張方平使契丹還言雄州邊事，應有補語錄之用。故將此二處記錄一並輯錄。

冬,使契丹,假起居舍人知制誥入北境。及郊迎,北主與弟私至范陽郭門外,母闕支等亦乘馳車出郊,道旁填壅,觀者莫不屬目焉。燕日,北主親至坐前,命玉卮揖公曰:"聞君海量。"畢之,語左右曰:"有臣如此,鄭也。"又因公出館,至公寢室,繙藥奩,取湯茗,懷以去,所賚必別題送之,禮意殊厚。使回,進語録,中有對答數節,皆逆折其事端。(張方平《樂全集》附録)

丁酉,徙通判雄州、太常博士梁蕡通判德州。初,契丹使蕭偕入境,而接伴未至,蕡遂引至京師,知諫院田況劾其不俟命,故徙之。知雄州、六宅使、忠州刺史杜惟序尋亦徙知滄州,坐專遣蕡也。及知諫院張方平使契丹還,言:"雄州守將,委任甚重。惟序雖未能有長才遠略,察其識用,頗爲通審。去春已來,值邊圉多事,隨宜應副,無大曠失。臣比在朝,聞議者多以蕭偕之來,惟序不合專遣通判接伴入界。蓋其時北戎已釋兵,聞朝廷未弛備,戎帳不自安於燕京,故遣偕走馬來使。又涿州諜報,先約定過界日辰。詳此事理,惟序倉卒處置,蓋慮止之,別召疑生事爾。臣竊觀河北中路武臣守郡者,悉出惟序之下,其於崇飾厨傳,惟序實不足。向來雄州守將如葛懷敏輩,皆以善承迎得虛譽,誤蒙採擢,終敗大事。若惟序守分務實,今乃左遷,恐非所以勸邊臣也。王克基前在滄州以賄聞,顧擢引進使、知定州。張茂實徒以出使道途之勞,自供備庫使授東上閤門使、知瀛州。王克忠無他勤效,近得遥刺、知貝州。惟序當邊事紛紜之際,應接一年,事已定而更被責去郡。朝廷賞罰旌別,於兹有累。伏乞録惟序用心之實,不使廢於悠悠之毀,得比茂實授一橫行,在臣觀之,諒未爲忝。至于任用之間,亦望使之以器,令得盡其才。"(李燾《續資治通鑑長編》卷一三八)

契丹官儀

余　靖

據《全宋文》卷五七二(曾棗莊等主編,上海辭書出版社 2006 年版)録文。

契丹舊俗,皆書於國史《夷狄傳》矣。予自癸未至乙酉,三使其庭,凡接送館伴、使副、客省、宣徽,至於門階户庭趨走卒吏,盡得款曲言語。虜中不相猜疑,故詢胡人風俗,頗得其詳。退而誌之,以補史之闕焉。

胡人之官,領番中職事者,皆胡服,謂之契丹官,樞密宰臣則曰北樞密、北宰相。領燕中職事者,雖胡人亦漢服,謂之漢官,執政者則曰南宰相、南樞密。契丹樞密使帶平章事者,在漢宰相之上;其不帶使相及雖帶使相而知樞密副使事者，即在宰相下。其漢宰相必兼樞密使，乃得預聞機事。蕃官有參知政事，謂之夷離畢。漢官參知政事帶使相者，乃得坐穹廬中。其宣徽使惟掌宣傳詔命而已，文譾侍立如閤門使之比。

　　胡人之掌兵者，燕中有元帥府，雜掌蕃漢兵，太弟總判之。其外則有北王府、南王府，分掌契丹兵，在雲州歸化州之北。二王皆坐在樞密下、帶平章事之上，舊例皆賜御服，節度使參於旗鼓之南。乙室王府亦掌契丹兵，然稍卑矣。其有居雁門之北，似是契丹別族，其坐在上將軍之上。又有奚王府掌奚兵，在中京之南，與留守相見，則用客禮。大抵胡人以元帥府守山前，故有府官。又有統軍，掌契丹渤海之兵。馬軍、步軍，一掌漢兵以乙室王府。山後又有雲、應、蔚、朔、奉聖等五節度管兵，逐州又置鄉兵。其西南路招討掌河西邊事，西北路招討掌撻笪等邊事，其東北則有撻領相公，（胡人呼撻字如吞字入聲，領音近廩。）掌黑水等邊事，正東則有注展相公，掌女真等邊事，此皆守邊者也。（蕃語注展即女真也。）國中隨部族大小，各有節度使，不屬州縣。胡人從行之兵，取宗室中最親信者爲行宮都部署以主之，其兵皆取於南北王府十宮院人充之。亦有大内點檢、副點檢之官以備宿衛。北王府兵刺左臂，南王府兵刺右臂，十宮院人呼小底，如官奴婢之屬也。尯警者呼拽剌，（音力割反。）逐部分各有首領及判官等。渤海亦有宿衛者。又有左右等五比室，（比音牌，亦音櫛比之比。）契丹謂金剛爲比室，取其堅利之名也。漢人亦有控鶴等六軍。

　　胡人司會之官，雖於燕京置三司使，唯掌燕、薊、涿、易、檀、順等州錢帛耳。又於平州置錢帛司，營、灤等州屬焉。中京置度支使，宜、霸等州隸焉。東京置户部使，遼西、川、錦等州隸焉。上京置鹽鐵使，饒、澤等州隸焉。山後置轉運使，雲、應等州屬焉。置使雖殊，其實各分方域，董其出納也。隨駕賜與，則樞密院主之，譾勞則宣徽使主之。

　　胡人從行之官，大臣之外，惕隱司掌宗室，國舅司掌蕭氏，常衮司掌庶姓耶律氏。其宗室爲橫帳，庶姓爲摇輦。其未有官者呼舍利，猶中國之呼郎君也。不在此籍，即屬十宮院及南北王府矣。又有十宮院使，亦從行。其言十宮者，自阿保機而下，每主嗣位即立宮置使，領臣寮每歲所獻生口及打虜外國所得之物，盡隸宮使。每宮皆有户口錢帛，以供虜主私費，猶中國之内藏也。十宮院名：興聖宮、崇德宮、洪義宮、永興宮、積慶宮、長寧宮、延長宮、敦睦宮、章愍宮、延慶宮。十宮院使在上將軍之下，節度使之上。

　　十宮院制置司。（奉聖州、平州亦各有十宮院司，檀州有章愍宮，行唐縣屬焉。）契丹司録事司。（中國之府司。）左右司候司。（掌刑獄。）

　　胡人於燕京置元帥府，統軍、馬軍、步軍三司。胡人東有渤海，西有奚，南有燕,北據其窟穴。四姓雜居,舊不通婚,謀臣韓紹芳獻議,乃許婚焉。衣服、飲食、言語各從其俗。凡四姓相犯,皆用漢法;本類自相犯者,用本國法,故別立契丹司,以掌其獄。(《武溪集》卷一八)

王拱辰別錄
王拱辰

據《續資治通鑑長編》卷一七七原注錄文。

至和元年,王拱辰別錄:

契丹主又云:"更爲西界昨報休兵事,從初不禀朝命,邊上頭作過犯,遂行征討。緣元昊地界黄河屈曲,寡人先領兵直入,已奪得唐隆鎮。韓國大王插糧船繞頭轉來,寡人本意,待與除滅,却爲韓國大王有失備禦,被却西人伏兵邀截船糧,是致失利。今來既謝罪,遂且許和。"拱辰答云:"元昊前來激惱南朝,續次不順北朝,始初南朝亦欲窮兵討滅,却陛下頻有書來解救,遂且許和。自聞皇帝失利,南朝甚不樂。"契丹主云:"兄弟之國,可知不樂。"拱辰又云:"南朝亦知北朝公主先聘與元昊,殊不禮待,憂幽而卒。"契丹主云:"直是飲恨而卒,然只是皇族之女。"拱辰云:"雖知只是宗女,亦須名爲陛下公主下嫁,豈可如此不禮!今或陛下更與通親,毋乃太自屈也。"契丹主云:"更做甚與他爲親,只封册至今亦未曾與。"拱辰慮其再通姻好,即與中國不便,故因話而諷之。拱辰又云:"今來陛下且與函容,亦是好事。陛下于西羌用兵數年,其殺獲勝負,亦略相當。古語謂争城殺人盈城,争地殺人盈野,豈是帝王仁德好事!"契丹主云:"極是也。"兩朝誓旨册内有此。

使北錄
范鎮

范鎮《東齋記事》(汝沛點校,中華書局1980年版)、江少虞《新雕皇朝類苑》存范鎮記契丹事三條,疑爲《使北錄》佚文,今輯錄於下。

予嘗使契丹,接伴使蕭慶者謂予言:"達怛人不粒食,家養牝牛一二,飲其乳,亦不食肉,煮汁而飲之,腸如筯,雖中箭不死。"(《新雕皇朝類苑》卷七八)

蕭慶嘗言:"契丹牛馬有熟時,有不熟時,一如南朝養蠶也。"予問其故,

曰：“有雪而才露出草一寸許時，如此則牛馬大熟。若無雪，或有雪而没却草，則不熟。”蓋契丹視此爲豐凶。（《東齋記事》卷五）

契丹有馮見善者，於接伴勸酒，見善曰：“勸酒當以其量，若不以量，如徭役而不分户等高下也。”以此知契丹徭役亦以户等，中國可不量户等役人耶？大户小户必以此出也。（《東齋記事》補遺）

館伴高麗使語録
張誠一

據葉夢得《石林詩話》卷中（逯銘昕《石林詩話校注》，人民文學出版社 2011 年版）録文。

高麗自太宗後，久不入貢，至元豐初，始遣使來朝。神宗以張誠一館伴，令問其復朝之意。云：“其國與契丹爲鄰，每因契丹誅求，陵藉不能堪，國主王徽常誦《華嚴經》，祈生中國。一夕，忽夢至京師，備見城邑宫闕之盛，覺而慕之，乃爲詩以記曰：‘惡業因緣近契丹，一年朝貢幾多般。移身忽到京華裏，可惜中宵漏滴殘。’”余大觀間，館伴高麗人，常見誠一《語録》，備載此事。

使契丹語録
吕晦叔

據趙善璙《自警編》卷六録文。

吕晦叔曰：“昨使契丹，敵中接伴問副使狄諮曰：‘司馬中丞今爲何官？’諮曰：‘今爲翰林學士兼侍讀學士。’敵曰：‘不爲中丞邪？聞是人甚忠亮。’”晦叔以著於語録。”

使遼語録
蔡京等

據李燾《續資治通鑑長編》卷三三八原注録文。

蔡絛《北征紀實》云：建北面黄旂者，當元豐初，魯公以起居郎借諫議大夫,副以西上閤門使狄詠,奉使遼國,行聘禮畢,而遼人老主令喻使人:皇孫出閤時,(所謂皇孫,後乃天祚也。北主嫡子死,所以欲傳其孫。)有曲燕俾南朝使人預之。魯公即力辭曰:"使人將聘幣以講兩國之好,禮既畢矣,則不當與北朝事。"再三力邀不已,魯公詰其故,則曰:"上畔老矣,(北人自來呼其主上畔。)獨此皇孫,今亦欲分付南朝也。"魯公始曰:"北朝既有親仗大國,患難相救、疾病相扶持之意,則使人敢不聽焉。"及使回,未至國門,國信所語錄先上,神宗皇帝讀之大喜,且謂得使人體。

北使還論北邊事劄子五道

蘇　轍

據蘇轍《欒城集》卷四二(陳宏天、高秀芳點校,中華書局1990年版)錄文。

一、論北朝所見於朝廷不便事

臣等近奉使出疆,見北界兩事,於中朝極爲不便,謹具條例如後:

(一)本朝民間開版印行文字,臣等竊料北界無所不有。臣等初至燕京,副留守邢希古相接送,令引接殿侍元辛傳語臣轍云:"令兄内翰(謂臣兄軾)《眉山集》已到此多時,内翰何不印行文集,亦使流傳至此?"及至中京,度支使鄭顓押宴,爲臣轍言:先臣洵所爲文字中事迹,頗能盡其委曲。及至帳前,館伴王師儒謂臣轍:"聞常服伏苓,欲乞其方。"蓋臣轍嘗作《服伏苓賦》,必此賦亦已到北界故也。臣等因此料本朝印本文字,多已流傳在彼。其間臣僚章疏及士子策論,言朝廷得失、軍國利害,蓋不爲少。兼小民愚陋,惟利是視,印行戲褻之語,無所不至。若使盡得流傳北界,上則洩漏機密,下則取笑夷狄,皆極不便。訪聞此等文字販入虜中,其利十倍。人情嗜利,雖重爲賞罰,亦不能禁。惟是禁民不得擅開板印行文字,令民間每欲開板,先具本申所屬州,爲選有文學官二員,據文字多少立限看詳定奪,不犯上件事節,方得開行。仍重立擅開及看詳不實之禁,其今日前已開本,仍委官定奪,有涉上件事節,並令破板毀棄。(如一集中有犯,只毀所犯之文,不必毀全集。看詳不實,亦准前法。)如此庶幾此弊可息也。

(二)臣等竊見北界別無錢幣,公私交易,並使本朝銅錢。沿邊禁錢條法雖極深重,而利之所在,勢無由止。本朝每歲鑄錢以百萬計,而所在常患錢少,蓋散入四夷,勢當爾也。謹按河北、河東、陝西三路,土皆産鐵。見今陝西鑄折二鐵錢萬數極多,與銅錢並行。而民間輕賤鐵錢,十五僅能比銅錢十,而官用鐵錢與銅錢等。緣此解鹽抄法,久遠必敗。河東雖有小鐵錢,然數目極少。河北一路,則未嘗鼓鑄。臣等嘗聞議者謂可於三路並鑄鐵錢,而行使之地止於極邊諸州。極邊見在銅錢,並以鐵錢兌換,般入近裏州軍,如此則雖不禁錢出外界,而其弊自止矣。伏乞下戶部令遍問三路提轉安撫司,詳講利害,如無窒礙,乞早賜施行。惟河東路極邊數郡,訪聞每歲秋成,必假銅錢於北界人户收糴。乞令相度,若以紬絹優與折博,有無不可。此計若行,為利不小。

二、論北朝政事大略

臣等近奉敕差充北朝皇帝生辰國信使,尋已具語錄進呈訖,然於北朝所見事體,亦有語錄不能盡者,恐朝廷不可不知,謹具三事,條列如左:

(一)北朝皇帝年顏見今六十以來,然舉止輕健,飲啖不衰,在位既久,頗知利害。與朝廷和好年深,蕃漢人户休養生息,人人安居,不樂戰鬪。加以其孫燕王幼弱,頃年契丹大臣誅殺其父,常有求報之心,故欲依倚漢人,託附本朝,為自固之計,雖北界小民亦能道此。臣等過界後,見其臣僚年高曉事,如接伴耶律恭、燕京三司使王經、副留守邢希古、中京度支使鄭頡之流皆言及和好,咨嗟歎息,以為自古所未有,又稱道北朝皇帝所以館待南使之意極厚。有接伴臣等都管一人,未到帳下,除翰林副使;送伴副使王可,離帳下不數日,除三司副使,皆言緣接伴南使之勞。以此觀之,北朝皇帝若且無恙,北邊可保無事。惟其孫燕王,骨氣凡弱,瞻視不正,不逮其祖,雖心似向漢,未知得志之後,能彈壓蕃漢保其禄位否耳。

(二)北朝之政,寬契丹,虐燕人,蓋已舊矣。然臣等訪聞山前諸州祇候公人,止是小民爭鬪殺傷之獄,則有此弊,至於燕人強家富族,似不至如此。契丹之人,每冬月多避寒於燕地,牧放住坐,亦止在天荒地上,不敢侵犯税土,兼賦役頗輕,漢人亦易於供應。惟是每有急速調發之政,即遣天使帶銀牌於漢户須索,縣吏動遭鞭箠,富家多被強取,玉帛子女不敢愛惜,燕人最以為苦。兼法令不明,受賕鬻獄,習以為常。此蓋夷狄之常俗,若其朝廷郡縣,蓋亦粗有法度,上下維持,未有離析之勢也。

(三)北朝皇帝好佛法,能自講其書。每夏季,輒會諸京僧徒及其群臣,執經親講,所在修蓋寺院,度僧甚眾。因此僧徒縱恣,放債營利,侵奪小民,民甚苦之。然契丹之人,緣此誦經念佛,殺心稍俊。此蓋北界之臣蠹,而中朝之利也。

右謹錄奏聞,乞賜省閱,亦足以見鄰國向背得失情狀。取進止。

三、乞罷人從内親從官

臣等近奉使北朝,竊見每番人從内,各有親從官二人充牽籠官。訪聞自前牽櫳官，並只是宣武長行，不差親從官。止於近歲，始行差充。緣親從官多係市井小人，既差入國，自謂得以伺察上下，入界之後，恣情妄作，都轄以下，望風畏避，不敢誰何。雖於使副，亦多蹇傲，夷狄窺見，於體不便。昨來左番有李寔一名，見作過犯，已送雄州枷勘施行。緣選差使副，責任不輕，謂不須旁令小人更加伺察。況已有譯語殿侍，別具語錄，足以關防。欲乞今後遣使，其牽櫳官依舊只差宣武長行，更不差親從官。取進止。

四、乞隨行差常用大車

臣等近奉使北朝，每番於車營務差到車六兩，般載官司合用諸物，其車多是低小脆惡，纔行一兩程，即致損壞，沿路不輟修完，僅能到得雄州，極爲不便。蓋爲國信内有鞍轡等匣，舊例不得使常用大車，須得別準備此車，專充入國。既居常不使，風雨暴露，積久損爛，臨時差撥，但取數足，致有此弊。竊見每歲接送伴北使，只使常用大車，頗極牢壯，今若令入國，亦只選差常用大車四乘，令勾當使臣等自辦簟竹，於車箱前後夾縛安置諸匣，別無不便，免使沿路修車，煩擾州縣，極爲穩便。取進止。

五、乞立差馬及駝日限

臣等近奉使北朝，竊見一行所用馬及橐駝，並於太僕寺及駝坊差撥，檢會條貫，俱未有差撥日限。由此坊監公人，例於使副臨起發日，然後差撥。蓋逐坊監多有病患駝馬。本處避見倒死退換科較，利在臨時差撥。惟要期限迫促，入國使副，雖知不堪，無由退換。以此入界之後，經涉苦寒嶮遠多致倒死，有誤使事。欲乞今後所差入國駝馬，並於起發半月以前差定，仍即時關報使副，令看驗揀擇。取進止。

使契丹語錄

闕　名

據《道山清話》（趙維國點校，大象出版社 2013 年版）錄文。

元祐五年，先公爲契丹賀正使。虜主問："范純仁今在朝否？"公曰："純仁去年六月，以觀文殿學士知潁昌府。"又問："何故教出外？"先公云："純仁病足，不能拜，暫令補外養病爾。"又問："吕公著如何外補？"先公云："公著去年卒于位，初不曾外補。"乃咨嗟曰："朝廷想見闕人。"先公曰："見不住召用舊人。"先是虜主聞先公言純仁以足疾外補，乃回顧近立之人微笑。

接送伴遼使語録

吕希績等

據徐松《中興禮書》卷二二三《賓禮二》録文，參校《宋會要輯稿》職官三六。

十九年十一月二十二日，禮部言：主管往來國信所陳永錫等檢會在京舊例北使赴闕及人從身故體例，乞下有司看詳，降付本所，以備照用。[一]本部今欲依具到體例并勘會到事理施行，詔令國信所照會。今據[二]太常寺開具到正[三]旦接送伴語録：

元祐七年，契丹賀正旦使左番係賀太皇太后耶律迪、高[四]端禮，右番蕭仲奇[五]、劉彦國。

來程：

六年十二月五日到瀛州，左番太傅耶律迪遣人傳語，欲得醫者看脉，并要兜轎。

十五日到磁州滏[六]陽驛，中使王構[七]押到醫官楊文蔚過位，迪立聽口宣，看脉。

十六日早，離磁州上馬。行次，高端禮云："左番太傅不安，蒙朝廷遣醫，一行人皆放心。兼來得甚速，必是朝廷留意。"

二十四日，入内内侍省高班蘇世長傳宣館伴所："北朝人使耶律迪見遠不安，與放免朝見，其例就驛交割。"

七年正月二日，入内内侍省高品康承錫傳宣[八]館伴所入："大遼國使人耶律迪見[九]患，所有玉津園本人躬[十]弓例物，令就驛賜[十一]，仍免次日引謝。"

六日，入内内侍黄門邵琦傳宣館伴所入："大遼國使人耶律迪爲患，與放[十二]朝辭，所有例物令就驛交割。"又入内東頭供奉官張士良傳宣宣問："耶律迪春寒安樂，知所患未得一向康和，入辭不得，已差醫官元瑞、楊文蔚二人隨行看醫調治，途中初[十三]在加愛。"耶律迪令人答："小人上感聖恩，願太皇太后、皇帝萬萬歲。"尋令左番副使代跪謝表一道與天使。

七日，入内東頭供奉官馮世寧傳宣宣問："耶律迪春寒安樂，今特賜湯藥一銀合、御使酒一十瓶，途中宜加調護。"耶律迪令人答："自到館，累蒙聖恩差天使宣問、賜湯藥物[十四]及差到醫官，上感聖恩。只是爲患，不瞻見得聖人，心裏噤不好。"左番副使代跪謝表與天使。是日回程到班荆館，耶律迪乘

圖書在版編目（CIP）數據

宋代使行文獻研究 / 王皓著. -- 上海：上海古籍出版社, 2024. 12. -- ISBN 978-7-5732-1443-0
Ⅰ. D829
中國國家版本館CIP數據核字第2024CU6193號

宋代使行文獻研究
王　皓　著
上海古籍出版社出版發行
（上海市閔行區號景路159弄1－5號A座5F　郵政編碼201101）
（1）網址：www.guji.com.cn
（2）E-mail：guji1@guji.com.cn
（3）易文網網址：www.ewen.co
上海商務聯西印刷有限公司印刷
開本700×1000　1/16　印張28.5　插頁3　字數497,000
2024年12月第1版　2024年12月第1次印刷
ISBN 978-7-5732-1443-0
K・3765　定價：138.00元
如有質量問題，請與承印公司聯繫

元越的使臣、商賈和藝人》二文，便是老師和我合作完成的。人生之幸，莫過如此。所以，我要感謝我的老師，感謝王老師十多年來對我的教導和關愛。

2019 年，我對本書的修改已接近完成，經上海古籍出版社的推薦，獲得了國家社科基金後期資助。此後，又歷經了三年的校改。這期間，孩子出生，父親離世，悲歡離合，五味雜陳。好在本書能如期結項，對十多年的學習做了一個簡要的總結。

本書能得以順利完成，除了要感謝王老師的悉心指導外，還先後得到過多位專家的評審意見。包括博士論文外審時得到了七位專家的意見、論文答辯時得到了五位專家的意見、項目立項後得到了五位盲審專家的意見、項目結項時又得到了三位專家的意見，這些意見都爲修改本書提供了重要幫助，在此我由衷地感謝各位專家的賜教！

感謝我的父母，他們是我求學道路上最堅強的後盾。回想起我的父親，他可以説是我的忠實讀者。我之前寫過的論文，不論是否完稿，他都會要去逐字閱讀一遍，然後再指點一番。父親生前曾是一位從教四十年的中學語文教師，平生筆下所寫都文從字順，可惜我未能領悟。他本有意在此書稿付梓前再幫我看一遍，可惜未能如願。本書的遺憾不止於此。其不足之處，還請讀者指正。

2023 年 12 月記於温州大學

後　　記

　　2006年9月，我進入四川師範大學文學院學習，很幸運成爲導師王小盾先生的學生。在王老師的指導下，我用六年的時間，先後完成了碩士學位論文《陳孚〈交州稿〉與元代的中越文化交流》、博士學位論文《宋代外交行記與語錄研究》。從研究的對象和內容來看，這兩篇學位論文存在一定聯繫。前者主要是考察中越交流中由元朝使臣撰寫的"使行錄"，後者主要是考察宋代各方交流中由使臣撰寫的"使行錄"。二者有一個共同的目標：探究中國古代使行文獻的淵源、形態與流變。本書即是在博士學位論文的基礎上修改而成，其中也加入了碩士學位論文的主體內容。

　　更幸運的是，2012年9月王老師工作調動，我以助手的身份跟隨老師進入溫州大學人文學院工作。十餘年來，在老師的指導和帶領下，已開展了多項學術調查和研究。比如我參加了王老師主持的國家社科基金重大項目"域外漢文音樂文獻整理與研究"，對日本古記錄中的音樂史料做了整理，不僅完成了約一百萬字的資料類編，還和老師合作發表了《日本音乐史的另一面：古記錄中的日本宫廷音乐》一文。又如我分別於2015年6月至9月、2016年12月至2017年3月，跟隨老師在法國、越南調查越南古籍，爲兩國近二十個單位所收藏的漢喃文獻編寫了提要。我們通過這次調查，不僅充實了"目錄"，還撰寫了數篇相關論文，其中《從越南的四所寺院看漢籍在域外的生存》一文即是老師與我們合作完成。除此之外，我還在老師的指導下做了多項研究工作，比如與老師合作撰寫了《浙南馬燈舞及其作爲文化表象的意義》《從方志記錄看馬燈舞的關係性空間》《論曲破的源流》等文，參加了《漢文佛經音樂史料類編》《中國歷代樂論·隋唐五代卷》的編著。在這些工作中，我既體會到了學術道路的艱辛，也獲得了諸般樂趣。

　　博士畢業後的十餘年間，我也並未停止對學位論文的思考和修改，一方面注意在平時的學習中收集新資料，另一方面利用相關資料補充新内容。在充實和完善博士論文的過程中，王老師也對我進行了多方面的指導，比如本書中的《宋代使臣語錄制度兼及文體學的幾個問題》《13—14世紀往來於與文化》,《海洋史研究》第 10 輯。

曾維剛:《南宋中興時期士風新變與使北詩歌題材的開拓》,《文學遺產》2017 年第 2 期。

程軍:《13—14 世紀陸上絲綢之路交通線復原研究》,陝西師範大學 2017 年碩士學位論文。

閆雪瑩:《南宋洪皓使金詩文研究》,《齊魯學刊》2018 年第 5 期。

王小盾、王皓、黃嶺、任子田:《從越南的四所寺院看漢籍在域外的生存》,《域外漢籍研究集刊》第 18 輯。

李浩楠:《宋代使臣語錄補考》,《宋史研究論叢》第 25 輯。

張美璀:《北宋奉遼使錄研究》,華中師範大學 2019 年碩士學位論文。

秦倩:《文化視域下的南宋使金詩研究》,伊犁師範大學 2019 年碩士學位論文。

施超:《北宋域外詩研究》,廈門大學 2020 年碩士學位論文。

曹文瀚:《許及之使金詩史料價值論析》,《宋史研究論叢》第 28 輯。

張帆:《宋代使金詩文研究》,山東大學 2021 年碩士學位論文。

袁桂:《北宋出使詩研究》,北方民族大學 2022 年碩士學位論文。

李娟：《論范成大使金記行詩的田園內涵》，《江淮論壇》2010 年第 1 期。
王輝斌：《宋金元奉使詩探論》，《江淮論壇》2010 年第 2 期。
吳冬紅：《論曹勛的使金詞》，《麗水學院學報》2010 年第 3 期。
李德輝：《論漢唐兩宋行記的淵源流變》，《中華文史論叢》2010 年第 3 期。
胡傳志：《論楊萬里接送金使詩》，《文學遺產》2010 年第 4 期。
劉永濤：《行人與魏晉南北朝文學研究》，暨南大學 2010 年碩士學位論文。
黃玲：《宋代使金行記文獻研究》，陝西師範大學 2011 年碩士學位論文。
王麗萍：《范成大使金文學研究》，四川師範大學 2011 年碩士學位論文。
于向東：《西方入侵前夕越南阮朝的"外洋公務"》，《歷史研究》2012 年第 1 期。
蔣英：《兩宋使北詩三論》，《湖北社會科學》2012 年第 9 期。
朱士萍：《洪皓使金及其詩歌創作》，遼寧師範大學 2012 年碩士學位論文。
趙永春：《宋人出使遼金"語錄"的史學價值》，《淮陰師範學院學報》2013 年第 3 期。
劉玉珺：《宋代中越文學交流述論》，《學術論壇》2013 年第 5 期。
馮愛琴：《多學科融合建設現代中國文體學》，《中國社會科學報》2013 年 10 月 16 日第 A02 版。
郭麗琴：《趙秉文記行詩研究》，山西師範大學 2013 年碩士學位論文。
李冰鑫：《宋人使金文獻研究》，吉林大學 2014 年碩士學位論文。
陳大遠：《宋代出使文學研究》，吉林大學 2014 年博士學位論文。
王文科：《論蘇轍的使遼詩》，《河南大學學報》2015 年第 2 期。
李翠葉：《宋人外交行記的知識結構和文體特徵》，《吉林省教育學院學報》2015 年第 2 期。
趙自環：《洪皓使金作品研究》，重慶師範大學 2015 年碩士學位論文。
成思佳：《越南古代的上皇現象研究（968—1759）》，鄭州大學 2015 年碩士學位論文。
陳大遠：《簡析宋代出使行程錄》，《綏化學院學報》2016 年第 11 期。
李貴：《樓鑰〈北行日錄〉的文體、空間與記憶》，《文學遺產》2016 年第 4 期。
李德輝：《論宋代行記的新特點》，《文學遺產》2016 年第 4 期。
成瑋：《百代之中：宋代行記的文體自覺與定型》，《文學遺產》2016 年第 4 期。
劉存明：《北宋使北詩研究》，青海師範大學 2016 年碩士學位論文。
傅珊：《洪皓與范成大使金詩對比研究》，魯東大學 2016 年碩士學位論文。
約翰·K·惠特摩（John K. Whitmore）：《沿海崛起：早期大越的貿易、國家楊静:《北宋使遼詩研究》,南京師範大學 2003 年碩士學位論文。
吴承學、沙紅兵:《中國古代文體學學科論綱》,《文學遺産》2005 年第 1 期。
郭英德:《論中國古代文體分類的生成方式》,《學術研究》2005 年第 1 期。
吴曉萍:《宋代國信所考論》,《南京大學學報》2005 年第 2 期。
孫冬虎:《北宋詩人眼中的遼境地理與社會生活》,《北方論叢》2005 年第 3 期。
諸葛憶兵:《論蘇轍的奉使詩》,《江海學刊》2005 年第 3 期。
李輝:《宋金交聘制度研究》,復旦大學 2005 年博士學位論文。
張滌雲:《關於王安石使遼與使遼詩的考辨》,《文學遺産》2006 年第 1 期。
諸葛憶兵:《論北宋使遼詩》,《暨南學報》2006 年第 3 期。
張榮東:《宋人使金詩考》,《北方論叢》2006 年第 4 期。
劉浦江:《宋代使臣語録考》,張希清等主編:《10—13 世紀中國文化的踫撞與融合》,上海人民出版社,2006 年。
張金蓮:《略論元代的中越交通》,《蘭州學刊》2006 年第 3 期。
成少波:《南宋使金詩考論》,安徽大學 2006 年碩士學位論文。
劉玉珺:《越南使臣與中越文學交流》,《學術研究》2007 年第 1 期。
吴河清:《論曹勛的使金詩》,《文學遺産》2007 年第 5 期。
彭世團:《越南嘲劇嗦劇與中國宋元戲劇的關係》,《戲曲研究》第 74 輯。
耿偉:《洪皓使金期間交遊及詩文研究》,浙江大學 2007 年碩士學位論文。
董碧娜:《宋使臣出使詩研究》,陝西師範大學 2007 年碩士學位論文。
趙永春:《"語録"緣起與宋人出使遼金"語録"釋義》,《遼金契丹女真史研究》2008 年第 1 期。
劉成國、盧云姝:《王安石使遼考論——兼與張滌雲先生商榷》,《浙江工業大學學報》2008 年第 3 期。
劉春霞:《朱弁使金詩初探》,《西華師範大學學報》2008 年第 5 期。
于國華、劉玉梅:《論洪皓使金詩的安適主題》,《通化師范學院學報》2008 年第 7 期。
李德輝:《論宋人使番行記》,《華夏文化論壇》2008 年。
張樹峰:《范成大使金詩研究》,河北大學 2008 年碩士學位論文。
李自豪:《南宋使金詩研究》,廣西師範大學 2008 年碩士學位論文。
許全勝:《〈西游録〉與〈黑韃事略〉的版本及研究——兼論中日典籍交流及新見沈曾植箋注本》,《復旦學報》2009 年第 2 期。
陳益源:《越南漢文學中的東南亞新世界——以 1830 年代初期爲考察對象》,《深圳大學學報(人文社會科學版)》2010 年第 1 期。

四、學術論文

陳佳榮:《朱應、康泰出使扶南和〈吳時外國傳〉考略》,《中央民族學院學報》1978 年第 4 期。

姜逸波:《范成大"使金"詩的愛國思想》,《湘潭大學學報(語言文學)增刊》,1985 年。

黃鳳岐:《遼宋交聘及其有關制度》,《社會科學輯刊》1985 年第 2 期。

崔文印:《〈靖康稗史〉散論》,《史學史研究》1986 年第 1 期。

顧吉辰:《宋—西夏交聘考》,《固原師專學報》1986 年第 3 期。

安炳浩:《〈雞林類事〉及其研究》,《北京大學學報》1986 年第 6 期。

陳樂素:《三朝北盟會編考》,《歷史語言研究所集刊》第六冊,中華書局,1987 年。

陳玉龍:《歷代中越交通道里考》,中國東南亞研究會編:《東南亞史論文集》,河南人民出版社,1987 年。

徐三見:《元使陳孚傳考證》,《中國歷史文獻研究》第二輯,華中師範大學出版社,1988 年。

樊保良:《蒙元時期絲綢之路簡論》,《蘭州大學學報》1990 年第 4 期。

王水照:《論北宋使遼詩的兩個問題》,《山西師大學報》1992 年第 2 期。

陳子彬、齊敬之:《蘇頌〈使遼詩〉注釋》,《承德民族師專學報》1993 年第 2 期。

李雲泉:《蒙元時期驛站的設立與中西陸路交通的發展》,《蘭州大學學報》1993 年第 3 期。

張國慶:《從遼詩及北宋使遼詩看遼代社會》,《煙臺大學學報》1994 年第 3 期。

韓振華:《赤土國記研究》,《中國邊疆史地研究》1996 年第 2 期。

趙永春:《宋人出使遼金"語錄"研究》,《史學史研究》1996 年第 8 期。

趙永春:《洪皓使金及其對文化交流的貢獻》,《松遼學刊》1997 年第 1 期。

黎虎:《漢唐外交與外交制度論略》,《傳統文化與現代化》1998 年第 5 期。

黃有福:《清朝阿克敦〈奉使圖〉初探》,《當代韓國》1999 年 Z1 期。

王英:《元朝与安南之關係》,暨南大學 2000 年碩士學位論文。

趙克:《王安石"使遼"及"使遼詩"考辨》,《北方論叢》2001 年第 2 期。

郭英德:《中國古代文體形態學論略》,《求索》2001 年第 5 期。

劉致中:《中國古代戲班進入越南考略》,《文學遺產》2002 年第 4 期。

胡傳志:《論南宋使金文人的創作》,《文學遺產》2003 年第 5 期。

高津孝、陳捷主編：《琉球王國漢文文獻集成》，上海，復旦大學出版社，
　　2013年。
逯欽立輯校：《先秦漢魏晉南北朝詩》，北京，中華書局，1983年。
曾棗莊、劉琳主編：《全宋文》，上海，上海辭書出版社、合肥，安徽教育出版
　　社，2006年。
北京大學古文獻研究所編：《全宋詩》，北京，北京大學出版社，1995年。
王慎之、王子今輯：《清代海外竹枝詞》，北京，北京大學出版社，1994年。
丁福保輯：《歷代詩話續編》，北京，中華書局，1983年。
蔣祖怡、張滌雲整理：《全遼詩話》，長沙，嶽麓書社，1992年。
王國維著：《觀堂集林》，北京，中華書局，1959年。
陳寅恪著：《金明館叢稿》二編，北京，生活・讀書・新知三聯書店，2001年。
閻宗臨著：《中西交通史》，桂林，廣西師範大學出版社，2007年。
傅樂煥著：《遼史叢考》，北京，中華書局，1984年。
聶崇岐著：《宋史叢考》，北京，中華書局，1980年。
黃寶實著：《中國歷代行人考》，臺北，臺灣中華書局，1969年。
丁傳靖輯：《宋人軼事彙編》，北京，中華書局，1981年。
譚其驤主編：《中國歷史地圖集》，北京，地圖出版社，1982年。
黃安國、楊萬秀、楊立冰、黃錚：《中越關係史簡編》，南寧，廣西人民出版社，
　　1986年。
簡修煒、莊輝明、章義和著：《六朝史稿》，上海，華東師範大學出版社，
　　1994年。
趙永春編注：《奉使遼金行程錄》，長春，吉林文史出版社，1995年。
趙永春輯注：《奉使遼金行程錄》（增訂本），北京，商務印書館，2017年。
龔延明編著：《宋代官制辭典》，北京，中華書局，1997年。
高偉濃主編：《專門史論集》，廣州，暨南大學出版社，2002年。
賈敬顏：《五代宋金元人邊疆行記十三種疏證稿》，北京，中華書局，2004年。
劉玉珺：《越南漢喃古籍的文獻學研究》，北京，中華書局，2007年。
陳佳榮、錢江、張廣達合編：《歷代中外行紀》，上海，上海辭書出版社，
　　2008年。
李德輝：《晉唐兩宋行記輯校》，瀋陽，遼海出版社，2009年。
徐東日：《朝鮮朝使臣眼中的中國形象——以〈燕行錄〉〈朝天錄〉爲中心》，
　　中華書局，2010年。
杜慧月：《明代文臣出使朝鮮與〈皇華集〉》，北京，人民出版社，2010年。
楊雨蕾：《燕行與中朝文化關係》，上海，上海辭書出版社，2011年。

〔越〕喬瑩懋撰:《琵琶國音新傳》,越南漢喃研究院圖書館藏維新壬子年（1912）河内行桃街益軒印本,編爲 AB.272 號。

〔越〕潘善美撰:《南北史書詠》,越南國家圖書館藏抄本,編爲 R.582 號。

〔越〕范少游撰:《國音詞調》,越南漢喃研究院圖書館藏抄本,編爲 Nc.295 號。

〔越〕阮綿寅撰:《葦野合集》,法國國家圖書館東方寫本部藏嗣德乙亥（1875）印本,編爲 VIETNAMIEN.A.13 號。

三、近現代著作

二十五史刊行委員會編:《二十五史補編》,北京,中華書局,1955 年。

張舜徽主編:《二十五史三編》,長沙,嶽麓書社,1994 年。

周紹良主編,趙超副主編:《唐代墓誌彙編》,上海,上海古籍出版社,1992 年。

《中國野史集成》編委會、四川大學圖書館編:《中國野史集成》,成都,巴蜀書社,1993 年。

《中國野史集成》編委會、四川大學圖書館編:《中國野史集成續編》,成都,巴蜀書社,2000 年。

向南主編:《遼代石刻文編》,石家莊,河北教育出版社,1995 年。

鍾叔河編:《走向世界叢書》,長沙,嶽麓書社,2008 年。

鍾叔河、曾德明、楊雲輝主編:《走向世界叢書》續編,長沙,嶽麓書社,2016 年。

顧宏義、李文整理標校:《宋代日記叢編》,上海,上海書店出版社,2013 年。

杜澤遜撰:《四庫存目標注》,上海,上海古籍出版社,2007 年。

《中國古籍善本》編輯委員會編:《中國古籍善本書目》,上海,上海古籍出版社,1996 年。

王小盾等編:《越南漢喃文獻目録提要》,臺北,臺灣"中研院"中國文哲研究所,2002 年。

殷夢霞、于浩所選編:《使朝鮮録》,北京,北京圖書館出版社,2003 年。

北京圖書館出版社編:《國家圖書館藏琉球資料彙編》,北京,北京圖書館出版社,2000 年。

北京圖書館出版社編:《國家圖書館藏琉球資料續編》,北京,北京圖書館出版社,2002 年。

北京圖書館出版社編:《國家圖書館藏琉球資料三編》,北京,北京圖書館出版社,2006 年。

（清）沈辰垣等編：《御選歷代詩餘》，杭州，浙江古籍出版社，1998年。

二、外國文獻

〔越〕黎崱著，武尚清點校：《安南志略》，北京，中華書局，2000年。

〔朝〕鄭麟趾等著：《高麗史》，重慶，西南師範大學出版社、北京，人民出版社，2014年。

〔越〕潘清簡等纂：《欽定越史通鑑綱目》，越南建福元年（1884）刻本。

〔越〕黎文休、吴士連等編撰：《大越史記全書》卷六《陳紀》，重慶，西南師範大學出版社，2015年。

〔越〕《大南實録正編第二紀·聖祖仁皇帝實録》，（東京）慶應義塾大學言語文化研究所1971—1976年影印。

〔越〕《大南正編列傳第二集》，（東京）慶應義塾大學言語文化研究所1981年影印。

〔韓〕林基中編：《燕行録全集》，首爾，韓國東國大學校出版部，2001年。

復旦大學文史研究院和越南漢喃研究院合編：《越南漢文燕行文獻集成》，上海，復旦大學出版社，2010年。

孫遜、鄭克孟、陳益源、朱旭强主編：《越南漢文小説集成》，上海，上海古籍出版社，2010年。

〔越〕李文馥撰：《西行見聞紀略序》，越南漢喃研究院圖書館藏抄本，編爲A.243號。

〔越〕李文馥撰：《使程志略草》，越南漢喃研究院圖書館藏抄本，編爲A.2150號。

〔越〕何宗權撰：《洋夢集》，越南漢喃研究院圖書館藏抄本，編爲A.307號。

〔越〕潘清簡、范富庶、魏克憻等撰：《西浮日記》，越南漢喃研究院圖書館藏抄本，編爲A.100號。

〔越〕范富庶著，范富臨、張仲友檢輯：《蔗園别録》，越南胡志明市社會科學圖書館藏抄本，編爲HNV.296號。

〔越〕魏克憻撰：《如西記》，越南漢喃研究院圖書館藏抄本，編爲A.764號。

〔越〕阮綿寊、武文豹、阮澂等撰：《己丑年如西日記》，越南漢喃研究院圖書館藏抄本，編爲A.101號。

〔越〕張明記撰：《如西日程》，法國國家圖書館東方寫本部藏天寶樓庚寅年（1890）印本，編爲VIETNAMIEN.B.128號。

〔越〕阮高標撰，范岷、黄有梡審校：《御駕如西記》，法國國家圖書館東方寫本部藏啓定七年（1922）鉛印本，編爲VIETNAMIEN.B.23號。

（元）陳孚撰：《陳剛中詩集》，《文淵閣四庫全書》本。
（元）袁桷撰，楊亮校注：《袁桷集校注》，北京，中華書局，2012年。
（元）楊載撰：《楊仲弘集》，《叢書集成續編》本。
（元）傅若金撰：《傅與礪文集》，《文淵閣四庫全書》本。
（元）蘇天爵著，陳高華、孟繁清點校：《滋溪文稿》，北京，中華書局，1997年。
（明）宋濂撰：《文憲集》，《文淵閣四庫全書》本。
（明）孫承恩撰：《文簡集》，《文淵閣四庫全書》本。
（明）林弼撰：《林登州集》，《文淵閣四庫全書》本。
（明）解縉撰：《文毅集》，《文淵閣四庫全書》本。
（明）楊士奇撰：《東里續集》，《文淵閣四庫全書》本。
（明）羅洪先撰：《念庵文集》，《文淵閣四庫全書》本。
（清）高宗撰，（清）董誥等編：《御製詩四集》，《文淵閣四庫全書》本。
（清）錢謙益著，（清）錢曾箋注，錢仲聯標校：《牧齋雜著》，上海，上海古籍出版社，2007年。
（清）郭嵩燾撰：《養知書屋文集》，《續修四庫全書》本。
（梁）蕭統編，（唐）李善注：《文選》，北京，中華書局影印，1977年。
（清）嚴可均輯：《全上古三代秦漢三國六朝文》，北京，中華書局影印，1958年。
（清）彭定求等編：《全唐詩》，北京，中華書局，1960年。
（清）董誥等編：《全唐文》，北京，中華書局，1983年。
（金）元好問編，張静校注：《中州集校注》，北京，中華書局，2018年。
（清）顧嗣立：《元詩選》，北京，中華書局，1987年。
（明）吳訥著，于北山校點：《文章辨體序説》，北京，人民文學出版社，1962年。
（南朝）劉勰著，范文瀾注：《文心雕龍注》，北京，人民文學出版社，1958年。
（宋）葉夢得撰，逯銘昕校注：《石林詩話校注》卷中，北京，人民文學出版社，2011年。
（明）楊慎撰，王大厚箋證：《升庵詩話新箋證》，北京，中華書局，2008年。
（明）胡應麟撰，王國安點校：《詩藪》，北京，北京科學技術出版社，2023年。
（清）吳景旭撰：《歷代詩話》，《文淵閣四庫全書》本。
（清）何文焕輯：《歷代詩話》，北京，中華書局，1981年。
（清）厲鶚輯撰：《宋詩紀事》，上海，上海古籍出版社，2013年。
（清）陳衍輯撰，李夢生校點：《元詩紀事》，上海，上海古籍出版社，1987年。

（宋）曾鞏撰，陳杏珍、晁繼周點校：《曾鞏集》，北京，中華書局，1984年。

（宋）梅堯臣撰，朱東潤校注：《梅堯臣集編年校注》，上海，上海古籍出版社，1980年。

（宋）彭汝礪撰：《鄱陽集》，《文淵閣四庫全書》本。

（宋）歐陽修撰，李逸安點校：《歐陽修全集》，北京，中華書局，2001年。

（宋）張方平撰，鄭涵點校：《張方平集》，鄭州，中州古籍出版社，1992年。

（宋）王安石著，劉成國點校：《王安石文集》，北京，中華書局，2021年。

（宋）王安石著，李德身編：《王安石詩文繫年》，西安，陝西人民教育出版社，1987年。

（宋）蘇軾撰，孔凡禮點校：《蘇軾文集》，北京，中華書局，1986年。

（宋）蘇軾撰，（清）王文誥輯注，孔凡禮點校：《蘇軾詩集》，北京，中華書局，1982年。

（宋）蘇轍著，曾棗莊、馬德富校點：《欒城集》，上海，上海古籍出版社，2009年。

（宋）劉跂撰：《學易集》，《叢書集成初編》本。

（宋）程俱著，徐裕敏點校：《北山小集》，北京，人民文學出版社，2018年。

（宋）汪應辰撰：《文定集》，上海，學林出版社，2009年。

（宋）周紫芝撰：《太倉稊米集》，《文淵閣四庫全書》本。

（宋）周麟之撰：《海陵集》，《泰州文獻》第四輯，南京，鳳凰出版社，2015年。

（宋）朱熹撰：《晦庵集》，《文淵閣四庫全書》本。

（宋）周必大撰，王瑞來校證：《周必大集校證》，上海，上海古籍出版社，2020年。

（宋）樓鑰撰：《攻媿集》，《叢書集成初編》本。

（宋）虞儔撰：《尊白堂集》，《文淵閣四庫全書》本。

（宋）洪适撰：《盤洲文集》，《四部叢刊初編》本。

（宋）范成大著，富壽蓀標校：《范石湖集》，上海，上海古籍出版社，2006年。

（宋）楊萬里撰，辛更儒箋校：《楊萬里集箋校》，北京，中華書局，2007年。

（宋）陸游著：《陸放翁全集》，北京，中國書店出版社，1986年。

（宋）韓元吉撰：《南澗甲乙稿》，《叢書集成初編》本。

（宋）劉克莊著，辛更儒校注：《劉克莊集箋校》，北京，中華書局，2011年。

（金）王若虛著，胡傳志、李定乾校注：《滹南遺老集校注》，瀋陽，遼海出版社，2006年。

（元）程鉅夫著，張文澍校點：《程鉅夫集》，長春，吉林文史出版社，2009年。

（宋）文瑩撰，鄭世剛、楊立揚點校：《玉壺清話》，北京，中華書局，1984 年。
（宋）范成大撰，孔凡禮點校：《范成大筆記六種》，北京，中華書局，2002 年。
（宋）周煇撰，劉永翔校注：《清波雜志校注》，北京，中華書局，1994 年。
（宋）施德操撰，虞雲國、孫旭整理：《北窗炙輠錄》，《全宋筆記》第三編第八冊，鄭州，大象出版社，2008 年，第 177 頁。
（宋）岳珂撰，吳企明點校：《桯史》，北京，中華書局，1981 年。
（宋）陳鵠撰，孔凡禮點校：《西塘集耆舊續聞》，北京，中華書局，2002 年。
（元）劉祁撰，崔文印點校：《歸潛志》，北京，中華書局，1983 年。
（元）陶宗儀撰，王雪玲校點：《南村輟耕錄》，上海，上海古籍出版社，2022 年。
（元）盛如梓撰：《庶齋老學叢談》，《叢書集成新編》本。
（明）張綸言撰：《林泉隨筆》，《叢書集成新編》本。
（明）徐𤊹輯：《徐氏筆精》，《叢書集成續編》本。
（清）章太炎撰，龐俊、郭誠永：《國故論衡疏證》，北京，中華書局，2008 年。
（晉）王嘉撰，（梁）蕭綺錄，齊治平校注：《拾遺記校注》，北京，中華書局，1981 年。
（宋）李昉等編：《太平廣記》，北京，中華書局，1961 年。
（唐）段成式撰，許逸民、許桁點校：《酉陽雜俎》，北京，中華書局，2018 年。
（唐）釋道世著，周叔迦、蘇晉仁校注：《法苑珠林校注》，北京，中華書局，2003 年。
（北周）庾信撰，（清）倪璠注，許逸民校點：《庾子山集注》，北京，中華書局，1980 年。
（宋）王禹偁撰：《小畜集》，《四部叢刊初編》本。
（宋）余靖撰：《武溪集》，《文淵閣四庫全書》本。
（宋）尹洙撰：《河南集》，《文淵閣四庫全書》本。
（宋）蘇舜欽撰，沈文倬校點：《蘇舜欽集》，上海，上海古籍出版社，2011 年。
（宋）蘇頌著，王同策、管成學、顏中其等點校：《蘇魏公文集》，北京，中華書局，1988 年。
（宋）王珪撰：《華陽集》，《叢書集成初編》本。
（宋）陳襄撰：《古靈集》，《文淵閣四庫全書》本。
（宋）司馬光撰，李文澤、霞紹暉校點：《司馬光集》，成都，四川大學出版社，2010 年。
（宋）趙抃撰：《清獻集》，《文淵閣四庫全書》本。
（宋）劉敞撰：《公是集》，《叢書集成新編》本。

（宋）趙善璙撰，程郁整理：《自警編》，《全宋筆記》第七編第六册，鄭州，大象出版社，2016年。

（明）陶宗儀等編：《説郛三種》，上海，上海古籍出版社，1988年。

（明）陶宗儀輯：《游志續編》，阮元輯：《宛委别藏》，南京，江蘇古籍出版社，1988年。

（明）陸楫等輯：《古今説海》，成都，巴蜀書社，1988年。

（清）姚之駰撰：《元明事類鈔》，《文淵閣四庫全書》本。

（清）曹溶輯，陶樾增訂：《學海類編》，揚州，江蘇廣陵古籍刻印社，1994年。

（明）郎瑛撰：《七修類稿》，上海，上海書店出版社，2001年。

（宋）李昉等撰：《太平御覽》，北京，中華書局，1960年。

（宋）王欽若等編纂，周勛初等校訂：《册府元龜》，南京，鳳凰出版社，2006年。

（元）富大用撰：《古今事文類聚遺集》，《文淵閣四庫全書》本。

（宋）王應麟輯：《玉海》，揚州，廣陵書社影印，2007年。

（宋）王應麟輯：《玉海》，南京，江蘇古籍出版社、上海，上海書店出版社影印，1988年。

（明）凌迪知撰：《萬姓統譜》，《文淵閣四庫全書》本。

（明）解縉等《永樂大典》，北京，中華書局，1986年。

（明）王圻撰：《續文獻通考》，《續修四庫全書》本。

（清）劉灝、張逸少等撰：《御定佩文齋廣群芳譜》，《文淵閣四庫全書》本。

（晉）崔豹撰：《古今注》，《叢書集成初編》本。

（五代）孫光憲撰，賈二强點校：《北夢瑣言》，北京，中華書局，2002年。

（宋）王闢之撰，吕友仁點校：《澠水燕談録》，北京，中華書局，1981年。

（宋）吴處厚撰，李裕民點校：《青箱雜記》，北京，中華書局，1985年。

（宋）蘇轍撰，俞宗憲點校：《龍川略志》，北京，中華書局，1982年。

（宋）張舜民撰：《畫墁集》，《叢書集成初編》本。

（宋）魏泰撰，李裕民點校：《東軒筆録》，北京，中華書局，1983年。

（宋）佚名撰，趙維國整理：《道山清話》，《全宋筆記》第二編第一册，鄭州，大象出版社，2013年。

（宋）蘇象先撰，儲玲玲整理：《丞相魏公譚訓》，《全宋筆記》第三編第三册，鄭州，大象出版社，2008年。

（宋）彭□輯撰，孔凡禮點校：《墨客揮犀》，北京，中華書局，2002年。

（宋）王讜撰，周勛初校證：《唐語林校證》，北京，中華書局，1987年。

（宋）王明清撰：《揮麈録》，上海，上海書店出版社，2001年。

（唐）段公路纂，崔龜圖注：《北户錄》，《叢書集成初編》本。
（宋）沈括撰，金良年點校：《夢溪筆談》，上海，上海書店出版社，2009年。
（宋）朱弁撰，孔凡禮點校：《曲洧舊聞》，北京，中華書局，2002年。
（宋）馬永卿編，（明）王崇慶解：《元城語錄解》，《叢書集成初編》本。
（宋）葉夢得撰，宇文紹奕考異，侯忠義點校：《石林燕語》，北京，中華書局，1984年。
（宋）吳坰撰，黃寶華整理：《五總志》，《全宋筆記》第五編第一册，鄭州，大象出版社，2012年。
（宋）張邦基撰，孔凡禮點校：《墨莊漫錄》，北京，中華書局，2002年。
（宋）趙彥衛撰，傅根清點校：《雲麓漫鈔》，北京，中華書局，1996年。
（宋）陸游撰，李劍雄、劉德權點校：《老學庵筆記》，北京，中華書局，1979年。
（宋）岳珂撰，朗潤點校：《愧郯錄》，北京，中華書局，2016年。
（宋）張端義撰：《貴耳集》，《叢書集成初編》本。
（宋）周密撰，張茂鵬點校：《齊東野語》，北京，中華書局，1983年。
（宋）周煇撰，劉永翔、許丹整理：《北轅錄》，《全宋筆記》第五編第九册，鄭州，大象出版社，2012年。
（宋）程卓撰：《使金錄》，《續修四庫全書》本。
（宋）彭大雅撰，徐霆疏證：《黑韃事略》，《叢書集成初編》本。
（宋）施宿等撰：《會稽志》，《文淵閣四庫全書》本。
（宋）路振撰，黃寶華整理：《乘軺錄》，《全宋筆記》第八編第八册，鄭州，大象出版社，2017年。
（宋）馬擴撰，傅朗云輯注：《茆齋自叙》，《長白叢書（第四集）》，長春，吉林文史出版社，1990年。
（宋）曾布撰，程郁整理：《曾公遺錄》，《全宋筆記》第一編第八册，鄭州，大象出版社，2008年。
（元）劉一清撰，王瑞來校箋：《錢塘遺事校箋考原》，北京，中華書局，2016年。
（清）王梓材、馮雲濠編撰，沈芝盈、梁運華點校：《宋元學案補遺》，北京，中華書局，2011年。
（元）王惲撰，楊曉春點校：《玉堂嘉話》，北京，中華書局，2006年。
（清）王士禎撰：《居易錄》，《文淵閣四庫全書》本。
（宋）曾慥編纂，王汝濤等校注：《類說校注》，福州，福建人民出版社，1996年。

1990年。

（宋）尤袤撰：《遂初堂書目》，《叢書集成初編》本。

（宋）陳振孫撰，徐小蠻、顧美華點校：《直齋書錄解題》，上海，上海古籍出版社，1987年。

（明）楊士奇等撰：《文淵閣書目》，《叢書集成初編》本。

（清）黃虞稷撰，瞿鳳起、潘景鄭整理：《千頃堂書目》，上海，上海古籍出版社，2001年。

（明）焦竑輯：《國史經籍志》，《叢書集成初編》本。

（清）葉德輝考證：《宋秘書省續編到四庫闕書目》，《叢書集成續編》本。

（清）永瑢等撰：《四庫全書總目》，北京，中華書局，1965年。

（清）周中孚撰：《鄭堂讀書記》，北京，北京圖書館出版社，2007年。

（唐）劉知幾著，（清）浦起龍通釋，王煦華整理：《史通通釋》，上海，上海古籍出版社，2009年。

（宋）鄭思肖撰：《心史》，《叢書集成續編》本。

（清）章學誠著，葉瑛校注：《文史通義校注》，北京，中華書局，1985年。

（清）趙翼著，王樹民校證：《廿二史劄記校證》，北京，中華書局，1984年。

（宋）呂中撰：《宋大事記講義》，《文淵閣四庫全書》本。

（宋）李心傳撰，崔文印點校：《舊聞證誤》，北京，中華書局，1981年。

（明）王禕撰：《大事記續編》，《文淵閣四庫全書》本。

（唐）張彥遠撰，許逸民校箋：《歷代名畫記校箋》，北京，中華書局，2021年。

（宋）黃震撰：《黃氏日抄》，《文淵閣四庫全書》本。

（宋）黃震撰，王廷洽整理：《黃氏日抄》，《全宋筆記》第十編第十冊，鄭州，大象出版社，2018年。

（明）胡世安撰：《異魚圖贊補》，《叢書集成新編》本。

王利器撰：《顏氏家訓集解》，北京，中華書局，1993年。

（宋）吳曾撰：《能改齋漫錄》，上海，上海古籍出版社，1979年。

（宋）姚寬撰，孔凡禮點校：《西溪叢語》，北京，中華書局，1993年。

（宋）洪邁撰，孔凡禮點校：《容齋隨筆》，北京，中華書局，2005年。

（宋）程大昌撰，劉尚榮校證：《考古編》，北京，中華書局，2008年。

（宋）程大昌撰，許逸民校證：《演繁露校證》，北京，中華書局，2018年。

（宋）趙升編，王瑞來點校：《朝野類要》，北京，中華書局，2007年。

（宋）葉寘撰，孔凡禮點校：《愛日齋叢抄》，北京，中華書局，2010年。

（漢）王充著，黃暉校釋：《論衡校釋》，北京，中華書局，1990年。

（唐）封演撰，趙貞信校注：《封氏聞見記校注》，北京，中華書局，2005年。

（宋）馬令撰：《南唐書》，《叢書集成初編》本。
（宋）陸游撰：《南唐書》，《叢書集成初編》本。
（清）吳任臣撰，徐敏霞、周瑩點校：《十國春秋》，北京，中華書局，1993年。
（唐）樊綽著，趙呂甫校釋：《雲南志校釋》，北京，中國社會科學出版社，1985年。
（宋）王象之撰：《輿地紀勝》，北京，中華書局，1992年。
（明）謝肇淛撰：《滇略》，《文淵閣四庫全書》本。
（清）于敏中等編纂：《日下舊聞考》，北京，北京古籍出版社，1983年。
（清）謝道承等編纂：《福建通志》，《文淵閣四庫全書》本。
（清）曾國荃、張煦等修，王軒、楊篤等纂：《山西通志》，《續修四庫全書》本。
（清）靖道謨等編纂：《雲南通志》，《文淵閣四庫全書》本。
（清）王彥威、喻長齡等編《台州府志》，上海，上海遊民習勤所，1936年。
（清）紀昀、陸錫熊等撰：《河源紀略》，《文淵閣四庫全書》本。
（後魏）楊衒之撰，范祥雍校注：《洛陽伽藍記校注》，上海，上海古籍出版社，1978年。
（晉）嵇含撰：《南方草木狀》，《叢書集成初編》本。
（宋）孟元老撰，鄧之誠注：《東京夢華錄注》，北京，中華書局，1982年。
（宋）周去非著，楊武泉校注：《嶺外代答校注》，北京，中華書局，1999年。
（宋）徐兢，虞雲國、孫旭點校：《宣和奉使高麗圖經》，《全宋筆記》第三編第八冊，鄭州，大象出版社，2008年。
（唐）李林甫等撰，陳仲夫點校：《唐六典》，北京，中華書局，1992年。
（宋）程俱撰，張富祥校證：《麟臺故事校證》，北京，中華書局，2000年。
（唐）杜佑撰，王文錦等點校：《通典》，北京，中華書局，1988年。
（宋）王溥撰：《唐會要》，上海，上海古籍出版社，2006年。
（宋）王溥撰：《五代會要》，上海，上海古籍出版社，2006年。
（宋）李心傳撰，徐規點校：《建炎以來朝野雜記》，北京，中華書局，2000年。
（宋）李攸撰：《宋朝事實》，《叢書集成新編》本。
（元）馬端臨撰：《文獻通考》，北京，中華書局，1986年。
（清）徐松輯，劉琳、刁忠民、舒大剛、尹波等校點：《宋會要輯稿》，上海，上海古籍出版社，2014年。
（清）徐松輯：《中興禮書》，《續修四庫全書》本。
（清）徐松輯：《中興禮書續編》，《續修四庫全書》本。
（宋）王堯臣等編次，錢東垣等輯釋：《崇文總目》，《叢書集成初編》本。
（宋）晁公武撰，孫猛校證：《郡齋讀書志校證》，上海，上海古籍出版社，

（元）脫脫等撰：《遼史》，北京，中華書局，1974年。
（元）脫脫等撰：《金史》，北京，中華書局，1975年。
（明）宋濂撰：《元史》，北京，中華書局，1976年。
（宋）司馬光編著，（元）胡三省音注：《資治通鑑》，北京，中華書局，1956年。
（宋）司馬光撰：《資治通鑑考異》，《四部叢刊初編》本。
（宋）熊克撰：《中興小紀》，《叢書集成初編》本。
（宋）李燾撰：《續資治通鑑長編》，北京，中華書局，1992年。
（宋）李心傳撰，胡坤點校：《建炎以來繫年要錄》，北京，中華書局，2013年。
（宋）陳均編，許沛藻、金圓、顧吉辰、孫菊園點校：《皇朝編年綱目備要》，北京，中華書局，2006年。
（宋）佚名撰，王瑞來箋證：《宋季三朝政要箋證》，北京，中華書局，2010年。
（宋）徐夢莘撰：《三朝北盟會編》，上海，上海古籍出版社影印，2008年。
（明）陳邦瞻撰：《宋史紀事本末》，北京，中華書局，2015年。
（清）屠寄撰：《蒙兀兒史記》，上海，上海古籍出版社、上海書店出版社，1989年。
（唐）許嵩撰，張忱石點校：《建康實錄》，北京，中華書局，1986年。
（宋）鄭樵編撰：《通志》，北京，中華書局影印，1987年。
（宋）鄭樵撰，王樹民點校：《通志二十略》，北京，中華書局，1995年。
（宋）葉隆禮撰，賈敬顏、林榮貴點校：《契丹國志》，上海，上海古籍出版社，1985年。
（宋）宇文懋昭撰，崔文印校證：《大金國志校證》，北京，中華書局，1986年。
（宋）確庵、耐庵撰，崔文印箋證：《靖康稗史箋證》，北京，中華書局，1988年。
（清）嵇璜、劉墉等撰，紀昀等校訂：《續通志》，萬有文庫十通本。
（宋）洪皓撰，翟立偉標注：《松漠紀聞》，《長白叢書（初集）》，長春，吉林文史出版社，1986年。
（宋）王栐撰，誠剛點校：《燕翼詒謀錄》，北京，中華書局，1981年。
（宋）佚名撰，黃寶華整理：《中興禦侮錄》，《全宋筆記》第五編第一冊，鄭州，大象出版社，2012年。
（宋）倪思撰，儲玲玲整理：《重明節館伴語錄》，《全宋筆記》第六編第四冊，鄭州，大象出版社，2013年。
（魏）劉劭撰：《人物志》，《叢書集成新編》本。
（宋）李幼武纂集：《宋名臣言行錄續集》，《文淵閣四庫全書》本。

主要參考文獻

一、中國古籍

（清）阮元校刻：《十三經注疏》，北京，中華書局影印，1980年。
（清）孫詒讓撰，王文錦、陳玉霞點校：《周禮正義》，北京，中華書局，1987年。
（清）劉寶楠撰，高流水點校：《論語正義》，北京，中華書局，1990年。
（清）張尚瑗撰：《三傳折諸》，《文淵閣四庫全書》本。
（漢）司馬遷撰：《史記》，北京，中華書局，1982年。
（漢）班固撰，（唐）顏師古注：《漢書》，北京，中華書局，1962年。
（宋）范曄撰，（唐）李賢等注：《後漢書》，北京，中華書局，1965年。
（晉）陳壽撰，（宋）裴松之注：《三國志》，北京，中華書局，1959年。
（唐）房玄齡等撰：《晉書》，北京，中華書局，1974年。
（梁）沈約撰：《宋書》，北京，中華書局，1974年。
（梁）蕭子顯撰：《南齊書》，北京，中華書局，1972年。
（唐）姚思廉撰：《梁書》，北京，中華書局，1973年。
（唐）姚思廉撰：《陳書》，北京，中華書局，1972年。
（北齊）魏收撰：《魏書》，北京，中華書局，1974年。
（唐）李百藥撰：《北齊書》，北京，中華書局，1972年。
（唐）令孤德棻等撰：《周書》，北京，中華書局，1971年。
（唐）李延壽撰：《南史》，北京，中華書局，1975年。
（唐）李延壽撰：《北史》，北京，中華書局，1974年。
（唐）魏徵等撰：《隋書》，北京，中華書局，1973年。
（後晉）劉昫等撰：《舊唐書》，北京，中華書局，1975年。
（宋）歐陽修、宋祁撰：《新唐書》，北京，中華書局，1975年。
（宋）薛居正等撰：《舊五代史》，北京，中華書局，1976年。
（宋）歐陽修撰，（宋）徐無黨註：《新五代史》，北京，中華書局，1974年。
（元）脫脫等撰：《宋史》，北京，中華書局，1985年。

宋恭帝德祐二年（元世祖至元十三年，1276）

嚴光大使元，有《祈請使行程記》。

吴堅、賈餘慶、謝堂、家鉉翁、劉岊五人詣元大都爲祈請使，嚴光大爲日記官隨使。劉一清《錢塘遺事》卷九引録《祈請使行程記》，注稱"日記官嚴光大録"。此書内容始於德祐二年二月九日，迄於當年五月二日。

趙秉文使西夏。但中途因夏主殂而回朝。趙秉文《滏水集》存其使西夏詩二十餘首，如《鄭子產廟》《過湖城》《過閿鄉》《過乾陵》《過寧州》《早出新安》《過楊太尉墳》《過邠州》《過慶陽》《過長安》《過咸陽》《宿索水》《平泉店逢夏使》等。

宋理宗端平元年（蒙古太宗窩闊台六年，1234）

鄒伸之使蒙古，有《使北日錄》一卷。

《宋史·理宗本紀》載紹定五年十二月，蒙古遣使入宋議攻金，史嵩之以鄒伸之使蒙報謝。考《大金國志》卷二六載天興二年（1233）九月："是年，宋遣使鄒伸之至草地，約夾攻。"《四庫全書總目》存目亦説鄒伸之使蒙古爲紹定六年，"以是歲六月，偕王檝自襄陽啓行。至明年甲午二月，始見蒙古主於行帳。尋即遣回，以七月抵襄陽。計在途者十三月。因取所聞見及往復問答，編次紀錄，以爲此書"。可知此書應撰成於理宗端平元年。此書別名較多，如《續通志·藝文略》《續文獻通考·經籍考》《四庫全書總目》著錄爲《使北日錄》，《千頃堂書目》《宋史藝文志補》著錄爲《使韃日錄》，《續文獻通考》有引作《使蒙日錄》，白珽《湛淵靜語》引作《使燕日錄》。

宋理宗嘉熙元年（蒙古太宗窩闊台九年，1237）

彭大雅、徐霆使蒙古，有《黑韃事略》。

鄒伸之使蒙古，彭大雅以書狀官身份隨使，撰有行記。此後徐霆於端平二至三年出使蒙古，亦撰有行記。據徐霆在嘉熙元年四月所編定的《黑韃事略》中自述：二人曾在鄂渚相遇，遂"各出所編，以相參考"；於是以"彭所編者爲定本。間有不同，則霆復書於下方"，編成此書。《明書經籍志》《文淵閣書目》均著錄此書爲一册。

宋理宗景定元年（元世祖中統元年，1260）

郝經使宋，有詩賦。

郝經（1223—1275）字伯常。本年四月，以翰林侍讀學士郝經爲國信使使宋，劉人傑副之，被拘於真州達十六年之久。郝經此行所作詩賦作品較多，比如詩有《使宋過濟南宴北渚亭》《宿州夜雨》《八月十五夜五河口觀月》《沙洲夜泊》《宿舊縣故盱眙也》等，賦有《冠軍樓賦》《瓊花賦》《幽愬賦》等。其賦文多有序引，略記使宋經歷，如《冠軍樓賦》序云："中統元年庚申夏六月，奉命使宋，道出宿州，潦路霖雨，蒸厲作惡，遂爲稽留。時東平嚴侯之弟開府於是，一日置燕於冠軍樓，在城北隅，西望平遠，盡得東南之勝。乃爲賦之。"

卷"，説："嘉定辛未，嶸使金賀生辰，會有韃寇，行至涿州定興縣而回。"劉克莊《龍學余尚書神道碑》説其"有《使燕録》一卷，紀金韃情況尤詳"。

宋寧宗嘉定五年（金衛紹王崇慶元年，1212）

程卓使金，有《使金録》一卷。

嘉定四年九月二十八日，程卓、趙師嵒充賀金國正旦國信正副使。使團於嘉定四年十一月十一日出國門，次年二月一日還至泗州，前後歷時近三個月。《續文獻通考·經籍考》《四庫全書總目》均著録有"程卓《使金録》一卷"，《總目》説此書"乃途中紀行所作，於山川、道里及所見古迹，皆排日載之"。

傅誠使金，有詩作。

傅誠字友叔。《宋史·寧宗本紀》載本年六月，遣傅誠賀金主生辰。據陸心源《宋詩紀事補遺》卷五六、鄭傑《閩詩録》丙集卷一〇記録，今存其使金詩《東京道上口占》和《使金》二首。

張翰使高麗，有詩作。

張翰（約 1164—1218）字林卿，忻州秀容人，大定二十八年（1188）進士，於崇慶元年使高麗册封其王。《高麗史》卷二十一載康宗即位，"秋七月辛酉，金封册使大理卿完顔惟基、直學士張翰來"。今《中州集》卷八存其使高麗詩《奉使高麗過平州館》和《金郊驛》二首。

宋寧宗嘉定十三年（金宣宗興定四年，1220）

烏古孫仲端奉使蒙古，述西北見聞。

本年，烏古孫仲端奉使蒙古還後口述見聞，終由劉祁編録爲《北使記》。劉祁《歸潛志》卷六記載烏古孫仲端"使歸時，備談西北所見，屬趙閑閑記之，趙以屬屏山，屏山以屬余。余爲録其事，趙書以石，迄今傳世間也"。内容近一千字，主要記録其"並大夏，涉流沙，踰葱嶺，至西域，進見太祖皇帝"的過程。

宋寧宗嘉定十四年（蒙古太祖鐵木真十六年，1221）

趙珙使蒙古，有《蒙韃備録》一卷。

本年，趙珙使蒙古議事。《齊東野語》卷一九説："賈涉爲淮東制閫日，嘗遣都統司計議官趙珙往河北蒙古軍前議事。"《國史經籍志》卷三、《徐氏紅雨樓書目》卷二、《歷代小史》卷六五均稱此書爲一卷，爲趙珙出使時筆録聞見而成，共設立有十七個門目。

宋理宗寶慶元年（西夏獻宗乾定二年，1225）

趙秉文使西夏，有紀行詩。

劉祁《歸潛志》載："正大初，朝廷以夏國爲北兵所廹，將立新主。"故遣甲科。今《中州集》卷三收黨懷英使宋詩《奉使行高郵道中二首》《金山》《過棠梨溝》等,但其使宋時間難詳。據張静推測,其使行詩應寫於明昌五年,今從其説繫於本年。

宋寧宗慶元三年(金章宗承安二年,1197)

鄭域使金,有《燕谷剽聞》二卷。

《宋史·寧宗本紀》載慶元二年九月,遣張貴謨使金賀正旦。《金史紀事本末》亦載承安二年春正月,宋使賀正旦,正使爲張貴謨,副使爲郭倪,鄭域隨使。《中興以來絶妙詞選》卷四鄭域小傳述其"隨張貴謨使虜,有《燕谷剽聞》兩卷,記虜中事甚詳"。

宋寧宗嘉泰元年(金章宗泰和元年,1201)

虞儔使金,記奏其使行聞見,又有詩。

慶元六年十二月,遣虞儔使金報謝。《金史·交聘表》載泰和元年三月乙亥,宋遣虞儔、張仲舒等來報謝。虞儔《使北回上殿劄子》説:"報謝金庭,所得於詢訪聞見之實者,臣已口奏及見於進呈録矣……"其《尊白堂集》收使金詩《使北宿留盱眙》《往瓜洲護使客回程》《登舟往瓜州護使客回程》等。

宋寧宗開禧元年(金章宗泰和五年,1205)

李壁使金,有詩作。

李壁字季章。《宋史·寧宗本紀》載本年六月,曾遣李壁賀金主生辰。葉紹翁《四朝聞見録》戊集載:"開禧初,韓欲興兵未有間,既遣張公嗣古出使覘敵。嗣古使還,大拂韓旨,因復遣壁。壁還,與張異詞,階是遷政府,後又預誅韓之謀。壁使金詩云:'天連海岱壓中州,熮翠浮嵐夜不收。如此山河落人手,西風殘照嬾回頭。'前二句不知其指何地,既曰'熮翠浮嵐夜不收',又曰'西風殘照嬾回頭',意亦略相悖。恐傳者之誤也。"按:"韓"爲"韓平原"。

林仲虎使金,有詩作。

林仲虎字景瞻。《宋詩紀事補遺》卷六一收録林仲虎《出疆》詩一首,小傳稱其於開禧間,副李壁使金。考林仲虎曾兩次使金:一是泰和五年九月,"宋遣試吏部尚書李壁、廣州觀察使林仲虎賀天壽節"(見《金史詳校》卷六);二是泰和七年六月,"宋再遣林拱辰來使,林仲虎副之"(見《大金國志》卷二一)。今依《宋詩紀事補遺》,繫此詩於本年。

宋寧宗嘉定四年(金衛紹王大安三年,1211)

余嶸使金,有《使燕録》一卷。

本年六月,遣余嶸賀金主生辰。《直齋書録解題》著録"《使燕録》一

宋光宗紹熙二年（金章宗明昌二年，1191）

倪思館伴金使，有《重明節館伴語録》一卷。

本年七月，金遣完顔兖、路伯達入宋賀重明聖節，倪思爲館伴使。《續通志·藝文略》《續文獻通考·經籍考》均著録有此書，未注卷數。《四庫全書總目》著録爲一卷，説此書"因紀一時問答之詞、饋送之禮"。書中有倪思自序，説："畢事，以語録上。"所記始於七月十日，訖於十月十五日。

宋光宗紹熙四年（金章宗明昌四年，1193）

鄭汝諧使金，有《聘燕録》及《題盱眙第一山》詩。

紹熙三年九月，遣鄭汝諧等使金賀正旦。《遂初堂書目》著録有"鄭汝諧《聘燕録》"。周密《齊東野語》卷一二載："時聘使往來，旁午於道。凡過盱眙，例遊第一山，酌玻瓈泉，題詩石壁，以記歲月，遂成故事，鑱刻題名幾滿。紹興癸丑，國信使鄭汝諧一詩云：'忍恥包羞事北庭，奚奴得意管逢迎。燕山有石無人勒，却向都梁記姓名。'可謂知言矣。"據此可知《聘燕録》當成於紹興四年。《宋詩紀事》卷四五擬鄭汝諧一詩題爲《題盱眙第一山》。潘德輿《養一齋詩話》卷五説："宋人絶句亦有不似唐人，而萬萬不可廢者……鄭汝諧《題盱眙第一山》云：……此類純以勁直激昂爲主，然忠義之色使人起敬，未嘗非詩之正聲矣。"

許及之使金，有《北征記行詩集》。

《宋史·光宗本紀》載本年六月，遣許及之等賀金主生辰。《宋詩記事》稱許及之有《北征記行詩集》，當爲使金時所作。在現存許及之詩中，有數十首關於使行的作品，如《渡淮》《涿州》《瑠璃河》《北溝河》《虜宫闕》《虜行移以盱眙爲肝胎》《歸途觀盧溝新橋》《歸途感河南父老語》等，可能出自《北征記行詩集》。

蔣介使金，有詩作。

施國祁《金史詳校》卷六、李有棠《金史紀事本末》卷三七均載本年九月，宋遣使入金賀天壽節，許及之爲正使，蔣介爲副使。今《輿地紀勝》卷四四載蔣介《第一山》詩云："第一山前萬里秋，野花衰草替人愁。中原好在平如掌，莫把長淮當白溝。"

倪思使金，有《北征録》七卷。

本年九月，遣倪思等使金賀正旦。《宋史·藝文志》著録有倪思"《北征録》七卷"，當爲使金時所撰。

宋光宗紹熙五年（金章宗明昌五年，1194）

黨懷英使宋，有詩作。

黨懷英（1134—1211）字世傑，號竹溪，金世宗大定十年（1170）擢進士雲殘雨,不見高城。二月遼陽芳草,千里路旁情。'歸而下世,人以爲'此生未卜他生'之讖云"。《中州樂府》亦收此詞,題注云:"發高麗作。"又《中州集》卷二收其《來遠驛雪夕》《雲興館曉起》詩二首,前詩題注云:"使高麗時作。"

宋孝宗淳熙十五年(金世宗大定二十八年,1188)

京鏜使金,有詩作及"請徹樂書"。

高宗喪,金人遣使來吊,金鏜爲報謝使。使至汴京,金人賜宴。金鏜請免宴,金人不從,則請徹樂。《續宋中興編年資治通鑑》卷一〇載本年三月:"京鏜使金爲報謝使,堅執不肯聽樂。"故書曰:"鏜聞鄰喪者春不相,里殯者不巷歌。今鏜銜命而來,縈北朝之惠弔,是荷是謝。北朝勤其遠而憫其勞,遣郊勞之使,蕆式宴之儀,德莫厚焉,外臣受賜,敢不重拜。若曰而必聽樂,是於聖經爲悖理,於臣節爲悖義,豈惟貽本朝之羞,亦豈昭北朝之懿哉?"(見《宋史》卷三九四《京鏜傳》)另外,金鏜此行作有《留金館作》《漳河疑塚》等詩。

宋孝宗淳熙十六年(金世宗大定二十九年,1189)

鄭僑使金,有《奉使執禮録》一卷。

本年,鄭僑、張時修爲賀金正旦正副使,歲暮抵燕。《直齋書録解題》著録"《奉使執禮録》一卷",説:"淳熙己酉中書舍人莆田鄭僑惠叔使金賀正,會其主雍病篤,欲令于閣門進國書,僑不可。"雙方往復爭辯。

宋光宗紹熙元年(金章宗明昌元年,1190)

楊萬里接送伴金使,有紀行詩。

本年,金國遣裴滿餘慶等來賀正旦,楊萬里爲接送伴使。楊萬里此行七十餘日,作詩三百五十餘首,編入《朝天續集》,自序其"有迎勞使客之命,於是始得觀濤江,歷淮楚,盡見東南之奇觀"。其紀行詩有《銜命郊勞使客船過崇德縣》《過揚子江》《過瓜洲鎮》《舟過揚子橋遠望》《晚泊揚州》《過高郵》《登楚州城》《初食淮白》《初入淮河四絶句》《題盱眙軍東南第一山》《題盱眙軍玻璃泉》《嘲淮風》《過淮陰縣題韓信廟》《雪霽曉登金山》《正月五日以送伴借官侍宴集英殿十口號》等。

丘崈使金,有《使北詩》一軸。

本年六月,遣丘崈等賀金主生辰。楊萬里《跋丘宗卿侍郎見贈使北詩一軸》詩云:"乃是丘遲出塞歸,贈我大軸出塞詩。……莫道丘遲一軸詩,此詩此字絶世奇。"可知丘崈曾將《使北詩》贈與楊萬里。

宋孝宗淳熙三年（金世宗大定十六年，1176）

閻蒼舒使金，有《水龍吟》詞、《第一山》詩。

閻蒼舒字才元。《宋史·孝宗本紀》載本年十月，遣閻蒼舒等使金賀正旦。周必大《文忠集》卷一一六載淳熙三年十一月遣使賀來年正旦國書，注："使閻蒼舒，副李可久。"《蘆浦筆記》卷一〇載："蜀人閻侍郎（蒼舒）使北，過汴京賦《水龍吟》：'少年聞説京華，上元景色烘晴晝。朱輪畫轂，雕鞍玉勒，九衢争驟。春滿鼇山，夜沉陸海，一天星斗。正紅球過了，鳴鞘聲斷，迴鸞馭，鈞天奏。誰料此生親到，五十年都城如舊。而今但有，傷心煙霧，縈愁楊柳。寶籙宫前，絳霄樓下，不堪回首。願黄圖早復，端門燈火，照人還又。'"《輿地紀勝》卷四四《淮南東路·盱眙軍》引閻蒼舒使金詩云："極目平淮渺莽間，翠巒特地起煙鬟。要渠天下無雙手，題作東南第一山。"

宋孝宗淳熙四年（金世宗大定十七年，1177）

周煇使金，有《北轅録》。

淳熙三年十一月，張子政、士褒爲賀金國生辰正副使，周煇隨使。今《説郛》《古今説海》《歷代小史》《續百川學海》等皆收録有《北轅録》。此書內容記周煇等人於淳熙四年正月七日出國門，四月十六日回至家，往返共九十六日。

吴儆出塞，有《邕州化外諸國土俗記》。

吴儆《竹洲集》卷一〇存《邕州化外諸國土俗記》一篇，自述其於本年春，以邕州别駕被旨出塞市馬，故記"目所親睹，及分遣諜者圖其道里遠近，山川險易"。

宋孝宗淳熙十四年（金世宗大定二十七年，1187）

姜特立使金，有詩作。

姜特立字邦傑，麗水（今浙江麗水）人。《宋史·禮志》載本年十月，以將作監韋璞充金國告哀使，閤門舍人姜特立副之。其《梅山續藁》存其《使北》三首、《渡淮喜而有作》等使金詩，如云："萬里持哀使北荒，偶能成禮報君王。中原舊事成新恨，添得歸來兩鬢霜。"

趙可使高麗，有《望海潮》詞、《來遠驛雪夕》等詩。

趙可字獻之，高平（今山西晉城）人。《金史·世宗本紀》載本年十二月庚午，"以翰林待制趙可爲高麗生日使"。《歸潛志》卷一〇載趙可"晚年奉使高麗。高麗故事，上國使來，館中有侍妓。獻之作《望海潮》以贈，爲世所傳。其詞云：'雲垂餘髮，霞拖廣袂，人間自有飛瓊。三館俊游，百衙高選，翩翩老阮才名。……海外九州，郵亭一别，此生未卜他生。江上數峰青。悵斷趙雄館伴金使,有語録。

本年十月,金遣耶律子敬來賀會慶節,趙雄爲館伴使。《宋史·趙雄傳》載:"金使耶律子敬賀會慶節,雄館伴。子敬披露事情不敢隱,邏者以聞。上夜召雄,雄具以子敬所言對。"李心傳《建炎以來朝野雜記》乙集卷八存録有趙雄與耶律子敬的對話,應出自其館伴語録。

宋孝宗乾道八年(金世宗大定十二年,1172)

姚憲使金,有《乾道奉使録》一卷。

本年二月,姚憲等使金賀上尊號,附請受書之事,於當年七月至金。《直齋書録解題》著録"《乾道奉使録》一卷",說:"姚憲令則乾道壬辰使金日記。"

李晏使高麗,有《高麗平州中和館後草亭》詩。

李晏字致美,澤州高平(今山西高平)人。《金史·世宗本紀》本年三月"丁丑,詔遣宿直將軍烏古論思列,册封王晧爲高麗國王"。又《金史·李晏傳》載其爲"高麗讀册官"。《中州集》卷二收其《高麗平州中和館後草亭》詩云:"藤花滿地香仍在,松影拂雲寒不收。山鳥似嫌遊客到,一聲啼破小亭幽。"

宋孝宗乾道九年(金世宗大定十三年,1173)

韓元吉使金,有《金國生辰語録》一卷、《朔行日記》。

韓元吉《書朔行日記後》一文稱此書爲其使金時所撰。考《宋史·孝宗本紀》載乾道八年(1172)十二月丁巳,遣韓元吉等賀金主生辰;《金史·交聘表》載大定十三年(1173)三月癸巳朔,韓元吉、鄭興裔等入金賀萬春節。故知此書當成於乾道九年。另外,《宋史·藝文志》著録有韓元吉"《金國生辰語録》一卷"。又據韓元吉《南澗甲乙稿》,其使金詩有《墨梅二首》《臘梅二首》《燕山道中見桃花》《汴都至南京食櫻桃》等。

宋孝宗淳熙元年(金世宗大定十四年,1174)

宋楫使宋,有題詩。

宋楫字濟川,長子(今山西長治)人。《中州集》卷八宋楫小傳說:"泰和三年,以省掾從吏部尚書梁肅使宋。副趙王府長史直臣獵淮上,射一虎斃之,濟川有詩記其事。"按《金史·梁肅傳》載其卒於大定二十八年(1188),不可能於泰和三年(1203)使宋。考《金史·世宗本紀》載大定十四年二月丙寅,"以刑部尚書梁肅等爲宋詳問使",故宋楫隨梁肅使宋當在本年。

《出疆次副使淮陰舟行》一首。

宋孝宗隆興二年（金世宗大定四年，1164）

雍希稷使金，有《隆興奉使審議録》一卷。

隆興元年十一月，以胡昉、楊由義爲使金通問國信所審議官；於次年二月，從宿州使還。《直齋書録解題》著録雍希稷"《隆興奉使審議録》一卷"，説："隆興二年，編修官胡昉、閤門祗候楊由義使金人軍前，審議海、泗、唐、鄧等事，不屈而歸。……所記抗辯應對之語，多出由義。"

洪适使金，有紀行詩。

洪适字景伯，又字温伯、景温，號"盤州"。《宋史·孝宗本紀》載本年十二月，遣洪适等賀金主生辰。其《盤洲文集》卷五存其使金詩三十餘首，有《使虜道中次韻會亭》《次韻北使邀觀常豐湖》《次韻伊洛道中》《次韻白溝河》《次韻回程至涿鹿》《燕館日饍得四雁籠之以歸》等。

宋孝宗乾道四年（金世宗大定八年，1168）

汪大猷接伴金使，有語録。

本年，金人來賀正旦，汪大猷爲接伴使。樓鑰《敷文閣學士宣奉大夫致仕贈特進汪公行狀》説汪大猷接伴金使後，"上閲語録，見公敏於酬對，處事有體"。

宋孝宗乾道六年（金世宗大定十年，1170）

樓鑰使金，有語録、《北行日録》一卷及使金詩。

乾道五年十月，汪大猷等使金賀正旦，樓鑰以書狀官隨使。《直齋書録解題》著録"《北行日録》一卷"，説："參政四明樓鑰大防……以書狀官從其舅汪大猷仲嘉使金紀行。"《國史經籍志》著録爲"《北行雜録》一卷"。此書内容始於乾道五年十月九日，訖於乾道六年三月六日。另據《北行日録》記與李泉爭執禮數一事，説"語具語録"，可知樓鑰又撰有語録。又據樓鑰《攻媿集》，其使金詩有《北行雪中渡淮》《泗州道中》《靈璧道中》《陳留柏》《相州道中》《即事》《初出燕山》等。

范成大使金，有《攬轡録》二卷、《使金絶句七十二首》。

本年閏五月，范成大、康譓爲大金國信正副使。使團於當年六月甲子，出國門；八月十一日渡淮，時金遣田彦皋、完顔德温爲接伴使。《郡齋讀書志》著録《攬轡録》二卷，注其爲"往返地理日記"；《直齋書録解題》《宋史·藝文志》《文獻通考·經籍考》均著録爲一卷，其中《直齋書録解題》注其爲"范成大至能乾道六年使金所記聞見"。《使金絶句七十二首》今見存於《石湖詩集》卷一二。

宋高宗紹興二十四年(金海陵王貞元二年,1154)

無名氏館伴金使,有《館伴日録》一卷。

《直齋書録解題》著録"《館伴日録》一卷",説:"無名氏。紹興二十四年。"據《建炎以來繫年要録》《宋史》等文獻記載,本年金曾向宋遣使兩次:一是五月辛未,金遣耶律安禮、許霖入宋賀天申節;二是十二月乙巳,金遣白彦恭、胡勵入宋賀來年正旦。但不知此書爲何人館伴金使時所録。

宋高宗紹興二十九年(金海陵王正隆四年,1159)

周麟之使金,作《中原民謡》十首。

本年九月,周麟之爲大金奉表哀謝使。此行,周麟之"因所聞見,論次其事,檃括其辭,爲《中原民謡》十首",包括《燕京小》《迎送亭》《金瀾酒》《歸德府》《過沃州》《造海船》《渡浮橋》《金臺硯》《任契丹》《雨木冰》,旨在"抒下情,通諷諭,宣上德,廣風化"。

施宜生使宋,有語録,又作《題都亭驛》詩。

本年十二月,金遣施宜生等入宋賀明年正旦。周必大《文忠集》説:"紹興間,施宜生語録云……"可知施宜生使宋撰有語録。又《桯史》卷一載:"紹興三十年,虜來賀正旦,宜生以翰林侍講學士爲之使。朝廷聞之,命張忠定以吏部尚書侍讀,館之都亭。"《晦庵詩話》記龍泉尉施慶之常擧宜生十數詩内,"入使時《題都亭驛》詩云:'江梅的皪未全開,老倦無心上將臺。人在江南望江北,斷鴻聲裏送潮來'"。陳鵠《西塘集耆舊續聞》卷六亦記此詩,説:"奉使本朝時作。"

宋高宗紹興三十二年(金世宗大定二年,1162)

洪邁接伴金使,有《接伴雜録》。

《建炎以來繫年要録》載本年正月,金遣高忠建、張景仁來告登位,故派洪邁、張掄爲接伴使。此行洪邁撰《接伴雜録》,周必大《親征録》載:"己未,洪景盧出《接伴雜録》云……"

洪邁使金,有詩作。

《宋史》本傳載本年三月,以洪邁"假翰林學士,充賀登位使,欲令金稱兄弟敵國而歸河南地"。洪邁等於六月十日至燕京,與金接伴使高文昇就國書事宜往復爭辨。此行洪邁作有《邢臺懷古》等詩。

宋孝宗隆興元年(金世宗大定三年,1163)

王之望使金,有詩作。

王之望(1102—1170)字瞻叔。本年十月,以户部侍郎王之望爲金國通問國信正使,知閤門事龍大淵爲副使。據王之望《漢濱集》卷一,存其使金詩花》《寒食》《客夜》《重九》《春望》《紹興十三年自雲中奉使回送伴至虹縣以舟入萬安湖》等。

洪皓、張邵、朱弁返宋,有《輶軒唱和集》三卷。

本年,金庭將洪皓、張邵、朱弁同時放還,三人於四月十四日會合,途中以詩唱和,成《輶軒唱和集》;七月七日至汴京館,於都亭驛爲集作序。《宋史·藝文志》著錄"《輶軒唱和集》三卷"。

宋高宗紹興十五年(金熙宗皇統五年,1145)

宋之才使金,呈《使金賀生辰還復命表》。

紹興十四年九月,宋之才、趙環爲大金賀正旦國信正副使。《平陽縣志》卷六三載有此表,據宋之才自述使團於"九月十日進發",到次年三月"具表進呈"。

宋高宗紹興十八年(金熙宗皇統八年,1148)

蔡松年使高麗,有詩、詞。

蔡松年字伯堅,真定(今河北正定)人。《高麗史》卷一七載毅宗二年五月庚午,"大理卿完顏宗安、禮部侍郎蔡松年來,册王爲開府儀同三司、上柱國、高麗國王"。今《中州集》卷一收蔡松年《高麗館中》詩二首,《中州樂府》收其《石州慢(高麗使還日作)》詞。《歸潛志》卷一〇載:"蔡丞相伯堅,亦嘗奉使高麗,爲館妓賦《石州慢》云……"

宋高宗紹興二十年(金海陵王天德二年,1150)

蕭頤、王競使宋,蕭頤有《西湖行記》,王競有題詩。

王競字無競,彰德(今河南安陽)人。《續通志》載本年十一月,金遣蕭頤等來賀明年正旦。《建炎以來繫年要錄》卷一六一載本年十二月"己巳,金國賀正旦使正奉大夫秘書監兼左諫議大夫蕭頤、中大夫尚書禮部侍郎翰林待制兼行太常丞王競見于紫宸殿"。《中州集》卷八收王競《奉使江左讀同官蕭顯之〈西湖行記〉因題其後》詩云:"雲煙濃淡費臨摹,行記看來即畫圖。雲夢不防吞八九,筆頭滴水了西湖。"

宋高宗紹興二十三年(金海陵王貞元元年,1153)

蔡松年使宋,作《淮南道中》詩五首。

《金史》卷五載貞元元年十一月丙申,"以户部尚書蔡松年等爲賀宋正旦使"。《建炎以來繫年要錄》卷一六五載紹興二十三年閏十二月庚戌,"金主使宣奉大夫、尚書左丞蔡松年假户部尚書,與廣威將軍、秘書少監、兼行右拾遺紇石烈師顏來賀來年正旦"。今《中州集》卷一收蔡松年《淮南道中》詩五首。

載:"魏良臣進《奉使語録》。"

王繪使金,有《紹興甲寅通和録》一卷。

《續通志·藝文略》著録王繪"《紹興甲寅通和録》一卷"。《四庫全書總目》亦著録此書,注"浙江范懋柱家天一閣藏本",提要説:"紹興四年,以和議未成,遣魏良臣如金,繪副之。"

宋高宗紹興六年(金熙宗天會十四年,1136)

吴激使高麗,有《雞林書事》詩。

吴激字彦高,建州(今福建建甌)人。《金史·熙宗本紀》載本年十月,以吴激爲高麗王生日使。其《雞林書事》詩云:"箕子朝鮮僻,蓬丘弱水寬。儒風通百粤,舊史記三韓。邑聚居巢慣,邊裝被髮安。猶存古籩豆,兼用漢衣冠。……騎兵腰玉具,府衛挾金丸。長袖鳶窺肉,都場狄掛竿。琴中蔡氏弄,指下祝家彈。主禮分庭抗,賓筵百拜難。……由來異文軌,休訝變暄寒。事可資談柄,誰能記筆端。聊將詩貌取,歸作畫圖看。"

宋高宗紹興八年(金熙宗天眷元年,1138)

張通古使宋,歸正人周金作詩贈別。

《三朝北盟會編》卷一九一載本年正月,"金國遣張通古、蕭哲來議和。……有歸正人周金者,與通古有舊,陳奏取旨乞送通古至對境。通古至安豐軍,金贈詩爲別曰:'良人輕一別,奄忽幾經秋。明月望不見,白雲徒自愁。征鴻悲北渡,江水奈東流。會話知何日,如今已白頭'"。又《建炎以來朝野雜記》乙集卷一二載:"北人張通古者,紹興八年,以行臺侍郎來使。通古稍能詩,其還也,歸正燕人周襟與通古舊知,奏乞送至境上。通古至安豐,贈詩爲別曰:……"

宋高宗紹興十二年(金熙宗皇統二年,1142)

何鑄使金,有《奉使雜録》一卷。

紹興十一年十一月,何鑄、曹勛爲金國報謝進誓表正副使,於次年二月還京。《直齋書録解題》著録"《奉使雜録》一卷",説:"紹興十二年,何鑄使金所録禮物、名銜、表章之屬。"

宋高宗紹興十三年(金熙宗皇統三年,1143)

朱弁使金,有《聘遊集》四十二卷。

建炎元年十一月,朱弁副王倫爲通問使,赴金探問徽、欽二帝,後被金扣留,直至紹興十三年才被遣返回宋。《宋史·朱弁傳》和朱熹《奉使直秘閣朱公行狀》均述朱弁陷金有《聘遊集》四十二卷。今《中州集》等典籍存其在金詩約四十首,如《元夕有感》《炕寢三十韻》《客懷》《歲序》《謝崔致君餉天

宋高宗建炎元年（金太宗天會五年，1127）

傅雱使金，有《建炎通問錄》一卷。

本年七月，遣傅雱使河東軍前，通問二帝。《直齋書錄解題》著錄傅雱"《建炎通問錄》一卷"，《四庫全書總目》存目亦著錄此書，注"浙江范懋柱家天一閣藏本"。

宋高宗建炎二年（金太宗天會六年，1128）

楊應誠借道高麗使金，有《建炎假道高麗錄》一卷。

本年三月，楊應誠任大金、高麗國信使；六月至高麗，高麗王不許借道；十月自高麗還。《直齋書錄解題》著錄楊應誠"《建炎假道高麗錄》一卷"，說其"取道遼東，奉使金虜，不達而還"。

宇文虛中使金，作詩三首。

宇文虛中曾多次使金談判，如靖康元年二月他與王球使金兩次；建炎二年二月和五月他又兩次使金。而他在建炎二年使金時被扣留，施德操《北窗炙輠錄》卷上載："宇文虛中在金作三詩……此詩始陷金國時作。"

宋高宗建炎三年（金太宗天會七年，1129）

洪皓使金，有《松漠紀聞》、使金詩文。

本年，洪皓爲大金通問使。洪皓至金後，羈留不遣，身陷金國達十五年之久。《直齋書錄解題》著錄"《松漠紀聞》二卷"，說："皓奉使留敵中錄所聞雜事。"據洪适《題松漠紀聞》和《四庫全書總目》記述，此書的成書過程較爲曲折：先是洪皓隨筆纂錄在金的見聞，但爲了歸宋而將書燒毀；回宋後洪皓追述金中見聞，又遇到私史之禁，遂廢不錄；之後由其長子洪适於紹興二十六年（1156）鳩拾殘編、彙次成書，"校刊爲正續二卷"，包括正卷三十一事，續卷二十七事；最後其次子洪遵又在乾道九年（1173）刻板此書於建業，並"增補所遺十一事"。又《宋史》本傳載其"雖久在北廷，不堪其苦，然爲金人所敬，所著詩文，爭鈔誦求鋟梓"，可知洪皓所作使金詩文頗多，今《鄱陽集》中亦存其《講武城》《都亭驛詩》《次大風韻》《羑里廟》《夜渡沙河》《洨河石橋》《發池潭至盧溝河》《使金上母書》等作品。

宋高宗紹興四年（金太宗天會十二年，1134）

章誼使金，有《章忠恪奉使金國語錄》一卷。

本年，遣章誼、孫近使金奉表通問。趙希弁《讀書附志》著錄章誼"《章忠恪奉使金國語錄》一卷"，說："誼錄其報聘之語也。"

魏良臣使金，有《奉使語錄》。

本年九月，魏良臣、王繪爲奉使金國軍前奉表通問正副使。《中興小紀》

徐兢使高麗,有《宣和奉使高麗圖經》四十卷。

宋徽宗宣和四年,路允迪、傅墨卿使高麗,徐兢隨使。據徐兢記述使團於宣和五年從明州出發,七月二十七日回抵明州定海縣。此書有徐兢自序,述其"謹因耳目所及,博采衆説,簡去其同於中國者,而取其異焉。凡三百餘條,釐爲四十卷。物圖其形,事爲之説,名曰《宣和奉使高麗圖經》"。此書於宣和六年撰成。《直齋書録解題》著録"《高麗圖經》四十卷",説:"宣和六年路允迪、傅墨卿使高麗,兢爲之屬,歸上此書,物圖其形,事爲之説。"

宋徽宗宣和七年(金太宗天會三年,1125)

許亢宗等使金,有《宣和乙巳奉使金國行程録》。

本年正月,許亢宗、童緒爲賀大金皇帝登寶位國信正副使,鍾邦直隨使。此書記使團行程共三十九程。《三朝北盟會編》引此書爲《宣和乙巳奉使行程録》,《靖康稗史》引作《宣和乙巳奉使金國行程録》,《大金國志》引作《許奉使行程録》。

馬擴使金回到太原,呈語録。

《三朝北盟會編》卷二三載本年十二月一日,"馬擴回自太原"。其後引《茅齋自叙》,載:"馬擴歸到太原府宣撫司,以往來所歷事節答語録呈。"

鄭望之使金,有《靖康奉使録》一卷。

本年,金人攻汴京,以鄭望之爲軍前計議使。《直齋書録解題》卷五著録鄭望之"《靖康奉使録》一卷",《三朝北盟會編》引作《靖康城下奉使録》或《奉使録》。

李若水使金,有《山西軍前和議録》《奉使録》及使金詩。

李若水本年曾兩次使金:一是八月,被遣往大金山西軍前和議;二是十一月,依舊被遣往軍前奉使。《三朝北盟會編》引録有李若水《山西軍前和議録》和《奉使録》二書,分别是其對兩次使金的記録。另據《三朝北盟會編》卷八一引《靖康忠愍曲周縣李公事迹》記載:李若水八月使金時,於"途中嘗有詩呈副使王坦翁,曰:'平生忠義定何人,數月相從笑語真。未信功名孤壯志,不妨詩酒寄閑身。此來飽看千崖秀,歸去甯知兩鬢新。就使牧羊吾不恨,漢旄零落雪花春。'又曰:'舊持漢節愧前人,聞許傳來苦不真。五鼓促回千里夢,一官妨盡百年身。關山吐月程程遠,詩景含秋句句新。孤館可能忘客恨,脱巾聊進一杯春'"。又第二次使金,其於"閏十一月三日,到京城外,拘留沖虚觀,嘗賦詩以見志曰:'胡(改作匹)馬南來久不歸,山河殘破一身微。功名誤我閑雲過,歲月驚人迅鳥飛。每事恐貽千古笑,此生甘與衆人違。艱難重有君親念,血淚斑斑滿客衣'"。

宋徽宗宣和元年（金太祖天輔三年，1119）

二醫使高麗，有語録。

本年，高麗來求醫，故遣二醫往。《皇朝編年綱目備要》載此事，説二醫"是秋還，以其事及語録奏聞，然後知實非求醫，乃彼知中國將與女真圖契丹，因是勸止中國"。

宋徽宗宋宣和二年（金太祖天輔四年，1120）

趙良嗣使金，於上京作詩。

岳珂《桯史》卷五説："余讀《北遼遺事》，見良嗣與王瓌使女真，隨軍攻遼上京城破，有詩曰：'建國舊碑胡月暗，興王故地野風乾。回頭笑向王公子，騎馬隨軍上五鑾。'"王公子指王瓌。周春《遼詩話》卷上亦引《北遼遺事》，説："宣和二年，以右文殿修撰假朝奉大夫，由登州泛海使金。……四月，與金主相見於龍崗，致議約之意，金主許之。復同入上京，看遼大内居室。相與上馬並轡，由西偏門入，並乘馬過五鸞、宣政等殿，遂置酒於延和樓。良嗣有詩云：……於是定議歲輸五十萬，約宋兵自雄州趨白溝夾攻。"

宋徽宗宣和四年（金太祖天輔六年，1122）

趙良嗣、馬擴使金。使還，各作詩一首。

本年九月，遣趙良嗣使金商議夾攻契丹，馬擴爲副使。十月，與金主議定割地、歲幣等事。《三朝北盟會編》引馬擴《茅齋自叙》説："良嗣歸，有喜色，作詩云：'朔風吹雪下雞山，燭暗穹廬夜色寒。聞道燕然好消息，曉來驛騎報平安。'某顧良嗣小器，不知安危，繼詩和云：'未見燕銘勒故山，耳聞殊議骨毛寒。願君共事烹身語，易取皇家萬世安。'"

宋徽宗宣和五年（金太宗天會元年，1123）

趙良嗣使金，有《燕雲奉使録》。

趙良嗣曾在宣和二年至五年間多次使金，如宣和二年、四年遣其使金議夾攻契丹，求燕地、歲幣等事；宣和四年九月和十二月，兩次遣其使金報聘。《三朝北盟會編》存録數段趙良嗣《燕雲奉使録》，應是其數次使金所録。

馬擴使金回到雄州，作語録。

《三朝北盟會編》卷一四載本年二月，"金人遣趙良嗣過瀘溝河，即焚橋梁次舍"。其後引馬擴《茅齋自叙》，載："次晚，南還到雄州，作語録入遞待報。"

宋徽宗宣和六年（金太宗天會二年，1124）

連南夫使金，有《宣和使金録》一卷。

本年正月，遣連南夫弔祭金國。《直齋書録解題》著録《宣和使金録》一卷"，説此書爲"太常少卿安陸連南夫鵬舉弔祭阿骨打奉使所記"。

著録"《奉使雞林志》三十卷",説其"自元豐創通高麗以後事實,皆詳載之"。《玉海·異域圖書》説:"其類有八,自高麗事類至海東備檢。"周煇《清波雜志》説:"《雞林志》四十卷,併載國信所行遣案牘,頗傷冗長。"

孫穆使高麗,有《雞林類事》三卷。

孫穆可能與劉逵、吳拭、王雲等同使高麗。《直齋書録解題》著録《雞林類事》三卷,《玉海·異域圖書》著録《雞林類事》三卷,説:"崇寧初,孫穆撰叙土風、朝制、方言,附口宣、刻石等文。"《説郛》輯《雞林類事》稱作者爲"奉使高麗國信書狀官"。

宋徽宗崇寧四年(遼天祚帝乾統五年,1105)

林攄使遼,有《北朝國信語録》二卷。

本年五月,遣林攄報聘于遼。《宋史·林攄傳》載:"攄報聘,京密使激怒之以啓釁。……及見遼主,始跪授書,即抗言數夏人之罪,謂北朝不能加責而反爲之請。禮出不意,遼之君臣不知所答。"《通志·藝文略》著録"林内翰《北朝國信語録》二卷",《秘書省續編到四庫闕書目》卷一著録爲"《北國信語録》二卷"。

宋徽宗大觀三年(遼天祚帝乾統九年,1109)

謝皓接伴遼使,有語録。

遼使至,需索無厭,故命謝皓接伴。《福建通志》卷四八載:"接伴使張閴不能對,徽宗命皓代之。還以對,語録奏,稱旨。"《萬姓統譜》卷一〇五亦載:"遼使至……上命皓待之。"

宋徽宗大觀四年(遼天祚帝乾統十年,1110)

謝皓使遼,條列遼國山川地理名物。

本年,謝皓爲遼國正旦國信使。《福建通志》載謝皓"以太常少卿充賀正旦國信使,歸,條具北地山川、地理、名物以聞"。《山西通志》載謝皓"以太常少卿使遼。比還,凡北界山川、地理、名物情狀皆以聞"。

王漢之使遼,撰《見聞録》。

本年八月,王漢之爲遼國生辰國信使。使回,爲《見聞録》以進。《宋史》本傳載其"奉使契丹,還,言其主不恤民政,而掊克荒淫,亡可跂而待也"。

宋徽宗政和七年(遼天祚帝天慶七年,1117)

陶悦使遼,有《使北録》。

本年,陶悦、李邈爲遼國國信正副使。《三朝北盟會編》卷六引《使北録》,記述陶悦等使遼還,向童貫對答遼國情況;《建炎以來繫年要録》卷一亦引此録。二書均述及因此録"贈秘閣修撰"。

宋哲宗元祐九年（遼道宗大安十年，1094）

張舜民使遼，有《使遼録》一卷及使遼詩。

本年，張舜民、鄭介爲回謝大遼弔祭正副使。張舜民《投進使遼録長城賦劄子》自述其"出疆往來，經涉彼土，嘗取其耳目所得，排日記録，因著爲《甲戌使遼録》"。《郡齋讀書志》著録"《張浮休使遼録》一卷"，説此書"録其往返地里及話言"。《宋史·藝文志》著録"張舜民《使遼録》一卷"。另據張舜民《畫墁集》，其使遼詩有《秋日燕山道中》《和同使鄭内藏見貽之作》《燕山聞杜鵑》等。

宋哲宗元符元年（遼道宗壽昌四年，1098）

蹇序辰、王詔使遼，各有語録。

蹇序辰爲生辰使、王詔爲正旦使同使遼國。《續資治通鑑長編》《曾公遺事》均記録有二人因所撰語録不實而被彈劾之事。如《續資治通鑑長編》卷五〇七載："已而三省、密院同進呈王詔語録，有跪受香藥酒，舊例不拜，遼人言序辰已拜，詔亦拜。"《曾公遺録》卷七載曾布語："序辰供進語録，在王詔事未發前，故隱不言拜供儀式，在王詔事發後，便言曾拜。"

宋哲宗元符二年（遼道宗壽昌五年，1099）

劉逵接伴遼使，有語録。

遼遣蕭昭彦、王宗度入宋賀興龍節，劉逵爲接伴使。《續資治通鑑長編》卷五〇五在記遼使蕭昭彦和接伴劉逵的對答之後説："是日輔臣進呈逵語録，衆皆稱之。"

宋哲宗元符三年（遼道宗壽昌六年，1100）

陸佃使遼，有《使遼語録》。

本年七月，遣陸佃、李嗣徽報謝于遼。《宋史·陸佃傳》載其"報聘于遼，歸，半道聞遼主洪基喪，送伴者赴臨而返"。陸游《跋先左丞使遼語録》説陸佃有"《使遼録》一卷"。

宋徽宗崇寧二年（遼天祚帝乾統三年，1103）

吳拭使高麗，有《雞林記》二十卷。

本年，詔劉逵、吳拭使高麗。《宋史·藝文志》著録"吳拭《雞林記》二十卷"。《玉海·異域圖書》載："《雞林志》二十卷，崇寧中吳拭使高麗撰，載往回事迹及一時詔誥。"

王雲使高麗，有《雞林志》三十卷。

王雲爲書記官，從劉逵、吳拭使高麗。《郡齋讀書志》著録"《雞林志》三十卷"，説其"攟輯其會見之禮，聘問之辭，類分爲八門"。《直齋書録解題》

論北邊事劄子五道》説:"臣等近奏敕差充北朝皇帝生辰國信使,尋已具語録進呈訖。然於北朝所見事體,亦有語録不能盡者。恐朝廷不可不知,謹具三事,條列如左。"可知蘇轍等此行撰有語録,而五道"劄子"則是對語録的補充。另外,蘇轍還作有《奉使契丹二十八首》紀行詩,收録在《欒城集》卷一六中,有《古北口道中呈同事二首》《過楊無敵廟》《會仙館二絶句》《神水館寄子瞻兄四絶》《虜帳》《渡桑乾》等。

宋哲宗元祐五年(遼道宗大安六年,1090)

佚名使契丹,有語録。

《道山清話》説:"元祐五年,先公爲契丹賀正使。……先公既北歸,不敢以是載於語録,嘗因便殿奏陳。"可見有人在此年使遼,並撰有語録。但經《四庫全書總目》考證《道山清話》的作者存疑,故難詳此年何人爲契丹賀正使。

宋哲宗元祐六年(遼道宗大安七年,1091)

彭汝礪使遼,有紀行詩。

本年八月,彭汝礪、訾虎爲太皇太后賀遼主生辰正副使。今彭汝礪《鄱陽集》存使遼詩約六十首,包括《使遼》《至雄州寄諸弟並呈諸友二首》《古北口楊太尉廟》《途中見接伴曰三得家書因作是詩寄候》《長垣路中二首》《沙陁逢正旦使副》等。

宋哲宗元祐七年(遼道宗大安八年,1092)

吕希績等接送伴契丹使,有語録。

契丹賀正旦使耶律迪、高端禮等入宋,吕希績、李世昌等爲接伴使。《宋會要輯稿·職官》載録有吕希績等人的語録,所存内容始於元祐六年十二月五日,訖於七年正月十九日。

宋哲宗元祐八年(遼道宗大安九年,1093)

陳軒等館伴高麗使,有語録。

蘇軾在上《論高麗買書利害劄子三首》中引陳軒等語録,以彈劾陳軒等接伴高麗使對答不當。《宋史·陳軒傳》亦載:"高麗入貢,軒館客……禮部尚書蘇軾劾其失體。"

張元方等人接送館伴遼使,有語録。

遼國信使耶律恂、副使張奉珪入宋,遣張元方等人接送。《中興禮書續編》卷五八有關於國信所援引此次接送伴和館伴語録的記載,説:"昨國信所具到元祐八年,接伴北朝祭奠人使張元方等語録。"又説:"國信所具到元祐八年,祭奠館伴語録。"

久不入貢,至元豐初,始遣使來朝。神宗以張誠一館伴,令問其復朝之意。……余大觀間,館伴高麗人,常見誠一《語録》。"可知張誠一在元豐元年亦曾館伴高麗使。

羅昌皓使占城,畫占城至交阯地圖。

神宗熙寧九年二月,遣李勃、羅昌皓齎敕書、禮物往占城國。《續資治通鑑長編》載元豐元年九月,"三班奉職羅昌皓言,昨差齎敕書、禮物往占城國,今畫占城至交阯地圖以獻"。《玉海・朝貢》亦載:"元豐元年九月十四日,羅昌皓畫占城至交阯地圖。"

吕晦叔使遼,有語録。

本年九月,黄履、狄諮爲遼主生辰正副使,吕晦叔隨使。趙善璙《自警編》載遼接伴使與狄諮的對答,説吕晦叔"以著於語録"。

宋神宗元豐二年(遼道宗大康五年,1079)

畢仲衍使遼,畫朝儀圖。

本年八月,畢仲衍、姚兕爲賀遼國正旦使。《宋史・畢仲衍傳》載其使契丹,"時預其元會,盡能記其朝儀節奏,圖畫歸獻"。

宋神宗元豐四年(遼道宗大康七年,1081)

于闐使朝貢,使其圖諸國至漢境遠近。

《宋史・于闐國傳》載于闐於本年遣使朝貢,"神宗嘗問其使去國歲月,所經何國及有無鈔略。……因使之圖上諸國距漢境遠近,爲書以授李憲"。

宋神宗元豐六年(遼道宗大康九年,1083)

蔡京等使遼,有語録。

本年八月,蔡京、狄詠爲遼主生辰正副使。《續資治通鑑長編》注引蔡絛《北征紀實》説蔡京等"使回,未至國門,國信所語録先上"。

楊景略使高麗,有《奉使句驪叢抄》十二卷。

本年九月,以楊景略、王舜封爲高麗祭奠正副使。蘇頌《龍圖閣待制知揚州楊公墓誌銘》記楊景略有"《奉使句驪叢抄》十二卷"。

宋球使高麗,上圖紀。

本年九月,錢勰、宋球爲弔慰正副使,與楊景略等同使高麗。《宋史・宋球傳》載其"使高麗,密訪山川形勢、風俗好尚,使還,圖紀上之,神宗稱善"。

宋哲宗元祐四年(遼道宗大安五年,1089)

蘇轍等使遼,有語録;另有《北使還論北邊事劄子五道》《奉使契丹二十八首》。

本年八月,蘇轍爲賀遼國生辰使,高遵固、朱伯材副之。蘇轍有《北使還

宋神宗熙寧八年(遼道宗大康元年,1075)

沈括使遼,有《使契丹圖抄》二卷、《乙卯入國奏請》及《別録》。

本年三月,以沈括、李評爲回謝遼國正副使。沈括自序其於當年六月使還,將所經見"山川之夷險、遠近、卑高、橫從之殊,道途之涉降紆屈,南北之變,風俗、車服、名秩、政刑、兵民、貨食、都邑、音譯,覘察變故之詳,集上之,外別爲《圖抄》二卷"。《宋史·沈括傳》載:"括乃還,在道圖其山川險易迂直,風俗之純龐,人情之向背,爲《使契丹圖抄》上之。"《宋秘書省續編到四庫闕書目》《通志·藝文略》均著録此書爲一卷,原書當爲二卷。又《續資治通鑑長編》説:"沈括自有《乙卯入國奏請》并《别録》載使事甚詳。"

竇卞使遼,有《熙寧正旦國信録》一卷。

本年八月,以竇卞、曹誦爲正旦正副使使遼。《直齋書録解題》著録"《熙寧正旦國信録》一卷",説:"竇卞熙寧八年使遼所記。"

宋神宗熙寧九年(遼道宗大康二年,1076)

沈季長接伴遼使,有《接伴送語録》一卷。

本年十二月,遼主遣耶律運、李逴入宋賀正旦,沈季長爲接伴使。《直齋書録解題》著録沈季長"《接伴送語録》一卷",説:"沈季長熙寧九年接伴送遼使耶律運所記。"

宋神宗熙寧十年(遼道宗大康三年,1077)

韓縝等使遼、館伴遼使,有語録。

韓縝在熙寧間曾多次使遼,如熙寧七年三月,韓縝爲回謝遼國使;同年遼使蕭禧來議地界,命韓縝館伴,事後又令其持圖牒使遼;此後遼使蕭禧再入宋,則又命韓縝館伴。《續資治通鑑長編》載熙寧十年五月詔韓縝等將"與北人對答語録編進入",又同年十二月詔韓縝"同吕大忠以耶律榮等齎來文字、館伴所語録、及劉忱等案視疆場與北人論議、及朝廷前後指揮,分門編録以聞"。

蘇頌使遼,有《後使遼詩》二十八首。

本年八月,蘇頌、姚麟爲遼主生辰國信正副使。今《蘇魏公文集》卷一三收有《後使遼詩》,蘇頌自述是"道中率爾成詩,以記經見之事",包括《次行奚山》《早行新館道中》《過新館罕見居人》《牛山道中》《中京紀事》《過土河》《契丹紀事》等。

宋神宗元豐元年(遼道宗大康四年,1078)

張誠一館伴高麗使,有語録。

張誠一曾兩任館伴使:一是宋神宗熙寧四年(1071)五月,高麗使金悌等入貢,詔陸經、張誠一館伴。二是葉夢得《石林詩話》説:"高麗自太宗後,

《王文公送伴録》，乃王安石此行所撰寫的行記。又《臨川先生文集》卷八四收録《伴送北朝人使詩序》，可知他此行又作使行詩集。今存起使行詩有《澶州》《發館陶》《永濟道中寄諸弟》《次御河寄城北會上諸友》《宋城道中》《河間》《白溝行》《涿州》等三十餘首。

宋仁宗嘉祐六年（遼道宗清寧七年，1061）

宋敏求使契丹，有《入蕃録》二卷。

本年閏八月，以宋敏求、張山甫爲契丹生辰正副使。《宋史·藝文志》著録"宋敏求《入番録》二卷"。蘇頌《龍圖閣直學士修國史宋公神道碑》記宋敏求有《入蕃録》二卷。范成大《琉璃河》詩題注説："此河大中祥符間路振《乘軺録》亦謂琉璃河，惟嘉祐中宋敏求《入番録》乃謂之六里河。"

宋英宗治平四年（遼道宗咸雍三年，1067）

陳襄使遼，有《神宗皇帝即位使遼語録》一卷、作紀行詩。

本年，陳襄爲神宗登寶位告北朝皇太后、皇帝國信使。原書題爲《神宗皇帝即位使遼語録》，《宋史·藝文志》著録爲《國信語録》，《通志·藝文略》著録爲《奉使録》，《秘書省續編到四庫闕書目》著録爲《奉使録事》。《古靈先生年譜》記陳襄於八月使遼還，"有《使遼録》一卷"。語録内容始於五月十日到雄州，訖於七月十九日回宿雄州。另據陳襄《古靈先生文集》，其使遼詩有《黑崖道中作》《登雄州南門偶書呈知府張皇城》《使還咸熙館道中作》等。

蘇頌接送伴遼使，有詩作。

本年，蘇頌遷度支判官。《宋史》本傳載其"送契丹使，宿恩州，驛舍火，左右請出避，頌不動。州兵欲入救，閉門不納，徐使防卒撲滅之。初火時，郡人洶洶，唱使者有變，救兵亦欲因而生事，賴頌安静而止。遂聞京師，神宗疑焉，頌使還，入奏，稱善久之"。今《蘇魏公文集》卷八存其送伴詩有《登雄州城樓》《接伴北使至樂壽寄高陽安撫吳仲庶待制》《和吳仲庶待制見寄》《冬至日瓦橋與李綖少卿會飲》等。

宋神宗熙寧元年（遼道宗咸雍四年，1068）

蘇頌使遼，有《前使遼詩》三十首。

本年十月到熙寧二年正月，蘇頌爲賀遼國生辰副使。今《蘇魏公文集》卷一三收有《前使遼詩》，包括《初過白溝北望燕山》《奚山道中》《過摘星嶺》《和晨發柳河館憩長源郵舍》《和宿牛山館》《和冬至紫蒙館書事》《和就日館》《和使回過松子嶺》等。

介紹范鎮著述,説:"《使北録》,不見于墓誌,亦恐其初文集中未必載也。"

劉敞使契丹,有《使北語録》一卷、作紀行詩。

本年八月,劉敞、竇舜卿爲契丹國母生辰正副使。《宋史·藝文志》著録"劉敞《使北語録》一卷",《遂初堂書目》著録爲《劉原父奉使録》。劉敞《公是集》今存其紀行詩約三十首,有《題幽州圖》《發桑乾河》《古北口對月》《楊無敵廟》《思鄉嶺》《鐵漿館》《金山館》《過中京走馬上平安奏狀》《黑河館連日大風》等。

宋仁宗嘉祐元年(遼道宗清寧二年,1056)

歐陽修使契丹,有《北使語録》、作紀行詩。

宋仁宗至和二年八月,歐陽修、向傳範爲賀契丹登寶位正副使。《歐陽修年譜》記其於嘉祐元年"二月甲辰,使還,進《北使語録》"。今存歐陽修使契丹詩十餘首,有《奉使契丹初至雄州》《奉使契丹道中答劉原父桑乾河見寄之作》《奉使道中作三首》《奉使道中五言長韻》《奉使契丹回出上京馬上作》等。

刁約使契丹,作北語詩。

刁約字景純,於嘉祐初使契丹,戲爲詩云:"押燕移離畢,看房賀跋支。餞行三匹裂,密賜十貔貍。"此詩在《續墨客揮犀》卷八、《夢溪筆談》卷二、《契丹國志》卷二四、《齊東野語》卷一六等書中均有收録,《詩話總龜》卷一八説此詩"皆紀實也"。

宋仁宗嘉祐三年(遼道宗清寧四年,1058)

李及之使契丹,有《北使集》。

本年八月辛亥,李及之、王希甫爲契丹生辰正副使。梅堯臣有《書李學士北使集後》詩一首,朱東潤先生將此詩編年於此年。

宋仁宗嘉祐四年(遼道宗清寧五年,1059)

沈遘使契丹,有紀行詩。

本年八月乙酉,沈遘、高繼芳爲契丹正旦正副使。今沈遘《西溪集》存使契丹詩二十餘首,有《十一月二十二日朝辭》《五言出都》《五言陳橋驛》《五言道中見新月寄内》《七言道中示三使二首》《七言雄州遇唐子方奉使先還奉贈》《使還雄州曹使君夜會戲贈三首》等。

宋仁宗嘉祐五年(遼道宗清寧六年,1060)

王安石送伴遼使,有《王文公送伴録》《送伴北朝使人詩》。

據李德身《王安石詩文繫年》考證,王安石在本年春擔任送伴使,伴送遼國賀正旦使回境,於當年二月中旬返京。《遂初堂書目》本朝雜史類著録有葉隆禮《契丹國志》卷二四載："余靖尚書使契丹，爲北語詩，契丹愛之。再往，益親。余詩云：'夜筵設罷臣拜洗，兩朝厥荷情幹勒。微臣稚魯祝若統，聖壽鐵擺俱可忒。'"《中山詩話》載："余靖兩使契丹，情益親，余作北語詩。國主曰：'卿能道，我爲卿飲。'靖答曰：……"《宋史·余靖傳》載："靖三使契丹，亦習外國語，嘗爲蕃語詩。"

宋仁宗慶曆五年（遼聖宗重熙十四年，1045）

余靖使契丹，有《契丹官儀》。

余靖先後曾三次出使契丹。第三次在本年正月，以余靖爲回謝契丹使。余靖集三使契丹之所聞所見撰成此文，其《契丹官儀》自叙說："予自癸未至乙酉，三使其庭，凡接送館伴、使副、客省、宣徽，至於門階户庭趨走卒吏，盡得款曲言語。彼中不相猜疑，故詢其人風俗，頗得其詳。"

宋仁宗皇祐二年（遼聖宗重熙十九年，1050）

趙槩使契丹，賦《信誓如山河詩》。

趙槩字叔平。本年三月二十二日，趙槩爲回謝契丹國信使，錢晦爲副使。《續資治通鑑長編》卷一六八載："契丹主席上請槩賦《信誓如山河詩》，詩成，契丹主親酌玉杯勸槩飲，以素摺疊扇授其近臣劉六符寫槩詩，自置袖中。"

宋仁宗皇祐三年（遼聖宗重熙二十年，1051）

王珪使契丹，有紀行詩。

本年八月，王珪、曹偃爲契丹正旦正副使。《全遼詩話》《奉使遼金行程録》各輯録王珪使契丹詩爲十六首和十八首，如《涿州》《望京館》《正月五日與館伴耶律防夜讌永壽給事不赴留别》《虎北口》《思鄉嶺》《新館》《柳河館》《發會同館》等。

宋仁宗至和元年（遼聖宗重熙二十三年，1054）

王拱辰使契丹，有語録及别録

本年九月，王拱辰、李珣爲回謝契丹正副使。趙抃《奏狀乞宣王拱辰語録付御史臺》云："今竊聞拱辰使迴，於隨行語録中增減矯飾詐僞不少。……臣愚欲乞聖旨，指揮下兩府將拱辰入國隨行語録并别録等，一宗文字宣付御史臺。"《宋史·王拱辰傳》載其"使還，御史趙抃論其輒當非正之禮"。

宋仁宗至和二年（遼道宗清寧元年，1055）

范鎮使契丹，有《使北録》。

本年八月，范鎮、王光祖爲契丹國母正旦正副使。汪應辰《題范蜀公集》

宋仁宗慶曆元年（遼聖宗重熙十年，1041）

劉涣使西羌，有《劉氏西行録》一卷、繪地形圖。

宋仁宗康定元年八月，遣劉涣奉使西羌，招納唃厮囉族部；同年十月十九日出界；次年三月十日回秦州。《直齋書録解題》著録"劉涣《劉氏西行録》一卷"，説"此其行紀也"。《宋史·藝文志》著録爲"劉涣《西行記》一卷"。周煇《清波雜志》説："《劉氏西行録》，乃涣所紀，往返繫日以書，甚悉，且多篇詠。"另據王闢之《澠水燕談録》卷二記載劉焕曾"盡圖其地形，并誓書還奏"；尹洙《河南集》卷二三亦説："昨聞屯田員外郎劉涣曾進西鄙地圖，頗亦周備平夏圖。"可知其使西羌還繪製有地形圖。

宋仁宗慶曆二年（遼聖宗重熙十一年，1042）

富弼使契丹，有《富文忠入國語録》《奉使别録》各一卷。

本年四月，富弼報使契丹；同年七月，富弼再使契丹。《讀書附志》著録"《富文忠入國語録》一卷"，説："慶曆二年，以右正言知制誥，爲回謝契丹國信使西上……所説機宜事件，具載録中。"《直齋書録解題》傳記類著録"《奉使别録》一卷"，説："富弼彦國撰。慶曆使契丹，歸爲語録以進，機宜事節則具於此録。"

張方平使契丹，有語録。

本年八月壬辰，張方平、劉舜臣爲契丹國主生辰正副使。《樂全集》附録張方平行狀説："冬，使契丹，假起居舍人知制誥入北境。……使回，進語録，中有對答數節，皆逆折其事端。"

宋仁宗慶曆三年（遼聖宗重熙十二年，1043）

邵良佐使西夏，有《賊中語録》。

本年四月，邵良佐等使夏州，許封册元昊爲夏國主。《續資治通鑑長編》記韓琦上奏説："臣觀邵良佐《賊中語録》，乃云賊言朝廷議和，必往問契丹。"

余靖使契丹，有《慶曆正旦國信語録》一卷。

此書爲余靖首次使契丹時所撰。本年十月，以余靖爲契丹國母正旦使。《直齋書録解題》著録"《慶曆正旦國信語録》一卷"，説："余靖慶曆三年使遼所記。"此書《宋史·藝文志》著録爲《國信語録》，《通志·藝文略》著録爲《余襄公奉使録》。

宋仁宗慶曆四年（遼聖宗重熙十三年，1044）

余靖使契丹，作北語詩。（1044）

此詩爲余靖第二次使契丹時所作。本年八月，以余靖爲回謝契丹使。

辰國信語録》一卷",說:"珹與康德輿天聖六年使契丹,賀其主生辰,往返語録。"《宋史·藝文志》著録爲"寇珹《奉使録》一卷"。

宋仁宗天聖七年(遼聖宗太平九年,1029)

蘇耆使契丹,有詩集。

本年八月,蘇耆、王德明爲契丹妻正旦正副使。蘇舜欽《先公墓志銘》說蘇耆"使契丹,初出疆,每舍必作詩……歸而集上之,人争布誦"。

宋仁宗天聖八年(遼聖宗太平十六年,1030)

梅詢使契丹,與接伴使楊佶多有唱酬。

《遼史》卷八九《楊佶傳》載:"宋遣梅詢賀千齡節,詔佶迎送,多唱酬,詢每見稱賞。"據《續資治通鑑長編》卷一〇九載本年八月"戊申,工部郎中、龍圖閣待制梅詢爲契丹生辰使,供備庫副使王令傑副之"。又《遼史》卷一七載遼聖宗太平十年"十二月乙巳,宋遣梅詢、王令傑來賀千齡節"。

盛度使陝西,有《西域圖》。

本年八月,詔盛度、王隨使陝西詳定兩池鹽法。《宋史·盛度傳》載其"奉使陝西,因覽疆域,參質漢、唐故地,繪爲《西域圖》以獻";又載盛度"嘗奏事便殿,真宗問其所上《西域圖》"。

宋仁宗寶元二年(遼興宗重熙八年,1039)

聶冠卿使契丹,即席賦詩。

聶冠卿(988—1042)字長孺。本年八月,以龐籍爲契丹生辰使;十一月,改以聶冠卿代龐籍爲契丹生辰使。《續資治通鑑長編》卷一二五和《宋史·聶冠卿傳》均載其使契丹,"契丹主謂曰:'君家先世奉道,子孫固有昌者。嘗觀所著《蘄春集》,詞極清麗。'因自擊毬縱飲,命冠卿賦詩,禮遇特厚"。

宋仁宗康定元年(遼聖宗重熙九年,1040)

郭稹使契丹,有語録。

本年七月,遣郭稹、夏防使契丹,告知將用兵西邊。《宋會要輯稿》載康定元年十一月二十六日,"詔國信所郭稹、張奎語録封送昌朝等"。按:張奎所撰爲接伴語録,但不知成於何時。

富弼使契丹,有《富公語録》一卷。

本年八月,富弼、張從一爲契丹主正旦正副使。《郡齋讀書志》著録富弼"《富公語録》一卷",說:"使虜時所撰。"《續資治通鑑長編》記康定元年八月遣使契丹,注云:"據《富弼語録》,副使乃張從一。"可知《富公語録》與《富弼語録》應同爲一書。

其"使契丹,還,奏《北庭記》"。《宋會要輯稿》卷五二五七《蕃夷》引此書作"虜中風俗"。

宋真宗大中祥符八年(遼聖宗開泰四年,1015)

纂集《大宋四裔述職圖》。

本年九月,張復上言:"請纂集大中祥符八年已前朝貢諸國,續畫其冠服,采録其風俗,爲《大宋四裔述職圖》,上以表聖主之懷柔,下以備史官之廣記。"皇帝從之。王栐《燕翼詒謀録》卷四亦載此事,説:"唐有《王會圖》,皇朝亦有《四夷述職圖》。……是時外夷來朝者,惟有高麗、西夏、注輦、占城、三佛齊、蒙國、達靼、女真而已,不若唐之盛也。"

楊承吉使西蕃,進地理圖。

《宋史·真宗本紀》載本年十二月,"楊承吉使西蕃還,以地理圖進"。《續資治通鑑長編》卷八五記録有楊承吉的使行見聞及地理圖内容。

宋真宗大中祥符九年(遼聖宗開泰五年,1016)

薛映使契丹,有《上京記》。

本年九月,命薛映、劉承宗爲契丹國主生辰正副使。王仁俊《遼史藝文志補證》著録"薛映《上京記》一卷",記"大中祥符九年事"。此書曾先後被較多典籍引録,如《續資治通鑑長編》卷八八、《文獻通考》卷三四六、《遼史》卷三七《地理志》、《宋會要輯稿》卷五二五七等均録其文。

宋真宗天禧四年(遼聖宗開泰九年,1020)

宋綬等使契丹還,上《契丹風俗》。

本年九月,宋綬、譚倫爲契丹國主生辰正副使。《續資治通鑑長編》卷九七載:"宋綬等使還,上契丹風俗,云:……"此書曾先後被較多典籍引録,如《文獻通考》卷三四六、《宋會要輯稿》卷五二五七、《遼史拾遺》卷一三、《熱河志》卷九七等均録其文。

宋仁宗天聖四年(遼聖宗太平六年,1026)

李維使契丹,賦《兩朝悠久詩》。

李維字仲方。《續資治通鑑長編》卷一○四載本年三月,以李維爲相州觀察使。"初,塞下訛言契丹將絶盟,故遣維往使。契丹主素服其名,館勞加禮,使即席賦《兩朝悠久詩》,下筆立成,契丹主大喜。"

宋仁宗天聖六年(遼聖宗太平八年,1028)

寇瑊使契丹,有《生辰國信語録》一卷。

本年八月,寇瑊、康德輿爲契丹生辰正副使。《郡齋讀書志》著録"《生

宋太宗至道元年（遼聖宗統和十三年，995）

辛怡顯使雲南還，有《至道雲南錄》三卷。

辛怡顯於淳化五年（994）使雲南，至道元年使還。《郡齋讀書志》《遂初堂書目》《直齋書錄解題》《宋史·藝文志》均著錄有"辛怡顯《至道雲南錄》三卷"。《郡齋讀書志》卷七說："蜀賊李順既平，餘黨竄入雲南，雷有終募怡顯招出之。至道初，歸，因書其所歷，成此書。"《玉海》卷五八《藝文》說辛怡顯"至道元年訖事而歸，是書備載始末云"。《直齋書錄解題》卷八說此書有"天禧四年自序"。《續資治通鑑長編》卷一〇說此書"載其國山川風俗及淳化末朝廷所賜諸驅詔甚具"。

宋真宗大中祥符元年（遼聖宗統和二十六年，1008）

路振使契丹，有《乘軺錄》一卷。

《郡齋讀書志》《直齋書錄解題》《宋史·藝文志》均著錄有"路振《乘軺錄》一卷"。《郡齋讀書志》卷七說："振，大中祥符初使契丹，撰此書以獻。"《直齋書錄解題》卷七說路振"祥符中使契丹，歸進此錄"。

宋搏等使契丹還，上言使事。

景德四年（1007）九月命宋搏、馮若拙爲契丹國母正旦正副使，出使契丹。大中祥符元年二月使還。《續資治通鑑長編》卷六八載："宋搏等使契丹還，言：……"《宋會要輯稿》卷五二五七《蕃夷二》引此"上言"爲"上虜中事"。

宋真宗大中祥符三年（遼聖宗統和二十八年，1010）

王曙使契丹，有《戴斗奉使錄》。

大中祥符二年（1009）十二月，契丹國母蕭氏卒，命王曙、王承瑾爲弔慰使。約於大中祥符三年使還。《郡齋讀書志》卷七著錄此書二卷，說"祥符三年爲弔慰使所錄也"。朱弁《曲洧舊聞》卷四載："王文康再使，有《戴斗奉使錄》三卷。"《宋史·藝文志》著錄此書爲一卷。

宋真宗大中祥符五年（遼聖宗開泰元年，1012）

王曾使契丹，有《契丹志》一卷。

本年十月，以王曾、高繼勳爲契丹國主生辰正副使。《遂初堂書目》《宋史·藝文志》《玉海·異域圖書》均著錄有"王曾《契丹志》"。另有多書引錄《契丹志》，並各擬新題，皆爲其別稱，如《宋會要輯稿》作"上契丹事"，《契丹國志》作《王沂公行程錄》，《元史·河渠志》作《北行錄》等。

宋真宗大中祥符六年（遼聖宗開泰二年，1013）

晁迥使契丹還，奏《北庭記》。

本年九月，以晁迥、王希範爲契丹國主生辰正副使。《宋史·晁迥傳》載

附録三　宋代使行文學編年

宋太宗雍熙元年(遼聖宗統和二年,984)

　　王延德等使高昌還,有《西州使程記》一卷。

　　太平興國六年(981),高昌國遣使朝貢,五月詔遣王延德、白尚勳使高昌。王延德於雍熙元年四月使還,撰《西州使程記》以獻。《揮塵録》前録卷四載:"雍熙元年四月,延德等叙其行程來上,云:……"又引王延德自叙,説:"此雖載於國史,而世莫熟知,用書於編,以俟通道九夷八蠻將使指者,或取諸此焉。"《宋史・王延德傳》載王延德等"使還,撰《西州程記》以獻"。《宋史・高昌國傳》載:"雍熙元年四月,王延德等還,叙其行程來獻,云:……"《宋史・藝文志》傳記類著録"王延德《西州使程記》一卷"。

宋太宗端拱元年(遼聖宗統和六年,988)

　　吕祐之使高麗,有《海外覃皇澤詩》十九首。

　　本年,加高麗王治爲檢校太尉,以吕端、吕祐之爲使。《宋史・吕祐之傳》載其副吕端使高麗,"獻《海外覃皇澤詩》十九首"。《玉海・朝貢》則記之爲"十九章"。

　　李度使交州,有《奉使南遊集》。

　　本年,加交州黎桓爲檢校太尉,遣魏庠、李度往使。《宋史・李度傳》載其"南使,每至州府,即借圖經觀其勝迹,皆形篇詩",集題爲《奉使南遊集》,但"未成編而亡"。

宋太宗淳化二年(遼聖宗統和九年,991)

　　宋鎬等使交州還,條列山川形勢及桓事迹。

　　本年,遣宋鎬、王世則使交州,以加恩制書賜王治及黎桓。淳化二年六月使還。《續資治通鑑長編》卷三一載:"鎬等明年六月歸闕,上令條列山川形勢及桓事迹,鎬等自叙云爾。"《宋史・交阯傳》載:"明年六月歸闕,上令條列山川形勢及黎桓事迹以聞。鎬等具奏曰:……"黎崱《安南志略》卷三引此"條列"爲《宋鎬行録》。

燕谷剽聞

鄭　域

據唐圭璋編《詞話叢編》(中華書局 2005 年版)錄文。

《燕谷剽聞》曰：吳彥高在會寧府，遇老姬善琵琶者，自言故宋梨園舊籍。有感而賦春從天上來云："海角飄零。歎漢苑秦宮，墜露飛螢。夢回天上，金屋銀屏。歌吹競舉青冥。問當時遺譜，有絕藝鼓瑟湘靈。促哀彈，似林鶯嚦嚦，山溜泠泠。梨園太平樂府，醉幾度春風，鬢髮星星。舞徹中原，塵飛滄海，風雪萬里龍庭。寫胡笳幽怨，人憔悴，不似丹青。酒微醒。一軒涼月，燈火青熒。"

寧宗慶元間，三山鄭中卿從張貴謨出使北地，有歌之者，歸而述之。

杞，東與黔南爲鄰，各有君長姓氏，自言諸葛武侯所留戍卒後裔，有武侯碑在西南番境中。西南番酋長自稱檢校太師、守牂柯國，其人皆椎髻、跣裘、跣足，有被髮髡首者。其首領多能華言，縱行書，如中國童蒙所書。有銅章，篆文甚古，視漢印差大。其地平衍，多稻田，豐水草，羊馬蕃焉。桃李、胡桃、松子、柑橘、桑麻之屬，皆有之。兵有短劍、木弩、藥箭，率常佩以自衛。射命中，然不能及遠。其戰鬭無行伍，騎相角逐，短劍相交擊，無甲楯之屬。藥有牛黃、人參、草菓等。衣方領大袖，長裾左衽，如中國半臂之制。富者以黃紬爲之，貧者以布。其首領以錦帶纏腰腹間，奴虜以索綯，如北方柱腰然，以能忍饑且於騎射便也。死則以錦及豹皮裹尸而葬，以多且美相高。橫山官私歲所市錦率數千疋，他雜綵不勝計。又自四城州稍北，出古宜縣、古郍縣、龍唐山、安龍縣、安龍州，渡都泥江，斗折而西，歷上、中、下展州山獠、羅福州、雷聞嶺、羅扶州，至毗郍自杞國，又北出至大理國。兩國風俗、土産、兵器、衣制，大略與西南夷不異。惟大理有文法，善爲中國體行、草書，有甲冑，以皮爲之，髹器之文縷甚精緻。每賈人至橫山，多市《史記》《漢書》《三國志》《資治通鑑》《本草》《王叔和脉訣》《千金方》等書。國人奉佛甚謹，賈人有持青紙金書《金剛經》至橫山。其國至成都二十五驛，南與自杞，東與阿者、羅殿爲鄰，西至海，與占城爲鄰。自杞國南與化外州山獠、北與大理、東與西南夷爲鄰，西至海，亦與占城爲鄰。兩國各有鹽，足自給。其酋各自稱王。自杞今王名阿謝，年十八，知書能華言，以淳熙三年立，國事聽於叔父阿巳。先是，阿謝父死當立，生甫歲餘，阿巳攝國事，自羅殿致書生，教之華言，教之字畫。嘗詒書田州黃諧，候問寒溫之式與中國不異。阿巳攝事十七年，撫其國有恩信，兵强，馬益蕃，每歲橫山所市馬二千餘疋，自杞多至一千五百餘疋。以是國益富，拓地數千里，雄於諸蠻。近歲稍稍侵奪大理鹽池及臣屬化外諸蠻獠，至羈縻州洞境上。其人皆長大，勇健凶悍，善騎射，輕生好鬭，又歲有數千人至橫山互市。以吾撫之之過也，驕甚。淳熙四年，酋必程持其國書來，論淳熙三年蠻人與官兵互相殺傷事二十餘條，皆難塞之請。以乾貞爲年號。初至，嚴兵庭見之，詞色俱驕，既而以不用本朝年號及犯本朝廟諱詰之，乃慴伏。異時爲邊患者，必此蠻也。又有特磨道，在自杞之南，馬伏波銅柱之北，比年爲自杞所梗，馬不復生。某淳熙四年春，以邕州別駕被旨出塞市馬，目所親睹，及分遣諜者圖其道里遠近，山川險易，甚信。諜者又云，自杞地廣大，可敵廣西一路勝兵十餘萬，大國也。

"甚願再相見。"又云："北邊此時想極寒。"子敬云："寒甚，不可忍。"溫叔云："此時正宜畋獵。"子敬云："北邊此時正是畋獵時節。"溫叔云："大金皇帝亦嘗出獵否？"子敬云："一年須兩三度出獵。"溫叔云："一度出獵用得幾日？"子敬云："往往亦須旬日，或二十日、一月不定。"溫叔云："頗聞北邊多名鷹、獵犬。"子敬云："此間有否？"溫叔云："此有，然亦難得極好者。"子敬云："北邊亦是難得好者，好者只是禁中有之。"溫叔云："大金皇帝有幾箇皇子？"子敬云："煞多，有七箇。"溫叔云："聞說越王甚英武。"子敬云："煞勇猛可畏。"溫叔云："越王是長否？"子敬云："是二。"子敬云："昨日押筵鄭樞密是簽書樞密院事否？"溫叔云："是也。"子敬云："此間樞密使至簽書樞密院，是文官，是武官？"溫叔云："舊制文武通除。"子敬云："本朝則專用武臣。"溫叔云："大金宰相今何姓？"子敬云："兩人皆姓赫舍哩。"溫叔云："又有尚書令者行宰相事否？"子敬云："在宰相之上。"溫叔云："大金今尚書令何姓？"子敬云："姓李。"溫叔云："聞是貴戚。"子敬云："是外戚。"溫叔云："今年幾何？"子敬云："六十餘。"溫叔云："赫舍哩宰相年幾何？"子敬云："年甚少，一員五十餘，一員四十餘。"子敬又云："内翰貴鄉只在此間？"溫叔云："在川中。"子敬云："煞遠。"溫叔云："亦不過數千里。"子敬云："從襄陽路來否？"溫叔云："是也。"子敬云："川中聞說民間煞富。"溫叔云："有富者，有貧者。"溫叔云："尚書仙鄉？"子敬云："在北京，舊日大遼所謂中京者。"溫叔云："去燕京遠近？"子敬云："二千餘里，直向北邊。"溫叔云："去黃龍府遠近？"子敬云："甚近，纔五、七百里。"溫叔云："見說大金皇帝每歲避暑，常巡幸雲中，雲中是何處？"子敬云："是西京。"溫叔云："西京、北京宮苑亦皆壯麗否？"子敬云："皆不減南京。見今諸處亦不住修。蓋本朝法嚴，修蓋滅裂，有司得重罪。"

邕州化外諸國土俗記

吳儆

此記見載於《竹洲集》卷一〇、《粵西文載》卷三六，今據《全宋文》卷四九六八（北京大學出版社 1995 年版）錄文。

自邕北出功饒州、梵鳳州，至橫山四百里。又自橫山北出田州古天縣、歸仁州、歸樂州、唐興州、睢殿州古郍縣、七源州、四城州、即兌州也。稍折而東，歷上、中、下思畫州山獠境，渡都泥江，沿江而北，歷羅幕州及諸山獠，至順唐府、西南番、羅殿國、阿者國，皆漢西南夷故地。西與大理、自

奉使語録
魏良臣

據熊克《中興小紀》卷一七録文。

魏良臣進《奉使語録》言："金人比至天長縣,得親筆手詔墨本,謂良臣曰:'恤民如此,民心安得不歸。'"丁丑,上謂宰執曰:"向下詔丁寧,欲刑無冤爾。"胡松年曰:"臣伏睹詔書,載小大之獄,雖不能察,必以其情,忠之屬也。可以一戰,使敵人讀至此,能無懼乎。"

接伴雜録
洪　邁

據周必大撰,王瑞來校證《周必大集校證》(上海古籍出版社 2020 年版)録文。

洪景盧出《接伴雜録》云:"淮、泗間彌望無寸木,鵲巢平地。"又云:"道逢泰州民自虜中逃歸,言初被驅迫至京畿,百姓争舍匿之,調護甚至。仍爲治裝,告以歸路。有捨其馬使代步者,惟過河則不可回。"

館伴金使語録
趙　雄

據李心傳《建炎以來朝野雜記》乙集卷八(徐規點校,中華書局 2000 年版)録文。

乾道庚寅歲冬十月,金國主遣金吾衛上將軍、兵部尚書耶律子敬來賀會慶節,起居舍人趙雄(字温叔)假翰林學士充館伴使。丁卯引見,戊辰上壽,庚午花宴,癸酉入辭,乙亥發行在,温叔與子敬並馬自驛中同行。

子敬望吴山曰:"好一帶山。"温叔云:"聞燕京萬歲山極佳,不減南京否?"(謂東京)子敬云:"與南京一般。"温叔云:"萬歲山乃天生基阯,或但人力所致耶?"子敬云:"皆人作也。"温叔云:"聞燕京宫苑壯麗。"子敬云:"極壯麗。"温叔云:"周回有幾里?"子敬云:"只宫室自有二十餘里,見在歲時亦常修造。"温叔云:"盛哉!"子敬云:"内翰異時來奉使,可以恣看。"温叔云:

最徑，第煩國王傳達金國。今三節人自賫糧，止假二十八騎。"楷難之。已而命其門下侍郎傅佾至館中，具言："金人今造舟將往二浙，若引使者至其國，異時欲假道至浙中，將何以對？"應誠曰："女真不能水戰。"佾曰："女真常於海道往來，況女真舊臣本國，近乃欲令本國臣事，以此可知強弱。"後十餘日，府燕。又數日，復遣中書侍郎崔洪宰、知樞密院事金富軾來，固執前論，且言二聖今在燕雲，不在金國。館伴使知閤門事文公仁亦曰："往年公仁入貢上國，嘗奏上皇以金人不可相親，今十二年矣。"洪宰笑曰："金國雖納土與之，二聖亦不可得，大朝何不練兵與戰。"應誠留高麗凡六十有四日，楷終不奉詔。應誠不得已，與楷相見於壽昌宮門下，受其所拜表而還。（《建炎以來繫年要錄》卷一六）

借刑部尚書楊應誠等奉使至高麗。丁卯，見國王楷，傳聖言借道以達金國。楷拜謝，與應誠等對立論事。

且言："事大朝日久，皇帝即位，方欲入貢，遽蒙降使。昨聞二聖遠征，本國惶懼。金人舊時弱，今兵威如此，亦嘗遣兵來奪去所築九城，因此不和。"應誠等言："本朝累聖待貴國最異，非他國之比。今時偶多難，假道北去，只是講和，於貴國無害。"楷曰："大朝自有山東海道，何不由登州以往？"應誠等曰："不如貴朝去金最徑。但煩國王報金國，應誠至界首，待報而後行。兼三節人皆自齎糧，不敢以浼貴國，惟借馬二十八匹而已。"楷曰："容與諸臣議。"遂遣門下侍郎富佾至館，議曰："聞金人見造海船欲往兩浙，若引使至其國，恐彼却要借路至兩浙，則何以處？"應誠等曰："女真不能水戰。"佾曰："東女真常於海道往來，況女真舊臣本國，近却要臣事，以此可見強弱。"留數日，楷又遣中書侍郎崔洪宰、知樞密院事金富軾來議，亦守前說。蓋其君臣畏金人之強，堅不肯假道，且言二聖見留燕雲，不在金國。又曰："金國決不肯和。"應誠等不得已遂回。（《中興小紀》卷三）

章忠恪奉使金國語錄
章　誼

據熊克《中興小紀》卷一六錄文。

與其左右副元帥尼雅滿、烏克紳論事，不少屈。金人諭以亟還，誼等曰："萬里銜命，兼迎兩宮，必須得請。"金遣金吾蕭愛受書，并以風聞歸過吾國。誼詰其所自，金以實對，乃已。

各注引《雞林志》一條。高似孫《剡錄》與趙彥衛《雲麓漫鈔》各引《雞林志》一條,但未注明作者,疑爲《雞林志》佚文。共計《雞林志》現存佚文十二條,今輯錄於下。

佛龕:龜山有佛龕,林木益邃,傳云羅漢三藏行化至此漱齒,楊枝插地,成木,淨水所著,今爲清泉。國人以佛法始興之地,最所崇奉。

僧寺:高麗僧住寺修行者,或犯戒律,配黑白二山,輕亦斥遣,籍其子孫,仍髡受差役。

僧不娶:僧娶婦者,不得居寺。

織席:高麗人多織席,有龍鬚席、藤席。今舶人販至者,皆席草織之,狹而密緊,上亦有一小團花。

漆:高麗黃漆生島上,六月刺取,瀋色若金,日暴則乾,本出百濟,今浙人號新羅漆。

收息:高麗王於國中出債收息,有陳道人曾入其國爲商,云:今以官奴求息禪之日,磨納之孫,貌好者倍其收,若得子,則亦爲奴婢。

染采:高麗善染采紅,紫尤妙,紫草大梗如牡丹,擣汁染帛甚鮮。

僧衲:高麗僧衣磨納者,爲禪法師衲甚精好。[以上出自《説郛》(宛委山堂本)卷六○上]

自元祐五年、元符元年貢使再至,然則其他使至者,蓋非貢也。(《續資治通鑑長編》卷四五二)

高麗松扇,揭松膚柔軟者緝成,文如棕,心亦染紅間之,或言水柳皮也。(查慎行《蘇詩補注》卷二九)

高麗紙治之緊滑,不凝筆,光白可愛,號白硾紙。(高似孫《剡錄》卷七)

高麗疊紙爲扇,銅獸靨環,加以銀飾,亦有畫人物者,中國轉加華侈云。(趙彥衛《雲麓漫鈔》卷四)

建炎假道高麗錄
楊應誠

據李心傳《建炎以來繫年要錄》(胡坤點校,中華書局 2013 年版)、熊克《中興小紀》(《叢書集成初編》本)均收錄有楊應誠語錄一段,所記内容主體相似,但文字出入較大,故將此二段都錄之於下。

丁卯,國信使楊應誠、副使韓衍至高麗。見國王楷諭旨,楷拜詔已,與應誠等對立論事。

楷曰:"大朝自有山東路,何不由登州以往?"應誠言:"不如貴國去金國賦》，碎剪金英排作句。袖中猶自有餘香，冷落西風吹不去。'處溫亦貴於其國。方耶律淳妃蕭氏僭立時，處溫用事，欲執蕭氏以幽州內附，事泄，與妻、子皆誅死。後朝廷既得幽州，追贈處溫燕王，且以其居第爲廟，妻刑亦追封燕國夫人。"

　　北虜崇釋氏，故僧寺猥多，一寺千僧者，比比皆是。楚公出使時，道中京，耶律成等邀至大鎮國天慶寺燒香，因設素饌。公問成："亦有禪僧乎？"曰："有之。頃有寂照大師，深通理性，今亡矣。"公又問："道觀幾何？"曰："中京有集仙觀而已。"以知北虜道家者流，爲尤寡也。先君言："高麗之俗，亦不喜道教。宣和中，林靈素得幸，乃白遣道士數人，隨奉使往，謂之行教，留數月而歸，所遣皆庸夫，靈素特假此爲丐恩澤爾。不知所謂行教者，竟何爲也。"

　　楚公使虜歸，攜所得貔貍至京師，先君言："猶記其狀，如大鼠極肥腯，甚畏日，偶爲隙光所射輒死。性能糜肉，一鼎之內，以貔一臠投之，旋即糜爛，然虜人亦不以此貴之，但謂珍味耳。"

　　楚公使虜時，館中有小胡執事甚謹，亦能華言，因食夾子，以食不盡者與之，拜謝而不食。問其故，曰："將以遺父母。"公喜，更多與之。且問："識此何物也？"曰："人言是石榴。"意其言"食饀"也。又虜人負載隨行物不用兵夫，但遇道上行者即驅役之耳。一日將就馬，一擔夫訴曰："某是燕京進士，不能負擔。"公笑爲言而遣之。

　　楚公言：遼人雖外窺中國禮文，然實安於夷狄之俗。南使過中京，舊例有樂來迎，即以束帛與之。公以十一月二十日至中京，遼人作樂受帛自若也。明旦迓使輒至，止不行，曰："國忌行香。"公照案牘，則虜忌正月二十日也。因移文問之，虜輒送還移文，曰："去年昨日作忌，今年今日作忌，何爲不可？"蓋利束帛，故徙忌日耳。又回途聞其主喪，而不能作慘色襆頭，但以墨滅其光。行數日，既除服，則佩服如常矣。獨副使忘洗襆頭，見者皆笑。公平生待物以誠，雖於夷狄不變也。因從容與語，使洗之，副使亟謝。（以上出自《家世舊聞》卷上）

雞　林　志
王　雲

　　考《說郛》（宛委山堂本）收有《雞林志》一書，闕撰人名，存佚文八條。《遼史拾遺》引王雲《雞林志》五條，與《說郛》中五條相同。《續資治通鑑長編》與查慎行《蘇詩補注》

接伴遼使語録

劉 逵

據《續資治通鑑長編》卷五〇五録文。

先是，遼使蕭昭彥謂接伴劉逵曰："北朝遣汎使，只爲西人煎迫，住不得。若南朝肯相順，甚善。"逵曰："事但順理無順情。"是日，輔臣進呈逵語録，衆皆稱之，上問曾布何如，布亦稱善。

使遼語録

陸 佃

據《宋史》本傳載其與遼送伴使的對話，應出自《使遼語録》。又陸游《家世舊聞》記其祖父陸佃使遼事迹五則，其中含陸佃與各色人物的對話，應與其《使遼語録》相關。今將此二處記録輯録於下。

遷吏部尚書，報聘于遼。歸，半道聞遼主洪基喪，送伴者赴臨而返，誚佃曰："國哀如是，漢使殊無弔唁之儀，何也？"佃徐應曰："始意君匍匐哭踊而相見，即行弔禮；今優然如常時，尚何所弔？"伴者不能答。（《宋史》卷三四三《陸佃傳》）

楚公元符庚辰冬，自權吏部尚書受命爲回謝北朝國使，與西上閤門使、泰州團練使李嗣徽偕行。（嗣徽字公美，仁廟朝駙馬都尉瑋之子。）北虜遣金紫崇禄大夫、檢校太傅、左金吾衛將軍耶律成，朝議大夫、守太常少卿、充史館修撰李儼來迓。儼自言燕人，年四十三，劉霄榜及第，今二十八年矣。行過古北口數日，置酒會仙石。（查道、梅詢嘗飲酒賦詩於此，因得名。）儼忽自言："兄儼新入相。"時已十二月中旬。後數日，至其國都，見虜主洪基，則已苦肺喘，不能親宴勞，移宴就館。明年正月旦，南歸，未至幽州，聞洪基卒，孫燕王延禧嗣立。延禧長徽宗七歲，以故事稱兄，號天祚。儼相延禧，專作威福，窮極富貴而死。初，元豐中，蔡京使虜，儼館之，情好頗厚。及崇寧後，二人者皆專國，每因使聘往來，輒問安否，而二人者卒爲國禍基，可怪也。宣和末，有武人劉逵者，殿帥昌祚之子，爲京東提點刑獄，謂先君曰："嘗使虜，識儼之子處温。處温言儼事洪基時，嘗獻《黃菊賦》。洪基賜詩，答曰：'昨日得卿《黃菊檐子先行。

九日,到滑州通津驛,晚遣人傳語:"爲左番太傅昏困,欲來日住一日。"往復一兩次,遂許之。

十日,住滑州。至曉[十五],蕭仲奇差人傳語:"左番太傅身亡,告令聲鍾及請僧於靈前道場。"

十二日,住滑州,送伴吕希績、李世昌過位澆奠,與蕭仲奇等相見,遣人送耶律迪襚衣、銀裝棺及棺衣、奠酒銀器等物[十六]。既殮,希績等又過位奠酹及慰蕭仲奇等相。

十三日,住滑州。希績等過位澆奠,與高端禮等相見。相[十七]次,遣人持迪賻贈下饗銀器及三節人從孝贈等與之,端禮等致謝。晚,中使王構[十八]至,齎仲奇等詔書並迪本家密賜。仲奇等受賜,拜表謝恩如儀。

十四日早,離滑州過河。馬上高端禮謂送伴李世昌云:"耶律迪不幸物故,諸事皆感激。昨日蒙朝廷差中使降詔撫問,及密賜耶律太傅本家,上荷天恩,唯祝二聖聖壽無疆也。"

十九日早,離驛。馬上相揖次,希績等諭蕭仲奇等:"昨日得朝廷文字,皇帝爲耶律太傅輟視朝一日。"北副使劉彥國云:"左番太傅雖九泉之下亦有榮耀。"

【校】

[一]"降付本所,以備照用",《禮書》原無,據《宋會要》補入。

[二]"今據",《禮書》原無,據《宋會要》補入。

[三]"正",《禮書》原作"王",據《宋會要》及前後文改。

[四]"高",《禮書》原無,據《宋會要》及前後文補。

[五]"奇",《禮書》原作"彥",據《宋會要》及前後文改。

[六]"溋",《宋會要》作"釜"。

[七]"構",《宋會要》作"慎"。

[八]"宣",《宋會要》作"官"。

[九]"見",《宋會要》作"爲"。

[十]"躬",《宋會要》作"射"。

[十一]"賜",《宋會要》作"使"。

[十二]"放",《宋會要》作"免"。

[十三]"初",《宋會要》作"切"。

[十四]《宋會要》"藥物"後有"件"字。

[十五]"曉",《宋會要》作"晚"。

[十六]"等物",《宋會要》作"物等"。

[十七]"相",《宋會要》作"揖"。

[十八]"構",《宋會要》作"慎"。